Marchés Dérivés
de
Matières Premières

Collection CONNAISSANCE DE LA GESTION
dirigée par Yves Simon, Professeur à l'Université de Paris-Dauphine

Marchés Dérivés de Matières Premières

3e édition

Yves SIMON
Delphine LAUTIER

ECONOMICA
49, rue Héricart, 75015 Paris

INTRODUCTION

Le risque de variation des prix des matières premières est inhérent à la vie économique. Il n'est pas en règle générale facile à gérer et ses conséquences peuvent être dommageables au niveau des résultats financiers des entreprises. Ce risque n'est toutefois pas équitablement réparti ; il touche plus particulièrement, mais pas de manière identique, les producteurs, les négociants, les utilisateurs et les industriels transformateurs de matières premières. Les marchés dérivés offrent une protection efficace contre le risque de prix afférent aux matières premières.

Pendant très longtemps, les contrats à terme (*futures contracts*) furent les seuls instruments à la disposition des opérateurs souhaitant se protéger contre les risques de prix des matières premières. Ces contrats étaient par ailleurs les seuls instruments dérivés disponibles sur les marchés. Il n'y avait pas de *financial futures*. Jusqu'en 1980, l'intégrité des opérateurs et des intermédiaires n'était pas à toute épreuve et la liquidité des marchés de contrats faisait parfois défaut, mais les professionnels à la recherche d'une couverture contre le risque de prix étaient globalement satisfaits des prestations offertes par les contrats à terme. Les faiblesses de ces marchés ont aujourd'hui disparu et leur fonctionnement est devenu exemplaire.

En 1982, sont apparues les premières options négociées dans le cadre des marchés organisés. Ce nouvel instrument a considérablement élargi les possibilités de couverture des opérateurs. Du fait de leur caractère asymétrique, les options permettent, en effet, de se protéger contre les risques tout en tirant profit d'une évolution favorable des cours, ce que ne peuvent faire les contrats à terme qui sont, eux, des contrats symétriques.

À partir de 1985, de manière confidentielle et expérimentale, et depuis 1989-1990, sur une grande échelle, de nouveaux instruments furent proposés dans le cadre du marché de gré à gré. Directement issus des techniques et des instruments élaborés sur les marchés de taux d'intérêt et de change, les *swaps* et les produits optionnels de première et de seconde génération sont venus compléter la gamme des outils à la disposition des opérateurs. Ces contrats offrent l'avantage de parfaitement s'adapter aux besoins spécifiques de chacun, ce que ne peuvent faire les contrats et les options négociés sur des marchés organisés qui se caractérisent, eux, par une très grande standardisation. Toute médaille ayant son revers, les contrats du marché de gré à gré ne bénéficient pas de la liquidité des marchés organisés dotés d'une chambre de compensation.

*

* *

Pourquoi s'intéresser aux marchés dérivés de matières premières ? Plusieurs raisons expliquent ce choix.

En premier lieu, si l'on distingue les actifs selon qu'ils sont réels ou financiers, il apparaît que les premiers ont précédé les seconds et demeurent aujourd'hui encore très importants. Les actifs financiers n'ont acquis une véritable importance que depuis 1980 environ. Avant cette date, leur poids relatif était très inférieur à celui des actifs réels. Les économistes s'intéressaient beaucoup plus à l'investissement qu'aux actifs financiers. Quand ils ne se consacraient pas à l'étude des actifs réels, c'était à la monnaie qu'ils accordaient leur attention. Fisher (1896), par exemple, s'intéresse au taux d'intérêt réel. Keynes (1930) parle quant à lui de l'efficacité marginale du capital et la compare au taux d'intérêt résultant de l'offre et de la demande de monnaie. Il s'intéresse beaucoup aux actifs réels, un peu moins à la monnaie et très peu aux actifs financiers. Qui plus est, pour lui, le taux d'intérêt n'est pas seulement monétaire. Il mentionne par exemple dans ses travaux le taux d'intérêt implicite des actifs réels, en particulier dans le contexte des actifs immobiliers.

Aujourd'hui encore, en dépit de l'extraordinaire développement des marchés financiers, les actifs réels constituent plus de 50 % de la richesse mondiale. Ils restent au moins aussi importants que les actifs financiers et, si l'on considère le cas du pétrole, ils le sont certainement plus dans le domaine de la géostratégie. Quant aux marchés dérivés de matières premières, s'ils sont moins importants, en valeur relative, que les marchés dérivés sur instruments financiers, ils sont loin d'être une quantité négligeable, et les volumes de transactions ne cessent de progresser.

En deuxième lieu, les matières premières ont longtemps ouvert la voie en terme de recherche puisque ce sont les premiers marchés sur lesquels se sont développées les transactions à terme, en réponse à l'instabilité « naturelle » affectant les produits agricoles, du fait des conditions climatiques. De grands auteurs (Keynes, Hicks, Kaldor, Weymar, Brennan...) dans des textes célèbres (*Treatise on Money* (1930), *Value and Capital* (1946)...) se sont très tôt penchés sur ce sujet et la littérature est particulièrement riche et intéressante. C'est par exemple dans le domaine des matières premières que Keynes a formulé en 1930, pour la première fois, la notion de structure par terme des prix. Quant à Hicks, dans les chapitres 11 à 13 de *Value and Capital*, il traite simultanément des structures par terme des prix des matières premières et de taux d'intérêt.

En troisième lieu, sur le plan opérationnel, les décennies 1970 et 1980 sont associées à la révolution des produits dérivés financiers (*financial futures*) négociés sur les marchés boursiers : Chicago Board of Trade, Chicago Mercantile Exchange, Matif, Liffe, etc. Les décennies 1980 et 1990 sont, elles, associées à la révolution des produits dérivés (option, *swap, cap, floor, collar, swaption*, etc.) négociés sur les marchés de gré à gré. Cette émergence des produits dérivés a bouleversé la finance, mais cette révolution n'aurait pas été possible si, plus d'un siècle avant l'apparition des premiers *financial futures*, n'avaient été négociés des contrats à terme de matières premières.

En quatrième lieu, les marchés de matières premières sont d'une extrême variété : du jus d'orange congelé aux marchés de l'électricité, beaucoup d'études peuvent être réalisées auprès de secteurs présentant leurs caractéristiques et leurs histoires propres. Cette variété est un fameux antidote à l'ennui que pourraient susciter, par exemple, des titres tels que les obligations assimilables du Trésor français ou les bons du Trésor américain. S'intéresser aux matières premières, c'est être confronté aux différentiels de qualité, aux délais de transport, aux coûts de stockage, à la capacité d'accueil des ports, aux craintes de rupture de l'approvisionnement (pour des raisons aussi diverses qu'un ouragan particulièrement dévastateur, une crise politique dans un pays producteur, ou la rupture accidentelle d'un pipeline), c'est comprendre que les stocks jouent un rôle essentiel : ceux du cacao peuvent être détruits en quelques semaines et perdre toute leur valeur s'ils ne bénéficient pas d'une vigilance attentive ; ceux du pétrole peuvent s'évaporer (au sens propre, du fait de la chaleur au cours du transport par bateau, ou au sens figuré car certains pays ont des stocks cachés qui peuvent apparaître ou disparaître au gré de la conjoncture), c'est apprendre qu'une livraison n'a pu avoir lieu à temps car deux marins sont tombés à l'eau, c'est découvrir que le troc existe toujours, et qu'il fait parfois transiter les marchandises par des voies *a priori* incroyablement compliquées... Les exemples de ce type abondent pour donner vie à un monde riche en expériences diverses et pour donner corps à des entreprises variées, allant du « petit » producteur américain de soja au négociant de matières premières implanté sur tous les continents, en passant par les gigantesques firmes de production d'électricité. Tout un pan de l'économie mondiale peut ainsi être abordé. S'intéresser aux matières premières, c'est un bon moyen d'associer le monde de l'industrie et celui de la finance.

Naturellement, ce qui constitue le charme des matières premières est également à l'origine de nombreuses difficultés. Les marchés de matières premières sont en effet entachés d'imperfections inconnues ailleurs. Celles-ci sont dues aux difficultés liées à la disponibilité et à la fiabilité des données autres que les prix à terme, à l'absence de fongibilité des actifs négociés, laquelle implique la présence d'opportunités d'arbitrage et rend le cadre d'analyse des marchés complets délicat à exploiter. Par ailleurs, les matières premières sont soumises à des phénomènes de saisonnalité dont sont exempts les actifs financiers. Le monde des matières premières requiert en conséquence des approches adaptées et des méthodologies spécifiques.

Chapitre 1

DÉFINITION ET SPÉCIFICITÉ DES INSTRUMENTS DÉRIVÉS DE MATIÈRES PREMIÈRES

Objectifs pédagogiques :

- connaître les caractéristiques des transactions effectuées sur les marchés de contrats à terme *futures* de matières premières,
- différencier les différentes transactions effectuées sur le marché des produits physiques,
- comprendre le rôle des chambres de compensation dans la création et le fonctionnement des marchés à terme *futures*,
- apprécier les caractéristiques distinctives du marché de gré à gré et du marché des contrats *futures*,
- distinguer les contrats à terme avec livraison différée des contrats à terme *futures*,
- connaître le mode de dénouement d'un contrat *futures*,
- comprendre le mécanisme de convergence de la base,
- expliquer les raisons pour lesquelles les prix au comptant et les prix à terme évoluent de façon quasi parallèle, sans que ce parallélisme soit toutefois parfait,
- connaître le mode de cotation des contrats à terme de matières premières,
- comprendre de manière intuitive le rôle des marchés à terme de matières premières dans la protection contre le risque de prix.
- expliquer comment et pourquoi se sont développés des options sur contrats à terme de matières premières et des instruments dérivés négociés sur le marché de gré à gré,
- définir et caractériser les options sur matières premières,
- définir et caractériser les principaux instruments dérivés de matières premières négociés sur le marché de gré à gré.

Les contrats à terme, les options et les produits du marché de gré à gré sont les trois catégories d'instruments dérivés sur matières premières.

1. Les caractéristiques des contrats à terme de matières premières

Les produits dérivés de matières premières que nous connaissons aujourd'hui et qui sont activement négociés à Chicago, à Londres, à New York, à Tokyo, à Shanghai et sur de nombreuses autres places financières sont l'aboutissement d'une longue évolution des pratiques commerciales et financières. Pour comprendre ce point, il importe de soigneusement distinguer le marché au comptant (celui des produits physiques) des marchés de produits dérivés.

1.1. Le marché au comptant des matières premières

Toute matière première se négocie sur un marché au comptant (*spot market*). Les achats et les ventes font alors l'objet d'une livraison immédiate. Au Moyen Âge, dès les premiers temps du développement économique, les acheteurs et les vendeurs de matières premières se réunissaient sur des foires et des marchés. Ces endroits privilégiés ne regroupaient pas l'ensemble des transactions au comptant de produits physiques, mais ils avaient pour objectif de les faciliter en réduisant les coûts de transaction et d'information. Héritières de ces foires et marchés, les premières bourses de commerce sont apparues en Europe au début du XIIIe siècle. Elles se développèrent dans les pays anglo-saxons durant le XIXe siècle, comme en témoigne la création de la bourse du coton de Liverpool en 1842 et du Chicago Board of Trade en 1848. Leur objectif était de faciliter les négociations de produits physiques livrables immédiatement (Hieronymus, 1971).

1.2. Le marché des transactions avec livraison différée de matières premières

Dans les bourses de commerce, et en dehors d'elles d'ailleurs, les transactions devinrent progressivement plus compliquées. Il fut possible d'acheter (de vendre) des marchandises et d'en prendre livraison (de les livrer) plus tard. L'origine des transactions sur les marchés de contrats à terme (*futures markets*) est à rechercher dans ces contrats par lesquels un acheteur et un vendeur s'engagent, pour un prix librement débattu au moment de la négociation, à acheter et à vendre des marchandises qui seront livrées ultérieurement. La pratique de ces *forward contracts* est établie dès 1840 sur le marché des céréales de Chicago. Ces transactions s'effectuaient directement entre un vendeur et un acheteur de produits physiques. Elles pouvaient également se faire par l'intermédiaire de négociants. Ces derniers achetaient des marchandises aux fermiers, en espérant qu'entre le jour de l'achat et celui de la livraison, la hausse des prix leur donnerait la possibilité de revendre avec profit le grain qu'ils avaient acheté. Les mêmes négociants vendaient des céréales qu'ils ne possédaient pas, mais ils s'engageaient à les livrer plus tard, en espérant qu'entre la date de la vente et celle de la livraison, la baisse des prix leur donnerait l'opportunité de les acheter à bon prix et d'obtenir ainsi un profit.

En s'appuyant sur le témoignage des premiers participants à la bourse des œufs de Chicago, Irwin (1937) a établi que les transactions avec livraison différée étaient à l'origine de la création du Chicago Mercantile Exchange. Le volume de ces transactions s'était d'ailleurs amplifié dans les années qui avaient précédé la décision des négociants de créer en 1919 cette bourse de commerce dans le but de mieux les contrôler.

Il est difficile de dater avec précision l'apparition des premières transactions avec livraison différée de produits physiques. Elles se sont développées dès le Moyen Âge. Au XVIe siècle, les marchands hollandais signaient des contrats prévoyant de livrer le produit de leurs voyages avant que le transport en soit effectif. Le but de ces transactions était de financer les opérations commerciales et maritimes et de bénéficier ainsi d'un prix supérieur à celui qu'ils auraient obtenu par la vente des marchandises à l'arrivée des navires. Aux XVIIIe et XIXe siècles, les producteurs de pommes de terre dans l'État du Maine, aux États-Unis, vendaient quant à eux leurs récoltes ou une partie d'entre elles au moment de la plantation, afin de pouvoir financer la production.

Utilisés de manière régulière à Chicago dans le commerce des céréales et à Londres dans celui des métaux, les *forward contracts* n'étaient pas sans présenter quelques inconvénients :

– les vendeurs et les acheteurs éprouvaient certaines difficultés pour livrer ou prendre livraison de leurs marchandises et trouver leurs co-contractants quand les céréales arrivaient, après la fonte des glaces, sur les ports des grands lacs américains ;

– la qualité des produits livrés ne correspondait pas toujours aux espérances des acheteurs ;

– la date de livraison n'était pas toujours celle qui avait été initialement prévue ;

– les engagements étaient fermes et définitifs, ce qui pouvait entraîner des pertes en opportunité pour l'acheteur ou le vendeur ;

– il arrivait, enfin, que certaines contreparties fassent défaut.

De ce fait, il est rapidement devenu nécessaire de codifier ces contrats commerciaux, de les uniformiser et de les rendre fongibles pour qu'ils puissent être transmis d'un marchand à l'autre par simple endossement.

L'endossement a pour conséquence d'apporter de la flexibilité et de la liquidité. Il consiste, dans le cas présent, à transférer à un tiers qui les accepte les obligations impliquées par le contrat commercial négocié par les deux contractants (bien entendu, l'endossement peut être le fait de l'acheteur ou du vendeur initial). L'endossement est une opération qui apporte une réelle flexibilité. Prenons un exemple.

Le 1er mai, un agriculteur [A] pense que la récolte de céréales sera très abondante et il craint une baisse des cours du maïs. Il s'engage en conséquence à vendre dès maintenant, à un industriel [B] produisant des aliments pour le bétail, 5 000 boisseaux de maïs pour livraison fin septembre au prix de 4 dollars le boisseau.

Le 15 juillet, une période de sécheresse commençant à faire sentir ses effets, l'agriculteur [A] (il n'est pas touché par cet accident climatique, car il dispose d'une source souterraine et d'un bon système hydraulique) pense que les cours du maïs seront à la fin septembre supérieurs à 4 dollars le boisseau. Il souhaite en conséquence annuler sa vente *forward*, ce que refuse d'envisager l'acheteur [B] auprès de qui il s'est retourné. À défaut de pouvoir annuler ce contrat, il va le faire endosser par un agriculteur [C] qui, très probablement, n'anticipe pas de hausse des cours (car il ne perçoit pas les conséquences de la sécheresse ou pense qu'elles seront sans effets sur la production et le prix du maïs). Ce deuxième agriculteur [C] s'engage donc à livrer à [B] pour le 30 septembre 5 000 boisseaux de maïs à 4 dollars le boisseau. Cet endossement sera d'autant plus facile à négocier que les caractéristiques des contrats commerciaux sont identiques et connues de tous les producteurs, négociants, industriels, acheteurs et vendeurs potentiels. C'est ainsi que sont apparus, sous l'influence des bourses de commerce, des contrats relativement standardisés prévoyant avec précision la qualité des produits physiques, leur lieu de livraison et la quantité négociée. Ces contrats furent échangés dans les bourses de commerce, entre les différents opérateurs, sur ce qui allait ultérieurement devenir un véritable marché à terme (*futures market*).

La mise au point de contrats standardisés était d'autant plus nécessaire, et fut d'autant mieux accueillie, que se développaient à Chicago, mais surtout à Londres, les premières opérations de couverture contre le risque de prix. À cette époque, en effet, les métaux non ferreux mettaient plusieurs mois avant d'être livrés à leur destinataire. Pendant ce temps, les variations de prix pouvaient bouleverser les prévisions des industriels. La nécessité de se protéger contre ces fluctuations et les possibilités de gains entrevues par des « tiers » ont donné naissance aux premières opérations de couverture. Ces transactions étaient des engagements pris par une contrepartie (un négociant, un producteur, un spéculateur) de fournir à l'acheteur dans un délai de trois mois (c'était le temps nécessaire pour faire venir en Angleterre le cuivre de l'Amérique latine ou l'étain de la Malaisie ; le fait que les cours officiels des différents métaux négociés au London Metal Exchange fassent encore aujourd'hui référence à cette échéance est une réminiscence des premières transactions de la bourse des métaux de Londres) la marchandise voulue, au prix convenu, au jour stipulé par le contrat. La contrepartie (le négociant, le producteur, le spéculateur) assumait le risque de variation des prix et en était rémunérée par un profit. Ces opérations de couverture étaient d'autant plus faciles à réaliser que les caractéristiques des contrats sur lesquels les opérateurs s'engageaient étaient standardisées, connues de tous et n'avaient pas besoin d'être établies ou rediscutées à chaque transaction. Les bourses de commerce où étaient négociés des matières premières pour livraison immédiate et des contrats *forward* ordinaires (non standardisés) accueillirent tout naturellement les transactions de contrats *standardisés* prévoyant une livraison différée des produits physiques.

C'est à partir de ces transactions prévoyant une livraison différée des marchandises que se développèrent *plus tard* les marchés de contrats à terme réglementés, dénommés en anglais *futures markets*. Les transactions de contrats standardisés prévoyant une livraison différée de marchandises étaient un fait bien établi à Chicago aux alentours de 1860. En même temps que s'instauraient ces transactions, les achats et les ventes de produits physiques réalisés à l'intérieur des bourses de commerce eurent tendance à diminuer et, dans certains cas, à disparaître. Trois raisons expliquent que les transactions sur les produits physiques s'effectuèrent, et s'effectuent toujours aujourd'hui, en dehors des bourses de commerce.

– La plus évidente tient au développement des moyens de communication. Le téléphone, puis le télex, le fax, Internet et les systèmes d'information modernes permettent aux acheteurs et aux vendeurs d'être parfaitement informés sans avoir à se déplacer.

– La concentration du commerce dans les mains de quelques sociétés réduit l'intérêt et l'utilité d'une confrontation des offreurs et des demandeurs.

– Quand ils sont enregistrés et diffusés par les soins des bourses de commerce, les prix *forward* résultant de la négociation de contrats avec livraison différée relativement standardisés donnent aux différentes parties intéressées l'information dont elles ont besoin pour effectuer leurs transactions de produits physiques en dehors des bourses de commerce.

Les transactions avec livraison différée se dénouaient par une livraison effective de produits physiques. Cette livraison était le fait du vendeur initial ou d'un autre opérateur qui, ayant endossé le contrat initial signé par le vendeur, s'était engagé à en respecter toutes les spécifications. La réception et le paiement des marchandises étaient le fait de l'acheteur initial ou d'un autre opérateur qui, ayant endossé lui aussi le contrat, s'était engagé à en respecter toutes les spécifications.

Les transactions avec livraison différée remplissaient simultanément (et remplissent encore aujourd'hui pour les matières premières qui ne disposent pas de véritables marchés de contrats à terme *futures*) deux fonctions : une fonction commerciale, du fait de la livraison effective de la marchandise, et une fonction financière, du fait de la protection contre le risque de prix qu'offre la fixation par avance de la valeur de la transaction.

La progressive standardisation des contrats *forward* facilitait les transactions et les endossements de contrats, mais elle ne pouvait remédier à ce que nous appelons aujourd'hui le risque de crédit, résultant du défaut de l'une des parties au contrat (le vendeur [C] qui avait endossé le contrat *forward* ne livrait pas, comme prévu, les 5 000 boisseaux de maïs ; l'acheteur [B] qui s'était engagé à prendre livraison des 5 000 boisseaux au prix de 4 dollars le boisseau avait fait faillite… ou avait disparu sans laisser d'adresse). Pour supprimer ce risque, il fallait qu'apparaissent les chambres de compensation.

1.3. L'émergence des chambres de compensation et l'apparition des contrats à terme futures

La création des chambres de compensation (*clearing*) fut une innovation majeure qui marqua la naissance effective des marchés de contrats à terme (*futures markets*) et favorisa ultérieurement leur essor. Cet organisme apporte en effet une garantie de premier ordre, une remarquable flexibilité et une liquidité potentiellement illimitée, autant de facteurs qui facilitent le fonctionnement des marchés et le développement des transactions.

La fonction initiale d'une chambre de compensation était de garantir la bonne fin des contrats *forward* qui avaient été enregistrés dans ses livres par les soins de l'acheteur [B] et du vendeur [A]. Si l'une des parties au contrat faisait défaut, la chambre de compensation remplaçait le contractant défaillant. Supposons que le vendeur [A] (ou [C] si le contrat *forward* a été endossé) ne respecte pas ses engagements de livraison. Devant cette carence, la chambre de compensation qui a garanti la bonne fin du contrat supplée l'opérateur défaillant et livre les 5 000 boisseaux de maïs. En fait, la garantie se concrétisait généralement par un versement monétaire correspondant à la perte subie par l'acheteur [B].

La suppression du risque de contrepartie était d'autant plus nécessaire que se développait la pratique de l'endossement. Du fait qu'ils étaient garantis par une chambre de compensation, les contrats *forward* bénéficiaient d'une certaine négociabilité. Il est en effet beaucoup plus facile d'endosser un contrat ou d'être contrepartie à un engagement dont on ne connaît pas le co-contractant si la bonne fin du contrat est garantie par un organisme indépendant fiable et crédible.

Revenons à l'exemple initial de l'agriculteur [A] qui s'engage le 1er mai à livrer le 30 septembre 5 000 boisseaux de maïs. Nous avions considéré qu'une seule possibilité s'offrait à lui. En fait, avec la présence d'une chambre de compensation, il en a deux :

- soit il n'utilise pas les services de la chambre de compensation avec toutes les implications potentielles qu'induit cette décision ;
- soit il y recourt ; en s'engageant à respecter les contraintes juridiques et réglementaires établies par la chambre de compensation, il est garanti contre le risque de défaut de sa contrepartie (il est probable que cette garantie implique un coût).

Une situation un peu plus élaborée va nous rapprocher des modalités contemporaines de fonctionnement de la chambre de compensation. Considérons le cas d'un négociant [D] qui s'engage le 1er mai à livrer le 30 septembre 5 000 boisseaux de maïs à un industriel fabriquant de l'alimentation animale [E] au prix de 4 dollars le boisseau (il réalise un contrat *forward*). Ne possédant pas le maïs qu'il a vendu, il sait qu'il devra l'acheter à un agriculteur ou à une coopérative quelques jours avant le 30 septembre. Trois possibilités s'offrent à lui :

• soit il attend la fin du mois de septembre pour acheter le maïs qu'il s'est engagé à livrer à l'industriel ; il est alors exposé à un risque de hausse du prix du maïs,

• soit il négocie avec un agriculteur [F] un deuxième contrat *forward* non garanti par la chambre de compensation, contrat d'achat par lequel il s'engage à prendre livraison de 5 000 boisseaux de maïs à la date du 30 septembre au prix de 4 dollars le boisseau, mais il est exposé au risque de défaut de l'agriculteur (surtout si, le 30 septembre, le prix du maïs est supérieur à 4 dollars le boisseau),

• soit le négociant achète pour la même échéance un deuxième contrat *forward* garanti par la chambre de compensation (pour simplifier la présentation, on suppose que les deux *forwards* ont le même prix) ; le deuxième contrat peut être un nouvel engagement négocié avec un agriculteur [G] par lequel il lui achète 5 000 boisseaux de maïs au prix de 4 dollars le boisseau et s'engage à en prendre livraison à la date du 30 septembre, mais ce peut être également un ancien contrat qu'un opérateur [H] veut faire endosser… et dans ce cas, il n'est pas impossible que le prix auquel [H] s'était engagé à prendre livraison du maïs qu'il avait acheté dans le passé soit inférieur à 4 dollars, ce qui, si tel était le cas, lui permettrait d'obtenir un profit.

Avec la troisième possibilité, à la date du 30 septembre, le négociant [D] obtient le maïs dont il a besoin pour honorer l'engagement qu'il avait pris à l'égard de l'industriel [E]. Si le prix du maïs s'est élevé (supposons que le boisseau est égal à 6 dollars), le négociant [D] recevra du maïs acheté à 4 dollars qu'il s'était engagé à livrer à l'industriel [E] au prix de 4 dollars. En se « couvrant » sur le marché *forward* garanti par la chambre de compensation, le négociant évite une perte de 2 dollars par boisseau, et il n'est pas exposé au risque de défaut de sa contrepartie.

Dans une bourse dotée d'une chambre de compensation, cet organisme s'interpose systématiquement entre l'acheteur et le vendeur. Dès que deux opérateurs A et B ont négocié l'achat et la vente d'un ou de plusieurs contrats, cette transaction doit être enregistrée par le *clearing*. De ce fait, l'acheteur A a pour contrepartie la chambre de compensation (et non plus l'opérateur B) et il faut considérer qu'il lui a acheté un contrat. Le vendeur B a également pour contrepartie la chambre de compensation (et non plus l'opérateur A) et il faut également considérer qu'il lui a vendu un contrat. Dans les livres de la chambre de compensation, A possède une position acheteuse et B une position vendeuse. Cette interposition de la chambre de compensation permet à l'acheteur A (le raisonnement est identique pour le vendeur B) de pouvoir annuler (on dit souvent liquider ou compenser) sa position à terme par la vente d'un contrat effectuée, par exemple, avec un opérateur C (la chambre de compensation s'interposant évidemment entre A et C). La position acheteuse initiale de A est de ce fait annulée (compensée) par la nouvelle position vendeuse et l'opérateur reçoit de l'organisme de compensation (ou lui verse) une somme représentant la différence entre le prix d'achat et le prix de vente. À la suite de cette deuxième transaction, B est vendeur vis-à-vis de la chambre de compensation et C est acheteur à l'égard du même organisme. La chambre de compensation permet donc aux opérateurs de liquider leurs contrats quand ils le désirent, sans être contraints de rechercher ceux avec lesquels ils avaient initialement opéré.

L'apparition du *clearing* marque la véritable naissance des marchés de contrats à terme (*futures markets*). La tradition est d'attribuer cette émergence à la France et aux pays anglo-saxons. Cette tradition est erronée. En 1730 il existait, en effet, au Japon un véritable marché à terme doté d'une chambre de compensation (voir la section 9 du chapitre 9). Cet exemple n'est pas un cas isolé puisqu'en Inde le premier marché à terme doté d'une chambre de compensation fut ouvert en 1875 par le Bombay Cotton Association. L'habitude fut prise de qualifier d'« organisé » ou de « boursier » tout marché doté d'une chambre de compensation. La présence ou non de cette institution permet de distinguer sans la moindre ambiguïté les marchés de gré à gré des marchés boursiers, que ceux-ci fonctionnent à la criée, avec des transactions électroniques ou au moyen de plates-formes Internet.

« Sans la moindre ambiguïté »..., l'expression était vraie jusqu'à la fin des années 1990, époque à laquelle certaines chambres de compensation ont offert aux opérateurs la possibilité de compenser et/ou de garantir les transactions qu'ils effectuaient sur les marchés de gré à gré. Cette possibilité fut utilisée et s'est développée avec les soubresauts induits par les fraudes fiscales d'Enron (voir les sections 2 et 4 du chapitre 9).

Grâce aux garanties fournies par les chambres de compensation, les contrats vont pouvoir prendre une forme de plus en plus immatérielle. Acheter (vendre) un contrat consiste désormais à prendre l'engagement de recevoir (livrer) une certaine quantité de marchandise sans qu'il soit nécessaire de signer ou d'émettre un papier.

Les transactions ayant pour objectif de se protéger contre les risques de prix ou de spéculer sur ces risques se concentrèrent sur les marchés dotés d'une chambre de compensation. Les transactions ayant un objectif strictement commercial désertèrent les bourses de commerce et se développèrent en dehors de ces institutions. Cette spécialisation des tâches entre les marchés où sont échangés les produits physiques pour livraison immédiate ou différée et les marchés à terme où sont négociés les contrats standardisés garantis par une chambre de compensation (on dit parfois où sont négociés les papiers) eut pour conséquence d'améliorer l'efficacité d'ensemble du système économique. Comme nous le verrons dans un instant, cette dichotomie et ce cloisonnement entre les deux marchés ne sont toutefois pas absolus, au plus grand bénéfice des opérateurs.

Les chambres de compensation ont des statuts juridiques très divers. Elles peuvent être un simple département de la bourse (vu le rôle qu'elles assument, il s'agit alors d'un département très important). Le meilleur exemple est celui des chambres de compensation du New York Mercantile Exchange et du Chicago Mercantile Exchange. Le *clearing* peut être une institution financière totalement indépendante de la bourse (il est arrivé qu'elle ait un statut bancaire ; tel fut le cas en France de Matif SA). Cette institution financière peut assurer la compensation pour une seule bourse (ce qui est le cas le plus général), ou pour plusieurs bourses (telle est la situation de LCH-Clearnet), voire pour l'ensemble des bourses d'un pays (ce qui est le cas de l'institution qui compense les transactions des sept bourses de commerce japonaises). D'autres exemples montrent que la chambre de compensation peut être juridiquement indépendante de la bourse, mais contrôlée par ses membres les plus importants (un bon exemple est celui du Board of Trade Clearing Corporation qui assurait la compensation des transactions du Chicago Board of Trade avant que cette bourse décide en 2004 de confier cette responsabilité à la chambre de compensation du Chicago Mercantile Exchange). Autre possibilité, le *clearing* peut être contrôlé par une ou plusieurs bourses, pour 25 %, 30 %, ou 40 % du capital et pour le solde par les membres les plus importants des bourses (tel fut le cas du London Clearing House avant sa fusion avec Clearnet). Dernière possibilité, la chambre de compensation peut être une société indépendante de la bourse, mais entièrement contrôlée par elle (tel est le statut juridique de la chambre de compensation œuvrant pour les marchés dérivés allemands).

1.4. Les caractéristiques distinctives du marché des produits physiques et du marché des contrats futures

Sur le marché des produits physiques, les transactions entre les acheteurs et les vendeurs prévoient une livraison immédiate ou différée de la marchandise. Les premières, les plus nombreuses sinon toujours les plus importantes, sont des opérations courantes d'achat et de vente effectuées par les différents agents économiques. Les secondes prévoient que la livraison de la marchandise est repoussée à une date postérieure à la signature de l'acte commercial. Cette livraison peut être unique ou échelonnée dans le temps. Quand un importateur achète 25 000 barils de pétrole, la livraison se fait normalement en une fois. Quand l'agence d'importation d'un pays en développement achète 3 millions de tonnes de céréales, il est évident que la livraison ne peut être immédiate et doit être échelonnée sur plusieurs périodes.

Dans une transaction portant sur des produits physiques, le prix, la qualité, la quantité et toutes les autres conditions du contrat commercial sont librement négociés par les co-contractants. Tel n'est pas le cas des transactions réglementées sur les marchés de *futures*. Ces transactions ne portent pas, en effet, sur des produits physiques, mais sur des contrats qui sont des engagements fermes et définitifs prévoyant de livrer ou de recevoir, à une échéance spécifique, une certaine quantité de matière première, à un prix fixé lors de leur négociation. Ces engagements déterminent également, et avec beaucoup de précision, la dénomination, la qualité, la quantité, la date et le lieu de livraison ou de réception des marchandises. Seul, le prix est librement négocié. Un marché de contrats *futures* de matière première est donc un marché financier. Bien comprendre cette réalité est essentiel pour éviter toute erreur d'interprétation.

Sur le marché où s'effectuent des transactions commerciales, que la livraison soit immédiate ou différée, l'opérateur achète ou vend des marchandises disponibles (dans le cas d'une transaction au comptant) ou qui le seront ultérieurement (dans le cas d'une transaction avec livraison différée), dans la mesure où le contrat commercial se dénoue par une livraison effective de matière première. Sur un marché de contrats *futures*, en revanche, l'opérateur achète ou vend des contrats sans nécessairement posséder la matière première servant de support aux contrats. Un opérateur peut donc s'engager, en mars, à livrer, pour le mois de septembre, des matières premières qu'il ne possède pas. De la même manière, un opérateur peut s'engager, en février, à prendre livraison, en décembre, de matières premières sans être assuré que son co-contractant possède les produits physiques ou sans avoir lui-même la volonté d'en prendre réellement livraison. Si le marché des contrats à terme *futures* était un marché de produits physiques, cette situation serait très inconfortable. Elle pourrait même être angoissante pour l'opérateur qui s'est, par exemple, engagé à livrer du physique qu'il ne possède pas. Heureusement, le marché à terme n'est pas un marché de produits physiques, mais d'abord et avant tout un marché financier.

1.5. Le dénouement d'un contrat à terme futures

Tout contrat acheté ou vendu se dénoue au plus tard à son échéance. L'originalité des contrats *futures* est de prévoir deux dénouements possibles : la livraison effective ou la compensation.

1.5.1. Le dénouement par livraison effective

La manière *a priori* la plus simple de dénouer un contrat est d'en remplir les obligations en livrant ou en prenant livraison de la marchandise sous-jacente. Cette méthode est en fait peu pratiquée, car elle est lourde, assez coûteuse et peu justifiée dans la plupart des cas. Elle est également contraignante, car les matières premières livrées doivent être conformes aux caractéristiques de qualité (standardisées parfois à l'extrême) spécifiées par les contrats. Pour éviter toutefois une excessive rigidité, il est souvent prévu que la qualité des produits livrés peut différer de celle mentionnée dans les contrats. Quand la marchandise livrée est de qualité supérieure à celle prévue au contrat, le vendeur reçoit une prime ; quand elle est inférieure, il verse une prime. Le montant de ces primes et les différences de qualité sont généralement déterminés avec précision par le contrat lui-même. Cette souplesse est indispensable lorsque les matières premières négociées à terme sont difficiles à standardiser. Dans le cas spécifique des produits pétroliers, les responsables du New York Mercantile Exchange et de l'International Petroleum Exchange ont mis en place plusieurs procédures alternatives qui évitent les difficultés associées à la livraison effective de la matière première servant de sous-jacent aux contrats. En dépit des difficultés et des inconvénients qui lui sont associés, le dénouement des contrats par livraison effective de la marchandise est une méthode qui est indispensable au bon fonctionnement d'un marché à terme, car elle établit une passerelle entre le marché au comptant qui est celui des produits physiques, et le marché des contrats à terme qui est celui du papier. Moins de 1 % des contrats se dénouent, en moyenne, par une livraison effective de marchandise, mais cette passerelle est essentielle. Elle permet en effet une évolution identique, dans leurs grandes tendances, des cours sur les deux marchés et elle facilite de ce fait les opérations de couverture (en fait, elle les rend possibles). Si les prix à terme et au comptant n'évoluaient pas de la même manière, des opérations d'arbitrage entre le prix du physique et celui des contrats seraient immédiatement initiées et elles auraient pour conséquence de rétablir l'égalité entre les deux prix.

Supposons par exemple que, trois jours avant l'échéance des contrats, le prix à terme est égal à 145 et que le cours au comptant s'établit à 140. Confronté à cette structure de prix, un opérateur professionnel disposant de capacités de stockage vend des contrats au prix de 145, achète immédiatement des produits physiques au cours de 140, les stocke pendant trois jours et honore les engagements de ses contrats par une livraison effective de produits physiques.

Si les coûts de stockage et de financement des matières premières pendant trois jours sont négligeables et si la livraison effective des marchandises n'induit pas de frais administratifs, le gain de l'arbitragiste ressort à 5. Si les coûts administratifs, de stockage et de financement sont positifs, ce qui est beaucoup plus réaliste, et ressortent par exemple à 2, le profit est égal à 3. À condition qu'ils demeurent positifs, que les profits soient égaux à 5 ou à 3 importe peu (sauf pour les opérateurs qui en bénéficient, bien évidemment). Tant qu'ils sont positifs, en effet, des arbitragistes interviennent sur le marché au comptant et celui des contrats. Leurs transactions ont pour conséquence d'abaisser le prix à terme et d'élever le prix au comptant. Ces arbitrages cesseront quand les deux prix seront identiques. À l'échéance d'un contrat, si l'on fait abstraction des coûts associés à la livraison effective de la matière première, le prix à terme (le prix du contrat) devrait être égal au prix au comptant.

Cette analyse est généralisable et l'on peut dire qu'à un instant donné t, le prix d'un contrat à terme pour l'échéance n est théoriquement égal au prix au comptant de la matière première correspondant aux spécifications du contrat, accru des coûts de stockage et de financement sur la période t, t + n. La situation dans laquelle le prix à terme est supérieur au prix au comptant correspond à un report. Il en existe toutefois une seconde (elle est plus rare) dans laquelle le prix à terme est inférieur au prix au comptant. Elle est qualifiée de déport. Les coûts de stockage et de financement ne sont plus les seuls déterminants du prix à terme. Nous y reviendrons ultérieurement.

Les relations de report et de déport étant définies, retenons la première, car elle est plus simple à analyser dans le cadre d'une présentation introductive des opérations de couverture contre le risque de prix. Dans la mesure où le coût de stockage et de financement est dans une large mesure proportionnel à la période de détention, deux conclusions peuvent être tirées.

• À l'instant t, et toutes choses égales par ailleurs, le prix d'un contrat à terme ayant une échéance éloignée (six mois) doit être supérieur au prix d'un contrat ayant une échéance rapprochée (trois mois), lequel doit être supérieur au prix d'un contrat ayant une échéance très rapprochée (un mois).

• Les coûts de stockage et de financement ayant tendance à diminuer à mesure que l'échéance se rapproche, la différence entre le prix d'un contrat à terme et le prix au comptant de la matière première sous-jacente ne peut que se réduire pour finalement s'annuler à l'échéance du contrat (graphique 1.1.). Le prix d'un contrat à terme a donc tendance à converger vers le prix au comptant à mesure que se rapproche l'échéance de ce contrat. Ce phénomène est qualifié de « convergence de la base » (*cash convergence*, en anglais).

Graphique 1.1. – *Évolution de la différence entre le prix à terme et le prix au comptant*

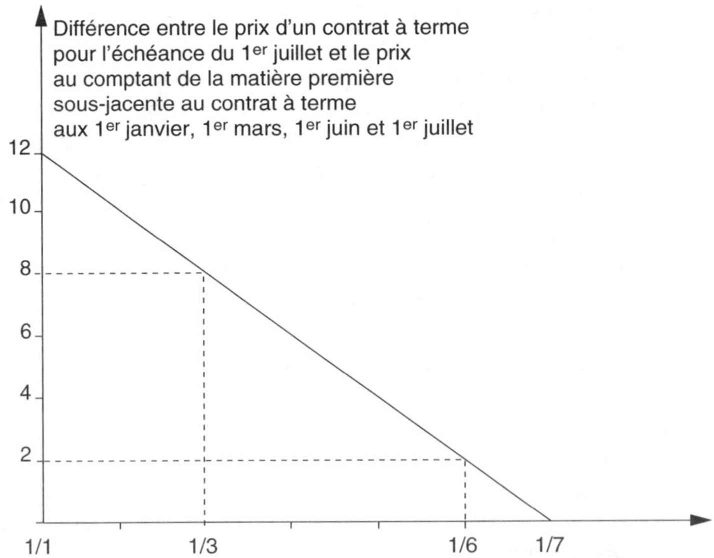

Si le 1er janvier (époque t) les coûts de stockage et de financement associés au prix d'un contrat à terme ayant le 30 juin pour échéance (époque t+6) sont égaux à 12, ils devraient, toutes choses égales par ailleurs, être égaux à 6 pour des contrats ayant le 30 mars pour échéance et à 2 pour des contrats ayant le 31 janvier pour échéance.

De la même façon (ceci est simplement une deuxième manière d'observer le même problème) le prix coté le 1er janvier d'un contrat ayant pour échéance le 1er juillet est égal à 112 si le prix au comptant est égal à 100 et si les coûts de stockage et de financement sont égaux à 12. Le 1er mars, le prix de ce contrat (ayant toujours pour échéance le 1er juillet) est théoriquement égal au prix au comptant accru des coûts de stockage et de financement pour une durée de 4 mois, soit 8 (si le prix au comptant à la date du 1er mars est égal à 100, le prix du contrat pour le terme de juillet ressort à 108 ; si le prix au comptant est égal à 110, le prix du contrat ressort à 118). Le 1er juin, le prix de ce contrat est théoriquement égal au prix au comptant accru du coût de stockage et de financement sur un mois, soit 2 (si le cours au comptant est égal à 90, le prix du contrat à terme devrait être égal à 92 ; si le cours au comptant ressort à 105, le prix du contrat devrait être 107). Le 1er juillet, à l'échéance du contrat, le prix à terme doit être égal au prix au comptant puisque les coûts de stockage et de financement sont égaux à zéro.

En toute logique, et en nous en tenant aux explications qui viennent d'être fournies, le prix à terme devrait donc toujours être en report, c'est-à-dire supérieur au prix au comptant. Comme nous le préciserons au chapitre 2, les coûts de stockage et de financement ne sont pas les seuls déterminants des prix à terme. De ce fait, le prix *futures* n'est pas uniquement fonction du prix au comptant et des coûts de stockage et de financement. Par conséquent, les opérations d'arbitrage sont plus complexes et présentent dans certaines situations des risques qui ne sont pas négligeables. Par ailleurs, l'observation des cours sur les marchés de contrats à terme fait apparaître (en particulier sur le marché du pétrole) que les prix à terme peuvent être en déport, c'est-à-dire inférieurs au prix au comptant. Est-ce à dire que les coûts de stockage et de financement sont inopérants ? Non, bien évidemment, mais d'autres variables doivent être intégrées dans l'analyse.

Pour toutes ces raisons, et nous aurons l'occasion d'y revenir à plusieurs reprises, la convergence de la base est un processus moins régulier et plus chaotique que ce qui était suggéré dans les développements qui précèdent, ce que souligne le graphique 1.2. Celui-ci reproduit les évolutions entre les mois de mai et novembre 1981 :

– du prix du contrat à terme de fioul pour l'échéance novembre 1981 négocié au New York Mercantile Exchange,

– du prix au comptant du fioul susceptible d'être livré en cas de dénouement du contrat par livraison de produits physiques,

– de la différence quotidienne entre le cours du contrat pour l'échéance novembre et le prix au comptant du fioul.

Les arbitrages entre le marché à terme et le marché au comptant facilitent la convergence de la base. Ils sont connus sous le nom de *cash and carry*. L'opération qui a été développée dans le cadre de ce paragraphe est très simple, mais elle est parfaitement représentative de ce qui se fait dans la réalité. Elle consiste à vendre des contrats (car leur prix à terme est supérieur à leur prix théorique, celui-ci étant égal au prix au comptant accru des coûts de stockage et de financement), à stocker des produits phy-

Graphique 1.2. – *La convergence de la base*

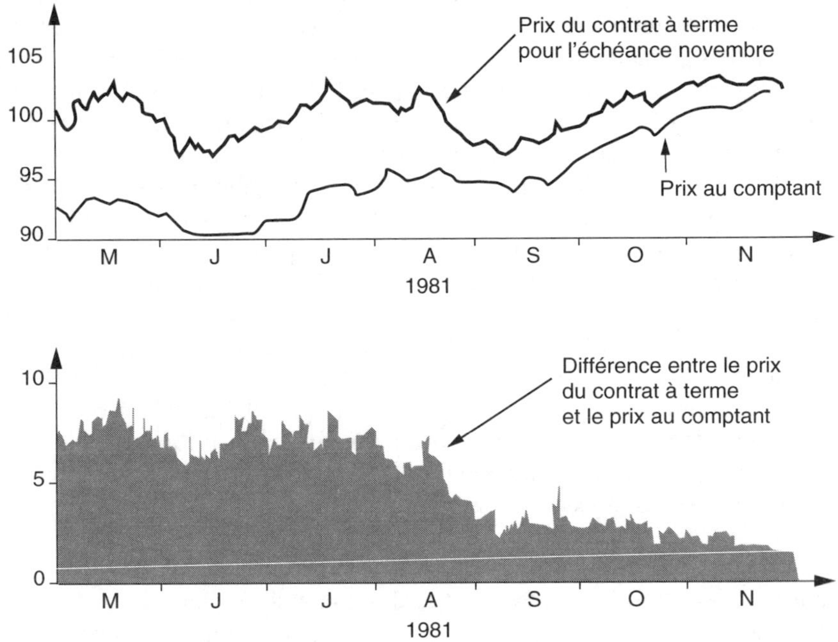

siques achetés sur le marché au comptant et à honorer les engagements des contrats par une livraison effective de matière première.

Si le prix à terme avait été inférieur au prix théorique, l'arbitrage entrepris aurait été un *reverse cash and carry*. Il aurait conduit l'opérateur à acheter des contrats à terme, à vendre sur le marché au comptant des produits physique qu'il détenait en stock (s'il n'en possède pas en stock, il lui est parfois possible d'en emprunter, mais cela renchérit le coût de l'arbitrage et introduit un aléa dans son résultat financier) et à prendre livraison des matières premières à l'échéance des contrats afin de reconstituer un stock (ou de rembourser l'emprunt de matière première qui avait été initié).

Conséquence des opérations d'arbitrage qui se déduisent de la possibilité de remplir les obligations du contrat par une livraison effective de produits physiques, les prix des contrats *futures* et ceux des matières premières négociées sur le marché au comptant ont les mêmes évolutions et suivent les mêmes tendances, ce qu'indique le graphique 1.3. qui reproduit pour les années 1979 à 1982 l'évolution du prix au comptant du fioul sur le marché de New York et celle du prix à terme. Les évolutions sont simplifiées, mais elles sont représentatives de la réalité observée sur les marchés. Ce quasi-parallélisme est assuré par la présence d'arbitragistes professionnels intervenant simultanément sur le marché du papier (celui des contrats à terme) et celui des matières premières.

Graphique 1.3. – *Évolution du prix au comptant du fioul domestique et du prix des contrats à terme sur le marché du New York Mercantile Exchange*

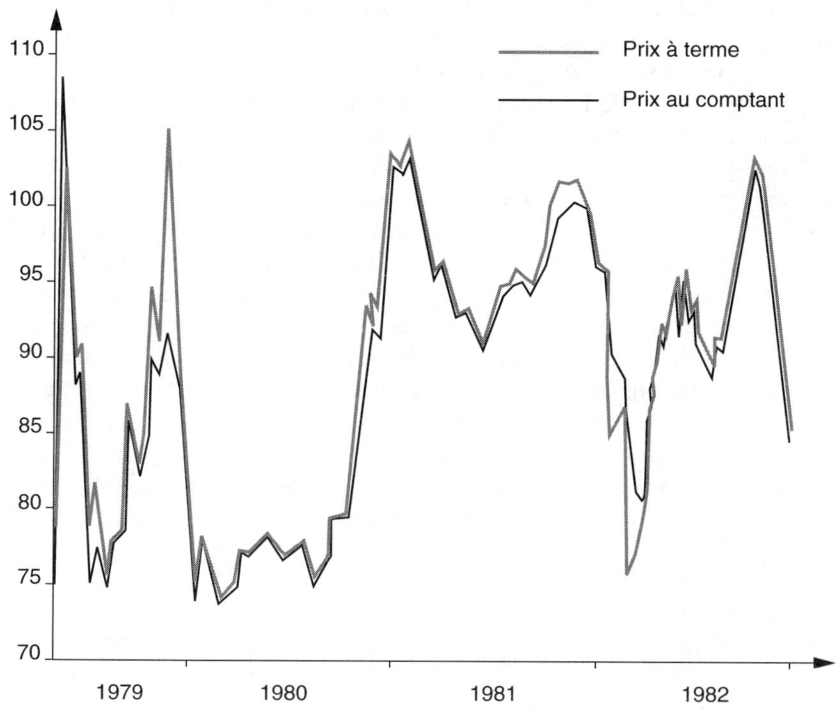

Tous les professionnels qui produisent, stockent, transforment, négocient, achètent ou vendent des matières premières tirent parti de ce parallélisme pour réaliser des opérations de couverture. Trois raisons expliquent cependant que les variations des cours sur le marché des produits physiques et celui des contrats ne sont pas rigoureusement identiques.

• Les spéculateurs sur les marchés à terme anticipent les mouvements de prix, ce qui peut déstabiliser ponctuellement ou temporairement le marché des contrats et amplifier les fluctuations du marché au comptant.

• Les prix à terme peuvent être influencés par des éléments qui n'ont rien à voir avec le marché des produits physiques : évolution des taux de change, désaffection des investisseurs à l'égard des marchés de valeurs mobilières ou des marchés de dettes, disponibilité de capitaux susceptibles d'être investis sur les marchés de contrats, etc.

• Le report (ou le déport), qui caractérise à tout instant la différence entre le prix à terme et le prix au comptant, et la tendance à la convergence *(cash convergence)* des deux prix au fur et à mesure que s'approche l'échéance du contrat, interdisent un parfait parallélisme dans l'évolution des prix.

Le rapprochement, dans le cadre du graphique 1.3., des cours à terme et des prix au comptant fait également apparaître que l'amplitude des variations des cours à terme est supérieure à celle des prix au comptant. On constate en effet très souvent, lors des phases de retournement, que les cours à terme sont assez systématiquement supérieurs ou inférieurs aux prix enregistrés sur le marché au comptant.

Deux éléments expliquent un tel phénomène. Le premier tient à la présence des spéculateurs. Ces opérateurs, dont nous verrons au chapitre 4 qu'ils sont indispensables au fonctionnement des marchés à terme, peuvent avoir des anticipations qui accentuent les tendances des prix enregistrées sur le marché au comptant. Leur activité potentiellement déstabilisatrice est facilitée par le mécanisme des transactions à terme, et c'est le deuxième élément à prendre en considération. Dans une transaction à terme l'acheteur et le vendeur fixent, en effet, le prix de la transaction, mais repoussent le paiement à une date ultérieure. Seul un dépôt de garantie est exigé lors de l'achat et de la vente du contrat, mais son montant est faible et représente selon les marchés et la nature de l'opération initiée (spéculation, arbitrage ou couverture) entre 1 et 10 % de la valeur de la transaction. Cette somme également dénommée déposit (*initial margin* en anglais) n'est pas un paiement partiel du prix d'un contrat mais constitue une sécurité au profit de la chambre de compensation.

1.5.2. Le dénouement par compensation

Dans la quasi-totalité des cas, le dénouement d'un contrat à terme se fait par compensation. Pour ce faire, l'opérateur qui détient une position vendeuse pour une certaine échéance achète un nombre identique de contrats pour le même terme. De la même façon, l'opérateur qui détient une position acheteuse vend pour la même échéance un nombre de contrats correspondant au montant de sa position initiale. Cette manière d'exécuter les obligations initialement contractées est la grande originalité des marchés à terme. Grâce à la présence d'une chambre de compensation, elle permet à l'opérateur de débourser ou d'encaisser la différence entre les prix des deux transactions sans devoir intervenir sur le marché au comptant.

Pour quelles raisons des opérateurs interviennent-ils sur les marchés à terme ? Quelles motivations les poussent à acheter (vendre) des contrats qui sont compensés par une transaction inverse avant l'arrivée de l'échéance ? La réponse (faussement) naïve de certains observateurs suggère que les opérateurs sont fondamentalement des spéculateurs qui achètent et vendent des contrats sans posséder ou vouloir acquérir à l'échéance les produits physiques correspondant aux contrats négociés. Ils compensent en conséquence leurs engagements avant l'arrivée du terme pour recevoir ou verser une somme égale à la différence entre le prix d'achat et le prix de vente. Qu'il y ait sur un marché à terme de nombreuses opérations de spéculation est une réalité, d'une part, une nécessité, d'autre part, mais toutes les études établissent que les transactions à terme n'ont pas eu la spéculation pour premier objectif. Ce sont les opérations de couverture, dont l'objectif est d'offrir une protection contre le risque de prix, qui sont à l'origine des marchés à terme.

1.6. Les marchés de contrats à terme **futures** *et la logique des opérations de protection contre le risque de prix*

L'évolution quasiment parallèle des prix sur le marché au comptant et celui des contrats facilite la mise en place des opérations de couverture. Sachant, en effet, que les prix à terme ne peuvent s'éloigner durablement du prix au comptant, il suffit à l'opérateur qui veut se protéger contre le risque de prix de prendre sur le marché des contrats *futures* une position inverse à celle qu'il détient sur le marché des produits physiques. Toute évolution défavorable induisant une perte sur le comptant sera, de ce fait, contrebalancée par un gain sensiblement égal sur le marché des contrats *futures*.

Un exemple, s'appuyant sur le graphique 1.3., permet de comprendre le principe et le mécanisme de ces opérations. Au mois d'août 1980, les responsables du chauffage urbain et des transports en bus de l'une des plus grandes villes américaines s'adressèrent à différentes sociétés pétrolières pour leur demander de les approvisionner en fioul, à prix fixe, pour les neuf prochains mois [1]. Le traumatisme qui résultait du deuxième choc pétrolier et la méconnaissance (à l'époque) des mécanismes de fonctionnement des marchés à terme aboutirent à un refus (poli et circonstancié) des grandes sociétés pétrolières de garantir les prix au-delà de trois mois (à leur décharge, il faut dire que le premier marché à terme pétrolier viable avait été ouvert le 15 novembre 1978, et au mois d'août 1980, l'activité y était encore très faible). La seule réponse positive est venue d'un petit négociant membre du New York Mercantile Exchange. Le prix au comptant étant à l'époque légèrement inférieur à 75 cents, il proposa un approvisionnement en fioul pour les neuf prochains mois au prix de 85 cents le gallon. Sa proposition fut acceptée, mais ne disposant pas de stocks, le négociant qui s'était engagé à livrer du physique qu'il ne possédait pas acheta en août des contrats à terme à des cours compris entre 75 et 80 cents le gallon.

Sachant, comme nous l'avons montré au paragraphe 1.5., que les prix à terme ne pouvaient durablement s'éloigner du prix au comptant, et détenant des positions inverses sur les deux marchés (il était vendeur de physique et acheteur de contrats), le négociant savait que s'il devait être confronté à une hausse des cours, il subirait une perte sur le marché du physique, mais celle-ci serait contrebalancée par un gain sur le marché des contrats. La perte sur le physique serait due à l'obligation d'acheter du fioul auprès des grandes sociétés pétrolières (à ce que l'on appelait à l'époque un prix posté) à un cours supérieur à 85 cents le gallon (tel fut par exemple le cas en janvier et février 1981, époque à laquelle le cours dépassait très nettement un dollar par gallon) pour le livrer au district urbain. Mais cette perte serait contrebalancée par un gain provenant de la vente

1. Cet exemple réel a été schématisé et transformé pour faciliter l'exposé.

de contrats (dont le négociant savait que le prix évoluerait de manière sensiblement parallèle à celui du comptant) à un prix supérieur à celui auquel ils avaient été achetés en août 1980. En janvier et février 1981, le prix des contrats fut même légèrement supérieur au prix du fioul sur le marché au comptant [1].

C'est parce qu'il savait que les évolutions des prix au comptant et à terme seraient pratiquement identiques que le négociant a pu garantir, par une couverture adéquate sur le marché des *futures*, un prix fixe aux responsables du district urbain américain.

Pour faire face aux coûts de transaction et se donner un volant de sécurité, le négociant, notons-le bien, avait proposé un prix fixe de 85 cents (qui avait été accepté par ses contreparties, et bien leur en avait pris, vu l'évolution des cours entre septembre 1980 et avril 1981) à une époque où le cours au comptant était de 75 cents.

Se protéger contre le risque de hausse des prix implique que l'opérateur a vendu à découvert des matières premières qu'il ne possédait pas (il est en « position courte » sur le marché du physique). Pour se couvrir, il doit prendre une « position longue » sur le marché à terme, c'est-à-dire acheter des contrats. On dit qu'il fait une opération de *long hedging*.

Si la position sur le marché des contrats *futures* est parfaitement symétrique à celle du marché des produits physiques (volume identique, matière première de même qualité, échéance des contrats identique à celle de la transaction sur le marché au comptant, volatilité des prix des contrats égale à celle des prix au comptant, etc.) si, en d'autres termes, l'évolution des prix au comptant est strictement parallèle à celle des prix des contrats, la protection est parfaite. Toute perte sur le marché des produits physiques est contrebalancée par un gain identique sur le marché des contrats *futures*.

La réalité est bien différente. Il existe des rompus quant au montant de la couverture ; les différences de qualité entre le produit que l'on couvre et celui servant de couverture sont généralisées ; la synchronisation entre l'échéance des contrats et celle de la transaction sur le marché au comptant n'est pas de règle ; etc. Tous ces éléments constituent autant de sources d'imperfections. Celles-ci sont renforcées par les anticipations de certains opérateurs dont les transactions peuvent faire dévier les cours à terme de leur prix théorique. Ces imperfections n'ont pas toutes des implications négatives ; certaines d'entre elles peuvent être parfois une source de gain. Ces imperfections sont nombreuses, mais leur montant est limité. Elles sont de toute façon très largement inférieures au risque que prendrait l'opérateur en ne se couvrant pas.

Le principe et les mécanismes de la protection contre la baisse des prix sont identiques à ceux qui président à la protection contre la hausse. Il s'agit toujours pour l'opérateur de prendre sur le marché des contrats

---

1. Une analyse plus détaillée et plus précise des opérations de couverture est développée au chapitre 4.

une position inverse à celle qu'il détient sur celui des produits physiques. Se protéger contre un risque de baisse implique de détenir des stocks (l'opérateur est en « position longue » sur le marché du physique). Pour se couvrir, il doit prendre une « position courte » sur le marché à terme, c'est-à-dire vendre des contrats. On dit qu'il fait du *short hedging*. Toutes les remarques précédemment formulées quant à l'imperfection des opérations de couverture s'appliquent bien évidemment aux opérations de protection contre la baisse. Il n'est donc pas nécessaire d'insister sur ce point.

Les contrats à terme *futures* ne sont pas négociés en vue d'obtenir une livraison de produits physiques, mais dans un but de protection ou de spéculation. La fonction d'un marché à terme est de fournir un mécanisme qui protège, au moins partiellement, les opérateurs professionnels contre les risques de prix inhérents au stockage, au négoce ou à la transformation des matières premières. Une transaction sur un marché de contrats n'a pas pour objet d'échanger des produits physiques. Quand un opérateur achète des contrats à terme, il ne s'agit pas pour lui, dans la quasi-totalité des cas, d'attendre l'échéance pour prendre livraison de la marchandise physique. Quand un vendeur à terme intervient sur un marché, cela ne signifie pas nécessairement qu'il cherche à livrer du physique. Sur les marchés à terme, la finalité des achats et des ventes de contrats n'est pas l'échange de produits physiques..., même si cette possibilité peut toujours être envisagée.

Maintenant que nous connaissons mieux l'utilité et les spécificités des contrats à terme boursiers (*futures contracts*) et des contrats à terme avec livraison différée (*forward contracts*), nous pouvons comparer leurs caractéristiques distinctives.

1.7. Les caractéristiques spécifiques et distinctives des contrats à terme boursiers et des contrats à terme avec livraison différée

Les transactions sur le marché des produits physiques prévoyant une livraison différée de la marchandise ne sont pas assimilables aux transactions sur les marchés de contrats à terme des bourses de commerce. Pourtant, pour des opérations fondamentalement différentes, la langue française utilise les mêmes expressions : marchés à terme et opérations à terme. La langue anglaise est beaucoup plus précise. Quand il s'agit de transactions prévoyant une livraison différée de produits physiques, elle parle de *forward market* et de *forward transactions*. Quand il s'agit de transactions sur des marchés de contrats à terme réglementés et dotés d'une chambre de compensation elle parle de *futures market* et de *futures transactions*.

Dans une transaction à terme, qu'il s'agisse d'un contrat *forward* ou d'un contrat *futures*, le prix est fixé au moment de la négociation du contrat, mais la livraison et le paiement sont repoussés à l'échéance de la transaction.

Les transactions avec livraison différée (*forward transactions*) sont effectuées sur le marché des produits physiques (souvent dénommé marché de gré à gré ; précisons toutefois que si toutes les transactions *forward* sont réalisées sur un marché de gré à gré, ce dernier ne se limite pas, comme nous le verrons au chapitre 7, aux seules transactions *forward*). Elles portent sur des actifs réels, non standardisés. Chaque transaction est spécifique. La spécificité concerne le volume échangé, les modalités de livraison et de paiement, la qualité négociée et l'échéance de la livraison. Cette absence de standardisation permet aux opérateurs de répondre pleinement aux besoins spécifiques de leurs co-contractants, mais elle supprime *ipso facto* toute liquidité au marché.

Les transactions sur le marché des contrats *futures* portent sur des actifs standardisés. La standardisation concerne le volume du contrat, la qualité et les spécificités de la matière première lui servant de sous-jacent, les échéances des transactions, les modalités de dénouement en cas de livraison de produits physiques, etc. Cette standardisation permet d'homogénéiser les contrats et les transactions, ce qui accroît la liquidité du marché à terme.

1.7.1. Les différences entre les contrats futures *et les contrats* forward

Les contrats *futures* et les contrats *forward* présentent trois différences fondamentales.

– La standardisation des contrats *futures* négociés sur les marchés boursiers est très importante, que ce soit au niveau des quantités, des qualités, des dates de livraison et des lieux de livraison. Pour les contrats *forward*, en revanche, il n'y a aucune standardisation : toutes les caractéristiques du contrat négocié sont spécifiées par les co-contractants.

– Le dénouement par livraison effective des produits négociés à terme est une règle quasiment toujours respectée au niveau des contrats *forward*. Les modalités concrètes de l'exécution sont laissées à la charge et à l'initiative des deux contractants. Pour les contrats *futures*, en revanche, la livraison effective des actifs sous-jacents est tout à fait exceptionnelle. Elle se produit dans moins de 1 % des cas. Quand livraison il y a, les modalités concrètes sont pratiquement toujours prises en charge par la chambre de compensation.

– La liquidité des instruments négociés sur un marché boursier est très grande du fait de la standardisation des contrats, de la présence d'une chambre de compensation et de l'existence d'un marché secondaire organisé. En revanche, la liquidité des contrats *forward* est quasiment nulle, faute de standardisation, de marché secondaire organisé et de chambre de compensation.

Il existe deux autres différences qui ne peuvent qu'être évoquées à ce stade du livre. Elles seront cependant développées dans les prochains chapitres. Ces différences concernent les modalités d'achat et de vente des contrats, d'une part, l'utilisation des contrats comme instruments de couverture, d'autre part.

– Les modalités d'achat et de vente des contrats *futures* exigent de tout opérateur, qu'il soit acheteur ou vendeur, le versement d'un dépôt de garantie (*initial margin*, en anglais) auprès de la chambre de compensation et l'éventuel versement d'appels de marge (*margin call*, en anglais) dont le montant est déterminé par le sens et l'ampleur de la variation des cours. Cette règle prudentielle élémentaire est destinée à protéger la chambre de compensation et à lui éviter les conséquences d'un éventuel défaut de l'un ou l'autre des opérateurs. Les transactions avec livraison différée n'exigent *théoriquement* aucun dépôt de garantie, ni aucun appel de marge en cas d'évolution défavorable des cours. Cette habitude est justifiée par le fait que les co-contractants se connaissent bien. Par ailleurs, la livraison effective est la conclusion normale d'un contrat *forward*. En pratique, il arrive que l'un ou l'autre des co-contractants exige à la signature du contrat le versement d'une somme d'argent correspondant à une fraction du prix de la transaction.

– Les contrats *futures* échangés sur les marchés organisés et les contrats *forward* négociés sur le marché de gré à gré sont des instruments de couverture contre le risque de prix, mais s'ils remplissent la même fonction économique, ces deux instruments n'en demeurent pas moins très différents. Avec les contrats *futures*, la protection n'est jamais parfaite, car l'extrême standardisation de cet instrument lui interdit de s'adapter parfaitement aux besoins de chaque opérateur. Tel n'est pas le cas pour les contrats *forward*. Il est en effet toujours possible sur un marché de gré à gré de construire une couverture parfaitement adaptée aux besoins de chaque opérateur. Toute médaille a son revers. La standardisation des contrats *futures* associée à la présence d'une chambre de compensation offre une très grande flexibilité et permet à l'opérateur de liquider sans la moindre difficulté une couverture qui se révélerait inutile. Cette flexibilité est inexistante avec les contrats *forward*, car ces derniers ne sont pas négociables, par manque de standardisation, d'une part, par absence de chambre de compensation, d'autre part. Au total, si la couverture fournie par les contrats à terme n'est jamais parfaite, elle est, en revanche, moins coûteuse que celle offerte par les contrats *forward*.

1.7.2. Des exemples de contrats à terme standardisés

Les contrats négociés dans les bourses de commerce sont des contrats standardisés. Chacun d'eux possède ses propres caractéristiques qui diffèrent bien évidemment de celles des autres contrats. Le tableau 1.1. reproduit, à titre d'illustration, les caractéristiques essentielles de trois contrats pétroliers négociés au New York Mercantile Exchange.

Les caractéristiques de ces contrats ne sont pas figées une fois pour toutes. Elles évoluent pour s'adapter aux modifications des pratiques et des habitudes commerciales. Ces évolutions sont décidées par les responsables des bourses de commerce après consultation des professionnels qui utilisent, négocient, produisent ou consomment les matières premières servant de support aux contrats.

Tableau 1.1. – *Les principales caractéristiques des contrats pétroliers négociés au New York Mercantile Exchange*

	Fioul domestique	**Essence**	**Pétrole brut**
Volume	1 000 barils	1 000 barils	1 000 barils
Échelon minimal de cotation	0,0001 dollar par gallon, soit 4,2 dollars par contrat	0,0001 dollar par gallon, soit 4,2 dollars par contrat	1 cent par baril, soit 10 dollars par contrat
Fluctuation maximale	0,20 dollar par gallon pour les 2 mois rapprochés ; 0,06 dollar pour les autres échéances	0,20 dollar par gallon pour les 2 mois rapprochés ; 0,06 dollar pour les autres échéances	7,5 dollars par baril pour les 2 mois rapprochés ; 3 dollars pour les autres échéances
Dernier jour de transaction	Dernier jour ouvrable du mois précédant le mois de livraison	Dernier jour ouvrable du mois précédant le mois de livraison	3 jours ouvrables avant le 25 du mois précédant le mois de livraison
Point de livraison	New York	New York	Cushing dans l'Oklahoma
Échéances	18 échéances mensuelles consécutives	18 échéances mensuelles consécutives	30 échéances mensuelles consécutives plus 5 échéances éloignées à 36, 48, 60, 72 et 84 mois
Horaires de négociation	Transactions à la criée : 9 h 50-15 h 10 ; transactions sur le système électronique Access : 16 h 00-9 h 00	Transactions à la criée : 9 h 50-15 h 10 ; transactions sur le système électronique Access : 16 h 00- 9 h 00	Transactions à la criée : 9 h 45-15 h 10 ; transactions sur le système électronique Access : 16 h 00-9 h 00

Différentes qualités d'une même matière première (café, aluminium, cacao, blé, pétrole) peuvent être négociées sur plusieurs bourses de commerce. Quand tel est le cas, les autres caractéristiques des contrats peuvent être identiques (un bon exemple est fourni par les contrats de blé négociés sur les bourses américaines reproduits au tableau 1.2.) ou spécifiques à chacun des instruments traités sur les différents marchés (le café et le cacao négociés à Londres et à New York en sont deux exemples explicites reproduits au tableau 1.3.).

Tableau 1.2. – *Les principales caractéristiques des contrats de blé négociés aux États-Unis*

	Chicago Board of Trade	**Kansas City Board of Trade**	**Minneapolis Grain Exchange**
Qualité du blé	n° 2 Northern Spring Wheat n° 2 Soft Red Wheat n° 2 Hard Red Winter Wheat n° 2 Dark Northern Spring Wheat	n° 2 Hard Red Winter Wheat	n° 2 Northern Spring Wheat avec un minimum de 13 % de protéine
Volume	5 000 boisseaux	5 000 boisseaux	5 000 boisseaux
Échelon minimal de cotation	1/4 cent par boisseau, soit 12,50 dollars par contrat	1/4 cent par boisseau, soit 12,50 dollars par contrat	1/4 cent par boisseau, soit 12,50 dollars par contrat
Limite maximale de fluctuation	30 cents par boisseau	30 cents par boisseau	30 cents par boisseau
Échéance	Mars, mai, juillet, septembre, décembre	Mars, mai, juillet, septembre, décembre	Mars, mai, juillet, septembre, décembre
Dernier jour de transaction	7 jours ouvrables précédant le dernier jour ouvrable du mois de livraison	7 jours ouvrables précédant le dernier jour ouvrable du mois de livraison	7 jours ouvrables précédant le dernier jour ouvrable du mois de livraison
Horaires de transaction	9 h 30-13 h 15	9 h 30-13 h 15	9 h 30-13 h 15

Tableau 1.3. – *Les principales caractéristiques des contrats de cacao et de café de New York et de Londres*

	Cacao **New York Board of Trade**	***Cacao*** **Euronext Liffe**	***Café*** **New York Board of Trade**	***Café*** **Euronext Liffe**
Qualité	Cacao produit dans n'importe quel pays remplissant les normes à l'importation fixées par le ministère de l'agriculture américain	Cacao produit dans n'importe quel pays	Café arabica produit dans différents pays d'Amérique centrale, d'Amérique du sud, d'Asie ou d'Afrique	Café robusta provenant de 21 pays différents
Volume	10 tonnes	10 tonnes	37 500 livres	5 tonnes
Échelon minimal de cotation	1 dollar par tonne	1 livre sterling par tonne	0,05 cent par livre	1 dollar par tonne
Limite maximale de fluctuation	Pas de limite	40 livres sterling par tonne	Pas de limite	Aucune limite
Échéance	Mars, mai, juillet, septembre, décembre	10 échéances du cycle mars, mai, juillet, septembre, décembre	Mars, mai, juillet, septembre, décembre	7 échéances du cycle janvier, mars, mai, juillet, septembre, décembre
Horaires de transaction	9 h 00-14 h 00	9 h 30-12 h 58 14 h 30-16 h 45	9 h 15-13 h 32	9 h 45-12 h 32 14 h 30-17 h 00

1.7.3. La cotation des contrats futures *de matières premières*

Jusqu'en 1990, les cours des contrats à terme étaient déterminés à la criée (*open outcry*) pendant une séance de cotation de plusieurs heures, durant laquelle tous les ordres d'achat et de vente devaient être annoncés au sein d'une corbeille par l'intermédiaire de courtiers ou de leurs accrédités. Cette procédure a été progressivement remplacée par des transactions électroniques. L'Eurex fut la première bourse à y avoir recours et ce dès sa création (plusieurs bourses de valeurs, comme celle de Paris, et certains marchés d'options sur actions, comme le Monep, l'avaient toutefois précédé dans cette voie). Très rapidement, toutes les bourses européennes de produits dérivés se sont converties aux transactions électroniques. La très substantielle réduction des coûts, la transparence qu'implique l'électronique, la suppression des erreurs qu'induisent les négociations à la criée et des fraudes qu'elles facilitent sont les raisons de cette migration de la criée vers l'électronique. Très curieusement, les bourses américaines ont pris beaucoup de retard et refusent encore pour certaines d'entre elles d'y avoir recours (ce refus s'explique en grande partie par la structure de leur *membership*). Dans les transactions électroniques, les ordres d'achat et de vente et les prix offerts et demandés par un opérateur sont portés à la connaissance des autres intervenants par l'intermédiaire de claviers et d'écrans d'ordinateurs.

Qu'elles soient à la criée ou électroniques, les transactions sont publiques et s'effectuent en continu avec des variations incessantes des cours. Toute modification des prix est immédiatement enregistrée et diffusée au monde entier par l'intermédiaire des grands réseaux d'informations financières que sont, par exemple, Reuter, Telerate et Bloomberg.

Chaque jour, les quotidiens financiers fournissent à leurs lecteurs un résumé des cours les plus significatifs de la séance de bourse. Les mercuriales réunies au tableau 1.5. reproduisent les informations simplifiées publiées par de grands journaux financiers. Elles concernent des marchés à terme de matières premières parmi les plus importants : le pétrole brut du New York Mercantile Exchange, le maïs du Chicago Board of Trade et les métaux non ferreux du London Metal Exchange.

Les mercuriales issues du *Wall Street Journal Europe*, reproduites aux tableaux 1.4., 1.5. et 1.6. indiquent d'abord le lieu de transaction des contrats à terme : le Chicago Board of Trade (CBT) pour le maïs et le New York Mercantile Exchange (NYM) pour le pétrole brut. Elles précisent ensuite le volume que représente un contrat à terme – 5 000 boisseaux (*bushels*) pour le maïs, 1 000 barils pour le pétrole brut – et le mode de cotation du contrat à terme – en cent par boisseau pour le maïs, en dollar par baril pour le pétrole brut. La première colonne des mercuriales recense les différentes échéances à terme cotées le 12 mars et le 19 janvier 2001. Pour le maïs, ces échéances sont irrégulières et déterminées par les pratiques commerciales du marché au comptant. Elles sont mensuelles pour le pétrole. La deuxième colonne (*Open*) indique le cours à terme

Tableau 1.4. – *Mercuriales relatives aux contrats à terme de maïs*

CORN (CBT) 5 000 bu. ; cents per bu.								
						Life time		
	Open	***High***	***Low***	***Settle***	***Change***	***High***	***Low***	***Open Interest***
Mar	213 1/2	214 1/4	212 3/4	213 1/2	– 1/4	279 3/4	198 1/2	5 893
May	220 1/4	221 1/2	219 1/2	219 3/4	– 1/2	282 1/2	206 1/2	189 257
July	228 1/4	229 1/2	227 3/4	228	– 1/2	287 1/2	213 3/4	107 808
Sept	236 1/4	237 1/2	235 3/4	235 3/4	– 1/2	276 1/2	219 3/4	28 053
Dec	247 1/2	248 1/2	246 1/2	247	– 1/2	275	229 1/4	84 761
Mr02	256 1/2	257 1/2	255 3/2	256 1/4	– 1/4	270	252	9 879
May	263 1/4	263 1/4	261 3/4	262 3/4	– 1/4	266 1/2	258 1/2	1 822
July	266 1/2	266 1/2	266 1/2	266 1/2	– 1/4	279 1/2	242	2 543
Dec	265 1/4	265 1/4	265 1/2	265 1/2	– 1/2	272	245	3 376

Est vol 36 000 ; *vol Thu* 65 627 ; *open int* 433 446, + 1 117

Source : The Wall Street Journal Europe, 12 mars 2001.

enregistré pour chaque échéance à l'ouverture de la séance de cotation ; la troisième colonne (*High*) reproduit le cours le plus élevé enregistré au cours de la journée ; la quatrième colonne (*Low*) reproduit le cours le plus bas. La cinquième colonne (*Settle*) reporte le cours de compensation servant de référence pour les appels de marge. La sixième colonne (*Change*) indique la variation du cours de compensation par rapport au niveau qu'il avait atteint à la clôture de la précédente séance de transactions. Les septième et huitième colonnes (*Lifetime, High, Low*) reproduisent les cours extrêmes (le plus élevé et le plus bas) enregistrés au cours de la vie de chaque contrat. La dernière colonne (*Open Interest*) révèle le montant de la position ouverte pour chaque échéance, c'est-à-dire le nombre de contrats détenus par les différents opérateurs à une date donnée. La position ouverte est nettement plus élevée pour les contrats ayant un terme rapproché. Les mercuriales fournissent également des informations sur les transactions, c'est-à-dire le nombre de contrats qui ont été échangés pendant la séance de cotation. En ce qui concerne le maïs, le *Wall Street* du lundi 12 mars fournit le volume estimé des transactions (*Est. Vol.*) du vendredi 9 mars. Ce chiffre n'est qu'une évaluation, car il faut aux responsables du Chicago Board of Trade un délai de 24 heures pour obtenir les chiffres exacts (qui diffèrent peu, au demeurant, des volumes estimés). Ce délai est le temps nécessaire pour trancher les litiges dus aux inévitables erreurs d'enregistrement qu'induisent les transactions à la criée. Ce délai disparaît lorsque les échanges sont électroniques, car cette modalité de cotation supprime pratiquement toutes les erreurs qui émaillent les transactions à la criée. Ceci explique que le *Wall Street Journal* ne peut fournir les chiffres précis des transactions que pour la journée du jeudi (*Thu* pour

Thursday) 8 mars, soit 65 627 contrats. La position ouverte (*Open Int.*) fournie par le *Wall Street Journal* est relative à la situation du 8 mars ; elle atteint 433 446 contrats (ce qui représente un accroissement de 1 117 contrats par rapport au mercredi 7 mars). Il est impossible, en effet, de fournir celle du 9 mars, car le volume des transactions de cette journée n'est pas connu avec précision.

Tableau 1.5. – *Mercuriales relatives aux contrats à terme de pétrole*

CRUDE OIL, Light Sweet (NYM) 1 000 bbls. ; $ per bbl.								
	Open	***High***	***Low***	***Settle***	***Change***	***Life time***		***Open Interest***
						High	***Low***	
Feb	29.59	30.51	29.35	30.45	+ 0.85	35.64	14.30	53 997
Mar	27.79	28.75	27.60	28.67	+ 0.87	34.50	14.44	112 839
Apr	27.03	28.85	26.90	27.78	+ 0.75	34.40	15.80	41 306
May	26.63	27.10	26.50	27.17	+ 0.63	33.50	15.80	21 457
June	26.30	26.50	25.90	26.69	+ 0.55	33.75	14.56	24 980
July	25.75	26.10	25.70	26.28	+ 0.48	32.20	19.05	16 010
Aug	25.45	25.78	25.38	25.92	+ 0.43	31.60	18.40	11 926
Sept	25.15	25.40	25.00	25.58	+ 0.39	31.00	17.96	12 678
Oct	24.95	25.10	24.95	25.29	+ 0.35	30.40	19.80	8 352
Nov	24.73	24.73	24.73	25.03	+ 0.32	30.10	18.20	14 961
Dec	24.40	24.78	24.35	24.79	+ 0.29	30.50	14.90	30 148
Ja02	24.20	24.20	24.20	24.58	+ 0.26	29.00	18.90	11 636
Feb	24.14	24.14	24.14	24.38	+ 0.24	28.15	19.94	7 077
Mar	23.96	23.96	23.96	24.18	+ 0.22	27.90	18.45	4 724
Apr	23.78	23.78	23.78	23.98	+ 0.20	27.50	20.95	2 192
May	23.60	23.60	23.60	23.78	+ 0.18	27.35	20.84	1 238
June	23.40	23.42	23.40	23.59	+ 0.17	27.25	17.35	20 305
July	23.27	23.47	23.27	23.43	+ 0.16	25.98	19.85	2 076
Aug	23.13	23.13	23.13	23.28	+ 0.15	26.77	20.53	810
Sept	23.00	23.00	23.00	23.15	+ 0.15	23.00	20.43	5 518
Oct	22.88	22.88	22.88	23.03	+ 0.15	26.36	22.88	471
Nov	22.77	22.77	22.77	22.92	+ 0.15	25.50	22.77	385
Dec	22.66	22.66	22.66	22.81	+ 0.15	26.95	15.50	18 819
Ja03	22.56	22.56	22.56	22.71	+ 0.15	25.75	22.56	2 311
Feb	...	...	...	22.61	+ 0.15	24.03	22.70	267
Mar	...	...	...	22.51	+ 0.15	23.85	21.90	705
June	22.10	22.10	22.10	22.23	+ 0.15	25.05	19.82	6 613
Dec	...	...	...	21.91	+ 0.15	24.44	15.92	11 198
Dc04	21.53	21.54	21.53	21.69	+ 0.15	24.00	16.35	5 645
Dc05	...	...	...	21.47	+ 0.15	23.00	17.00	4 136
Dc06	...	...	...	21.27	+ 0.15	22.55	19.10	177

Est vol na ; *vol Wed* 204 850 ; *open int* 454 982, – 5 067.

Source : The Wall Street Journal Europe, 19 janvier 2001.

Les mercuriales issues du *Financial Times* reproduisent les cotations des contrats à terme de métaux non ferreux du London Metal Exchange (LME). La première information concerne la marchandise sous-jacente (pour l'aluminium, deux qualités différentes servent chacune de sous-jacent à un contrat à terme). Tous ces métaux sont cotés en dollar par tonne. Les cotations publiées sont relatives au marché physique (*Cash*) et au marché à terme pour une échéance de trois mois (*3 months*). La première ligne (*Close*) indique le prix au comptant et le dernier prix à terme enregistré à 17 heures à la clôture des transactions. La deuxième ligne (*Previous*) reproduit les mêmes informations pour la séance de cotation de la veille. La troisième ligne (*High/low*) indique quels ont été les cours à terme extrêmes (le plus élevé et le plus bas) enregistrés pendant la journée. La quatrième ligne (*AM Official*) reproduit les cours officiels au comptant et à terme de 3 mois publiés par le LME à la fin des transactions de la session du matin. Ces prix à terme sont utilisés comme cours de compensation et servent de base au calcul des appels de marge. La cinquième ligne reproduit le cours de clôture de la séance de cotation qui se déroule après la séance officielle (*Kerb close*). Pendant cette séance (*Kerb*) de 15 minutes, tous les métaux sont négociés en même temps. Cela permet aux opérateurs de procéder aux dernières transactions ou de compenser leurs positions s'ils n'ont pas eu le temps de le faire pendant la dernière séance de cotation. Les mercuriales indiquent enfin, en sixième et septième lignes, le montant de la position ouverte (*Open interest*) et le volume des transactions enregistrées pendant les différentes séances de cotation de la journée (*Total daily turnover*).

Tableau 1.6. – *Mercuriales relatives aux contrats à terme de métaux non ferreux*

■ **ALUMINIUM 99.7 PURITY** ($ per tonne)

	Cash	***3 months***
Close	1666-67	1611-12
Previous	1686-7	1610-11
High/low		1612/1604
AM Official	1655-5.5	1604-05
Kerb close		1604-05
Open interest	239 350	
Total daily turnover	70 050	

■ **ALUMINIUM ALLOY** ($ per tonne)

Close	1295-300	1310-13
Previous	1300-10	1610-15
High/low		1320/1300
AM Official	1287-90	1305-10
Kerb close		1300-05
Open interest	13 179	
Total daily turnover	1 955	

Tableau 1.6. – *Mercuriales relatives aux contrats à terme de métaux non ferreux* (suite)

■ **LEAD** ($ per tonne)

Close	488.5-90.5	492-4
Previous	491.5-2.5	492-3
High/low		498-486
AM Official	488-8.5	491-2
Kerb close		490-1
Open interest	41 612	
Total daily turnover	10 293	

■ **NICKEL** ($ per tonne)

Close	6 900-10	6 600-10
Previous	6 915-25	6 610-15
High/low		6 630/6540
AM Official	6 800-10	6 500-10
Kerb close		6 560-70
Open interest	38 409	
Total daily turnover	5 684	

■ **TIN** ($ per tonne)

Close	5 125-35	5 190-90
Previous	5 145-55	5 205-15
High/low		5 200/5 190
AM Official	5 140-45	5 200/05
Kerb close		5 195-200
Open interest	16 726	
Total daily turnover	4 024	

■ **ZINC, special high grade** ($ per tonne)

Close	1 036-37	1 033-34
Previous	1 032.5-3.5	1 033-3.5
High/low		1 035/1 026
AM Official	1 035-5.5	1 033-34
Kerb close		1 025-26
Open interest	81 225	
Total daily turnover	18 049	

■ **COPPER, grade A** ($ per tonne)

Close	1 789-90	1 803-04
Previous	1 788-9	1 802-3
High/low		1 812/1 785
AM Official	1 786-87	1 798-99
Kerb close		1 791-92
Open interest	188 837	
Total daily turnover	58 614	

Source : *Financial Times*, 6 février 2001.

1.7.4. Prix spot, *prix* forward, *prix* futures

Sur le marché des contrats et celui des produits physiques se déterminent des prix différents, mais interdépendants.

Le prix au comptant est le prix auquel se négocient les produits physiques pour livraison immédiate. Il y a autant de prix que de qualités et de lieux d'échange. Le prix au comptant le plus significatif est celui des produits physiques disponibles dans les magasins généraux agréés par la bourse et présentant les spécifications requises pour être livrés en exécution d'un contrat. Ce prix représente le cours du disponible ou le cours *spot*. Le prix au comptant est une représentation de l'état du marché pour une transaction déterminée, en un lieu géographique, et à un instant donnés. Il reflète de façon ponctuelle et locale les conditions du marché, sans présager des conditions futures, dans la mesure où une transaction au comptant présente un caractère unique et aléatoire.

Le prix à terme (*futures price*) est le prix auquel se négocient des contrats. Il y a autant de prix que d'échéances pour lesquelles sont achetés et vendus des contrats. Le prix à terme fait intervenir la notion de temps, car il représente la valeur d'une transaction fixée à une date antérieure à la livraison de la marchandise. De ce fait, il est souvent considéré comme une anticipation du prix au comptant futur. Naturellement, cette anticipation est formulée compte tenu de l'information disponible à une date donnée. Elle est donc susceptible d'évoluer dans le temps, au fur et à mesure que de nouvelles informations surgissent, et ce d'autant plus que l'horizon est éloigné. Ainsi, un prix à terme apporte une estimation du prix au comptant futur d'autant plus fiable que l'échéance du contrat est rapprochée. En effet, plus l'échéance d'un contrat à terme approche, et plus diminue l'incertitude concernant les conditions de l'offre et de la demande lors de la livraison. Ce phénomène est dû à la présence d'une passerelle entre le marché du sous-jacent et le marché *futures*, qui crée un lien entre le prix au comptant et le prix à terme, et rend de ce fait possible des phénomènes de propagation de chocs d'un marché à l'autre, le long de la courbe des prix.

Selon les auteurs, l'information apportée par un prix à terme est considérée ou non comme une anticipation biaisée. Ce débat, présent dans la littérature dès 1930, puisque Keynes s'en fit l'une des parties prenantes, n'a pas encore été résolu à ce jour. Dans ce domaine, les recherches sont en effet difficiles. Les difficultés sont économétriques, car les études empiriques font intervenir des variables anticipées, donc non observables, qui reposent à la fois sur les conditions de fonctionnement du marché (si le marché est efficace, le prix à terme reflètera toute l'information disponible) et sur les hypothèses formulées quant au comportement des opérateurs (si les investisseurs sont rationnels, seule l'information utile transparaîtra dans les transactions et donc dans les prix).

Que l'anticipation soit biaisée ou non (à condition, toutefois, que le biais soit stable), dans la mesure où un prix à terme est un indicateur du prix au comptant futur, il serait légitime de s'attendre à ce que la notion de prévision soit associée au prix à terme. Tel n'est pourtant pas le cas. Vouloir utiliser le prix à terme à des fins de prévision, ce serait oublier que ce prix est une anticipation en fonction de l'information *disponible*, cette information étant susceptible de changer très fortement d'une période à l'autre. Il ne s'agit donc pas de prévoir. Dans ce cas, se pose la question de l'utilité des prix à terme. La réponse est qu'ils offrent beaucoup de services. Ils permettent une valorisation des livraisons futures conditionnelle à l'information disponible, ils améliorent la gestion des stocks et, surtout, ils autorisent les opérations de couverture dont l'efficacité repose sur le fait que la base, définie comme la différence entre le prix à terme et le prix au comptant, tend à devenir nulle lorsque l'on s'approche de l'échéance du contrat. Par conséquent, il est possible de mettre en place des positions telles que des pertes sur le marché de l'actif support sont compensées par des gains sensiblement identiques sur le marché à terme et inversement.

À chacune des transactions avec livraison différée est associé un prix. Il existe autant de prix *forward* que de transactions avec livraison différée puisqu'elles ne sont pas standardisées et que chacune d'elles est spécifique.

Bien que le prix *forward* fasse lui aussi intervenir des considérations de nature inter-temporelle, c'est le prix *futures* qui se trouve au centre des relations intertemporelles entre les prix d'une matière première. Deux raisons expliquent ce phénomène. Premièrement, contrairement au prix *forward*, le prix *futures* se réfère à des transactions standardisées en termes de volume, d'échéance, de date de livraison, etc. Par conséquent, les comparaisons intertemporelles s'en trouvent facilitées. Deuxièmement, le prix *futures* est publiquement et gratuitement disponible, et très difficile à manipuler. S'il était manipulable, le marché à terme correspondant risquerait de s'éteindre. Or, de telles garanties ne peuvent être obtenues pour les prix *forward* : rien n'oblige en effet les opérateurs d'un marché de gré à gré à divulguer toutes les transactions qu'ils effectuent, de telle sorte que la transparence n'est pas assurée.

Bien souvent, le prix *forward* est assimilé au prix *futures*. Tel ne devrait pas être le cas, car le contrat *forward* est non standardisé et négocié sur le marché de gré à gré, tandis que le contrat *futures* est échangé sur un marché boursier doté d'une chambre de compensation. Cette assimilation est effectuée au prix d'une approximation. Les contrats *futures* sont, en effet, soumis à des mécanismes d'appel de marge qui les distinguent des contrats *forward*. La distinction entre les deux instruments s'établit lors de leur valorisation (Cox, Ingersoll, Ross, 1981). Même si les deux contrats ont la même fonction économique, celle d'assurer une protection contre le risque de prix, les *futures* peuvent être analysés comme une série de contrats *forward* d'une journée. À travers le mécanisme des appels de marge, les *futures* donnent lieu, entre la conclusion du contrat et son échéance, à des flux monétaires qui sont absents des contrats *forward*. L'assimilation ne peut donc être faite qu'en présence de taux d'intérêt constants. Si les taux fluctuent, le montant des appels de marge s'en trouve affecté, et ceci introduit une différence entre la valeur des deux instruments.

De par leur caractère public et non manipulable, et conséquemment à l'uniformisation des contrats à terme négociés sur les marchés boursiers, les prix *futures* servent souvent de base à la valorisation des contrats sur les marchés physiques, qu'il s'agisse de transactions immédiates (prix au comptant) ou différées (prix *forward*). Ils se trouvent également au cœur de toutes les recherches entreprises sur les marchés dérivés.

1.7.5. Les relations entre les prix des produits physiques et les prix des contrats futures

Il existe une relative autonomie entre les prix des produits physiques (*spot price* et *forward prices*) et les prix à terme (*futures prices*), mais ceci ne les empêche pas d'évoluer sensiblement de la même manière. Quatre raisons expliquent ce parallélisme.

– Les mêmes opérateurs interviennent sur le marché du papier et celui des produits physiques.

– Les opérations de *cash and carry* et de *reverse cash and carry* (et les arbitrages qu'elles autorisent) régularisent l'évolution des cours.

– Il est toujours possible de dénouer un contrat *futures* par une livraison de physique lorsque les prix divergent et qu'il devient rentable de le faire malgré les inconvénients associés à la livraison.

– Le vendeur (l'acheteur) d'un contrat *futures* est obligé de livrer (recevoir) des produits physiques s'il n'a pas compensé son opération avant l'arrivée du terme.

Tous les professionnels qui produisent, stockent, transforment, négocient, achètent ou vendent des matières premières tirent parti de ce parallélisme pour réaliser des opérations de couverture et d'arbitrage. Quatre raisons expliquent cependant que les variations des prix des produits physiques et celles des prix des contrats ne sont pas rigoureusement identiques.

– Les spéculateurs sur les marchés à terme (*futures markets*) anticipent les mouvements de prix, ce qui peut les accentuer.

– Les prix à terme (*futures prices*) peuvent être influencés par des éléments qui n'ont rien à voir avec le marché des produits physiques : évolution des taux de change, désaffection des investisseurs à l'égard des marchés de valeurs mobilières, disponibilité de capitaux susceptibles d'être investis, etc.

– Les transactions sur le marché des contrats *futures* peuvent amplifier, pendant une courte période, les fluctuations des prix du marché au comptant.

– La base, qui caractérise à tout instant la différence entre le prix à terme et le prix au comptant, et la convergence de cette base au fur et à mesure que s'approche l'échéance du contrat, interdisent un parfait parallélisme de l'évolution des prix.

1.8. Les critiques adressées aux marchés de contrats à terme

Cette présentation simplifiée des mécanismes fondamentaux des marchés à terme permet d'examiner deux critiques qui leur sont souvent adressées, critiques virulentes pour ceux qui les formulent, mais bien naïves pour ceux qui connaissent le fonctionnement de ces marchés.

La première concerne l'importance des transactions physiques induites par les achats et les ventes de contrats sur un marché à terme. Il est vrai que moins de 1 % des contrats se dénouent par une livraison effective de physique, mais le fonctionnement des marchés à terme est d'autant plus satisfaisant que ce pourcentage est faible. Les marchés à terme sont des marchés financiers qui permettent de se couvrir ou de spéculer. Leur finalité n'est pas de procéder à des livraisons physiques. Le mécanisme des marchés à terme ne favorise pas le dénouement des contrats par livraison et réception des produits physiques. Le développement des livraisons effectives de physique ne reflète pas le bon fonctionnement d'un marché à terme. Il est au contraire le signe précurseur d'un prochain échec. Le volume des produits physiques échangés à partir des transactions réalisées sur un marché à terme est par ailleurs faible comparé au volume des échanges enregistrés sur le marché au comptant. La raison en est simple : le marché à terme n'est pas un substitut au marché au comptant, mais un complément. Les opérations sur les marchés de contrats à terme ne suppriment pas les transactions sur le marché physique et ne s'y substituent pas. Elles permettent simplement aux opérateurs qui interviennent sur le marché des produits physiques de gérer des risques, de se protéger contre les fluctuations de prix, d'améliorer la gestion de l'entreprise, de gérer des stocks, etc.

La deuxième critique concerne l'ampleur comparée du volume négocié sur le marché des contrats et de la production ou de l'offre de matière première. Il est vrai que les transactions sur certains marchés représentent 10 fois, 15 fois, et parfois plus, le volume de la production effective de produits physiques. Le tableau 1.7. rapproche pour la période 1960-1999 le montant des échanges sur le marché du soja du Chicago Board of Trade et le volume de la production américaine de cet oléagineux. Certaines années, les transactions à terme peuvent être supérieures à quarante fois le volume de la production américaine [1].

Cette multiplication des transactions à terme par rapport à la production physique est facile à comprendre. Elle s'explique par le passage de la marchandise dans plusieurs mains. Entre le producteur de soja et l'utilisateur final de l'huile et des tourteaux, cinq ou six intermédiaires peuvent intervenir : l'organisme de stockage, le triturateur, le négociant, l'exportateur, l'importateur, etc. peuvent acheter et vendre les produits physiques.

---

1. Les données du tableau 1.7. ne sont pas spécifiques à un produit particulier, en l'occurrence le soja, et à une période déterminée, en l'occurrence 1960-1999. Elles illustrent un phénomène général.

Tableau 1.7. – *Importance des transactions sur le marché à terme des graines de soja du Chicago Board of Trade par rapport à la production américaine*

	Transactions sur le marché à terme	Production américaine	Rapport du volume des transactions sur le marché à terme à la production américaine
1960	5 838	555	10,52
1962	7 731	669	7,07
1963	14 231	699	20,36
1964	13 129	701	18,73
1965	17 827	846	21,07
1966	15 761	929	16,97
1967	5 525	976	5,66
1968	4 718	1 107	4,26
1969	5 005	1 133	4,42
1970	10 156	1 127	9,01
1971	15 565	1 176	13,24
1972	20 217	1 271	15,91
1973	13 712	1 547	8,86
1974	13 656	1 216	11,23
1975	19 569	1 548	12,64
1976	27 371	1 289	21,23
1977	39 981	1 767	22,63
1978	42 386	1 869	22,68
1979	45 572	2 261	20,16
1980	58 841	1 797	32,74
1981	52 450	1 989	26,37
1982	45 828	2 190	20,93
1983	68 402	1 636	41,81
1984	56 813	1 861	30,53
1985	36 961	2 099	17,61
1986	30 668	1 942	15,79
1987	36 894	1 938	19,04
1988	62 485	1 549	40,34
1989	48 174	1 924	25,04
1990	51 510	1 926	26,74
1991	45 069	1 987	22,68
1992	45 001	2 190	20,55
1993	58 247	1 870	31,15
1994	53 746	2 515	21,37
1995	53 058	2 174	24,41
1996	71 181	2 380	29,91
1997	72 699	2 689	27,04
1998	62 156	2 741	22,68
1999	62 410	2 643	23,61

Unité : million de boisseaux.
Sources : USDA et Futures Industry Association.

S'ils se couvrent tous, y compris le producteur et l'utilisateur final, contre le risque de prix, le volume des transactions à terme peut être bien supérieur au montant de la production. Par ailleurs, la plupart des marchés dérivés étant internationaux, les opérateurs du monde entier y achètent et vendent des contrats. Comparer dans ces conditions le volume des transactions de soja (pour prendre un exemple) à la seule production américaine n'a pas beaucoup de sens, car les interventions des opérateurs non américains sont importantes.

Ces explications sont justes, mais elles demeurent partielles. Les transactions d'origine spéculative ne cessent, en effet, de se développer. Les marchés à terme deviennent pour certains d'entre eux des marchés où ne se réalisent que des opérations financières (arbitrage et spéculation), d'autant que les matières premières sont de plus en plus considérées par les investisseurs institutionnels comme une classe d'actifs en soi. Cette évolution des marchés à terme est accentuée avec les pratiques des *hedge funds* et de certains investisseurs institutionnels.

2. Les caractéristiques des options sur matières premières

Contrairement aux contrats à terme, les options [1] ne sont pas des engagements fermes et définitifs. Les options sont des droits et non pas des obligations. Détenir une option, c'est détenir un droit, celui de vendre ou d'acheter l'actif sous-jacent à l'option. De ce fait, une option se distingue d'un contrat ferme (*futures* ou *forward*) car sa détention ne comporte aucune obligation. Les options ne sont pas des produits récents. Leur création remonte à l'origine de tout système financier, mais elles ont acquis, depuis 1973, avec la négociabilité, une caractéristique qu'elles n'avaient pas auparavant et qui explique leur essor.

Les options et les instruments optionnels ont été développés pour et par des opérateurs souhaitant se protéger contre les risques de prix, mais qui, n'ayant pas de certitude quant à l'évolution future des cours, ne voulaient pas se priver totalement d'une évolution favorable qu'ils auraient mal anticipée. Il existe deux types d'options.

Les options sur contrats à terme sont négociées sur des marchés dont les transactions sont garanties par une chambre de compensation. De ce fait, ces instruments sont des produits standardisés avec tous les avantages (liquidité et garantie contre le risque de crédit) et les inconvénients (rigidité et manque de flexibilité) associés à la présence d'une chambre de compensation. Les bourses de commerce américaines ont obtenu le droit d'introduire et de négocier sur leurs parquets ces options à compter du 1er octobre 1982. Depuis cette date, leurs dirigeants ont systématiquement associé un marché d'options à tout marché de contrats à terme.

1. En toute rigueur, nous devrions parler de « contrats à terme optionnels ».

À quelques brillantes exceptions près, les résultats ne sont pas excellents. Ces marchés ont malgré tout tendance à se développer. En 2005, des transactions supérieures à (ou voisines de) 500 000 contrats ont été enregistrés sur 18 d'entre eux. En dehors des États-Unis, très peu d'options sur contrats à terme de matières premières ont été introduites dans les bourses de commerce et le nombre de celles qui sont actives est encore plus réduit. Le London Metal Exchange est la seule bourse non américaine à avoir développé avec succès cet instrument.

Les options négociées sur le marché de gré à gré ne sont pas garanties par une chambre de compensation. De ce fait, elles ne sont pas standardisées. Par ailleurs, n'étant pas négociables, leur liquidité est très faible. Elles concernent plus spécialement les métaux précieux et les produits pétroliers. Elles ont cependant tendance à se développer dans le domaine des métaux non ferreux et celui des *soft commodities* : sucre, café, cacao, céréales.

Qu'elles soient négociées sur le marché de gré à gré ou dans le cadre de marchés organisés garantis par une chambre de compensation, les options rendent les mêmes services. Dans le détail opérationnel des transactions, il existe de réelles différences entre ces deux instruments, mais elles ne modifient en rien les principes de la couverture et les modalités de la gestion du risque de prix. Les options sur contrats à terme sont prises comme référence pour illustrer les développements de cette section.

2.1. Définition et caractéristiques des options

Une option confère à son porteur le droit d'acheter ou le droit de vendre le support de l'option, en l'occurrence un contrat à terme, à un prix fixé d'avance et désigné comme étant le prix d'exercice. Ce droit peut être exercé durant la vie de l'option ou à son échéance. Si l'option accorde à celui qui la détient une possibilité d'achat, il s'agit d'une option d'achat, appelée *call* sur les marchés anglo-saxons. Si l'option accorde à celui qui la détient une possibilité de vente, il s'agit d'une option de vente dénommée *put* dans la terminologie anglo-saxonne.

Une transaction portant sur une option met face à face un acheteur et un vendeur (on parle parfois d'un émetteur). Pour le droit accordé par l'option, l'acheteur paie une somme immédiatement acquise par le vendeur, que l'option soit exercée ou non. Cette somme constitue le *premium* ou la prime.

Le prix d'exercice est le cours auquel l'acheteur d'une option d'achat (ou l'acheteur d'une option de vente) peut acquérir (ou céder) l'actif sous-jacent pendant la durée de vie de l'option ou à son échéance. Deux expressions anglo-saxonnes (*exercise price* et *strike price*) sont utilisées pour désigner le prix d'exercice.

La date d'exercice ou l'échéance de l'option est le dernier jour auquel l'option peut être exercée. C'est la date à laquelle l'option disparaît et perd toute valeur.

Les éléments caractéristiques d'une option sont donc la nature de l'option (*call* ou *put*), le prix d'exercice, la date d'exercice, et la prime.

L'acheteur d'une option d'achat peut exercer son droit (on utilise également l'expression lever son option), c'est-à-dire acheter le contrat à terme lui servant de support, mais il n'est jamais obligé de le faire. Il peut choisir d'abandonner son option. Le vendeur d'une option d'achat doit en revanche obligatoirement livrer au prix fixé le contrat à terme servant de support à l'option, si l'acheteur l'exige ; il n'a pas le choix. Pour l'acheteur d'une option d'achat ayant pour support un contrat à terme, exercer l'option implique qu'il bénéficie d'une position acheteuse sur le marché des contrats à terme. Le vendeur de l'option d'achat se retrouve quant à lui en position de vendeur d'un contrat à terme. Le raisonnement est identique pour l'option de vente. L'acheteur d'une telle option peut l'exercer, c'est-à-dire vendre le contrat à terme servant de support à l'option, mais il n'est jamais obligé de le faire. Il peut choisir d'abandonner son option. Le vendeur de l'option, lui, en revanche, n'a pas le choix : il doit obligatoirement acheter le contrat à terme servant de support et verser le prix d'exercice, si l'acheteur exerce son option de vente. Pour l'acheteur de l'option, exercer l'option qu'il détient implique qu'il se retrouve vendeur d'un contrat à terme. Le vendeur de l'option bénéficie, quant à lui, d'une position acheteuse sur le marché des contrats.

2.2. Les différents types d'options

Il existe plusieurs types d'options. Pour la simplicité de l'exposé, ils sont regroupés par référence à deux critères.

2.2.1. Les options américaines et les options européennes

La qualification « américaine » ou « européenne » n'a rien à voir avec la localisation des marchés. Des options européennes sont négociées aux États-Unis et, inversement, des options américaines sont négociées en Europe. La distinction est relative à l'exercice de l'option. Les options américaines peuvent être exercées à tout moment pendant leur durée de vie. Les options européennes, en revanche, ne peuvent être exercées qu'à leur échéance. Elles présentent donc un avantage pour les vendeurs qui sont à l'abri de tout exercice anticipé, même si l'évolution des cours est favorable aux acheteurs d'options.

2.2.2. Les options négociées dans le cadre, ou en dehors, d'un marché organisé

Très souvent, les premières options sur un actif donné sont négociées en dehors de marchés organisés dotés de chambre de compensation. Tel fut le cas pour les matières premières, et plus spécialement pour les métaux précieux. À partir de 1982, les bourses américaines ont obtenu de leurs autorités de contrôle la possibilité d'introduire des options sur contrats à terme. Les options négociées en dehors des marchés organisés sont dites de gré à gré (*over the counter* en anglais).

Les options achetées et vendues sur des marchés organisés sont négociables et celles qui sont échangées dans le cadre des marchés de gré à gré ne le sont pas. Trois caractéristiques les différencient. D'abord et avant tout, les options négociables sont standardisées. Deuxième caractéristique, la présence d'une chambre de compensation assure une parfaite fongibilité aux options négociables. En se substituant à l'acheteur et au vendeur, la chambre de compensation (*clearing*) se porte garante de la bonne exécution de l'option. Enfin, et surtout, il existe un véritable marché secondaire permettant aux acheteurs et aux vendeurs d'inverser leurs positions avant l'échéance.

A contrario, les options non négociables ne sont pas standardisées. Les transactions se font *principal to principal*, sans l'intervention obligatoire d'une contrepartie unique qu'est l'organisme de compensation. Il n'existe enfin aucun véritable marché secondaire permettant à l'opérateur de réviser rapidement, à faible coût et sans inconvénients, sa stratégie en fonction d'informations nouvelles. Ceci n'implique pas que l'acheteur d'une option ne puisse pas la revendre, mais il doit alors obligatoirement se retourner vers celui qui l'a vendue… et le coût, au sens large du terme, d'une telle transaction, risque d'être élevé.

2.3. *La cotation des options sur les contrats* futures *de matières premières*

Le tableau 1.8. reprend les cours des options d'achat et de vente sur les contrats à terme de pétrole du New York Mercantile Exchange et les contrats d'or du Commodity Exchange.

Tableau 1.8. – *Mercuriales relatives aux options sur contrats à terme de matières premières*

CRUDE OIL (NYM) 1,000 bbls. ; $ per bbl.						
Strike	***Calls-Settle***			***Puts-Settle***		
Price	***Mar***	***Apr***	***May***	***Mar***	***Apr***	***May***
28.00	1.59	1.63	1.74	0.53	1.38	2.07
28.50	1.26	1.39	1.55	0.70	1.64	2.38
29.00	0.99	1.18	1.36	0.93	1.93	2.68
29.50	0.77	1.00	1.19	1.21	2.24	3.01
30.00	0.59	0.83	1.03	1.53	2.57	3.34
30.50	0.45	0.69	0.89	1.89	2.93	3.70

Est vol 27,880 *Mn* 6,487 *calls* 9,080 *puts*
Op int Mon 217,292 *calls* 306,145 *puts*
Source : The Wall Street Journal Europe, 31 janvier 2001.

Tableau 1.8. – *Mercuriales relatives aux options sur contrats à terme de matières premières*

GOLD (CMX) 100 *troy ounces* ; $ *per troy ounce.*						
Strike	***Calls-Settle***			***Puts-Settle***		
Price	***Mar***	***Apr***	***Jun***	***Mar***	***Apr***	***Jun***
255	12.80	12.90	16.60	0.20	1.00	2.30
260	7.50	9.90	12.60	0.30	1.50	3.20
265	3.20	5.50	9.60	0.70	3.10	5.00
270	0.80	3.00	6.90	3.30	5.70	7.90
275	0.50	2.00	5.30	7.70	9.50	10.60
280	0.30	1.30	3.60	12.50	13.00	13.60

Est vol 8,500 *Fr* 1,802 *calls* 1,629 *puts*
Op int Fri 206,032 *calls* 59,852 *puts*
Source : The Wall Street Journal Europe, 6 février 2001.

Les premières informations fournies par les mercuriales concernent le nom de la matière première (pétrole brut, or), le marché où les options sont cotées (New York Mercantile Exchange : NYM pour le pétrole ; Commodity Exchange : CMX pour l'or), le volume du contrat à terme sous-jacent (1 000 barils de pétrole, 100 onces *troy* d'or) et l'unité de cotation (dollar par baril pour le pétrole ; dollar par once *troy* pour l'or).

Les prix d'exercice sont reportés dans la première colonne des mercuriales (*strike price*). Leur pas d'incrémentation est régulier ; il est déterminé par les responsables de la bourse où sont négociées les options en accord avec la chambre de compensation. L'écart séparant deux prix d'exercice est de 50 cents pour les options sur contrats à terme de pétrole et de 5 dollars pour les options sur contrats à terme d'or.

Les cotations reprises par le *Wall Street Journal Europe* du mercredi 31 janvier 2001 correspondent aux cours de compensation des options d'achat (*Calls-settle*) et des options de vente (*Puts-settle*) du mardi 30 janvier. À chaque prix d'exercice et à chaque échéance correspond un cours de compensation. Les options sur contrats à terme de pétrole ont une échéance mensuelle, comme leur sous-jacent. Les cours de compensation des options sur contrats à terme d'or enregistrés le 5 février 2001 sont reproduits par le *Wall Street Journal Europe* du 6 février.

Les mercuriales fournissent des informations sur le volume des transactions. En ce qui concerne le pétrole, le *Wall Street Journal* du mercredi 31 janvier fournit le volume estimé des transactions (*Estimated Volume*) du mardi 30 janvier. Ce chiffre, qui ne distingue pas les options d'achat et les options de vente, n'est qu'une approximation, car il faut aux autorités boursières du Nymex un délai de 24 heures pour fournir les chiffres exacts (qui diffèrent peu des volumes estimés). Ceci explique que le *Wall Street Journal* ne peut fournir les chiffres précis des transactions enregistrées que pour la journée du lundi (*Mn* pour *Monday*) 29 janvier, soit 6 487 *calls* et 9 080 *puts*. La position ouverte (*Op int* pour *Open interest*) fournie par le *Wall Street Journal* est relative à la situation du lundi 29 janvier : 217 292 *calls* et 306 145 *puts*. Il est impossible, en effet, de fournir celle du 30 janvier, car le volume des transactions du 30 janvier n'est pas connu avec précision. Ce qui est vrai pour les options sur contrats de pétrole l'est de la même manière pour les options sur l'or. Le *Wall Street Journal* du mardi 6 février reproduit les cours de compensation et le volume estimé des transactions du 5 février et les chiffres précis et définitifs relatifs aux transactions et au montant de la position ouverte du vendredi (*Fri* pour *Friday*) 2 février.

3. Les caractéristiques des instruments dérivés négociés sur les marchés de gré à gré

Les premiers produits dérivés sur matières premières furent échangés sur le marché de gré à gré (il s'agissait des contrats *forward*) bien avant l'apparition des chambres de compensation. Sans jamais disparaître, ils furent toutefois éclipsés par le développement des contrats à terme (*futures contracts*). C'est à partir de 1985 que les instruments dérivés du marché de gré à gré ont connu un réel essor.

Pourquoi cet esssor ? Pour une raison simple. Les instruments négociés sur les marchés organisés (les marchés dotés d'une chambre de compensation) ont une caractéristique commune particulièrement contraignante ; celle de la standardisation. Pour être fongibles et négociables, les contrats à terme et les options sur contrats doivent avoir des caractéristiques strictement identiques. Ceci n'est pas sans inconvénient. Les besoins des opérateurs ne correspondent pas nécessairement à la valeur nominale ou à l'échéance des contrats (pour prendre deux caractéristiques importantes). D'où l'apparition de rompus qui sont autant de sources d'imperfections.

Les grandes banques commerciales et d'investissement ont donc eu l'idée de répondre aux besoins spécifiques des opérateurs en leur proposant des instruments qui ne sont pas négociés sur un marché organisé. Les banques étaient d'autant plus enclines à proposer aux entreprises, aux fonds d'investissement, aux caisses de retraite, aux fonds de pension, etc. des instruments personnalisés qu'elles voyaient avec inquiétude se développer au niveau des marchés organisés une gestion de risque qui leur échappait en partie.

Dans le marché de gré à gré, nous retrouvons les deux catégories d'instruments que sont les contrats fermes et les contrats d'options ou de nature optionnelle. L'absence de standardisation étant une caractéristique importante des instruments négociés sur le marché de gré à gré, il n'est pas facile de les définir. Ceci est d'autant plus difficile qu'ils sont élaborés sur mesure, de façon à satisfaire pleinement les besoins de chaque opérateur.

3.1. Les instruments fermes négociés sur les marchés de gré à gré

Le *swap* est le principal instrument négocié sur le marché de gré à gré auquel recourent les opérateurs à la recherche d'une protection contre le risque de prix. Ce n'est pas le seul. Les contrats *forward* (les ancêtres des contrats *futures*) sont également utilisés, en particulier pour les matières premières ne faisant pas l'objet de transactions sur des marchés organisés.

Un *forward* est un contrat par lequel le vendeur (l'acheteur) s'engage pour un horizon déterminé à livrer (prendre livraison d') une certaine quantité de matière première à un prix ferme et définitif. Cette définition fait apparaître que les contrats *forward* remplissent simultanément une fonction financière (la protection contre le risque de prix) et une fonction commerciale (la livraison effective de produits physiques).

Le *swap* est fondamentalement un échange et sa logique économique est celle du troc. Développé (pour les matières premières) au milieu de la décennie 1980 dans le but d'offrir une protection contre le risque de prix, cet instrument a connu un réel succès à partir du début des années 1990.

Un *swap* est un contrat par lequel, pendant une certaine période et à intervalles réguliers, un opérateur s'engage à verser à son co-contractant, un prix variable et à recevoir un prix fixe ; le co-contractant s'engageant lui, à recevoir le prix variable et à verser le prix fixe. Dans la mesure où le *swap* se dénoue par un versement monétaire, on peut le définir comme un contrat signé entre deux parties prévoyant le versement périodique de paiements égaux à la différence nette entre un prix fixe et un prix flottant, pour un volume donné d'une matière première bien spécifiée, et ceci durant toute la vie du contrat.

3.2. Les options et les instruments de nature optionnelle négociés sur les marchés de gré à gré

À l'inverse des *swaps* et des contrats avec livraison différée (*forward contracts*) négociés sur les marchés de gré à gré, les options sont des actifs asymétriques. L'asymétrie vient du fait que l'acheteur n'exerce son option que s'il y trouve intérêt. Il n'est jamais contraint de le faire. Le deuxième élément d'asymétrie concerne le vendeur de l'option. Celui-ci est en effet soumis à la décision de l'acheteur. C'est pour compenser cette asymétrie et rémunérer le vendeur du risque qu'il assume, que l'acheteur lui verse une prime. Il existe deux grandes familles d'options. Celles de première génération sont les plus simples. Afin de s'adapter aux besoins des opérateurs, les banques ont été conduites à modifier certaines caractéristiques des options classiques. Ces instruments sont souvent qualifiés d'options de deuxième génération.

Les options ne sont pas les seuls instruments conditionnels. Les autres produits sont, par ordre de complexité croissante, les *caps*, les *floors*, les *collars* et les options sur *swaps*.

Instrument de nature optionnelle, le *cap* protège un opérateur contre une hausse des prix tout en lui permettant de bénéficier d'une éventuelle baisse.

Dans le cadre des matières premières, cet instrument est très utile pour l'opérateur qui s'approvisionne à moyen terme par l'intermédiaire d'un contrat de livraison (de six mois à trois ans, pour donner un exemple) sur la base d'un prix flottant (hebdomadaire, mensuel ou trimestriel, toujours pour donner un exemple). Cet instrument garantit à celui qui l'achète un coût d'approvisionnement maximal, c'est-à-dire un prix plafond, pour un montant et une durée parfaitement déterminés. Si les prix évoluent au-delà du prix garanti, le vendeur du *cap* doit verser à l'acheteur la différence entre le prix de marché et le prix garanti. Si les prix évoluent en deçà du prix garanti, l'acheteur du *cap* n'a rien à verser au vendeur. En contrepartie de la garantie qui lui est accordée, l'acheteur du *cap* verse au vendeur une prime qui lui est définitivement acquise.

Un exemple simplifié permet de bien comprendre l'intérêt d'un *cap*. Une compagnie aérienne s'approvisionne en kérosène toutes les semaines pendant un an sur la base du prix *spot* Rotterdam. En achetant un *cap* à 300 dollars la tonne, cette compagnie de transport s'assure chaque semaine un approvisionnement à un prix maximal de 300 dollars et tire profit d'une baisse des cours lorsque l'approvisionnement hebdomadaire s'effectue à un prix inférieur à 300 dollars la tonne.

Le *cap* est en fait une série d'options d'achat européennes ayant le même prix d'exercice, mais se différenciant les unes des autres par leur échéance.

Le *floor* est un instrument symétrique du *cap*. Cet outil de nature optionnelle permet à un opérateur d'être protégé contre une baisse des cours tout en lui permettant de tirer profit d'une éventuelle hausse.

Dans le cadre des matières premières, le *floor* est très utile pour les opérateurs qui vendent leur production au moyen d'un contrat de livraison sur la base d'un prix flottant. Il garantit à celui qui l'achète un prix de vente minimal pour un montant et une durée parfaitement déterminés. Si le prix sur le marché évolue en deçà du cours garanti (prix plancher), le vendeur du *floor* doit verser à l'acheteur la différence entre le prix du marché et le cours garanti. Si le prix évolue au-delà du cours garanti, l'acheteur du *floor* n'a rien à verser au vendeur.

Le *floor* est en fait une série d'options de vente européennes ayant le même prix d'exercice, mais se différenciant les unes des autres par leur échéance.

Le coût d'un *cap* ou d'un *floor* est représenté par la prime versée par l'acheteur. Il peut être élevé, surtout si le prix d'exercice (le prix plafond pour le *cap* ; le prix plancher pour le *floor*) est très proche du prix du marché au moment de l'achat du *cap* ou du *floor*. C'est pour atténuer ou réduire ce coût que fut créé le *collar*, parfois dénommé tunnel.

Le *collar* est un produit dérivé résultant de la combinaison d'un *cap* et d'un *floor*. Cet instrument peut être acheté ou vendu.

Acheter un *collar* permet à l'opérateur de se protéger contre une hausse des prix. L'achat d'un *collar* se concrétise par l'achat d'un *cap* et la vente simultanée d'un *floor*, ces deux instruments ayant l'un et l'autre la même échéance et la même périodicité, mais des prix d'exercice différents.

Par l'achat d'un *cap*, l'opérateur se protège contre une hausse des cours au-delà d'un niveau fixé par le prix d'exercice de ce premier instrument, mais en vendant un *floor* il renonce *ipso facto* au bénéfice d'une baisse en deçà du niveau fixé par le prix d'exercice de ce deuxième instrument. En contrepartie de la renonciation au bénéfice d'une baisse des cours, l'opérateur perçoit la prime correspondant à la vente du *floor*, ce qui réduit d'autant le coût d'achat du *cap*.

Vendre un *collar* permet de se protéger contre une baisse des prix. La vente d'un *collar* se concrétise par l'achat d'un *floor* et la vente simultanée d'un *cap*, ces deux instruments ayant l'un et l'autre la même échéance et la même périodicité, mais des prix d'exercice différents.

Par l'achat d'un *floor*, le producteur est protégé contre une baisse du prix en deçà du niveau fixé par le prix d'exercice de ce premier instrument, mais en vendant un *cap*, il renonce au bénéfice d'une hausse des cours au-delà du niveau fixé par le prix d'exercice de ce deuxième instrument. En contrepartie de la renonciation au bénéfice de cette hausse, le producteur perçoit une prime correspondant à la vente du *cap*, ce qui réduit d'autant le coût d'achat du *floor*.

4. La protection contre le risque de prix, les sociétés d'assurance et l'émergence des marchés dérivés

La suspicion à l'égard des marchés de contrats *futures* provient de l'incompréhension qui entoure leur contribution à la gestion du risque de prix, au processus d'allocation des ressources et à la gestion des stocks détenus par l'entreprise.

La recherche d'une protection contre les risques de prix explique la naissance des marchés de contrats. Les transactions à terme se sont développées parce que les opérateurs qui achètent, vendent, produisent, utilisent, négocient des matières premières n'ont pas pu se protéger contre les variations de prix auprès de sociétés d'assurance. Pourquoi ces différents opérateurs ne peuvent-ils pas recourir aux services d'une compagnie d'assurance pour se protéger contre le risque de prix ? Pour une raison toute simple.

Une compagnie d'assurance assure les risques à la double condition qu'ils soient indépendants les uns des autres et que les assurés soient nombreux afin de faire jouer la loi des grands nombres. Le risque d'incendie peut être assuré, car il est transformable en une perte moyenne probable calculée *a priori*. En s'assurant, un entrepreneur transforme ses risques en un coût et la compagnie d'assurance diminue les siens en augmentant ses engagements. De telles facilités ne peuvent exister quand il faut se protéger contre des événements (la hausse ou la baisse des prix) qui affectent de la même manière l'offre totale d'un actif, car la compagnie d'assurance ne peut faire jouer la loi des grands nombres et l'indépendance des risques. En assurant de tels événements, elle accroîtrait son propre risque. Ceci explique que le risque de prix ne peut pas être transformé en un coût au moyen d'une assurance ordinaire. Les risques qui s'accroissent au lieu de s'annuler quand on augmente le volume des engagements sont de nature spéculative. Ce n'est ni l'objet ni la fonction des compagnies d'assurance de les assumer. Ces dernières ne prennent en charge que des risques non spéculatifs.

La protection n'est pas fournie par les organismes d'assurance, mais par les marchés de contrats *futures*. Cette fonction d'assurance permet aux producteurs, aux industriels et aux négociants de se protéger contre les changements non prévisibles de la valeur de leurs actifs et justifie le développement des marchés dérivés. Ces marchés évitent à de nombreux professionnels d'avoir à supporter les conséquences des fluctuations de prix en les transférant à d'autres intervenants (spéculateurs, arbitragistes, professionnels anticipant des évolutions de prix différentes) qui ont des positions à terme opposées à celles que ces professionnels ont pris pour se couvrir.

Le rôle fondamental assumé par les marchés dérivés, et leur raison d'être, est d'offrir aux différents agents économiques une protection contre les risques de prix qu'ils sont contraints de prendre de par leur activité, et pour lesquels ils ne peuvent conclure de contrats d'assurance traditionnels. Les marchés de contrats *futures*, et les marchés dérivés de manière plus générale, complètent les marchés d'assurance et s'inscrivent, comme eux, dans la vaste constellation des marchés de capitaux.

QUESTIONS PONCTUELLES

1. Comment définir un *forward contract* ? un *futures contract* ?
2. Quelles sont les différences entre un *forward contract* et un *futures contract* ?
3. Le dénouement d'une transaction sur un marché *futures* présente une originalité par rapport au dénouement d'une transaction sur un marché *forward*. Quelle est cette originalité ?
4. Que représente la position ouverte (on utilise en anglais l'expression *open interest*) ?
5. Comment définir la base ?
6. Comment définir le report ? le déport ?
7. Que signifie le phénomène de « convergence de la base » ?

8. Comment expliquer la tendance à la convergence du prix au comptant et du prix à terme à mesure que s'approche l'échéance d'un contrat *futures* ?
9. Pourquoi les prix des contrats *futures* ont-ils une évolution sensiblement identique à celle des prix sur le marché au comptant ?
10. Pourquoi l'évolution des prix des contrats *futures* n'est-elle pas strictement identique à celle des prix sur le marché au comptant ?
11. Pourquoi la présence des spéculateurs est-elle indispensable au bon fonctionnement des marchés de contrats *futures* ?
12. Une critique souvent adressée aux marchés de contrats *futures* concerne la faiblesse des transactions physiques impliquées par le dénouement des contrats. Cette critique est-elle fondée ? Pourquoi ?
13. Une autre critique formulée à l'encontre des marchés de contrats est relative à l'ampleur des transactions à terme comparativement au volume des échanges sur le marché au comptant. Il est vrai que les transactions sur certains marchés de contrats à terme peuvent être 10 fois ou 15 fois supérieures au volume de la production effective de certains produits physiques. Cette critique est-elle fondée ? Pourquoi ?
14. Quelles sont les caractéristiques essentielles d'un contrat *futures* de matière première ?
15. Quel est l'ordre de grandeur du pourcentage de contrats *futures* de matières premières donnant lieu à une livraison effective du sous-jacent ?
16. Quelles sont les principales matières premières servant de support à des contrats à terme ?
17. Quand un opérateur détient une position acheteuse sur un marché de contrats *futures* pour le mois de décembre, que doit-il faire pour compenser cette position ?
18. Pour quelles raisons les sociétés d'assurance n'offrent-elles pas des services de protection contre le risque de prix ?
19. Comment définir une option d'achat ? une option de vente ?
20. Quels sont les éléments caractéristiques d'une option ?
21. Comment différencier une option et un contrat à terme *futures* ?
22. Qu'est-ce que le prix d'exercice ?
23. Que représente le *premium* ?
24. Comment différencier une option américaine d'une option européenne ?
25. Comment différencier une option de gré à gré d'une option négociée au sein d'un marché doté d'une chambre de compensation ?
26. Comment distinguer les options négociables des options qui ne le sont pas ?
27. À partir de quelle année peut-on dater le véritable essor des instruments dérivés négociés sur le marché de gré à gré ? Quelles raisons expliquent le développement de ces instruments ?

28. Quels sont les instruments fermes négociés sur les marchés de gré à gré ?
29. Comment définir un contrat *forward* ?
30. Comment définir un *swap* de matière première ?
31. Quels sont les principaux instruments de nature optionnelle négociés sur le marché de gré à gré ?
32. Quelle est la finalité d'un *cap* ? d'un *floor* ? d'un *collar* ?

Questions de synthèse

1. Définition et caractéristiques spécifiques d'un contrat *futures* de matière première.
2. La spécificité des transactions sur les marchés de contrats *futures* de matière première.
3. Une critique habituellement formulée à l'encontre des marchés de contrats *futures* est relative à la sécurité des transactions. Pensez-vous que cette critique est fondée ? Expliquez pourquoi.
4. La procédure de livraison sur un marché à terme de matières premières.
5. Quelles caractéristiques doit présenter une matière première pour faire l'objet de transactions à terme ?
6. Le rôle de la chambre de compensation dans un marché de contrats *futures* de matière première.
7. Les caractéristiques spécifiques et distinctives des transactions sur les marchés de contrats *futures* et des transactions avec livraison différée sur le marché de gré à gré.
8. Les caractéristiques et les spécificités d'un contrat d'option.
9. Les caractéristiques et les spécificités des instruments dérivés négociés sur les marchés de gré à gré.

Chapitre 2

LES DÉTERMINANTS DU PRIX D'UN CONTRAT À TERME DE MATIÈRE PREMIÈRE

Objectifs pédagogiques :

- connaître la théorie de la segmentation et les critiques qui lui ont été adressées,
- expliquer la relation entre le prix au comptant et le prix à terme proposée par la théorie du déport normal,
- montrer l'apport de la théorie des marchés financiers à celle du déport normal,
- expliciter les principales hypothèses de la théorie du déport normal, les critiques formulées à son encontre, les prolongements qu'elle a connus, et les raisons pour lesquelles la validation de cette théorie est délicate,
- comprendre les mécanismes d'arbitrage entre le marché des produits physiques et le marché des contrats à terme,
- être capable d'exposer les raisons pour lesquelles peuvent s'instaurer des situations de report et de déport, et comprendre les spécificités de chacune de ces situations,
- expliquer la relation entre le prix au comptant et le prix à terme proposée par la théorie du stockage,
- définir le *convenience yield*,
- analyser les relations entre le *convenience yield* et la prime de risque,
- connaître les principaux résultats des études empiriques réalisées dans le cadre de la théorie du stockage,
- comprendre les critiques formulées à l'encontre de la théorie du stockage,
- rapprocher la théorie du déport normal et la théorie du stockage,
- comprendre le rôle de la prime de risque dans les relations entre le prix au comptant et le prix à terme.

L'observation attentive des cours sur un marché de contrats fait apparaître à certaines époques que le prix à terme est supérieur au prix au comptant, et à d'autres qu'il lui est inférieur. Dans le premier cas il existe un report, dans le second un déport. En Grande-Bretagne, et plus spécialement sur les marchés à terme de métaux et de pétrole, on parle de *contango* (report) et de *backwardation* (déport). Aux États-Unis, on utilise parfois les expressions *carrying charges* (report) et *inverse carrying charges* (déport). Les professionnels parlent souvent de base positive (report) et de base négative (déport).

Expliquer ces relations et les raisons pour lesquelles le prix à terme peut être supérieur aujourd'hui, et inférieur demain, au prix au comptant permet de mieux gérer les stocks et les actifs de l'opérateur professionnel, ainsi que les investissements du spéculateur. Expliquer ces relations permet de répondre aux questions que se pose implicitement, ou explicitement, tout intervenant potentiel sur un marché à terme :

– est-il nécessaire de réaliser des opérations de couverture ?
– est-il opportun d'initier des opérations de spéculation ?
– est-il judicieux d'accroître ou de réduire le stock des produits physiques, le montant des positions spéculatives à terme et le volume des opérations de couverture ?

Les réponses à ces questions varient selon que le marché est en report ou en déport. Il faut donc expliquer ces deux structures de prix et montrer qu'elles ne sont pas parfaitement symétriques.

Deux analyses complémentaires ont tenté d'expliquer le report et le déport et d'étudier les relations entre les différents prix sur un marché à terme dans le cadre d'un monde incertain. La théorie du déport normal explique cette relation à partir de l'équilibre des positions de couverture des opérateurs sur le marché à terme. La théorie du stockage analyse la différence entre le prix à terme et le prix au comptant à partir de l'étude des motifs pour lesquels les opérateurs détiennent des stocks. Ces deux théories, formulées pour l'essentiel entre 1930 et 1958, suscitent encore aujourd'hui de nombreuses recherches.

Les travaux empiriques visant à valider la théorie du déport normal aboutissent à des résultats contradictoires. La diversité de ces résultats est expliquée par les difficultés que présente la validation empirique de la théorie du déport normal et par la faiblesse intrinsèque de cette théorie sur certains points. Les travaux empiriques se rapportant à la théorie du stockage ont pour objectif de vérifier que le sens et le niveau de la base peuvent être expliqués par l'analyse des coûts de stockage des matières premières et les motifs de détention des stocks des opérateurs. Les tests empiriques conduisent à valider la théorie du stockage pour un grand nombre de marchés de matières premières et pour diverses périodes d'étude, mais la définition du *convenience yield* [1], qui est au centre de la théorie du stockage, présente certaines difficultés.

1. Compte tenu des problèmes de définition que peut éventuellement poser la notion de *convenience yield*, et pour éviter toute confusion, l'expression anglaise a été conservée. La traduction française de ce terme pourrait être « rendement d'opportunité ».

Avant d'exposer la théorie du déport normal et celle du stockage, il importe de présenter et de réfuter les conclusions de la théorie de la segmentation.

1. Le report, le déport et la segmentation des marchés

Certains auteurs ont développé l'idée qu'il n'y aurait pas de relation économique ou financière entre le prix au comptant et le prix à terme. Pour eux, le report et le déport s'expliqueraient par le fait que les déterminants des prix sont différents sur le marché au comptant et sur le marché des contrats. Quatre facteurs expliqueraient cette différence.

– Premier facteur, la différence de qualité entre les produits négociés. Le prix à terme concerne une qualité standardisée, alors que le prix au comptant est spécifique à chaque qualité de matière première faisant l'objet d'une transaction.

– La différence dans la localisation des transactions est le deuxième élément. Le prix à terme reflète les transactions de contrats négociés sur un marché financier bien déterminé, alors que les prix au comptant reflètent les transactions spécifiques à chaque marché physique local.

– L'incertitude quant à la date de livraison effective des matières premières sous-jacentes aux contrats à terme (dans la mesure où l'acheteur et/ou le vendeur disposent d'une certaine latitude pour remplir leurs obligations) est la troisième raison expliquant la présence d'un report ou d'un déport.

– La segmentation des opérateurs est le dernier facteur invoqué pour expliquer l'indépendance des prix sur les deux marchés. Les opérateurs sur le marché des produits physiques n'étant pas ceux qui interviennent sur le marché à terme (et réciproquement), aucun arbitrage n'est possible entre les deux prix.

La combinaison de ces quatre facteurs a pour résultante que le prix au comptant et le prix à terme reflètent les conditions de l'offre et de la demande spécifiques à chacun des marchés... et n'ont aucun rapport entre eux.

L'analyse qui vient d'être présentée appelle plusieurs critiques. Il ne semble pas, en effet, que le report et le déport puissent être expliqués par la segmentation des marchés.

Les différences de qualité et de localisation ne sont pas une justification. Dans certaines circonstances exceptionnelles, ces facteurs peuvent accroître ou réduire la différence entre le prix au comptant et le prix à terme, mais ils ne peuvent pas la constituer. L'incertitude quant à la date de livraison ne peut expliquer le report ou le déport, car peu de contrats se dénouent par une livraison effective de marchandise. Quand cette modalité se produit, les personnes concernées sont peu nombreuses et cet élément ne peut être retenu en tant que facteur constitutif significatif du report ou du déport.

L'idée que les opérateurs sur le marché à terme diffèrent des intervenants sur le marché au comptant ne peut être invoquée, car elle fait abstraction des opérations d'arbitrage et de couverture. Or, malgré la présence de certains facteurs limitant leur efficacité, ces opérations sont fréquemment mises en œuvre. Ceci amène à considérer que les prix au comptant et à terme sont déterminés sur un seul marché. C'est ce que prouve, d'ailleurs, l'observation du processus de formation des prix de nombreuses matières premières. Lors des négociations entre les acheteurs et les vendeurs de produits physiques, la discussion ne porte pas sur les prix d'achat et de vente, mais sur le nombre de *cents* ou de centimes « en plus » (*over*) ou « en moins » (*under*) qui, une fois déterminé, est appliqué au dernier prix à terme pour établir le prix de la transaction portant sur les produits physiques réalisée sur le marché au comptant. Cette pratique montre que le marché au comptant n'est pas dissociable du marché à terme (Working, 1948). Le déport et le report ne peuvent être expliqués par une dualité ou une segmentation des marchés.

2. La théorie du déport normal

La théorie du déport normal, formulée par Keynes en 1930, propose une explication de la formation des prix à terme [1] fondée sur l'équilibre des positions de couverture des opérateurs sur le marché à terme. Elle est fréquemment invoquée pour expliquer la relation entre le prix au comptant et le prix à terme du marché pétrolier.

La thèse principale de cette théorie peut être résumée simplement de la façon suivante : dans des conditions de fonctionnement normales du marché, le prix à terme est inférieur au prix au comptant. L'application de la théorie des marchés financiers aux marchés de matières premières complète cette formulation initiale. Elle permet d'analyser plus précisément le comportement des acteurs sur le marché à terme ainsi que la relation entre le prix au comptant et le prix à terme. Les tests empiriques réalisés dans le but de valider la théorie du déport normal n'aboutissent pas, malheureusement, à des conclusions convergentes. Une explication de ces divergences est proposée en conclusion de cette section.

2.1. L'exposé et les critiques de la théorie du déport normal

Établie par Keynes et développée par Hicks (1946), la théorie du déport normal est centrée sur l'analyse de la relation entre le prix à terme et le prix au comptant anticipé. La rigidité du cadre d'analyse dans lequel se

1. Sur un marché à terme de matières premières, plusieurs prix à terme, correspondant chacun à une échéance de livraison différente, sont simultanément cotés. Pour des raisons de simplification cependant, les sections consacrées à la théorie du déport normal et à la théorie du stockage considèrent le plus souvent qu'il n'existe qu'un seul prix à terme et analysent de ce fait la relation unissant le prix à terme et le prix au comptant.

situe cette théorie a suscité de nombreuses critiques portant, en particulier, sur l'analyse des anticipations des acteurs proposée par Keynes, sur l'interprétation qu'il donne de la prime de risque et sur l'importance qu'il accorde à la fonction de transfert de risque des marchés à terme.

2.1.1. L'exposé de la théorie du déport normal

La théorie du déport normal se situe dans le contexte d'un fonctionnement normal du marché, c'est-à-dire une situation où l'offre et la demande de produits physiques ne varient pas dans le temps. Elle est établie à partir du constat que, sur un marché à terme, les positions de couverture des différents opérateurs ne se compensent pas nécessairement. Les besoins de protection contre le risque de hausse des prix (on parle parfois de « couverture longue » car les opérateurs doivent acheter des contrats à terme pour se couvrir et détiennent, de ce fait, une position longue), classiquement exprimés par les transformateurs de matières premières, ne sont pas forcément identiques aux besoins de protection contre le risque de baisse des prix (on parle parfois de « couverture courte » car les opérateurs doivent vendre des contrats à terme pour se couvrir et détiennent, de ce fait, une position courte) exprimés par les producteurs et des détenteurs de stocks. Le recours aux spéculateurs est donc nécessaire pour assurer l'équilibre du marché à terme. Pour faciliter l'intervention de ces opérateurs, il faut que le prix à terme pour une échéance T présente un écart avec le prix au comptant anticipé pour cette même échéance. Cet écart incite les spéculateurs à prendre une position compensant le déséquilibre des positions de couverture, et rémunère ainsi leur activité de prise de risque.

La théorie du déport normal établit donc une relation entre le prix au comptant anticipé et le prix à terme (la différence entre le prix à terme et le prix au comptant anticipé constitue la base anticipée) qui s'écrit de la façon suivante :

$$F(t, T) = E_t[S(T)] - \Pi$$

avec :

- $F(t, T)$, le prix en t du contrat à terme parvenant à échéance en T,
- $E_t[S(T)]$, le prix au comptant anticipé en t pour la date T,
- Π, la prime marginale de risque.

La théorie du déport normal repose sur deux hypothèses centrales. En premier lieu, le prix au comptant anticipé n'est pas identique au prix à terme. Plus précisément, le prix au comptant anticipé comprend une prime permettant de rémunérer le risque de variation de prix que le prix à terme exclut : « ... dans des conditions normales, le prix au comptant est supérieur au prix à terme *i.e.* il y a déport. Autre manière de s'exprimer, le prix d'offre normal sur le marché au comptant inclut une rémunération pour le risque de fluctuation de prix pendant la période de production, tandis que le prix à terme l'exclut ». Cette prime rémunère le service rendu par les spéculateurs. Selon Keynes, elle est en moyenne de 10 % pour les matières premières agricoles récoltées annuellement.

En second lieu, Keynes, puis Hicks supposent tous les deux que la prime de risque est positive, et que le prix à terme est inférieur au prix au comptant anticipé. Le sens de la prime dépend de la position de couverture nette des opérateurs industriels ; pour les deux auteurs, cette position résulte d'un excédent de protection contre le risque de baisse des prix (couverture courte). La différence entre le prix au comptant anticipé et le prix à terme correspond selon Keynes à ce que le producteur est prêt à sacrifier pour éviter de supporter le risque de prix. Hicks invoque un autre facteur explicatif : selon lui, les transformateurs sont moins sensibles au risque de prix que les producteurs. L'utilité des achats à terme étant plus réduite que celle des ventes à terme, il apparaît sur le marché un excédent de protection contre le risque de baisse des prix. Pour compenser ce déséquilibre, il faut que les spéculateurs prennent une position longue.

Cet excès de couverture contre le risque de baisse des prix permet d'expliquer les relations observées empiriquement entre le prix au comptant courant et le prix à terme (la différence entre le prix à terme et le prix au comptant courant constitue la base constatée). Lorsque sur le marché physique les opérateurs anticipent une stabilité des prix au comptant, c'est-à-dire lorsque le prix au comptant courant est égal au prix au comptant anticipé, la différence entre le prix à terme et le prix au comptant courant est négative : le marché est en situation de déport normal. En revanche, lorsque de façon ponctuelle les stocks sont excédentaires, le prix au comptant courant n'est plus nécessairement identique au prix au comptant anticipé : l'excès d'offre de marchandises a un impact baissier sur le prix au comptant courant ; les opérateurs anticipent la résorption de ce surplus, de telle sorte que le prix au comptant anticipé est supérieur au prix au comptant courant. Dans cette situation, le prix à terme est supérieur au prix au comptant courant d'un montant correspondant au coût de stockage de la marchandise excédentaire, tout en restant inférieur au prix au comptant anticipé. Il y a simultanément report sur la base constatée et déport sur la base anticipée.

Dans la théorie du déport normal, la prime de risque payée aux spéculateurs par les opérateurs du marché physique est le concept central permettant d'expliquer la relation entre le prix au comptant et le prix à terme. Pour cette théorie, la fonction des marchés à terme est d'assurer le transfert du risque de prix entre les différents intervenants de ces marchés.

2.1.2. Les critiques de la théorie du déport normal

Les critiques de la théorie du déport normal portent sur la façon dont Keynes définit et utilise les anticipations des opérateurs pour expliquer la relation entre le prix au comptant et le prix à terme. Le sens, la stabilité et l'existence même de la prime de risque sont également remis en question. Enfin, la fonction de transfert de risque assumée par les marchés à terme est contestée.

2.1.2.1. L'analyse des anticipations et la théorie du déport normal

Le rôle accordé par Keynes aux anticipations dans l'analyse de la relation entre le prix au comptant anticipé et le prix à terme est bien spécifique : dans la formulation initiale de la théorie du déport normal, les anticipations permettent d'expliquer le comportement des spéculateurs, mais elles n'interviennent pas dans la compréhension du comportement des autres opérateurs. À cette vision un peu particulière s'est progressivement substituée l'hypothèse des anticipations rationnelles. Cette analyse plus générale du mode de prévision des agents, encore en vigueur aujourd'hui, modifie la théorie du déport normal à plusieurs niveaux.

a) Les anticipations et la théorie keynésienne du déport normal

Dans la théorie keynésienne, les anticipations sont prises en considération pour analyser le comportement des spéculateurs, mais pour comprendre celui des opérateurs réalisant des opérations de couverture, tout se passe comme si les anticipations n'existaient pas.

Selon Keynes (1930), les industriels réalisent sur le marché à terme des opérations dont le but est d'éliminer totalement l'incertitude à laquelle ils sont confrontés quant au niveau de prix futur. « Si ce prix représente un profit par rapport à ses coûts de production, alors il peut aller de l'avant à toute vapeur, vendre sa production et n'encourir aucun risque » [1]. L'élimination totale du risque de prix auquel les producteurs sont exposés n'est possible que si ces derniers adoptent un comportement bien spécifique : ils réalisent des opérations de couverture pure. Le volume de contrats vendus à terme correspond exactement à leur position sur le marché physique. S'ils ne sont plus affectés par l'incertitude concernant le niveau du prix au comptant futur, les industriels n'ont pas besoin de réaliser la moindre prévision [2]. Leur décision d'intervention sur le marché à terme est uniquement déterminée par leur position sur le marché physique.

Les spéculateurs, eux, recourent aux anticipations pour évaluer leur profit futur sur le marché à terme ; la différence entre le prix à terme et le prix au comptant qu'ils anticipent motive leur présence sur ce marché. Keynes suppose que ces spéculateurs ont des anticipations homogènes, ce qui implique que les transactions sur le marché à terme sont inexistantes au sein du groupe des spéculateurs. Cette absence de transactions signifie que les spéculateurs anticipent à l'identique le prix au comptant futur.

La façon dont Keynes envisage le comportement de prévision des opérateurs intervenant sur un marché à terme est donc très restrictive : elle

1. *« If this price shows a profit on his costs of production, then he can go full steam ahead, selling his product and running no risk »* (Keynes, 1930).

2. Cette affirmation doit être nuancée. Dans la théorie keynésienne, si les anticipations n'interviennent pas dans la décision d'intervention des opérateurs industriels sur le marché à terme, elles sont cependant réintroduites dès que ces mêmes opérateurs se trouvent à nouveau en situation d'incertitude, par exemple lorsqu'ils planifient le niveau de la production future.

suppose en effet que les industriels n'anticipent pas et que les spéculateurs se comportent de façon parfaitement homogène en terme de prévision des prix futurs. Recourir à l'hypothèse des anticipations rationnelles permet de se dégager de ce cadre rigide.

b) Les anticipations rationnelles et la théorie du déport normal

À partir des années 1960, les anticipations rationnelles se sont progressivement imposées comme le mode dominant d'analyse des prévisions des opérateurs [1]. Cette théorie suppose que les anticipations des individus doivent en moyenne être correctes, faute de quoi ils modifient leur façon de prévoir le futur. Dans ce cadre d'analyse, les seules erreurs possibles ne peuvent être qu'aléatoires.

La notion d'anticipations rationnelles a été introduite par Muth en 1961. Celui-ci a étendu le principe fondamental du comportement microéconomique – l'utilisation optimale des ressources disponibles – à la formation des anticipations. Dans ce contexte, l'information est une ressource rare : elle n'est pas gaspillée par les individus. Ainsi, pour se forger une opinion sur le futur, les agents se basent sur la totalité des variables dont la théorie économique dit qu'elles ont une influence sur la variable anticipée, et sur toutes les interactions connues entre ces variables. L'hypothèse sous-jacente est que les agents détiennent un modèle représentant le fonctionnement de l'économie, ou les résultats de ce modèle (ce qui est vraisemblable lorsque l'information est diffusée largement et rapidement). Sans devoir supposer que les anticipations individuelles sont parfaites ou homogènes, en agrégeant les comportements individuels, on obtiendrait donc un résultat identique à celui que prévoit la théorie.

Dans le cadre des anticipations rationnelles, le prix n'est plus considéré comme le seul résultat de la confrontation de l'offre et de la demande sur un marché. Dans un environnement incertain, l'acteur économique, s'il est rationnel, doit utiliser l'information que constitue le prix pour réduire son incertitude. Le prix acquiert ainsi une double dimension : en tant que résultat de décisions, il a un rôle d'agrégation de l'information ; en tant que signal pour l'action, il est un vecteur de transmission de l'information.

Considérer que le prix n'est plus seulement le résultat des actions individuelles mais en est également le déterminant transforme la définition de l'équilibre concurrentiel. Cette nouvelle définition doit intégrer le fait que les agents utilisent le prix pour se forger une opinion sur les conditions futures du marché et, par là, exercent une influence sur le prix. L'équilibre à anticipations rationnelles correspond à une situation dans laquelle l'offre et la demande se compensent totalement et dans laquelle le prix traduit les anticipations des agents, de telle sorte qu'ils ne souhaitent pas réviser leur position à partir de l'observation des prix.

---

1. Les modèles d'équilibre des marchés financiers, présentés au paragraphe 2.2, recourent cependant encore à l'hypothèse des anticipations homogènes.

Avoir recours à l'hypothèse des anticipations rationnelles modifie la théorie du déport normal à deux niveaux. En premier lieu, elle implique que les anticipations des spéculateurs ne sont pas nécessairement strictement identiques les unes aux autres. Des transactions peuvent ainsi être réalisées au sein de ce groupe d'opérateurs. Par conséquent, les spéculateurs ne sont pas tous nécessairement acheteurs de contrats sur le marché à terme [1]. Quant au niveau de la prime de risque, il n'est plus nécessairement celui de l'analyse keynésienne, le prix au comptant anticipé n'étant pas identique pour tous les spéculateurs.

En second lieu, si l'hypothèse d'aversion totale au risque des industriels est levée, ces derniers abandonnent vraisemblablement le comportement passif qui était le leur dans l'analyse keynésienne. Par conséquent, ils ne couvrent plus nécessairement la totalité de leurs positions sur le marché physique, et leurs décisions d'intervention sur le marché à terme ne dépendent plus uniquement de ces positions. Elles dépendent également de leurs anticipations concernant le niveau des prix futurs. Les opérations de couverture acquièrent ainsi une dimension spéculative qui était absente de l'analyse keynésienne. Le montant de la position de couverture nette des industriels étant susceptible d'évoluer en fonction de leurs anticipations, le niveau comme le sens de la prime de risque ne sont plus ceux prévus par Keynes.

2.1.2.2. L'analyse de la prime de risque

Si le mode de prévision des prix futurs par les opérateurs a un impact direct sur le niveau et le sens de la prime de risque, il n'en est cependant pas le seul déterminant. Kaldor (1940) souligne que la prime de risque dépend également du volume des engagements des opérateurs sur le marché physique et de leur aversion au risque. Ces deux éléments n'étant pas constants dans le temps, la prime de risque ne peut être stable.

Pour Telser (1958), ce ne sont pas seulement le niveau et le sens, mais l'existence même de la prime de risque qui doivent être contestés. Pour lui, en effet, dans un marché à terme sans barrières à l'entrée et caractérisé par la présence d'un grand nombre de spéculateurs, il n'y a aucune raison qu'une différence conséquente puisse s'instaurer entre le prix à terme et le prix au comptant anticipé. Dès que le premier s'éloigne du second, la demande des spéculateurs devient infinie, et leurs prises de positions sur le marché à terme ramènent les prix à une valeur d'équilibre unique.

Cootner (1960) critique cette thèse en soulignant que, dans la formulation de la demande de contrats à terme des spéculateurs, Telser ne prend pas en considération le temps. Selon Cootner, le prix au comptant anticipé en t pour la période T ne peut être identifié au prix à terme en t pour

1. Bien avant que l'hypothèse des anticipations rationnelles n'ait été développée, Kaldor (1940) avait souligné que l'analyse de la prime de risque de la théorie du déport normal serait modifiée si l'homogénéité des anticipations des spéculateurs était levée.

l'échéance T, car les spéculateurs, dans le calcul de leur profit anticipé, incluent nécessairement la rémunération de leur investissement : ils prennent de ce fait en considération le dépôt de garantie et les appels de marge.

La critique de Cootner porte donc sur la définition du rendement associé à la détention d'un contrat à terme. Alors que Telser emploie la définition qui sera reprise par la théorie du portefeuille, à savoir le taux de variation des prix à terme, Cootner insiste sur la nécessité de prendre en considération le dépôt de garantie et les appels de marge dans le calcul du rendement de l'investisseur. Même si le montant du dépôt de garantie est faible, dans la mesure où il nécessite l'immobilisation sans rémunération d'une certaine somme d'argent pendant toute la durée de détention de contrats par les spéculateurs, il faut l'intégrer dans l'analyse de la demande de contrats des spéculateurs [1].

Dans la formulation de Cootner, pour que le spéculateur intervienne sur un marché à terme, la différence entre le prix à terme et le prix au comptant anticipé, que cette différence soit positive ou négative, doit être suffisante pour qu'une position à terme offre une rémunération au moins équivalente à celle de placements alternatifs. Soient r le taux de rendement attendu par le spéculateur sur son investissement, $F(t, T)$ le prix à terme courant, et $E_t[S(T)]$ le prix au comptant anticipé. Le spéculateur ne vendra des contrats que si le prix à terme $F(t,T)$ est supérieur ou égal à la quantité $(E_t[S(T)] \times (1 + r)^n)$ et n'en achètera que si le prix à terme $F(t, T)$ est inférieur ou égal à la quantité $(E_t[S(T)] \times (1 + r)^{-n})$. Pour des valeurs de $F(t, T)$ comprises entre ces deux limites, il ne prendra aucune position, comme le montre le graphique 2.1.

Dans l'analyse de Cootner, et contrairement à ce que supposait Telser, la demande de contrats du spéculateur n'est donc plus parfaitement élastique. Les préférences temporelles agissent comme des coûts de transaction. Une différence peut alors exister entre le prix au comptant anticipé et le prix à terme.

1. Depuis l'époque où Cootner ferraillait avec Telser, les modalités de fonctionnement des marchés à terme ont beaucoup évolué. Tous les « opérateurs professionnels », qu'il s'agisse d'intervenants cherchant à se protéger contre le risque associé aux fluctuations des prix ou d'opérateurs cherchant à en retirer un profit, peuvent désormais déposer en garantie à la chambre de compensation des titres financiers à revenu fixe (bons du Trésor ou autres titres publics). Ils restent dans ce cas bénéficiaires des intérêts afférents à ces titres. S'ils déposent des liquidités, ces opérateurs professionnels peuvent obtenir de la chambre de compensation une rémunération correspondant pratiquement à celle offerte par le marché monétaire. Seuls les petits spéculateurs individuels, dont les transactions représentent une infime minorité des transactions enregistrées sur les marchés à terme, doivent immobiliser des liquidités (et encore…).

Graphique 2.1. – *La demande de contrats à terme des spéculateurs selon Cootner*

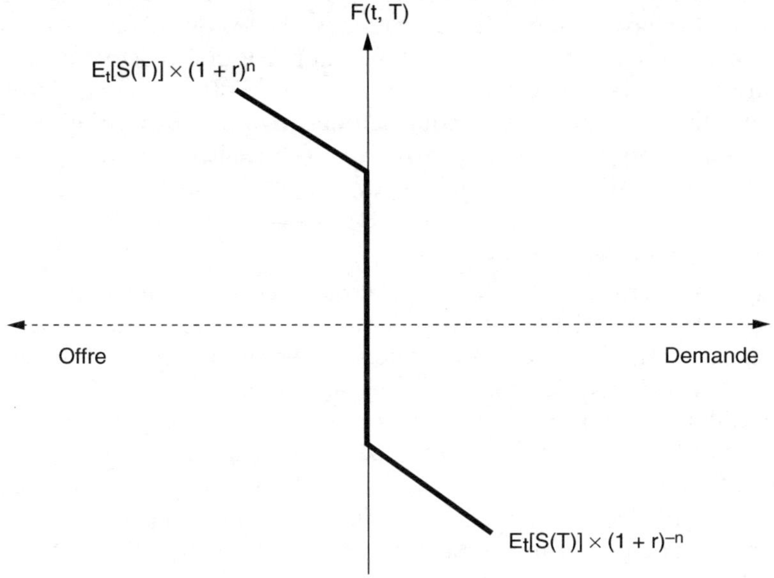

2.1.2.3. La fonction de transfert de risque des marchés à terme

La théorie du déport normal est fondée sur l'idée que certains opérateurs sont moins averses au risque que d'autres. La fonction des marchés à terme est d'assurer le transfert du risque de prix entre ces différents acteurs. Les spéculateurs, dans ce cadre théorique, sont perçus comme des assureurs. Certains auteurs ont contesté cette vision.

Hardy (1940) considère les spéculateurs comme des joueurs, pour lesquels les marchés à terme sont un casino. On conçoit alors aisément qu'il n'est plus nécessaire, dans ce contexte, de leur payer une prime de risque. Puisque l'intervention sur les marchés à terme leur permet de jouer sous une forme socialement acceptable, on pourrait même imaginer qu'ils acceptent de payer pour cela et qu'un « report normal » s'établisse entre le prix à terme et le prix au comptant anticipé.

Williams (1986) remet lui aussi en cause la fonction de transfert de risque des marchés à terme comme élément explicatif central de la relation entre le prix à terme et le prix au comptant anticipé. Pour cet auteur, une analyse de la relation entre le prix au comptant et le prix à terme centrée sur le transfert du risque est incapable d'expliquer le comportement réel des prix des matières premières, en particulier la volatilité de la base constatée et les déformations de la structure par terme des prix, c'est-à-dire les relations s'établissant à une date donnée entre les prix à terme pour différentes échéances [1]. La base constatée peut en effet être très variable, à très court terme. Ces fluctuations pourraient être interprétées comme le symptôme d'une prime de risque particulièrement instable. Pour Williams, il est cependant improbable que les fluctuations observées puissent être expliquées par des phénomènes comportementaux tels que la demande de couverture des opérateurs du marché physique ou l'offre de prise de risque des spéculateurs. Mieux vaut pour l'auteur invoquer des variations inattendues de la production, ou d'autres incertitudes liées à l'offre, ainsi que la relative inélasticité de la demande de matière première.

2.1.3. Conclusion

La prime de risque est le concept central de la théorie du déport normal. Elle permet en premier lieu d'expliquer la relation entre le prix à terme et le prix au comptant, et son existence détermine en second lieu la fonction économique de transfert de risque associée aux marchés à terme. Keynes explique en effet la relation entre le prix à terme et le prix au comptant observé par la présence, sur le marché à terme, d'opérateurs dont l'aversion au risque est différente et qui s'échangent, à travers des contrats à terme, un risque de prix.

Cependant, les différentes critiques développées à l'encontre de la théorie du déport normal, lorsqu'elles ne nient pas purement et simplement l'existence de cette prime de risque, montrent que son sens et son niveau peuvent varier dans le temps. Il importe donc de préciser ce que représente cette prime et de la mesurer.

La prime de risque est définie par Keynes comme la somme que les opérateurs du marché physique, ne réalisant aucune prévision de prix, sont prêts à payer pour se débarrasser totalement de l'incertitude à laquelle ils sont confrontés. Que devient-elle cependant lorsque ces opérateurs formulent des anticipations quant à l'évolution du prix au comptant futur et ne désirent plus nécessairement, de ce fait, couvrir la totalité de leurs engagements sur le marché physique ? Le paragraphe 2.2., consacré à l'application de la théorie des marchés financiers au domaine des matières premières, apporte une réponse à cette question.

Il s'avère également nécessaire de répondre à une seconde question : quels sont le sens et le niveau de la prime de risque ? Si l'on admet que le déséquilibre des positions de couverture sur un marché à terme et les différences d'aversion au risque des opérateurs peuvent être invoqués comme facteurs explicatifs de la relation de prix, il est fort probable cependant que ce déséquilibre varie en fonction du marché et de la période considérés. Cette hypothèse doit être validée par des études empiriques. Si le sens de la prime de risque n'est pas celui retenu par Keynes, alors le marché ne sera pas en situation de déport normal, mais en situation de report normal. Par ailleurs, si le niveau de la prime de risque est variable dans le temps, alors l'association du mot normal aux situations de déport ou de report perdra toute signification.

1. Ce point sera plus spécialement étudié au chapitre 3.

2.2. *La théorie des marchés financiers et la théorie du déport normal*

L'apport de la théorie des marchés financiers à celle du déport normal est double. Appliquée aux marchés de matières premières, la théorie du portefeuille permet d'analyser le comportement d'optimisation d'un individu intervenant sur les marchés à terme. Avec l'utilisation du *Capital Asset Pricing Model (CAPM)*, cette réflexion est ensuite étendue à l'ensemble du marché et conduit à une nouvelle approche de la prime de risque.

2.2.1. La théorie du portefeuille et l'analyse du comportement individuel d'optimisation

La théorie du portefeuille a été appliquée aux marchés de matières premières dès le début des années 1960, en particulier par Johnson (1960) et Stein (1961). L'un et l'autre importent les résultats de la théorie du portefeuille dans le domaine des matières premières en assimilant un individu détenteur de stocks de marchandises à un investisseur propriétaire de deux catégories d'actifs risqués : les stocks couverts, au rendement faible mais régulier, et les stocks non couverts, au rendement supérieur et plus risqué. Dans ce cadre d'analyse, la diversification du « portefeuille » revient à déterminer la proportion optimale de stocks à couvrir, minimisant le risque de l'industriel pour un rendement anticipé donné.

Encadré 2.1.
La théorie du portefeuille

La théorie du portefeuille, formulée au début des années 1950, est centrée sur l'analyse du risque (Markowitz, 1952, 1959). Son objectif est de permettre à un investisseur averse au risque de réaliser un choix entre divers investissements risqués. La principale conclusion de cette théorie se formule de la manière suivante : face à un ensemble d'investissements risqués, tous envisageables, et caractérisés par des couples *risque-rendement*, le meilleur choix pour un individu dont le critère de décision est la maximisation de son utilité n'est pas de tout placer dans un seul investissement, mais de diversifier son patrimoine en le répartissant entre plusieurs investissements.

Dans son esprit, la théorie concerne toutes les situations risquées : son raisonnement peut en effet s'appliquer à toute prise de décision. Sa portée pratique se limite cependant au domaine financier, domaine dans lequel la dépense initiale à consentir pour investir, les rendements futurs et les risques d'un projet peuvent être évalués relativement simplement. En considérant un titre financier comme un investissement risqué, Markowitz suggère, à partir des caractéristiques de chaque titre (risque et rendement espéré), une procédure de sélection qui permet de définir le portefeuille optimal de chaque investisseur maximisant son utilité.

Le choix des titres composant le portefeuille optimal est fondé sur le principe de la diversification, selon lequel la combinaison de titres individuels au sein d'un portefeuille permet de diminuer le risque de l'investissement, sans que son rendement soit affecté.

La rentabilité d'un portefeuille est en effet égale à la moyenne des rentabilités de chacun des titres, pondérées par leurs valeurs respectives dans le portefeuille. En revanche, le risque d'un portefeuille, représenté par la variance de son rendement, dépend non seulement de la variance des rendements des titres considérés individuellement, mais aussi de la covariance entre ces rendements. Lorsque les rendements des titres réagissent de façon opposée à un événement donné, leur covariance est négative, et la combinaison de ces titres permet de réduire le risque du portefeuille. En réunissant des titres au sein d'un portefeuille, il est donc possible, tout en conservant le même niveau de rendement, d'obtenir un risque inférieur à celui qui aurait été supporté sur les titres individuels.

Markowitz montre qu'en effectuant toutes les combinaisons envisageables de tous les titres du marché, il est possible d'obtenir un ensemble de portefeuilles « efficients ». À condition que les titres soient inversement corrélés, plus leur nombre au sein du portefeuille augmente, plus la diversification est efficace. Un portefeuille composé de tous les titres du marché est mieux diversifié, toutes choses égales par ailleurs, qu'un portefeuille incluant un nombre de titres inférieur. Les portefeuilles efficients, pour un niveau de rendement anticipé, minimisent le risque de l'investissement. L'ensemble des portefeuilles efficients forme la frontière efficiente, représentée sur le graphique 2.2. dans un plan risque-rendement. Celle-ci forme une enveloppe autour des différents actifs risqués [1].

Graphique 2.2. – *Frontière efficiente*

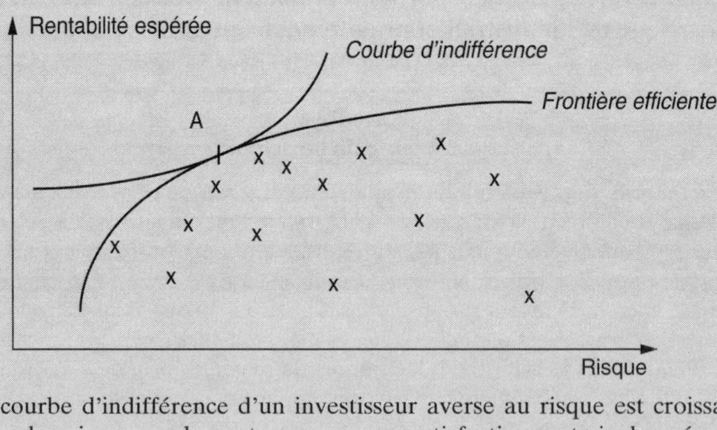

La courbe d'indifférence d'un investisseur averse au risque est croissante dans le plan risque-rendement : pour que sa satisfaction reste inchangée, une augmentation du risque doit être compensée par une augmentation du rendement du portefeuille. De plus, les préférences de l'investisseur sont convexes : plus le rendement du portefeuille est élevé, moins il est prêt à accepter un risque supplémentaire contre une augmentation de ce rendement.

À partir de ses préférences individuelles, on peut alors déterminer, dans l'espace rentabilité-risque, le portefeuille qui maximise l'utilité anticipée de chaque investisseur. Ce portefeuille optimal se situe en A, le point de tangence entre la frontière efficiente et la courbe d'indifférence correspondant au niveau le plus élevé de satisfaction.

1. Les croix représentent les rentabilités anticipées des titres individuels ou des portefeuilles moins bien diversifiés.

La théorie du portefeuille permet à Stein (1961) de proposer pour la première fois une représentation du comportement d'optimisation de l'individu dans le contexte des marchés de matières premières. Le portefeuille optimal de l'individu est remplacé par la proportion optimale de stocks à couvrir. Stein fait l'hypothèse que l'individu connaît, pour différentes proportions de stocks non couverts, les relations entre le rendement attendu et le risque. Cette combinaison de relations risque-rendement définit le lieu d'opportunité de l'individu, équivalent de la frontière efficiente de la théorie du portefeuille.

Sur le graphique 2.3., en A, tous les stocks sont couverts : le rendement et la variance sont faibles. À partir du point A, au fur et à mesure que l'on se déplace sur le lieu d'opportunité, le rendement et le risque associés à la détention de stocks augmentent. Arrivé en B, le risque et le rendement sont à leur maximum car en se point les stocks ne font pas l'objet de couverture. Le point de tangence, C, entre la courbe d'indifférence et le lieu d'opportunité correspond à la proportion optimale de stocks à couvrir.

Graphique 2.3. – *Proportion optimale de couverture d'un stock individuel*

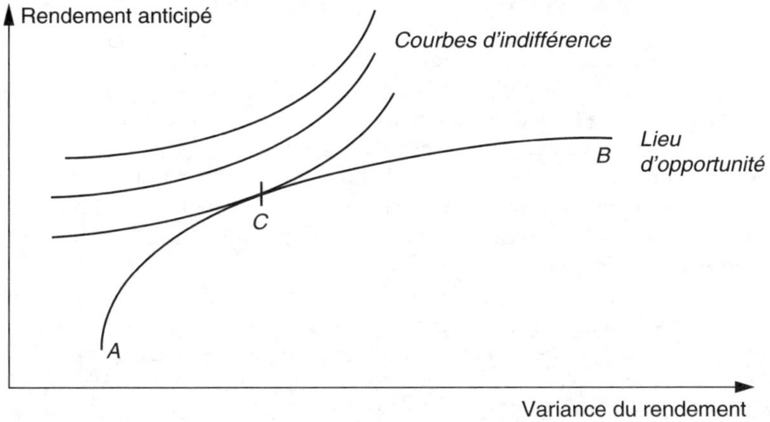

Johnson (1960) aborde la même question que Stein, mais il le fait sous un angle légèrement différent : l'emploi du critère risque-rendement lui permet de formaliser, pour la première fois, les conditions dans lesquelles un individu réalise des opérations de couverture ou de spéculation sur un marché de matières premières. À l'inverse de Keynes, qui considérait le spéculateur et l'opérateur en position de couverture comme deux individus distincts, Johnson montre qu'il n'y a pas de distinction fondamentale entre ces deux catégories d'acteurs : « Il n'y a pas de différence entre l'opérateur en position de couverture et le spéculateur « ordinaire », dans la mesure où tous les deux sont motivés par le souhait d'obtenir une combinaison optimale de l'espérance de rendement et de la variance déterminée par leurs fonctions d'utilité respectives »[1]. Dans ce cadre d'analyse, la seule distinction qui peut être établie entre l'opérateur réalisant des opérations de couverture et le spéculateur réside dans le fait que le premier est soumis à une contrainte de minimisation du risque sur le marché physique que le second ignore.

Recourir à la théorie du portefeuille permet d'analyser pour la première fois le comportement individuel d'optimisation dans le cadre des marchés de matières premières. Avec Hicks, les décisions d'intervention sur les marchés à terme étaient conditionnées par la fonction de production des individus : le déséquilibre entre leurs positions de couverture courte et longue sur le marché était expliqué par une moindre sensibilité au risque de prix du transformateur, comparée à celle du producteur. À partir des années 1960, c'est la fonction d'utilité de l'investisseur qui est au centre de l'analyse, ce qui permet une représentation unifiée du comportement de tous les acteurs, qu'ils soient producteurs, transformateurs, négociants ou spéculateurs, et à travers l'utilisation de modèles d'équilibre des marchés financiers tels que le *CAPM*, le passage de l'analyse du comportement individuel à celle de l'ensemble du marché.

Encadré 2.2.
Le *Capital Asset Pricing Model*

Dans le cadre des modèles d'équilibre des marchés financiers, le critère sur lequel se fonde la décision d'investissement reste le couple espérance de rendement-variance. Aux hypothèses de marchés parfaits[2], utilisées dans le cadre de la théorie du portefeuille, s'ajoute celle d'homogénéité des anticipations. Cette hypothèse simplifie le passage de l'étude du comportement individuel d'optimisation à celle de l'équilibre du marché : elle postule que tous les investisseurs ont le même horizon économique et associent à chaque titre le même couple rendement-risque.

Les anticipations des investisseurs étant homogènes, la frontière efficiente, propre à un individu dans la théorie du portefeuille, devient celle de tous les investisseurs opérant sur le marché. Par ailleurs, alors que les travaux de Markowitz ne concernaient que les placements risqués, le modèle du *Capital Asset Pricing Model* (*CAPM*) intègre dans l'analyse un titre non risqué, pour lequel les opérations de prêt et d'emprunt peuvent être réalisées sans limite et à un taux identique.

La relation fondamentale du *CAPM* exprime le rendement d'un investissement composé d'actifs risqués (actions) et non risqués en fonction des rendements respectifs de ces deux éléments. Mathématiquement, elle s'exprime de la façon suivante :

$$E[R] - R_f = I \times (E[R_p] - R_f)$$

1. *« There is no distinction between the hedger and the "ordinary" speculator insofar as both are motivated by a desire to obtain a for-them optimum combination of E[R] and V(R) as determined by their respective utility functions »* (Johnson, 1960).

2. Ces hypothèses sont au nombre de trois : atomicité (aucun intervenant ne domine le marché et ne peut, à lui seul, agir sur le cours des titres) ; transparence (l'information est accessible totalement et immédiatement) ; fluidité (absence d'impôts, de taxes, de coûts de transaction et parfaite divisibilité des titres).

avec :
- E[R], la rentabilité anticipée de l'investissement,
- $E[R_p]$, la rentabilité anticipée du portefeuille d'actions,
- R_f, le taux sans risque,
- I, la proportion de l'investissement en actions.

Le portefeuille d'actions constituant le seul actif risqué, le risque associé au portefeuille de l'investisseur, mesuré par la variance de sa rentabilité, est directement proportionnel à celui du portefeuille d'actions :

$$\sigma^2 = (I \times \sigma_p)^2$$

avec :
- σ, le risque total de l'investissement,
- σ_p, le risque du portefeuille d'actions.

Cette observation permet d'écrire autrement la relation fondamentale du *CAPM* :

$$E[R] = R_f + \sigma \times \frac{E[R_p] - R_f}{\sigma_p}$$

Tout portefeuille combinant un placement dans l'actif sans risque et dans un portefeuille d'actions peut être représenté par cette relation linéaire dans un espace rentabilité-risque :

Graphique 2.4. – *Frontière efficiente et portefeuille de marché*

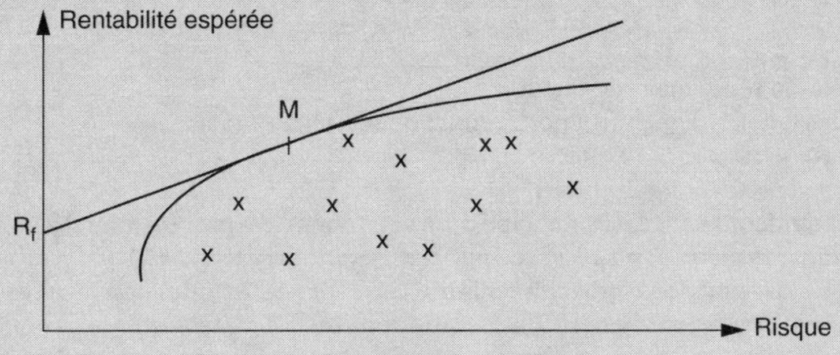

Le taux d'intérêt sans risque R_f est situé sur l'axe des ordonnées. Toute demi-droite joignant ce taux à un point placé sur ou au-dessous de la frontière efficiente constitue un ensemble de possibilités d'investissement, combinant un élément risqué et un élément non risqué (Il est impossible de déterminer un portefeuille plus « intéressant » selon le critère risque-rendement que ceux de la frontière efficiente. Les demi-droites ne peuvent donc pas passer au-dessus de la frontière). Le point de tangence entre cette demi-droite et la frontière d'efficience correspond à un portefeuille dont le rendement est supérieur à celui d'autres portefeuilles de même risque. Le point de tangence M correspond au choix optimal de placement pour un taux sans risque donné. Tout point de cette demi-droite constitue un placement plus avantageux que les autres portefeuilles de risque équivalent.

Parmi les différentes opportunités d'investissement que représente la demi-droite, deux attitudes opposées peuvent être adoptées : un individu extrêmement prudent allouera la grande majorité de ses ressources au placement sans risque et en consacrera une infime partie au portefeuille M ; à l'inverse, un spéculateur empruntera au taux sans risque et investira tous ses fonds disponibles dans le portefeuille M.

Lorsque l'ensemble des titres risqués est identifié à la totalité des titres disponibles sur le marché, le portefeuille risqué est le portefeuille de marché : il est formé de toutes les valeurs cotées dans les proportions de leurs capitalisations boursières. L'introduction du taux sans risque dans l'analyse conduit à dissocier le choix de la combinaison des titres risqués de celui du niveau de risque de l'investissement (théorème de séparation de Tobin).

L'un des apports significatifs du *CAPM* est de permettre une valorisation du risque. La prime de risque est représentée par la différence de rentabilité entre l'actif risqué et l'actif sans risque : $(E[R] - R_f)$. La rémunération du risque associé aux portefeuilles situés sur la demi-droite représentant les opportunités d'investissement correspond au rapport entre le risque et le rendement de ces portefeuilles ; elle est exprimée par la pente de la demi-droite :

$$\frac{E[R_p] - R_f}{\sigma_p}$$

Les résultats du *CAPM* ne s'appliquent pas uniquement aux portefeuilles situés sur la demi-droite $[R_f, M)$. Ils permettent également de mesurer le risque associé à un investissement dans une action ou dans un portefeuille non efficient. On peut effectivement formuler une relation entre la rentabilité espérée d'un titre individuel et celle du portefeuille de marché de la façon suivante :

$$E[R_i] - R_f = \beta_i(E[R_M] - R_f)$$

avec :

- R_i, le rendement de l'actif i,
- R_M, le rendement du portefeuille de marché,
- R_f, le taux sans risque,
- β_i, la sensibilité du titre i.

Le rendement en excès anticipé d'un actif donné est proportionnel à la prime de risque de marché, représentée par la différence $(E[R_M] - R_f)$. Ce rendement en excès dépend de la sensibilité du titre i aux fluctuations du marché, représentée par le coefficient bêta (β_i). Les variations du cours d'un titre peuvent avoir deux origines : soit elles sont imputables à des événements affectant l'ensemble du marché, comme l'augmentation du produit intérieur brut, une hausse de l'inflation ou une crise boursière, soit elles sont associées à des événements ne concernant que le titre et son entreprise émettrice, comme la publication de résultats ou la distribution de dividendes. La sensibilité du titre aux fluctuations du marché s'exprime de la façon suivante :

$$\beta_i = \frac{\sigma_{iM}}{\sigma_M^2}$$

avec :

- σ_{iM}, la covariance entre le titre i et le portefeuille de marché,
- σ_M^2, la variance du portefeuille de marché.

Le bêta représente le risque systématique associé à un titre individuel, c'est-à-dire la part du risque liée aux évolutions du marché. Un bêta supérieur à un signifie que les mouvements de prix du titre amplifient ceux du marché (titre « offensif »). Lorsque le bêta est compris entre zéro et un, le titre progresse dans le même sens que le marché, mais de façon atténuée (titre « défensif »). Enfin, lorsque le bêta est négatif, l'action évolue en opposition au marché. Toute tentative de diversification menée pour réduire le risque systématique est vouée à l'échec : celui-ci persiste lorsque la combinaison du titre risqué avec d'autres a permis d'éliminer le risque spécifique de l'action, c'est-à-dire les fluctuations de cours propres au titre étudié.

La relation d'équilibre entre le risque et le rendement d'un titre individuel montre que seul le risque systématique associé à ce titre est rémunéré. Ce résultat est important, car il procure un moyen de tester la théorie du déport normal.

2.2.2. Le Capital Asset Pricing Model *et la validation de la théorie du déport normal*

Les modèles d'équilibre des marchés financiers – *Capital Asset Pricing Model* (*CAPM*) et *Arbitrage Pricing Theory* (*APT*) – prolongent l'analyse de la théorie du portefeuille. Ils permettent d'étudier le comportement de l'ensemble des investisseurs et de passer de l'analyse des comportements d'optimisation individuels à celle de l'équilibre des marchés. L'application de cette théorie dans le cadre des marchés de matières premières permet de poser différemment la question de l'existence et du sens (positif ou négatif) de la prime de risque, et de réaliser des études empiriques pour tester la validité de la théorie du déport normal.

2.2.2.1. L'application de la théorie des marchés financiers aux marchés de matières premières

La théorie des marchés financiers est utilisée dans le cadre des marchés de matières premières pour valider la théorie du déport normal à travers des tests empiriques, qualifiés de tests indirects car leur validité dépend de celle des modèles d'équilibre des marchés financiers. Dans ce contexte, on considère que les contrats à terme ne diffèrent pas fondamentalement d'autres actifs risqués, tels que les actions : tous sont éligibles, au même titre, au sein du portefeuille d'un acteur recherchant la diversification de son risque. De plus, un investisseur n'est rémunéré que pour le risque systématique associé à un actif risqué, et non pour son risque total.

Le « rendement » d'un contrat à terme est calculé de la même façon que celui d'un actif financier, à partir du taux de variation du prix du contrat :

$$\frac{F(T, T) - F(t, T)}{F(t, T)}$$

avec :

- F(T, T), le prix du contrat à terme à l'échéance T,
- F(t, T), le prix en t du contrat d'échéance T.

Le rendement en excès exigé sur cet actif risqué dépend de la sensibilité de l'actif aux fluctuations du marché, représentée par son bêta.

La théorie des marchés financiers permet ainsi d'étudier la présence et le sens d'une prime de risque dans un marché de matières premières : si les spéculateurs, conformément à la théorie du déport normal, retirent une rémunération de la détention de contrats à terme, c'est qu'il existe un risque systématique associé à ces contrats. Le bêta d'un contrat à terme doit donc être positif.

Dusak (1973) est la première à employer les résultats de la théorie des marchés financiers pour tester la validité de la théorie du déport normal. Ses travaux ouvrent la voie à une série de tests qui constituent encore aujourd'hui un sujet de recherche actif, le dernier recensé étant celui de Kolb, en 1996. Dusak réalise un test sur les marchés du blé, du maïs et du soja, sur la période 1952-1967. Elle utilise comme portefeuille de marché l'indice Standard & Poor's, considérant celui-ci comme un portefeuille d'actions bien diversifié, représentatif de la richesse totale des investisseurs. Les résultats de Dusak sont en contradiction avec ceux de la théorie du déport normal. Ils établissent, en effet, qu'il n'existe pas de prime de risque sur les marchés à terme. Carter, Rausser et Schmitz (1983) aboutissent aux mêmes conclusions en utilisant un autre portefeuille de marché. Leurs travaux représentent, toutefois, un progrès par rapport à ceux de Dusak, car ils considèrent que le risque systématique d'une position détenue sur un marché à terme peut varier dans le temps. Dans le cas particulier des matières premières, ce risque peut évoluer en fonction des saisons. En d'autres termes, Carter, Rausser et Schmitz prennent en considération l'instabilité des bêta. Baxter, Conine et Tamarkin (1985), à l'inverse des deux études précédemment citées, confirment l'existence d'une prime de risque. Dans chaque cas, les marchés explorés sont pourtant identiques : il s'agit du blé, du maïs et du soja.

Ces différences s'expliquent en partie par des divergences concernant la définition du portefeuille de marché. Carter, Rausser et Schmitz réalisent leurs travaux dans l'esprit de ceux de Bodie et Rosansky (1980). Ces derniers avaient montré qu'un portefeuille composé à 60 % d'actions et à 40 % de contrats à terme de matières premières obtient un rendement identique à celui d'un portefeuille d'actions, en diminuant son risque de 30 %. Le principe de diversification justifie donc l'intégration des matières premières dans le portefeuille de marché. Les trois auteurs évaluent leur importance au sein de l'ensemble des actifs risqués à partir de plusieurs sources, parmi lesquelles le nombre de contrats à terme de matières premières échangés sur le marché américain, la valeur des matières premières représentées par les contrats échangés, et la valeur de marché des actifs fermiers aux États-Unis. Marcus (1984) reprend l'analyse de Carter, Rausser et Schmitz en soulignant que leur portefeuille de marché n'est pas correctement spécifié : selon cet auteur, la contribution des matières premières à la richesse doit en effet être évaluée au moyen d'un indice intégrant la part des matières premières dans la richesse totale. Celle-ci est estimée par Marcus à 10 %. Baxter, Conine et Tamarkin recourent à ce nouvel indice pour réaliser leurs tests et concluent à l'existence d'un déport normal.

Prises dans leur ensemble, les études réalisées à partir de la théorie des marchés financiers présentent une diversité de résultats déconcertante. Cette diversité est liée aux difficultés que pose l'application pratique de cette théorie dans le cadre des marchés de matières premières.

2.2.2.2. Portée et limites de l'application de la théorie des marchés financiers aux marchés de matières premières

Le premier problème posé par l'utilisation de la théorie des marchés financiers est lié au rendement d'une opération sur un marché à terme. Celui-ci ne peut en effet être mesuré de la même façon que le rendement d'une opération sur un marché d'actions. Dans le second cas, l'agent réalise un investissement : il achète un titre, dont le prix représente une contrainte de richesse initiale. Dans le premier cas, l'investissement se limite au versement d'un dépôt de garantie, généralement inférieur à cinq ou dix pour cent de la valeur du contrat. Le dépôt, versé aussi bien en cas de vente que d'achat de contrats, est une simple garantie de la solvabilité de l'agent : il ne peut servir à mesurer la performance de l'opération réalisée sur le marché à terme. Le fait de négliger le dépôt de garantie, seule mise de fonds initiale, dans la détermination du rendement d'une opération sur contrats à terme, semble donc justifié. En revanche, cette définition du rendement ne permet pas de prendre en considération l'effet de levier dont bénéficie l'opérateur sur un marché à terme. En effet, pour tout investissement sur un marché à terme, il existe un effet de levier, car le capital investi dans un contrat à terme est bien inférieur à la valeur de ce contrat, ce qui entraîne un effet multiplicateur sur la rentabilité. Une grande partie de la performance associée aux opérations sur les marchés à terme est donc ignorée lorsque le rendement est mesuré par le taux de variation des prix à terme.

L'utilisation du *CAPM* présente une seconde difficulté, inhérente à la théorie des marchés financiers, mais accrue lors de son application aux marchés de matières premières : un portefeuille de marché doit théoriquement représenter la richesse totale des investisseurs. Pour une étude consacrée aux actions, un portefeuille constitué de tous les titres offerts par le marché dans les proportions des capitalisations boursières peut être considéré comme satisfaisant. En revanche, lorsque la notion d'actif risqué est étendue aux contrats à terme, le portefeuille de marché doit intégrer la contribution des marchés de matières premières à la richesse totale. Or, la détermination de cette contribution est délicate.

La théorie des marchés financiers suppose en effet que les prix des actifs risqués s'équilibrent pour une quantité fixe d'actifs. Or, le nombre de contrats échangés sur un marché à terme est loin d'être stable : c'est une quantité endogène, déterminée par le volume des transactions sur le marché physique et sur le marché papier, qui peut évoluer considérablement au cours d'un mois, voire d'une journée. Qui plus est, cette quantité n'est pas uniformément répartie sur toutes les échéances. La position ouverte sur un marché à terme est, en effet, concentrée sur les contrats dont les échéances sont les plus courtes. Dernière remarque, le contrat à terme est un actif dont la durée de vie (quelques semaines, parfois plusieurs mois, mais très souvent quelques jours ou quelques heures, voire moins d'une heure) n'est pas comparable à celle d'une action. La composition d'un portefeuille de marché prenant en compte des contrats à terme de matières premières évolue donc quotidiennement : l'établissement de la relation d'équilibre du *CAPM* semble ainsi plus difficile lorsque les contrats à terme sont intégrés dans le portefeuille de marché que lorsqu'ils ne le sont pas.

Malgré les difficultés qu'elle présente, l'introduction de la théorie des marchés financiers dans le domaine des matières premières n'est pas dénuée d'intérêt. Elle modifie, en effet, la théorie du déport normal et conduit à réévaluer le rôle du spéculateur et la signification du risque.

Dans ce nouveau cadre théorique, le spéculateur intervenant dans un marché de matière première n'est plus nécessairement un assureur, comme c'était le cas dans la théorie initiale du déport normal : il devient un investisseur. Sachant qu'il est possible, à travers la diversification, d'éliminer une partie du risque de prix, la prime de risque, dans ce contexte, ne représente plus que le risque systématique associé aux contrats à terme de matières premières. Tant qu'il n'existe pas de risque systématique associé à ces contrats, il n'est pas nécessaire de payer une prime de risque à l'investisseur.

2.3. Les tests empiriques directs de la théorie du déport normal

Des tests empiriques ayant pour objet de valider directement la théorie du déport normal ont été réalisés en dehors du cadre théorique du CAPM. Working (1929-1931) montre que ces tests, pour être tout à fait rigoureux, doivent prendre en considération l'impact du niveau général des prix sur le comportement des cours à terme. À cette première condition, Cootner (1960) ajoute la nécessité d'intégrer le fait que, pour des matières premières saisonnières, les positions de couverture peuvent varier au cours de la période de récolte. Par rapport à ces premiers travaux, l'étude de Fama et French (1987) présente l'avantage de l'exhaustivité : la validité de la théorie du déport normal est testée sur un très grand nombre de marchés, et sur une période étendue. Une attention particulière est accordée, à la fin de ce paragraphe, aux études empiriques réalisées dans le cadre du marché pétrolier. Ce dernier présente en effet certaines caractéristiques susceptibles de motiver le recours à la théorie du déport normal pour expliquer la relation entre le prix au comptant et le prix à terme.

2.3.1. Les implications empiriques de la théorie du déport normal

Les implications empiriques de la théorie du déport normal sont au nombre de trois : la première porte sur l'évolution du prix à terme au cours de la durée de vie du contrat, la deuxième sur la position des opérateurs sur le marché à terme, la troisième sur les profits des spéculateurs.

Dans le cadre de la théorie du déport normal, le prix à terme est une prédiction biaisée du prix au comptant futur : l'écart entre le prix à terme et le prix au comptant correspond théoriquement à la prime de risque que les industriels sont prêts à payer pour ne plus avoir à se soucier de l'évolution des prix. Cependant, au fur et à mesure qu'approche l'échéance du contrat à terme, l'incertitude concernant l'évolution future du prix au comptant diminue. De ce phénomène découle la première implication de la théorie du déport normal : les prix à terme doivent progressivement augmenter au cours de la vie du contrat, pour finalement atteindre le niveau du prix au comptant à l'échéance du contrat.

La deuxième implication de la théorie du déport normal est liée à la nature des positions de couverture des opérateurs sur le marché à terme : pour que le marché soit en déport normal, le déséquilibre de la position nette des industriels doit correspondre à un excès de couverture contre le risque de baisse des prix et les spéculateurs doivent être acheteurs nets de contrats sur le marché à terme.

Enfin, la troisième implication de la théorie du déport normal est que si la prime de risque correspond effectivement à une rémunération pour le risque que les spéculateurs acceptent d'assumer à la place des industriels, les spéculateurs doivent en moyenne réaliser un gain lorsqu'ils détiennent un contrat à terme jusqu'à son échéance.

Les tests empiriques réalisés sur les marchés de matières premières ne portent pas nécessairement simultanément sur les trois points évoqués ci-dessus. En effet, l'information concernant l'identité des opérateurs sur le marché à terme, nécessaire à la réalisation des tests relatifs aux deuxième et troisième implications de la théorie du déport normal, n'est pas toujours disponible. Le plus souvent, c'est donc le comportement des prix à terme au cours de la durée de vie des contrats qui est examiné.

2.3.2. La réfutation de la théorie du déport normal par Working

Working est le premier à mettre en lumière la contradiction entre les prédictions de la théorie du déport normal et les résultats des tests empiriques auxquels elle est confrontée. Selon cet auteur, s'il existe une prime de risque permettant de distinguer le prix à terme et le prix au comptant anticipé, celle-ci est probablement très faible et elle n'est pas susceptible d'être vérifiée statistiquement.

L'auteur commence par remarquer, à partir d'études réalisées par la Federal Trade Commission, que le déport n'est pas une caractéristique commune à tous les marchés de matières premières : de 1896 à 1922 en effet, il se manifeste pour le blé et pour le maïs, mais pas pour l'avoine. De plus, le sens de la relation entre le prix au comptant et le prix à terme varie en fonction des périodes considérées : de 1886 à 1896 par exemple, l'auteur observe un report pour toutes les céréales (Federal Trade Commission, 1924). Ces différents constats ne permettent cependant pas à Working de se forger une opinion définitive quant à la validité de la théorie du déport normal.

Pour se faire une opinion, l'auteur étudie tout d'abord la première implication de la théorie du déport normal, à savoir la tendance à la hausse des prix à terme au fur et à mesure que le contrat approche de son échéance. Selon lui, pour que les tests soient tout à fait rigoureux, il faut éliminer l'impact sur le comportement des prix à terme de l'évolution du niveau général des prix : en effet, si le niveau général des prix augmente au cours de la période considérée, le fait que les prix à terme suivent ce mouvement n'est pas nécessairement la preuve de l'existence d'un déport normal. En appliquant cette méthode au marché du blé, Working (1929) constate une tendance à la hausse des prix à terme de 2 % par an. Il doute cependant que ce biais soit suffisamment important pour constituer la preuve de l'existence d'un déport normal.

Les travaux ultérieurs de Working (1931), portant sur les gains et les pertes engendrés par les positions spéculatives sur les marchés du blé et de la farine entre 1884 et 1930, le conduisent au constat que les spéculateurs, contrairement à ce que voudrait la théorie du déport normal, ne réalisent pas, en moyenne, des gains sur le marché à terme. « Considérés dans leur ensemble, les spéculateurs sur les marchés à terme du blé ont, dans le passé, supporté le risque de variation de prix sur le blé couvert et n'ont reçu aucune rémunération pour ce service, mais ont lourdement payé pour le privilège » [1]. Ces gains et pertes étant calculés sans prendre en considération les commissions et autres coûts de transaction, il est vraisemblable que les gains réels sont surestimés et que les pertes sont sous-estimées.

Les travaux empiriques de Working remettent donc en cause la théorie keynésienne : l'étude du comportement des prix à terme ne permet pas de mettre en évidence la présence d'une prime de risque, ce que confirme l'analyse des profits des spéculateurs.

2.3.3. L'évolution des prix à terme et la prise en compte de la saisonnalité

Les travaux de Telser (1958), portant sur l'évolution des prix à terme au cours de la durée de vie d'un contrat, se situent dans le prolongement direct de ceux de Working. L'auteur étudie le signe des variations mensuelles du prix à terme sur les marchés du coton et du blé entre 1926 et 1954, et teste l'hypothèse que ces variations sont positives. Il sépare son échantillon d'analyse en trois sous-ensembles, en distinguant les périodes de hausse, de baisse et de stabilité du niveau général des prix. Ses résultats conduisent au rejet, pour les deux marchés, de la théorie du déport normal.

Cootner (1960) remet en question la validité de ces tests empiriques. Selon ce dernier, les prix à terme n'augmentent pas nécessairement sur toute la durée du contrat. Il faut relier leurs mouvements à ceux des positions de couverture, elles-mêmes variables selon la période de l'année considérée et l'éloignement de la date de récolte. Le risque de prix est plus élevé pour les producteurs juste après la récolte, car leurs stocks atteignent à cette époque leur niveau maximal. Leur demande de couverture est alors la plus

---

1. « *Speculators in wheat futures taken as a group have in the past carried the risks of price changes on hedged wheat and have received no reward for the service, but paid heavily for the privilege* » (Working, 1931).

forte. À l'inverse, lorsque les stocks sont peu élevés, la couverture contre le risque de baisse des prix doit être faible. Dans ces conditions, le prix à terme doit augmenter régulièrement après la récolte, et diminuer à l'approche de la récolte suivante. Si les spéculateurs sont rationnels, ils prennent en considération ce phénomène : leur position doit être courte (ils vendent des contrats) avant la récolte, longue ensuite (ils achètent des contrats).

En séparant son échantillon d'analyse en deux sous-ensembles distinguant la période précédant la récolte de celle lui succédant, Cootner réalise des tests sur les mêmes marchés que Telser et sur la même période. Il parvient à la conclusion que les diminutions de prix à terme apparaissent en majorité avant la récolte, tandis que les hausses se manifestent dans les mois qui la suivent. Les positions des spéculateurs ne sont cependant pas tout à fait conformes à ce que Cootner avait prévu : elles sont toujours longues (les spéculateurs détiennent des positions nettes acheteuses), quoique cette position s'accroisse quand les prix à terme baissent et diminue quand ils augmentent.

En introduisant dans l'analyse les fluctuations des positions de couverture, Cootner ne confirme pas l'hypothèse du déport normal sur les marchés de matières premières agricoles, mais la présence d'une prime de risque, dont le sens et le niveau sont variables en fonction de l'éloignement de la date de récolte.

2.3.4. L'analyse de la prime de risque, du pouvoir prédictif des prix à terme et du rendement des contrats à terme

Fama et French (1987) réalisent des tests sur un échantillon très large et une période très étendue : vingt et un marchés de matières premières, de 1966 à 1984. Ces études empiriques ont pour objectif de tester à la fois la théorie du stockage et celle du déport normal. Seuls les résultats relatifs à la seconde sont présentés dans ce paragraphe.

Les deux auteurs commencent par étudier, dans un premier temps, le pouvoir prédictif des prix à terme et l'existence d'une prime de risque variable dans le temps. Ils s'intéressent, dans un second temps, à l'identification d'une prime de risque non nulle.

Fama et French identifient la base constatée à une date t à la somme de deux éléments : une prime de risque anticipée, et une variation anticipée du prix au comptant. Mathématiquement, cette identité s'exprime de la façon suivante :

$$F(t,T) - S(t) = E_t[\Pi(t, T)] + E_t[S(T) - S(t)]$$

avec :

– $F(t, T)$, le prix en t du contrat à terme parvenant à échéance en T,

– $S(t)$, le prix au comptant en t,

– $E_t[\Pi(t, T)]$, la prime de risque anticipée en t pour la date T,

– $E_t[S(T) - S(t)]$, la variation de prix au comptant entre t et T, anticipée à la date t.

Dans cette identité, la prime de risque anticipée correspond au biais que comporte le prix à terme en tant que prédicateur du prix au comptant futur :

$$E_t[\Pi(t, T)] = F(t, T) - E_t[S(T)]$$

avec :

$E_t[S(T)]$, l'anticipation en t du prix au comptant à l'époque T.

Pour étudier le pouvoir prédictif des prix à terme et la prime de risque anticipée à partir de la relation présentée ci-dessus, Fama et French réalisent deux régressions.

La première a pour objectif d'apprécier le contenu informationnel de la base quant aux variations du prix au comptant entre les dates t et T :

$$S(T) - S(t) = a_1 + b_1 [F(t, T) - S(t)] + u(t, T)$$

Si, à l'issue de cette première régression, le coefficient b_1 était positif, il serait alors possible d'en déduire que la base procure des informations quant à l'évolution du prix au comptant entre les dates t et T, et que le prix à terme permet de prévoir le prix au comptant futur S(T).

La seconde régression a pour objectif d'étudier la relation entre la base et la prime de risque réalisée en T :

$$F(t, T) - S(T) = a_2 + b_2 [F(t, T) - S(t)] + z(t, T)$$

Si, à l'issue de cette seconde régression, le coefficient b_2 était positif, il serait possible d'en conclure que la base, en t, apporte des informations quant à la prime qui sera réalisée en T. Si les variations de la prime sont prédictibles, cela signifie que la prime de risque anticipée est variable dans le temps.

Dès l'abord, les auteurs soulignent les limites de leur étude. Ils précisent, en particulier, que les variations de la base sont utilisées pour expliquer aussi bien les variations de la prime que celles du prix au comptant, voire simultanément les variations de ces deux éléments. Une telle allocation des variations de la base peut ne pas être significative sur le plan statistique. Avant d'aborder les régressions en elles-mêmes, pour se forger une opinion quant à la validité des résultats futurs, Fama et French comparent la variance de la base (F(t, T) – S(t)) avec celle de la prime de risque (F(t, T) – S(T)), et avec celle des variations de prix au comptant (S(T) – S(t)). Si, pour une matière première donnée, la variance de la base est faible, comparée à la variance de la prime de risque et/ou à celle des variations de prix au comptant, les régressions peuvent ne pas permettre d'identifier clairement quelles sont les sources de variation de la base.

Cette étude préliminaire permet d'observer que les fluctuations de la prime de risque, comme celles des variations de prix au comptant, sont importantes, et ce pour toutes les matières premières considérées. Les écarts-types des variations des prix au comptant sont par exemple compris entre 12,1 % et 18,5 % pour les métaux, entre 9 % et 15 % pour les matières premières agricoles, entre 11 % et 16,9 % pour les produits d'origine animale. Cette homogénéité disparaît cependant lorsque l'on s'intéresse à la variabilité de la base. Les métaux sont les matières premières pour lesquelles l'écart-type de la base est le plus faible. Viennent ensuite les matières agricoles, les produits d'origine animale étant caractérisés par la plus grande variabilité. Compte tenu de cette observation, les régressions réalisées sur les métaux ne devraient pas aboutir à des résultats significatifs sur le plan statistique.

Les régressions conduisent les deux auteurs à séparer les matières premières en cinq groupes distincts. Le premier correspond aux marchandises pour lesquelles un pouvoir prédictif fort du prix à terme a pu être mis en évidence sur toutes les maturités, tandis que l'existence d'une prime de risque variable dans le temps n'a pu être établie. Les œufs, les poulets, les porcs vivants et l'avoine appartiennent à cette catégorie. Le deuxième groupe se distingue du premier par un pouvoir prédictif du prix à terme moins prononcé pour les échéances éloignées. Font partie de ce groupe le bétail sur pied, les carcasses de porc, les tourteaux et les graines de soja. Le troisième groupe est constitué des matières premières pour lesquelles une prime de risque variable dans le temps a pu être mise en évidence de façon significative. C'est le cas de l'huile de soja et du bois en grumes, pour toutes les maturités. En ce qui concerne le cacao, le maïs et le blé, les résultats ne peuvent être considérés comme satisfaisants sur toutes les maturités. Le quatrième groupe comprend deux matières premières, le jus d'orange et le bois contreplaqué, deux matières premières pour lesquelles se manifestent à la fois un pouvoir prédictif du prix à terme et une prime de risque variable dans le temps. Le pouvoir prédictif du prix à terme n'est évident que pour les maturités éloignées et les primes de risque apparaissent uniquement sur le court terme. Les matières premières appartenant au cinquième groupe (café, cuivre et coton) présentent des caractéristiques semblables à celles du quatrième, mais moins prononcées.

Les résultats des régressions permettent d'aboutir à trois conclusions. En premier lieu, il n'est pas possible de montrer, pour les vingt et une matières premières considérées, que la base a un contenu informationnel fiable à la fois pour la prime de risque anticipée et pour le pouvoir prédictif des prix à terme. En deuxième lieu, la faible variabilité de la base dans les marchés de métaux (platine, or et argent) ne permet pas de déterminer la part de ces variations qui doit être allouée à la prime de risque, et celle qui peut l'être aux variations du prix au comptant. En revanche, les matières premières dont la base est la plus variable sont justement celles pour lesquelles le pouvoir prédictif du prix à terme et l'existence d'une prime de risque variable dans le temps ont pu être mis en évidence. En troisième lieu, les estimations réalisées à partir de la seconde régression n'ont permis de mettre en évidence l'existence d'une prime de risque variable dans le temps que pour sept des vingt et une matières premières étudiées. L'impossibilité d'identifier des primes de risque variables dans le temps à l'aide de la seconde régression n'implique cependant pas que les primes de risque anticipées sont nulles, et que la théorie du déport normal doit être rejetée.

Pour examiner cette question, Fama et French étudient les rendements des contrats à terme. Ils analysent, pour chaque marché, l'évolution des rendements mensuels des contrats à terme de matières premières. Comme dans le cadre du *CAPM*, le rendement associé à la détention d'un contrat à terme est identifié au taux de variation des prix à terme. L'objectif de cette analyse n'est pas de mesurer la performance d'une opération sur les marchés à terme, mais de vérifier que les prix à terme évoluent effectivement dans le sens prévu par la théorie du déport normal : si les prix à terme augmentent au fur et à mesure que le contrat approche de son échéance, le rendement du contrat à terme doit être positif. Ce constat ne peut être établi de façon rigoureuse pour aucune des vingt et une matières premières considérées.

2.3.5. Les tests sur le marché pétrolier

Les études visant à valider la théorie du déport normal sur le marché pétrolier sont nombreuses, car celui-ci présente des caractéristiques pouvant refléter une situation de déport normal. Les résultats des études empiriques ne conduisent cependant pas pour autant à valider la théorie du déport normal.

2.3.5.1. Les caractéristiques du marché pétrolier

Par rapport à d'autres marchés de matières premières, celui du pétrole présente la caractéristique d'être souvent en déport. Ce phénomène est bien documenté et de nombreuses études en témoignent (Litzenberger et Rabinowitz, 1995 ; Culp et Miller, 1995 ; Edwards et Canter, 1995 ; Lautier et Galli, 2002).

Litzenberger et Rabinowitz calculent qu'entre février 1984 et avril 1992, les prix à terme pour les neuf premières échéances des contrats de pétrole brut étaient en situation de déport 77 % du temps. Culp et Miller (1995) montrent que la base mensuelle est en moyenne négative de mai 1983 à septembre 1994 sur les marchés du pétrole brut et du fioul domestique. Enfin, Edwards et Canter (1995) aboutissent à un constat similaire sur les marchés du pétrole brut, du fioul et de l'essence entre avril 1983 et décembre 1992.

Le graphique 2.5. illustre cette caractéristique du marché du pétrole brut. Il représente les prix à terme quotidiens, au cours de la période 1989-2002, pour quatre maturités s'étageant entre le 1er et le 28e mois. Le graphique montre une alternance de déports et de reports, mais le déport est la situation la plus fréquente, avec des pics particulièrement importants en 1990, 1997 et 2000.

Selon Keynes, lorsque le marché anticipe une stabilité des prix au comptant, il y a simultanément déport sur la base anticipée et sur la base constatée. Le maintien d'une base négative ou nulle sur les trois marchés à terme pétroliers (pétrole brut, fioul, essence) pourrait donc être la manifestation d'une base anticipée négative.

Graphique 2.5. – *Prix à terme quotidiens du contrat WTI, 1989-2002*

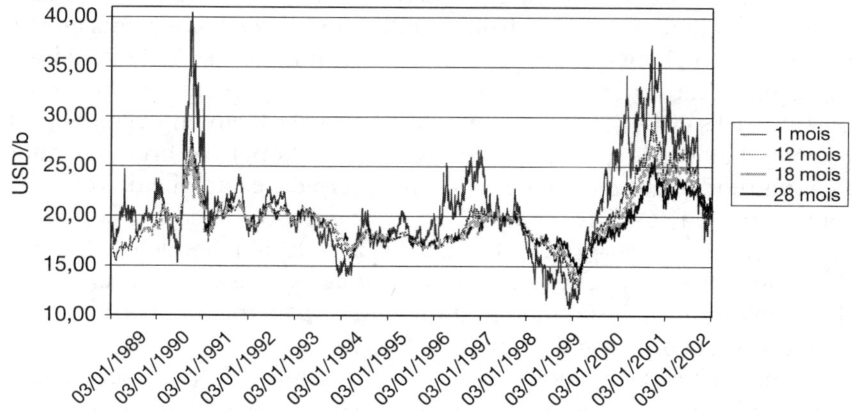

Source : Lautier et Galli, 2002.

Deuxième caractéristique des marchés pétroliers, les consommateurs finaux sont faiblement représentés sur les marchés à terme. Une étude réalisée par Krapels (1996) constate que la demande de protection contre le risque de baisse des prix est excédentaire sur l'ensemble des marchés pétroliers américains. Elle montre également que le contrat de pétrole brut du Nymex est devenu un contrat de producteur, et que les contrats de produits raffinés souffrent d'un déséquilibre lié à l'absence des consommateurs finaux [1].

Le marché pétrolier présente donc deux caractéristiques susceptibles de justifier le recours à la théorie du déport normal pour expliquer la relation entre le prix à terme et le prix au comptant : les situations de déport sur la base constatée sont très fréquentes et la demande de protection contre le risque de baisse des prix domine très largement la demande de protection contre le risque de hausse des prix. Ceci explique pourquoi le marché du pétrole a été intensivement utilisé pour tester la théorie du déport normal.

2.3.5.2. Les résultats des études empiriques

Les études réalisées sur le marché pétrolier fournissent des résultats contradictoires. L'analyse des rendements des contrats à terme entre 1980 et 1988 permet à Kolb (1992) de conclure que les marchés du pétrole brut

1. La structure de la demande de produits finis explique l'absence de couverture de la part des consommateurs finaux : le marché dominant, celui des carburants, est fragmenté entre tous les consommateurs individuels. Sauf exception (les grandes flottes de camions ou de voitures), ces consommateurs ne se couvrent pas contre le risque de prix pour deux raisons : ils ne disposent pas des instruments de couverture adaptés et leur consommation d'essence ou de gazole représente une part très faible du coût total de leur déplacement. Le déséquilibre de la demande de couverture est donc structurel.

et du fioul domestique sont en situation de report normal. Sur une période d'étude légèrement différente, Bessembinder (1993) aboutit au résultat inverse : sur le marché du pétrole brut, il obtient des rendements moyens positifs, ce qui, bien que ses résultats ne soient pas tout à fait satisfaisants sur le plan statistique, plaide en faveur de la théorie du déport normal. Deaves et Krinsky (1995) reprennent l'étude de Kolb en augmentant la période d'étude de quatre ans. Sur le marché du pétrole brut, ils obtiennent un rendement moyen des contrats à terme très proche de zéro pour toute la période étudiée : il n'y aurait donc ni report ni déport normal sur le marché pétrolier. Enfin, Kolb, en 1996, à partir d'un modèle d'équilibre de marché, montre que le risque systématique associé aux contrats à terme de pétrole brut et de fioul domestique n'est pas rémunéré : la théorie du déport normal ne serait donc pas vérifiée...

La diversité des résultats obtenus sur les marchés pétroliers semble indiquer que si la prime de risque existe, ce qui n'a pas été mis en évidence de façon satisfaisante, elle est vraisemblablement variable, comme ont permis de le souligner les critiques adressées à l'encontre de la théorie du déport normal, présentées au paragraphe 2.1.2. de cette section.

2.4. Conclusion sur la théorie du déport normal

Les études empiriques réalisées pour valider la théorie du déport normal peuvent être classées en deux catégories : les premières, examinées au paragraphe 2.2., utilisent un modèle d'équilibre de marché, le *CAPM*, pour mettre en évidence l'existence d'un risque systématique associé aux contrats de matières premières ; les secondes, présentées au paragraphe 2.3., analysent l'évolution des variations des prix des contrats à terme dans le temps, le sens des positions des opérateurs sur le marché à terme, ou les gains engendrés par les spéculateurs. Les résultats contradictoires de ces études ne permettent pas de rejeter la théorie du déport normal, ni de se prononcer en sa faveur. Ce phénomène peut être expliqué par les difficultés de validation empirique particulières que pose la théorie du déport normal.

Les études empiriques réalisées pour valider la théorie du déport normal dans le cadre du *CAPM* présentent trois limites rendant délicate l'interprétation des résultats obtenus. Première limite, mesurer le rendement associé à la détention d'un contrat à terme n'est pas une tâche simple. Lorsque ce rendement est identifié au taux de variation des prix de ce contrat, la performance provenant de l'existence d'un effet de levier n'est pas prise en considération. Or, l'impact de ce dernier est d'autant plus important que le montant du dépôt de garantie est faible et que les prix sont volatils. De ce fait, la mesure du risque systématique associé à un contrat à terme obtenue en définissant le rendement de ce contrat comme celui d'une action ne peut être considérée comme satisfaisante.

Deuxième limite présentée par l'application du *CAPM* aux marchés de matières premières : les résultats des études empiriques dépendent non seulement de la validité de la théorie du déport normal, mais aussi de celle du modèle d'équilibre des marchés financiers.

Troisième limite, l'élaboration du portefeuille de marché est délicate lorsque celui-ci intègre des contrats à terme de matières premières. Les résultats des tests sont très variables en fonction du portefeuille de marché retenu.

Quelle que soit la catégorie d'études empiriques considérée (qu'elles soient directes ou indirectes), la diversité des résultats obtenus peut également être expliquée par la présence d'une prime de risque variable dans le temps. En se dégageant du cadre théorique restrictif posé par Keynes, il est en effet possible d'expliquer l'existence d'une différence entre le prix au comptant anticipé et le prix à terme par un déséquilibre des positions de couverture des opérateurs, sans pour autant supposer que l'ampleur et le sens de ce déséquilibre (et donc la prime de risque) soient constants.

Les études empiriques réalisées dans le cadre du *CAPM* sont cependant difficilement adaptables à l'étude d'une prime de risque variable dans le temps. Dans ce cadre théorique, seul le risque systématique est pris en considération, et ce risque est mesuré par le bêta du contrat à terme. Or, le bêta correspond à une moyenne calculée sur la période d'observation ; il ne donne donc que de faibles indications concernant l'évolution de la prime au sein de l'intervalle de temps considéré.

Quant aux tests empiriques analysant directement les implications de la théorie du déport normal, ils se contentent pour l'essentiel de calculer les profits moyens des spéculateurs et l'évolution des prix à terme au cours de la durée de vie du contrat. Leurs résultats varient en fonction de la période considérée, comme l'ont montré en particulier Deaves et Krinsky (1995) pour le marché pétrolier, ce qui permet d'envisager l'existence d'une prime de risque variable dans le temps. Là encore, l'analyse manque de précision. Elle ne permet pas, en particulier, de déterminer quand la prime de risque varie au sein de l'intervalle considéré.

Une interrogation plane donc encore aujourd'hui sur la prime de risque, qui est l'élément central de l'explication de la relation entre le prix au comptant et le prix à terme proposée par la théorie du déport normal. De ce fait, cette théorie suscite toujours un vif intérêt de la part des opérateurs sur les marchés comme de celle des chercheurs. La présence d'une situation de déport presque permanente sur le marché pétrolier, en particulier, associée à celle d'un excédent de couverture contre le risque de baisse des prix, continue à soulever de nombreuses interrogations.

3. La théorie du stockage

La théorie du stockage explique les situations de report et de déport se manifestant sur un marché à terme de matière première à partir d'une analyse fondée sur la prise en considération du niveau des stocks sur le marché physique. L'étude des opérations d'arbitrage entre le marché physique et le marché des contrats permet de comprendre les mécanismes sous-tendant l'apparition de situations de report et de déport. Elle conduit à mettre en évidence l'évolution divergente de la base selon qu'elle est positive ou négative.

La présence de stocks dans le marché physique permet d'expliquer simplement les situations de report. Sous l'effet des opérations d'arbitrage, le prix à terme est supérieur au prix au comptant d'un montant correspondant au coût de stockage de la matière première entre la date courante et l'échéance du contrat à terme. L'explication des situations de déport, en revanche, est plus délicate. Si le prix à terme est égal au prix au comptant augmenté de coûts de stockage positifs, comment le prix à terme peut-il devenir inférieur au prix au comptant ? Deux réponses sont apportées à cette question. Kaldor, en 1939, introduit la notion de « rendement » attaché à la détention de stocks : le *convenience yield*. L'intégration de ce concept dans l'analyse lui permet par ailleurs d'expliquer la détention de stocks en situation de déport. Pour Working (1949), le *convenience yield* n'est pas la seule variable permettant de comprendre ce phénomène. Pour expliquer la relation entre le prix au comptant et le prix à terme, en situation de report comme en situation de déport, l'auteur utilise la notion de « prix » du stockage.

Malgré l'apport théorique de Working, les développements ultérieurs de la théorie du stockage ont retenu la notion de *convenience yield* comme élément explicatif fondamental de la relation entre le prix au comptant et le prix à terme. Sa définition est précisée par Brennan en 1958 puis par Weymar en 1968.

Sur le plan empirique, la validité de la théorie du stockage est confirmée pour un grand nombre de marchés de matières premières. Les résultats des études empiriques sont cependant très sensibles aux données utilisées, à tel point que la notion de *convenience yield* et, par conséquent, la théorie du stockage ont parfois été remises en question.

3.1. L'explication des situations de report et de déport par la théorie du stockage

L'étude des relations d'arbitrage entre le marché physique et le marché à terme permet de comprendre qu'en situation de report le prix à terme correspond aux coûts de stockage de la marchandise, et de mettre en évidence l'asymétrie existant entre les situations de déport et de report. L'analyse des situations de report, réalisée par Keynes en 1930, le conduit à définir les principales composantes du coût de stockage. L'introduction du *convenience yield* permet de compléter cette analyse et d'expliquer la présence de stocks en situation de déport. Working (1958) montre cependant que le *convenience yield* n'est pas le seul élément permettant d'expliquer ce phénomène.

3.1.1. Les relations d'arbitrage

L'analyse des relations d'arbitrage entre le marché physique et le marché papier permet de comprendre que le niveau du report, sur un marché à terme de matière première, est limité au coût de stockage de la marchandise entre la date courante et celle d'échéance du contrat, alors que ce n'est pas le cas pour le niveau du déport.

En présence de stocks en surplus, le prix à terme ne peut être inférieur au prix au comptant courant. Si tel était le cas, il deviendrait rentable et non risqué de vendre les stocks sur le marché au comptant, et simultanément de les racheter à terme (opération de *reverse cash and carry*). La multiplication de ces opérations d'arbitrage conduirait à une baisse du prix au comptant sous l'effet des ventes massives de stocks physiques et, simultanément, à une hausse du prix à terme suite aux achats de contrats. Les opérations d'arbitrage ne cesseraient que lorsque le prix à terme serait supérieur au prix au comptant d'un montant représentant le coût de stockage. L'existence de stocks en surplus conduit ainsi à une situation de report sur la base constatée, définie comme la différence entre le prix à terme et le prix au comptant courant : le prix à terme doit refléter les frais supportés par les opérateurs pour financer la marchandise immobilisée pendant la période considérée.

Le report ne peut pas se maintenir longtemps à un niveau supérieur à celui des coûts de stockage. Si une telle situation se produisait, des opérations d'arbitrage inverses à celles qui viennent d'être évoquées rétabliraient l'équilibre. Il deviendrait rentable, en effet, d'acheter des stocks sur le marché au comptant, de les conserver et de vendre simultanément des contrats à terme (arbitrage *cash and carry*). La vente de ces contrats entraînerait une baisse des prix à terme, le prix au comptant augmenterait sous l'effet des achats de stocks physiques, et les opportunités d'arbitrage disparaîtraient [1].

Le déport est une situation dans laquelle le prix à terme est inférieur au prix au comptant. Il est associé à une insuffisance de l'offre (ou à un excès de la demande) sur le marché au comptant des produits physiques. Les situations de déport sur la base constatée peuvent se prolonger tant que la pénurie de stocks perdure. Les opérations de *reverse cash and carry* réalisées lorsque les stocks sont excédentaires deviennent improbables lorsqu'ils sont peu élevés. Elles le sont d'autant plus que la pénurie est prononcée : les opérateurs n'ont en effet aucun intérêt à se défaire de leurs stocks tant qu'ils anticipent une hausse supplémentaire du prix au comptant.

1. Dans le marché pétrolier, il existe deux limites au report. La première est déterminée par les coûts de stockage à terre. La seconde se manifeste lorsque les capacités de stockage à terre sont saturées : cette limite est déterminée par les coûts de stockage en mer. Les opérations d'arbitrage *cash and carry*, lorsque les capacités à terre sont saturées, sont en effet réalisées à partir du pétrole stocké en mer.

Les situations de déport présentent donc des caractéristiques différentes de celles de report. En premier lieu, contrairement à celui du report, le niveau du déport n'est pas limité par les opérations d'arbitrage. Blau (1944-45) précise très clairement que « l'arbitrage permet toujours d'éviter que le prix à terme excède le prix au comptant d'un montant supérieur au coût net de portage…[mais] il ne peut être aussi efficace pour éviter que le prix à terme excède le prix au comptant d'un montant inférieur au coût net de portage ». Alors que la borne supérieure du report est fixée objectivement par le coût de stockage, celle du déport est déterminée uniquement par le prix maximum que les acheteurs sont prêts à payer pour obtenir la marchandise. En second lieu, comme cela sera expliqué au paragraphe 3.3., la base est plus volatile lorsqu'elle est en déport.

3.1.2. L'analyse du report

Dès 1930, Keynes explique les situations de report sur les marchés à terme de matières premières par la présence de stocks. Ceci le conduit à préciser la nature des stocks à prendre en considération et à expliciter la composition du coût du stockage.

Les stocks invoqués par Keynes sont des stocks en surplus (*redundant stocks*), constitués par les entrepreneurs suite à une erreur d'appréciation quant au niveau de l'activité économique. Ils sont nommés ainsi par opposition aux stocks opérationnels (*working capital*) regroupant les stocks en voie d'acheminement, les stocks permettant de réaliser des ajustements saisonniers, et les stocks de sécurité assurant la continuité de la production. Les stocks en surplus permettent rarement d'assurer plus de quelques mois de consommation future. Dès qu'ils apparaissent, des mécanismes visant à leur élimination sont mis en œuvre : le prix des marchandises diminue jusqu'à ce que l'augmentation de la consommation ou la diminution de la production soient suffisantes pour les absorber.

Les coûts de stockage (*costs of carrying, carrying charges*) sont composés de quatre éléments : les frais de détérioration et d'obsolescence, les frais de stockage liés à l'entreposage, les frais financiers, et le risque de variation de la valeur monétaire des produits.

Les frais de détérioration et d'inadaptation varient fortement en fonction de la nature de la marchandise considérée. Ils concernent particulièrement les denrées périssables, les produits dont la consommation est soumise à des phénomènes de mode – en particulier les vêtements – et ceux dont la demande est difficile à prévoir parce qu'elle varie en fonction des évolutions technologiques. Les frais de détérioration et d'obsolescence peuvent dans certains cas représenter jusqu'à 40 % du coût de stockage. Ils sont généralement plus faibles dans le cas des matières premières : pour celles-ci, les frais de détérioration et d'obsolescence représentent en moyenne 15 à 20 % du coût de stockage annuel.

Les frais de stockage regroupent les primes d'assurance (incendie, responsabilité civile, vol) et les frais de location des entrepôts (coûts de manutention, entretien des locaux, frais d'exploitation et d'administration générale). Dans le cas du pétrole, ces coûts sont particulièrement élevés. Ils comprennent également l'entretien des réservoirs, les frais de dépollution des eaux résiduaires et, éventuellement, les frais de réchauffage des produits.

Les frais financiers sont évalués à partir du coût d'opportunité que représente la mobilisation de fonds nécessaires à la détention de la marchandise au cours de la période considérée.

Enfin, le risque de variation de la valeur monétaire des produits provient de ce qu'il est impossible de connaître avec certitude le prix de vente des marchandises entreposées ni le temps qui sera nécessaire pour écouler les stocks. Ce risque est une fonction croissante du niveau des stocks.

La théorie des coûts du stockage n'est pas incompatible avec celle du déport normal. Cette dernière a pour point de départ l'analyse de la relation entre le prix à terme et le prix au comptant anticipé (base anticipée) ; de cette relation est déduite la relation liant le prix à terme au prix au comptant courant (base constatée). Lorsque le marché anticipe la stabilité du prix au comptant, le déport sur la base anticipée se traduit par un déport sur la base constatée. En revanche, dans le cas où, suite à une anticipation erronée de hausse du prix au comptant de la part des opérateurs, des stocks en surplus apparaissent, une situation de déport sur la base anticipée peut coïncider avec une situation de report sur la base constatée.

Le fait qu'il y ait un report sur la base constatée ne signifie pas que les industriels ne payent plus de prime aux spéculateurs pour se libérer de leur risque de prix. Au contraire, le risque additionnel que la détention de ces stocks implique pour les opérateurs du marché physique conduit à un accroissement de la rémunération demandée par les spéculateurs : le déport sur la base anticipée augmente.

3.1.3. Le déport et le convenience yield

En situation de pénurie de stocks, la différence entre le prix à terme et le prix au comptant peut devenir négative : la base est alors en déport. La théorie des coûts de stockage, telle qu'elle est énoncée dans le contexte de stocks en surplus, ne permet pas d'expliquer la relation entre le prix à terme et le prix au comptant lorsque les stocks deviennent rares. Le concept de coût de stockage se révèle alors insuffisant. Kaldor (1939) montre qu'il doit être remplacé par le coût de stockage net, représentant la différence entre le coût de stockage et le « rendement » des stocks de marchandises. « Dans des circonstances normales, un rendement est associé à tout stock de marchandise. Ce rendement, qui est une compensation pour le détenteur de stocks, doit être déduit des coûts de portage, afin de calculer un coût net de portage. De ce fait, ce dernier peut être négatif ou positif ». [1]

1. « *In normal circumstances, stocks of all goods possess a yield, measured in terms of themselves, and this yield which is a compensation to the holder of stocks, must be deducted from carrying costs proper in calculating net carrying cost. The latter can, therefore, be negative or positive* » (Kaldor, 1939).

Le rendement (*yield*) associé au stock représente le bénéfice que le détenteur de ce stock retire du fait qu'il peut disposer de marchandises dès qu'il en a besoin, sans avoir à supporter le coût associé à des commandes fréquentes, ni celui lié à l'attente des livraisons. Ce bénéfice est celui de la disponibilité : il représente le « confort » retiré de la détention de stocks.

L'introduction du *convenience yield* permet de compléter l'analyse de la relation entre le prix au comptant et le prix à terme en expliquant l'origine des situations de déport : lorsque le marché se trouve en situation de pénurie, suite par exemple à une augmentation inattendue de la demande, le *convenience yield* peut être supérieur au coût de stockage. Le prix au comptant devient alors supérieur au prix à terme. La relation entre le prix au comptant et le prix à terme peut être formulée de la façon suivante :

$$F(t, T) = S(t) + C'(t, T)$$

$$C'(t, T) = C(t, T) - C_y(t)$$

avec :

- $F(t, T)$, le prix en t du contrat à terme parvenant à échéance en T,
- $S(t)$, le prix au comptant en t,
- $C'(t, T)$, le coût de stockage marginal net entre t et T,
- $C(t, T)$, le coût de stockage [1] marginal entre t et T,
- $C_y(t)$, le *convenience yield* marginal en t.

Selon cette relation, le niveau de la base est une fonction du niveau des stocks ; lorsque ceux-ci sont excédentaires, la base est positive (en report) ; dans le cas inverse, la base est négative (en déport).

3.1.4. Le « prix » du stockage

La théorie du « prix » du stockage formulée par Working (déc. 1949) prolonge la théorie des coûts de stockage. Elle marque un progrès par rapport aux travaux précédents en proposant une explication de la relation entre le prix au comptant courant et l'ensemble des prix à terme cotés à un instant t. De plus, elle permet à l'auteur de réfuter la théorie des anticipations.

3.1.4.1. Le rendement du stockage et la fonction d'offre de stockage

La fonction de transfert du risque de prix associée aux marchés à terme est au cœur de la théorie du déport normal. Pour Working, cette fonction n'est pas très importante. Selon cet auteur, la finalité première des marchés à terme est de faciliter les décisions d'achat et de vente des opérateurs, et de leur donner une plus grande liberté d'action.

En présence de stocks abondants, c'est-à-dire en situation de report, la différence entre deux prix cotés pour des livraisons à des dates distinctes représente le coût de stockage net entre ces deux dates. La présence d'un marché à terme et la pratique des opérations de couverture donnent la

---

1. Le coût de stockage regroupe ici les coûts d'entreposage et les frais financiers.

possibilité d'estimer le rendement d'une opération de stockage et procurent un moyen de s'en assurer le bénéfice. Pour Working, le rendement de stockage s'identifie à un prix. Dans un marché libre, la concurrence entre les opérateurs offrant des services de stockage détermine la différence entre deux prix cotés pour livraison à des dates distinctes : cette différence est le prix du stockage [1]. « Un rendement de stockage bien déterminé est essentiellement un prix de stockage. Le fait que ce prix n'est pas coté directement, mais doit être déduit de la différence entre deux prix cotés du blé pour différentes dates de livraison n'affecte pas le raisonnement économique. La différence de prix, au moins lorsqu'elle est positive, est elle-même, à tout point de vue, un prix de stockage déterminé dans un marché libre par la concurrence entre ceux qui offrent des services de stockage » [2].

Working met en évidence une relation statistique étroite entre le rendement du stockage (la différence entre deux prix à terme) et le niveau de l'offre de capacités de stockage : lorsque les stocks à entreposer sont abondants, le rendement du stockage doit augmenter pour inciter les opérateurs à détenir des stocks. En associant le niveau de stocks qu'une firme est prête à détenir avec la variation de prix anticipée sur l'intervalle de temps considéré (le prix au comptant anticipé est ici identifié au prix à terme), Working obtient la représentation de la fonction d'offre de stockage [3]. Le graphique 2.6. est une représentation générale de la courbe d'offre de stockage. Sa forme peut légèrement varier, en fonction de l'intervalle de temps séparant deux prix à terme pris en considération, en fonction de la période de l'année considérée, ou encore en fonction de l'année étudiée.

Les études empiriques permettent également de constater que lorsque la base est nulle, voire négative, l'offre de stockage reste substantielle (le point O' du graphique est à droite de l'origine O). Pour que la théorie de Working soit complète, il faut donc qu'elle explique pourquoi des stocks sont encore détenus alors que cette opération n'apparaît plus rentable. Pour l'auteur, rien n'indique que le rendement du stockage change de nature quand il devient négatif. Lorsque les stocks diminuant la différence entre deux prix pour deux dates de livraison distinctes devient nulle, voire négative, le rendement du stockage suit la même évolution.

---

1. Dans la suite de ce texte, l'expression rendement du stockage sera préférée à celle de « prix du stockage ». La différence entre deux prix à terme pouvant devenir négative, il paraît en effet plus cohérent de parler de rendement négatif que de prix négatif.

2. *« A known return for storage is, in essentials, a price of storage. The fact that the price of storage is not quoted directly, but must be derived by taking the difference between quoted prices of wheat for two different dates of delivery is immaterial for the economic reasoning. The price difference, at least when it is positive, is in all essential respects itself a price of storage, determined in a free market through the competition of those who seek to supply storage services »* (Working, déc. 1949).

3. Le terme « fonction d'offre de stockage » est conservé pour employer la même terminologie que l'auteur. Précisons cependant qu'il s'agit ici d'une offre de capacités de stockage.

Graphique 2.6. – *Fonction d'offre de stockage*

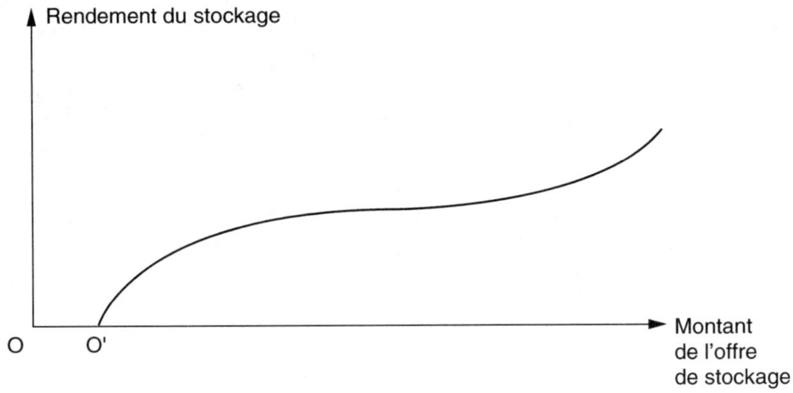

La courbe d'offre de stockage complète (graphique 2.7.), établie en prenant en considération l'existence de rendements du stockage négatifs, est obtenue à partir d'observations statistiques complémentaires. La représentation graphique de la courbe d'offre est modifiée par rapport à la précédente : elle est « agrandie » vers la gauche et vers le bas.

Graphique 2.7. – *Fonction d'offre de stockage complète*

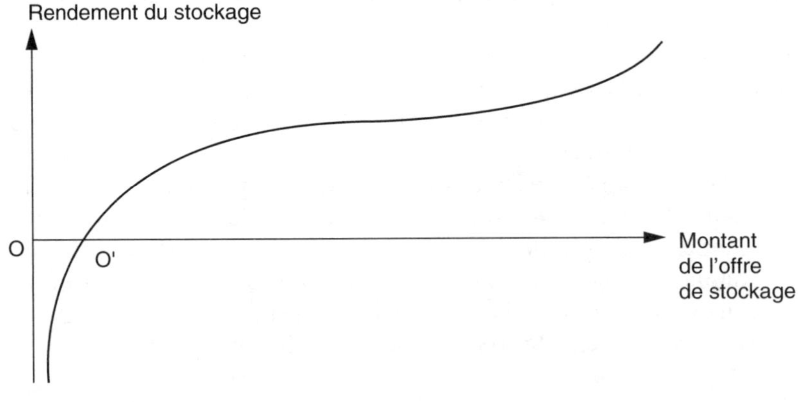

Pour Working, l'existence de rendements négatifs s'explique très simplement. Le rendement du stockage résulte de la confrontation de l'offre et de la demande de capacités de stockage. Dans un marché concurrentiel, lorsque les capacités de stockage disponibles excèdent la demande de service de stockage, les prix du stockage diminuent. Ces prix peuvent être si bas qu'ils ne couvrent plus les coûts totaux supportés par les offreurs de capacités de stockage. La prépondérance des coûts fixes dans l'activité de stockage, d'une part, l'existence d'un *convenience yield* associé aux stocks, d'autre part, expliquent ce phénomène. Dans l'activité de stockage, la proportion des coûts variables étant faible par rapport aux coûts totaux, la cessation de l'activité n'élimine qu'une fraction marginale des coûts supportés par le propriétaire des capacités de stockage. De ce fait, à court terme, il peut être conduit à offrir ses services même s'il ne couvre pas l'intégralité de ses coûts. Encore faut-il, pour ce faire, que ses coûts variables soient couverts (Giraud, 1996). Le rendement du stockage, défini par Working comme la différence entre le prix à terme et le prix au comptant, devient négatif lorsque la demande de capacités de stockage se raréfie et lorsque la concurrence conduit les offreurs de capacités de stockage à proposer des prix ne couvrant pas la totalité de leurs coûts.

Si l'offre de capacités de stockage reste substantielle lorsque la base est en déport, c'est que cette offre et la décision de stocker ne dépendent pas uniquement du rendement des opérations de stockage : les offreurs de capacités de stockage sont en effet fréquemment impliqués dans des opérations de production, de transformation et/ou de commercialisation de matières premières. Les capacités de stockage et les stocks sont dans ce cas un appoint nécessaire au déroulement normal de l'activité principale, laquelle est également caractérisée par la présence de coûts fixes élevés. Un détenteur de stocks engagé dans un processus de production, de transformation ou de commercialisation impliquant des coûts fixes élevés, peut donc maintenir des stocks en situation de déport pour répondre à des engagements antérieurs contractés dans le cadre de son activité principale.

Working explique donc la détention de stocks en situation de déport par la conjonction de deux éléments : la présence de coûts fixes élevés dans les activités de stockage, de transformation et de production de la matière première, d'une part, la nécessité pour l'opérateur d'honorer des engagements, d'autre part. Ce dernier point implique donc qu'il existe un *convenience yield* associé à la détention de stocks productifs.

3.1.4.2. Le rendement du stockage et la théorie des anticipations

La théorie élaborée par Working lui permet de réfuter celle des anticipations, selon laquelle les prix au comptant (ou les prix à terme rapprochés) sont peu sensibles aux anticipations affectant l'évolution des prix à terme éloignés. Cette théorie est très répandue à l'époque où Working réalise ses travaux sur les rendements du stockage. La Federal Trade Commission, par exemple, utilise cette analyse de la relation de prix intertemporelle dans son rapport sur le commerce du grain, publié en 1924. « Quel que soit le marché à terme pris en considération, la demande de blé sur le comptant peut être importante, alors même que les spéculateurs opérant sur des échéances plus éloignées pensent peut-être que les prix auront diminué lorsque le contrat à terme sera parvenu à son échéance – en mai, par exemple ». [1] Dans ce contexte, le fait que les anticipations

1. « *There may be an active demand for cash wheat, for example, at whatever terminal market is under consideration, while the speculators dealing in the more remote futures...may believe that prices are bound to go down markedly by the time the futures contract mature – for example in May* », Federal Trade Commission, *Report on the Grain Trade*, cité par Working (1948).

affectant les prix à terme éloignés n'aient pas d'impact sur le prix au comptant ni sur les prix à terme rapprochés explique la différence entre le prix courant et les prix éloignés.

Ses études empiriques sur le marché du blé et ses travaux sur les relations entre les prix de contrats parvenant à maturité avant et après une récolte conduisent Working à réfuter la théorie des anticipations (Working, 1929, 1933, 1934 ; Hoss et Working, 1940). Si celle-ci expliquait correctement la relation entre le prix à terme et le prix au comptant, les anticipations portant sur une récolte future ne devraient pas affecter les prix cotés pour une livraison avant cette récolte. Working observe au contraire que les anticipations concernant la récolte future affectent les prix de contrats parvenant à maturité avant et après la récolte.

Après avoir constaté que la théorie des anticipations ne se vérifiait pas empiriquement, Working la réfute théoriquement. En utilisant le rendement du stockage, la relation de prix intertemporelle est exprimée de la façon suivante :

$$F_1 = F_2 - R_S$$

avec :

– F_1, le prix au comptant ou le prix à terme pour l'échéance T_1 précédant la récolte,

– F_2, le prix à terme pour une échéance T_2 postérieure à la récolte,

– R_S, le rendement du stockage, négatif ou positif, entre les dates T_1 et T_2.

Le prix au comptant ou le prix à terme pour une échéance précédant la récolte, F_1, correspond au prix à terme pour l'échéance T_2, diminué du rendement du stockage entre T_1 et T_2. Le prix au comptant F_1 dépend donc à la fois des informations concernant la récolte future, affectant le prix éloigné F_2, et de celles ayant une influence sur le rendement du stockage R_S entre T_1 et T_2. Or, les informations qui affectent R_S et F_2 ne sont pas identiques. Le rendement du stockage R_S dépend du niveau des capacités de stockage, mais aussi et surtout du niveau des stocks provenant de la récolte précédente. Il n'a que peu à voir avec le niveau de la récolte future. À l'inverse, le prix à terme F_2 est influencé par les anticipations quant au niveau des stocks futurs (en admettant que les capacités de stockage ne varient pas entre les deux récoltes), c'est-à-dire le niveau prévu pour une date postérieure à celle de la récolte. Ainsi, parce que F_2 et R_S sont indépendants l'un de l'autre, les événements ayant un impact sur le prix le plus éloigné F_2 ont approximativement la même influence sur le prix rapproché F_1.

3.2. *L'analyse du* convenience yield

Les travaux théoriques postérieurs à ceux de Working accordent une place prépondérante à la notion de *convenience yield* pour expliquer la relation entre le prix au comptant et le prix à terme. Brennan (1958) et Weymar (1968) analysent en détail la composition des coûts de stockage et, au sein de ces coûts, le *convenience yield*. Pour le premier de ces deux auteurs, une prime de risque doit être introduite dans l'analyse pour que la relation entre le prix au comptant et le prix à terme puisse être expliquée de façon satisfaisante. Pour le second, cette prime de risque est incluse dans le *convenience yield*, qui peut devenir négatif. Kaldor et Weymar montrent, enfin, que le *convenience yield* n'est pas associé à la seule détention de stocks physiques, mais peut l'être aussi à certaines opérations à terme.

3.2.1. Le convenience yield *et la prime de risque*

La théorie de l'offre de stockage proposée par Brennan (1958) utilise la terminologie (l'offre de stockage) de Working (1939), mais elle explique la relation entre le prix au comptant et le prix à terme à partir de la rencontre de l'offre et de la demande de stocks, et non pas à partir de la confrontation de l'offre et de la demande de capacités de stockage. Cette théorie permet à Brennan d'aboutir à deux conclusions : en premier lieu, il montre qu'il est nécessaire d'introduire la prime de risque marginale comme troisième variable pour obtenir une explication satisfaisante de la relation entre le prix à terme et le prix au comptant ; en second lieu, il montre que le *convenience yield* n'est pas seulement associé aux stocks productifs, comme l'analyse de Working (1949) pourrait le laisser penser, mais également aux stocks spéculatifs.

Le concept d'offre de stockage employé par Brennan ne correspond pas à une offre de capacité de stockage, mais à une offre de matière première stockée. Pour cet auteur, un offreur de stockage est identifié à un acteur (producteur, transformateur, négociant) détenant des stocks ou des droits de propriété sur des marchandises, et prévoyant de les revendre en l'état ou transformés.

Un demandeur de stockage est un acteur (consommateur) désirant que des stocks soient détenus pour lui pendant une période au cours de laquelle il n'a pas l'intention de les employer, jusqu'à une date ultérieure où il voudra en disposer. La production de certaines matières premières étant irrégulière, le consommateur demande que la charge du stockage soit assumée par les offreurs de stockage afin que le flux de matières premières lui parvenant soit maintenu à un niveau relativement stable.

Pour accepter de détenir des stocks en situation d'incertitude, et de supporter le risque de variation de prix qui leur est associé, les offreurs de stockage, s'ils sont averses au risque, exigent une prime de risque rémunérant le service qu'ils rendent. Selon Brennan, le coût de stockage et le *convenience yield* ne sont donc pas suffisants pour expliquer la relation entre le prix à terme et le prix au comptant. Il est nécessaire de prendre en considération une prime de risque.

L'auteur montre que, dans un marché concurrentiel, une firme recherchant la maximisation de son profit détient un niveau de stock tel que le coût marginal net de stockage est égal à la variation de prix anticipée par unité de temps ; l'équilibre du marché est obtenu en faisant la somme des offres de stockage individuelles et en la confrontant à la demande de stockage collective. La relation de prix est formulée de la façon suivante :

$$E_t[S_{t+1}] - S_t = C_t(L_t) + \pi_t(L_t) - C_{yt}(L_t)$$

avec :
- $E_t[S_{t+1}]$, l'anticipation en t du prix au comptant à l'époque (t + 1),
- S_t, le prix au comptant en t,
- C_t, le coût marginal de stockage,
- L_t, le niveau de stock courant en t,
- π_t, la prime de risque marginale en t,
- C_{yt}, le *convenience yield* marginal en t.

Le coût marginal net de stockage est composé de trois éléments : le coût marginal de stockage (frais d'entreposage et frais financiers), le *convenience yield* marginal, et la prime de risque marginale. Le coût marginal de stockage peut être considéré comme constant tant que les capacités de stockage ne sont pas saturées.

La définition et l'analyse du *convenience yield* varient selon l'acteur considéré. Pour le producteur, « le *convenience yield* est attribué à l'avantage (mesuré en termes de délais et de coûts) d'être capable de continuer à satisfaire les clients habituels ou d'être capable de profiter d'une augmentation de la demande et des prix sans recourir à une modification du programme de production ». De façon équivalente, la disponibilité des stocks de matières premières permet au transformateur ou à l'industriel de modifier le rythme de sa production sans encourir les perturbations, les coûts et les délais associés à des achats et à des livraisons trop fréquentes. Enfin, le négociant, s'il possède suffisamment de stocks, peut répondre sans encombre ni le moindre inconvénient à un flux croissant de commandes.

Brennan propose une définition plus étendue que celle de Kaldor. Le *convenience yield* ne correspond pas seulement au « confort » apporté par la détention de stocks ; il comprend également l'avantage lié à la possibilité de profiter d'une éventuelle hausse des prix et de la demande sans avoir à subir un délai d'approvisionnement. Ainsi, les stocks spéculatifs peuvent procurer un *convenience yield*. Pour Working, seuls les stocks productifs procuraient un tel rendement. Avec cette définition plus large du *convenience yield*, la distinction entre stocks productifs et stocks en surplus, selon laquelle les seconds ont un *convenience yield* nul parce qu'ils sont spéculatifs, devient caduque.

La prime de risque est une fonction croissante du niveau des stocks détenus par la firme. Lorsque ce niveau est faible, la perte associée à une baisse inattendue du prix des marchandises est relativement réduite ; le risque associé aux stocks est limité. Inversement, lorsque la quantité de stocks détenue représente une part importante des ressources de la firme, une baisse de prix d'une ampleur comparable à la précédente constitue une perte considérable.

La méthode utilisée par Brennan pour valider cette théorie est simple. Il reprend la relation d'équilibre qu'il a précédemment définie. Au sein de cette relation, deux variables sont en principe directement observables, le prix au comptant S(t) et le coût marginal de stockage, C(t), identifié au coût de stockage moyen. À condition de pouvoir estimer le prix au comptant anticipé $E_t[S_{t+1}]$, ces trois variables devraient pouvoir être utilisées pour estimer le résidu de l'équation d'équilibre, c'est-à-dire la différence entre la prime de risque marginale et le *convenience yield* marginal : $[\pi_t(L_t) - C_{yt}(L_t)]$.

Brennan estime le prix anticipé à partir des prix passés. Il suppose en effet qu'en l'absence d'informations plus précises, il est raisonnable de considérer que la séquence de prix anticipée pour l'année prochaine est une fonction des prix passés. Il réalise une régression linéaire multiple des prix annuels moyens sur les prix annuels moyens passés. Celle-ci lui permet de prédire le prix annuel moyen anticipé pour l'année à venir. En ajustant cette prédiction à l'aide d'un indice de saisonnalité, il en déduit la séquence des prix mensuels pour l'année future. Cette dernière est elle-même ajustée par une moyenne mobile pondérée, accordant un plus grand poids aux prix les plus récents. Les prix sont en effet partiellement le résultat de forces transitoires supposées continuer à agir dans le futur proche. Plus ils sont récents, plus il est probable que ces prix expriment l'action de forces susceptibles d'être prises en considération dans les anticipations. Ainsi, lorsque les acteurs révisent leurs anticipations, ils prennent en considération à la fois les erreurs de prévision de la période précédente et celles des périodes antérieures, tout en accordant une moindre importance à ces dernières. L'auteur s'assure de la validité de sa méthode en vérifiant qu'il obtient, pour les matières premières dotées d'un marché à terme, les mêmes résultats empiriques en remplaçant le prix au comptant anticipé, tel qu'il l'a estimé, par le prix à terme.

Brennan utilise les trois premières variables de l'équation d'équilibre ($E_t[S_{t+1}]$, S(t) et $C_t(L_t)$) pour en estimer le résidu : $[\pi_t(L_t) - C_{yt}(L_t)]$. Si la prime de risque π_t n'existait pas, le *convenience yield* C_{yt} suffirait à lui seul pour expliquer le niveau L_t de stocks détenu en t. L'évolution du résidu serait alors identique, au signe près, à celle du *convenience yield* marginal : important en valeur absolue pour un faible volume de stocks, il tendrait vers zéro au fur et à mesure que le niveau des stocks augmenterait. Or, les tests empiriques indiquent que la différence $[\pi_t(L_t) - C_{yt}(L_t)]$ n'est pas une fonction monotone décroissante des stocks avec une valeur maximale nulle, comme elle le devrait si l'hypothèse de prime nulle était confirmée. Au contraire, le résidu est positif pour un niveau important de stocks ; selon Brennan, cela signifie qu'il existe une prime de risque.

Cette étude ne permet cependant pas de distinguer la prime de risque du *convenience yield* : c'est la différence entre les deux variables qui est étudiée (le résidu), et non chacune séparément. L'analyse proposée par Brennan est donc très proche de celle développée par Weymar en 1968 (*cf.* ci-dessous). Pour le premier de ces auteurs, le *convenience yiel*d apparaît lorsque les stocks sont faibles et tend vers zéro lorsqu'ils deviennent abondants. Inversement, la prime de risque n'est positive que dans le second cas ; lorsque les stocks sont rares, elle est nulle. Pour Weymar, une variable unique (le *convenience yield*) peut prendre des valeurs positives lorsque les stocks sont rares et négatives lorsqu'ils sont abondants. Le *convenience yield* de Weymar inclut donc la prime de risque de Brennan.

3.2.2. Le rendement de réserve et le rendement de couverture

Weymar apporte une précision supplémentaire à la définition du coût marginal total de détention des stocks en identifiant les trois éléments qui le composent, à savoir : le coût pur de stockage, le rendement de réserve (*stockout yield*) et le rendement de couverture (*coverage yield*). Son analyse est dans un premier temps menée au niveau individuel, pour un transformateur et, dans un second temps, étendue au comportement de l'ensemble de l'industrie.

Le coût pur de stockage (location des entrepôts, primes d'assurance...) peut être considéré comme constant, quel que soit le niveau des stocks, tant que les capacités de stockage ne sont pas saturées. Le graphique 2.8. représente l'évolution du coût pur du stockage en fonction du niveau des stocks.

Graphique 2.8. – *Coût pur de stockage*

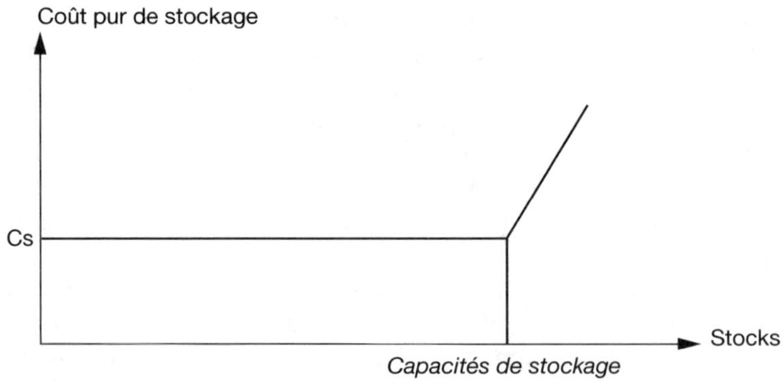

Le rendement de réserve des stocks est lié pour un transformateur à la nécessité d'assurer la continuité de sa production. S'engager dans une activité de transformation de matières premières nécessite en effet de réaliser des investissements significatifs dans des biens d'équipement. En cas de rupture d'approvisionnement, ceux-ci sont temporairement inutilisés, et le transformateur ne peut plus couvrir ses frais de fonctionnement. La détention d'un stock de réserve permet au transformateur de couvrir au moins ses coûts variables. Plus le risque de rupture d'approvisionnement est important, plus le rendement de réserve associé à un stock augmente : celui-ci est une fonction décroissante du niveau des stocks.

Les stocks d'un transformateur représentent un certain nombre de jours de production : ils assurent ainsi la « couverture » d'un niveau donné de production. Cette couverture doit être maintenue à un niveau tel qu'elle assure la continuité de l'activité sans menacer la compétitivité du transformateur. Si les stocks de matières premières du transformateur sont pléthoriques par rapport à ceux de ses concurrents, et si les prix des produits finis et des matières premières baissent, le transformateur subit une réduction de sa marge, son coût d'approvisionnement devenant supérieur à celui de ses concurrents. Le rendement de couverture est donc négatif au-delà d'un certain niveau de stocks, déterminé par l'ensemble de l'industrie. À l'inverse, lorsque les stocks n'assurent pas la couverture « normale » de la production du transformateur, le rendement de couverture associé à leur détention devient positif.

Graphique 2.9. – *Rendement de couverture*

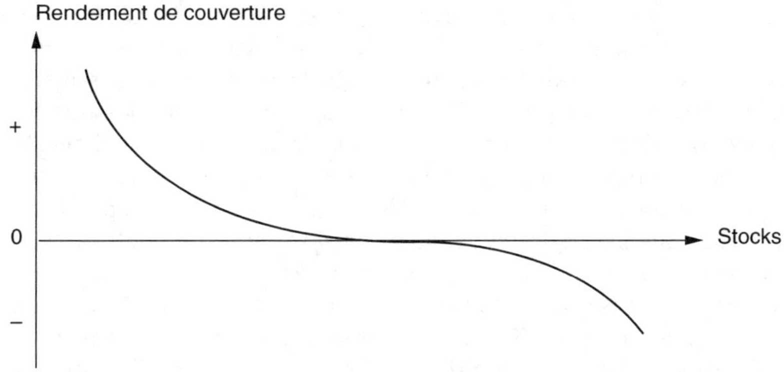

À travers l'analyse du rendement de couverture, Weymar fait le lien entre le comportement individuel de stockage (celui de l'opérateur, en l'occurrence un transformateur) et le comportement de l'ensemble de l'industrie. La limite de son analyse réside dans le fait qu'il ne propose aucune définition – si ce n'est la comparaison réalisée avec le niveau de couverture des concurrents – de ce que pourrait être le niveau « normal » de couverture pour un transformateur. L'étude de Long, réalisée en 1996 sur le marché pétrolier, est une tentative de réponse à cette question, non pas au niveau individuel, mais à celui du marché (cette étude est analysée au paragraphe 3.3.3.2.).

Weymar définit le coût marginal total de détention des stocks en prenant en compte ses trois composantes : ce coût marginal total correspond au coût pur marginal de stockage, auquel sont soustraits les rendements marginaux de réserve et de couverture. La somme de ces deux rendements marginaux constitue le *convenience yield* marginal, lequel peut devenir négatif. Le graphique 2.10. représente la courbe de coût marginal de détention des stocks.

Graphique 2.10. – *Coût marginal de détention des stocks*

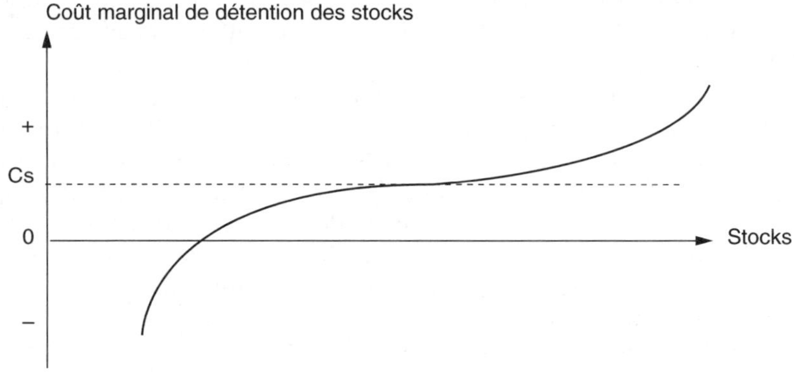

C_S : coût pur marginal de stockage.

Lorsque les stocks sont peu élevés, le *convenience yield* marginal est supérieur au coût pur marginal de stockage, et le coût marginal total de détention des stocks est négatif. Au fur et à mesure que le niveau des stocks augmente, le *convenience yield* marginal diminue jusqu'à devenir nul lorsque le coût marginal total de détention est égal au coût pur marginal de stockage. Enfin, lorsque le niveau des stocks est élevé, le coût marginal total de détention est supérieur au coût pur marginal de stockage, en premier lieu parce que les capacités de stockage parviennent à saturation, en second lieu parce que le *convenience yield*, du fait d'une couverture excessive, est négatif.

D'autres acteurs que les transformateurs détiennent des stocks dans un marché de matières premières. Weymar les regroupe dans la catégorie des spéculateurs. Ces acteurs sont prêts à détenir des stocks s'ils estiment que la différence entre le prix au comptant anticipé et le prix au comptant courant est suffisante pour couvrir leurs coûts de détention et pour leur procurer en plus un rendement satisfaisant.

La courbe de demande de stocks physiques des spéculateurs est semblable à celle des transformateurs : même lorsque la base est négative, des stocks spéculatifs peuvent être détenus, parce que certains spéculateurs ont des anticipations différentes de celles exprimées dans les prix. Plus la base anticipée est importante, et plus les stocks spéculatifs augmentent, jusqu'à ce que les capacités de stockage ou de financement des spéculateurs parviennent à saturation.

Pour Weymar, et contrairement à Brennan, les spéculateurs et les transformateurs sont des demandeurs de stocks ; la demande totale du marché correspond à la somme de celles des transformateurs et des spéculateurs. Seconde différence entre ces deux auteurs : pour Brennan, seule la possession de stocks physiques permet de bénéficier du *convenience yield*, alors que pour Weymar, l'achat de contrats à terme étant identifié à une demande de stocks, il existe un *convenience yield* associé à la détention de contrats à terme.

3.2.3. Convenience yield, *contrats* forward *et contrats à terme*

Avant Weymar, Kaldor (1939) avait montré que le *convenience yield* pouvait être appliqué aux positions à terme sur un marché de matière première, à condition d'opérer une distinction entre les achats et les ventes de contrats. Selon cet auteur, un achat à terme indépendant de toute opération sur le marché physique permet de bénéficier du *convenience yield*, puisqu'il assure la disponibilité future de la marchandise ; ce n'est bien évidemment pas le cas pour une vente à terme. Par ailleurs, lorsqu'une opération d'achat sur le marché au comptant est accompagnée d'une vente à terme (opération d'arbitrage *cash and carry*), le *convenience yield* associé à l'achat sur le marché au comptant est largement perdu du fait de la vente à terme.

À la suite de Kaldor, Weymar analyse le *convenience yield* associé à la détention de contrats à terme. Selon cet auteur, la demande de contrats, qui correspond aux positions d'achat sur le marché à terme, est presque entièrement identifiée à une demande de stocks.

Pour le transformateur, dès lors que la rupture d'approvisionnement est évitée, toute unité supplémentaire de stock apporte un *convenience yield* marginal sous forme de rendement de couverture. Ce rendement peut aussi bien être offert par une unité de stock physique que par un contrat à terme. Ainsi, la forme de la courbe de demande de stocks du transformateur est sensiblement la même sur le marché à terme et sur le marché physique, excepté le fait que sur le marché à terme elle ne reflète pas le rendement de réserve.

La logique sous-tendant la demande de contrats à terme des spéculateurs est identique à celle guidant la demande de stocks physiques. Lorsque la base anticipée est nulle, la position spéculative nette l'est également. Lorsque la différence entre le prix au comptant anticipé et le prix au comptant courant augmente, la demande spéculative de contrats à terme évolue dans les mêmes proportions. Elle augmente tant que les capacités de financement des spéculateurs ne sont pas parvenues à saturation.

Au regard du rendement de couverture, Weymar ne réalise aucune distinction entre un stock physique et un stock papier : les achats sur le marché à terme sont considérés comme des acquisitions de stocks [1]. Par contre, les contrats à terme ne permettent pas de bénéficier du rendement de réserve qui est la deuxième composante du *convenience yield*. Ils n'assurent pas, en effet, la continuité des opérations de production.

En utilisant la définition du *convenience yield* proposée par Brennan, il est possible de mettre en évidence une seconde raison pour laquelle le *convenience yield* associé aux contrats à terme est inférieur à celui associé

1. Weymar semble donc négliger, dans cette analyse, le fait que la détention de stocks physiques génère des frais financiers bien supérieurs à ceux induits par la détention de stocks papier. En effet, l'achat de contrats à terme nécessite uniquement le versement d'un dépôt de garantie dont le montant pour des opérateurs professionnels est généralement inférieur à 5 % de la valeur des contrats.

aux stocks : la possibilité de profiter immédiatement d'une hausse des prix et de la demande est un avantage offert uniquement par les stocks physiques.

Le fait que les contrats à terme, parce qu'ils incluent la possibilité d'obtenir une livraison physique à l'échéance, assurent la disponibilité future de la marchandise, explique qu'un *convenience yield* leur soit associé. Dans ce contexte, la fonction des marchés à terme de matières premières n'est pas d'assurer le transfert du risque entre les différents opérateurs du marché à terme, mais de permettre aux acteurs du marché physique d'étaler leur approvisionnement dans le temps.

Jusqu'à la fin des années 1960, l'existence d'un *convenience yield* associé à la détention de contrats à terme n'a été invoquée, à notre connaissance, que par Kaldor et Weymar ; bien que parfois mentionnée [1], elle est ensuite tombée dans l'oubli pendant près de trois décennies, pour resurgir à l'occasion de l'application des modèles stochastiques aux marchés de matières premières (Miltersen et Schwartz, 1998). L'analyse présentée ci-dessus permet de comprendre ce phénomène : seuls les achats de contrats à terme indépendants de toute opération au comptant sur le marché physique permettent en effet de bénéficier du *convenience yield*. De plus, celui-ci est inférieur au *convenience yield* attaché à la possession de stocks physiques, puisqu'il ne comprend pas le rendement de réserve et n'apporte pas la possibilité de profiter de hausses temporaires de la demande. Enfin, la notion de *convenience yield* a surtout été développée dans le but de comprendre la détention de stocks en situation de déport. Les tests empiriques ayant pour objet la validation de la théorie du stockage négligent donc le *convenience yield* associé à la détention de contrats à terme.

3.3. La validation empirique de la théorie du stockage

Les études empiriques sont séparées en deux catégories. Les premières mettent en évidence, à travers l'analyse des relations entre le prix au comptant et le prix à terme, le fait que les marchés de matières premières diffèrent selon deux critères principaux : le caractère saisonnier ou non de la matière première considérée, et le coût de stockage, plus ou moins élevé selon que les matières premières sont ou non périssables ou délicates à manipuler. Les études empiriques appartenant à la seconde catégorie sont toutes consacrées au marché pétrolier.

---

1. « On a pu soutenir que pour une marchandise échangée sur un marché à terme ce rendement [*convenience yield*] était négligeable (Blau, 1944-45, p. 6) car les qualités requises pour qu'un bien soit négocié à terme (volume important, qualité standard) et la possibilité d'obtenir ce bien très facilement suppriment les avantages liés à la détention de contrats à terme. Cette argumentation semble excessive et nous admettons que le rendement d'opportunité [*convenience yield*] n'est jamais totalement négligeable » (Simon, 1986, p. 181).

3.3.1. Les implications empiriques de la théorie du stockage

Certaines implications de la théorie du stockage sont communes à toutes les matières premières. Elles peuvent être distinguées en fonction de leur caractère direct ou indirect. D'autres découlent du caractère saisonnier des matières premières considérées.

La première implication de la théorie du stockage est dérivée de l'analyse des relations d'arbitrage entre le marché physique et le marché à terme, présentée au paragraphe 3.1.1. Si cette analyse est correcte, la corrélation entre la base et les stocks doit être positive : lorsque les stocks sont abondants, la base doit être positive. Plus précisément, le prix à terme doit être supérieur au prix au comptant d'un montant correspondant aux coûts de stockage. Inversement, la base doit être négative lorsque les stocks sont rares.

Trois autres implications indirectes de la théorie du stockage doivent être mentionnées. Elles reposent sur l'hypothèse selon laquelle la relation entre les prix et les stocks est vérifiée, et elles ont pour objet d'analyser les conséquences qui en découlent. D'abord, la volatilité de la base doit être plus importante en situation de déport qu'en situation de report, le déport traduisant un niveau de stocks insuffisant pour amortir les fluctuations de prix. Ensuite, les prix au comptant doivent être plus volatils que les prix à terme en situation de déport (lorsque le niveau des stocks est faible) ; en revanche, en situation de report (lorsque le niveau des stocks est élevé), les volatilités des prix au comptant et des prix à terme doivent être équivalentes. Enfin, d'après l'analyse présentée au paragraphe 3.2., le *convenience yield* est une fonction décroissante du niveau des stocks. La corrélation entre le *convenience yield* et le niveau des stocks doit donc être négative. Cependant, le *convenience yield* n'étant pas directement observable, l'existence d'une corrélation négative entre celui-ci et le niveau des stocks est soit simplement admise (Cho et McDougall, 1990), soit supposée découler du comportement de la base (Fama et French, 1987 ; Artus et Kaabi, 1991) : si la base est négative lorsque les stocks sont rares, c'est que le *convenience yield* est élevé ; inversement, si la base est positive lorsque les stocks sont abondants, le *convenience yield* est faible.

Pour les matières premières saisonnières [1], deux implications empiriques de la théorie du stockage peuvent être distinguées. En premier lieu, la discontinuité de l'offre induit un comportement spécifique des stocks et donc des prix au cours de l'année. Au moment de la récolte, les stocks sont constitués et ajoutés à ceux n'ayant pas été consommés l'année précédente. Leur niveau décline ensuite progressivement jusqu'à la récolte suivante. Au fur et à mesure que la récolte approche, la probabilité pour que le prix à terme rapproché devienne inférieur au prix au comptant

1. L'analyse de la saisonnalité de l'offre des matières premières agricoles peut apporter des éléments de compréhension du fonctionnement des marchés de produits pétroliers, qui sont, eux, affectés par une saisonnalité de la demande.

augmente. De ce fait, le *convenience yield* associé à la détention de stocks doit être croissant lorsque la récolte approche. En deuxième lieu, lorsque les matières premières sont saisonnières, les différentiels de prix cotés pour des dates de livraison antérieures à la récolte doivent être plus corrélés entre eux qu'ils ne le sont avec les différentiels de prix cotés pour des dates de livraison « enjambant » la date de la récolte [1], ou avec les différentiels de prix pour des dates de livraison postérieures à la récolte. En effet, à la fin de l'année de récolte, période où le niveau des stocks est faible, une situation de pénurie peut apparaître. Dans ce cas, les prix à terme pour des livraisons avant et après la récolte évoluent différemment : la différence entre le prix au comptant et un prix à terme pour une livraison postérieure à la prochaine récolte est positive, alors que la différence entre le prix au comptant et un prix à terme pour une livraison antérieure à la récolte est négative. La situation de pénurie de stocks ne prévalant que jusqu'à la prochaine récolte, elle n'affecte que les prix rapprochés.

3.3.2. Les tests réalisés sur les matières premières non énergétiques

Pour un grand nombre de matières premières, et pour diverses périodes, les études empiriques conduisent à valider la théorie du stockage. Tel est le cas pour les matières premières saisonnières agricoles et pour les métaux.

3.3.2.1. Les matières premières agricoles

L'étude de Dutt, Fenton, Smith et Wang (1997) se situe dans le prolongement des travaux de Telser, réalisés en 1958 sur les marchés du soja et du coton. Celui-ci avait montré que, pour ces deux matières premières, de 1926 à 1954, les différentiels de prix à terme cotés pour des livraisons au sein d'une même année de récolte étaient plus corrélés entre eux qu'ils ne l'étaient avec des différentiels de prix à terme « enjambant » la date de récolte.

Dutt *et al.* testent, sur sept marchés de matières premières agricoles (maïs, avoine, blé, huile de soja, graines de soja, tourteaux de soja et coton), de 1983 à 1991, l'hypothèse qu'il pourrait y avoir, du fait de la saisonnalité, des différences substantielles entre le comportement d'une base inter-récoltes (différentiels de prix à terme cotés pour des livraisons avant et après la récolte) et celui d'une base intra-récolte (différentiels de prix à terme cotés pour des livraisons antérieures à la date de la récolte). Les auteurs parviennent aux conclusions suivantes : les variations des bases intra-récolte sont plus fortement corrélées entre elles qu'elles ne le sont avec les variations des bases inter-récoltes. De plus, la volatilité de la base intra-récolte est souvent supérieure à celle de la base

1. Ce terme signifie que les deux prix à terme considérés correspondent, l'un à une échéance de livraison précédant la récolte, l'autre à une échéance postérieure à la récolte.

inter-récoltes. Ces résultats, cohérents avec la théorie du stockage, peuvent être expliqués par des niveaux différents du *convenience yield* au cours de l'année de récolte.

3.3.2.2. Les matières premières saisonnières et les matières premières industrielles : les études de Fama et French

Pour évaluer la pertinence de la théorie du stockage, Fama et French (1987, 1988) réalisent deux types d'études. Dans un premier temps, ils comparent les matières premières agricoles et les matières premières industrielles [1]. Si la théorie du stockage est vérifiée, le comportement saisonnier du *convenience yield* doit se manifester pour les premières, mais pas pour les secondes. Dans un second temps, les deux auteurs approfondissent leur analyse du comportement des prix des matières premières non saisonnières et montrent que ce comportement varie selon les différentes phases du cycle économique.

a) La comparaison des matières premières agricoles et des matières premières industrielles

L'étude de 1987 porte sur vingt et un marchés de matières premières [2], de 1966 à 1984. Ces matières premières sont regroupées en trois catégories : produits agricoles, métaux, et produits d'origine animale.

Au sein des coûts de stockage, Fama et French distinguent le coût pur de stockage associé aux frais de location des entrepôts, aux primes d'assurance, à la manipulation, ...qui est considéré comme constant, et les frais financiers qui sont fonction du taux d'intérêt et proportionnels au niveau des stocks. La relation entre le prix à terme et le prix au comptant est exprimée de la façon suivante :

$$F(t, T) - S(t) = S(t) \times R(t, T) + W(t, T) - C(t, T)$$

avec :

- F(t, T), le prix à terme en t du contrat parvenant à échéance en T,
- S(t), le prix au comptant en t,
- R(t, T), le taux d'intérêt entre t et T,
- W(t, T), le coût pur de stockage entre t et T,
- C (t, T), le *convenience yield* marginal entre t et T.

Ce qui peut également s'écrire :

$$\frac{[F(t, T) - S(t)]}{S(t)} = R(t, T) + \frac{[W(t, T) - C(t, T)]}{S(t)}$$

1. Milonas et Thomadakis (1997) ont également étudié la portée de la théorie du stockage en comparant les résultats obtenus lorsque les matières premières sont saisonnières et lorsqu'elles ne le sont pas. Leurs conclusions sont proches de celles de Fama et French.

2. La partie de cette étude consacrée à l'évaluation de la validité de la théorie du déport normal est analysée au paragraphe 2.3.4.

Fama et French cherchent en premier lieu à mettre empiriquement en évidence l'existence d'une corrélation négative entre le *convenience yield* et le niveau des stocks. Ne disposant pas de données sur les stocks pour toutes les matières premières étudiées, ils utilisent une méthode indirecte fondée sur l'analyse de la saisonnalité : la saisonnalité de la production ou de la demande doit logiquement entraîner celle des stocks. Or, si la théorie du stockage est vérifiée, la saisonnalité des stocks engendre celle de la base et, par conséquent, celle du *convenience yield*. L'analyse de la saisonnalité de la base est donc réalisée pour les trois groupes de matières premières.

La formulation de la relation entre le prix à terme et le prix au comptant permet en second lieu de montrer que, pour un *convenience yield* et un coût pur de stockage donnés, la variation de la base doit être parfaitement corrélée avec celle du taux d'intérêt. La seconde série de tests porte sur cette hypothèse.

Les métaux précieux, parmi les matières premières étudiées, sont ceux dont la base est la moins variable (écart-type de 2 % pour l'or ; 1,5 % pour l'argent ; 4,2 % pour le platine). Viennent ensuite les produits agricoles, pour lesquels l'écart-type de la base s'étend de 4,6 % pour le maïs à 9,7 % pour l'avoine. Les produits d'origine animale sont les matières premières dont la base est la plus variable : son écart-type atteint 22,2 % pour les œufs.

Ces résultats sont cohérents avec la théorie du stockage : les différences constatées sont expliquées par des disparités entre les coûts purs de stockage de ces matières premières et par la saisonnalité. Plus le coût pur de stockage est élevé relativement à la valeur des stocks, plus les opérations de stockage ont tendance à être retardées, et plus les prix au comptant et la base sont variables. Comparé à leur valeur, le coût de stockage des métaux précieux est faible ; de plus, ces matières premières ne sont pas saisonnières. Il est donc naturel que ce groupe de produits soit caractérisé par une base relativement stable. De même, il est logique que les matières premières périssables et délicates à manipuler ou à stocker soient caractérisées par un coût pur de stockage élevé et une base volatile [1]. Enfin, la saisonnalité de la base, nulle pour les métaux, caractérise au contraire la plupart des matières premières agricoles.

Les deux auteurs réalisent ensuite une régression de la base sur le taux d'intérêt nominal. Pour les trois groupes de matières premières, la corrélation entre la base et le taux d'intérêt est confirmée.

b) Les marchés des métaux et le cycle économique

Fama et French (1988) testent ensuite sur des matières premières non saisonnières l'hypothèse que le *convenience yield* marginal diminue au fur et à mesure que les stocks augmentent. La théorie du stockage leur permet également d'expliquer le comportement de la base lors des phases de

1. Brennan, en 1958, avait déjà comparé les rendements du stockage des matières premières semi-périssables et des matières premières durables. Il était parvenu à des conclusions équivalentes.

retournement du cycle économique. Plus particulièrement, en phase de reprise, la production s'adapte avec retard aux chocs positifs de la demande, ce qui a pour conséquence de diminuer le niveau des stocks, d'augmenter le *convenience yield*, et d'engendrer des bases négatives.

Pour valider l'hypothèse selon laquelle le *convenience yield* diminue au fur et à mesure que les stocks augmentent, Fama et French recourent là encore à des tests indirects : ils considèrent en effet que les données agrégées disponibles sur les stocks sont particulièrement difficiles à manipuler car elles posent un double problème de définition et de précision, lié à la nature des stocks et à leur localisation (ce point est analysé en détail au paragraphe 3.4.). Le fait qu'une base négative reflète un faible niveau de stocks et, inversement, qu'une base positive traduit l'existence de stocks abondants est considéré comme acquis.

L'une des implications de la théorie du stockage est que la variation relative des prix à terme et des prix au comptant est fonction du niveau des stocks. Ces différences de volatilité doivent être plus importantes lorsque les stocks sont faibles et donc incapables de réaliser un ajustement entre l'offre et la demande, que lorsqu'ils sont abondants. Dans ce cas, en effet, la volatilité des prix au comptant et des prix à terme est sensiblement la même car les stocks absorbent les chocs. L'hypothèse selon laquelle les prix à terme varient moins que les prix au comptant devrait donc être mise en évidence plus facilement lorsque les stocks sont rares [1], par exemple en phase de reprise du cycle économique.

Les auteurs supposent également que les chocs sur l'offre et sur la demande ont plus d'impact sur les prix à terme pour une échéance rapprochée que sur les prix à terme correspondant à une échéance éloignée, parce que les chocs sont progressivement compensés par des modifications de l'offre et de la demande. Les élasticités prix de l'offre et de la demande sont en effet plus faibles à court terme qu'à long terme : les chocs affectant l'offre et la demande génèrent donc une plus grande volatilité des prix à terme rapprochés.

Les tests empiriques réalisés sur les métaux précieux et industriels, de 1972 à 1983, confirment les hypothèses formulées : la base est plus volatile lorsqu'elle est négative, en particulier pour les métaux industriels. De plus, les variations des prix à terme sont à peu près identiques à celles des prix au comptant quand la base est positive. Inversement, lorsqu'elle est négative, les chocs sur l'offre et sur la demande entraînent des variations plus fortes des prix au comptant. Les tests montrent enfin que, pour la plupart des métaux, le comportement de la base est influencé par l'évolution du cycle économique. Au cours de la période étudiée, l'activité économique connaît deux phases de retournement particulièrement violentes en 1973-74 et en 1979-80. Les

1. Le niveau des stocks n'est pas le seul facteur permettant d'expliquer la plus grande volatilité des prix à court terme. Heinkel *et al.* (1990) montrent en effet que la différence de volatilité entre le prix au comptant et le prix à terme dépend des coûts marginaux de production. Plus ces coûts sont élevés, plus l'offre est longue à s'adapter aux chocs.

prix des métaux augmentent considérablement avant 1973, atteignent leur niveau maximal en 1974, puis diminuent. L'augmentation des prix se manifeste à nouveau en 1979, le maximum étant atteint en 1980. En 1973-74, les bases sont négatives pour tous les métaux excepté l'or. En 1979-80, le même phénomène est observé, sauf pour le marché du zinc. Les auteurs expliquent la présence de bases négatives autour de ces deux phases de retournement du cycle à partir des conclusions de la théorie du stockage : dans une industrie où la production ne peut être immédiatement ajustée aux variations de la demande, un choc positif de la demande entraîne une réduction des stocks, une augmentation du *convenience yield*, et l'apparition de bases négatives.

3.3.2.3. Les tests réalisés sur les matières premières non énergétiques : conclusion

Les tests empiriques qui viennent d'être présentés permettent, de façon unanime, de valider la théorie du stockage. Leur apport principal est de mettre en évidence les particularités du comportement de la base pour des matières premières saisonnières et pour des matières premières industrielles. En l'absence de données de stocks satisfaisantes, la relation liant les prix et les stocks, au centre de la théorie du stockage, est cependant relativement peu explorée. Ce sont surtout les implications indirectes de la théorie du stockage sur l'évolution relative des prix au comptant et des prix à terme qui sont au centre de ces études. Cette précision n'est pas sans importance : elle signifie en effet que la théorie du stockage n'est validée qu'en supposant acquise l'existence d'une relation entre les prix et les stocks.

3.3.3. L'application de la théorie du stockage au marché pétrolier

Les tests empiriques réalisés dans le cadre du marché pétrolier conduisent eux aussi à valider la théorie du stockage. Ce marché présente un certain nombre de caractéristiques permettant de réaliser des tests spécifiques. En particulier, l'existence de marchés à terme pour le pétrole brut et pour deux produits raffinés (le fioul domestique et l'essence) autorise la comparaison du comportement de la base en amont et en aval du processus de raffinage, et la vérification de nouvelles relations entre les prix et les *convenience yield* de ces marchés.

3.3.3.1. Les caractéristiques du marché pétrolier

Le marché pétrolier présente des caractéristiques ayant un impact sur la relation entre le prix à terme et le prix au comptant et sur le type de tests empiriques réalisés pour valider la théorie du stockage. La saisonnalité de la demande de produits pétroliers, associée à l'existence d'un processus de production joint, implique une évolution différente de la base sur chacun des marchés de produits pétroliers en fonction des saisons. Par ailleurs, l'analyse des données relatives aux stocks révélant leur manque de fiabilité, la plupart des études empiriques réalisées sur le marché pétrolier ont recours à des tests indirects.

a) La saisonnalité de la demande

Contrairement aux matières premières agricoles saisonnières, pour lesquelles l'offre est discontinue et le niveau des stocks est déterminé au moment de la récolte, l'offre de produits pétroliers est continue. C'est la demande qui est saisonnière.

Le marché du fioul domestique se trouve généralement en situation de déport du mois de décembre au mois de mars, alors que celui de l'essence l'est de juin à novembre. La principale conclusion de la théorie du stockage, selon laquelle le niveau de la base évolue en fonction du niveau des stocks, permet d'expliquer ce phénomène : un déport se manifeste sur un marché lorsque le niveau des stocks est faible. Cette situation de pénurie survient sur le marché du fioul à la fin de l'hiver, lorsque les raffineurs diminuent (dans la mesure du possible) la production de produits lourds, et constituent des stocks d'essence pour préparer la saison estivale, au cours de laquelle la demande de produits légers atteint son niveau maximal (Edwards et Canter, 1995). À l'inverse, sur le marché des carburants, le déport apparaît lorsque les raffineurs se préparent à l'arrivée de l'hiver et à une forte demande de fioul. Les fluctuations de la base ont donc un caractère saisonnier dans les marchés des produits raffinés. Plus précisément, les bases sur le fioul et l'essence ont tendance à être inversement corrélées : le marché du fioul est généralement en report lorsque celui de l'essence est en déport, et inversement.

b) Le processus de production joint

La saisonnalité de la demande n'est pas l'unique facteur expliquant l'évolution de la base sur les marchés des produits pétroliers. Le comportement de stockage des opérateurs s'explique également par le fait que la production de produits raffinés est un processus joint : à partir d'un baril de pétrole brut, il est impossible de produire de l'essence sans produire simultanément le reste de la gamme des produits pétroliers. Pour cette raison, l'offre de produits ne peut s'adapter précisément aux fluctuations de la demande, et des stocks fatals de produits sont conservés jusqu'à ce que la demande pour ces produits augmente [1]. Au cours de l'été par exemple, c'est la demande de produits légers qui détermine le niveau des stocks de fioul.

c) L'analyse des données de stocks

L'analyse des données de stocks dans le marché pétrolier présente plusieurs difficultés. En premier lieu, le marché est caractérisé par la présence de stocks stratégiques qui peuvent être constitués, selon les pays, de produits pétroliers et/ou de pétrole brut. L'influence éventuelle de ces

1. L'offre de produits pétroliers n'est cependant pas totalement rigide : les raffineurs disposent d'une certaine marge de manœuvre ; elle dépend de la qualité de brut employée (un brut soufré permet de produire plus de produits lourds qu'un brut léger) et du degré de sophistication de l'outil de raffinage.

stocks sur le niveau des stocks privés et sur les prix est l'objet de controverses, liées à la qualité des stocks stratégiques et au processus de décision qui peut conduire à les utiliser. En deuxième lieu, la validation de la théorie du stockage est rendue difficile par l'absence de données concernant les stocks détenus par les producteurs. Ceux-ci ne font en effet l'objet d'aucune publication. En troisième lieu, les données statistiques sur les stocks sont considérablement agrégées. Lorsqu'elles sont disponibles, elles comprennent les marchandises effectivement entreposées, mais également celles en transit, et les marchandises non utilisables immédiatement : le contenu des pipelines et le fond des bacs, qui peuvent représenter 10 % des volumes totaux. Il est également possible de considérer que les gisements pétroliers constituent des stocks en terre. Là encore, l'estimation du niveau des réserves disponibles est une tâche délicate.

En l'absence de données fiables pour valider la théorie du stockage, les études empiriques réalisées sur le marché pétrolier utilisent principalement des tests indirects.

3.3.3.2. Les études réalisées sur les marchés pétroliers

Ces études sont nombreuses et la théorie du stockage est dans l'ensemble vérifiée sur les marchés pétroliers. Long (1996) utilise la théorie du stockage et les relations de prix qu'elle implique pour proposer une mesure du besoin de stocks dans l'industrie pétrolière. Les tests empiriques permettent de montrer que le *convenience yield* évolue de façon inverse sur le marché du pétrole brut et sur les marchés des produits pétroliers. Par ailleurs, les résultats obtenus sur le marché du brut sont systématiquement moins convaincants qu'ils ne le sont sur les marchés des produits raffinés.

a) Le niveau normal de stocks dans les marchés pétroliers

Reprenant la distinction introduite par Keynes entre les stocks productifs et les stocks excédentaires, Long (1996) utilise les conclusions de la théorie du stockage pour interpréter la corrélation entre la base et le niveau des stocks. Il avance que les prix sont en déport lorsque l'industrie détient un niveau de stocks inférieur à celui dont elle a besoin, et en report dans le cas inverse. Cette notion de « besoin » de stocks est proche de celle de niveau de stocks « normal », invoquée par Weymar (1968) pour analyser le comportement de stockage individuel.

Weymar ne proposait aucune définition précise du niveau de stocks normal ni aucun moyen de le mesurer. Ce niveau était simplement censé être évalué par l'opérateur individuel en fonction de celui de ses concurrents. Long propose d'étudier le besoin de stocks exprimé par l'ensemble du marché, en utilisant la base comme témoin de ce niveau. Selon cet auteur, le niveau de stocks auquel la base s'inverse reflète celui dont l'industrie a besoin pour gérer ses opérations quotidiennes. Ce besoin permet à l'ensemble des opérateurs d'assurer la continuité des opérations de production et de prévenir toute rupture d'approvisionnement. La satisfaction du besoin de stocks de l'industrie détermine le passage d'une situation de report à une situation de déport.

L'hypothèse que l'évolution de la base reflète celle du besoin de stocks de l'industrie est testée à court terme, période durant laquelle il y a peu de chances que ce besoin évolue, à moins que des opérations décisives de rationalisation de la production ne soient mises en place. Les tests empiriques réalisés sur les marchés pétroliers de 1991 à 1996 confirment l'hypothèse de Long : sur cet intervalle de temps, la base s'inverse toujours au même niveau de stocks sur les marchés du pétrole brut, de l'essence et du fioul. Les besoins de l'ensemble des opérateurs sont, pour chacun de ces marchés, respectivement de 24, 29 et 37 jours de consommation.

L'interprétation de Long n'est cependant pas associée à une analyse de la relation entre le prix au comptant anticipé et le prix à terme. L'auteur suppose implicitement que ces deux prix sont identiques. Or, c'est uniquement si cette hypothèse est vérifiée que le niveau de stocks auquel la base s'inverse peut être analysé comme celui dont l'industrie a collectivement besoin. Si, à l'inverse, la théorie du déport normal se vérifiait dans le marché pétrolier, le besoin de stocks de l'industrie correspondrait aux stocks détenus en situation de déport normal. Les résultats de Long permettent donc de constater la stabilité de la relation entre la base et le niveau de stocks autour d'un niveau de stocks donné, mais pas de définir le besoin collectif de stocks de l'industrie pétrolière.

b) Le convenience yield *sur les marchés du pétrole brut et des produits raffinés*

Artus et Kaabi (1991) testent sur les marchés pétroliers la relation fondamentale de la théorie du stockage, selon laquelle le *convenience yield* est élevé lorsque le niveau des stocks est faible, puis diminue au fur et à mesure que les stocks augmentent. Les tests sont réalisés sur une période s'étendant de 1983 à 1991, sur les marchés du pétrole brut et du fioul du New York Mercantile Exchange. La relation entre le prix à terme et le prix au comptant est analysée sur deux échéances rapprochées : un mois et trois mois. Les données employées correspondent aux stocks des huit principaux pays de l'OCDE. Ces données agrégées sont considérées comme une représentation satisfaisante des stocks mondiaux : dans le marché pétrolier, les stocks sont en effet majoritairement détenus dans les pays consommateurs, le transport de produits pétroliers étant beaucoup plus coûteux que celui du pétrole brut.

L'étude permet de conclure que, sur le marché du pétrole brut comme sur celui du fioul, le *convenience yield* est une fonction décroissante du niveau des stocks. Par contre, il évolue de façon inverse sur les deux marchés : lorsque la détention de pétrole brut est rentable, celle de produits raffinés ne l'est pas. Artus et Kaabi interprètent ce résultat comme le reflet des fluctuations des opérations de raffinage : après une période de production intense, les stocks de pétrole brut sont faibles et ceux des produits raffinés élevés ; le *convenience yield* du pétrole brut est donc inversement corrélé à ceux du fioul domestique et de l'essence.

c) L'offre de stockage dans les marchés du pétrole brut et des produits pétroliers

Cho et McDougall (1990) testent la théorie du stockage de façon directe et indirecte sur les marchés à terme américains du pétrole brut, du fioul et de l'essence, de janvier 1985 à mai 1989. Les tests directs analysent la relation entre le niveau des stocks et le *convenience yield* à travers le comportement de la base. Les tests indirects sont réalisés dans le prolongement des travaux de Fama et French (1987, 1988). Cho et Mc Dougall comparent la variation relative des prix au comptant et des prix à terme lorsque la base est positive et lorsqu'elle est négative. Dans le premier cas, la volatilité des prix au comptant doit être équivalente à celle des prix à terme. Dans le second, le faible niveau des stocks doit générer une volatilité des prix au comptant supérieure à celle des prix à terme.

Les tests directs sont réalisés à partir des stocks domestiques américains, au moyen d'une régression de la base sur le niveau des stocks. Les résultats confirment la théorie du stockage pour les trois marchés pétroliers : la base est fortement corrélée au niveau des stocks, en particulier sur le marché de l'essence.

Les tests indirects sont réalisés en deux temps. Les auteurs commencent par tester l'hypothèse selon laquelle la variabilité des prix au comptant est supérieure à celle des prix à terme lorsque la base est négative. Cette hypothèse vérifiée sur les marchés de produits raffinés ne l'est pas, en revanche, sur celui du pétrole brut. Un test équivalent, quoique moins sélectif, est alors réalisé pour vérifier si la variabilité de la base, et non plus celle des prix au comptant, est supérieure lorsque celle-ci est négative. Ce test s'avère concluant pour les trois marchés.

Plusieurs éléments peuvent expliquer, selon Cho et Mc Dougall, pourquoi la théorie du stockage est moins bien validée sur le marché du pétrole brut. En premier lieu, les auteurs remettent en question la représentativité des prix utilisés : d'une part, le West Texas Intermediate, qui sert de sous-jacent au contrat à terme négocié au New York Mercantile Exchange (Nymex), constitue une faible proportion de l'offre totale de pétrole brut ; d'autre part, les prix à terme du marché américain sont ponctuellement affectés par des perturbations dues à des dysfonctionnements du système de distribution du pétrole brut (phénomène du « Cushing cushion »). En second lieu, le marché du pétrole brut n'est pas aussi concurrentiel que celui des produits raffinés, la production étant soumise à des quotas dans les pays membres de l'Opep.

3.3.3.3. Conclusion

Les études réalisées sur le marché pétrolier confirment globalement la validité de la théorie du stockage. Pour ce marché comme pour ceux précédemment analysés, toutes les études recensées considèrent que l'existence du *convenience yield* est un fait établi. Des études plus précises de la relation entre les prix et les stocks peuvent cependant conduire à rejeter l'observation, jusqu'à présent communément admise, selon laquelle des stocks sont détenus en situation de déport. La notion de *convenience yield* est alors remise en question.

3.4. Les critiques de la théorie du stockage

Les critiques adressées à la théorie du stockage portent en premier lieu sur la variabilité des résultats empiriques obtenus en fonction des données de stocks employées. Cette théorie se contente en effet de définir une relation entre la base et le niveau des stocks, sans préciser la catégorie de stocks qui doit être prise en considération. En deuxième lieu, et plus fondamentalement, certains auteurs remettent en question la validité du *convenience yield*, qui est le concept central de la théorie du stockage.

3.4.1. Le convenience yield *et la nature des stocks*

Diverses études empiriques ont montré que le *convenience yield* dépend de la nature des stocks et de leur disponibilité. Ces différents constats ont récemment conduit à l'apparition d'explications alternatives de la relation entre le prix à terme et le prix au comptant.

3.4.1.1. La nature des stocks

Telser (1958) est le premier à souligner que le *convenience yield* varie avec la nature des stocks pris en considération. Son étude porte sur les stocks gouvernementaux. Telser formule l'hypothèse que le *convenience yield* associé à ces stocks est positif et s'ajoute au *convenience yield* marginal des stocks privés ; l'insertion des stocks gouvernementaux dans l'analyse doit avoir un impact négatif sur le niveau de la base. Il teste ensuite cette hypothèse au moyen d'une régression de la base sur les différentes variables explicatives de la relation entre le prix à terme et le prix au comptant identifiées, en distinguant les stocks publics et les stocks privés.

Les résultats de l'étude empirique confirment l'hypothèse formulée : le *convenience yield* associé aux stocks gouvernementaux est positif, mais inférieur à celui des stocks détenus par les opérateurs privés. L'effet sur les prix de stocks gouvernementaux est donc différent de celui qu'aurait un volume identique de stocks privés. Telser interprète ce résultat comme le reflet d'une différence de disponibilité : les stocks privés et les stocks gouvernementaux ne sont pas utilisés de la même façon. Les premiers sont employés à des fins industrielles et commerciales, alors que les seconds sont constitués en vue d'une éventuelle action régulatrice sur les prix. De plus, ils peuvent être de moindre qualité que les stocks privés. Enfin, ils sont parfois entreposés dans des régions éloignées des centres de consommation. Pour ces différentes raisons, le *convenience yield* qui leur est associé est plus faible.

En analysant le *convenience yield* des stocks gouvernementaux, Telser discerne trois éléments fondamentaux pour la définition des stocks : leur disponibilité, leur qualité et leur localisation. Ces trois éléments sont analysés de façon plus approfondie par Thompson.

3.4.1.2. La segmentation du marché et l'agrégation des données

Thompson (1986) analyse les rendements du stockage sur les marchés à terme du café et du cacao, en testant deux hypothèses. La première est que le marché du café est plus segmenté que celui du cacao. Conséquence de cette différence, les prix à terme du cacao doivent refléter l'évolution des stocks mondiaux, et ceux du café celle d'un sous-ensemble des stocks mondiaux. En d'autres termes, seul un sous-ensemble des stocks mondiaux du café serait disponible immédiatement pour la commercialisation ou la transformation. Deux facteurs sont responsables de ce phénomène : la localisation des stocks, d'une part, la structure de l'offre et de la demande pour ce marché, d'autre part. Alors que la majorité des stocks de cacao est détenue par les pays importateurs, une grande partie des stocks de café est conservée dans les pays producteurs et peut être volontairement retirée du marché dans le but de soutenir les prix. La différence de localisation des stocks entre les deux marchés traduit une différence de disponibilité. De plus, parmi les stocks de café destinés à la vente sur le marché libre, seule une partie serait utilisable pour les opérations d'arbitrage : les différentiels de qualité sont en effet plus importants dans le marché du café que dans celui du cacao.

Seconde hypothèse : les rendements du stockage seraient plus variables sur les marchés à terme du café que sur ceux du cacao. La variabilité des rendements du stockage peut être liée à l'étroitesse du marché ou à sa fragmentation. Elle serait supérieure dans le cas du café pour deux raisons : d'une part, le marché du café est fréquemment soumis à des manipulations de la part des producteurs ; d'autre part, l'arbitrage entre les différentes qualités de café serait imparfait. De ce fait, les rendements du stockage ne refléteraient pas la disponibilité des stocks en général, et pourraient ne pas toujours refléter la disponibilité du même sous-ensemble de stocks.

Les tests empiriques confirment assez largement les hypothèses avancées par Thompson : la différence entre le prix à terme et le prix au comptant sur les marchés du cacao de New York et de Londres reflète relativement bien l'évolution des stocks mondiaux pour ce marché. Les bases constatées sur les deux marchés à terme n'évoluent cependant pas de façon parfaitement corrélée, ce qui laisse supposer que les variations de l'offre et de la demande locales ont un impact sur les prix à terme de chaque marché, et que la base sur un marché est plus corrélée avec les stocks locaux qu'elle ne l'est avec les stocks mondiaux. Les données statistiques pour les stocks de cacao étant agrégées, il est impossible de s'assurer de la pertinence de cette interprétation. Les données disponibles ne sont pas suffisamment précises pour analyser correctement la relation entre le prix à terme et le prix au comptant. Thompson se heurte ici à une difficulté pratique dont les implications théoriques seront analysées par Williams et Wright (1989).

Les résultats obtenus sur le marché du café sont plus difficiles à interpréter. De toute évidence, la base sur le marché à terme de New York n'est pas fortement corrélée aux stocks mondiaux de café. Elle l'est avec le niveau des stocks américains, ce qui traduit l'étroitesse du marché du café : ces stocks ne représentent en effet qu'une faible proportion des stocks mondiaux. Les stocks détenus par les producteurs peuvent être considérés comme « extérieurs » au marché au comptant. Enfin, les rendements du stockage sur le marché du café varient beaucoup plus que ceux du cacao. Il est parfois même impossible, à certaines périodes, de mettre en évidence l'existence d'une courbe d'offre de stockage : de nombreuses régressions entre les prix et les stocks ne sont pas statistiquement significatives. La théorie de l'offre de stockage ne permet donc pas d'expliquer correctement le comportement des prix à terme du café. Pour Thompson, la raison de cette défaillance réside dans le caractère non concurrentiel du marché du café. Il envisage cependant également la possibilité que le marché soit compétitif, mais que les opérateurs ne soient pas correctement informés de la disponibilité des stocks.

3.4.2. Les coûts de transformation

La mise en évidence de l'influence du choix des données de stocks sur les résultats des tests empiriques conduit à remettre en question la théorie du stockage. La théorie des coûts de transformation, élaborée par Williams et Wright (1989), est issue des travaux de Williams (1986) sur les motifs de détention des stocks.

3.4.2.1. Les motifs de détention des stocks

L'analyse de Williams est menée à partir d'un parallèle entre la théorie du stockage et celle de la demande de monnaie. Celle-ci a pour objectif d'expliquer les raisons pour lesquelles un agent économique détient plus de monnaie qu'il n'en a besoin pour assurer ses paiements courants, et renonce ainsi à une rémunération sur sa monnaie excédentaire.

La monnaie est l'actif financier le plus liquide : elle assure la réalisation de transactions immédiates ; par contre, sa détention n'est pas rémunérée. Pour gérer son patrimoine, un agent doit donc arbitrer entre la détention de monnaie, qui lui assure la possibilité de satisfaire sans délai ses désirs de consommation, et le placement de sa richesse dans des actifs moins liquides mais rémunérés. Lorsqu'il ne détient pas suffisamment de monnaie, l'agent doit attendre la transformation d'une partie de ses actifs moins liquides en monnaie. Il subit dans ce cas des coûts de transformation.

De même que la détention de monnaie assure la possibilité de réaliser immédiatement des transactions, la détention de stocks permet de les vendre ou de les employer sur le champ : elle garantit l'accès à la marchandise. Les coûts de transformation des stocks sont vraisemblablement plus importants que leur équivalent pour la monnaie : ils correspondent au coût de transformation (*processing*), de transport et de négociation de la marchandise. La détention de matières premières permet donc à une firme de ne pas subir les contraintes liées au processus de transformation de la marchandise. L'incertitude et les délais imposés par la technologie sont des raisons suffisantes pour stocker des matières premières et des produits finis à un coût d'opportunité apparent.

Pour Williams, le motif de précaution, lié à l'existence de coûts de transformation, explique la détention de stocks en situation de déport. Cette notion de coûts de transformation permet à Williams et Wright d'élaborer une nouvelle théorie expliquant la relation entre le prix au comptant et le prix à terme.

3.4.2.2. La théorie des coûts de transformation

Williams et Wright (1989) rassemblent les questions de la disponibilité, de la localisation et de la qualité des stocks en un problème unique : celui de la transformation d'une matière première en son substitut proche. Selon les auteurs, l'agrégation de données de stocks en réalité hétérogènes, qu'elle soit volontaire ou subie, est en grande partie responsable de l'observation de stocks lorsque la base est inférieure aux coûts de stockage purs.

Pour Williams et Wright, l'insuffisance de la théorie du stockage se manifeste à deux niveaux : en premier lieu, le *convenience yield* n'a jamais fait l'objet d'une analyse théorique approfondie ; seule sa plausibilité a été montrée à partir de brefs exemples fondés sur le comportement du transformateur individuel ; en deuxième lieu, de nombreuses études relatives au *convenience yield*, réalisées pour expliquer la relation entre les prix et les stocks pour une matière première donnée, englobent en réalité, implicitement, plusieurs matières premières reliées entre elles.

Pour une matière première donnée, on peut distinguer plusieurs sous-agrégats de stocks économiquement distincts et reliés entre eux par des coûts de transformation. Ces coûts peuvent être de transport, de transformation proprement dite, ou de commercialisation. Le processus de transformation d'un sous-agrégat en un autre peut être réversible, ou non (il est possible par exemple de transporter plusieurs fois un stock de blé d'un lieu à l'autre, mais un stock de blé ne peut être reconstitué à partir d'un stock de farine). C'est lorsque ces sous-agrégats sont suffisamment substituables pour être réunis en une donnée statistique unique, mais sont cependant séparés par des coûts de transformation variables dans le temps, qu'il peut sembler exister un *convenience yield* associé à la détention de stocks.

Williams et Wright formalisent leur proposition de la façon suivante : soit deux matières premières A et B, substituables à un coût de transformation près. Le problème du transformateur consiste à allouer, à chaque période, les stocks de chaque matière première à la commercialisation, au stockage ou à la transformation (*processing*). Les coûts de transformation relient à une même date t les prix $S_A(t)$ et $S_B(t)$ de A et de B. Soit une situation d'abondance de stocks pour la matière première A et, simultanément, une situation de pénurie pour la matière première B. Les prix de B sont en déport. Si ces prix sont attribués non pas à B, mais à la matière première agrégée (A + B), le niveau des stocks observés en situation de déport est plus élevé qu'il ne le serait si seuls les stocks de B étaient pris en considération. À travers le phénomène d'agrégation des données de stocks, les auteurs identifient ainsi une première raison expliquant l'observation de la détention de stocks en situation de déport.

Les auteurs expliquent ensuite pourquoi les stocks de A ne sont pas transformés en B, ce qui aurait pour effet de mettre un terme à la situation de déport pour B. Une prime étant offerte pour la livraison immédiate de B, il serait en effet logique, puisque A est excédentaire, de la transformer en B pour bénéficier de cette prime. Cette opération de transformation n'est cependant réalisée que sous certaines conditions : en premier lieu, pour que A soit transformé en B, il faut que la prime offerte soit supérieure au coût de transformation de A en B. À cette première condition, il faut en ajouter deux autres : d'une part, le coût marginal courant de transformation de A en B doit être inférieur au coût marginal de transformation de A en B anticipé pour la prochaine période ; d'autre part, l'opérateur doit anticiper que la situation d'abondance pour A et de pénurie pour B se maintiendra au cours de la prochaine période. Dans le cas inverse, il est plus rentable de stocker A, même si les prix de B sont en déport. Le fait que les coûts de transformation d'une matière première en une autre et que les anticipations sur le niveau des prix futurs soient variables dans le temps est la seconde raison expliquant la détention de stocks en situation de déport.

Les auteurs citent plusieurs circonstances pouvant conduire à l'apparition d'un coût de transformation anticipé différent du coût de transformation courant : ce coût peut varier en fonction de la technologie utilisée ; de plus le coût d'une opération de transformation utilisant une technologie donnée peut dépendre du volume de matière première transformé par unité de temps (le transport d'une tonne de pétrole brut est moins coûteux lorsque les capacités d'un bateau sont totalement employées que lorsqu'elles ne le sont pas).

Williams et Wright illustrent leur propos à partir du marché du café, déjà examiné par Thompson. En employant les données relatives aux stocks américains, les auteurs aboutissent à une courbe d'offre de stockage (graphique 2.11.) dont la forme est proche de celle obtenue par Working (voir le graphique 2.7.) : les tests empiriques permettent de constater la présence de stocks en situation de déport. En revanche, lorsque des données de stocks certifiés pour l'échange [1] sont employées, la forme de la courbe d'offre de stockage est modifiée. Elle devient une courbe en L renversé : le niveau des stocks détenus en situation de déport est bien inférieur à celui observé dans le premier cas. L'appréciation du niveau de stocks détenus en situation de déport dépend donc fortement des données utilisées.

1. Les stocks certifiés pour l'échange sont d'une qualité correspondant exactement à celle exigée lorsqu'à l'échéance d'un contrat à terme, la livraison physique est demandée. Ils représentent un sous-ensemble des stocks de café détenus sur l'ensemble du territoire américain.

Graphique 2.11. – *Courbe d'offre de stockage pour les stocks de café certifiés*

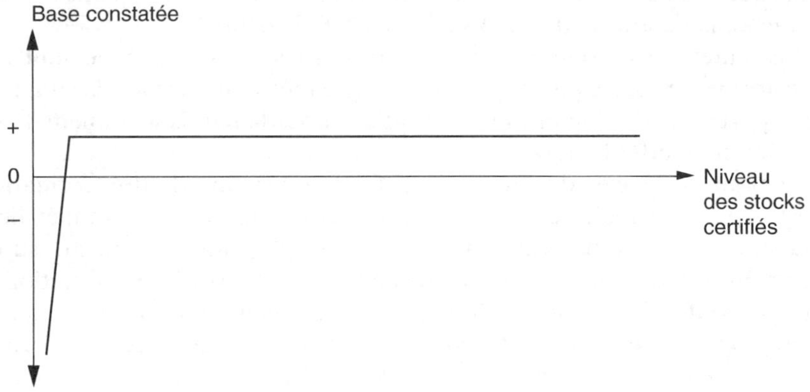

L'analyse de Williams et Wright ne remet pas totalement en cause l'existence du *convenience yield*. Ce dernier peut être défini, en se référant à la théorie exposée par les auteurs, comme l'avantage procuré par la détention de stocks pour des opérateurs recherchant la minimisation de leurs coûts de transformation, compte tenu de leurs anticipations et des délais de transformation de la matière première. En revanche, Williams et Wright démontrent que le *convenience yield*, défini comme le bénéfice associé à la détention de stocks, est surestimé lors de l'analyse de la relation entre les prix et les stocks, du fait de l'agrégation des données qui conduit à négliger les questions de disponibilité, de localisation, de différentiel de qualité des stocks, ainsi que l'existence de coûts de transformation des stocks. Ils ne précisent pas cependant où s'arrête, en pratique, le phénomène d'agrégation des données. Par conséquent, leur étude ne permet pas de comprendre si le fait que le niveau des stocks certifiés de café ne soit pas totalement nul en situation de déport est dû aux données utilisées qui, dans cette hypothèse, rassembleraient elles-mêmes des sous-agrégats économiquement distincts, ou si elle est due à la présence d'un *convenience yield* associé à la détention de ces stocks.

3.5. Conclusion sur la théorie du stockage

La théorie du stockage explique la relation entre le prix au comptant et le prix à terme dans un marché de matières premières par la présence de stocks. Une grande partie des travaux réalisés dans ce cadre théorique ont pour objectif de comprendre les raisons pour lesquelles les opérateurs détiennent des stocks en situation de déport et d'expliquer les motifs de cette détention.

La détention de stocks en situation de déport est expliquée par l'incertitude affectant l'offre et la demande de matières premières, et par la rigidité des activités industrielles et commerciales dans lesquelles les matières premières sont impliquées. Cette rigidité se manifeste par une incapacité à adapter rapidement l'offre à une variation de la demande. Elle peut être liée à la présence de coûts fixes élevés dans les activités de transport, de stockage, de production et de transformation de la matière première, et/ou à la distance séparant les lieux de production et de consommation. Incertitude et rigidité agissent le plus souvent de façon conjointe.

Cette interprétation permet de retrouver les différentes analyses formulées pour expliquer la détention de stocks en situation de déport qui ont été étudiées dans ce chapitre. Selon Kaldor (1939), détenir des stocks en situation de déport permet de répondre à la demande sans supporter de délais de livraison. Brennan (1958) complète cette analyse en soulignant que les stocks sont détenus parce qu'ils permettent de répondre à une demande imprévue sans avoir à supporter l'attente de l'approvisionnement. Cette formulation permet de comprendre que l'éloignement des lieux de production et de consommation ne présente une contrainte que si la demande future est incertaine. Dans ce contexte, la rigidité des activités de transport, associée à l'incertitude concernant le niveau de la demande future, est une incitation à la détention de stocks en situation de déport.

Williams et Wright (1989) proposent une explication plus exhaustive. Pour ces deux auteurs, face à l'incertitude affectant à la fois l'offre et la demande futures, les opérateurs détiennent des stocks en situation de déport parce que, compte tenu des possibilités présentes et futures d'allocation de ces stocks, cette détention reste le meilleur moyen de minimiser leurs coûts de transformation. Ce que montrent Williams et Wright à travers la notion de coûts de transformation, c'est que l'offre de matière première est affectée d'une rigidité liée, soit à la présence de coûts fixes, soit à la distance géographique séparant les matières premières stockées de leur lieu de transformation. L'association incertitude/rigidité permet là encore d'expliquer la détention de stocks en situation de déport.

La rigidité, la présence de coûts fixes élevés dans l'activité industrielle ou commerciale et l'impact de ces facteurs sur le comportement de stockage des opérateurs sont invoqués par d'autres auteurs. Pour Working (1949), la détention de stocks en situation de déport est expliquée par la présence de coûts fixes élevés dans l'activité de stockage et par la nécessité d'assurer la continuité des processus de production. À travers la notion de rendement de réserve, Weymar (1968) invoque lui aussi l'ampleur des coûts fixes dans les activités de production et de transformation.

Lorsque la rigidité est prise en considération, détenir des stocks en situation de déport signifie que les capacités de production, de stockage, de transport et de transformation sont excédentaires et ne sont pas adaptées au niveau de l'activité. Cela peut s'expliquer soit par le caractère saisonnier des matières premières, auquel cas la surcapacité n'est que momentanée, soit par une erreur d'appréciation du niveau d'activité lors de la construction des capacités. Cette prévision est d'autant plus délicate que l'offre et la demande sont fluctuantes et que le délai de constitution des capacités est important. Dans le premier cas, la rigidité des activités de production, de transformation et de stockage permet à elle seule de comprendre la détention de stocks en situation de déport. Dans le second, cette rigidité est associée à l'incertitude affectant le niveau de l'offre et de la demande futures.

Les opérations d'arbitrage entre le marché physique et le marché papier sont donc limitées en situation de déport par l'incertitude affectant l'offre et la demande de matières premières, et par la rigidité des activités de transport, de transformation et de commercialisation des marchandises. À ces deux éléments s'ajoutent enfin, en situation de déport comme en situation de report, la possibilité pour certains producteurs de réduire leur offre de matières premières et l'existence de différentiels de qualité. De ce fait, le comportement de la base est asymétrique : elle est plus volatile en situation de déport qu'en situation de report.

En prenant en compte les différents motifs de détention des stocks évoqués ci-dessus, la relation entre le prix au comptant et le prix à terme dans un marché concurrentiel de matière première stockable peut être formulée de la façon suivante :

$$F(t, T) = S(t) + C_S(t, T) - [A_I(t) + C_R(t)]$$

avec :

– $F(t, T)$, le prix à terme en t du contrat parvenant à échéance en T,

– $S(t)$, le prix au comptant en t de la matière première pouvant être livrée en exécution du contrat à terme,

– $C_S(t, T)$, le coût de stockage entre t et T (frais d'entreposage et frais financiers),

– $A_I(t)$, l'avantage présenté par la détention de stocks en situation d'incertitude,

– $C_R(t)$, les coûts de la rigidité.

Le coût de stockage $C_S(t,T)$ est une fonction croissante du niveau des stocks. En revanche, le coût $C_R(t)$ de la rigidité et l'avantage $A_I(t)$ que présente la détention de stocks compte tenu de l'incertitude affectant l'offre et la demande de matière première sont une fonction inverse du niveau des stocks. De plus, pour des matières premières non saisonnières, $A_I(t)$ et $C_R(t)$ évoluent toujours de manière conjointe.

Lorsque le niveau des stocks est faible, l'impact sur les prix d'une modification marginale de l'offre ou de la demande de matière première est très significatif. Le fait de détenir des stocks permet de profiter d'une hausse imprévue de la demande et de supporter un retard imprévu dans l'approvisionnement. La variable $A_I(t)$ est positive. De même, la rigidité des activités de transport, de transformation et de commercialisation des marchandises se manifeste d'autant plus fortement que le volume des stocks est faible : la variable $C_R(t)$ est positive. À l'inverse, lorsque le niveau des stocks augmente, $A_I(t)$ et $C_R(t)$ tendent vers une valeur nulle. $C_R(t)$ peut cependant redevenir positif si les capacités de stockage, de transformation ou de transport de la marchandise parviennent à saturation.

Les variables $A_I(t)$ et $C_R(t)$ étant toutes deux, dans presque tous les cas, une fonction inverse du niveau des stocks, elles peuvent être regroupées. Cette nouvelle variable, $[A_I(t) + C_R(t)]$, qui regroupe les différentes explications de la détention de stocks en situation de déport proposées dans la littérature, peut être appelée *convenience yield.*

Conclusion

La thèse principale de la théorie du déport normal, proposée par Keynes, peut être résumée de la façon suivante : dans des conditions de fonctionnement normales du marché, le prix à terme est inférieur au prix au comptant. La relation entre ces deux prix est expliquée à partir de l'équilibre des positions de couverture des opérateurs sur le marché à terme. Deux hypothèses sont posées par Keynes. La première est que les besoins de protection contre le risque de baisse des prix sont supérieurs aux besoins de protection contre le risque de hausse des prix. Le recours aux spéculateurs est donc indispensable pour compenser ce déséquilibre du marché à terme. Pour que ces derniers soient incités à intervenir, il faut que le prix à terme soit inférieur au prix au comptant anticipé pour l'échéance du contrat. C'est la seconde hypothèse de cette théorie. L'écart entre le prix à terme et le prix au comptant anticipé est expliqué par la présence d'une prime de risque positive associée au second de ces deux prix, mais pas au premier. Cette prime rémunère l'activité de prise de risque des spéculateurs.

Comme le montrent les critiques formulées à l'encontre de cette théorie, peu de raisons conduisent à penser que la prime de risque associée au prix au comptant, si elle existe, est positive et stable, comme le suppose Keynes. En effet, la position nette des opérateurs industriels sur les marchés à terme de matières premières n'est pas toujours une position de couverture contre le risque de baisse des prix. De plus, l'aversion au risque des opérateurs peut varier dans le temps. De ce fait, les résultats des tests empiriques effectués dans le but de valider la théorie du déport normal sont contradictoires.

La théorie du stockage explique le report et le déport se manifestant sur un marché à terme de matière première à partir d'une prise en considération du niveau des stocks sur le marché physique. L'étude des opérations d'arbitrage réalisées par les opérateurs entre le marché physique et le marché des contrats permet de comprendre les mécanismes sous-tendant l'apparition des situations de report et de déport. Elle conduit par ailleurs à mettre en évidence le fait que la base évolue de façon différente selon qu'elle est positive ou négative. Le niveau du report, sur un marché à terme de matière première, est limité aux coûts de stockage de la marchandise entre la date courante et celle d'échéance du contrat, ce qui n'est pas le cas pour le niveau du déport.

Lorsque les stocks sont invoqués pour expliquer la relation entre le prix au comptant et le prix à terme, l'interprétation des situations de déport est délicate : si le prix à terme est égal au prix au comptant augmenté de coûts de stockage positifs, comment peut-il devenir inférieur au prix au comptant ? La notion de *convenience yield*, introduite par Kaldor (1939), apporte une réponse à cette question.

Le *convenience yield* est défini par cet auteur comme le bénéfice qu'un producteur retire de ses stocks s'il dispose de marchandises dès qu'il en a besoin, sans avoir à supporter le coût associé à des commandes fréquentes, ni celui lié à l'attente des livraisons. Ce bénéfice est celui de la disponibilité : il représente le « confort » associé à la détention de stocks, d'autant plus apprécié que leur niveau est faible.

Une grande partie des études réalisées dans le cadre de la théorie du stockage a été consacrée à la définition et à l'analyse du *convenience yield*. Une synthèse de ces études permet de proposer une définition exhaustive du *convenience yield*, et une formulation de la relation entre le prix au comptant et le prix à terme dans un marché de matière première.

Le rapprochement des analyses de Brennan, Telser et Working d'une part, Hicks, Keynes et Cootner d'autre part, montre que, pour chaque niveau de stocks, le report et le déport diffèrent d'une quantité égale au montant de la prime de risque. Pour Keynes (l'auteur le plus représentatif du second groupe) le prix à terme n'inclut pas la prime de risque, de sorte que le prix anticipé diffère du prix à terme d'une quantité égale à Π. Pour Working (l'auteur le plus représentatif du premier groupe) la prime de risque est une composante de la différence entre le prix à terme et le prix au comptant, de sorte que le prix à terme et le prix anticipé sont identiques.

Le graphique 2.12. représente, en fonction des stocks de produits physiques, les relations entre le prix au comptant, le prix à terme et le prix anticipé. La courbe 1 représente pour Keynes le montant du déport et du report, mais en plus elle retrace pour Working la différence entre le prix anticipé et le prix au comptant. La courbe 2 reproduit la différence entre le prix anticipé et le prix au comptant pour Keynes. L'écart entre ces deux courbes est égal à la prime de risque.

Graphique 2.12. – *Relations entre le prix au comptant, le prix anticipé et le prix à terme*

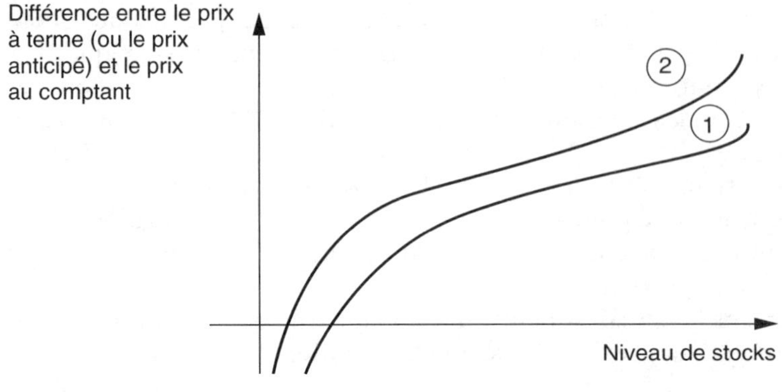

Les divergences entre les théories de Keynes et de Working tiennent à l'introduction du *convenience yield* et au rôle attribué à la prime de risque. Pour Keynes, le prix à terme diffère du prix anticipé d'une quantité égale à la prime de risque. Working estime que le prix à terme est identique au prix anticipé, car la prime de risque exprime, avec les dépenses de stockage et le *convenience yield*, la différence entre le prix au comptant et le prix à terme.

Questions ponctuelles

1. Que signifie le terme report sur un marché à terme de matière première ? Que signifie le terme déport ?
2. Quels éléments expliquent, selon la théorie de la segmentation, la différence entre le prix au comptant et le prix à terme.
3. Quels arguments permettent de réfuter la théorie de la segmentation ?
4. Quelles sont les composantes de la base sur les marchés de matières premières ?
5. Que signifie l'expression « déport normal » ?
6. Quelle est la thèse centrale de la théorie du déport normal ?
7. Sur quelles hypothèses repose la théorie du déport normal ?
8. Exposez et commentez brièvement la relation entre le prix au comptant et le prix à terme proposée par la théorie du déport normal.
9. Citez les auteurs qui ont appliqué la théorie du portefeuille au domaine des matières premières.
10. Comment peut-on calculer le rendement d'un contrat à terme de matière première ? Quelles sont les réserves suscitées par ce mode de calcul ?
11. Expliquez pourquoi les travaux de Dusak (1973), de Carter, Rausser et Schmitz (1983), et de Baxter, Conine et Tamarkin (1985) aboutissent à des conclusions différentes quant à la validité de la théorie du déport normal.
12. Quelles sont les implications empiriques de la théorie du déport normal ?
13. Que peut-on conclure quant à la validité de la théorie du déport normal, des études réalisées par Fama et French en 1987 sur vingt et un marchés de matières premières ?
14. Pourquoi la théorie du déport normal semble-t-elle pertinente dans le cas du marché pétrolier ?
15. Que peut-on conclure des études empiriques visant à valider la théorie du déport normal ?

16. Quel fut l'apport de Working quant à la validation empirique de la théorie du déport normal ?
17. Pourquoi la théorie du déport normal est-elle difficile à valider ?
18. Exposez et commentez brièvement la relation entre le prix au comptant et le prix à terme proposée par la théorie du stockage.
19. Quelles sont les composantes du coût de stockage ?
20. Qu'est-ce qu'une opération de *cash and carry* ? de *reverse cash and carry* ? Quelles sont les conséquences de ces opérations sur le comportement des prix dans un marché à terme de matière première ?
21. Définissez le *convenience yield.*
22. Toutes choses égales par ailleurs, comment le *convenience yield* évolue-t-il lorsque le prix au comptant augmente ? lorsque le prix au comptant diminue ?
23. Pour quelles raisons le report est-il limité ?
24. Les situations de report et de déport sont-elles symétriques ? Pourquoi ?
25. Que signifie, pour Weymar, le rendement de réserve ? le rendement de couverture ?
26. Y a-t-il un *convenience yield* associé à la détention de contrats à terme ?
27. Quelles sont les implications empiriques de la théorie du stockage ?
28. Quel est l'impact de la saisonnalité sur le comportement des prix à terme ?
29. Quelles relations furent mises en évidence par Fama et French (1987) entre le cycle économique et le comportement des prix à terme des matières premières non saisonnières ?
30. Quelles sont les conclusions des études empiriques visant à valider la théorie du stockage ?
31. Quelles sont les conclusions de l'étude de Telser (1958) sur les stocks gouvernementaux et les stocks privés ?
32. Quelles sont les conclusions de l'étude effectuée par Thompson (1986) sur les stocks de café et de cacao ?
33. En juillet, sur le marché des contrats à terme du Commodity Exchange, l'once d'or pour le contrat échéance octobre est cotée 291,8 dollars. À la même date, l'once d'or pour le contrat échéance avril est cotée 298,9 dollars. Déterminez le niveau du taux d'intérêt en supposant que cette variable est le seul facteur explicatif du report sur le marché à terme de l'or.

Questions de synthèse

1. La formation et les déterminants du report et du déport sur les marchés de contrats à terme de matières premières.
2. L'exposé et les critiques de la théorie de la segmentation.
3. La théorie du déport normal.
4. Les critiques formulées à l'encontre de la théorie du déport normal.
5. La théorie du portefeuille et le comportement individuel d'optimisation dans un marché de matière première.
6. Le *Capital Asset Pricing Model* et l'analyse de la prime de risque dans un marché de matière première.
7. Portée et limites de la théorie du déport normal.
8. La théorie du stockage.
9. Working et prix du stockage.
10. L'analyse de la prime de risque associée aux stocks physiques chez Brennan et chez Weymar.
11. Le *convenience yield.*
12. Les critiques formulées à l'encontre de la théorie du stockage.
13. La théorie des coûts de transformation et la réfutation du *convenience yield* par Williams et Whright (1989).
14. En quoi la théorie du déport normal et celle du stockage sont-elles complémentaires ?

Chapitre 3

LA STRUCTURE PAR TERME DES PRIX DES MATIÈRES PREMIÈRES

Objectifs pédagogiques :

- offrir une vue générale de la littérature sur la structure par terme des prix des matières premières,
- exposer les principaux développements de l'analyse théorique relative à la structure par terme des prix des matières premières,
- présenter les modèles (à un, deux ou trois facteurs) élaborés en vue de reproduire le plus fidèlement possible les structures par terme des prix observées sur les marchés de matières premières,
- analyser les performances empiriques des modèles de structure par terme,
- exposer les applications qui peuvent être faites des modèles de structure par terme, à savoir la valorisation des investissements et les stratégies de couverture dynamique du risque de prix.

La structure par terme est la relation associant, à un instant donné, des prix correspondant à des maturités différentes. Cette notion apparaît dès que coexistent, pour un même actif, des valorisations pour plusieurs échéances. Elle se manifeste dans de nombreux domaines : taux d'intérêt, taux de change, prix des matières premières, indices boursiers, marges de crédit…

La structure par terme synthétise l'information disponible sur le marché et les anticipations des opérateurs concernant l'avenir à plus ou moins long terme. Dans le domaine des matières premières, cette information est importante pour les décisions d'investissement, pour couvrir contre le risque de prix des positions détenues sur le marché physique, pour ajuster le niveau des stocks ou celui de la production, pour réaliser des opérations d'arbitrage, et pour évaluer des instruments dérivés basés sur des contrats à terme.

Quel que soit l'actif concerné, certains concepts interviennent nécessairement dans l'analyse de la structure par terme. Le premier d'entre eux est naturellement le temps. À travers la structure par terme, c'est en effet un processus d'allocation temporelle des biens qui est exploré. Ce processus dépend du comportement adopté par les agents face à une contrainte qui les affecte tous : la rareté de la ressource temps. Dès lors interviennent d'autres notions, telles que l'actualisation et l'évaluation des investissements ainsi que, dans un monde caractérisé par l'incertitude, le risque. S'intéresser à la structure par terme des prix des matières premières, c'est donc, d'une certaine manière, explorer les deux concepts fondamentaux de la finance que sont le temps et le risque.

Ces concepts sont abordés au moyen d'instruments que sont les prix. Ceux-ci présentent deux avantages indéniables : ils synthétisent à eux seuls un important volume d'information et ils autorisent les comparaisons. À ce titre, naturellement, ils peuvent apparaître comme réducteurs. Bien des variables autres que les prix seraient en effet susceptibles d'être intégrées dans l'analyse. Pour ne prendre que l'exemple du pétrole, il est clair que les prix, pour un horizon éloigné, dépendent de variables telles que l'évolution des technologies, les équilibres géopolitiques, le taux de croissance du produit intérieur brut des principaux pays consommateurs. Or, toutes ces variables sont absentes des modèles qui vont être présentés dans les développements qui suivent. En dépit de son caractère réducteur, cette approche apporte des résultats très intéressants.

Le concept de structure par terme gagne en importance au fur et à mesure de l'évolution des marchés de matières premières. La maturité des contrats a tendance, en effet, à augmenter. Pour le marché américain du pétrole brut, ce processus est allé particulièrement loin car, depuis 1997, il existe des contrats à terme pour des maturités allant jusqu'à sept ans. C'est aujourd'hui le plus développé des marchés de matières premières, aussi bien du point de vue de la maturité des transactions que de leur volume. Il fournit des prix publiquement disponibles – c'est-à-dire des signaux potentiellement informatifs et gratuits – là où, dans la plupart des marchés de matières premières, la seule information pour des maturités éloignées est privée et fournie par des prix *forward*. L'existence de ces contrats *futures* à long terme permet de réaliser des études empiriques sur les courbes de prix qui n'étaient possibles auparavant qu'avec des prix *forward*, dont le contenu informationnel n'est pas toujours exploitable et/ou fiable (les contrats *forward* ne sont pas standardisés et le mécanisme de *reporting* n'oblige pas les opérateurs à révéler leurs transactions ni le prix auquel elles ont été effectuées). Cette spécificité du marché à terme du pétrole brut explique pourquoi de nombreux travaux présentés dans ce chapitre se réfèrent à cette matière première. Par ailleurs, même s'il existe aujourd'hui, dans tous les marchés de matières premières, des produits dérivés et des instruments de couverture très variés, les recherches entreprises s'intéressent uniquement aux contrats à terme, afin d'étudier la relation unissant le marché physique au marché papier. Il est néanmoins possible d'étendre l'analyse présentée dans ce chapitre à d'autres marchés et à d'autres produits dérivés, car la valorisation d'instruments compliqués repose toujours sur la détermination de la structure par terme des prix.

Ce chapitre offre une vue générale de la littérature sur la structure par terme des prix des matières premières. La première section est consacrée à l'analyse théorique de cette structure par terme. Cette analyse effectuée, la deuxième section montre la façon d'exploiter ses enseignements à des fins de modélisation. La troisième apprécie la qualité de la modélisation et s'intéresse aux résultats des tests empiriques réalisés à partir des modèles de structure par terme. La quatrième section présente les applications des modèles de structure par terme des prix des matières premières.

1. L'analyse théorique de la structure par terme des prix des matières premières

Les théories traditionnelles des prix des matières premières – la théorie du déport normal et celle du stockage – et l'explication qu'elles offrent de la relation entre les prix au comptant et à terme constituent le point de départ de l'analyse théorique de la structure par terme des prix des matières premières. Ces deux théories apportent en effet des éléments d'explication essentiels, lesquels sont ensuite réemployés lors de l'élaboration des modèles de structure par terme. Elles n'en demeurent pas moins critiquables, car elles proposent une analyse à court terme. Pour prendre en considération l'ensemble de la structure par terme, il est nécessaire d'étendre au long terme l'analyse de la relation entre les prix au comptant et les prix à terme à laquelle elles procèdent. Cette extension met en évidence que tous les prix à terme ne sont pas déterminés par les mêmes facteurs et, par conséquent, ne se comportent pas de la même façon. Face à un tel phénomène, il est légitime de s'interroger sur les causes expliquant la dynamique de la structure par terme et sur l'évolution des mouvements de prix dans le temps.

1.1. L'origine de l'analyse de la structure par terme des prix des matières premières

Pour expliquer et comprendre l'analyse théorique et les modèles de structure par terme des prix des matières premières, il est indispensable de maîtriser les théories qui ont été forgées pour expliquer la relation s'établissant entre le prix au comptant (celui des matières premières physiques) et le prix des contrats à terme (*futures price*) négociés sur les marchés à terme (*futures markets*). Elles ont été exposées et développées au chapitre 2, auquel le lecteur peut se référer. Brièvement résumées au sein de ce paragraphe, elles servent d'introduction à l'étude de la structure par terme des prix des matières premières.

Les théories du déport normal et du stockage sont traditionnellement utilisées pour expliquer la relation entre le prix au comptant et le prix à terme dans les marchés de matières premières. Tandis que la première est centrée sur l'analyse des positions de couverture et sur la fonction de transfert de risque assurée par le marché à terme, la seconde propose une explication basée sur les coûts de stockage. Les différents déterminants du prix à terme, dans le contexte de la théorie du stockage, sont le prix au comptant, le *convenience yield* et le coût de stockage, ce dernier incluant le coût de financement.

1.1.1. La théorie du déport normal

Keynes a introduit la théorie du déport normal en 1930. Brièvement résumée, cette thèse précise que, dans des conditions normales de fonctionnement, le marché à terme de matière première est caractérisé par un prix à terme inférieur au prix au comptant : *«...in normal conditions the spot price exceeds the forward price i.e. there is backwardation. In other words, the normal supply price on the spot includes remuneration for the risk of price fluctuation during the period of production, whilst the forward price excludes this »* (Keynes, 1930) [1]. La relation associant ces deux prix est due à l'importance relative des opérations de couverture contre le risque de hausse des prix (position longue) et de protection contre le risque de baisse (position courte). La première hypothèse de la théorie est que les positions courtes sont inférieures aux positions longues. La présence de spéculateurs est alors nécessaire pour pallier ce déséquilibre. Cependant, pour que les spéculateurs interviennent, il faut qu'il y ait une différence

---

1. Keynes parle de *forward price*. Le *forward price* (comme nous l'avons expliqué au premier chapitre) correspond au prix d'un contrat prévoyant une livraison différée de marchandise sur le marché des produits physiques. En toute logique, Keynes aurait dû parler de *futures price*. Deux raisons peuvent expliquer cette « imprécision ».

– En 1930, la distinction *forward/futures* était probablement beaucoup moins nette et explicite qu'elle ne l'est aujourd'hui et les mots *forward* et *futures* pouvaient être utilisés l'un pour l'autre.

– La « confusion » était d'autant plus naturelle ... et justifiée que le principal marché à terme était à cette époque celui des métaux. Or, comme expliqué à la première section du chapitre 9, le London Metal Exchange était jusqu'en 1987 un *forward market* ne disposant pas d'une chambre de compensation. Certes, il s'agissait d'un marché très élaboré prévoyant une compensation quotidienne des positions des membres de la bourse (*ring dealers*), mais l'absence de chambre de compensation ne permettait pas de l'assimiler à un *futures market* au sens strict du terme.

Depuis une petite dizaine d'années, LCH Clearnet et Clearstream, les deux grandes chambres de compensation européennes, proposent aux opérateurs du marché des *swaps* de taux d'intérêt et de devises (un encours de 200 000 milliards de dollars à la fin 2004) de compenser et de sécuriser les transactions qu'ils réalisent sur le gré à gré (marché dépourvu de *clearing* et caractérisé par une non standardisation des contrats). Le développement des garanties et des compensations, s'il se confirme (ce qui semble être le cas), poserait à nouveau, sous des modalités différentes, le problème sémantique *forward/futures* auquel Keynes a dû être (volontairement ou involontairement) confronté.

entre le prix à terme et le prix au comptant futur anticipé à la date de livraison du contrat. C'est la seconde hypothèse de la théorie. La présence d'une prime de risque positive associée au prix au comptant futur explique la différence entre le prix au comptant et le prix à terme. Cette prime rémunère les spéculateurs pour les risques qu'ils supportent dans le cadre de leur activité.

À ce jour, la théorie du déport normal n'a jamais pu être catégoriquement validée ni rejetée. Dusak (1973), Bodie et Rosansky (1980), Richard et Sudaresan (1981), ainsi que Bessembinder (1993) ont par exemple employé le modèle d'équilibre des actifs financiers, dans sa version statique ou inter-temporelle, pour examiner la prime de risque associée aux contrats à terme. Ils ont tous obtenu des résultats contradictoires. Plus généralement, les critiques soulevées à l'encontre de la théorie du déport normal soutiennent que si elle existe, il y a peu de chances pour que la prime de risque soit positive et constante. En effet, la position de couverture nette dans un marché à terme de matière première n'est pas toujours une position courte (qui correspondrait à un excès des opérations de protection contre le risque de hausse des prix). De plus, l'aversion au risque des opérateurs n'est pas nécessairement constante. Par conséquent, les tests empiriques réalisés pour valider la théorie aboutissent à des résultats contradictoires : pour le même marché, mais sur des périodes différentes, ils peuvent conclure à la présence d'un déport normal ou, à l'inverse, d'un « report normal ».

1.1.2. La théorie du stockage

Pour comprendre les relations unissant le prix au comptant au prix à terme dans les marchés de matières premières, la théorie du stockage s'intéresse aux raisons expliquant la détention de stocks physiques. L'analyse des opérations d'arbitrage entre le marché des produits physiques et celui des contrats à terme permet de comprendre les mécanismes à l'origine des situations de déport ou de report. Elle montre également que la base [1] évolue différemment lorsqu'elle est positive ou négative. En effet, le report est limité aux coûts de stockage entre la date actuelle et celle d'expiration du contrat. Une telle limite n'existe pas pour le déport.

En présence de stocks en surplus, le report ne peut se maintenir durablement à un niveau supérieur à celui des coûts de stockage. Si une telle situation se produisait, des opérations d'arbitrage « *cash and carry* » rétabliraient l'équilibre ; il deviendrait en effet rentable d'acheter des stocks de produits physiques sur le marché au comptant, de les conserver en les finançant et, simultanément, de vendre à terme des contrats à l'échéance desquels les produits physiques seraient livrés. La vente de contrats entraînerait une baisse du prix à terme, le prix au comptant augmenterait sous l'effet des achats de stocks et les opportunités d'arbitrage disparaîtraient.

1. La base est la différence entre le prix à terme et le prix au comptant.

Dans une situation de surplus de stocks, les prix ne peuvent pas être en situation de déport. Si tel était le cas, il serait possible de vendre les stocks sur le marché au comptant et simultanément de les racheter à terme (opérations d'arbitrage « *reverse cash and carry* »). La multiplication de ces opérations conduirait, sous l'effet de ventes massives de stocks, à une baisse du prix au comptant. Simultanément, le prix à terme augmenterait suite aux achats de contrats. Les opérations d'arbitrage cesseraient lorsque le prix à terme serait supérieur au prix au comptant d'un montant représentant le coût de stockage. L'existence de stocks en surplus conduit ainsi à une situation de report.

La base est en déport lorsque les stocks sont peu abondants. Dans cette situation, les arbitrages *reverse cash and carry* deviennent en effet improbables, et ce d'autant plus que la pénurie est prononcée : les opérateurs n'ont aucun intérêt à se défaire de leurs stocks tant qu'ils anticipent une hausse supplémentaire du prix au comptant.

Cette analyse des relations d'arbitrage montre donc que la base évolue de façon différente lorsqu'elle est positive ou négative. En situation de report, les stocks sont abondants, et le prix à terme ne peut excéder le prix au comptant d'un montant supérieur au coût de stockage de la marchandise entre la date présente et l'échéance du contrat. Tant que les capacités de stockage ne sont pas saturées, la base est stable, et limitée au coût de stockage sous l'effet des opérations d'arbitrage *cash and carry*. En situation de déport, en revanche, les stocks sont rares, et la base est déterminée uniquement par le prix que les opérateurs sont prêts à payer pour se procurer la marchandise immédiatement. Aucune limite objective ne la détermine. De plus, les stocks n'étant pas suffisamment abondants pour absorber les fluctuations de la demande, le prix au comptant est volatil, et la base est instable.

La théorie du stockage montre également que, sous l'effet des opérations d'arbitrage, le prix à terme, dans un marché de matière première, est supérieur au prix au comptant, d'un montant correspondant au coût de stockage de la marchandise entre la date présente et l'échéance du contrat à terme. Cependant cette théorie, énoncée à l'origine dans le contexte de stocks en surplus, ne permet pas d'expliquer la relation entre le prix à terme et le prix au comptant en situation de déport, lorsque les stocks deviennent rares.

Si le prix à terme correspond en effet au prix au comptant augmenté des coûts de stockage, comment expliquer qu'il puisse être parfois inférieur au prix au comptant ? Le concept de *convenience yield*, introduit par Kaldor en 1939, apporte une réponse à cette question. Le *convenience yield* peut être brièvement défini comme le revenu implicite associé à la détention de stocks [1]. À partir de ce point de départ, différents auteurs se sont succédé pour proposer, chacun à son tour, une définition partielle. Kaldor s'est

1. Dans le contexte des marchés financiers, le *convenience yield* correspond aux coupons associés à une obligation ou aux dividendes fournis par une action.

principalement intéressé à la fonction d'approvisionnement des stocks et a vu dans le *convenience yield* un moyen de répondre aux coûts liés à la répétition et à l'attente des approvisionnements : « *In normal circumstances, stocks of all goods possess a yield, measured in terms of themselves, and this yield which is a compensation to the holder of stocks, must be deducted from carrying costs proper in calculating net carrying cost. The latter can, therefore, be negative or positive* » (Kaldor, 1939). Working (1949) s'est quant à lui penché sur les caractéristiques des opérations de transformation des matières premières et sur le fait que ces activités sont caractérisées par la présence de coûts fixes élevés. Dans ce contexte, les stocks apparaissent comme un moyen de maintenir la continuité de l'exploitation et de couvrir une partie des coûts fixes. Brennan (1958) s'est plutôt focalisé sur la demande de matières premières et a vu dans les stocks un moyen de profiter d'une évolution favorable et inattendue de la demande : « *The convenience yield is attributed to the advantage (in terms of less delay and lower costs) of being able to keep regular customers satisfied or of being able to take advantage of a rise in demand and price without resorting to a revision of the production schedule.* » Il a fallu attendre plusieurs dizaines d'années pour que ces définitions soient rassemblées en un tout cohérent, par Brennan et Schwartz, en 1985. Depuis cette date, tous les auteurs se réfèrent à la définition suivante : « *The convenience yield is the flow of services that accrues to an owner of the physical commodity but not to the owner of a contract for future delivery of the commodity. [...] Recognizing the time lost and the costs incurred in transporting a commodity from one location to another, the convenience yield may be thought of as the value of being able to profit from temporary local shortages of the commodity through ownership of the physical commodity. The profit may arise either from local price variations or from the ability to maintain a production process as a result of ownership of an inventory of raw material* » (Brennan et Schwartz, 1985).

Ces définitions montrent que lorsque les stocks sont rares, le *convenience yield* est élevé, car la détention de stocks est très appréciée dans un contexte de pénurie. Inversement, il est faible lorsque les stocks sont abondants. Enfin, le *convenience yield* est positivement corrélé au prix au comptant, qui est lui-même élevé lorsqu'il y a pénurie de stocks, et vice versa.

Une partie importante de la recherche sur la théorie du stockage a été consacrée à définir et à analyser le *convenience yield*. Ce concept est central pour l'analyse de la structure par terme des prix des matières premières.

La théorie du stockage, pour l'essentiel, et celle du déport normal, de manière accessoire, constituent la base théorique nécessaire à l'élaboration de modèles de structure par terme des prix des matières premières. Elles apportent en effet des conclusions utiles pour la construction de tels modèles. Premièrement, l'étude de la relation entre le prix au comptant et le prix à terme permet l'identification d'au moins trois variables influençant le prix à terme ; ces variables sont le prix au comptant, le *convenience yield* net des coûts de stockage, et le taux d'intérêt implicitement inclus dans les coûts de financement. Deuxièmement, le *convenience yield* et le prix au comptant sont positivement corrélés : tous deux sont une fonction inverse du niveau des stocks. Troisièmement, l'examen des relations d'arbitrage entre les marchés physiques et papier montre que la base a un comportement asymétrique : en report, son niveau est limité aux coûts de stockage ; tel n'est pas le cas en déport. Par ailleurs, la base est stable en report et volatile en déport car, dans ce cas, les stocks ne peuvent absorber les fluctuations de prix. Cette asymétrie a des implications sur la dynamique du *convenience yield* qui ont été exploitées (tout comme les autres éléments mentionnés dans cette section) dans le cadre de modèles de structure par terme.

Les principaux développements concernant les théories traditionnelles des prix des matières premières ont été introduits entre 1930 et 1960. À cette époque, l'horizon des transactions sur les marchés à terme de matières premières était rarement supérieur à un an. Par conséquent, l'analyse de la relation de prix ayant été conçue pour le court terme, il faut l'adapter pour permettre une analyse à long terme.

1.2. L'extension de l'analyse à un horizon de long terme

Quelles modifications doivent être apportées aux théories traditionnelles de la relation entre les prix au comptant et à terme pour les rendre compatibles avec un horizon de long terme ? L'extension de l'analyse s'avère relativement naturelle pour la théorie du déport normal, à condition de se libérer de la trop grande rigidité du cadre keynésien. L'extension n'est pas aussi simple pour la théorie du stockage car, dans ce cas, il ne suffit pas de lever des hypothèses simplificatrices. De nouveaux facteurs doivent en effet être introduits dans l'analyse pour expliquer les relations de prix.

L'analyse keynésienne peut être étendue assez simplement. Lorsque la courbe des prix est considérée dans son ensemble, l'éventuelle présence simultanée de reports et de déports le long de cette courbe peut en effet être expliquée par un surplus d'offre ou de demande de contrats pour des maturités spécifiques. Afin de pallier ces déséquilibres, une prime de risque est offerte aux spéculateurs acceptant de prendre une position sur le marché à terme compensant, pour chaque maturité, la position nette des autres opérateurs. Comme dans la théorie de l'habitat préféré développée pour les taux d'intérêt (Modigliani et Sutch, 1966), la structure par terme des prix des matières premières peut alors être considérée comme une succession de segments de différentes maturités. Les opérateurs choisissent leur segment en fonction de leurs besoins économiques. Une telle extension de l'analyse keynésienne revient à lever les hypothèses concernant le signe et le niveau de la prime de risque. Dans ce contexte, il existe alors plusieurs déséquilibres entre l'offre et la demande de contrats à terme et chaque segment de la courbe des prix est supposé satisfaire un besoin économique spécifique. Par conséquent, toutes les catégories d'opérateurs n'interviennent pas nécessairement sur toutes les maturités. Le niveau de la prime qu'ils sont prêts à payer et le sens du déséquilibre entre les opérations de couverture contre le risque de hausse et contre le risque de baisse des cours (entre les positions longues et les positions courtes) peuvent différer selon les segments. Ainsi, la prime de risque devient une fonction de la maturité. Enfin, pour prendre en compte les éventuelles distorsions de la courbe des prix, cette prime doit pouvoir varier en fonction de la période, lorsque évoluent les anticipations et l'aversion au risque des opérateurs. La question est de savoir si les primes de risque sont suffisamment volatiles pour expliquer la fréquence et l'ampleur de certaines modifications de courbes.

La théorie du stockage prend *a priori* en considération l'existence d'une structure par terme des reports et des déports. Ce phénomène est dû, pour certaines matières premières, à la présence d'une saisonnalité de l'offre ou de la demande. Par exemple, dans le cas des matières premières agricoles, la coexistence d'un déport sur les échéances rapprochées et d'un report sur les maturités éloignées est facilement interprétable. À la fin de l'année de récolte, les stocks atteignent leur niveau le plus bas et les prix à terme pour une livraison avant et après la récolte reflètent alors deux situations différentes : puisqu'il y a peu de stocks pour les livraisons prévues avant la récolte, les prix correspondant à ces maturités sont en déport. En revanche, les prix pour les livraisons après la récolte sont simultanément en report. Ainsi, la théorie du stockage se prête *a priori* aisément à une analyse inter-temporelle des relations de prix. Cependant, lorsque la date d'expiration du contrat excède un ou deux cycles de production, de nouvelles questions émergent, et l'on peut se demander si les facteurs explicatifs de cette théorie restent valables. Lorsque l'horizon d'analyse augmente, ne serait-il pas pertinent d'invoquer d'autres facteurs que les coûts de stockage et le *convenience yield* pour expliquer la forme et le comportement de la structure par terme des prix ?

Gabillon (1995) fut le premier à donner une réponse positive à cette question. Il fut également le premier à proposer une analyse globale de la structure par terme des prix des matières premières. La richesse de son analyse réside dans le fait qu'elle réconcilie la théorie du déport normal et celle du stockage et qu'elle repose sur l'une et sur l'autre. Nous y reviendrons en détail au paragraphe 1.3. En prenant l'exemple du pétrole, l'auteur propose de séparer la structure par terme des prix du brut en deux segments distincts, reflétant chacun un comportement économique spécifique de la part des opérateurs. Le premier, correspondant aux maturités les plus courtes (du 1er au 18e mois), serait surtout utilisé pour répondre à des besoins de couverture. Par conséquent, pour le court terme, la production, la consommation, le niveau des stocks et la crainte des ruptures d'approvisionnement seraient les facteurs explicatifs les plus importants de la relation de prix. Pour le second segment, celui des maturités les plus éloignées (au-delà du 18e mois), les facteurs explicatifs changeraient. Les taux d'intérêt, l'inflation anticipée et les prix des énergies concurrentes détermineraient les prix à terme. Dans ce cas, l'information apportée par les prix serait utilisée pour les décisions d'investissement. En 2000, Schwartz et Smith ont eux aussi proposé de distinguer différents facteurs explicatifs selon la maturité considérée.

Ainsi, sans le mentionner, Gabillon se réfère implicitement à la théorie de l'habitat préféré et aux problèmes de segmentation temporelle proposés à l'origine dans le cadre des marchés de taux d'intérêt. Dans ce contexte, les agents sont spécialisés dans la détention de certains sous-ensembles de maturités et ils sont réticents à modifier leur portefeuille pour tirer profit d'opportunités d'arbitrage. Celles-ci ne sont donc pas exploitées. Par ailleurs, en suggérant que des forces de marché différentes déterminent les prix à court et à long terme, Gabillon suscite une interrogation quant à la présence d'une éventuelle segmentation temporelle de la structure par terme des prix et offre une méthode permettant de tester empiriquement cette hypothèse.

L'analyse théorique de la structure par terme permet de conclure que les prix à terme ont un comportement différent selon leur maturité et ne sont pas déterminés par les mêmes facteurs. Une telle conclusion conduit donc tout naturellement à s'intéresser à l'analyse dynamique de la structure par terme.

1.3. L'analyse dynamique de la structure par terme des prix

Les prix des matières premières étant volatils, la structure par terme se modifie dans le temps ; elle est caractérisée par une certaine dynamique. L'objet de cette section est de préciser, d'expliquer et d'illustrer cette dynamique.

Tous les prix à terme n'ont pas le même comportement. De nombreuses études empiriques ont établi que leur volatilité évolue en fonction de la maturité des contrats. Le fait que les prix ne varient pas de manière homothétique soulève la question d'une éventuelle segmentation de la structure par terme. Il est possible, en effet, d'envisager la présence d'une certaine déconnection entre différentes parties de la courbe des prix. Si tous les cours à terme ne fluctuent pas de la même façon, on peut légitimement se demander si leurs variations sont erratiques ou s'il existe, au contraire, certains éléments communs à tous ces mouvements. L'analyse en composantes principales permet de répondre à ce problème. Enfin, il est possible de s'interroger sur l'évolution dans le temps de la volatilité des prix des matières premières. A-t-elle tendance à augmenter, comme l'ont remarqué certains travaux réalisés sur les prix des actions ? Une étude de l'évolution de la volatilité des prix du pétrole sur une période de 15 ans permet de répondre à cette question.

1.3.1. La volatilité des prix à terme et la maturité des contrats : l'effet Samuelson

La caractéristique la plus importante de la dynamique de la courbe des prix des matières premières réside probablement dans la différence entre le comportement des prix à court terme et celui des prix à long terme. Les premiers connaissent des fluctuations erratiques, de grande ampleur, alors que les seconds sont relativement stables. Ceci se traduit par une structure décroissante des volatilités le long de la courbe des prix, et par une corrélation entre le prix à terme le plus proche et les autres prix qui décline avec la maturité. Le tableau 3.1. illustre ce phénomène pour les prix du pétrole brut, sur une période de quinze ans comprise entre 1989 et 2003, et pour des maturités s'étageant de un à douze mois. Quelle que soit l'année retenue, la volatilité des prix à terme, mesurée par l'écart-type des prix à terme, décroît régulièrement au fur et à mesure que la maturité augmente.

Ce phénomène de décroissance des volatilités est souvent qualifié d'« effet Samuelson ». Intuitivement, il s'explique de la façon suivante. Un choc affecte d'autant plus intensément un prix à terme que la maturité du contrat considéré est faible (Samuelson, 1965). En effet, lorsqu'un contrat est proche de l'échéance, du fait de la convergence de la base (la différence entre le cours au comptant et le prix à terme), son prix réagit beaucoup plus fortement aux chocs informationnels. Ces fluctuations, influençant avant tout la partie à court terme de la courbe, sont dues à des modifications de l'offre et de la demande sur le marché physique.

Anderson (1985), Milonas (1986), et Fama et French (1987) ont mis en évidence la présence d'un effet Samuelson pour de nombreux marchés de matières premières et d'actifs financiers. Deaton et Laroque (1992, 1996) d'une part, Chambers et Bailey (1996) d'autre part, ont quant à eux montré que l'effet Samuelson est fonction des coûts de stockage. Plus précisément, lorsque le coût de stockage est élevé, les chocs se transmettent assez faiblement par le biais des stocks. Par conséquent, la volatilité des prix à terme diminue rapidement avec la maturité. Enfin, en 1988, Fama et French ont montré que l'effet Samuelson peut parfois être violé sur les maturités les plus proches lorsque les stocks sont abondants. Dans ce cas, aucune rupture de stocks n'étant envisageable à court terme, les prix à terme des maturités les plus proches peuvent avoir une volatilité croissante avec l'échéance. Le tableau 3.1., extrait de l'étude publiée par Lautier et Simon en 2003 (cette étude est présentée en détail au paragraphe 1.3.4) montre l'absence d'une telle violation pour le marché du pétrole brut au cours de la période 1989-2003. Ce résultat est cependant peu surprenant car ce marché, comme nous allons bientôt l'expliquer, est structurellement en situation de déport et les coûts de stockage du pétrole brut sont élevés.

Le graphique 3.1. propose une seconde illustration de l'effet Samuelson. Il montre en effet comment la courbe des prix du pétrole se déforme entre mars 1999 et janvier 2000. Les prix à terme sont ceux du contrat de pétrole léger négocié sur le Nymex. Les prix à court terme sont nettement plus volatils que les prix à long terme. Ce phénomène est particulièrement clair entre mars et avril 1999 lorsque, le report disparaissant, les prix passent en déport. Clairement, cette modification affecte avant tout les prix rapprochés.

Ces différences dans le comportement des prix pour différentes maturités suggèrent que des forces de marché différentes déterminent les prix à court et à long terme, ce qui soulève la question d'une éventuelle segmentation de la structure par terme.

Tableau 3.1. – *Écart-type des prix à terme du pétrole brut, 1989-2003*

Année	1 mois	2 mois	3 mois	4 mois	5 mois	6 mois	7 mois	8 mois	9 mois	10 mois	11 mois	12 mois
1989	1,20	1,08	1,06	1,06	1,06	1,05	1,04	1,03	1,02	1,01	1,02	1,02
1990	**6,57**	**6,05**	**5,37**	**4,78**	**4,31**	**3,91**	**3,58**	**3,30**	**3,06**	**2,86**	**2,70**	**2,57**
1991	1,88	1,78	1,63	1,54	1,44	1,35	1,26	1,18	1,12	1,07	1,03	1,00
1992	1,28	1,20	1,13	1,07	1,02	0,97	0,91	0,86	0,81	0,77	0,74	0,70
1993	1,71	1,64	1,57	1,50	1,43	1,36	1,30	1,24	1,18	1,12	1,06	1,01
1994	1,69	1,52	1,39	1,28	1,18	1,10	1,03	0,96	0,90	0,85	0,80	0,76
1995	0,88	0,87	0,80	0,73	0,67	0,63	0,59	0,56	0,54	0,51	0,49	0,48
1996	2,23	2,22	2,19	2,10	1,98	1,84	1,71	1,60	1,50	1,41	1,32	1,25
1997	**4,03**	**3,62**	**3,18**	**2,76**	**2,38**	**2,06**	**1,79**	**1,56**	1,33	1,15	1,01	0,90
1998	1,55	1,50	1,47	1,45	1,43	1,41	1,38	1,35	1,31	1,27	1,22	1,18
1999	**4,50**	**4,33**	**4,10**	**3,85**	**3,61**	**3,338**	**3,17**	**2,98**	**2,80**	**2,64**	**2,50**	**2,36**
2000	**2,91**	**2,78**	**2,69**	**2,62**	**2,57**	**2,53**	**2,49**	**2,45**	**2,41**	**2,38**	**2,35**	**2,33**
2001	**3,53**	**3,34**	3,20	**3,03**	**2,86**	**2,69**	**2,54**	**2,40**	**2,26**	**2,14**	**2,03**	**1,92**
2002	**3,19**	**2,96**	**2,74**	**2,54**	**2,35**	**2,18**	**2,03**	**1,89**	**1,76**	**1,65**	**1,55**	**1,47**
2003	2,59	2,40	2,15	1,93	1,73	1,57	1,44	1,35	1,28	1,21	1,15	1,09
Moyenne	***2,65***	***2,46***	***2,29***	***2,14***	***1,99***	***1,87***	***1,75***	***1,65***	***1,56***	***1,48***	***1,41***	***1,34***

Source : Lautier et Simon, 2003.

Graphique 3.1. – *Fluctuation des courbes de prix du contrat léger du Nymex*

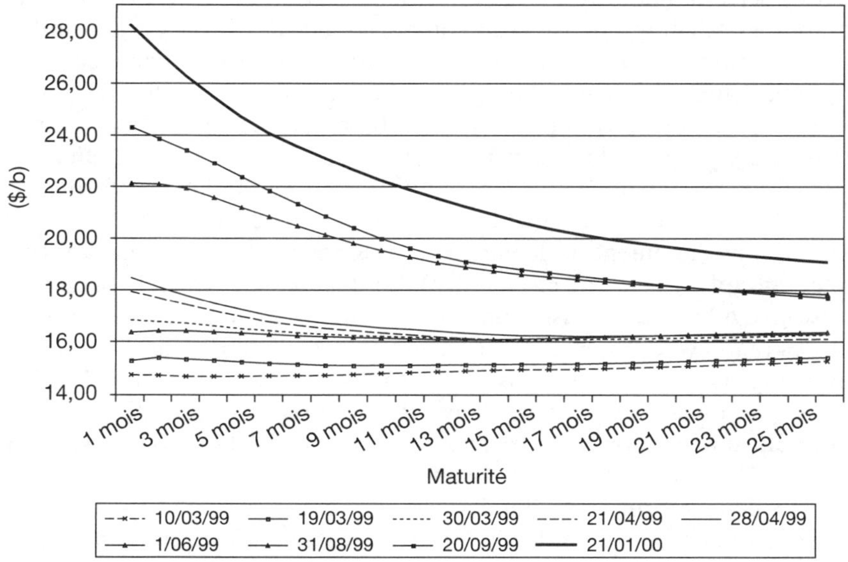

Source : Lautier (2005 b).

1.3.2. La segmentation de la structure par terme des prix des matières premières

Une structure segmentée est caractérisée par une séparation de la courbe des prix en plusieurs sous-ensembles distincts. Chacun d'eux correspond à des besoins économiques différents des opérateurs, et il est caractérisé par une offre et une demande spécifiques. La segmentation temporelle s'explique par deux phénomènes : d'une part, la spécialisation des agents économiques sur certaines opérations les conduit à intervenir uniquement (sur le marché *forward* comme sur le marché des contrats) sur un sous-ensemble de maturités et, d'autre part, la réticence de ces agents à modifier leur portefeuille ne leur permet pas de tirer profit d'éventuelles opportunités d'arbitrage.

1.3.2.1. Les tests de l'hypothèse de segmentation

Comme il le fut précisé au paragraphe 1.2., Gabillon fut le premier à suggérer la présence d'une éventuelle segmentation de la structure par terme des prix des matières premières.

Pour tester cette hypothèse, il peut être intéressant de proposer une définition de la segmentation reposant sur une approche informationnelle. La segmentation est alors définie comme une situation dans laquelle différentes parties de la structure par terme sont totalement déconnectées les unes des autres. Du fait de la segmentation, la courbe des prix doit être séparée en plusieurs parties – deux si l'analyse de Gabillon s'avère exacte, mais peut-être plus – et l'information apportée par un prix doit changer de nature avec la maturité du contrat. La validation de cette hypothèse est utile pour la compréhension du comportement des prix et pour l'utilisation des modèles de structure par terme comme outils de management.

Pour étudier le degré d'intégration temporelle du marché du pétrole brut, Lautier (2005 d) s'appuie sur une base de données particulièrement riche, puisqu'elle inclut des prix à terme pour des échéances de livraison très éloignées (allant jusqu'à sept ans). Pour estimer la valeur informationnelle des prix à terme du pétrole brut en fonction de leur maturité, les tests empiriques s'appuient sur le modèle développé par Schwartz en 1997 (voir le paragraphe 2.2.1.1. de ce chapitre). La qualité de ce modèle, largement mise en évidence à l'occasion de plusieurs études réalisées sur des périodes et des marchés différents, et sa (relative) simplicité d'utilisation en font une référence. L'étude suppose que les performances de ce modèle (c'est-à-dire sa capacité à reproduire la courbe des prix observée) dépendent de la valeur informationnelle des prix retenus pour l'estimation de ses paramètres. En d'autres termes, les paramètres du modèle sont supposés capter la valeur informationnelle des prix utilisés pour les obtenir. Ces paramètres sont obtenus à l'aide d'un filtre de Kalman. Cette méthode permet de résoudre le problème posé par la présence de variables non observables dans le modèle de structure par terme utilisé.

Afin de mesurer leur contenu informationnel, plusieurs ensembles de prix à terme de maturités diverses sont sélectionnés puis utilisés pour l'estimation des paramètres. Chaque ensemble réunit quatre maturités [1]. Les paramètres obtenus sont ensuite utilisés pour déterminer, à chaque date d'observation, les prix à terme correspondants (d'abord pour les quatre maturités sélectionnées, ensuite pour les autres prix à terme). Ces prix à terme constituent une courbe théorique associée à un ensemble informationnel donné. À partir de critères de performances préalablement définis, cette courbe est comparée à celle observée empiriquement à la même date. Une telle comparaison, réalisée sur l'ensemble de la période d'étude, permet de voir si le groupe de maturités retenu contient suffisamment d'informations pour reconstituer correctement la courbe. La répétition de ce test avec différents ensembles de maturités permet de voir si certaines maturités conduisent à de meilleures performances que d'autres, donc si certaines maturités fournissent plus d'informations que d'autres.

Pour estimer les paramètres, sept groupes de prix à terme de maturités différentes sont retenus. Le premier regroupe l'extrémité courte de la courbe des prix (un à quatre mois). Le deuxième s'intéresse aux maturités les plus éloignées (quatre à sept ans). Le troisième rassemble ces deux extrémités, en retenant des prix régulièrement distribués le long de la courbe. Les quatre autres groupes se rapportent à des maturités différem-

1. Ce nombre a été choisi parce qu'il accroît la stabilité de la procédure d'estimation des paramètres.

ment réparties, en retenant l'extrémité courte de la courbe, et des prix de maturités plus ou moins éloignées. Chacun des sept jeux de paramètres issus de ces groupes est ensuite utilisé pour reconstituer une courbe de prix théorique, pour des maturités allant de un mois à sept ans. Chaque courbe théorique peut alors être comparée à celle observée empiriquement.

1.3.2.2. Les résultats empiriques

Les tests ont permis d'établir trois conclusions.

• Chaque extrémité de la courbe des prix a un contenu à la fois utile et spécifique. Les différences observées entre ces extrémités sont telles que l'information concentrée sur les maturités les plus proches est totalement inutile pour reconstituer les prix à terme ayant un horizon éloigné. Cette première observation permet de conclure que la courbe des prix du pétrole brut est segmentée.

• D'un point de vue informationnel, l'étude montre qu'il y a trois groupes cohérents de prix à terme. Le premier correspond aux maturités allant de 1 à 28 mois ; le deuxième est situé entre 29 et 47 mois ; quant au dernier, il regroupe les maturités comprises entre 4 et 7 ans. Parmi ces trois groupes, deux seulement, le premier et le troisième, ont un contenu informationnel. Par conséquent, la structure par terme des prix est segmentée en trois parties.

• Troisième conclusion, la segmentation évolue dans le temps. En 1995, selon Gabillon, elle était située au niveau du 18e mois, et il n'y avait que deux segments. Depuis cette date, l'intégration du marché a progressé jusqu'au 28e mois. Cette évolution peut être expliquée par le processus de maturation du marché du pétrole brut. Depuis 1995, le volume des transactions sur le New York Mercantile Exchange (Nymex) s'est accru, repoussant vers des maturités plus éloignées la frontière des contrats activement échangés. Les *swaps* (et les produits dérivés autres que les contrats à terme) négociés sur le marché de gré à gré ont contribué à une meilleure intégration du marché du pétrole. Ils continueront à avoir dans l'avenir un impact dans le processus d'intégration. En effet, lorsque des institutions financières vendent ce type de produit, elles commencent par gérer le risque dont leurs clients ont voulu se débarrasser à l'aide d'un livre de *swaps*, puis elles transfèrent sur les marchés à terme le risque résiduel. Or, les opérations de *swap* impliquent toujours plusieurs maturités successives. Le développement de ces instruments est caractéristique du processus de maturation d'un marché dérivé et l'on peut s'attendre à ce que la segmentation diminue et se déplace vers des maturités plus éloignées dans le futur.

Ce qui est spécifique au marché du pétrole, c'est l'introduction, depuis 1997, de contrats à long terme. Ceci a créé un nouveau segment dans la courbe des prix, séparé du segment le plus court par des maturités intermédiaires n'ayant pas (ou très peu) de contenu informationnel. Cette extrémité longue de la structure par terme est faiblement connectée aux maturités les plus proches. Ainsi, en dépit de progrès non négligeables, l'intégration temporelle n'est pas encore acquise dans le cas du marché du pétrole brut.

Les raisons expliquant cette segmentation peuvent probablement être trouvées dans la présence de différentes catégories de participants localisés aux deux extrémités de la courbe : les opérateurs en demande de couverture, agissant sur les maturités courtes, et les investisseurs intervenant sur les prix à long terme. Une liquidité insuffisante empêche vraisemblablement ces opérateurs de quitter leur habitat préféré et d'entreprendre des arbitrages entre maturités. La difficulté à initier des opérations *reverse cash and carry*, due au manque de stocks physiques caractérisant les marchés en situation de déport, est un autre facteur explicatif, particulièrement important dans le cas du pétrole. De plus, les règles de fonctionnement du Nymex imposent des restrictions sur le montant de la position ouverte qui peuvent également freiner l'intégration temporelle. Elles stipulent, par exemple, que la position d'un opérateur sur le marché à terme du pétrole brut ne doit pas excéder un montant maximal fixé par les dirigeants de la bourse (variable selon les époques, ce montant atteignait 20 000 contrats en 2004).

L'étude empirique réalisée sur le marché du pétrole brut permet donc de valider l'hypothèse de segmentation. Sur le plan pratique, l'intérêt de ce travail est d'améliorer l'efficacité des opérations reposant sur une relation entre des prix à terme de maturité différente et sur l'application des modèles de structure par terme des prix des matières premières. Deux types d'opérations sont concernées : en premier lieu, les stratégies de couverture « en pile » recourant à des contrats à terme de maturité rapprochée pour protéger contre le risque de prix des positions à long terme sur le marché physique (ce type de couverture est parfois qualifié de « dynamique ») ; en second lieu, les opérations de valorisation des réserves pétrolières et minières. L'efficacité de telles opérations, qui seront présentées plus en détail à la quatrième section de ce chapitre, est en effet affectée par l'existence de différences dans le contenu informationnel des prix.

L'étude qui précède montre en effet qu'il faut être extrêmement prudent lorsque l'on utilise un modèle de structure par terme des prix des matières premières. Celui-ci ne doit pas seulement être bien adapté aux applications à long terme. Il faut en plus que l'information utilisée pour son estimation n'altère pas ses performances. Lorsque le jeu de maturités adéquat est choisi – c'est-à-dire les deux extrémités de la courbe – la capacité du modèle de Schwartz à reproduire les prix à terme pour des maturités longues est excellente. Cependant, le même modèle peut conduire à des prix n'ayant pas de sens sur le plan économique, si les prix à court terme sont employés à la détermination de prix à long terme.

Cette étude met également en évidence un processus de maturation et une évolution vers une plus grande intégration inter-temporelle du marché du pétrole. Elle constitue la première tentative de ce type dans un marché de matières premières. D'autres travaux relatifs à l'intégration avaient en effet été réalisés au préalable dans ce domaine (Kleit, 2001 ; Milonas et Henker, 2001), mais ils s'intéressaient toujours à la dimension spatiale du problème, ce qui est une autre question.

1.3.3. L'analyse en composantes principales de la structure par terme des prix

L'utilisation d'une analyse en composantes principales (voir l'encadré 3.1.) est une autre façon d'appréhender la dynamique des prix à terme. Cette méthode statistique permet, en effet, de réduire les dimensions d'un ensemble de données en contractant l'information qu'il contient. Dans un système incluant de nombreuses variables, la plupart du temps, certaines variables évoluent de concert parce qu'elles sont influencées par les mêmes forces directrices. Et le plus souvent, l'analyse en composantes principales permet de montrer que ces forces sont peu nombreuses.

Encadré 3.1.
La méthode de l'analyse en composantes principales

L'analyse en composantes principales est une méthode statistique qui réduit la dimension d'un ensemble de données en rendant plus compacte l'information qu'il contient.

La réduction de la dimension des données est obtenue en transformant la matrice initiale (n observations $\times$ N variables) en une matrice réduite contenant M facteurs et n observations : Facteurs ($j = 1, \ldots M$)

$$\text{Observations } (i = 1, \ldots n) \begin{bmatrix} f_{11} & & f_{1M} \\ & f_{ij} & \\ f_{n1} & & f_{nM} \end{bmatrix}$$

où f_{ij} est la valeur du facteur j pour l'observation i et $M < N$. Le problème est simplifié en remplaçant un groupe de variables par un nombre inférieur de nouvelles variables.

L'analyse en composantes principales est un outil permettant d'aboutir à cette simplification. En effet, cette méthode génère un nouvel ensemble de variables appelées facteurs ou composantes principales. Celles-ci résument les principales caractéristiques des variables d'origine. Elles respectent des conditions de linéarité et d'orthogonalité. La première implique que chaque composante principale est une combinaison linéaire des variables originales :

$$F_j = \sum_{k=1}^{N} a_{jk} f_k$$

où F est un facteur, f est une variable originale, et a est un coefficient.

La seconde condition signifie que toutes les composantes principales sont orthogonales les unes par rapport aux autres :

$$\rho(F_j, F_m) = 0 \qquad j \neq m$$

où ρ est le coefficient de corrélation.

Il y a autant de composantes que de variables initiales. Lorsque toutes les composantes sont prises en considération, elles expliquent donc toute la volatilité des données d'origine. Cependant, la somme des variances des premières composantes est généralement supérieure à 80 % de la variance totale des données d'origine. L'examen de ces quelques composantes permet donc de comprendre les forces directrices influençant les données d'origine.

Dans le domaine des matières premières, l'analyse en composantes principales a été employée par Cortazar et Schwartz (1994), Tolmasky et Hindanov (2002), Borovkova (2003) et Lautier (2005 a). Les premiers se sont intéressés à l'analyse de la structure par terme des prix du cuivre. Tolmasky et Hindanov se sont consacrés au caractère saisonnier des produits pétroliers. Borovkova a utilisé l'analyse en composantes principales pour détecter les transitions de structure de marché, du déport au report et inversement. Lautier (2005 a) s'est intéressée au comportement dynamique des prix à terme du pétrole sur la période allant du 6 juin 1989 au 14 janvier 2002 pour des maturités allant de 1 à 15 mois (les prix à terme étaient les cours de compensation du contrat West Texas Intermediate négocié au New York Mercantile Exchange), et a étudié l'influence de la maturité des contrats sur cette dynamique des prix du pétrole.

L'application d'une analyse en composantes principales permet tout d'abord, dans la lignée des travaux réalisés dans le domaine des taux d'intérêt [1], d'identifier les types de mouvements caractérisant la courbe des prix des matières premières. Dans les marchés pétroliers comme dans celui du cuivre, ces mouvements sont relativement simples à décrire. Au nombre de trois, ils correspondent à des déplacements parallèles de la courbe (facteur de niveau), à des déplacements relatifs (facteur de pente), et à des déformations de la courbe (facteur de courbure). Ces mouvements de pentification et de déformation expliquent eux aussi le fait que, sur un marché à terme, les prix au comptant et à terme n'évoluent pas de façon tout à fait similaire.

Le premier facteur correspond à un déplacement parallèle de la courbe des prix : toutes les valeurs de ce facteur sont de même signe. Par conséquent, quelle que soit la maturité considérée, une unité de ce facteur correspond à une variation positive du prix à terme. La variation est par exemple de 30 cents environ pour le prix à terme à 4 mois, et de 21 cents pour la maturité de 12 mois (tableau 3.2.). Les poids diminuent avec la maturité : l'impact le plus important porte donc sur le prix à terme le plus proche. Ceci provient de ce que les prix à terme n'ont pas tous la même volatilité : plus précisément, la structure des volatilités est décroissante le long de la courbe des prix : c'est l'effet Samuelson.

Le deuxième facteur correspond à une pentification de la courbe des prix : le tableau montre que le signe des facteurs, initialement positif, devient progressivement négatif au fur et à mesure que les maturités augmentent : par conséquent, lorsque les prix à terme les plus proches évoluent dans une direction, les prix à terme éloignés évoluent dans l'autre. Plus précisément, une unité de ce deuxième facteur correspond à une hausse pour les maturités les plus proches, et simultanément à une

1. L'identification des mouvements des taux d'intérêt est en particulier due à Litterman et Scheinkman (1991), à Kuez, Litterman et Scheinkman (1994), et à Frye (1997). Ces travaux ont permis d'identifier trois mouvements caractérisant la courbe des taux : déplacements parallèles, déplacements relatifs et déformations.

Tableau 3.2. – *Composantes de la structure par terme des prix du pétrole, 1989-2002*

	Facteur 1	Facteur 2	Facteur 3	Facteur 4	Facteur 5	Facteur 6	Facteur 7	Facteur 8	Facteur 9	Facteur 10	Facteur 11	Facteur 12	Facteur 13	Facteur 14	Facteur 15
1 mois	0.343	0.5475	– 0.6118	– 0.4062	0.2022	– 0.0432	0.0047	0.0219	– 0.007	0.0081	– 0.0048	0.003	– 0.0003	– 0.0004	0.0001
2 mois	0.3296	0.378	– 0.0206	0.4821	– 0.5718	0.3968	– 0.0014	– 0.1749	0.0236	– 0.0055	0.0051	– 0.0051	0.0000	0.002	– 0.0002
3 mois	0.314	0.2352	0.2269	0.3604	0.0499	– 0.5919	– 0.0128	0.5414	– 0.1303	0.035	– 0.0209	0.0075	– 0.0009	– 0.0022	– 0.0002
4 mois	0.2983	0.1207	0.3197	0.0968	0.379	– 0,1825	0.0226	– 0.5232	0.4459	– 0.2667	0.2233	– 0.1005	0.057	– 0.0234	– 0.0015
5 mois	0.2837	0.0325	0.3148	– 0.0548	0.2933	0.1679	– 0.0084	– 0.2356	– 0.2942	0.3413	– 0.528	0.3161	– 0.2437	0.0731	0.0069
6 mois	0.2699	– 0.038	0.2661	– 0.1736	0.1526	0.3258	– 0.0472	0.1199	– 0.3787	0.1807	0.3109	– 0.3807	0.5048	– 0.0782	– 0.0097
7 mois	0.2573	– 0.0944	0.1988	– 0.2407	– 0.0137	0.2924	– 0.103	0.3237	0.0209	– 0.3019	0.3601	0.0879	– 0.6288	0.0373	0.0258
8 mois	0.2458	– 0.1403	0.1282	– 0.2584	– 0.1553	0.1373	– 0.1383	0.3009	0.4371	– 0.268	– 0.4405	0.2115	0.4215	– 0.0512	– 0.0465
9 mois	0.2351	– 0.1782	0.0533	– 0.24	– 0.2864	– 0.1714	0.853	– 0.0789	– 0.0787	– 0.0301	0.0096	0.0059	– 0.0043	– 0.0022	– 0.0038
10 mois	0.2251	– 0.2105	– 0.0196	– 0.1772	– 0.2596	– 0.1887	– 0.2346	– 0.0523	0.3101	0.475	– 0.0715	– 0.4625	– 0.1823	0.3429	0.1442
11 mois	0.2159	– 0.2373	– 0.0903	– 0.0916	– 0.2146	– 0.2272	– 0.265	– 0.1797	– 0.0298	0.2515	0.2164	0.2737	– 0.0294	– 0.6202	– 0.3301
12 mois	0.2074	– 0.2594	– 0.1559	0.0123	– 0.1112	– 0.1799	– 0.2246	– 0.1962	– 0.2949	– 0.2007	0.1912	0.383	0.2148	0.3352	0.5125
13 mois	0.1993	– 0.2777	– 0.2137	0.1284	0.0317	– 0.0638	– 0.1146	– 0.1136	– 0.288	– 0.389	– 0.199	– 0.2651	– 0.0458	0.2765	– 0.6059
14 mois	0.1918	– 0.2932	– 0.2637	0.248	0.1851	0.0916	0.0537	0.0412	– 0.0298	– 0.1587	– 0.2717	– 0.3403	– 0.1435	– 0.4989	0.4624
15 mois	0.1847	– 0.3061	– 0.308	0.3606	0.3306	0.2386	0.2189	0.2063	0.2966	0.33	0.2203	0.2662	0.0811	0.2098	– 0.1539

Source : Lautier (2005 a).

baisse pour les maturités les plus longues. Le point d'inflexion est situé autour du sixième mois, et l'impact le plus important est associé aux deux extrémités de la courbe des prix.

Graphique 3.2. – *Les trois mouvements caractérisant la dynamique des prix à terme*

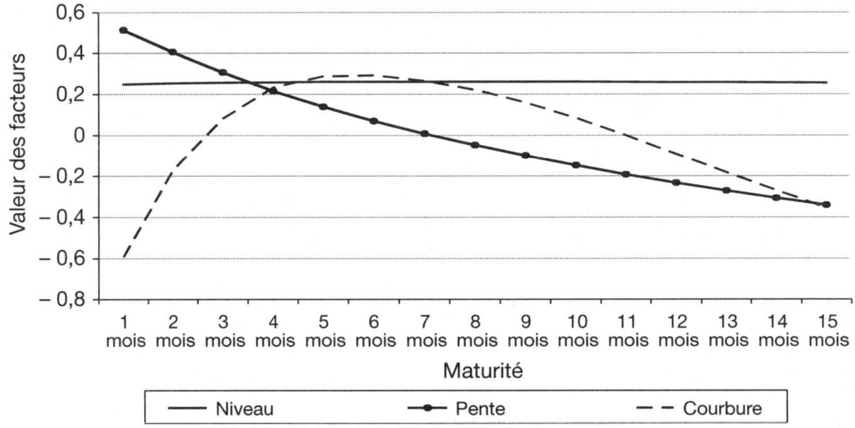

Source : Lautier (2005 a).

Le troisième facteur correspond à une courbure de la structure par terme : l'observation des facteurs montre que ceux-ci changent deux fois de signe. Cela signifie que les prix à terme des maturités les plus courtes et les plus longues bougent dans le même sens, tandis que les maturités intermédiaires (3 à 9 mois) évoluent en sens inverse.

Ces trois premiers facteurs sont les plus importants ; ils permettent de décrire quasiment toutes les courbes de prix à terme.

Une analyse en composantes principales permet ensuite de déterminer la contribution de chacun de ces facteurs à la volatilité de l'ensemble de la courbe des prix. Dans le cas du pétrole (ceci est vrai du cuivre dans l'article de Cortazar et Schwartz, 1994), un tel calcul permet à Lautier (2005 a) de montrer que les deux premiers facteurs (niveau et pente) expliquent 99 % de la variance totale des prix à terme si l'on considère les maturités les plus courtes (jusqu'à 18 mois). Par conséquent, au lieu de prendre en compte tous les prix à terme pour expliquer les mouvements de la courbe des prix, il suffit de s'intéresser à ces deux facteurs. En revanche, lorsque des prix à long terme (pouvant atteindre sept ans) sont intégrés dans l'analyse, les tests montrent que l'allongement de la courbe des prix a un impact significatif sur leur dynamique : le premier facteur (niveau) perd en importance, principalement en faveur du deuxième (pente) ainsi que, plus marginalement, du troisième (courbure). Par conséquent, le processus de maturation du marché du pétrole brut a un impact sur la dynamique des prix et, de ce fait, la gestion des positions de couverture à long terme est plus compliquée que ne l'est celle des positions à court terme.

La dernière conclusion de l'analyse en composantes principales porte sur l'évolution de la dynamique des prix dans le temps. C'est la première étude qui couvre une telle période (treize années, de 1989 à 2001) et qui s'interroge sur le caractère éventuellement structurel des mouvements de la courbe des prix. Les tests empiriques montrent que, toutes choses égales par ailleurs, les mêmes facteurs (niveau, pente et courbe) se retrouvent tout au long de la période et que leur intensité respective varie peu d'une année à l'autre. Même une époque *a priori* spécifique, comme celle de la première guerre du Golfe, ne se distingue pas des autres. Ainsi, même si les corrélations entre les prix et leur volatilité évoluent dans le temps, il se dégage une structure permanente de la dynamique des prix.

Les conclusions issues des analyses en composantes principales présentent plusieurs intérêts. En premier lieu, ces travaux constituent un préalable important pour l'élaboration de modèles de structure par terme des prix des matières premières, en particulier pour le marché du pétrole brut. En effet, si deux facteurs suffisent à expliquer plus de 99 % de la volatilité des prix, et ce même lorsque la totalité des maturités est prise en considération, alors il semble pertinent de ne retenir que deux variables d'état (deux sources d'incertitudes) dans un modèle de structure par terme. En deuxième lieu, si le facteur de pente a un impact significatif, en particulier pour les maturités longues, cela signifie qu'une analyse à long terme doit intégrer un comportement de retour vers une valeur moyenne pour au moins l'une des variables d'état du modèle. En troisième lieu, la compréhension de la dynamique des prix est importante pour la gestion du risque de prix. En particulier, l'analyse en composantes principales peut être utilisée pour quantifier les risques associés à un portefeuille, dans le cadre par exemple d'une analyse de type *Value At Risk* [1]. Un tel outil sera d'autant plus intéressant que les facteurs dynamiques de la courbe des prix sont stables.

La dynamique de la courbe des prix étant caractérisée (décroissance des volatilités avec la maturité) et identifiée (déplacements parallèles et pentification), il est possible de s'interroger sur l'évolution de cette dynamique dans le temps.

1.3.4. L'évolution dans le temps de la volatilité des prix à terme du pétrole

L'objectif de ce paragraphe est de mieux comprendre, sur la base de l'exemple du pétrole, la dynamique des prix à terme. Nous examinons pour ce faire l'évolution de la volatilité des prix à terme dans le temps sur une période de quinze ans, de 1989 à 2003 [2].

Cette interrogation sur l'évolution dans le temps de la volatilité des prix des matières premières est suscitée par l'importance accrue des investisseurs institutionnels et par l'impact que peuvent avoir les opérations de certains fonds (les *hedge funds*). L'inquiétude provient de ce que les mar-

1. Pour ce type d'application, voir par exemple Hull (2006) ou Frye (1997).
2. Une première version de ce paragraphe a été publiée dans la *Revue d'Économie Financière* de mai 2003.

chés dérivés organisés étant caractérisés par une très grande liquidité, ils facilitent l'intervention déstabilisatrice de certains spéculateurs. Poussé à son extrême, un tel phénomène remettrait en cause l'utilité des marchés dérivés puisque, créés à l'origine pour répondre à l'instabilité des prix, ils en viendraient à la susciter.

Cette étude est effectuée à partir des trois indicateurs très simples que sont l'écart-type, les fluctuations quotidiennes et les corrélations des prix à terme. Elle ne se donne pas pour objectif de répondre définitivement aux questions soulevées ci-dessus, car elles mériteraient des développements plus conséquents. Elle apporte simplement quelques éclairages.

1.3.4.1. L'écart-type des prix à terme du pétrole

L'étude de la volatilité repose sur le calcul des écarts-types des prix à terme présentés au tableau 3.1. (voir le paragraphe 1.3.1), qui reproduit cet indicateur pour des maturités de un à douze mois, calculée pour chacune des quinze années et pour l'ensemble de la période.

Ce tableau offre tout d'abord une bonne illustration de l'effet Samuelson : pour toutes les années considérées, la volatilité des prix à terme décroît strictement avec leur horizon.

Dans le tableau 3.1., l'évolution de la volatilité dans le temps est mise en évidence en reproduisant en caractères gras les écarts-types dont la valeur est supérieure à la moyenne observée sur la période. À cet égard, 1990, l'année de la guerre du Golfe, se distingue, naturellement, par une volatilité particulièrement élevée. Hormis cette année spécifique, les périodes de forte volatilité correspondent, pour toutes les maturités ou presque, aux années 1997, 1999, 2000, 2001 et 2002, toutes situées en fin de période.

Pour avoir une vision plus claire de l'évolution de la volatilité dans le temps, l'année 1990 a été éliminée car elle peut être légitimement considérée comme exceptionnelle. Le tableau 3.3. reprend les calculs du tableau 3.1., mais la moyenne est calculée sans tenir compte de l'année 1990.

En éliminant l'année 1990, l'écart se creuse entre la moyenne et les années situées en fin de période. L'année 2003 s'ajoute aux années de fortes fluctuations, au moins pour les maturités les plus proches. Il semble donc que l'on assiste, depuis 1999 au moins, à une augmentation de la volatilité, ce qu'illustre le graphique 3.3.

Face à cet accroissement de volatilité, il peut être intéressant de voir si le phénomène affecte de façon homogène toutes les maturités considérées. S'il s'avérait que les prix à court terme devenaient relativement plus volatils que les prix à long terme, l'augmentation de la volatilité des prix à terme pourrait être attribuée à une hausse de la volatilité sur le marché physique, laquelle se transmettrait au marché papier, tout en étant amortie du fait de l'effet Samuelson. Dans ce cas, les inquiétudes relatives à l'éventuelle action déstabilisatrice de certains opérateurs du marché à terme n'auraient pas de motifs. En revanche, une telle observation n'exclurait pas une déstabilisation du marché physique… ce qui pose d'autres problèmes.

Tableau 3.3. – *Écart-type des prix à terme du pétrole brut, 1989-2003 (ex 1990)*

Année	**1 mois**	**2 mois**	**3 mois**	**4 mois**	**5 mois**	**6 mois**	**7 mois**	**8 mois**	**9 mois**	**10 mois**	**11 mois**	**12 mois**
1989	1,20	1,08	1,06	1,06	1,06	1,05	1,04	1,03	1,02	1,01	1,02	1,02
1991	1,88	1,78	1,63	1,54	1,44	1,35	1,26	1,18	1,12	1,07	1,03	1,00
1992	1,28	1,20	1,13	1,07	1,02	0,97	0,91	0,86	0,81	0,77	0,74	0,70
1993	1,71	1,64	1,57	1,50	1,43	1,36	1,30	1,24	1,18	1,12	1,06	1,01
1994	1,69	1,52	1,39	1,28	1,18	1,10	1,03	0,96	0,90	0,85	0,80	0,76
1995	0,88	0,87	0,80	0,73	0,67	0,63	0,59	0,56	0,54	0,51	0,49	0,48
1996	2,23	2,22	2,19	2,10	1,98	1,84	1,71	1,60	1,50	1,41	1,32	1,25
1997	**4,03**	**3,62**	**3,18**	**2,76**	**2,38**	**2,06**	**1,79**	**1,56**	**1,33**	1,15	1,01	0,90
1998	1,55	1,50	1,47	1,45	1,43	1,41	1,38	1,35	1,31	1,27	1,22	1,18
1999	**4,50**	**4,33**	**4,10**	**3,85**	**3,61**	**3,338**	**3,17**	**2,98**	**2,80**	**2,64**	**2,50**	**2,36**
2000	**2,91**	**2,78**	**2,69**	**2,62**	**2,57**	**2,53**	**2,49**	**2,45**	**2,41**	**2,38**	**2,35**	**2,33**
2001	**3,53**	**3,34**	**3,20**	**3,03**	**2,86**	**2,69**	**2,54**	**2,40**	**2,26**	**2,14**	**2,03**	**1,92**
2002	**3,19**	**2,96**	**2,74**	**2,54**	**2,35**	**2,18**	**2,03**	**1,89**	**1,76**	**1,65**	**1,55**	**1,47**
2003	**2,59**	**2,40**	**2,15**	1,93	1,73	1,57	1,44	1,35	1,28	1,21	1,15	1,09
Moyenne	**2,37**	**2,23**	**2,09**	***1,96***	***1,84***	***1,72***	***1,62***	***1,53***	***1,44***	***1,37***	***1,30***	***1,25***

Source : Lautier et Simon, 2003.

Graphique 3.3. – *Écart-type des prix à terme de un à douze mois, 1989-2003 (ex 1990)*

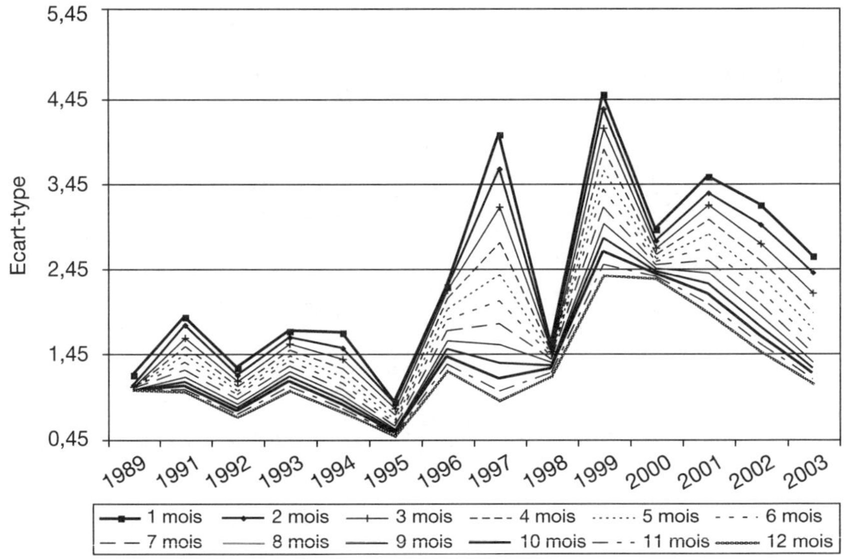

Source : Lautier et Simon, 2003.

Le tableau 3.4. permet de montrer, pour les années identifiées précédemment comme étant de forte volatilité (c'est-à-dire, dans une vision un peu restrictive, celles allant de 1999 à 2003), comment cette volatilité affecte les différentes maturités. Il représente en effet, pour chacune de ces années, l'écart entre la volatilité observée et la moyenne de la période calculée au tableau 3.3.

Les résultats obtenus montrent que la volatilité des prix à court terme augmente plus que celle des prix à long terme en 1999, 2001, 2002 et 2003. Pour ces années, en effet, l'écart de la volatilité par rapport à la moyenne est d'autant plus élevé que la date d'expiration du contrat est rapprochée. Ce résultat laisse penser que l'augmentation de la volatilité des prix à terme du pétrole brut est due à une hausse des fluctuations de prix sur le marché physique, qui se répercute sur le marché dérivé.

1.3.4.2. Les fluctuations de prix quotidiennes

Le deuxième critère retenu pour mesurer la volatilité du marché est la variation de prix maximale quotidienne observée au cours de la période, pour chaque année et pour chaque maturité. Ce critère complète le premier dans la mesure où l'écart-type reflète uniquement la moyenne des écarts. Il ne permet donc pas de montrer si l'accroissement de volatilité constaté provient ou non de plus fortes fluctuations observées au cours d'une journée. Pour étudier cet aspect de la volatilité, nous nous intéressons, dans un premier temps, aux variations de prix quotidiennes maximales observées et, dans un second temps, à la fréquence et à l'ampleur des variations de prix quotidiennes.

Tableau 3.4. – *Écarts de volatilité par rapport à la moyenne pour les années 1999 à 2003*

Écarts	1 mois	2 mois	3 mois	4 mois	5 mois	6 mois	7 mois	8 mois	9 mois	10 mois	11 mois	12 mois
2003/M	0,22	0,17	0,06	– 0,04	– 0,10	– 0,15	– 0,18	– 0,18	– 0,17	– 0,16	– 0,16	– 0,15
2002/M	0,82	0,73	0,65	0,58	0,52	0,46	0,41	0,36	0,31	0,28	0,25	0,22
2001/M	1,16	1,11	1,10	1,07	1,02	0,97	0,92	0,87	0,82	0,77	0,72	0,67
2000/M	0,54	0,55	0,60	0,66	0,73	0,81	0,87	0,92	0,97	1,01	1,05	1,08
1999/M	2,13	2,10	2,01	1,89	1,77	1,65	1,55	1,45	1,36	1,27	1,19	1,12

Source : Lautier et Simon, 2003.

Tableau 3.5. – *Variations de prix quotidiennes maximales en pourcentage et en valeur absolue, 1989-2003*

Année	1 mois	2 mois	3 mois	4 mois	5 mois	6 mois	7 mois	8 mois	9 mois	10 mois	11 mois	12 mois
1989	**16,39**	9,10	7,19	6,54	7,49	6,30	5,91	5,95	**15,96**	5,99	6,00	6,01
1990	**16,01**	10,01	**9,74**	**9,78**	**10,17**	**10,56**	**10,94**	**10,50**	**10,03**	**9,50**	**8,92**	**8,44**
1991	**33,00**	**31,89**	**27,98**	**24,74**	**22,65**	**20,89**	**19,22**	**17,70**	**16,39**	**15,03**	**13,87**	**12,87**
1992	6,89	6,93	6,39	5,87	5,58	5,43	5,29	5,09	4,99	4,94	4,84	4,74
1993	6,53	6,31	5,99	5,69	5,46	5,29	5,19	4,99	4,84	4,69	4,55	4,41
1994	6,94	6,46	6,19	5,94	5,62	5,38	5,13	4,83	4,66	4,49	4,33	4,24
1995	6,05	4,21	3,28	3,05	2,81	2,67	2,52	2,31	2,15	2,05	2,06	2,07
1996	10,10	6,84	6,05	5,87	5,67	5,61	5,49	5,48	5,52	5,43	5,40	5,24
1997	5,45	4,41	4,09	3,92	3,74	3,56	3,42	3,43	3,54	3,65	3,75	3,79
1998	**15,29**	**14,78**	**12,37**	**11,76**	**10,63**	**9,70**	**8,96**	**8,37**	**7,87**	**7,52**	**7,23**	**6,95**
1999	6,90	6,52	6,22	5,76	5,39	5,06	4,71	4,44	4,26	4,10	4,01	3,86
2000	**12,14**	9,02	8,38	8,11	8,02	**7,89**	**7,94**	**7,98**	**7,99**	**7,90**	**7,84**	**7,78**
2001	**15,25**	**14,55**	**11,45**	**11,53**	**11,63**	**11,27**	**10,56**	**9,91**	**9,37**	**9,02**	**8,78**	**8,67**
2002	6,32	6,15	6,02	5,61	5,36	5,12	4,98	4,78	4,49	4,26	4,29	4,31
2003	10,90	7,65	6,82	6,11	5,66	5,31	5,05	4,69	4,46	4,13	3,95	3,91
Moyenne	***11,61***	***9,66***	***8,54***	***8,02***	***7,73***	***7,34***	***7,02***	***6,70***	***7,10***	***6,18***	***5,99***	***5,82***

Source : Lautier et Simon, 2003.

- *Les variations de prix quotidiennes maximales*

Le tableau 3.5. reproduit les variations de prix quotidiennes maximales, exprimées en valeur absolue et en pourcentage, enregistrées au cours de la période.

Les fluctuations de prix maximales situées au-dessus de la moyenne calculée sur l'ensemble de la période sont reproduites en caractère gras. Le tableau 3.5. montre que les variations les plus fortes correspondent aux années 1990, 1991, 1998, 2000 et 2001. Parmi les années récentes de forte volatilité identifiées à partir du critère de l'écart-type, seules 2000 et 2001 se distinguent à nouveau, quoique de façon un peu moins prononcée pour l'année 2000. Ces variations maximales n'affectent pas toutes les maturités de façon homogène, sans qu'une tendance claire puisse être identifiée. Enfin, les résultats ne sont pas sensiblement modifiés si l'on exclut la période de la guerre du Golfe.

- *Fréquence de distribution des variations de prix*

Le graphique 3.4. compare la fréquence de distribution des variations quotidiennes des prix à terme à un mois, exprimées en pourcentage, pour deux périodes différentes, de 1989 à 2003 et de 2000 à 2003. Ce graphique montre que la période 2000-2003 est caractérisée par des fluctuations de plus grande amplitude. Les variations inférieures à 1 % en valeur absolue représentent en effet 23,55 % pour la période 1989-2003. Pour les années 2000-2003, leur proportion passe à 19,29 %.

Si les fluctuations de faible ampleur diminuent au cours de la période récente, celles de taille plus importante augmentent. Le graphique 3.5. met en évidence ce phénomène en se focalisant sur les fluctuations quotidiennes supérieures à 3 % en valeur absolue.

Graphique 3.4. – *Fréquence de distribution des variations de prix quotidiennes, en pourcentage, pour les prix à terme à un mois et pour deux périodes : 1989-2003 et 2000-2003*

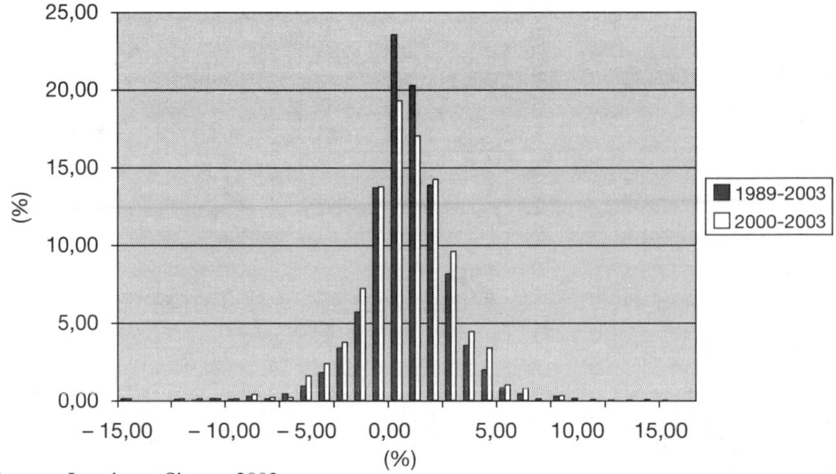

Source : Lautier et Simon, 2003.

Graphique 3.5. – *Fréquence de distribution des variations de prix quotidiennes supérieures à 3 % en valeur absolue, pour les prix à terme à un mois et pour deux périodes : 1989-2003 et 2000-2003*

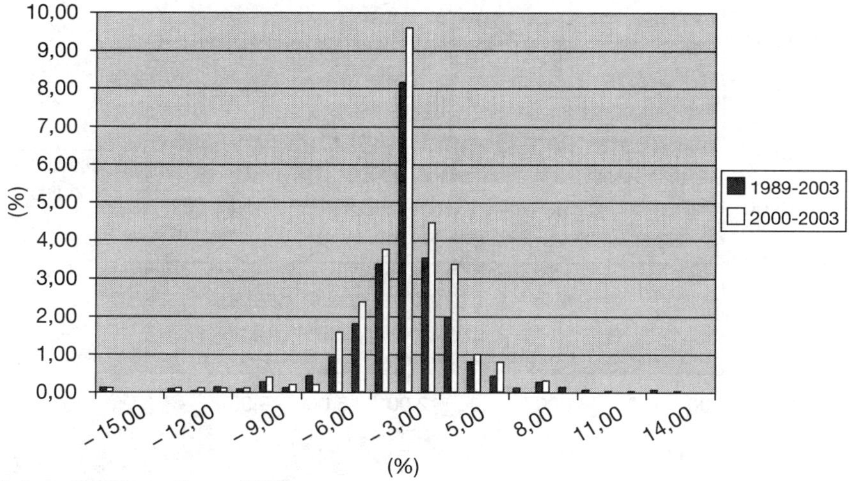

Source : Lautier et Simon, 2003.

Après avoir étudié les prix à terme d'une maturité de un mois, il peut être pertinent de s'intéresser aux maturités plus éloignées. L'étude de la fréquence de distribution des variations quotidiennes des prix à terme à 12 mois, reproduite sur le graphique 3.6., montre que les variations de faible ampleur sont plus importantes pour les prix à long terme que pour les prix à court terme. En effet, pour la période 1989-2003, les variations comprises entre 0 % et 1 % représentent 32,82 % des fluctuations observées, et non plus 23,55 %.

Par ailleurs, on observe la même évolution pour les prix à court et à long terme : le nombre de fluctuations de faible ampleur est moins important pour la période 2000-2003 qu'il ne l'est pour la période 1989-2003. Le graphique 3.7., qui reproduit les fluctuations d'une ampleur supérieure à 3 %, illustre bien ce phénomène, qui apparaît d'ailleurs comme plus marqué pour les prix à douze mois.

Du point de vue de la fréquence et de l'ampleur des fluctuations quotidiennes, il semble donc que la volatilité du marché du pétrole brut se soit accrue au cours des années récentes.

Cet accroissement de la volatilité a-t-il eu un impact sur la façon dont se transmettent les chocs le long de la courbe des prix ? Il est légitime de se demander si ces fluctuations n'entraînent pas une diminution de la corrélation entre les prix à terme de différentes maturités, ce qui traduirait une moindre efficacité des relations d'arbitrage inter-temporelles sur le marché à terme et donc une moindre efficacité du marché.

Graphique 3.6. – *Fréquence de distribution des variations de prix quotidiennes, en pourcentage, pour les prix à terme à douze mois et pour deux périodes : 1989-2003 et 2000-2003*

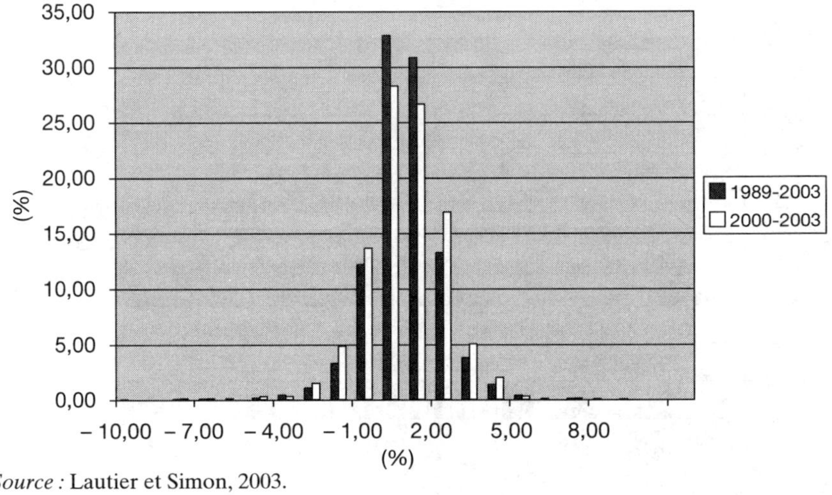

Source : Lautier et Simon, 2003.

Graphique 3.7. – *Fréquence de distribution des variations de prix quotidiennes supérieures à 3 % en valeur absolue, pour les prix à terme à douze mois et pour deux périodes : 1989-2003 et 2000-2003*

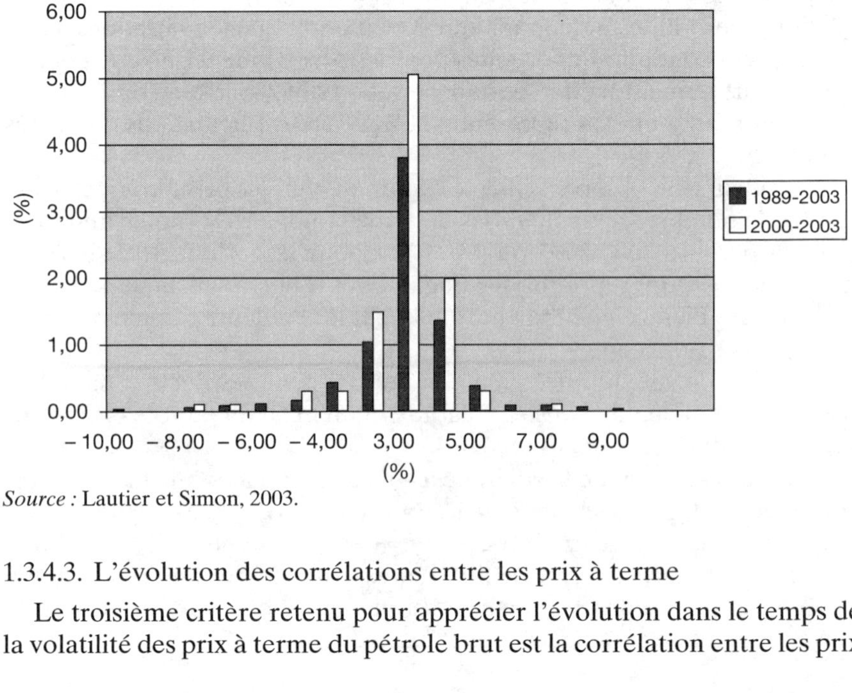

Source : Lautier et Simon, 2003.

1.3.4.3. L'évolution des corrélations entre les prix à terme

Le troisième critère retenu pour apprécier l'évolution dans le temps de la volatilité des prix à terme du pétrole brut est la corrélation entre les prix

Tableau 3.6. – *Corrélations entre le prix à terme à 1 mois et les prix à terme de 2 à 12 mois, 1989-2003*

Corrélations	1/2 mois	1/3 mois	1/4 mois	1/5 mois	1/6 mois	1/7 mois	1/8 mois	1/9 mois	1/10 mois	1/11 mois	1/12 mois
1989	**0,917**	**0,832**	**0,758**	**0,710**	**0,673**	**0,639**	**0,606**	**0,577**	**0,551**	**0,526**	**0,501**
1990	0,993	0,992	0,987	0,980	0,973	0,966	0,959	0,952	0,946	0,940	0,933
1991	**0,979**	**0,929**	**0,874**	**0,824**	**0,782**	**0,752**	**0,726**	**0,708**	**0,692**	**0,676**	**0,661**
1992	0,998	0,997	0,995	0,993	0,991	0,989	0,986	0,983	0,979	0,974	0,968
1993	0,998	0,996	0,994	0,992	0,990	0,989	0,987	0,986	0,984	0,981	0,979
1994	0,992	0,980	0,968	0,958	0,948	0,939	0,928	0,917	0,907	0,897	0,887
1995	0,991	0,978	0,966	0,953	0,936	0,917	0,898	0,878	**0,856**	**0,831**	0,809
1996	**0,967**	**0,931**	**0,907**	**0,895**	**0,891**	**0,888**	**0,885**	**0,882**	0,880	0,876	0,873
1997	0,997	0,993	0,989	0,983	0,974	0,962	0,943	0,914	0,874	0,827	0,776
1998	0,986	0,968	0,951	0,936	0,924	0,916	0,911	0,907	0,903	0,900	0,896
1999	0,999	0,996	0,993	0,991	0,988	0,984	0,982	0,979	0,976	0,973	0,969
2000	0,986	0,966	**0,945**	**0,925**	**0,904**	**0,885**	**0,868**	**0,853**	**0,839**	**0,825**	**0,811**
2001	0,991	0,980	0,973	0,968	0,962	0,958	0,953	0,949	0,946	0,943	0,940
2002	0,994	0,990	0,986	0,981	0,975	0,968	0,961	0,953	0,945	0,937	0,929
2003	**0,974**	**0,946**	**0,917**	**0,884**	**0,852**	**0,824**	**0,799**	**0,777**	**0,743**	**0,700**	**0,648**
Moyenne	***0,984***	***0,965***	***0,947***	***0,932***	***0,918***	***0,905***	***0,893***	***0,881***	***0,868***	***0,854***	***0,839***

Source : Lautier et Simon, 2003.

à terme. L'effet Samuelson permet de prédire que la corrélation entre deux prix de maturité rapprochée doit être supérieure à la corrélation entre un prix à court terme et un prix à long terme.

Le tableau 3.6. reproduit les corrélations, au cours de la période 1989-2003, entre le prix à un mois et les prix de deux à douze mois. Les chiffres en caractères gras représentent cette fois les corrélations situées *au-dessous* de la moyenne. Les plus faibles corrélations correspondent aux années 1989, 1991, 1996, 2000 et 2003. Quoique, une fois de plus, la période de la guerre du Golfe se démarque, l'étude des corrélations ne laisse pas apparaître d'évolution significative. Elle ne permet pas d'observer une diminution des corrélations considérées dans leur ensemble, ni une diminution de la corrélation entre la partie courte et la partie longue de la courbe des prix.

L'étude des corrélations entre les autres prix à terme (prix à deux mois et prix pour les échéances consécutives, prix à trois mois et prix pour les échéances consécutives...) ne modifie pas les remarques formulées ci-dessus. Au regard des corrélations entre les prix à terme, aucune évolution sensible ne peut donc être mise en évidence entre 1989 et 2003. Ainsi, l'augmentation de la volatilité sur le marché du pétrole brut entre les années 1989 et 2003 ne permet pas de conclure, à l'aide des critères retenus, à une réduction de l'efficacité des opérations d'arbitrage inter-temporelle.

La présentation théorique de la structure par terme des prix des matières premières et l'exposé de son comportement dynamique étant établis, il est possible de s'intéresser à la façon dont l'analyse des relations entre les prix à terme de différentes maturités a pu être modélisée.

2. Les modèles de structure par terme des prix des matières premières

Ces modèles ont pour objectif de reproduire, le plus fidèlement possible, les prix observés sur le marché et d'offrir un moyen de découvrir les prix pour un horizon excédant celui des maturités négociées.

Cette section permet de situer les différents modèles de structure par terme des prix des matières premières les uns par rapport aux autres, en partant des plus simples – modèles à un facteur – pour aboutir aux plus compliqués – modèles à trois facteurs – et de comparer leurs hypothèses fondatrices. Il est en effet important d'expliquer et de justifier les choix relatifs au nombre, à la nature, et au comportement des facteurs d'un modèle de structure par terme, car ces derniers constituent les éléments clés de son élaboration. Dans le contexte des matières premières, ces facteurs représentent les sources d'incertitudes susceptibles d'affecter le comportement du prix à terme.

Les modèles de structure par terme des prix des matières premières sont inspirés de la méthodologie de l'évaluation relative développée pour les options et pour les modèles de structure par terme des taux d'intérêt. Il n'est pas inutile d'en rappeler les principes fondamentaux.

Ces modèles partagent trois hypothèses. Premièrement, le marché est exempt de frictions, de taxes ou de coûts de transaction. Deuxièmement, les échanges ont lieu en continu. Troisièmement, les taux de prêt et d'emprunt sont égaux et il n'y a pas de contraintes sur les ventes à découvert. Quatre étapes caractérisent la méthode présidant à l'élaboration des modèles. En premier lieu, les variables d'état (c'est-à-dire les sources d'incertitudes affectant le prix à terme) sont sélectionnées et leur dynamique est spécifiée. En deuxième lieu, sachant que le prix de l'actif dérivé est une fonction des variables d'état, du temps et de l'échéance (la date d'expiration du contrat), l'application du lemme d'Itô permet d'obtenir le comportement dynamique du prix à terme. En troisième lieu, un raisonnement d'arbitrage et l'élaboration d'un portefeuille de couverture conduisent à la prime de terme et à l'équation fondamentale de valorisation caractérisant le modèle. En dernier lieu est obtenue, lorsque c'est possible, la solution du modèle.

La transposition aux matières premières de ce cadre d'analyse n'est cependant pas évidente. Le raisonnement est en effet basé sur l'hypothèse selon laquelle le marché est complet ; dans un tel marché, un actif dérivé peut être dupliqué par la combinaison d'autres actifs existants. Si ces derniers sont suffisamment échangés pour être évalués en l'absence d'opportunité d'arbitrage, ils peuvent constituer un portefeuille de couverture dont le comportement réplique celui de l'actif dérivé. Leurs proportions sont fixées de sorte qu'il n'y ait pas d'opportunité d'arbitrage et que la stratégie soit non risquée. Par conséquent, à l'équilibre, le rendement du portefeuille doit être le taux sans risque. Étant réalisée en univers risque-neutre, l'évaluation ne devrait pas dépendre de l'attitude par rapport au risque des opérateurs. Le problème que pose la transposition du cadre d'analyse élaboré pour les taux d'intérêt provient du fait que les marchés de matières premières ne sont pas complets. Les marchés d'actifs réels sont, en effet, loin d'être exempts de toute opportunité d'arbitrage, comme c'est le cas pour la plupart des marchés financiers. Par conséquent, la valorisation en univers risque-neutre est délicate, car plusieurs probabilités risque-neutre peuvent coexister.

Au terme d'une analyse sinon exhaustive, du moins très complète de la littérature, il ressort que le prix au comptant, le *convenience yield*, le taux d'intérêt, et le prix à long terme sont les quatre facteurs sous-jacents des modèles de structure par terme des prix des matières premières recensés. Lorsqu'un modèle ne comporte qu'un seul facteur, le choix se porte presque systématiquement sur le prix au comptant (le modèle à un facteur reposant sur le *convenience yield*, développé par Veld-Merkoulova et de Roon (2003), est l'exception qui confirme la règle). La raison en est simple : le prix à terme étant défini comme l'anticipation du prix au comptant futur, conditionnellement à l'information disponible à une date donnée, le prix au comptant est considéré comme le principal déterminant du prix à terme. L'homogénéité dans le choix des variables d'état disparaît, en revanche, lorsqu'une seconde variable stochastique est introduite. La plupart du temps, le second facteur est le *convenience yield*, mais des modèles utilisant le prix à long terme ont également été développés. Quelques modèles à trois facteurs ont été proposés, mais ils sont plus rares. Dans cas, le troisième facteur est soit le taux d'intérêt, soit le prix à long terme.

2.1. Les modèles à un facteur

Plusieurs modèles à un facteur ont été proposés dans la littérature. Ces modèles peuvent tout d'abord être distingués les uns des autres selon le comportement dynamique qu'ils retiennent pour le prix au comptant : mouvement brownien géométrique ou processus de retour vers une valeur moyenne. Par ailleurs, une deuxième distinction peut être établie entre ces modèles, en fonction du rôle qu'ils accordent au *convenience yield.*

2.1.1. *Le mouvement brownien géométrique*

Les modèles à un facteur retenant un mouvement brownien géométrique pour le prix au comptant sont ceux de Brennan et Schwartz (1985), de Gibson et Schwartz (1989 et 1990), de Brennan (1991), et de Gabillon (1992 et 1995). Le plus connu est celui de Brennan et Schwartz (1985). Il a été intensément utilisé dans les recherches ultérieures portant sur les prix des matières premières (voir par exemple Schwartz, 1998 ; Schwartz et Smith, 2000 ; Nowman et Wang, 2001 ; Cortazar, Schwartz et Casassus, 2001 ; Veld-Merkoulova et de Roon, 2003).

Le mouvement brownien géométrique est une dynamique couramment utilisée pour représenter le comportement des prix des actions. Dans le cas des matières premières, le processus du prix au comptant est :

$$dS(t) = \mu S(t)dt + \sigma_S S(t)dz \qquad [1]$$

avec :

– S, le prix au comptant,
– μ, la tendance du prix au comptant,
– σ_S, la volatilité du prix au comptant,
– dz, un incrément du mouvement brownien standard associé au prix au comptant.

L'utilisation de cette représentation implique que les variations du prix au comptant en t sont supposées être indépendantes des variations antérieures, et que la tendance μ guide l'évolution du prix. L'incertitude affectant cette évolution est proportionnelle au niveau du prix au comptant : lorsque les stocks sont rares, S est élevé ; dans cette situation, toute modification de la demande a un impact important sur le prix au comptant, car les stocks ne sont pas suffisamment abondants pour absorber les fluctuations de prix.

Un raisonnement d'arbitrage et la construction d'un portefeuille de couverture conduisent à l'équation fondamentale de valorisation des prix à terme, qui est :

$$\frac{1}{2}\sigma_S^2 S^2 F_{SS} + (r - c)SF_S - F_\tau = 0 \qquad [2]$$

où c est le *convenience yield* et r le taux d'intérêt sans risque. Ces deux paramètres sont supposés être constants. L'équation montre que le *conve-*

nience yield joue ici le rôle d'un dividende stochastique dans le processus du prix au comptant.

La condition frontière associée à cette équation est :

$$F(S, T, T) = S(T)$$

Elle représente le processus de convergence des prix au comptant et à terme à l'expiration du contrat. Cette convergence est due à la possibilité de livrer la marchandise à l'échéance. Elle est assurée par les opérations d'arbitrage entre le marché physique et le marché papier.

La solution du modèle [1] exprime la relation en t entre un prix à terme observable F pour une livraison en T et la variable d'état S :

$$F(S, t, T) = Se^{(r-c)\tau} \quad [3]$$

où $\tau = T - t$ est la maturité du contrat.

Le modèle de Brennan et Schwartz est très apprécié, car il constitue probablement la version la plus simple de modèle de structure par terme des prix des matières premières. Cependant, une critique majeure peut lui être adressée. En effet, le mouvement brownien géométrique n'est certainement pas le meilleur moyen de représenter la dynamique du prix au comptant. La théorie du stockage (voir le paragraphe 1.1.2), l'effet Samuelson (voir le paragraphe 1.3.1.) et l'analyse en composantes principales des courbes de prix (voir le paragraphe 1.3.3.) indiquent que le processus de retour vers une valeur moyenne est probablement plus pertinent.

2.1.2. Le processus de retour vers une valeur moyenne

Les modèles à un facteur retenant un processus de retour vers une valeur moyenne pour le prix au comptant sont ceux de Schwartz (1997), de Cortazar et Schwartz (1997), et de Routledge, Seppi et Spatt (2000). Celui de Schwartz (1997), inspiré de Ross (1995), est le plus connu. Il a également été utilisé par Schwartz et Smith (2000). Dans ce cas, la dynamique du prix au comptant est :

$$dS = S\kappa(\mu - \ln S)dt + \sigma_S S dz_S$$

avec :

- S, le prix au comptant,
- κ, la force de rappel agissant sur le prix au comptant,
- μ, la valeur moyenne à long terme du logarithme du prix au comptant,
- σ_S, la volatilité du prix au comptant,
- dz_S, un incrément du mouvement brownien standard associé au prix au comptant.

Dans cette situation, le prix au comptant fluctue autour de sa valeur moyenne à long terme. La présence d'une force de rappel κ assure que la variable d'état retournera vers cette valeur. Par conséquent, deux forces déterminent le comportement du prix au comptant : une propension à revenir vers sa valeur moyenne à long terme et, simultanément, une tendance à s'en écarter sous l'effet de chocs aléatoires.

1. Elle peut être obtenue en utilisant une solution de type Feynman-Kac.

L'utilisation d'un processus de retour vers une valeur moyenne autorise une analyse plus réaliste des marchés de matières premières que celle fournie par le mouvement brownien géométrique. Elle permet en effet de prendre en considération le comportement des opérateurs sur le marché physique. Lorsque le prix au comptant est inférieur à sa valeur moyenne à long terme, les industriels, s'attendant à une hausse du prix au comptant, reconstituent leurs stocks, tandis que les producteurs réduisent leur production. La demande croissante sur le marché au comptant et la réduction simultanée de l'offre ont un impact haussier sur le cours au comptant. Inversement, lorsque le prix au comptant est supérieur à sa valeur moyenne à long terme, les industriels cherchent à réduire leurs stocks excédentaires et les producteurs augmentent leur production, poussant ainsi le prix au comptant vers des niveaux plus faibles.

Cette représentation du comportement du prix au comptant est préférable au mouvement brownien géométrique, mais elle n'est toutefois pas parfaite. Premier reproche, le processus de retour vers une valeur moyenne n'exclut pas la possibilité que la variable d'état devienne négative (la même critique a été formulée dans le cas des taux d'intérêt). Deuxième reproche, le processus de retour vers une moyenne, tel qu'il est employé dans le modèle de Schwartz, ne prend pas en considération une caractéristique essentielle des marchés de matières premières expliquée par la théorie du stockage, à savoir que la base ne se comporte pas à l'identique selon que le marché est en report ou en déport. Il est pourtant possible de conserver l'idée du retour vers une valeur moyenne tout en introduisant celle d'asymétrie du comportement de la base, comme cela a été fait pour le modèle asymétrique (voir le paragraphe 2.2.1.2.).

Le processus de retour vers une valeur moyenne a également été utilisé par Cortazar et Schwartz en 1997 dans un modèle plus élaboré. Celui-ci intègre un *convenience yield* dont la valeur dépend de l'écart entre le prix au comptant et un prix moyen à long terme.

2.1.3. Les hypothèses relatives au convenience yield

Parmi les autres modèles à un facteur, ceux étudiés par Brennan en 1991 présentent un intérêt particulier, parce que chacun d'eux repose sur une hypothèse spécifique relative au *convenience yield*, qui est dans ce cas une variable endogène.

Le premier modèle étudié par Brennan correspond à celui développé avec Schwartz en 1985. Dans ce cas, le *convenience yield* C est une fonction linéaire du prix au comptant S :

$$C(S) = cS$$

Le deuxième modèle exprime le *convenience yield* comme une fonction non linéaire du prix :

$$C(S) = a + bS + cS^2$$

Cette formulation est retenue parce qu'elle est plus flexible que celle utilisée en 1985. Elle a ensuite été oubliée, la troisième formulation, qui introduit elle aussi une non linéarité, lui ayant été préférée.

Par rapport au précédent, l'avantage du troisième modèle est de souligner que lorsque le *convenience yield* est faible, il ne peut être inférieur à l'opposé des coûts de stockage. Ces derniers sont supposés être constants pour une large fourchette de niveaux de prix, tant que les capacités de stockage ne sont pas saturées. La non linéarité provient ici du fait que le *convenience yield* est soit égal à l'opposé des coûts de stockage, soit proportionnel au prix au comptant :

$$C(S) = \max(a, b + cS)$$

Cette étude de différentes modélisations du *convenience yield* est très intéressante. À travers ces modèles en effet, Brennan ouvre pour la première fois la voie à une modélisation non linéaire du *convenience yield*, qui sera reprise ensuite dans le cadre de certains modèles à deux facteurs – entre autres dans le modèle asymétrique. Elle bute cependant sur la limite intrinsèque des modèles monofactoriels. Comme nous le verrons avec plus de détails dans la troisième section de ce chapitre, de tels modèles ne peuvent offrir qu'une représentation sommaire de la courbe des prix.

2.2. Les modèles à deux facteurs

Les modèles à deux facteurs peuvent être séparés en deux catégories : ceux qui, s'appuyant sur la théorie du stockage, retiennent le *convenience yield* comme second facteur et ceux qui, sur la base de l'effet Samuelson, choisissent le prix à terme pour une échéance éloignée ou la volatilité du prix au comptant. Les premiers sont beaucoup plus nombreux que les seconds. Dans tous ces modèles, l'introduction d'une seconde variable d'état permet d'obtenir des courbes de prix plus riches que ne l'autorisent les modèles à un facteur (particulièrement pour les maturités éloignées) ainsi que des structures de volatilité plus variées. Rien n'étant gratuit, la complexité des modèles à deux facteurs est la contrepartie de cette amélioration des performances.

2.2.1. Le convenience yield *comme seconde variable d'état*

Avec l'analyse de la totalité de la courbe des prix (et non plus de la seule relation entre le prix au comptant et le prix à terme), non seulement le *convenience yield* a gagné une définition unanimement admise (voir le paragraphe 1.1.2), mais il a en plus acquis ses lettres de noblesse. Il apparaît en effet presque systématiquement dans la modélisation de la structure par terme des prix des matières premières et les progrès réalisés dans ce domaine permettent d'affiner la représentation de cette variable. Le *convenience yield* est en effet tout d'abord considéré comme une fonction déterministe du prix au comptant. Les auteurs tiennent compte des enseignements de la théorie du stockage dans leurs modèles et supposent que le *convenience yield* et le prix au comptant sont positivement corrélés : tous deux sont une fonction inverse du niveau des stocks. Ainsi, le *convenience yield* est élevé lorsque les stocks sont rares, parce que la détention de matières premières est alors très appréciée. Inversement, le *convenience yield* est faible lorsque les stocks sont abondants. Par la suite, cette formalisation a été affinée, en supposant que le *convenience yield* n'est pas parfaitement corrélé au prix au comptant, et en le considérant comme une variable exogène autonome, ayant un comportement de retour vers une valeur moyenne.

L'hypothèse selon laquelle le *convenience yield* n'était pas parfaitement corrélé au prix au comptant a été soulevée, pour la première fois, par Gibson et Schwartz en 1989. Une telle supposition conduisait naturellement à représenter le *convenience yield*, non plus comme une fonction déterministe du prix au comptant, mais comme une variable aléatoire soumise à une dynamique au moins partiellement indépendante de celle du prix au comptant.

Considérer le *convenience yield* comme une source d'incertitude affectant le prix à terme, c'est supposer, contrairement à ce qui est fait dans la plupart des modèles monofactoriels, qu'il apporte une information non intégralement contenue dans la première variable d'état qu'est le prix au comptant. En d'autres termes, le *convenience yield* n'est pas totalement corrélé au prix au comptant. Cette corrélation imparfaite peut être expliquée simplement de la façon suivante : dans un marché de matières premières, une variation du rythme de transport ou de transformation d'une marchandise peut avoir un impact sur le revenu implicite associé à la détention de stocks sans pour autant se traduire immédiatement par des transactions sur le marché physique et donc par une modification du prix au comptant. Le *convenience yield* doit être considéré comme une variable autonome.

Une fois admis le caractère autonome du *convenience yield*, il fallait associer une dynamique à cette variable. Sous l'impulsion des travaux de Gibson et Schwartz (1990), la dynamique choisie fut un mouvement de retour vers une valeur moyenne, ou processus d'Ornstein-Uhlenbeck.

Ainsi, en prenant pour point de départ les enseignements de la théorie du stockage, les travaux sur la modélisation de la structure par terme des prix ont grandement contribué à mettre en évidence l'intérêt du *convenience yield*, et sa portée « universelle ». Ces travaux comportent cependant une limite importante. Ils ignorent en effet que, dans les marchés de matières premières, il existe des différences entre les situations de report et de déport, dues aux difficultés de l'arbitrage sur de tels marchés.

Contrairement à ce qui se produit sur les marchés financiers, les opérations d'arbitrage, dans les marchés de matières premières, sont longues à mettre en œuvre – il faut transporter la marchandise – difficiles à entreprendre – du fait de l'existence de différentiels de qualité, de la nécessité de disposer de capacités de transport et de stockage – voire impossibles à réaliser en cas de pénurie de stocks. Ce phénomène, très tôt analysé dans la littérature à travers la théorie du stockage, a ensuite été largement établi et commenté, sur différents marchés de matières premières (voir par exemple Williams et Wright, 1991 ; Ng et Pirrong, 1994 ; Litzenberger et Rabinowitz, 1995).

2.2.1.1. Le modèle de Schwartz

Le plus célèbre des modèles à deux facteurs retenant le *convenience yield* comme variable d'état a été proposé par Schwartz (1997). Son origine est à rechercher dans le modèle proposé par Gibson et Schwartz en 1990. Comparé à cette version antérieure, le modèle de 1997 est plus simple d'utilisation, car il possède une solution analytique. Il a été utilisé comme référence pour développer plusieurs modèles plus élaborés et plus compliqués (Hilliard et Reis, 1998 ; Schwartz, 1998 ; Neuberger, 1999 ; Schwartz et Smith, 2000 ; Lautier, 2002 ; Yan, 2002 ; Richter et Sorensen, 2002 ; Veld-Merkoulova et de Roon, 2003 ; Cortazar et Schwartz, 2003…).

Le modèle de Schwartz (1997) suppose que le prix au comptant S et le *convenience yield* C expliquent le comportement du prix à terme F. La dynamique de ces variables d'état est :

$$\begin{cases} dS = (\mu - C)Sdt + \sigma_S S dz_S \\ dC = [k(\alpha - C)]dt + \sigma_C dz_C \end{cases} \qquad [4]$$

où : κ, σ_S, $\sigma_C > 0$
avec :

- μ, la tendance du prix au comptant,
- σ_S, la volatilité du prix au comptant,
- dz_S , un incrément du mouvement brownien standard associé à S,
- α, la valeur moyenne à long terme du *convenience yield,*
- κ, la force de rappel agissant sur le *convenience yield*,
- σ_C, la volatilité du *convenience yield,*
- dz_C, un incrément du mouvement brownien standard associé à C.

Dans ce modèle, Schwartz reprend l'idée d'un comportement de retour vers une valeur moyenne, mais l'applique cette fois au *convenience yield.* Ce choix est cohérent avec ce qui avait été fait dans le cadre de modèles monofactoriels, car le *convenience yield* intervient également dans la dynamique du prix au comptant, et lui imprime à son tour – mais de façon marginale – un comportement de retour vers une valeur moyenne. Le *convenience yield* devient alors un dividende *stochastique* affectant la dynamique du prix au comptant. Cette représentation est importante car elle illustre bien l'idée que le *convenience yield* est un revenu implicite associé aux stocks. Elle autorise par ailleurs des comparaisons avec d'autres actifs financiers, tels que les actions ou les obligations [1].

1. En effet, il est possible de remarquer que la notion de structure par terme comporte toujours un certain nombre de facteurs communs : le taux d'intérêt sans risque, la prime de risque, et le rendement associé à la détention de l'actif support. Tous ces facteurs se retrouvent dans le cas des obligations, des devises, des actions, des indices boursiers, et, depuis Schwartz (1997), dans celui des matières premières.

Appliqué au *convenience yield*, le processus d'Ornstein-Uhlenbeck suppose que les stocks ont une capacité à se régénérer, et qu'il existe, dans des conditions de fonctionnement normales, un niveau de stocks satisfaisant les besoins de l'industrie. C'est le comportement des opérateurs sur le marché physique qui garantit le maintien de ce niveau. Ainsi, lorsque le *convenience yield* est faible, les stocks sont abondants et les opérateurs supportent un coût de stockage élevé au regard des bénéfices associés à la détention de la marchandise. Par conséquent, s'ils sont rationnels, ils vont chercher à réduire ces stocks excédentaires. Inversement, en cas de pénurie, les opérateurs tendent à reconstituer les stocks.

Par ailleurs, conformément aux enseignements de la théorie du stockage, le modèle suppose que le prix au comptant et le *convenience yield* sont corrélés. En effet, ces variables d'état sont toutes les deux une fonction inverse du niveau des stocks. Néanmoins, comme l'ont montré Gibson et Schwartz (1990), leur corrélation n'est pas parfaite. Leurs mouvements browniens géométriques sont donc corrélés, avec :

$$E[dz_S \times dz_C] = \rho dt$$

où ρ est le coefficient de corrélation.

Un raisonnement d'arbitrage et la construction d'un portefeuille de couverture conduisent à la solution du modèle. Elle exprime la relation en t entre un prix à terme observable F pour une livraison en T et les variables d'état S et C :

$$F(S, C, t, T) = S(t) \times \exp\left[-C(t)\frac{1-e^{-\kappa\tau}}{\kappa} + B(\tau)\right] \qquad [5]$$

où :

$$B(\tau) = \left[\left(r - \hat{\alpha} + \frac{\sigma_C^2}{2\kappa^2} - \frac{\sigma_S\sigma_C\rho}{\kappa}\right) \times \tau\right] + \left[\frac{\sigma_C^2}{4} \times \frac{1-e^{-2\kappa\tau}}{\kappa^3}\right] + \left[\left(\hat{\alpha}\kappa + \sigma_S\sigma_C\rho - \frac{\sigma_C^2}{\kappa}\right) \times \left(\frac{1-e^{-\kappa\tau}}{\kappa^2}\right)\right]$$

avec :

- $\hat{\alpha} = \alpha - (\lambda/\kappa)$
- r, le taux d'intérêt sans risque, supposé constant,
- λ, la prime de risque du *convenience yield*,
- $\tau = T - t$, la maturité du contrat à terme.

Le modèle de Schwartz a l'avantage d'être relativement simple d'utilisation. Il présente cependant une limite importante. Il ignore en effet que, dans les marchés de matières premières, les situations de report et de déport ne sont pas symétriques. Les différences sont dues aux difficultés de l'arbitrage dans les marchés de matières premières. C'est pour prendre en considération ce phénomène que le modèle asymétrique a été développé.

2.2.1.2. Le modèle asymétrique

Retenir deux facteurs, choisir le *convenience yield* comme second facteur et introduire une asymétrie dans son comportement sont les trois caractéristiques du modèle asymétrique (Lautier, 2000 ; Lautier et Galli, 2001). Elles résultent de choix qui sont justifiés dans les paragraphes qui suivent.

- *Un modèle à deux facteurs*

Le choix d'un modèle à deux facteurs repose sur des considérations pratiques. C'est tout d'abord la volonté d'avoir un outil permettant une représentation satisfaisante de la courbe des prix qui incite à rejeter les modèles monofactoriels. Comme précisé dans la troisième section de ce chapitre, malgré l'attrait que présente leur simplicité, ces modèles offrent une représentation sommaire de la structure par terme des prix, sauf pour des maturités très courtes et pour certaines matières premières. Cette limite des modèles à un facteur n'est pas spécifique aux marchés de matières premières. Elle se manifeste également dans le domaine des taux d'intérêt.

Deux raisons expliquent la décision de retenir un modèle à deux plutôt qu'à trois facteurs. La première est liée à l'introduction de l'hypothèse d'asymétrie du *convenience yield*. Pour tester cette hypothèse, nul n'était besoin, dans un premier temps au moins, d'un modèle à trois facteurs. Il était au contraire préférable de simplifier le problème pour centrer l'analyse sur l'asymétrie du *convenience yield*. Une fois prouvé l'intérêt de cette hypothèse, il serait toujours temps d'insérer une troisième variable.

La seconde raison est que l'intérêt d'introduire un troisième facteur dans un modèle de structure par terme n'est, à ce jour, toujours pas prouvé. L'argument majeur en faveur d'une telle introduction est de nature théorique : lorsque l'horizon d'analyse s'éloigne, il devient gênant de considérer la structure par terme des taux d'intérêt comme plate. Par conséquent, il serait pertinent d'intégrer un facteur stochastique correspondant au taux d'intérêt ou à une variable le représentant de façon plus ou moins directe. Cet argument, au demeurant parfaitement justifié, se révèle cependant être de peu de poids sur le plan pratique. En premier lieu, l'analyse en composantes principales (Lautier, 2005 a) a montré que, même en prenant en considération des maturités allant jusqu'à sept ans, la part du troisième facteur dans la variabilité totale des prix à terme est marginale (voir le paragraphe 1.3.3). En deuxième lieu, des tests empiriques (Lautier, 2005 d) réalisés avec le modèle à deux facteurs de Schwartz (1997) montrent que ses performances peuvent être excellentes, même pour les maturités les plus longues. Enfin, troisième argument, Cortazar et Schwartz, lorsqu'ils le proposent en 2003, précisent bien que leur modèle à trois facteurs n'a d'intérêt que pour quelques cas spécifiques observés empiriquement. Ainsi, le gain en réalisme obtenu en introduisant un troisième facteur est faible au regard de l'accroissement de la complexité de l'analyse. Par ailleurs, comme le montre la quatrième section de ce chapitre, la simplicité est préférable si l'on souhaite utiliser un modèle de structure par terme pour valoriser des produits dérivés plus complexes que les contrats à terme.

- *Un modèle avec le* convenience yield *pour second facteur*

L'étude des différents modèles de structure par terme des prix des matières premières proposés dans la littérature soulève non seulement des questions relatives au nombre des variables introduites dans ces modèles, mais également des interrogations quant à leur nature.

S'agissant de modèles d'équilibre partiel [1], le choix de la nature des facteurs peut sembler quelque peu arbitraire, car les variables d'état sont supposées être exogènes. L'examen des modèles et leur mise en perspective par rapport à la littérature sur les relations de prix dans les marchés de matières premières montrent cependant que ces choix s'appuient, d'une part, sur la théorie du stockage, et, d'autre part, sur l'étude du comportement dynamique de la courbe des prix (effet Samuelson). De ce fait, un modèle avec un prix au comptant, un *convenience yield* et/ou un prix à long terme exogènes peut être considéré comme la forme réduite d'un modèle plus général dans lequel ces variables seraient déterminées de façon endogène par la production, la consommation et les décisions de stockage.

Dans le cadre d'un modèle à deux facteurs, il s'avère nécessaire d'accorder la préséance soit au *convenience yield*, soit au prix à long terme. À ce jour, bien que le *convenience yield* ait été largement préféré par les auteurs, il n'existe pas d'élément quantifiable justifiant de choisir l'une plutôt que l'autre de ces deux variables. En effet, aucune comparaison entre modèles n'a été réalisée à ce sujet. Ainsi, s'il est certain que chacun de ces deux facteurs apporte une information importante, qui n'est pas totalement contenue dans la première variable d'état qu'est le prix au comptant, il n'est pas possible de savoir si l'un apporte plus que l'autre.

Le choix du prix à long terme peut être considéré comme intéressant en ce qu'il évite les questions relatives au *convenience yield* et à sa signification économique. En effet, bien que ce concept date de 1939, il a été, à certaines occasions, l'objet de remises en cause. Il serait cependant regrettable de leur accorder un trop grand écho.

Les difficultés associées au concept de *convenience yield* proviennent tout d'abord de la lenteur de son processus de définition (voir le paragraphe 1.1.2). Au-delà des problèmes de définition, le *convenience yield* a été critiqué pour les difficultés d'estimation qu'il présente. Deux catégories d'objections ont été soulevées.

---

1. Pour apporter une vision exhaustive des modèles de structure par terme, il faut également mentionner les travaux réalisés par Cortazar et Schwartz (1994) et par Miltersen et Schwartz (1998). Ces auteurs ont proposé, pour la valorisation des matières premières, un cadre d'analyse reposant sur la méthodologie développée par Heath, Jarrow et Morton (1992) (approche probabiliste). Dans ce cas, la structure par terme des prix est considérée comme une donnée, un *input* du modèle.

La première, à l'initiative de Williams et Wright (1989), soutient que le *convenience yield* peut être surévalué lorsqu'il est estimé à partir de données de stocks. En effet, celles-ci regroupent parfois, en un ensemble homogène sur le plan statistique, des matières premières qui ne sont pas réellement substituables, car elles présentent un différentiel de qualité et/ou sont situées dans des lieux géographiquement éloignés les uns des autres. Cette objection est parfaitement justifiée. Elle aurait pu, à la limite, remettre en cause l'existence du *convenience yield*, si celle-ci n'avait ensuite été fermement établie, en tenant compte de cet éventuel biais de mesure, par Brennan, Williams et Wright (1997), et par Frechette et Fackler (1999).

La seconde catégorie d'objections tient au caractère non observable du *convenience yield*. En effet, s'il est possible d'approcher la valeur du *convenience yield* à l'aide de données relatives aux stocks ou aux prix, il n'existe pas d'actif réellement traité sur le marché correspondant à cette variable. S'il est indéniable que cette caractéristique rend délicate l'estimation du *convenience yield*, l'objection n'en est pourtant pas plus recevable. Toutes les variables anticipées, dans le domaine de la finance, ne sont pas directement observables. Faut-il pour autant les remettre en cause ?

En poussant plus avant les comparaisons avec d'autres domaines de la finance, il est possible de remarquer que, lorsqu'elle est appliquée aux obligations, aux devises, aux actions ou aux indices boursiers, la notion de structure par terme comporte un certain nombre de facteurs communs. Ces facteurs sont le taux d'intérêt sans risque, la prime de risque et le rendement associé à la détention de l'actif support. Pourquoi cette belle cohérence disparaîtrait-elle soudain, pourquoi ce dernier facteur perdrait-il son sens ou son intérêt, lorsque l'on passe des titres financiers au domaine des matières premières ?

Ainsi, choisir par défaut le prix à long terme, dans le but d'éviter une prétendue difficulté liée au *convenience yield*, ne paraît guère pertinent. Peut-être est-ce même aller de Charybde en Scylla, car le prix à long terme présente lui aussi des difficultés d'estimation et il n'est pas plus observable que le *convenience yield*. De plus, il est supposé être relativement stable. Or, ce n'est pas nécessairement ce qui est le plus attendu d'une variable stochastique…

Peut-être le choix pourrait-il être guidé par l'usage que l'on souhaite avoir d'un modèle de structure par terme. Il semble en effet, *a priori*, que retenir la théorie du stockage et le *convenience yield* conduit plutôt à des applications à court et à moyen terme, tandis que l'introduction d'un prix à long terme porte vers une analyse pour un horizon plus éloigné.

- *L'hypothèse d'asymétrie du* convenience yield

Le troisième choix effectué dans le cadre de ce modèle est relatif à l'hypothèse d'asymétrie du *convenience yield*. Ce choix constitue l'originalité du modèle. Il a été effectué pour répondre aux lacunes des modèles précédemment développés, en intégrant dans l'analyse de la structure par terme des prix le caractère imparfait des opérations d'arbitrage, qui caractérise les marchés de matières premières. Dans ces marchés, les sources d'imperfection et les difficultés de l'arbitrage qui en résultent sont nombreuses. Il est possible d'en dénombrer six.

L'arbitrage est tout d'abord imparfait parce que les produits ne sont pas homogènes. Un pétrole brut de qualité soufrée n'offrira par exemple pas du tout le même rendement pour un raffineur, en terme d'essence produite, qu'un brut léger. Ce n'est pas le cas pour un actif financier. Qui se pose la question de la qualité de l'indice Standard & Poor's 500 ? Le fait qu'une qualité bien spécifique de matière première soit associée à un contrat à terme peut susciter des phénomènes d'étranglement (*squeeze*) et avoir un impact sur les prix, d'autant plus complexe que peuvent également jouer des difficultés liées au phénomène de la marchandise la moins chère à livrer, ou *cheapest to deliver*. Lors de la livraison, l'acheteur peut rationnellement s'attendre à ce que le vendeur cherche à livrer la marchandise de la moins bonne qualité possible (ce qui n'est pas toujours possible pour ce vendeur, s'agissant de matières premières). Ce problème, très souvent mentionné dans le cas des contrats à terme sur titres notionnels, a toujours existé dans le domaine des matières premières. Et l'on ne résout pas la question du *cheapest* sur le maïs, le pétrole ou le café robusta grâce au simple calcul d'un facteur de concordance.

L'arbitrage peut par ailleurs être freiné par des difficultés liées à la localisation des points de livraison de la matière première. Pour réaliser un arbitrage entre le marché physique et le marché papier (*cash and carry*), il est en effet nécessaire de procéder à une livraison à l'échéance du contrat à terme. Mais pour livrer le blé servant de sous-jacent au contrat à terme négocié au Chicago Board of Trade, il n'y a que deux possibilités : Duluth ou Chicago. Or, ces deux villes sont suffisamment éloignées l'une de l'autre pour qu'il ne soit pas du tout équivalent, pour un acheteur, de réceptionner la marchandise en l'un ou l'autre de ces deux points. En revanche, les métaux non ferreux utilisés comme support des contrats négociés au London Metal Exchange (LME) peuvent être livrés en plus de 60 destinations réparties dans la plupart des régions du monde... Ceci donne *a priori* plus de flexibilité. La livraison n'en est cependant pas évidente pour autant. Que dirait un acheteur français se voyant proposer une livraison à Gdansk ? La question de la livraison ne se pose donc pas du tout de la même façon pour les matières premières et pour une obligation du Trésor, même sans accorder une importance démesurée à des cas un peu particuliers comme celui du bétail vivant, que la chambre de compensation doit pouvoir accueillir, nourrir, abreuver et nettoyer... processus un peu lourd sachant qu'un contrat à terme correspond à une quantité de 40 bœufs.

Le coût de stockage et la nécessité de disposer de capacités adéquates peuvent eux aussi entraver, au moins de façon momentanée, les opérations d'arbitrage. À cet égard, tous les opérateurs ne sont pas égaux face aux opportunités qui peuvent se manifester. En effet, si pour les actifs financiers le coût de stockage ne varie pas d'un opérateur à l'autre, et se résume bien souvent en un simple coût de financement de la position, tel n'est pas le cas pour les matières premières. Le coût de stockage n'est par exemple pas du tout le même, pour le blé, selon que l'on dispose de capacités automatisées ou non. Il diffère fortement, pour le pétrole, selon que l'on se trouve dans une région à climat froid ou chaud. Dans le premier cas en effet, il faudra chauffer le pétrole pour éviter qu'il ne gèle. Enfin, tous les opérateurs ne disposent pas de capacités de stockage.

Le problème du transport, des capacités et des structures nécessaires à sa réalisation est un autre obstacle éventuel aux opérations d'arbitrage. Là encore, tous les opérateurs ne sont pas dans une situation identique car tous ne possèdent pas nécessairement de capacités de transport. Et, outre le fait que, pour louer un tanker, il faut s'assurer que celui-ci se trouve dans un état de fonctionnement satisfaisant, les bateaux ne se trouvent pas nécessairement au bon endroit au bon moment, quand il y en a de libres ! Une pénurie de bateau peut se transformer en un déport immédiat et extrêmement prononcé (on a assisté, dans ce type de situation, à des hausses de 40 % sur le prix à terme rapproché de certains métaux négociés au LME). Une grève interdisant l'utilisation de l'unique voie ferrée utilisée pour transporter les céréales dans les plaines canadiennes peut rendre une livraison impossible en l'absence d'autres moyens de transport disponibles. Et le vendeur annonçant alors à la chambre de compensation qu'il ne peut répondre à son engagement de livraison risque de se voir signifier qu'une grève ne constitue pas un cas de force majeure et qu'il est dans son tort. De même, une grève affectant la production peut avoir un impact très important sur les prix... Il n'y a pas de grève dans la production des bons du Trésor ou des OAT.

L'arbitrage peut également être rendu particulièrement délicat par le caractère non stockable de la marchandise considérée. C'est le cas de l'électricité. Avec cette matière première, pour profiter d'une situation de prix économiquement non justifiée, il faut disposer de capacités de production qui soient à la fois inutilisées et suffisamment flexibles pour pouvoir produire rapidement face à une évolution donnée des prix. L'hydraulique est sans doute, dans ce contexte, l'outil le plus utile. Mais il faut supporter les coûts fixes de cette capacité d'appoint pendant toute la période où elle n'est pas utilisée...

Enfin, pour réaliser des opérations d'arbitrage, dans la plupart des marchés financiers, il est possible de réaliser des emprunts de titres et d'effectuer des ventes à découvert. Tel n'est pas le cas dans le domaine des matières premières. Qui, en situation de déport, prendra le risque de se délaisser de ses marchandises pendant quelques semaines ou quelques mois, au risque de subir une interruption de production ?

Toutes ces sources d'imperfection ont naturellement un impact sur le comportement des prix, qui mérite d'être pris en considération. Les difficultés de l'arbitrage, dans les marchés de matières premières, ont pour conséquence un comportement asymétrique de la base, définie comme la différence entre le prix à terme et le prix au comptant. Ce phénomène résulte de ce que les arbitrages entre le marché physique et le marché des contrats, simples à mettre en œuvre en situation de report, lorsque les stocks sont abondants, deviennent plus difficiles à initier en déport, lorsque les stocks sont rares. Par conséquent, alors que la base est stable en situation de report, elle devient volatile en situation de déport, lorsque les stocks ne suffisent plus à absorber les fluctuations de prix. Comme le soulignait Gerda Blau, dès 1944 : « *Arbitrage can always be relied upon to prevent the forward price from exceeding the spot price by more than net carrying cost… [but] can not be equally effective in preventing the forward price from exceeding the spot price by less than net carrying cost.* »

De cette asymétrie de la base, il est possible de déduire celle du *convenience yield*, en s'appuyant sur le raisonnement suivant. Le prix au comptant et le *convenience yield* sont positivement corrélés et sont tous deux une fonction inverse du niveau des stocks. Par conséquent, le *convenience yield*, tout comme le prix au comptant, devrait être élevé et volatil en déport, plus faible et relativement stable en report.

Le prix au comptant est en effet élevé en cas de pénurie de stocks, car les opérateurs sont soucieux de s'approvisionner pour assurer la continuité de leurs opérations d'exploitation. Parce que l'intérêt accordé à la détention de stocks est alors prononcé, le *convenience yield* est élevé. De plus, le prix au comptant est volatil lorsque les stocks ne sont pas suffisamment abondants pour absorber les fluctuations de la demande. Et lorsque les prix au comptant sont volatils, le bénéfice retiré de la vente de stocks l'est tout autant. Ces différents éléments étant liés à la faiblesse du niveau des stocks, ils disparaissent en situation de report, ce qui confère un comportement asymétrique au *convenience yield* : celui-ci est faible et stable en situation de report, lorsque les stocks sont abondants ; inversement, il est élevé et volatil lorsque les stocks sont rares, en situation de déport.

Cette asymétrie du *convenience yield* a trouvé un écho dans la littérature. Certains chercheurs (Heinkel, Howe et Hughes, 1990 ; Milonas et Tomadakis, 1997 ; Milonas et Henker, 2001) ont en effet proposé de représenter le *convenience yield* comme une option, actif asymétrique par excellence.

Brennan (1991) introduit un *convenience yield* asymétrique pour prendre en compte une contrainte de non négativité sur les stocks. Cependant, il suppose que le *convenience yield* est déterministe et travaille dans le cadre d'un modèle monofactoriel, limité par construction (ce modèle est exposé au paragraphe 2.1.). Dans le modèle présenté par Routledge, Seppi et Spatt (2000), l'asymétrie dans le comportement du *convenience yield* est introduite dans la corrélation entre le prix au comptant et le *convenience yield*. Cette corrélation est plus élevée en déport qu'en report. Le *convenience yield*, tout en étant stochastique, est une variable endogène, déterminée par le processus de stockage. Les deux facteurs, dans le modèle de Routledge *et al.*, sont le prix au comptant et des chocs exogènes transitoires affectant l'offre et la demande. Par rapport à ces différents travaux, le modèle asymétrique présente l'avantage d'autoriser une comparaison entre deux situations : celle où l'imperfection des marchés de matières premières est ignorée, et celle où, au contraire, elle est prise en considération.

• *La modélisation retenue*

La version initiale du modèle asymétrique (Lautier, 2000) a été développée et approfondie dans un article ultérieur (Lautier et Galli, 2001) [1].

Dans le modèle asymétrique, le *convenience yield* a également un comportement de retour vers une valeur moyenne et joue le rôle d'un dividende stochastique. L'asymétrie introduite dans la dynamique du *convenience yield* est exprimée par la relation [6], unissant $\tilde{C}$ et C, les *convenience yields* respectifs du modèle asymétrique et du modèle de Schwartz (1997) :

$$\tilde{C}(t) = (1-\beta)C(t) + \beta exp(C(t)) \qquad [6]$$

L'asymétrie est représentée par le paramètre β. Lorsque ce dernier est égal à zéro, le modèle asymétrique se réduit à celui de Schwartz. Cette formulation permet ainsi de comparer deux modèles de structure par terme, ce qui a rarement été effectué dans ce domaine.

L'introduction de l'asymétrie a pour but d'apprécier dans quelle mesure l'imperfection de l'arbitrage, sur les marchés de matières premières, peut avoir un impact sur les prix à terme. Tout en exploitant la méthodologie de l'évaluation relative, tout en se servant de concepts utilisés dans d'autres domaines de la finance, il s'agit ici de mesurer, d'apprécier les caractéristiques des matières premières en termes de délais de transport, de différentiel de qualité, de nécessité d'assurer la continuité de l'exploitation.

À partir de la relation [6], il est possible d'obtenir la dynamique des états du modèle :

$$\begin{cases} dS = (\mu - \tilde{C})Sdt + \sigma_S S dz_S \\ d\tilde{C} = \left(\kappa(\alpha - C)(1-\beta+\beta e^C) + \frac{1}{2}\beta e^C \sigma_C^2\right)dt + (1-\beta+\beta e^C)\sigma_C dz_C \end{cases} \qquad [7]$$

où : $E[dz_S \times dz_C] = \rho dt$

$\kappa, \sigma_S, \sigma_C > 0$

1. L'amélioration a consisté à effectuer un changement de probabilité dans l'expression de la dynamique des variables d'état, et à utiliser la probabilité risque-neutre. Jusqu'alors, c'était la probabilité historique qui était retenue. Le passage de l'une à l'autre est acceptable car, les variables d'état du modèle n'étant pas observables, aucune série empirique ne leur est associée. Ce changement de probabilité est de nature technique, mais il a des conséquences importantes sur le modèle asymétrique. Il permet en effet de réduire de huit à six le nombre de paramètres associés à ce modèle (et de sept à cinq ceux du modèle de Schwartz). Il facilite de ce fait la procédure d'optimisation, qui peut être menée simultanément sur tous les paramètres (ce qui n'était pas le cas pour la version initiale du modèle). Cette amélioration est obtenue au prix d'une moindre information quant aux estimations de la prime de risque et de la valeur moyenne à long terme du *convenience yield*, car ces deux éléments n'apparaissent désormais que de manière implicite. En revanche, elle présente un double avantage : tout d'abord, elle permet de confirmer la validité de l'hypothèse d'asymétrie du *convenience yield* ; ensuite, elle contribue à améliorer les performances du modèle asymétrique.

avec :
- μ, le rendement instantané anticipé pour le prix au comptant,
- α, la moyenne à long terme du *convenience yield*,
- κ, la force de rappel de C vers α,
- σ_S, la volatilité du prix au comptant,
- σ_C, la volatilité du *convenience yield*,
- dz_S, l'incrément du mouvement brownien associé au prix au comptant,
- dz_C, l'incrément du mouvement brownien associé au *convenience yield*,
- ρ, le coefficient de corrélation unissant les deux browniens.

À partir de la dynamique des états, l'application du lemme d'Itô permet d'obtenir l'équation fondamentale de valorisation du modèle :

$$\frac{1}{2}\sigma_S^2 S^2 F_{SS} + \frac{1}{2}\sigma_C^2 \eta^2 F_{\tilde{C}\tilde{C}} + \rho\sigma_S\sigma_C S\eta F_{S\tilde{C}} + (r - \tilde{C})SF_S$$
$$+ \left[\eta\kappa(\hat{\alpha} - C) + \frac{1}{2}\sigma_C^2 \beta e^C\right] F_{\tilde{C}} - F_\tau = 0 \qquad [8]$$

avec :

$\eta = 1 - \beta(1 - e^C)$

$\hat{\alpha} = \alpha - (\lambda/\kappa)$

$\lambda = \lambda_C \sigma_C$

où λ est la prime de risque associée au *convenience yield.*

Comme pour les modèles précédents, la condition frontière associée à cette équation, [F(S, $\tilde{C}$, T, T) = S(T)], représente le processus de convergence du prix à terme vers le prix au comptant à l'expiration du contrat.

L'application d'une solution de type Feynman-Kak permet d'obtenir la solution du modèle :

$$F(S, \tilde{C}, t, T) = S(t) \times A(\tau) \times e^{H(\beta - 1)C(t)}$$
$$\times E_t^Q\left[e^{\left(\sigma_S \int_t^T dz_S(v) - (1-\beta)\int_t^T B(v)dv - \beta\int_t^T e^{D(v) + B(v)}dv\right)}\right] \qquad [9]$$

avec :

$H = (1 - e^{-\kappa\tau})/\kappa$

$$A(\tau) = e^{(r - 0,5\sigma_S^2)\tau + \hat{\alpha}(1-\beta)(H - \tau)}$$

$$B(v) = \sigma_C e^{-\kappa v}\int_t^v e^{\kappa y} dz_C(y)$$

$$D(v) = \hat{\alpha} + (C(t) - \hat{\alpha})e^{-\kappa(v - t)}$$

Une partie de l'expression ci-dessus se trouvant sous la forme d'une espérance, la solution du modèle asymétrique est donc semi-analytique, ce qui peut avoir des implications importantes en termes de complexité de l'analyse, de temps de calcul, et de précision des résultats.

La complexité provient de la nécessité de recourir à des méthodes numériques pour calculer les prix à terme issus du modèle asymétrique. L'absence de solution analytique étant fréquente en finance, de nombreuses méthodes permettent d'y remédier. La complexité n'est donc pas insurmontable. En revanche, l'absence de solution analytique implique que les performances obtenues par le modèle asymétrique compensent, et au-delà, les difficultés induites par sa mise en œuvre, afin qu'il puisse réellement concurrencer les modèles avec solution analytique.

Le temps de calcul, lié à la nécessité de simuler les prix à terme, aurait pu être une difficulté. L'application du modèle asymétrique a cependant montré que tel n'était pas le cas, en particulier pour des échéances rapprochées, même en recourrant à des outils informatiques d'usage quotidien. Or, comme nous le verrons à la troisième section de ce chapitre, c'est avant tout sur les maturités courtes que le modèle se distingue des autres.

Enfin, la question de la précision est sans doute la plus importante, car c'est à cette aune que l'on juge de la valeur d'un modèle. Or, la précision va de pair avec le temps de calcul. De ce point de vue, le fait que les paramètres du modèle n'aient pas à être calculés trop fréquemment est un avantage certain.

Si l'intégration de l'hypothèse d'asymétrie du *convenience yield* ne semble pas contestable *a priori* sur le plan théorique, une telle entreprise pourrait être perçue comme un raffinement excessif sur le plan pratique... Les performances du modèle asymétrique, présentées dans la troisième section de ce chapitre, montrent que tel n'est pas le cas.

2.2.2. Le prix à long terme comme seconde variable d'état

Une autre approche de la structure par terme des prix des matières premières met l'accent sur la structure décroissante des volatilités le long de la courbe des prix. Dans ce contexte, il est naturel de considérer que les deux extrémités de la courbe, que sont le prix au comptant et le prix à long terme, constituent les facteurs explicatifs du comportement des prix à terme. Ces deux facteurs deviennent de ce fait les variables d'état des modèles. Cette approche, moins répandue que la précédente, a été suivie par Gabillon (1992) et par Schwartz et Smith (2000).

Gabillon (1992) utilise les prix au comptant et à long terme comme variables d'état, ces deux variables étant positivement corrélées. Dans ce modèle, le *convenience yield* est une variable endogène, qui dépend de ces deux facteurs. L'utilisation du prix à long terme comme seconde variable d'état est justifiée par le fait que ce prix peut être influencé par des éléments exogènes au marché physique, tels que l'inflation anticipée, les taux d'intérêt ou les prix des énergies concurrentes. L'auteur retient un mouvement brownien géométrique pour représenter le comportement du prix à long terme. Associer, comme le fait Gabillon, le prix au comptant et le prix à long terme permet de rassembler tous les facteurs explicatifs des mouvements de la structure par terme.

Schwartz et Smith (2000) proposent un modèle à deux facteurs, qualifié de modèle « court terme / long terme », dans lequel les prix à court terme ont un comportement de retour vers une valeur moyenne, et où il existe une incertitude quant au niveau d'équilibre vers lequel reviennent les prix. Dans ce modèle, les deux variables d'état sont issues de la décomposition du prix au comptant. Cette décomposition permet d'établir une distinction entre les variations à court terme et l'équilibre à long terme :

$$\ln(S_t) = \chi_t + \xi_t$$

avec :
- S_t , le prix au comptant en *t,*
- χ_t, la variation à court terme du prix au comptant,
- ξ_t, le niveau d'équilibre des prix.

Ces deux facteurs ne sont pas directement observables, mais ils peuvent être estimés à l'aide de prix au comptant et de prix à terme. Plus précisément, les mouvements des prix des contrats *futures* à long terme offrent des informations relatives au niveau d'équilibre des prix, tandis que les différences entre les prix *futures* à long et à court terme fournissent de l'information quant aux variations à court terme des prix. Si ce modèle ne prend pas explicitement en considération le fait que le *convenience yield* puisse être stochastique, les auteurs précisent toutefois qu'il peut se ramener au modèle à deux facteurs proposé par Gibson et Schwartz en 1990, car les variables d'état d'un modèle peuvent être exprimées comme des combinaisons linéaires des variables d'état de l'autre modèle

Les variations à court terme sont supposées avoir une moyenne nulle et suivre un processus d'Ornstein-Uhlenbeck. Quant au niveau d'équilibre, il est supposé suivre un mouvement brownien géométrique. Par conséquent, la dynamique des deux variables d'état du modèle est la suivante :

$$\begin{cases} d\chi_t = -\kappa\chi_t dt + \sigma_\chi dz_\chi \\ d\xi_t = \mu dt + \sigma_\xi dz_\xi \end{cases} \quad [10]$$

avec :
- κ, la force de rappel agissant sur les déviations à court terme,
- σ_χ, la volatilité des variations de prix à court terme,
- dz_χ, un incrément du mouvement brownien standard associé à χ_t,
- μ, la tendance du niveau de prix d'équilibre,
- σ_ξ, la volatilité du niveau de prix d'équilibre,
- dz_ξ, un incrément du mouvement brownien standard associé à ξ_t.

Les variations à court terme représentent des fluctuations temporaires de prix causées par des modifications brutales des conditions climatiques, par des interruptions de l'offre, etc. Elles ne sont pas supposées persister, et sont tempérées par la capacité des opérateurs du marché à ajuster le niveau de leurs stocks en réponse aux changements des conditions de fonctionnement du marché. Les variations du niveau d'équilibre à long terme représentent quant à elles des modifications fondamentales et durables.

L'équilibre à long terme est déterminé par le nombre de producteurs présents dans l'industrie, les anticipations quant à la date d'épuisement des réserves, l'évolution des technologies de production, la découverte éventuelle de nouvelles réserves, ainsi que par l'inflation et l'impact de mesures politiques et réglementaires.

Le principal avantage de ce modèle est d'éviter les questions relatives à l'estimation et à la signification économique du *convenience yield*, (sur ce thème, voir par exemple Williams et Wright, 1989 ; Brennan, Williams et Wright, 1997 ; Frechette et Fackler, 1999). L'idée d'un équilibre de long terme est également cohérente avec des travaux récents sur la mémoire longue dans les marchés à terme de matières premières. La mémoire longue (dépendance à long terme) décrit la structure de corrélation entre des séries de données pour des périodes de temps importantes. Si un processus de mémoire longue est mis en évidence pour une série, cela signifie qu'il existe, pour cette série, des dépendances temporelles persistantes entre des observations éloignées. La mémoire longue du *convenience yield* a par exemple été étudiée par Mazaheri (1999). Barkoulas, Labys et Onochie (1999) ont quant à eux mis en évidence une mémoire longue des prix à terme.

Deux critiques peuvent être émises à l'égard de la modélisation reposant sur le prix à long terme. Premièrement, rien ne permet, dans les travaux proposés, de déterminer à quel horizon se situe l'équilibre à long terme du marché. Deuxièmement, utiliser le prix à long terme comme variable d'état soulève un nouveau problème : est-il pertinent de représenter un équilibre stable avec une variable stochastique ?

2.2.3. L'intégration de la saisonnalité

Pour offrir une vue exhaustive des modèles à deux facteurs, notons que, au-delà de la nature des variables d'état, certaines recherches ont été réalisées sur la saisonnalité des prix des matières premières. Dans ce domaine, Gabillon (1992) a une fois de plus ouvert la voie avec un modèle incluant une fonction de saisonnalité, laquelle résultait d'une combinaison de fonctions sinus et cosinus. Le même type de formalisation a été retenu par Richter et Sorensen (2002). Cependant, ces derniers utilisent le prix au comptant et le *convenience yield* comme variables d'état, alors que Gabillon retenait le prix au comptant et le prix à long terme.

2.3. Les modèles à trois facteurs

Jusqu'en 1997, tous les modèles de structure par terme des prix des matières premières supposaient que le taux d'intérêt était constant. Une telle hypothèse revient à considérer que la structure par terme des taux d'intérêt est plate, ce qui est d'autant plus réducteur que l'horizon d'analyse est éloigné. Schwartz, en 1997, propose un modèle incluant trois variables d'état : le prix au comptant, le *convenience yield* et le taux d'intérêt.

Ce dernier a un comportement de retour vers une valeur moyenne. Plus précisément, la dynamique des variables d'état est la suivante :

$$\begin{cases} dS = S(r - C)dt + \sigma_S dz_S \\ dC = \kappa(\alpha - C)dt + \sigma_C dz_C \\ dr = a(m - r)dt + \sigma_r dz_r \end{cases} \quad [11]$$

avec :
- μ, la tendance du prix au comptant,
- α, la valeur moyenne à long terme du *convenience yield,*
- κ, la force de rappel du *convenience yield,*
- a, la force de rappel du taux d'intérêt,
- m, la valeur moyenne à long terme du taux d'intérêt,
- σ_i, la volatilité de la variable i,
- dz_i, un incrément du mouvement brownien standard associé à la variable i.

Introduire un taux d'intérêt stochastique dans l'analyse de la relation de prix est important d'un point de vue théorique. L'hypothèse d'un taux d'intérêt constant revient à considérer comme identiques les prix à terme (*futures*) et les prix *forward*, ce qui n'est pourtant pas le cas. Avec un taux d'intérêt stochastique, il est possible de prendre en considération le mécanisme des appels de marge du marché à terme. Par conséquent, deux structures de paiement distinctes peuvent être prises en compte pour les contrats *futures* et les contrats *forward.* Enfin, la présence du taux d'intérêt comme troisième facteur explicatif du prix à terme est cohérent avec la théorie du stockage.

Depuis 1997, plusieurs modèles à trois facteurs ont été proposés. En 1998, Hilliard et Reis ont modifié les trois modèles proposés par Schwartz en 1997, en introduisant des sauts dans la dynamique du prix au comptant, afin de prendre en considération les variations brusques et fortes, dues à des chocs sur l'offre et sur la demande, qui affectent certains marchés, en particulier ceux des matières premières énergétiques utilisées pour le chauffage. En 2000, Schwartz et Smith ont proposé une extension de leur modèle court terme/long terme, dans laquelle le taux de croissance du niveau de prix d'équilibre est stochastique. Cette modification améliore la capacité du modèle à reproduire les prix à long terme. Une autre amélioration a été proposée par Yan en 2002. Dans son modèle, il incorpore un *convenience yield*, un taux d'intérêt et une volatilité stochastiques. Il introduit également des sauts simultanés dans les dynamiques du prix au comptant et de la volatilité. Le *convenience yield* suit un processus Ornstein-Uhlenbeck, le taux d'intérêt un processus racine carrée, et la volatilité un processus racine carrée avec saut. L'auteur montre que si la volatilité stochastique et les sauts n'affectent pas les prix à terme, ils jouent néanmoins un rôle important pour valoriser les options sur contrats à terme.

Enfin, en 2003, Cortazar et Schwartz ont proposé un modèle à trois facteurs inspiré de celui de Schwartz (1997), où tous les facteurs sont estimés uniquement à partir des prix des matières premières [1]. Dans ce modèle, le troisième facteur de risque est le rendement à long terme du prix au comptant. Celui-ci est stochastique et a un comportement de retour vers une valeur moyenne à long terme. Les deux autres variables stochastiques sont le prix au comptant et le *convenience yield*. Celui-ci représente les variations temporaires de prix dues à des modifications des niveaux de stocks. Quant au rendement à long terme, ses variations sont dues à des modifications de la technologie, de l'inflation, ou de la structure de la demande.

La dynamique des variables d'état est la suivante :

$$\begin{cases} dS = (v-y)Sdt + \sigma_1 Sdz_1 \\ dy = -\kappa y dt + \sigma_2 dz_2 \\ dv = a(\bar{v}-v)dt + \sigma_3 dz_3 \end{cases} \quad [12]$$

avec :

– S, le prix au comptant,

– y, le *convenience yield* réduit, avec $y = C - \alpha$, où α est la moyenne à long terme du *convenience yield* C,

– v, le rendement à long terme du prix au comptant, avec $v = \mu - \alpha$, où μ est la tendance de S,

– κ, la force de rappel associée au *convenience yield* réduit,

– a, la force de rappel associée au rendement à long terme du prix au comptant v,

– $\bar{v}$, la moyenne du rendement à long terme du prix au comptant,

– σ_i, la volatilité de la variable i,

– dz_i, l'incrément du mouvement brownien standard associé à la variable i.

La principale critique que l'on peut adresser à ces modèles est que, à ce jour, l'intérêt d'introduire une troisième variable stochastique dans un modèle de structure par terme des prix des matières premières n'a pas été prouvé. En particulier, les résultats empiriques obtenus par Schwartz en 1997 avec son modèle à trois facteurs soulèvent la question de la pertinence de tels modèles. En effet, à partir de prix *forward* à long terme fournis par Enron, l'auteur montre que les modèles à deux et à trois facteurs sont très similaires d'un point de vue empirique. Ce résultat est cohérent avec les analyses en composantes principales réalisées sur les marchés du cuivre et du pétrole brut. En revanche, ces modèles sont, de façon certaine, complexes et d'une manipulation peu aisée.

Le développement de modèles à trois facteurs soulève la question de l'arbitrage entre réalisme et simplicité. Bien que l'introduction d'un troisième facteur soit susceptible d'améliorer les performances des modèles

1. En 1997, Schwartz estimait le troisième facteur de son modèle (le taux d'intérêt) à partir des prix des obligations.

en termes de capacité à décrire l'évolution stochastique des prix à terme, il y a toujours un équilibre à trouver entre le réalisme des modèles et le besoin de simplicité, en particulier lorsque les modèles sont conçus pour évaluer des produits dérivés complexes.

3. Les performances empiriques des modèles de structure par terme des prix des matières premières

Cette section aborde la question essentielle de la pertinence des modèles de structure par terme et retrace les principaux résultats empiriques obtenus à partir de ces modèles.

Les travaux de simulation exposés au premier paragraphe soulignent tout d'abord l'influence des hypothèses concernant le processus stochastique retenu pour les variables d'état et l'impact du nombre de ces variables. Les méthodes généralement employées pour estimer la valeur des paramètres, présentées au deuxième paragraphe, permettent de calculer les prix à terme fournis par les modèles et de les comparer aux données empiriques fournies par les marchés. Les performances des modèles, c'est-à-dire leur capacité à reproduire la structure par terme des prix des matières premières empiriquement observées, sont présentées dans un troisième paragraphe.

3.1. Les simulations des courbes de prix

Ce paragraphe permet d'étudier les modèles de Brennan et Schwartz (1985), de Schwartz (1997), et le modèle asymétrique.

Les simulations permettent de comparer les courbes de prix extraites des différents modèles et d'apprécier leur caractère plus ou moins réaliste. Les valeurs retenues pour les variables d'état et les paramètres, présentées au tableau 3.7., sont inspirées de tests empiriques réalisés sur le marché du pétrole brut. Elles représentent les valeurs minimales et maximales obtenues sur différentes périodes par Schwartz (1997), Lautier et Galli (2001) et Lautier (2005 d).

Tableau 3.7. – *Valeurs retenues pour les variables d'état et les paramètres* [1]

	S	C	r	α	κ	σ_S	σ_C	ρ	λ	β
Min	12	– 0,3	0,02	– 0,1	0,5	0,1	0,3	0	– 1	0
Max	20	0,2	0,06	0,1	2	0,5	0,7	1	1	1

Source : Lautier (2002).

1. Dans cette section, lorsqu'il est identifié à une variable d'état – c'est-à-dire pour le modèle de Schwartz et pour le modèle asymétrique – le *convenience yield* est représenté par une majuscule et noté C. En revanche, lorsqu'il correspond à un paramètre comme dans le modèle de Brennan et Schwartz, il est représenté par une minuscule et noté c.

3.1.1. Les simulations du modèle de Brennan et Schwartz

Dans le modèle de Brennan et Schwartz (1985), la valeur relative des deux paramètres que sont le taux d'intérêt *r* et le *convenience yield c* détermine la forme de la structure par terme des prix.

Lorsque le taux d'intérêt est supérieur au *convenience yield*, la courbe est en report. Dans le cas inverse, elle est en déport. Le graphique 3.8. montre qu'avec ce modèle les courbes de prix ne peuvent qu'être croissantes monotones, décroissantes monotones ou plates. Le taux de croissance du prix à terme est en effet une constante : $\partial F/(F\delta\tau) = r - c$.

Lorsque la différence *(r – c)* est positive (comme c'est le cas lorsque *c* est fixé à – 0,2), les prix sont croissants et ils peuvent atteindre, dans la simulation qui retient notre attention, près de 65 dollars par baril pour une livraison située à un horizon de sept ans. Inversement, lorsque le taux de croissance des prix est négatif, la courbe est en déport et les prix tendent vers zéro.

Graphique 3.8. – *Modèle de Brennan et Schwartz, impact d'une variation du* convenience yield *(S = 12 ; r = 4 %)*

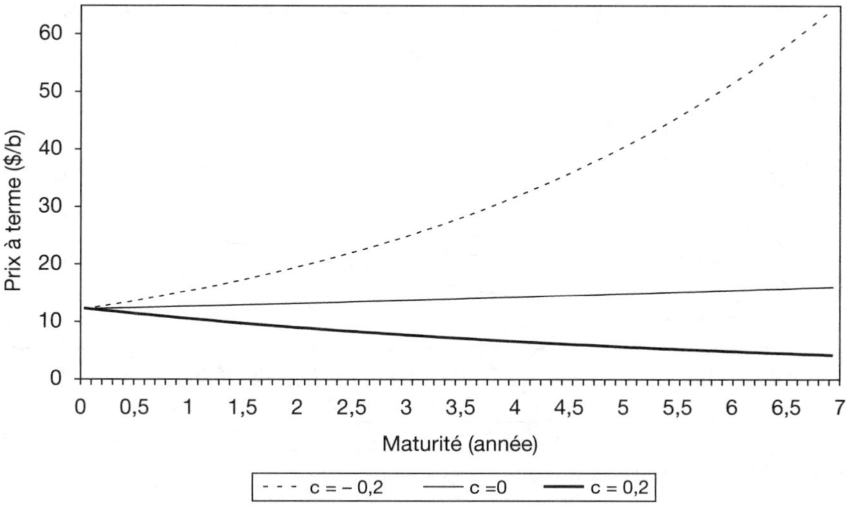

Source : Lautier (2002).

Ce modèle considère, enfin, le *convenience yield* comme constant, et il suppose que la volatilité des rendements est la même pour toutes les maturités :

$$\partial F/F = \sigma_S dz$$

Ainsi, bien qu'il soit toujours utilisé aujourd'hui du fait de sa simplicité, le modèle de Brennan et Schwartz présente des inconvénients non négligeables, en particulier pour l'analyse à long terme. Tel est le lot de la plupart des modèles monofactoriels.

3.1.2. Les simulations du modèle de Schwartz

Avec le modèle de Schwartz (1997), il est possible d'obtenir des courbes de formes variées, comme le montre le graphique 3.9., qui présente des simulations effectuées avec différentes valeurs du *convenience yield*. En effet, les courbes peuvent être creuses ($C = 0,1$), en forme de bosse ($C = -0,3$), ou plates ($C = 0$). Le niveau des prix à terme est une fonction décroissante du *convenience yield* : plus ce dernier augmente, plus les prix diminuent.

Les simulations montrent aussi que l'écart entre le *convenience yield* et sa valeur moyenne à long terme α a un impact sur la forme des courbes de prix. Lorsque le *convenience yield* est éloigné de sa valeur de long terme ($C = -0,3$ et $\alpha = 0$), il faut 3,4 ans pour que la courbe se stabilise. Inversement, lorsque le *convenience yield* est égal à sa valeur de long terme ($C = \alpha = 0$), le taux de croissance des prix à terme devient stable dès 1,8 an.

Graphique 3.9. – *Modèle de Schwartz, impact d'une variation du* convenience yield *($S = 20$; $r = 6$ % ; $\alpha = 0$; $\kappa = 2$; $\rho = 0,9$; $\sigma_S = 0,3$; $\sigma_C = 0,4$; $\lambda = 0$)*

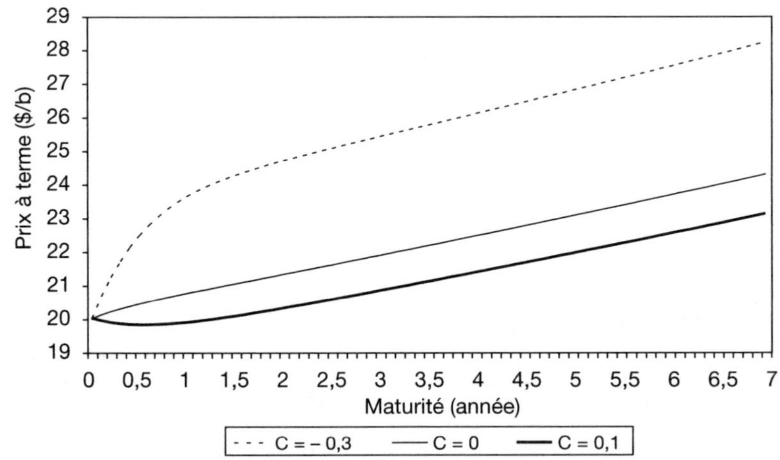

Source : Lautier (2002).

Une autre série de simulations intéressantes peut être réalisée avec la force de rappel agissant sur le *convenience yield*. Illustrées par le graphique 3.10., elles montrent que le taux de croissance des prix à terme augmente lorsque la force de rappel diminue. L'écart entre les prix des maturités proches et éloignées augmente lorsque diminue la tendance à revenir vers une valeur moyenne.

Ainsi, l'introduction d'une seconde variable d'état permet d'obtenir des courbes de prix plus riches que ne l'autorise un modèle à un facteur. Au-delà de cette remarque, qui est également valable dans le domaine des taux d'intérêt, le modèle de Schwartz est plus réaliste que celui de

Graphique 3.10. – *Modèle de Schwartz, impact d'une variation de la force de rappel ($S = 12$; $C = -0,2$; $r = 6$ % ; $\alpha = 0,1$; $\rho = 0$; $\sigma_S = 0,1$; $\sigma_C = 0,2$; $\lambda = 0$)*

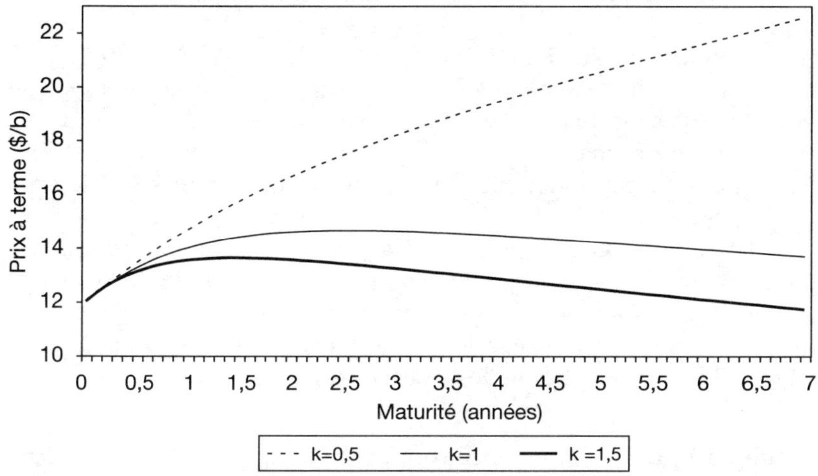

Source : Lautier (2002).

Brennan et Schwartz, parce que dans le modèle à deux facteurs la volatilité des prix à terme diminue avec la maturité τ :

$$\sigma_F^2(\tau) = \sigma_S^2 + \sigma_C^2\left(\frac{1-e^{-\kappa\tau}}{\kappa}\right) - \left[2 \times \frac{1-e^{-\kappa\tau}}{\kappa} \times \rho\sigma_S\sigma_C\right]$$

Lorsque le contrat atteint sa date d'expiration, la volatilité du prix à terme converge vers celle du prix au comptant. Inversement, lorsque la maturité tend vers l'infini, la volatilité du prix à terme tend vers une valeur fixe :

$$\lim_{\tau \to \infty} \sigma_F^2 = \sigma_S^2 + \frac{\sigma_C^2}{\kappa^2} - \frac{2\rho\sigma_S\sigma_C}{\kappa}$$

Revers de la médaille, le modèle à deux facteurs est plus complexe, parce qu'il comporte sept paramètres, alors que le modèle à un facteur en a seulement deux.

3.1.3. Les simulations du modèle asymétrique

La proximité du modèle de Schwartz et du modèle asymétrique implique que les principaux résultats des simulations réalisées à partir du premier sont valables pour le second. En particulier, les structures par terme simulées à partir des deux modèles présentent des caractéristiques communes : elles peuvent avoir une forme de cuvette, de bosse ou être stables. Deux éléments séparent cependant ces modèles. Le premier est de nature théorique : le modèle asymétrique intègre dans le comportement du *convenience yield* une asymétrie que le modèle de Schwartz ignore. Le second élément est d'ordre pratique : le modèle de Schwartz possède une solution analytique et comporte un paramètre de moins que le modèle asymétrique. L'utilisation du premier est donc plus aisée que ne l'est celle du second.

Les simulations du modèle asymétrique sont centrées sur le *convenience yield*, principal élément de différenciation avec le modèle de Schwartz. Elles portent sur la dynamique du *convenience yield* et sur l'impact de son asymétrie sur les prix à terme. En l'absence de solution analytique pour ce modèle, les prix à terme sont simulés à l'aide d'une méthode Monte Carlo.

La dynamique du *convenience yield,* dans ce modèle, présente deux caractéristiques : en premier lieu, comme dans le modèle de Schwartz, *le convenience yield* a tendance à revenir vers sa moyenne à long terme ; en second lieu, comme l'illustre le graphique 3.11., la volatilité du *convenience yield* est proportionnelle à son niveau.

Graphique 3.11. – *Écart entre* convenience yields[1] *lorsque $\beta = 1$ et $\beta = 0$*
$C(t_0) = 0,1$; $\kappa = 2$; $\alpha = 0$; $\sigma_C = 0,3$; maturité 1,25 an ;
nombre de trajectoires simulées : 800 ;
nombre d'intervalles de discrétisation : 1 000 ;
longueur du pas de discrétisation : 1/800 an

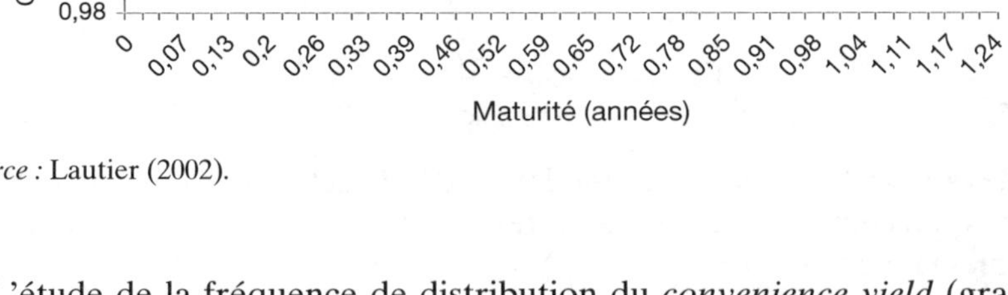

Source : Lautier (2002).

L'étude de la fréquence de distribution du *convenience yield* (graphique 3.12.) montre par ailleurs que cette dernière devient rapidement asymétrique lorsque β augmente, ce qui permet de supposer que la valeur estimée de β sera relativement faible, de l'ordre de 0,1 à 0,2.

1. Pour la clarté de l'illustration, nous avons représenté non pas plusieurs dynamiques du *convenience yield*, obtenues avec différentes valeurs de bêta, mais plutôt la différence entre les valeurs obtenues pour le *convenience yield* avec les valeurs extrêmes du coefficient d'asymétrie.

Graphique 3.12. – *Fréquence de distribution du* convenience yield $\tilde{C}$ *pour $\beta = 0,8$ ($C(0) = 0$; $\kappa = 1,6$; $\alpha = 0,1$; $\lambda = 0,09$; $\sigma_C = 0,6$; maturité : 2 mois ; longueur du pas de discrétisation : 1/800 ; nombre d'intervalles de discrétisation : 133 ; nombre de trajectoires simulées : 50 000)*

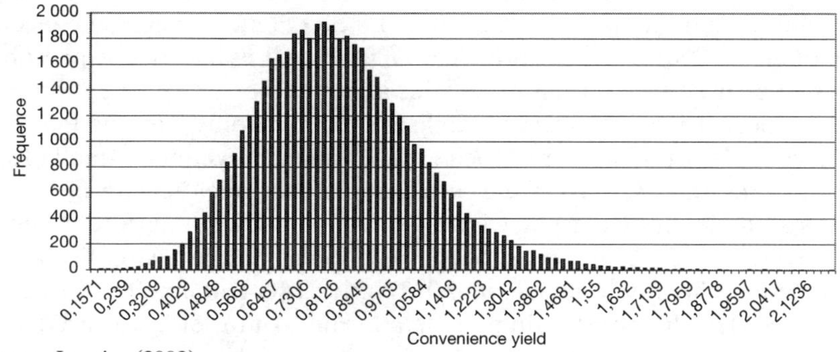

Source : Lautier (2002).

Enfin, l'étude de l'impact d'une variation du niveau d'asymétrie sur les prix à terme montre que, pour un jeu de paramètres identiques, le *convenience yield* du modèle asymétrique ($0 < \beta < 1$) est supérieur à celui du modèle de Schwartz ($\beta = 0$). L'écart entre ces deux variables est proportionnel à la valeur de β. Or, dans les deux modèles, le *convenience yield* intervient dans la dynamique du prix au comptant comme un dividende stochastique. Par conséquent, sachant que dans ces modèles le prix à terme est défini comme l'espérance du prix au comptant, plus le coefficient d'asymétrie β est élevé, et plus le prix à terme du modèle asymétrique diminue, toutes choses égales par ailleurs (graphique 3.13.).

Graphique 3.13. – *Modèle asymétrique, impact d'une variation du coefficient d'asymétrie ($S = 20$; $C = -0,3$; $r = 0,06$; $\alpha = 0$; $\rho = 0,9$; $\sigma_S = 0 ; 3$; $\sigma_C = 0,4$; $\kappa = 2$)*

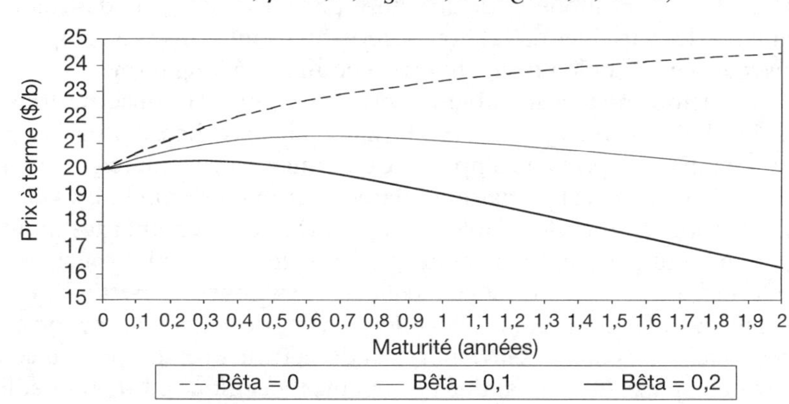

Source : Lautier (2002).

Les simulations issues des trois modèles permettent d'aboutir à trois conclusions. Première conclusion, dans le domaine de la structure par terme des prix des matières premières, la simplicité n'est pas nécessairement bonne conseillère. Les représentations graphiques obtenues avec le modèle de Brennan et Schwartz sont sur ce point éloquentes : elles montrent que les possibilités de présentation sont réduites et peuvent aboutir à des prix économiquement aberrants. La deuxième conclusion concerne le modèle de Schwartz et le modèle asymétrique. Les courbes de prix obtenues à partir de simulations effectuées avec ces modèles peuvent prendre des formes variées, et elles se stabilisent d'autant plus vite que le *convenience yield* est initialement proche de sa valeur moyenne et que la force de rappel est intense. Troisième conclusion, c'est sur les échéances les plus courtes que le modèle asymétrique et celui de Schwartz diffèrent l'un de l'autre. L'asymétrie du *convenience yield* et les difficultés de l'arbitrage entre le marché physique et le marché papier affectent en effet surtout les échéances les plus courtes du marché à terme. Au fur et à mesure que les échéances augmentent, les chocs affectant les prix à terme sont progressivement amortis, et c'est alors le comportement de retour vers une valeur moyenne qui domine. Ce phénomène est bien illustré par les performances empiriques des modèles.

3.2. L'estimation des paramètres

Les valeurs des paramètres sont nécessaires pour apprécier les performances d'un modèle. Elles servent à calculer les prix à terme estimés et à les comparer aux données empiriques. L'estimation des paramètres n'est cependant pas évidente, parce que de nombreux modèles de structure par terme reposent sur des variables d'état non observables. Afin de surmonter cette difficulté, il est possible d'utiliser un filtre de Kalman, une méthode proposée par Schwartz en 1997.

3.2.1. Les variables d'état non observables et leur approximation

Dans le cas des modèles de structure par terme des prix des matières premières, les variables d'état non observables sont le prix au comptant, le *convenience yield* et le niveau du prix d'équilibre à long terme.

Le caractère non observable du prix au comptant concerne tous les modèles. Le plus souvent, le prix à terme le plus proche est utilisé comme approximation du prix au comptant. Ce dernier est considéré comme non observable car, dans la plupart des marchés de matières premières, il n'y a pas de séries temporelles fiables pour le prix au comptant : les marchés physiques sont géographiquement dispersés, les transactions ne sont pas standardisées, le mécanisme de collecte des cours (*reporting system*) n'oblige pas les opérateurs à dévoiler le prix de leurs transactions, etc. Dans le cas précis du marché américain du pétrole brut, les prix au comptant sont en plus affectés par deux problèmes spécifiques. En premier lieu, le volume de transactions de la qualité West Texas Intermediate servant de support aux contrats à terme est très faible, de telle sorte que les prix au comptant fournissent une information relative aux seules offre et demande locales. En deuxième lieu, le système de livraison des produits physiques est sujet à des dysfonctionnements. Le système des *pipelines* peut être soudainement en sous-capacité pour une durée plus ou moins longue. De ce fait, des sauts de prix peuvent apparaître. Les variations des cours au comptant n'ont dans ce cas rien à voir avec les conditions générales du marché pétrolier. Ce phénomène, commenté par Horsnell et Mabro (1993), est connu sous le terme de « coussin de Cushing » car les problèmes les plus importants se produisent ou sont associés au lieu de livraison du contrat à terme, qui est localisé à Cushing, Oklahoma.

Le *convenience yield* est également une variable non observable, parce qu'il ne correspond à aucun actif échangé. La méthode d'approximation généralement retenue pour cette variable consiste à reprendre la solution du modèle de Brennan et Schwartz (1985). Le calcul requiert l'utilisation de deux prix : le prix à terme le plus proche et celui qui suit immédiatement. Si les maturités de ces prix sont notées T_1 et T_2, le *convenience yield* c est alors :

$$c = r - \frac{\ln(F(S, t, T_1)) - \ln(F(S, t, T_2))}{T_1 - T_2}$$

Le prix à long terme présente la même caractéristique que le *convenience yield* : celle de ne pas être un actif échangé. Pour surmonter cette difficulté, Schwartz et Smith (2000) emploient des techniques de filtrage de Kalman, utilisées auparavant par Schwartz en 1997.

3.2.2. Les filtres de Kalman

Le principe des filtres de Kalman est d'utiliser des séries temporelles de variables observables afin de reconstituer les valeurs de variables non observables. En finance, le problème des variables non observables ne concerne pas les seules matières premières. Il se manifeste également pour les modèles de structure par terme des taux d'intérêt, pour le portefeuille de marché du modèle d'équilibre des actifs financiers, pour le risque de crédit, etc. Lorsqu'il est associé à une procédure d'estimation, le filtre de Kalman offre un moyen d'estimer les paramètres du modèle. Enfin, parce qu'elle est très rapide, cette méthode est particulièrement intéressante en présence d'un grand volume de données.

Il existe différentes versions du filtre de Kalman [1]. La plus simple, par ailleurs la plus connue, est assez fréquemment utilisée en finance aujourd'hui (Schwartz, 1997, Babbs et Nowman, 1999). Néanmoins, elle n'est pas adaptée aux modèles non linéaires. Dans ce cas, un filtre étendu peut être utilisé (Javaheri *et al.* 2003). Cependant, un tel filtre repose sur une approximation ayant un impact sur les performances du modèle :

1. Pour une présentation du filtre de Kalman, voir par exemple Harvey (1989).

le filtre étendu conduit à des résultats moins précis que le filtre simple. Néanmoins, il reste acceptable dans le cas de modèles de structure par terme des prix des matières premières. À l'exception de la linéarisation, les deux filtres (simple et étendu) reposent sur les mêmes principes.

Le filtre de Kalman est un processus itératif. Pour l'utiliser, le modèle doit être exprimé sous la forme espace-états, caractérisée par une équation de transition et une équation de mesure [1]. L'équation de transition décrit la dynamique des variables d'état, $\tilde{\alpha}$, pour lesquelles il n'y a pas de données empiriques. Durant le premier pas de l'itération – la phase de prédiction – cette équation est utilisée pour calculer les valeurs des variables non observables en *t*, conditionnellement à l'information disponible en $(t-1)$. Les valeurs prédites $\tilde{\alpha}_{t/t-1}$ sont ensuite introduites dans l'équation de mesure pour déterminer les valeurs des mesures $\tilde{y}_t$. L'équation de mesure est la relation associant les variables observables $\tilde{y}$ aux variables non observables $\tilde{\alpha}$. Au cours de la seconde phase de l'itération – ou phase d'innovation – est calculée l'innovation v_t, qui est la différence, en *t*, entre les mesures $\tilde{y}_t$ et les données empiriques y_t. Cette innovation est utilisée dans la troisième phase de l'itération – dite de mise à jour – pour obtenir les valeurs de $\tilde{\alpha}_t$ conditionnellement à l'information disponible en *t*. Une fois ce calcul effectué, $\tilde{\alpha}_t$ est utilisé pour débuter une nouvelle itération. Ainsi, le filtre de Kalman permet d'évaluer les variables non observables $\tilde{\alpha}$, et il met à jour leurs valeurs à chaque pas compte tenu de l'information nouvelle.

Cette brève présentation explique pourquoi le filtre de Kalman est une méthode très rapide. En effet, pour reconstituer les séries temporelles des variables non observables, seuls deux éléments sont nécessaires : l'équation de transition et l'innovation v. Grâce à la présence d'une phase de mise à jour dans l'itération, l'information nécessaire est très réduite.

Au vu des difficultés d'estimation qui viennent d'être mentionnées, il est compréhensible que les modèles de structure par terme des prix des matières premières n'aient pas été souvent testés. Les méthodes mises en œuvre pour vaincre les difficultés spécifiques du modèle asymétrique (qui s'ajoutent à celles touchant tous les modèles de structure par terme) ont conduit à réaliser des tests permettant de comparer plusieurs modèles sur la base de leurs performances.

3.3. Les performances empiriques des modèles de structure par terme

Les performances d'un modèle mesurent sa capacité à reproduire la structure par terme des prix des matières premières. Pour établir ces performances, il faut se donner des critères, qui sont présentés dans un pre-

1. Pour certains modèles, il existe plusieurs représentations espace-états. Certaines étant plus stables que d'autres, le choix d'une représentation spécifique est important.

mier temps. Les tests empiriques réalisés avec les modèles de structure par terme partagent un certain nombre de caractéristiques communes qui sont analysées dans un deuxième temps. Enfin sont exposés, dans un troisième temps, les principaux résultats obtenus avec les modèles à un, deux et trois facteurs.

3.3.1. *Les critères de performance des modèles de structure par terme*

L'erreur de prix moyenne (*mean pricing error*) et l'écart-type des erreurs (*root mean squared error*) sont deux critères généralement retenus pour mesurer les performances d'un modèle de structure par terme.

L'erreur de prix moyenne (*MPE*) est définie de la façon suivante :

$$MPE = \frac{1}{N}\sum_{n=1}^{N}(\tilde{F}(n,\tau) - F(n,\tau))$$

avec :

- N, le nombre d'observations,
- $\tilde{F}(n,\tau)$, le prix à terme estimé pour une maturité τ à la date n,
- $F(n,\tau)$, le prix à terme observé.

Exprimée en dollar, l'erreur de prix moyenne mesure le biais d'estimation observé pour une maturité donnée. Lorsque l'estimation est correcte, l'erreur de prix moyenne doit être très proche de zéro.

En retenant les mêmes notations, l'écart-type des erreurs de prix (*RMSE*) est, pour une maturité donnée τ :

$$RMSE = \sqrt{\frac{1}{N}\sum_{n=1}^{N}(\tilde{F}(n,\tau) - F(n,\tau))^2}$$

Le *RMSE* est lui aussi exprimé en dollar. Il mesure la stabilité de l'estimation. Ce second critère est considéré comme le plus représentatif parce que les erreurs de prix peuvent se compenser et l'erreur de prix moyenne peut être faible même en présence d'écarts de prix importants.

3.3.2. *Les caractéristiques communes aux tests empiriques des modèles de structure par terme*

Les modèles de structure par terme partagent deux caractéristiques générales. En premier lieu, leurs paramètres changent avec la période d'étude (Schwartz, 1997). Par conséquent, lorsque l'on utilise les modèles de structure par terme, les paramètres doivent être régulièrement recalculés. À cause du temps de calcul qu'elle implique, cette procédure peut devenir un problème si le modèle n'a pas de solution analytique. En second lieu, les paramètres changent avec la maturité (Schwartz, 1997 ; Lautier, 2005 d). Lorsque le *convenience yield* stochastique est caractérisé par un processus de retour vers une valeur moyenne, sa force de rappel est une fonction décroissante de la maturité. En effet, le processus de retour vers une valeur moyenne s'applique aux stocks, dont l'impact est faible sur les prix des maturités longues. La même explication peut être évoquée pour la volatilité du prix au comptant et celle du *convenience yield* : leur niveau diminue avec la maturité parce que les chocs sur l'offre et sur la demande ont un impact plus faible sur les prix à long terme. Ces variations des paramètres conduisent à la conclusion selon laquelle, idéalement, les paramètres des modèles de structure par terme devraient dépendre de la maturité.

3.3.3. Les performances des modèles à un facteur

Les tests empiriques réalisés avec des modèles à un facteur conduisent généralement à conclure que leurs performances sont mauvaises. Ce résultat ne s'applique cependant pas de manière systématique à toutes les matières premières. En 1991, comparant les résultats empiriques obtenus avec trois modèles à un facteur pour plusieurs marchés de matières premières, Brennan a montré que le *convenience yield* est positif pour les matières premières industrielles, mais proche de zéro pour les métaux précieux. Il interprète ce phénomène comme le résultat de différences dans les motivations des opérateurs détenant des stocks. Les métaux précieux sont essentiellement détenus pour des raisons spéculatives. Leurs stocks sont élevés et ils constituent une réserve de valeur plutôt que l'intrant d'un processus de production (ce qui motive la détention des stocks de matières premières industrielles). Dans cette situation, le coût de stockage est vraiment faible au regard de la valeur des stocks. Par conséquent, le *convenience yield* joue un rôle marginal pour cette catégorie de matières premières, et les modèles à un facteur leur sont adaptés.

Schwartz, en 1997, confirme ce résultat empirique. Il valide également l'hypothèse selon laquelle le comportement de retour vers une valeur moyenne est préférable au mouvement brownien géométrique pour représenter la dynamique du prix au comptant : il montre qu'en effet, sur les marchés du cuivre et du pétrole brut, le paramètre représentant la vitesse de convergence est statistiquement significatif. De plus, une telle dynamique est tout à fait valable pour les matières premières industrielles, mais elle ne permet pas de représenter correctement le comportement du prix au comptant dans le cas de l'or.

3.3.4. Les performances des modèles à deux facteurs

Plusieurs tests empiriques (Brennan, 1991 ; Schwartz, 1997 ; Schwartz et Smith, 2000) témoignent de la supériorité des modèles à deux facteurs sur les modèles à un facteur. Dans ces différentes études, les performances des modèles sont considérablement améliorées par l'introduction d'une seconde variable d'état. Les tests montrent également que le processus de retour vers une valeur moyenne est adapté à la représentation du comportement dynamique du *convenience yield* (Brennan, 1991 ; Schwartz, 1997), car le paramètre représentant la vitesse de convergence est significativement différent de zéro. Des résultats identiques sont obtenus pour la valeur moyenne à long terme du *convenience yield*.

Lautier et Galli (2001) établissent par ailleurs l'intérêt que peut avoir l'introduction de l'hypothèse d'asymétrie du *convenience yield* dans un modèle de structure par terme des prix des matières premières. Avant de présenter les performances empiriques du modèle asymétrique, il est intéressant, à des fins de comparaison, de commencer par celles du modèle de Schwartz.

3.3.4.1. Les performances du modèle de Schwartz

Les résultats obtenus à partir du modèle de Schwartz sont particulièrement riches d'enseignements. Ce modèle est en premier lieu un bon exemple de la fidélité à la réalité offerte par un modèle à deux facteurs, comme l'illustre le tableau 3.8. Celui-ci reproduit les performances du modèle sur le marché du pétrole brut, entre 1998 et 2001, pour des prix à terme de différentes maturités : un, trois, six et neuf mois. Les performances peuvent même être excellentes : l'erreur de prix moyenne s'établit autour de 6 cents par baril sur la période. Ces performances restent très bonnes lorsque la maturité des contrats est étendue jusqu'à sept ans (Lautier, 2005 d).

Tableau 3.8. – *Performances du modèle de Schwartz sur le marché du pétrole brut, 1998-2001*

Maturité	MPE	RMSE
1 mois	– 0,0604	2,3197
3 mois	– 0,1078	1,9894
6 mois	– 0,0545	1,7152
9 mois	– 0,0073	1,5675
Moyenne	– 0,0575	1,8980

Source : Lautier et Galli (2002).

Le modèle est, en deuxième lieu, capable de reproduire assez précisément la dynamique des prix, même lorsque ces derniers fluctuent fortement, comme ce fut le cas pour la période 1998-2001. Le graphique 3.14 présente les résultats obtenus pour les prix à terme à un mois. Au cours de la période d'étude, ils passent de 11 à 37 dollars le baril.

En troisième lieu, les capacités du modèle à reproduire la dynamique et l'évolution des courbes de prix dans le temps sont satisfaisantes, comme le suggère la comparaison des graphiques 3.15 et 3.16. La première représente six structures par terme des prix du pétrole brut observées sur le Nymex entre le 9 août et le 14 septembre 1999. Au cours de cette période, les courbes sont toujours en déport et l'intensité du déport s'accroît au fur et à mesure que les courbes de prix se déplacent vers le haut.

Graphique 3.14. – *Prix à terme estimés et observés pour la maturité de un mois, 1998-2001*

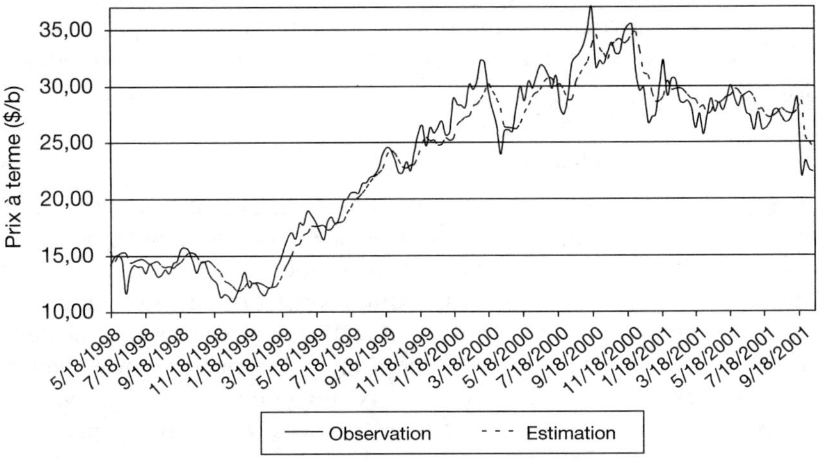

Source : Lautier et Galli (2002).

Graphique 3.15. – *Structures par terme des prix du pétrole brut observées*

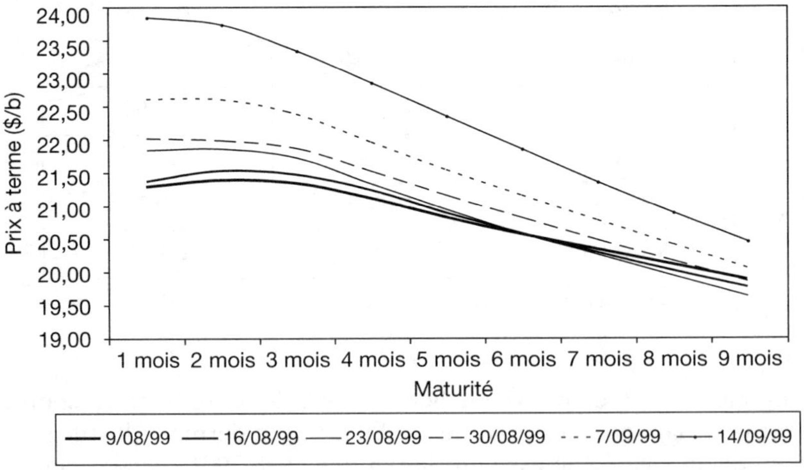

Source : Lautier et Galli (2002).

Le graphique 3.16. montre comment le modèle reproduit cette évolution. Il représente, pour les mêmes dates d'observation, les structures par terme des prix estimées. Le modèle s'avère capable de reproduire correctement non seulement le déplacement vers le haut, mais également l'intensification de la pente. Malgré tout, les courbes de prix estimées sont dans cet exemple plus régulières qu'elles ne le sont dans la réalité.

Graphique 3.16. – *Structures par terme des prix du pétrole brut estimées*

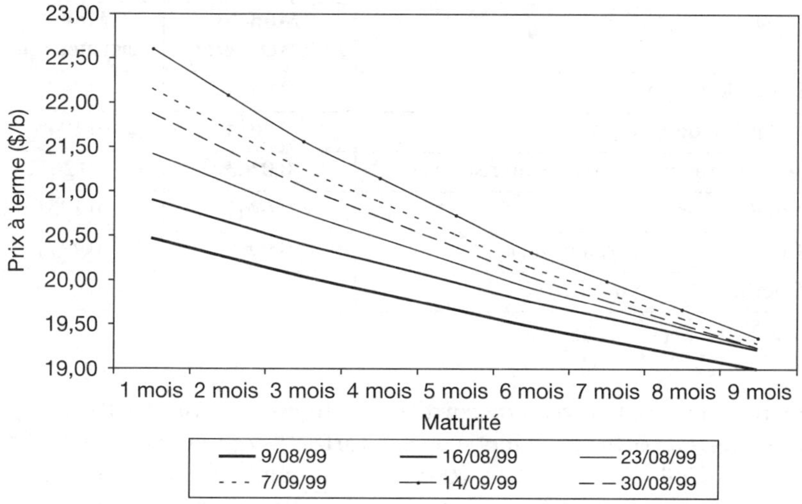

Source : Lautier et Galli (2002).

Ainsi, les performances du modèle de Schwartz sont excellentes. D'autres tests empiriques (Brennan, 1991 ; Schwartz et Smith, 2000), réalisés à partir de modèles à deux facteurs, ont par ailleurs confirmé la supériorité de ces modèles sur ceux ne comprenant qu'un facteur. Les performances sont en effet considérablement améliorées par l'introduction d'une seconde variable d'état. Les tests confirment également que le processus de retour vers une valeur moyenne est adapté à la représentation du comportement dynamique du *convenience yield* (Brennan, 1991 ; Schwartz, 1997), car le paramètre représentant la force de rappel est significativement différent de zéro, tout comme la valeur moyenne à long terme du *convenience yield*.

3.3.4.2. Les performances du modèle asymétrique

Les différents travaux réalisés à partir du modèle asymétrique (Lautier et Galli, 2001) confirment la validité de l'hypothèse d'asymétrie du *convenience yield*.

Les tests empiriques sur le marché du pétrole brut, entre 1995 et 1998, permettent d'estimer le coefficient d'asymétrie du *convenience yield* et montrent qu'il est non nul, quoique de valeur relativement faible, comme l'avaient laissé anticiper les simulations (voir le paragraphe 3.1.3. de cette section). Le tableau 3.9. reproduit les valeurs des paramètres obtenues, sur la période 1995-1998, pour le modèle asymétrique et celui de Schwartz.

Ces tests sont également intéressants au regard des estimations obtenues pour le coefficient de corrélation entre le prix au comptant et le *convenience yield*. Pour le modèle de Schwartz en effet, ce paramètre est très élevé. La

Tableau 3.9. – *Paramètres optimaux*

	Modèle de Schwartz	**Modèle asymétrique**
Force de rappel : κ	2,9424	0,4463
Volatilité de S : σ_S	0,2854	0,1946
Valeur moyenne corrigée du risque $\hat{\alpha}$	0,0363	– 0,2611
Volatilité de C : σ_C	0,6241	0,1251
Coefficient de corrélation : ρ	0,9999	0,7271
Coefficient d'asymétrie : β	–	0,0858

Source : Lautier et Galli (2001).

plupart du temps, le niveau de corrélation atteint 0,9. Tous les tests empiriques réalisés à partir de ce modèle (Schwartz, 1997 ; Lautier et Galli 2001 ; Lautier et Galli 2002 ; Lautier, 2005 d) confirment ce résultat, par ailleurs commenté par Schwartz et Smith en 2000. La corrélation est si forte que l'on peut se demander si le choix du *convenience yield* comme seconde variable d'état est pertinent. De ce point de vue, l'introduction de l'asymétrie du *convenience yield* apporte une amélioration, puisque la corrélation entre les deux variables d'état s'en trouve réduite. Ainsi, l'impact de chacun des deux facteurs peut être distingué plus clairement. Avec leur modèle long terme/court terme, en sélectionnant d'autres variables d'état, Schwartz et Smith apportent une autre solution à ce problème. Dans ce cas, les variations à court et à long terme ont en effet des dynamiques plus « orthogonales », selon l'expression des auteurs (la corrélation entre ces deux variables d'état est plus faible ; elle a été évaluée par Schwartz et Smith à 0,189 et 0,3 pour deux bases de données différentes). Cette orthogonalité permet de distinguer plus clairement l'impact de chacun des deux facteurs. Cependant, il reste que le prix à long terme, peu volatil, n'est pas nécessairement un bon candidat pour une variable d'état.

La comparaison des performances des deux modèles permet enfin de montrer que le modèle asymétrique est plus précis sur toutes les maturités étudiées (un, trois, six et neuf mois), comme le montre le tableau 3.10., bien que l'écart se réduise pour la maturité de neuf mois.

Les résultats exposés confirment la grande précision des modèles : dans le pire des cas, l'erreur de prix moyenne est de 30 cents (maturité d'un mois) sur la période d'estimation. L'erreur de prix représente alors moins de 1,5 % du prix à terme moyen de la période. Par ailleurs, ils montrent que les performances s'améliorent lorsque la maturité augmente, et que l'estimation comporte un léger biais, l'erreur de prix moyenne étant toujours légèrement négative pour les deux modèles.

La principale conclusion des tests empiriques est naturellement relative au caractère asymétrique du comportement du *convenience yield*, qui est ici mis en évidence, et aux performances satisfaisantes du modèle asymétrique,

Tableau 3.10. – *Performances des modèles, 1995-1998*

	Modèle de Schwartz		**Modèle asymétrique**	
Maturité	MPE	RMSE	MPE	RMSE
1 mois	– 0,2976	1,0895	– 0,1257	0,8865
3 mois	– 0,1625	0,7447	– 0,0386	0,5193
6 mois	– 0,0889	0,5451	– 0,0784	0,3511
9 mois	– 0,0269	0,4018	– 0,0717	0,4010
Moyenne	**– 0,1440**	**0,6953**	**– 0,0786**	**0,5395**

Source : Lautier et Galli (2001).

illustrées par le graphique 3.17. Ces meilleures performances ont été obtenues malgré deux approximations agissant en défaveur du modèle. La première est due au fait que le modèle asymétrique ne comporte qu'une solution semi-analytique. Par conséquent, il est nécessaire de simuler numériquement les prix à terme issus de ce modèle. La seconde approximation provient de la procédure d'optimisation des paramètres retenue pour le modèle asymétrique, et de l'utilisation d'un filtre de Kalman étendu.

Graphique 3.17. – *Prix à terme observés/prix à terme estimés, période 1995-1998*

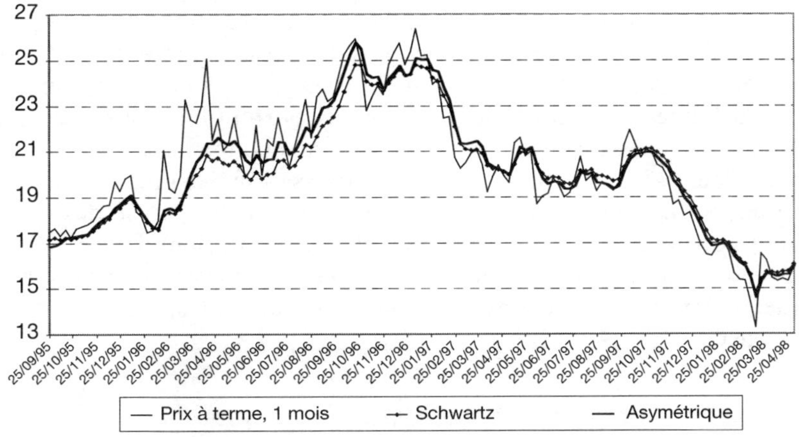

Source : Lautier et Galli (2001).

3.3.5. Les performances des modèles à trois facteurs

Les résultats empiriques obtenus par Schwartz en 1997 avec son modèle à trois facteurs soulèvent la question de la pertinence de tels modèles. En effet, à partir de prix *forward* à long terme fournis par Enron, l'auteur montre que les modèles à deux et à trois facteurs ont des structures de volatilité similaires et que leurs performances sont identiques d'un point de vue empirique. Ce résultat n'est guère surprenant, car il est cohérent avec les analyses en composantes principales réalisées sur les marchés du cuivre et du pétrole brut.

Les validations empiriques des modèles de structure par terme des prix des matières premières sont peu nombreuses. Les tests réalisés mettent en évidence l'excellence des résultats obtenus à partir de modèles à deux facteurs, ce qu'une analyse en dynamique de la courbe des prix pouvait laisser anticiper. C'est parmi les modèles à deux facteurs que se range le modèle asymétrique. Les tests effectués à partir de ce dernier montrent qu'il est intéressant de prendre en considération le caractère imparfait des opérations d'arbitrage dans les marchés de matières premières.

Les modèles de structure par terme et leurs performances étant présentés, il est possible de s'intéresser, dans une quatrième section, aux applications pratiques qu'ils induisent.

4. Les applications des modèles de structure par terme des prix des matières premières

Les stratégies de couverture dynamique et la valorisation des investissements sont deux importantes applications, qui ont été explorées à partir des modèles de structure par terme des prix des matières premières.

En ce qui concerne la couverture, la réflexion relative à l'utilisation de modèles de structure par terme est motivée par la volonté de couvrir des engagements à long terme sur le marché physique à l'aide de contrats à terme d'échéance rapprochée. Les travaux portent alors sur la détermination de la stratégie de couverture à mettre en œuvre et sur l'analyse de son efficacité. Dans le domaine de la valorisation, les modèles de structure par terme ont été utilisés en s'appuyant sur la théorie des options réelles. La plupart des recherches entreprises portent sur la décision d'investissement dans le cadre de matières premières minérales, car le caractère irréversible de l'investissement est, pour elles, particulièrement prononcé.

4.1. Les stratégies de couverture dynamique

La couverture dynamique est la première application des modèles de structure par terme. Elle apporte une réponse à certaines limites associées aux stratégies de couverture classiques (voir le chapitre 4). Celles-ci suggèrent en effet de prendre une position courte (longue) sur le marché à terme pour couvrir une position longue (courte) sur le marché physique, les deux positions ayant la même taille et la même échéance. De telles stratégies ne peuvent cependant être mises en œuvre lorsque l'horizon de la position à couvrir est supérieur à celui des contrats négociés sur le marché.

Dans ce cas, une approche plus dynamique s'impose, puisque l'on couvre, par exemple, un engagement à long terme sur le marché physique à l'aide de contrats à plus court terme. Cela implique, d'une part, de déterminer un ratio de couverture adéquat et, d'autre part, de renouveler la position sur le marché à terme lorsque celle-ci parvient à expiration. Bien que ce type de problème ait déjà été abordé par Ederington (1979), il acquiert une dimension nouvelle avec les modèles de structure par terme. En effet, ces modèles reposent sur un raisonnement d'arbitrage et sur la construction d'un portefeuille de couverture. Par conséquent, leur élaboration conduit naturellement à l'étude de stratégies de couverture.

La réflexion relative à l'utilisation de modèles de structure par terme pour la couverture a été motivée et initiée par l'expérience de Metallgesellschaft [1]. Il est donc intéressant de commencer par présenter ce cas, pour exposer ensuite les différents travaux auxquels il a donné naissance.

4.1.1. Le cas Metallgesellschaft

L'étude du cas Metallgesellschaft montre la pertinence et l'intérêt que peuvent avoir les modèles de structure par terme pour la gestion des firmes.

L'affaire Metallgesellschaft n'est pas simple à résumer. Elle peut être brièvement présentée de la façon suivante. Au début des années 1990, cette entreprise a tenté de couvrir des engagements *forward* à long terme sur le marché physique avec des contrats *futures* à court terme. Cette tentative s'est soldée par un échec retentissant et une perte de 2,4 milliards de dollars, mais elle a suscité des recherches ayant pour objectif de savoir si ce type d'opération peut être réalisée sans danger.

L'intérêt du cas Metallgesellschaft est double. En premier lieu, être capable d'avoir des positions à long terme sur le marché physique et de couvrir le produit de ces ventes (ou de ces achats) constitue un enjeu non négligeable. En témoigne le succès rencontré par l'entreprise lorsqu'elle a proposé des ventes *forward* pour un horizon de 5 à 10 ans. En second lieu, Metallgesellschaft a tenté de couvrir ses engagements à long terme (plusieurs années) sur le marché physique avec des positions courtes (quelques mois) sur le marché à terme. Ce type de stratégie est particulièrement intéressant lorsque la maturité des contrats les plus activement échangés est limitée à quelques mois. L'utilisation des maturités les plus courtes suppose cependant un renouvellement régulier du portefeuille de couverture lorsque la date d'expiration des contrats approche, afin de maintenir en permanence une position sur le marché papier. Ainsi, cette stratégie expose l'opérateur à un risque de renouvellement de la position qui, associé à un mauvais ratio de couverture, a contribué à la ruine de Metallgesellschaft.

1. L'affaire Metallgesellschaft a donné lieu à de nombreuses publications. Les articles de Culp et Miller (1994, 1995) et de Edwards et Canter (1995) sont particulièrement bien documentés. Les développements de ce paragraphe sont un résumé de la section 5 du chapitre 4 à laquelle le lecteur doit se reporter pour avoir une vue plus exhaustive de l'affaire Metallgesellschaft.

L'étude de ce cas permet de formuler trois conclusions essentielles. Premièrement, les modèles de structure par terme sont très utiles pour la gestion du risque de prix, car leurs performances sont supérieures à celles des méthodes classiques que sont le *short hedging* et le *long hedging*. Deuxièmement, la capacité d'un modèle à représenter correctement la structure par terme des prix est un élément crucial de la performance d'une stratégie de couverture. Troisièmement, il peut être dangereux de négliger les flux financiers (appels de marge et coûts de renouvellement de la position à terme) induits par la stratégie de couverture.

Les modèles de structure par terme sont très utiles pour la gestion du risque de prix lorsqu'il existe un décalage entre les échéances des positions détenues sur le marché physique et sur le marché à terme. La couverture de stocks ou d'engagements de livraison à long terme par des positions à court terme sur le marché des contrats nécessite un ratio de couverture inférieur à l'unité. Dans ce contexte, les modèles de structure par terme permettent non seulement de valoriser les positions sur le marché physique, mais également de déterminer le ratio de couverture. Une grande attention doit cependant être accordée à la capacité de ces modèles à représenter correctement la structure par terme des prix. L'efficacité des opérations de couverture peut être totalement compromise par l'usage d'un mauvais modèle. C'est une erreur de ce type qui explique en partie la débâcle de Metallgesellschaft.

Étudiée à l'aune des enseignements des modèles de structure par terme, la stratégie mise en place par la firme allemande comportait deux faiblesses [1]. Tout d'abord, le portefeuille de couverture, constitué d'une position d'achat unique sur les contrats à terme rapprochés, ne pouvait assurer une couverture satisfaisante. Ensuite, le ratio de couverture de 100 % choisi par l'entreprise était bien supérieur à ce qu'il aurait dû être.

Ces faiblesses ne suffisent pas pour autant à expliquer l'ampleur de la débâcle subie par la firme. D'autres facteurs doivent être pris en considération. En premier lieu, même si le ratio de couverture avait été correctement estimé, la position initiée sur le marché à terme était susceptible d'engendrer des flux financiers considérables à court terme. Les dirigeants de Metallgesellschaft et les actionnaires de la maison mère n'étaient certainement pas conscients du montant que ces flux pouvaient atteindre, par manque d'informations ou parce que ces sommes avaient été plus ou moins volontairement sous-estimées. En deuxième lieu, la position sur les marchés à terme était d'une telle envergure qu'elle pouvait influencer l'évolution des prix ; cette éventualité, elle également, n'avait sans doute pas non plus été envisagée par les opérateurs de Metallgesellschaft.

En ce qui concerne les flux financiers à court terme engendrés par la stratégie retenue par Metallgesellschaft, une analyse des coûts de renouvel-

1. Certains observateurs ont suggéré que ces faiblesses n'en étaient pas, car elles résultaient, non pas d'une ignorance technique de la part de ceux ayant initié la stratégie de Metallgesellschaft, mais d'une volonté de spéculer à l'abri d'une pseudo-couverture.

lement de la couverture a été réalisée par Edwards et Canter (1995). Cette étude peut être complétée par l'analyse des appels de marge quotidiens et des cumuls d'appels de marge maximaux auxquels Metallgesellschaft pouvait être confronté sur une période donnée. L'analyse en termes de *worst case scenario (WCS)* retenue pour les besoins de cette étude est similaire à un test de cas limite : le *WCS* est la pire situation qui puisse survenir au cours d'une période de temps donnée. Cette valeur extrême est estimée à partir de l'observation des prix passés. L'application de cette méthode (Lautier, 1998) permet de montrer que, sur les marchés à terme américains du pétrole, de l'essence et du fioul, les appels de marge maximaux de l'année 1993 n'ont pas été supérieurs à ceux des années précédentes. La même conclusion est obtenue pour les cumuls d'appels de marge sur une période de 20 jours. À l'aide d'une méthode adaptée à l'analyse des cas extrêmes, les concepteurs de la stratégie de Metallgesellschaft auraient donc pu anticiper, au moins de façon approximative, le montant des appels de marge et les coûts de renouvellement qu'ils risquaient d'affronter et d'avoir à financer.

Ainsi, au-delà de la question portant sur la nature spéculative ou non de la stratégie envisagée, Metallgesellschaft constitue un cas d'école unique. Il permet non seulement de poser la question de la couverture de positions à long terme à partir d'instruments à court terme, mais aussi d'illustrer le fait que le risque de prix n'est pas le seul facteur à prendre en considération lors de la conception d'une stratégie de couverture.

4.1.2. La couverture dynamique et les modèles de structure par terme des prix des matières premières

Le problème de la couverture dynamique est abordé en trois étapes. La première considère que la date de l'engagement sur le marché des matières premières correspond à l'échéance des contrats à terme. Elle conduit par conséquent à présenter les principes de base de la couverture statique (parfois qualifiée de « naïve » ou de « traditionnelle »). La deuxième étape prend en compte l'existence d'un écart entre l'échéance des engagements pris sur le marché des produits physiques et l'échéance des contrats à terme. Elle permet de présenter les principes de base de la couverture dynamique et de les comparer à ceux de la couverture naïve. La troisième étape expose les stratégies dynamiques associées aux différents modèles de structure par terme des prix des matières premières.

4.1.2.1. Les principes de base de la couverture statique

Un exemple permettra de présenter les principes de base de la couverture traditionnelle, présentée en détail au chapitre 4.

Supposons que, à une date t, un opérateur réalise une vente *forward* d'un baril de pétrole brut, pour une livraison en T. Cet opérateur ne possède pas la marchandise lorsque la transaction est conclue. Il décide d'attendre de se trouver quelques jours avant la livraison, en T, pour s'approvisionner sur le marché au comptant. Cette stratégie permet à l'opérateur d'éviter d'avoir à supporter les coûts de stockage associés à la détention d'un baril entre les dates t et T, mais elle l'expose à un risque de hausse du prix au comptant du pétrole brut. Afin de protéger le résultat de sa vente sur le marché physique, l'opérateur doit se couvrir sur le marché à terme. S'il procède à une couverture de type traditionnel, les valeurs des positions détenues sur le marché physique et sur le marché à terme seront identiques. De plus, afin de s'assurer que toute perte enregistrée sur un marché sera compensée par un gain sur l'autre marché, la position initiée sur le marché *futures* sera symétriquement opposée à celle détenue sur le physique.

En t, afin de fixer le prix de sa vente *forward*, l'opérateur utilise l'information offerte par le marché à terme : il se réfère au prix *futures* coté à cette date pour une livraison en T, F(t,T). Supposons, pour des raisons de simplicité, que le prix de vente *forward* est égal à ce prix à terme *futures* F(t,T). Cela revient à supposer que les taux d'intérêt sont constants [1] et que la vente *forward* ne génère aucun profit de nature commerciale. Naturellement, ce profit pourrait être réintroduit sans difficulté dans l'analyse.

Étant exposé à un risque de hausse du prix au comptant, l'opérateur achète un contrat à terme *futures*. Celui-ci doit correspondre à une livraison en T et représenter un volume de un baril de pétrole brut. Le prix à terme de ce contrat est F(t,T).

Le résultat financier de cette opération de couverture peut être décomposé de la façon suivante :

En t : Achat d'un contrat *futures* expirant en T, de prix F(t,T)
Vente d'un contrat *forward* livrable en T, de prix F(t,T)

En T : Vente du contrat *futures* expirant en T, au prix F(T,T) = S(T) [2]
Achat d'un baril de pétrole sur le marché au comptant au prix S(T)

Le résultat global de l'opération peut donc être séparé en deux éléments :

Résultat sur le marché physique : F(t,T) – S(T)

Résultat sur le marché à terme : – F(t,T) + F(T,T)

La symétrie des opérations sur les deux marchés conduit à un résultat global nul :

$$F(t,T) - S(T) - F(t,T) + F(T,T) = 0$$

En achetant un contrat *futures* de maturité T, l'opérateur obtient une couverture parfaite si le prix *futures* F (t, T) correctement valorisé (voir le chapitre 4) est retenu pour établir le prix de la vente *forward*, et si la base est parfaitement convergente à la date d'expiration T. Grâce à cette opéra-

1. Cox, Ingersoll, Ross (1981).

2. Nous supposons, dans cet exemple, que la base converge parfaitement à l'échéance sur le marché *futures* : à l'expiration du contrat, le prix à terme du contrat le plus proche est identique au prix au comptant (pour plus de détails sur la notion de convergence de la base, voir le chapitre 1). Si tel n'était pas le cas, des opérations d'arbitrage rétabliraient l'équilibre. En réalité, la convergence n'est jamais parfaite, parce que les opérations d'arbitrage sont coûteuses. Par conséquent, il est parfois possible d'observer une faible différence entre le prix à terme et le prix au comptant pour une qualité de marchandise correspondant à celle livrable sous contrat.

tion, même sans connaître à l'avance le prix au comptant en T, le vendeur sur le marché physique peut fixer son profit dès la date de négociation t. Naturellement, ce résultat n'est garanti que si la contrepartie du vendeur de pétrole respecte son propre engagement : le vendeur est en effet exposé au risque de défaut de l'acheteur sur le marché physique entre les dates t et T. Sans aller jusqu'à la faillite de la contrepartie, il est tout à fait envisageable que l'évolution du prix au comptant entre t et T conduise l'acheteur sur le marché physique à renégocier le prix de la vente *forward*. Naturellement, plus le délai entre les dates t et T augmente, et plus les risques s'accroissent.

4.1.2.2. Les principes de base de la couverture dynamique

Considérons à présent un problème de couverture similaire, en introduisant toutefois un décalage temporel entre les positions détenues sur le marché des produits physiques et sur celui des contrats. Une telle stratégie peut être motivée par le constat d'un manque de liquidité sur les maturités les plus éloignées (lequel se manifeste sur la plupart des marchés de matières premières [1]), et/ou par le fait que les contrats négociés sur le marché *futures* n'offrent pas une maturité suffisamment éloignée pour pouvoir couvrir la position détenue sur le marché physique (comme c'était le cas pour Metallgesellschaft).

À une date t, un opérateur vend *forward* un baril de pétrole livrable en T. Il ne détient pas la marchandise et décide d'attendre de se trouver quelques jours avant la livraison pour se procurer le baril sur le marché au comptant. Cette fois, pour déterminer le prix de sa vente avec livraison différée, l'opérateur ne peut plus utiliser l'information fournie par le marché *futures*. Il doit donc utiliser un modèle de structure par terme, lui permettant de calculer un prix pour n'importe quelle échéance de livraison.

Afin de protéger son résultat sur le marché physique, l'opérateur doit, comme dans le cas précédent, initier une position sur le marché *futures*. S'agissant d'une couverture dynamique, la maturité de la position sur le marché papier est différente de celle associée à l'engagement sur le marché physique. Par conséquent, il est nécessaire de déterminer un ratio de couverture approprié, de façon à ce que, malgré le décalage temporel introduit, la position initiée sur le marché *futures* ait la même valeur que celle détenue sur le marché physique. Par ailleurs, la présence de ce décalage temporel implique que la période de couverture (entre les dates t et T) soit décomposée en plusieurs sous-périodes. À chaque sous-période, la position sur le marché *futures* sera renouvelée.

Supposons que, pour des raisons de moindre liquidité des contrats à long terme, la position sur le marché *futures* ait une échéance inférieure à celle de la position détenue sur le marché physique. Le recours à une maturité plus courte implique un rééquilibrage du portefeuille de couver-

1. Ainsi, sur le marché américain du pétrole brut, en 2003, plus de 81 % du volume de transactions était concentré sur les trois premiers mois (pour plus de détails sur ce point, voir le paragraphe 1.10. du chapitre 8).

ture à chaque fois que la date d'expiration du contrat *futures* approche, pour maintenir en permanence une position de couverture sur le marché à terme. Par conséquent, cette stratégie expose à un risque de base associé au renouvellement de la position, lequel doit être pris en compte [1].

Dans le cadre d'une couverture dynamique, la contribution d'un modèle de structure par terme est double. En premier lieu, ce modèle autorise la valorisation de l'engagement sur le marché physique pour n'importe quelle date de livraison. En second lieu, il permet la détermination de ratios de couverture. L'efficacité de la stratégie de couverture dynamique est d'autant plus grande (et se rapprochera ainsi d'autant plus d'une couverture traditionnelle) que le modèle est capable de répliquer fidèlement la structure par terme des prix observée empiriquement.

4.1.2.3. Les stratégies de couverture dynamique et les modèles de structure par terme des prix des matières premières

Les modèles de structure par terme des prix des matières premières sont naturellement adaptés aux stratégies de couverture, puisque leur construction repose sur un raisonnement d'arbitrage et sur l'élaboration d'un portefeuille de couverture. De plus, comme cela fut exposé en deuxième section de ce chapitre, les modèles de structure par terme reposent sur l'identification des facteurs sous-jacents qui expliquent l'évolution des prix à terme. Ces facteurs représentent les sources d'incertitude qui affectent les prix *futures*. Ainsi, dans ce cadre théorique, la stratégie de couverture sera conçue de façon à protéger les opérateurs contre chacune de ces sources d'incertitude. Ceci implique que le nombre de positions à terme requis pour la couverture est égal (sauf exception [2]) au nombre de facteurs retenus dans le modèle utilisé.

Les différentes stratégies de couverture basées sur les modèles de structure par terme diffèrent principalement les unes des autres par les hypothèses relatives au comportement des prix à terme.

En 1997, Brennan et Crew ont comparé la stratégie initiée par Metallgesellschaft sur le marché du pétrole brut avec des stratégies alternatives reposant, entre autres, sur le modèle de Brennan et Schwartz (1985) et celui de Gibson et Schwartz (1990). Les auteurs ont montré que les stratégies reposant sur les modèles de structure par terme dominent largement celle choisie par l'entreprise allemande et ce d'autant plus que le modèle de structure par terme est capable de répliquer correctement la courbe des prix empiriquement observée.

La même année, Schwartz a calculé les ratios de couverture associés à chacun des trois modèles qu'il étudiait, mais il n'a pas testé l'efficacité des stratégies de couverture associées.

---

1. Pour plus de détails sur le risque de base associé au renouvellement d'une position de couverture, voir la section 5 du chapitre 4.
2. Voir le travail de Neuberger (1999).

En 1999, Neuberger a comparé les performances des stratégies de couverture reposant sur le modèle à deux facteurs développé par Schwartz en 1997 et sur un nouveau modèle pour lequel aucune hypothèse particulière n'est faite quant au nombre de variables d'état, au processus qu'elles suivent ou à la façon dont le risque est valorisé. L'hypothèse clé est que le prix auquel le contrat à long terme est échangé est une fonction linéaire du prix des contrats existants (alors que, dans le modèle de Schwartz, le prix d'un contrat à terme est une fonction *non linéaire* des variables d'état). Quoique théoriquement non cohérent avec certains modèles de structure par terme des prix des matières premières, ce nouveau modèle donne, en pratique, de bons résultats. En effet, avec ce modèle, Neuberger construit des portefeuilles de couverture basés sur un nombre arbitraire de contrats à terme de différentes maturités. Sa stratégie permet relativement bien d'éliminer l'exposition au risque dans le marché du pétrole brut (approximativement 85 % du risque, mesuré par l'écart-type de l'erreur de couverture, est supprimé). Selon l'auteur, la robustesse du modèle découle de la pauvreté des hypothèses. L'inconvénient des stratégies de couverture basées sur les modèles de structure par terme est que ces dernières sont efficaces seulement si les prix à terme sont correctement valorisés les uns par rapport aux autres. Une ombre au tableau cependant : Neuberger souligne que son modèle impose des renouvellements du portefeuille un peu plus fréquents que celui de Schwartz.

En 2000, Routledge, Seppi et Spatt montrent que les ratios de couverture associés à leur modèle de structure par terme ne sont pas constants et dépendent du niveau de stock et des chocs affectant la demande courante. Ces ratios prennent en considération le fait que les prix *forward* à court et à long terme diffèrent les uns des autres, en ce que les prix à long terme n'incluent pas l'option de consommer la marchandise entre deux dates de livraison.

Enfin, en 2003, Veld-Merkoulova et de Roon utilisent un modèle à un facteur reposant sur le *convenience yield* pour construire des stratégies de couverture minimisant à la fois le risque de prix et le risque de renouvellement de la position de couverture. Ils utilisent pour ce faire des contrats à terme de deux maturités différentes, et prennent en considération les coûts de transaction. Ils montrent que leur stratégie domine la stratégie de couverture naïve. Cependant, Veld-Merkoulova et de Roon ne comparent pas leurs résultats avec ceux issus de travaux précédents.

Si toutes ces études diffèrent les unes des autres par les hypothèses relatives au comportement des prix à terme, elles partagent cependant un certain nombre de points communs.

En premier lieu, le problème de la couverture est toujours abordé à partir de la construction d'un portefeuille dont le comportement réplique celui de l'actif à couvrir. Ce portefeuille est une combinaison de contrats à terme de différentes maturités. Le nombre de positions à terme au sein du portefeuille est au moins égal au nombre de variables d'état (facteurs sous-jacents) inclues dans le modèle de structure par terme. En deuxième lieu, ces travaux ont montré que, pour couvrir correctement un engagement *forward*, il faut que la sensibilité de la valeur présente de l'engagement par rapport à chacun des facteurs sous-jacents soit égale à celle du portefeuille de contrats à terme utilisé pour la couverture. Par conséquent, les ratios de couverture dépendent des variables d'état et leur valeur diminue lorsque la maturité de la position *forward* augmente. En troisième lieu, à ce jour, les maturités des contrats à terme composant le portefeuille de couverture sont toujours choisies de façon arbitraire, tout comme la date du renouvellement du portefeuille. En quatrième lieu, peu de travaux ont été réalisés sur les frais de transaction et sur les coûts de financement associés aux positions détenues sur le marché à terme. Par ailleurs, les comparaisons entre modèles, là encore, sont rares.

Cette brève revue de la littérature montre que peu de travaux ont été effectués dans le domaine de la couverture dynamique et que les études empiriques sont rares. Les auteurs se sont principalement intéressés aux ratios de couverture et, à part Brennan et Crew, Neuberger, et Veld-Merkoulova et de Roon, ils n'ont pas fait attention aux stratégies de couverture en tant que telles.

4.1.2.4. Liquidité et couverture dynamique

Tous les contrats négociés sur les marchés à terme de matières premières ne sont pas caractérisés par le même volume de transactions. Généralement, la liquidité est concentrée sur les échéances les plus proches et ceci peut avoir une influence sur les stratégies de couverture dynamique. Les travaux ont à ce jour négligé l'impact que peut avoir le choix de la maturité des contrats à terme sur la performance d'une stratégie de protection contre le risque de prix. L'idée d'utiliser des contrats de maturité plus courte, donc plus liquides, était pourtant au centre de la stratégie initiée par Metallgesellschaft. Elle a inspiré toutes les recherches dans ce domaine, mais elle n'a jamais été explorée en tant que telle. Pour ce faire, des travaux devraient être entrepris, ayant pour objectif d'analyser l'impact de la liquidité sur l'efficacité des stratégies de couverture dynamique et d'élaborer des ratios de couverture prenant ce facteur en considération.

4.1.3. La comparaison des différentes stratégies de couverture dynamique

À ce jour, exceptés les travaux de Brennan et Crew (1997), aucune vision d'ensemble de la problématique de la couverture dynamique n'est disponible. Quant aux comparaisons entre les performances des modèles, elles sont quasiment inexistantes. Par ailleurs, l'aspect opérationnel de ces stratégies a été négligé. L'objectif des travaux à venir dans ce domaine serait de comparer les stratégies de couverture dynamique issues de différents modèles de structure par terme des prix, et, pour chaque modèle, d'apprécier l'efficacité de ces stratégies en fonction du coût de renouvellement de la position de couverture et du choix d'une échéance plutôt que d'une autre pour la position de couverture. Le développement, depuis

1997, de nouveaux modèles de structure par terme plus performants que ceux étudiés par Brennan et Crew élargit le champ des stratégies possibles. Une comparaison de différentes stratégies de couverture, chacune correspondant à un modèle, devrait être entreprise afin de cibler la plus efficace. Par ailleurs, des préoccupations d'ordre opérationnel seraient intégrées dans l'étude. Sera pris en considération le coût du renouvellement d'une couverture, qui n'est bien sûr pas identique selon que le marché se trouve en déport ou en report. De plus sera déterminée la couverture optimale correspondant à une position donnée sur le marché physique. Pour cela sera testée la sensibilité de la stratégie à la fréquence des modifications des engagements sur le marché à terme, ainsi qu'à la maturité des positions de couverture choisies. Les coûts de transaction seront bien évidemment intégrés dans l'analyse.

Ces travaux devraient être l'occasion de déterminer une stratégie de couverture optimale, qui minimise le risque de prix tout en évitant des coûts de mise en œuvre trop élevés.

4.2. La valorisation des projets et la décision d'investissement

La seconde application des modèles de structure par terme des prix des matières premières est la valorisation des projets d'investissement. L'utilisation d'un modèle de structure par terme, dans la décision d'investissement, est assez intuitive : avec un tel modèle, il est possible en effet de déterminer un prix pour n'importe quelle date d'expiration, même si elle est très éloignée. Par conséquent, le modèle permet la valorisation des flux de trésorerie nets associés à un projet d'investissement.

Toutes les études utilisant les modèles de structure par terme pour la valorisation des projets d'investissement sont conçues dans le cadre théorique des options réelles et les matières premières considérées sont des réserves minérales. Dans cette industrie, en effet, le caractère irréversible de la décision d'investissement est très prononcé, ce qui accroît l'intérêt d'une analyse menée à l'aide des options réelles.

La théorie des options réelles est basée sur une analogie avec les options financières. Elle a pour objectif d'identifier la composante optionnelle comprise dans la plupart des projets d'investissement, et de l'évaluer lorsque c'est possible [1]. Son principal avantage est que, contrairement aux méthodes traditionnellement utilisées pour la sélection des projets d'investissement – comme la valeur actuelle nette – elle prend en considération la flexibilité d'un projet. C'est d'autant plus important que le projet est entaché d'irréversibilité, comme c'est le cas de la plupart des investissements miniers. La théorie identifie différentes familles d'options réelles (voir l'encadré 3.2.) et souligne que la plupart des projets d'investissement incluent plusieurs options.

1. Une présentation de la théorie des options réelles peut être trouvée dans Copeland et Antikarov (2001), Grinblatt et Titman (2001), Trigeorgis (1999), Braouezec (2003), Goffin (2004).

Encadré 3.2.
Les principales catégories d'options réelles

La littérature distingue sept catégories d'options réelles [1].

- *L'option de reporter*

C'est sans doute la plus fréquemment invoquée. Dans ce contexte, la flexibilité est due à la possibilité d'attendre avant de s'engager. L'investissement est reporté dans l'espoir d'obtenir des informations pertinentes concernant par exemple le coût du projet, les prix des produits ou les conditions du marché. Cette option prend en considération la capacité d'apprentissage des investisseurs.

L'option de reporter est un *call*. Son détenteur, lorsqu'il exerce son droit, s'approprie la valeur actuelle nette du projet servant de support. Inversement, l'opérateur reportant son investissement suppose implicitement que le bénéfice retiré de l'attente est supérieur à son coût, lequel a diverses origines. Premièrement l'investisseur renonce aux revenus d'un investissement immédiat. Deuxièmement, il subit le coût d'opportunité associé à la détention de l'option. Troisièmement, l'attente est parfois risquée : de nouveaux concurrents ou de nouvelles technologies peuvent surgir. Ce dernier élément permet de souligner que la valeur de cette option varie selon la structure de l'industrie, en fonction de l'éventuelle présence de barrières à l'entrée et à la sortie.

La définition de cette option permet de comprendre que celle-ci sera particulièrement importante dans les industries caractérisées par une réelle possibilité d'attendre, comme celle des ressources naturelles, de l'immobilier, de l'agriculture et du bois. Le principal mérite de l'option de reporter est de souligner qu'une valeur temps est souvent associée aux projets d'investissement. De plus, elle confirme que la détention d'un actif réel, même s'il n'est pas exploité, génère un revenu.

- *L'option d'abandonner*

Cette option est associée à la possibilité de renoncer définitivement à un investissement et éventuellement de le revendre sur le marché secondaire. C'est une option de vente.

Exercer le droit conféré par l'option d'abandonner permet soit de recueillir les revenus issus d'une revente du projet, soit d'annuler les coûts associés à son maintien. Il est donc pertinent de considérer cette option dans deux cas : lorsque la spécificité de l'actif est faible et que sa revente dans des conditions avantageuses peut être envisagée ; lorsque le projet exige de continuelles mises de fonds pour être maintenu en état. Inversement, l'option d'abandonner ne peut être exercée lorsqu'un projet présente un attrait, matérialisé par des recettes ou correspondant à des éléments moins quantifiables tels que le savoir-faire technologique ou les compétences organisationnelles.

L'apport de la démarche optionnelle est ici de montrer que l'abandon peut être un choix, et suscite une réflexion sur les conséquences possibles d'un tel acte. Dans l'analyse traditionnelle, l'abandon d'un projet est plutôt considéré comme une fatalité apparaissant une fois atteint le terme de la durée de vie d'un projet.

---

1. Pour des revues de la littérature sur les options réelles, voir par exemple Copeland et Antikarov (2001), Goffin (2004), Grinblatt et Titman (2001), Trigeorgis (1999), Lautier (2003 a), Braouezec (2003).

• *L'option de renoncer à l'investissement en cours*

Elle s'intéresse au fait que, bien souvent, un investissement procède par étapes successives.

Dans ce contexte, la flexibilité résulte de l'alternative se présentant à chaque étape : renoncer à poursuivre le développement du projet si de nouvelles informations défavorables se révèlent ou consentir aux dépenses permettant de passer à l'étape suivante. Le champ d'application de cette option est particulièrement vaste : il couvre tous les domaines où les investissements sont séquentiels, tels ceux réalisés dans les industries intensives en recherche et développement comme la pharmacie, où dans celles caractérisées par une forte intensité capitalistique comme l'aéronautique. Cette option concerne également les projets à grande échelle.

L'option de renoncer à l'investissement en cours est une option de vente. Elle doit être exercée lorsque la somme à dépenser pour atteindre l'étape suivante est supérieure à la valeur accordée à la poursuite du projet. En revanche, ne pas l'exercer, c'est manifester un intérêt et des anticipations positives quant à l'évolution future du projet.

L'option de renoncer à l'investissement en cours est plus complexe que la précédente. En effet, si chaque étape du projet peut être considérée comme une option sur l'étape suivante, l'étape suivante est elle-même une option... sur l'étape à venir. Une construction en abîme peut être ainsi mise en évidence... Faut-il souligner que si son champ d'application est très large, les possibilités de valorisation d'une telle option apparaissent comme restreintes ?

• *Les options de modifier l'intensité de l'exploitation*

Ces options recouvrent la possibilité d'augmenter, de réduire ou de fermer temporairement une exploitation. Elles consistent à passer d'un état de production à l'autre, ce changement étant soit continu (dans le cas d'une montée en puissance de l'intensité d'utilisation des capacités), soit discret (dans le cas d'une fermeture temporaire de certaines unités). La valeur de ces options est élevée dans toutes les industries caractérisées par une demande ou une offre cycliques, telles que les ressources naturelles, la mode et certains biens de consommation.

La flexibilité peut être liée à un outil de production offrant une possibilité d'adaptation face aux évolutions de l'environnement. Dans ce cas, le coût à consentir pour bénéficier de la flexibilité est celui de l'investissement dans des capacités de production sophistiquées. Le coût peut être lié aux dépenses entreprises pour profiter de technologies plus performantes, aux coûts d'ajustements supportés lors du passage d'un état à l'autre ou au fait de renoncer à des économies d'échelle. La flexibilité peut également être créée à partir de relations avec des partenaires commerciaux, en recourant par exemple à la sous-traitance.

• *Les options d'échange*

Ces options résident dans la possibilité de modifier les produits finis ou les facteurs de production. La flexibilité est dans ce cas apportée par le processus de production.

La valeur de l'option d'échange associée aux facteurs de production est élevée pour toutes les industries qui recourent à des *inputs* ayant un substitut proche. C'est le cas, en particulier, dans le domaine des matières premières. Une centrale électrique fonctionnant au gaz naturel ou au charbon offre une série d'options d'échange. Le choix de recourir à l'un ou l'autre dépend des fluctuations relatives de leur prix. Compte tenu de leur caractère substituable, ces fluctuations sont relativement corrélées. Des écarts de prix peuvent cependant se manifester momentanément et être exploités en utilisant la matière première la moins coûteuse.

Les options d'échange de produits finis sont importantes dans les industries caractérisées par une demande saisonnière (agriculture) ou segmentée (jouets, composants de machines, automobiles). La possibilité d'utiliser la terre pour cultiver différents fruits et légumes selon la période donne au jardinier des options d'échange de produits finis. Une chaîne de montage produisant plusieurs types de voitures est une série d'options d'échange pour le constructeur.

Comme pour la modification de l'intensité de production, le coût de passage d'un facteur à l'autre ou d'un produit fini à l'autre influence la valeur d'un projet. Chaque possibilité de changement d'état représentant une option, un projet s'identifie à une somme d'options d'échéances différentes, et une difficulté peut surgir si les coûts d'ajustement de la production diffèrent selon l'état dans lequel on se trouve (il peut être par exemple plus coûteux de passer du gaz au charbon que l'inverse). La valeur d'une option d'échange donnée dépend alors de celles précédemment exercées ou abandonnées, et la valorisation est d'autant plus délicate que le nombre d'options est important.

• *Les options de croissance*

Elles sont centrées sur la stratégie de développement de la firme et regroupent de ce fait plusieurs options réelles. Leur champ d'application est extrêmement vaste.

Trois éléments permettent de définir les options de croissance. Premièrement, elles proviennent de ce qu'une entreprise a souvent la possibilité de renoncer à une activité ou d'en développer une nouvelle. De ce point de vue, l'option de croissance s'apparente à celle de l'abandon en cours, car le processus d'investissement comporte plusieurs stades successifs. Chaque étape correspond cependant à un projet et constitue le maillon d'une chaîne permettant à la firme de se situer sur un sentier de croissance ou d'améliorer sa position stratégique dans l'industrie. Deuxièmement, les options de croissance reflètent la possibilité de choisir entre plusieurs projets concurrents, mutuellement exclusifs. Sur ce point, elles se rapprochent des options d'échange. Troisièmement, si elles intègrent la capacité de fermer temporairement une ou plusieurs unités de production, les options de croissance peuvent être apparentées aux options de modifier l'intensité de l'exploitation.

La décision d'investissement étant considérée à long terme, et dans tous ses aspects, la théorie des options réelles offre ici plus un cadre conceptuel qu'un instrument de valorisation. La réflexion peut par exemple porter sur la taille de la firme : faut-il entreprendre un investissement de grande capacité générateur d'économies d'échelle mais coûteux si la demande a été mal évaluée ou faut-il initier une séquence d'investissements réduits permettant d'exercer ou d'abandonner des options de croissance ? La réflexion peut également porter sur la nature des relations contractuelles à entretenir avec les partenaires commerciaux : faut-il privilégier une relation forte et durable ou la sous-traitance ? Elle peut aussi s'intéresser à la possibilité de créer des rentes, momentanément au moins, le temps que dure un brevet par exemple. Elle peut enfin conduire à s'engager dans des projets dont la VAN est négative, mais qui ont une valeur optionnelle positive car ils constituent des tremplins pour une production à moindre coût, de meilleure qualité, voire pour de nouveaux produits.

• *Les options interactives*

La prise en considération d'options interactives suppose un pas supplémentaire vers le caractère universel des options réelles, en reconnaissant explicitement que la décision d'investissement recouvre la possibilité d'exercer, simultanément ou non, plusieurs catégories d'options.

Soit ces options font partie d'un seul projet (l'exploitation d'une mine de cuivre comporte par exemple une option de reporter, une option de fermeture temporaire, une option de renoncer à l'investissement en cours, une option d'abandon...), soit elles appartiennent à plusieurs projets (la recherche sur la résistance des matériaux est une option d'abandonner en cours qui affecte toutes les catégories de voitures produites par un constructeur). De même, ces options réelles peuvent être la propriété d'une seule firme (le propriétaire de la mine de cuivre) ou au contraire se répartir entre plusieurs concurrents : c'est le cas pour les produits non protégés par une licence ou un brevet (les vêtements de mode et les innovations financières par exemple) ou qui sont facilement substituables.

Ces options sont interactives car elles exercent une influence les unes sur les autres Dans ce contexte émergent deux questions. La première est relative à l'additivité de la valeur. La réunion de plusieurs options réelles est-elle égale à la somme des valeurs individuelles ? Childs, Ott et Triantis (1998) répondent à cette question en proposant un modèle intégrant l'effet de l'interdépendance entre différentes options réelles sur les décisions d'investissement. Les projets examinés peuvent être mutuellement exclusifs ou complémentaires. Les auteurs montrent que les valeurs des options s'additionnent en général lorsque les options sont de nature différente (une option d'achat est plutôt exercée dans un contexte de hausse des prix, une option de vente plus souvent en cas de baisse), lorsque leurs dates d'exercice sont rapprochées, et lorsqu'elles sont profondément en dehors de la monnaie. Quant à la valeur additionnelle de chaque option, Trigeorgis (1993) montre que celle-ci est une fonction inverse du nombre d'options.

La théorie des options réelles connaît un vif succès. Non seulement ce concept est appliqué dans des domaines extrêmement variés, depuis l'industrie lourde jusqu'aux nouvelles technologies, mais de plus les méthodes utilisées pour l'appréhender sont très diverses. Des analyses strictement qualitatives côtoient en effet des modélisations extrêmement poussées. Le foisonnement est tel qu'il soulève des interrogations quant à la pertinence du concept : est-il possible de l'employer effectivement dans tous les domaines ? Si oui, quelle est son utilité ? Une trop grande généralité ne nuit-elle pas à son pouvoir explicatif ? Enfin, que faut-il attendre de cette notion : un outil de réflexion ou, comme pourrait le laisser croire la terminologie « options réelles », une méthode quantitative ?

Toutes les études réalisées dans le domaine de la décision d'investissement (Brennan et Schwartz, 1985 ; Cortazar et Schwartz, 1997 ; Schwartz, 1997 ; Schwartz, 1998 ; Smith et McCardle, 1998 ; Schwartz et Smith, 2000 ; Cortazar, Schwartz et Casassus, 2001) partagent un certain nombre de points communs. Premièrement, le cadre d'analyse choisi est souvent assez simple, parce que la valorisation d'une option est généralement beaucoup plus compliquée que la valorisation d'un contrat à terme. Par conséquent, les auteurs recourent la plupart du temps à des modèles simples, inspirés de ceux développés dans le contexte des contrats à terme et présentés à la section deux. Deuxième point commun, les travaux empiriques dans ce domaine sont rares, tout simplement parce que l'estimation des paramètres devient une question délicate lorsque l'horizon d'analyse dépasse celui des contrats échangés sur le marché.

L'article pionnier, dans le domaine de la décision d'investissement, est celui de Brennan et Schwartz (1985). Les auteurs considèrent le cas d'une mine dans laquelle la ressource à exploiter est homogène, où le volume des réserves et les coûts d'extraction sont connus, et où les taux d'intérêt ne sont pas stochastiques. Il y a une limite maximale au taux de production, et il est possible de fermer et de rouvrir la mine en réponse aux évolutions des conditions du marché. La source d'incertitude principale, dans ce cas, est le prix de la matière première, dont le comportement dynamique est représenté avec le modèle de structure par terme à un facteur précédemment exposé (voir le paragraphe 2.2). Dans ce cadre d'analyse, plusieurs options réelles sont associées à la détention de la mine : l'option de fermer la mine temporairement, l'option d'abandonner le projet, et l'option de reporter l'investissement. Cette dernière est la plus simple, et c'est sans doute l'option réelle la plus fréquemment invoquée dans la littérature. Elle représente la possibilité d'attendre avant d'investir, afin de collecter de l'information utile. Avec les valeurs des paramètres qu'ils choisissent pour les simulations, les auteurs montrent qu'il n'est jamais optimal, en situation d'incertitude, de fermer ou d'abandonner la mine. Ils montrent également comment la valeur de l'option varie avec le volume de réserves, avec le montant de l'investissement initial, etc.

En 1997, Cortazar et Schwartz utilisent un modèle à un facteur basé sur un prix au comptant ayant un comportement de retour vers une valeur moyenne, dans lequel le *convenience yield* est variable et dépend de l'écart entre le prix au comptant et un prix moyen à long terme. À l'aide de ce modèle, ils calculent la valeur d'une mine à différents stades. Le premier correspond à la mine non développée, le deuxième à la mine en phase de développement et le troisième à la phase de production. Les auteurs montrent que la possibilité d'attendre avant d'investir représente entre 10 et 40 % de la valeur de la mine, et que l'option d'attendre est une fonction croissante du prix au comptant, et une fonction décroissante du temps de développement.

La même année, Schwartz s'intéresse à l'influence que peut avoir le choix d'un modèle de structure par terme sur la valeur d'une mine de cuivre. L'auteur considère uniquement l'option de reporter l'exploitation et il calcule le prix seuil à partir duquel il est optimal d'investir. L'étude montre que la valeur d'une option réelle et la décision d'investissement dépendent fortement de la méthode utilisée pour la valorisation des *cash flows* nets futurs associés à un projet d'investissement. En effet, les simulations indiquent que les hypothèses concernant le comportement dynamique des variables d'état, dans les modèles de structure par terme, ont une influence considérable.

En 1998, Schwartz développe un modèle à un facteur qui retient la plupart des caractéristiques du modèle à deux facteurs plus complexe proposé en 1997, à savoir la capacité à valoriser la structure par terme des prix et des volatilités. Ce nouveau modèle, lorsqu'il est appliqué à la valorisation de projets d'investissement à long terme dans le domaine des matières premières, requiert seulement la solution numérique d'un modèle à un facteur classique. L'auteur montre que ce modèle a pratiquement les mêmes implications que celui de 1997. Il peut donc être utilisé pour valoriser des options réelles complexes sans faire trop de sacrifices sur les avantages du modèle à deux facteurs. Ce dernier reste cependant nécessaire parce que les valeurs de ses paramètres sont utilisées comme des *inputs* pour le modèle à un facteur.

La même année, Smith et McCardle proposent une modélisation pour une réserve pétrolière en prenant pour variables stochastiques le prix du pétrole et le taux de production. Dans ce contexte, le propriétaire de la réserve a la possibilité de mettre fin à la production ou de l'accélérer en ajoutant de nouveaux forages. Il peut également couvrir une partie des risques associés au projet.

En 2000, Schwartz et Smith appliquent leur modèle court terme/long terme à un problème d'options réelles hypothétique. Ils considèrent deux options réelles : celle de reporter l'investissement pour un projet à long terme et celle de développement pour un projet à court terme. Pour simplifier l'analyse, ils supposent qu'il n'y a pas de coûts de production, ni d'impôts ou de taxes et que, une fois initiée, la production se poursuit indéfiniment. Pour le projet à court terme, les auteurs montrent que les valeurs et les politiques d'investissement sont sensibles aux deux variables d'état et que la valeur de l'investissement augmente aussi bien avec les variations du prix à court terme qu'avec celles du prix d'équilibre. En revanche, les valeurs et les politiques d'investissement du projet à long terme sont assez peu sensibles aux variations de prix à court terme. Par conséquent Schwartz et Smith proposent, pour l'analyse à long terme, de réduire ce modèle à deux facteurs à un modèle monofactoriel reposant sur le seul prix d'équilibre. Cependant, le modèle à deux facteurs serait dans ce cas toujours nécessaire pour estimer le prix d'équilibre.

En 2001, Cortazar, Schwartz et Casassus proposent un modèle à un facteur dans lequel sont réunies l'incertitude par rapport au prix et celle tenant aux facteurs géologique et technique. Avec ce modèle, ils déterminent la valeur de plusieurs options réelles : ils intègrent en effet des échéanciers d'investissement flexibles pour toutes les étapes de la phase d'exploration, ainsi que pour la phase de développement. De plus, une fois la mine développée, en phase d'extraction, il existe des options de fermeture, de réouverture et d'abandon. Le modèle est appliqué au marché du cuivre. Les auteurs montrent qu'une partie significative de la valeur de la mine est due aux options offertes aux responsables du projet d'investissement.

La recherche dans le domaine de la décision d'investissement a donc commencé par explorer des cadres d'analyse assez idéalistes : au début, à l'exception du prix de la matière première, tout était supposé connu dans la mine. Par la suite, d'autres sources d'incertitude ont progressivement été prises en considération. L'enjeu et l'intérêt de ces recherches vont au-delà des simples interrogations concernant l'exploitation optimale d'un champ pétrolier ou d'une mine. Dans l'industrie pétrolière par exemple, la phase d'exploration est particulièrement risquée et le temps de retour sur investissement est important. Par conséquent, seuls les fonds propres (*equity*) de l'entreprise sont généralement employés au financement de tels projets. Cependant, à condition de bénéficier de méthodes fiables pour valoriser un champ et couvrir les *cash flows* qui lui associés, un producteur pourrait utiliser ses profits garantis comme collatéraux à des fonds empruntés et accéder ainsi à des sources de financement (emprunts bancaires et/ou emprunts sur les marchés financiers) jusque-là inabordables.

Conclusion

Les développements des modèles de structure par terme des prix mettent en évidence certaines spécificités qui distinguent les matières premières des actifs financiers :

• les prix au comptant et à terme des matières premières sont caractérisés par un comportement de retour vers une valeur moyenne ;

• les freins qu'imposent naturellement les actifs réels aux opérations d'arbitrage entre le marché physique et celui des contrats induisent une corrélation positive entre la volatilité des prix et l'ampleur du déport ;

• pour certains actifs réels (matières premières agricoles, produits pétroliers), les prix peuvent avoir un caractère saisonnier très marqué que l'on ne retrouve pratiquement jamais pour les actifs financiers ;

• l'effet Samuelson explique le comportement de la structure par terme.

L'examen de la littérature révèle que les modèles de structure par terme sont généralement élaborés dans un contexte d'équilibre partiel [1], quel que soit le nombre de variables prises en compte. Par conséquent, la sélection de ces variables peut être considérée comme arbitraire. La plupart du temps, le choix est cependant basé sur les théories traditionnelles des prix des matières premières. Par ailleurs, un modèle avec un prix au comptant, un *convenience yield* et/ou un prix à long terme exogène peut être considéré comme la forme réduite d'un modèle plus général dans

---

1. Pour avoir une vision exhaustive des modèles de structure par terme, il faut également mentionner les travaux réalisés par Cortazar et Schwartz (1994) et par Miltersen et Schwartz (1998). Ces auteurs ont proposé, pour la valorisation des matières premières, un cadre d'analyse reposant sur la méthodologie développée en 1992 par Heath, Jarrow et Morton (approche probabiliste). Dans ce cas, la structure par terme des prix est considérée comme une donnée, un *input* du modèle.

lequel ces variables seraient déterminées de façon endogène par la production, la consommation et les décisions de stockage. Il reste cependant une indétermination quant au choix du *convenience yield* ou du prix à long terme comme seconde variable d'état, car il est difficile de comparer entre eux les différents modèles de structure par terme des prix des matières premières. Dans l'avenir, des progrès pourraient vraisemblablement être effectués dans cette voie.

Les développements à venir des modèles de structure par terme intégreront certainement une description plus précise du comportement des prix. À ce jour, la nature leptokurtique des cours des matières premières (Dusak, 1973) ainsi que l'asymétrie de leur distribution ont par exemple été ignorées. L'introduction de telles caractéristiques pourrait améliorer les performances des modèles de structure par terme, mais la question lancinante de l'arbitrage entre le réalisme et la simplicité de la modélisation pourrait resurgir à cette occasion. Il faudra nécessairement trouver un équilibre entre les deux, en particulier si les modèles sont conçus pour des produits dérivés complexes présentant une composante optionnelle.

En ce qui concerne les applications des modèles de structure par terme, deux directions au moins peuvent être envisagées. Afin que les méthodes et les techniques de la couverture dynamique puissent être adoptées par les praticiens, la recherche aurait besoin de progresser vers des considérations opérationnelles en intégrant dans l'analyse les coûts de transaction associés au rééquilibrage et au renouvellement des portefeuilles de couverture. Qui plus est, le besoin de mesure et de quantification du risque associé à ces portefeuilles pourrait être satisfait en ayant recours à des méthodes de *Value at Risk* (Cabedo et Moya, 2003). Pour ce qui est de la valorisation des actifs reposant sur la théorie des options réelles, deuxième application des modèles de structure par terme des prix des matières premières, il pourrait être intéressant d'introduire de nouvelles sources d'incertitude dans le processus de valorisation. À ce jour, en effet, le cadre d'analyse demeure un peu simpliste, car le prix est la principale, voire la seule, source d'incertitude retenue dans la littérature. Un tel progrès risque cependant de rendre impossible la valorisation simultanée de plusieurs options. Il est probable que, là également, le souhait légitime du réalisme soit contrecarré par la nécessité d'une certaine complexité au niveau de la modélisation.

Questions ponctuelles

1. Comment définir la structure par terme des prix des matières premières ? Pourquoi ce concept devient-il de plus en plus important ?
2. Quelles sont les contributions respectives de la théorie du déport normal et de la théorie du stockage à l'explication de la structure par terme des prix des matières premières ?
3. Comment définir simplement le *convenience yield* ? Quel est l'intérêt de ce concept ? Quel en fut le concepteur ? À quelle date fut-il introduit dans l'analyse ?
4. Quelles sont les relations qu'entretiennent le *convenience yield* et les stocks ?
5. Lorsque l'horizon d'analyse augmente, d'autres facteurs que les coûts de stockage et le *convenience yield* ne devraient-ils pas être invoqués pour expliquer la forme et le comportement de la structure par terme des prix ? Qui a donné, le premier, une réponse positive à cette question ? Quels sont les apports de cet auteur ?
6. Comment évolue la volatilité des prix à terme en fonction de la maturité des contrats ?
7. Que traduit l'effet Samuelson ? Comment peut-on expliquer cet effet ?
8. Comment expliquer la segmentation de la structure par terme des prix ? Comment se concrétise-t-elle ?
9. Comment mesurer le contenu informationnel de la structure par terme des prix ?
10. Quelles conclusions peuvent être tirées des études empiriques relatives au contenu informationnel de la structure par terme des prix ?
11. Quels mouvements de la courbe des prix des matières premières peuvent être identifiés à l'aide d'une analyse en composantes principales ? Comment caractériser ces mouvements ? Quelle est leur contribution à la volatilité de la courbe des prix ?
12. Quels intérêts l'analyse en composantes principales présente-t-elle pour la modélisation de la structure par terme des prix des matières premières ?
13. Quel est l'objectif des modèles de structure par terme des prix des matières premières ? Quelles sont les hypothèses communes à ces différents modèles ?
14. Quelles sont les variables d'état retenues par les modèles de structure par terme des prix ?
15. Quels sont les modèles à un facteur retenant un mouvement brownien géométrique pour le prix au comptant ?
16. Quels sont les modèles à un facteur retenant un processus de retour vers une valeur moyenne pour le prix au comptant ?

17. Brennan a présenté en 1991 des modèles à un facteur reposant sur le *convenience yield.* Quelles sont les hypothèses relatives au *convenience yield* étudiées par Brennan ?
18. Qui a formulé le plus célèbre modèle à deux facteurs retenant le prix au comptant et le *convenience yield* comme variable d'état ? Quelle est la justification économique de ce modèle ?
19. Quelles sont les spécificités du modèle asymétrique ?
20. Pourquoi certains chercheurs ont-ils introduit le prix à long terme comme deuxième variable d'état dans les modèles de structure par terme des prix ?
21. Quel est le principe des filtres de Kalman ? Citez deux versions du filtre de Kalman.
22. Quels sont les critères généralement retenus pour mesurer les performances d'un modèle de structure par terme des prix ?
23. Comment définir et mesurer l'erreur de prix moyenne ? l'écart-type des erreurs de prix ?
24. Quelles sont les performances empiriques des modèles à un facteur ? à deux facteurs ? des modèles à trois facteurs ?
25. Quelles sont les deux principales applications des modèles de structure par terme des prix des matières premières ?
26. Quels sont les principes de base de la couverture statique ? de la couverture dynamique ?
27. Quelles sont les contributions des modèles de structure par terme à la couverture dynamique du risque de prix des matières premières ?
28. Quel est l'objectif de la théorie des options réelles appliquée à la décision d'investissement ?
29. Quelles sont les caractéristiques et les spécificités de l'option de reporter ? de l'option d'abandonner ? de l'option de renoncer à l'investissement en cours ? de l'option de modifier l'intensité de l'exploitation ? des options d'échange ? des options de croissance ? des options interactives ?

Questions de synthèse

1. Contributions et limites de la théorie du déport normal et de la théorie du stockage à l'analyse de la structure par terme des prix des matières premières.
2. Le rôle du *convenience yield* dans l'analyse théorique et la modélisation de la structure par terme des prix des matières premières.
3. L'analyse dynamique de la structure par terme des prix.
4. La segmentation de la structure par terme des prix.

5. L'analyse en composantes principales et la dynamique de la structure par terme des prix.
6. La dynamique des prix et la structure par terme des prix du pétrole sur la période 1989-2003.
7. Les modèles de structure par terme des prix des matières premières à un facteur.
8. Le modèle à deux facteurs retenant le *convenience yield* comme variable d'état élaboré par Schwartz en 1997.
9. Le modèle asymétrique.
10. Les modèles de structure par terme des prix à trois facteurs.
11. Les performances empiriques des modèles de structure par terme des prix des matières premières.
12. Le cas Metallgesellschaft et les modèles de structure par terme des prix.
13. Les principales catégories d'options réelles.
14. Les options réelles, la décision d'investissement et les modèles de structure par terme des prix des matières premières.

Chapitre 4

LES MARCHÉS ORGANISÉS DE CONTRATS À TERME ET LA GESTION DU RISQUE DE PRIX

Objectifs pédagogiques :

- connaître les objectifs poursuivis par les différents acteurs intervenant sur les marchés à terme de matières premières,
- comprendre le principe des opérations de couverture,
- analyser le rôle des spéculateurs dans le fonctionnement des marchés à terme,
- expliquer comment un opérateur se protège contre le risque de hausse (de baisse) des prix,
- savoir comment établir le prix d'une transaction avec livraison différée sur le marché des produits physiques,
- expliquer l'impact, sur le résultat d'une opération de couverture, de la présence d'imperfections lors de l'ouverture et/ou de la fermeture de cette opération de couverture,
- déterminer le coût d'une opération de couverture et les moyens à la disposition de l'opérateur pour le réduire,
- expliquer ce qu'est un ratio de couverture et pourquoi il peut différer de un,
- analyser ce qu'est une opération de couverture croisée,
- expliquer comment le triturateur de soja et le raffineur de produits pétroliers couvrent leur marge commerciale,
- connaître les déterminants des opérations de couverture,
- comprendre pourquoi tous les utilisateurs potentiels des marchés à terme n'y ont pas systematiquement recours.

Tous les professionnels qui produisent, utilisent, négocient, exportent ou importent des matières premières sont en permanence exposés à des risques de prix qui affectent leurs résultats d'exploitation. Les conséquences varient selon la place qu'ils occupent dans le processus économique.

Celui qui possède des marchandises pour les revendre transformées ou en l'état ne craint pas une hausse des prix, mais il redoute une baisse. Celui qui s'est engagé à livrer des produits qu'il ne possède pas redoute, en revanche, une hausse des cours, mais il n'est pas importuné par une baisse. Le recours aux opérations de couverture est impératif pour toutes les entreprises ou tous les opérateurs souhaitant sauvegarder la valeur de leurs actifs et de leurs engagements :

- le producteur dont les revenus varient avec l'évolution du prix des matières premières agricoles, industrielles ou énergétiques,
- le commerçant et le négociant dont les marges bénéficiaires sont faibles, comparées aux fluctuations des prix des marchandises qu'ils commercialisent,
- l'industriel qui redoute de vendre des produits finis à un prix inférieur à leur coût de production, ou supérieur à celui de ses concurrents ayant eu la bonne fortune d'acheter des marchandises au moment où leur prix était faible.

Les objectifs de celui qui se protège contre le risque de prix varient selon qu'il détient des produits physiques ou vend à découvert des marchandises qu'il ne possède pas. Dans la première hypothèse, il protège la valeur d'un stock contre une baisse des prix ; il initie une opération de *short hedging*. Dans la seconde, il se protège contre une hausse des cours ; il réalise une opération de *long hedging*.

L'opérateur se couvre en prenant sur le marché à terme *futures* une position inverse à celle qu'il détient sur le marché physique. Il neutralise la baisse des prix par une vente de contrats *futures* et se protège contre la hausse des cours par un achat de contrats. Quel que soit son objet, le mécanisme de l'opération de couverture est simple.

Pour la clarté de l'exposé, il est admis dans un premier temps que les marchés fonctionnent en l'absence de toute opportunité d'arbitrage et que les prix cotés correspondent toujours à leur niveau théorique. Dans un deuxième temps, et par souci de réalisme, nous introduisons des imperfections dans l'analyse. Dans un troisième temps, enfin, est abandonnée l'hypothèse que les transactions sur le marché des contrats *futures* sont parfaitement adossées aux transactions commerciales effectuées sur le marché des produits physiques. Par ailleurs et pour des raisons de simplification, nous ignorerons, tout au long de l'exposé, les coûts de transaction associés au versement de commissions sur le marché des contrats *futures*, ainsi que le financement des appels de marge et des dépôts de garantie [1].

Pour mieux comprendre ces différents développements, quelques rappels relatifs à la notion de base, de prix à terme et de prix au comptant sont nécessaires.

---

1. Ces questions sont traitées à travers plusieurs exercices du chapitre consacré aux matières premières dans le livre de Y. Simon et D. Lautier, *Finance internationale et gestion des risques, Questions et exercices corrigés.*

1. Quelques rappels

Nous commencerons par préciser ce que l'on entend, dans le cadre de ce chapitre, lorsque l'on se réfère à la notion de base et de prix à terme. Cela nous permettra ensuite de préciser ce que doit être, en théorie, le niveau du prix à terme et de la base.

1.1. Prix à terme, prix au comptant et base

Comme nous l'avons déjà évoqué (voir le paragraphe 1.5 du chapitre 1), il existe à tout instant une différence entre le prix des produits physiques sur le marché au comptant et le prix des contrats à terme pour une échéance déterminée. Pour les praticiens des marchés, cette différence représente « la base ». Les financiers et les économistes parlent plus volontiers de report et de déport. Quand le prix à terme est supérieur au prix au comptant, le marché est en report ; quand il lui est inférieur, le marché est en déport [1].

La notion de base peut recouvrir différentes acceptions et il est important de fixer le vocabulaire. Pour cela, il est possible de se référer à un exemple chiffré. Au début du mois de janvier, un négociant effectue, sur le marché *futures,* une opération de couverture contre le risque de fluctuation du prix du cuivre entre les mois de janvier et de juin. Si le prix du cuivre en lingot sur le marché au comptant est inférieur de 20 livres au prix à terme pour l'échéance juin du London Metal Exchange, on dit que la base est de 20 livres. Cette base peut être liée à des différentiels de qualité entre le cuivre négocié sur le marché au comptant et celui échangé sur le marché *futures*, à la localisation des marchés au comptant et des marchés *forward* sur lesquels se négocient les produits physiques, et à l'échéance des contrats *futures* achetés et vendus. Par conséquent, il existe autant de bases que de qualités de cuivre, de marchés physiques, et de termes pour lesquels des contrats sont achetés et vendus.

À l'époque t (au début du mois de janvier), la base entre le prix au comptant et le prix pour le terme (t + 6) (30 juin) diffère de celle reliant le même prix au comptant et le prix pour le terme (t + 8) (31 août). C'est la composante temporelle de la base qui explique cette différence. Par ailleurs, les bases diffèrent lorsque les marchés physiques ne sont pas situés à une même distance géographique du marché à terme : les prix du cuivre dans les magasins généraux de New York agréés par le London Metal Exchange ne sont pas identiques à ceux du cuivre de même qualité stocké dans les magasins généraux localisés à Rotterdam ou au Japon.

La base la plus significative est la base temporelle. Elle mesure la différence entre le prix à terme et le prix des produits physiques ayant les spécifications requises pour être livrés en exécution d'un contrat, et disponi-

1. Sur les marchés de métaux et celui du pétrole, les opérateurs retiennent les expressions *contango* (report) et *backwardation* (déport).

bles dans les magasins généraux agréés par la bourse de commerce. Sauf exception expressément mentionnée, c'est à cette base que nous ferons référence dans ce chapitre.

1.2. Prix à terme et base théoriques

La base représente approximativement le coût de transport pour livrer la marchandise augmenté des coûts de stockage et des frais financiers (de janvier à juin dans l'exemple qui retient notre attention) [1]. Quand la marchandise est disponible sur place, le coût de transport est nul ; en situation de report, la base représente uniquement le coût de stockage et de financement. À mesure que le mois de livraison approche, la base se réduit, car cela coûte moins cher de stocker du cuivre entre mai et juin qu'entre janvier et juin [2]. Théoriquement, la base s'annule lorsque le contrat à terme arrive à échéance. Au 30 juin, le prix des produits physiques doit alors être identique à celui des contrats à terme. Ce phénomène est décrit par l'expression « convergence de la base » (*cash convergence* en anglais). Le graphique 4.1. reproduit l'évolution de la base théorique entre le 3 janvier et le 30 juin. Cette base est théorique, car la différence entre le prix à terme et le prix au comptant est à chaque instant parfaitement égale au coût de stockage et de financement.

Graphique 4.1. – *Évolution de la base théorique entre le 3 janvier et le 30 juin*

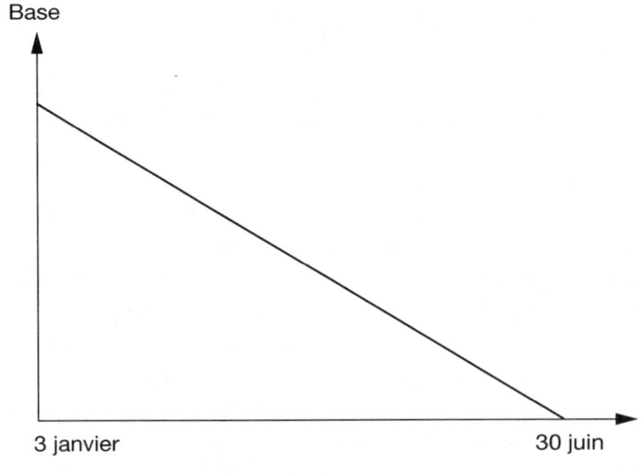

1. Ceci est surtout vrai en situation de report. En situation de déport, comme nous le rappelons à la section trois de ce chapitre et comme cela fut précisé au chapitre 2, il faut également prendre en considération le bénéfice associé à la détention de stocks, ou *convenience yield*. Pour des raisons de simplicité, nous nous situons ici en situation de report.

2. Il existe d'autres explications, comme nous l'avons vu au chapitre 2. Nous retenons cependant cette analyse, car elle est réaliste, simple et se retrouve à la base de nombreuses explications du report.

Au lieu de reproduire l'évolution de la base (qui est un différentiel de prix), il est possible de représenter l'évolution du prix à terme et du prix au comptant entre le 3 janvier et le 30 juin, ce que fait le graphique 4.2. La différence à chaque instant entre le prix à terme et le prix au comptant correspond à la base.

Graphique 4.2. – *Évolution du prix à terme, du prix au comptant et de la base entre le 3 janvier et le 30 juin*

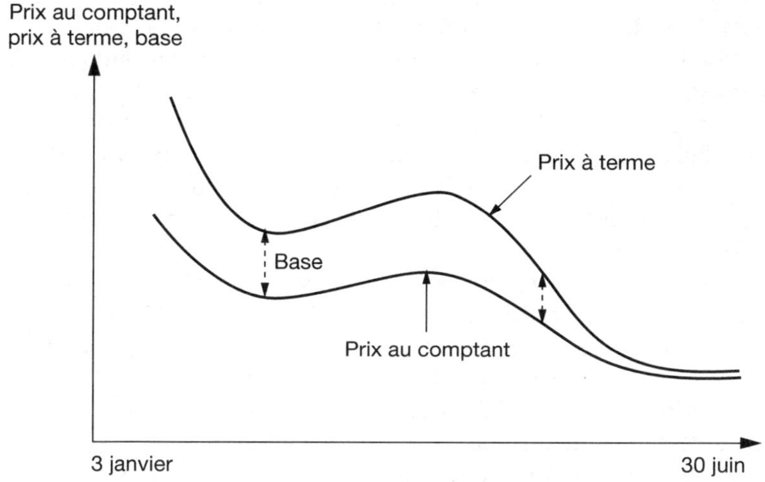

Dans un marché à terme de matières premières, la base observée n'est pas toujours identique à la base théorique, ce qui peut impliquer l'apparition d'un coût de couverture pour l'opérateur, comme nous le verrons dans les développements qui suivent.

2. La protection contre la hausse des prix

La protection contre la hausse des prix est le fait de tous les opérateurs qui vendent à découvert des matières premières qu'ils ne possèdent pas. Nous retenons dans les développements qui suivent le cas d'un négociant mais, bien évidemment, la situation n'est pas spécifique à cet opérateur. Nous aurions pu retenir l'exemple d'un exportateur qui vend à prix ferme pour livraison ultérieure des matières premières qu'il se procurera dans les jours ou les semaines qui précéderont la livraison effective. La crainte d'une hausse des prix caractérise également l'industriel et le transformateur qui proposent à leur clientèle des produits finis à prix fixe, produits élaborés à partir de matières premières qu'ils n'ont pas encore achetées.

Un négociant (puisque tel est l'exemple retenu) vend des matières premières (pétrole, aluminium, blé, café, etc.) qu'il s'engage à livrer ultérieurement (dans trois mois, dans six mois, etc.), sans les posséder. Il effectue, par conséquent, une transaction avec livraison différée (*forward transaction*). Si le prix de cette transaction est ferme et définitif, le négociant est exposé à un risque de prix. Trois possibilités lui permettent de remplir ses obligations commerciales.

La première est d'acheter dès maintenant les produits physiques et de les stocker. Sauf modalités particulières, le négociant doit en acquitter le montant et supporter les coûts de stockage, les frais d'assurance et les risques de détérioration. Sa vente ne lui permettra par ailleurs d'être payé au plus tôt (sauf modalités particulières) qu'au moment de la livraison des marchandises. Entre l'achat et la vente, il doit financer les stocks.

La deuxième possibilité est de retarder l'achat des produits physiques. Le négociant les achète à la date à laquelle ils doivent être livrés (ou dans les jours qui précèdent). En agissant de la sorte, le négociant anticipe, en fait, une baisse des cours. Cette modalité (qui est une opération de spéculation sur le marché des produits physiques) n'est guère pratiquée, car le bénéfice des négociants est faible, et par conséquent très sensible à toute variation des prix.

La troisième possibilité consiste à repousser l'achat des produits physiques et à mettre en œuvre une opération de couverture. Par cette technique, le négociant se protège contre une hausse du prix des marchandises qu'il devra acheter sur le marché au comptant pour les livrer à la contrepartie auprès de laquelle il s'est engagé : l'éventuelle perte sur le marché des produits physiques sera alors contrebalancée par un gain sur le marché à terme. Par cette opération, le négociant n'immobilise pas ses fonds et il ne risque aucune détérioration des produits physiques. En effectuant une opération de couverture, il fixe dès maintenant, et par avance, le prix d'achat des marchandises dont il aura besoin plus tard.

Un exemple simplifié permet de comprendre le mécanisme de l'opération de couverture. À l'époque t (le 3 janvier), dans le cadre d'un appel d'offre international, un négociant propose de vendre [1] à un importateur du cuivre qu'il ne possède pas, pour livraison en t + 6 (le 30 juin) à un prix de 100. À la date t, le négociant ne possède pas le métal qu'il s'engage à livrer dans six mois. Son intention est de se procurer des lingots quelques jours avant la livraison (le 20 juin par exemple) auprès d'une fonderie. Supposons que la proposition de ce négociant est retenue par l'importateur. Pour éviter les conséquences d'une hausse du prix du métal entre le 3 janvier et le 20 juin qui induirait des pertes, le négociant achète immé-

1. Nous supposons que la quantité et la qualité des matières premières achetées ou vendues correspondent exactement aux spécifications des contrats à terme *futures*. Il s'agit là d'une simplification pour faciliter l'exposé. La réalité est sensiblement différente. Nous supposons également, toujours dans un objectif de simplification, que le négociant ne fait pas de profit sur le marché physique. En fait, tel n'est pas non plus le cas : le prix proposé par le négociant inclut toujours un profit commercial. Nous verrons plus loin comment il se couvre contre le risque de prix et s'assure simultanément un profit commercial à partir du prix à terme. Enfin, nous expliquerons au paragraphe 2.1.4 comment le négociant détermine le prix de cette transaction *forward* sur le marché physique.

diatement des contrats à terme *futures* pour l'échéance t + 6 (30 juin) à un prix que nous supposerons être égal à 100.

S'il correspond au prix théorique, le cours à terme observé de 100 implique que le prix au comptant du cuivre est égal à 100 moins le coût de stockage et de financement (soit 95 si le coût de stockage et de financement exprimé en taux annuel est égal à 10 %, 94 si le coût de stockage et de financement est égal à 12 %, etc.).

2.1. Les prix à terme observés sont toujours identiques à leur niveau théorique

Le 20 juin, lors de l'achat des lingots de cuivre sur le marché au comptant, le négociant est confronté à l'une des trois hypothèses suivantes : les prix se sont élevés, ont baissé, ou sont demeurés stables.

2.1.1. Première hypothèse : les prix montent entre le 3 janvier et le 20 juin

Le négociant a acheté le 3 janvier (époque t) un contrat *futures* pour le terme t + 6. Le 20 juin, le prix sur le marché au comptant est égal à 140. En achetant à ce cours les lingots qu'il a vendus à 100, l'exportateur subit une perte. Mais celle-ci est compensée par un gain sur le marché *futures* provenant de la vente à 140 d'un contrat précédemment acheté à 100 (tableau 4.1). L'opération de couverture garantit le prix de vente malgré la hausse des cours. Faute de l'avoir entreprise, le négociant aurait subi une perte de 40.

Tableau 4.1. – *L'opération de couverture du négociant*

Transactions sur le marché physique	Transactions sur le marché des *futures*
3 janvier – Un négociant vend *forward* du cuivre à un importateur pour livraison fin juin à un cours de 100. – Ce négociant craint une hausse du prix du cuivre.	*3 janvier* – Le négociant achète des contrats à terme de cuivre pour l'échéance juin au prix de 100.
20 juin – Le négociant achète du cuivre sur le marché au comptant pour le livrer à l'importateur à la fin du mois de juin. – Le prix d'achat est de 140.	*20 juin* – Le négociant vend des contrats à terme de cuivre pour l'échéance juin au prix de 140.
Les transactions sur le marché physique dégagent une perte de 40.	Les transactions sur le marché des *futures* dégagent un gain de 40.

Dans l'exemple retenu, le négociant achète le 20 juin des lingots sur le marché au comptant et annule simultanément la position qu'il détient sur le marché à terme. Il lui est en fait toujours possible de se procurer directement, dans les conditions prévues par le contrat à terme *futures*, les produits physiques dont il a besoin sans passer par le marché au comptant. Il suffit à l'acheteur de maintenir sa position ouverte jusqu'à l'échéance et de demander à la chambre de compensation une livraison effective du sous-jacent (en pratique, la décision de recourir à cette possibilité appartient au vendeur de contrats *futures*, mais au niveau où l'on se situe, ceci est un détail).

En cas de livraison effective de la marchandise sous-jacente au contrat *futures*, il peut arriver que la qualité des produits livrés ne corresponde pas exactement à celle qui est prévue au contrat. Pour éviter, en effet, un risque de manipulation ou d'étranglement du marché, les responsables des bourses de commerce prévoient souvent la possibilité de livrer des produits dont la qualité diffère sensiblement de celle indiquée au contrat. Si les marchandises livrées sont de meilleure qualité, l'opérateur qui les reçoit verse une prime à sa contrepartie ; si elles sont de moins bonne qualité, il bénéficie d'une indemnité. Le montant des unes et des autres est expressément prévu par le contrat à terme *futures* lui-même.

La situation du spéculateur est désastreuse [1]. En achetant le 20 juin à un prix de 140 un contrat *futures* qu'il avait vendu à 100, il subit une perte de 40 (tableau 4.2). En ayant vendu le 3 janvier un contrat à 100, le spéculateur anticipait une baisse des cours et il espérait compenser sa position par l'achat d'un contrat à un prix inférieur à 100. Tel n'est pas le cas dans cet exemple. Le spéculateur ne peut que liquider la position à terme, sinon il serait contraint de livrer des produits physiques. Comme en règle générale il n'en possède pas, il serait obligé de les acheter sur le marché au comptant à un prix égal, dans l'exemple simplifié retenu, à celui qui prévaut sur le marché à terme. Pour éviter les inconvénients d'une livraison de produits physiques, le spéculateur achète dans la quasi-totalité des cas un contrat à terme *futures*. Par ses interventions sur le marché des contrats, le spéculateur assume le risque de prix dont s'est débarrassé le négociant.

Tableau 4.2. – *L'opération de spéculation*

Transactions sur le marché des contrats *futures*
3 janvier – Le spéculateur vend des contrats à terme de cuivre pour l'échéance juin au prix de 100. *20 juin* – Le spéculateur achète des contrats à terme de cuivre pour l'échéance juin au prix de 140.
Les transactions sur le marché des contrats *futures* dégagent une perte de 40.

1. Pour faciliter l'analyse, nous supposons que les spéculateurs sont les seules contreparties des opérateurs se couvrant contre le risque de prix. La situation est dans la réalité beaucoup moins tranchée.

Nous avons supposé dans cet exemple qu'il n'y avait qu'un spéculateur et qu'il subissait une perte de 40 pour un investissement initial, représenté par le déposit [1], de 10. Il s'agit d'un spéculateur héroïque ! La situation est dans la réalité fort différente. En effet, dès que le spéculateur a perdu une somme que nous supposerons être égale à 2 (dès que le cours à terme atteint le niveau de 102), l'organisme de compensation (*clearing*) procède à un appel de marge. Cet appel signifie que le spéculateur doit apporter à la chambre de compensation des fonds correspondant au montant des pertes potentielles s'il veut continuer à détenir une position vendeuse lorsque les prix montent. Si le spéculateur ne souhaite plus détenir une position à terme, il ne verse pas la perte potentielle de 2 et compense lui-même cette position par un achat de contrat au prix de 102. De potentielle qu'elle était, la perte devient réelle et elle est imputée au montant du déposit dont le solde est alors restitué au spéculateur. S'il n'apporte pas les fonds et s'il ne compense pas sa position à terme, la chambre de compensation (en réalité le courtier ou le membre compensateur qui a garanti la bonne fin de la transaction, mais ceci est pour l'instant un détail) doit solder la position du spéculateur par un achat de contrat au cours du marché que nous supposons, pour simplifier l'exposé, égal à 102. Que la compensation soit faite par le spéculateur ou le *clearing*, l'achat de contrat implique qu'un nouvel opérateur vend un contrat et détient au prix de 102 une position spéculative à la baisse. Si le temps passe et si le cours continue à monter, dès qu'il atteint 104, ce deuxième spéculateur est lui aussi appelé en marge, et un processus identique au premier se met en place. Au total, il est fort possible, à la limite, que 20 spéculateurs perdent chacun 2 au lieu et place d'un spéculateur unique perdant 40.

Cet exemple permet de comprendre que le nombre des spéculateurs, sur un marché à terme, peut être supérieur à celui des opérateurs cherchant à se protéger contre le risque de prix. Il l'est d'autant plus qu'un professionnel peut détenir 500 contrats sur certains marchés, comme ceux du maïs ou du soja, voire plusieurs milliers dans le cas de l'aluminium, du pétrole ou du gaz. Chaque petit spéculateur détenant en moyenne moins de 5 contrats d'une même marchandise, cela implique que 200 spéculateurs au moins sont nécessaires pour servir de contrepartie à un professionnel détenant 1 000 contrats. Dans la mesure où le

1. Dans une transaction à terme sur un marché de *futures*, les opérateurs contractent des engagements à un cours fixé lors de l'achat et de la vente des contrats, mais ils repoussent la livraison et le paiement à une date ultérieure (le terme) fixée au moment de l'achat et de la vente des contrats. L'acheteur et le vendeur (qu'il s'agisse de professionnels se couvrant contre le risque de prix ou de spéculateurs cherchant à en tirer profit) doivent cependant verser à la chambre de compensation un dépôt de garantie dont le montant représente en général de 1 à 10 % de la valeur du contrat (en fait, ce dépôt n'est jamais exprimé sous forme de pourcentage, mais se concrétise par une somme variable avec la valeur nominale du contrat et la volatilité des cours de la matière première sous-jacente au contrat : 800 dollars, 1 500 dollars, 3 500 dollars, etc.). Cette garantie, qui n'est pas un paiement partiel de la valeur de la transaction, est parfois dénommée déposit (*initial margin*, en anglais).

turn-over des spéculateurs est égal à 20 (si l'on reprend l'exemple qui vient d'être développé), la présence de 4 000 spéculateurs est nécessaire pour assurer la contrepartie d'un *hedger* se protégeant contre une hausse des prix de 40 %. Les chiffres sont impressionnants, mais les hypothèses sur lesquelles ils reposent ne sont pas irréalistes. Le propos mérite toutefois d'être nuancé sur deux points. D'une part, le *turn-over* des spéculateurs est plus faible quand ils engrangent des profits. D'autre part, la présence de plus en plus importante de spéculateurs institutionnels et de fonds d'investissement réduit considérablement le nombre de petits spéculateurs, ce que confirment les quelques informations publiées sur le sujet par les bourses, les chambres de compensation et les grandes maisons de courtage. Plus compétents et mieux à même de gérer avec sang-froid des positions spéculatives, ces opérateurs éliminent des marchés dérivés les spéculateurs individuels dont les pertes et l'incompétence ont pollué très souvent dans le passé le fonctionnement des marchés à terme. Dans la mesure où un *hedge fund* ou un investisseur institutionnel peut acheter, vendre ou détenir plusieurs centaines, voire plusieurs milliers de contrats, les acteurs des marchés à terme de matières premières sont quasi-exclusivement des opérateurs professionnels. La réduction du nombre des spéculateurs s'accompagne cependant d'un renforcement de leur poids relatif. Dernière remarque, comme suggéré au renvoi de la page 224, il est tout à fait possible qu'un professionnel se protégeant contre le risque de hausse des prix trouve en face de lui un ou plusieurs professionnels à la recherche d'une protection contre la baisse des prix, ce qui supprime là tout recours à des spéculateurs.

2.1.2. Deuxième hypothèse : les prix baissent entre le 3 janvier et le 20 juin

Le 20 juin, le prix du cuivre sur le marché au comptant est tombé à 60. Le négociant achète des lingots et vend simultanément un contrat à terme *futures*, mais cette fois à un prix égal à 60. Le gain de 40 réalisé sur le marché des produits physiques est compensé par une perte identique sur le marché des contrats (tableau 4.3).

L'opération de couverture prive le négociant d'un gain de 40 car, sans intervention à terme, il aurait pu se procurer des lingots à un cours de 60. La couverture protège le négociant contre la hausse des prix, mais elle le prive également du bénéfice induit par une évolution favorable des cours.

En fait, l'opérateur n'est pas prisonnier de sa position à terme sur le marché *futures* (c'est la grande différence avec les transactions avec livraison différée que sont les *forward transactions*). Il n'est donc pas nécessairement privé de toute l'évolution favorable des cours, comme le montre la suite de cet exemple. En effet, dès que la tendance à la baisse, dans le cas présent, est bien installée, il compense sa position à terme au cours de 82 (ceci est un exemple) et profite ainsi de la chute des prix (tableau 4.4).

Tableau 4.3. – *L'opération de couverture du négociant*

Transactions sur le marché physique	**Transactions sur le marché des *futures***
3 janvier – Un négociant vend *forward* du cuivre à un importateur pour livraison fin juin à un cours de 100. – Ce négociant craint une hausse du prix du cuivre.	*3 janvier* – Le négociant achète des contrats à terme de cuivre pour l'échéance juin au prix de 100.
20 juin – Le négociant achète du cuivre sur le marché au comptant pour le livrer à l'importateur à la fin du mois de juin. – Le prix d'achat est de 60.	*20 juin* – Le négociant vend des contrats à terme de cuivre pour l'échéance juin au prix de 60.
Les transactions sur le marché physique dégagent un gain de 40.	Les transactions sur le marché des *futures* dégagent une perte de 40.

Tableau 4.4. – *L'opération de couverture du négociant*

Transactions sur le marché physique	**Transactions sur le marché des *futures***
3 janvier – Un négociant vend *forward* du cuivre à un importateur pour livraison fin juin à un cours de 100. – Ce négociant craint une hausse du prix du cuivre.	*3 janvier* – Le négociant achète des contrats à terme de cuivre pour l'échéance juin au prix de 100.
	11 mai – Le négociant vend des contrats à terme pour l'échéance juin au prix de 82.
20 juin – Le négociant achète du cuivre sur le marché au comptant pour le livrer à l'importateur à la fin du mois de juin. Le prix d'achat est de 60.	
Les transactions sur le marché physique dégagent un gain de 40.	Les transactions sur le marché des *futures* dégagent une perte de 18.
Les transactions sur le marché physique et celui des contrats *futures* dégagent un gain de 22.	

Il faut être cependant conscient qu'en liquidant sa position à terme, le négociant adopte un comportement spéculatif. Ne pas se couvrir contre le risque de prix, quand on a la possibilité de le faire, revient à spéculer. Cette remarque n'est pas une condamnation. Il s'agit simplement de préciser que la non utilisation des marchés à terme peut révéler un comportement de spéculation. Il est évident que le négociant pourrait de nouveau se couvrir si les prix avaient tendance à remonter après être passés par un plus bas de 60 (tableau 4.5).

Tableau 4.5. – *L'opération de couverture du négociant*

<table>
<tr><th>Transactions sur le marché physique</th><th>Transactions sur le marché des futures</th></tr>
<tr><td>3 janvier
– Un négociant vend forward du cuivre à un importateur pour livraison fin juin à un cours de 100. Ce négociant craint une hausse du prix du cuivre.</td><td>3 janvier
– Le négociant achète des contrats à terme de cuivre pour l'échéance juin au prix de 100.

10 février
– Le négociant vend des contrats à terme pour l'échéance juin au prix de 82.
25 mars
– Les cours ayant tendance à remonter après être passés par un plus bas de 60, le négociant achète des contrats à terme de cuivre pour l'échéance juin au prix de 65.</td></tr>
<tr><td>20 juin
– Le négociant achète du cuivre sur le marché au comptant pour le livrer à l'importateur à la fin du mois de juin. Le prix d'achat est de 130.</td><td>20 juin
– Le négociant vend des contrats à terme de cuivre pour l'échéance juin au prix de 130.</td></tr>
<tr><td>Les transactions sur le marché physique dégagent une perte de 30.</td><td>Les transactions sur le marché des futures dégagent un gain de 47.</td></tr>
<tr><td colspan="2">Les transactions sur le marché physique et celui des contrats futures dégagent un gain de 17.</td></tr>
</table>

Oublions les tableaux 4.4. et 4.5. et revenons à la situation initiale, celle dans laquelle le négociant conserve sa position à terme (tableau 4.3.). Le spéculateur bénéficie dans ce nouveau cadre d'hypothèses d'un profit tout à fait confortable. En vendant le 3 janvier à un cours de 100 un contrat qu'il compense le 20 juin à un cours de 60, il obtient un profit de 40 (tableau 4.6). Quand il enregistre un gain, on a de bonnes raisons de penser que le spéculateur ne liquide pas immédiatement une position bénéficiaire. Le *turn-over* des spéculateurs est dans ces conditions beaucoup plus faible qu'il ne l'était dans l'hypothèse où ils enregistraient des pertes.

Tableau 4.6. – *L'opération de spéculation*

Transactions sur le marché des contrats *futures*
3 janvier – Le spéculateur vend des contrats à terme de cuivre pour l'échéance juin au prix de 100. *20 juin* – Le spéculateur achète des contrats à terme de cuivre pour l'échéance juin au prix de 60.
Les transactions sur le marché des contrats *futures* dégagent un gain de 40.

2.1.3. Troisième hypothèse : les prix sont stables entre le 3 janvier et le 20 juin

Le prix à terme est identique en t +6 (le 20 juin) à ce qu'il était à l'époque t (le 3 janvier). Le négociant et le spéculateur ne réalisent ni gain ni perte, comme l'indiquent les tableaux 4.7 et 4.8.

Tableau 4.7. – *L'opération de couverture du négociant*

Transactions sur le marché physique	**Transactions sur le marché des *futures***
3 janvier – Un négociant vend *forward* du cuivre à un importateur pour livraison fin juin à un cours de 100. – Ce négociant craint une hausse du prix du cuivre.	*3 janvier* – Le négociant achète des contrats à terme de cuivre pour l'échéance juin au prix de 100.
20 juin – Le négociant achète du cuivre sur le marché au comptant pour le livrer à l'importateur à la fin du mois de juin. Le prix d'achat est de 100.	*20 juin* – Le négociant vend des contrats à terme de cuivre pour l'échéance juin au prix de 100.
Les transactions sur le marché physique ne dégagent ni profit ni perte.	Les transactions sur le marché des *futures* ne dégagent ni profit ni perte.

Tableau 4.8. – *L'opération de spéculation*

Transactions sur le marché des contrats *futures*
3 janvier – Le spéculateur vend des contrats à terme de cuivre pour l'échéance juin au prix de 100. *20 juin* – Le spéculateur achète des contrats à terme de cuivre pour l'échéance juin au prix de 100.
Les transactions sur le marché des contrats *futures* ne dégagent ni gain ni perte.

Cette hypothèse n'est pas très réaliste, car les prix des matières premières ne restent jamais stables. Elle ne sera plus retenue dans les développements de ce chapitre.

2.1.4. *La fixation des prix, le profit et le comportement du négociant*

Les exemples qui viennent d'être développés soulèvent deux interrogations. La première est relative aux modalités de fixation du prix proposé par le négociant en réponse à l'appel d'offre international. Pourquoi avoir retenu le cours de 100 ? La seconde interrogation concerne le profit du négociant. On constate qu'il est nul.

Dans les faits, le prix du cuivre proposé par le négociant pour la vente *forward* à laquelle il procède n'est pas fixé au hasard. Il est très souvent égal au prix à terme accru d'une marge correspondant au profit commercial que le négociant souhaite obtenir (malgré son caractère schématique, cette procédure est suffisamment proche de la réalité pour être retenue dans une première analyse). En fixant le prix de vente du cuivre par référence au cours à terme, et à condition que les cours à terme observés sur le marché correspondent à leur niveau théorique, le négociant qui se protège contre la hausse des prix par un achat de contrats est alors assuré de sauvegarder son profit, quelle que soit l'évolution ultérieure des cours.

Reprenons l'exemple du négociant en cuivre répondant à l'appel d'offre international. Au 3 janvier, le prix qui lui sert de référence pour faire une offre est le cours à terme pour l'échéance juin, auquel il ajoute une marge commerciale que nous supposons être égale à 2 (dans les exemples simplifiés qui précèdent, cette marge était nulle). Si le cours à terme est égal à 100, le prix d'offre est de 102. Si le cours à terme est de 130, le prix proposé par le négociant est de 132. De cette façon, comme l'atteste le tableau 4.9,

Tableau 4.9. – *L'opération de couverture du négociant*

Transactions sur le marché physique	**Transactions sur le marché des *futures***
3 janvier – Un négociant vend *forward* du cuivre à un importateur pour livraison fin juin à un cours de 102. Ce négociant craint une hausse du prix du cuivre. *20 juin* – Le négociant achète du cuivre sur le marché au comptant pour le livrer à l'importateur à la fin du mois de juin. Le prix d'achat est de 140.	*3 janvier* – Le négociant achète des contrats à terme de cuivre pour l'échéance juin au prix de 100. *20 juin* – Le négociant vend des contrats à terme de cuivre pour l'échéance juin au prix de 140.
Les transactions sur le marché physique dégagent une perte de 38.	Les transactions sur le marché des *futures* dégagent un gain de 40.
Les transactions sur le marché physique et celui des contrats *futures* dégagent un gain de 2.	

le négociant est assuré (dans le cadre des hypothèses actuellement retenues) de conserver son profit de 2. Le lecteur vérifiera lui-même que la baisse des prix de 100 à 70 ne modifie pas le profit obtenu par le négociant (tableau 4.10).

Tableau 4.10. – *L'opération de couverture du négociant*

Transactions sur le marché physique	**Transactions sur le marché des *futures***
3 janvier – Un négociant vend *forward* du cuivre à un importateur pour livraison fin juin à un cours de 102. Ce négociant craint une hausse du prix du cuivre. *20 juin* – Le négociant achète du cuivre sur le marché au comptant pour le livrer à l'importateur à la fin du mois de juin. Le prix d'achat est de 70.	*3 janvier* – Le négociant achète des contrats à terme de cuivre pour l'échéance juin au prix de 100. *20 juin* – Le négociant vend des contrats à terme de cuivre pour l'échéance juin au prix de 70.
Les transactions sur le marché physique dégagent un gain de 32.	Les transactions sur le marché des *futures* dégagent une perte de 30.
Les transactions sur le marché physique et celui des contrats *futures* dégagent un gain de 2.	

En cas de situation concurrentielle particulièrement tendue, le négociant peut être contraint de rogner son profit pour avoir une chance de gagner l'appel d'offre. Dans la mesure où un concurrent se couvrant dans des conditions identiques à celles qui viennent d'être exposées se contenterait d'un profit égal à 1, il est évident que l'importateur donnera la priorité (toutes choses égales par ailleurs) au négociant qui propose un prix de 101, au détriment de celui qui propose un prix de 102.

Dans les exemples présentés dans ce paragraphe, l'évolution des prix des contrats à terme *futures* était strictement identique à ce qu'elle aurait dû être en théorie. Pratiquement, cette hypothèse n'est pas réaliste.

2.2. Les prix à terme observés ne sont pas toujours identiques à leur niveau théorique

Dans les exemples précédents, la couverture du négociant contre le risque de hausse des prix était toujours parfaite, que les cours augmentent, ou qu'ils baissent. Ainsi, à moins de vouloir bénéficier d'une évolution favorable des cours et de compenser la position sur le marché *futures* avant la date de livraison sur le marché physique, le résultat des opérations effectuées sur le marché physique et sur le marché des contrats *futures* était soit nul, en l'absence de profit, soit strictement égal à la marge définie par le négociant. Ce résultat provient de ce que nous avons toujours supposé, dans le paragraphe 2.1, que le prix à terme, sur le marché *futures*, était en permanence parfaitement égal à son niveau théorique. En réalité, tel n'est pas toujours le cas. Des imperfections peuvent se produire sur le marché, qui modifient le résultat de la couverture pour le négociant. D'une part, la convergence de la base n'est pas toujours parfaite à l'échéance du contrat ; d'autre part, lors de l'initiation de la position de couverture, il arrive que la base observée soit supérieure ou inférieure à la base théorique.

2.2.1. La base n'est pas parfaitement convergente à l'échéance

À l'échéance des contrats, le prix au comptant et le prix à terme doivent être identiques. Quand ils ne le sont pas, des arbitragistes peuvent obtenir des profits en réalisant des opérations de *cash and carry* ou de *reverse cash and carry,* transactions qui ont pour conséquence de rétablir l'égalité entre le prix des contrats sur le marché *futures* et le prix des produits physiques sur le marché au comptant.

En réalité, à l'échéance, et *a fortiori* quelques jours avant l'échéance, malgré les opérations d'arbitrage précédemment mentionnées, le prix des contrats et celui des produits physiques ne sont jamais parfaitement identiques ; le premier est, en général, légèrement inférieur au second. Le gain obtenu en dénouant le contrat par une livraison de produits physiques n'est cependant pas, dans la majorité des cas, suffisant pour compenser les frais administratifs et financiers, les coûts de transaction et de contrôle, et la perte de temps qu'entraîne une livraison de produits physiques. Sur un marché parfaitement arbitré, le gain perçu par une livraison de produits physiques devrait être égal à l'ensemble des frais qui viennent d'être recensés. Tel n'est jamais le cas. La conséquence en est l'apparition d'une perte ou d'un gain qui s'ajoute ou se retranche au résultat de la couverture, tel qu'il avait été déterminé lors de la mise en place de l'opération de *hedging*. Le tableau 4.11 illustre la situation qui vient d'être décrite, en retenant le cas où le négociant valorise sa transaction sur le marché *forward* à partir du prix à terme observé sur le marché *futures*, et introduit une marge commerciale de 2.

Il ressort de cet exemple que la marge commerciale du négociant n'a pu être maintenue à un niveau de 2. Ici, les transactions sur le marché physique et celui des contrats *futures* ne dégagent plus qu'un gain de 1. Par conséquent, du fait de l'imperfection de la convergence de la base à l'échéance des contrats *futures*, le résultat d'une opération de couverture sur un marché à terme n'est connu avec précision que le jour où la position est définitivement soldée.

L'imperfection de la convergence de la base n'a pas toujours un impact négatif sur le résultat des opérateurs. Ainsi, dans l'exemple du tableau 4.12, l'opérateur anticipait un gain de 2, et le résultat final fait apparaître un gain de 3.

Tableau 4.11. – *L'opération de couverture du négociant*

Transactions sur le marché physique	Transactions sur le marché des *futures*
3 janvier – Un négociant vend *forward* du cuivre à un importateur pour livraison fin juin à un cours de 102. – Ce négociant craint une hausse du prix du cuivre. *20 juin* – Le négociant achète du cuivre sur le marché au comptant pour le livrer à l'importateur à la fin du mois de juin. Le prix d'achat est de 140.	*3 janvier* – Le négociant achète des contrats à terme de cuivre pour l'échéance juin au prix de 100. *20 juin* – Le négociant vend des contrats à terme de cuivre pour l'échéance juin au prix de 139.
Les transactions sur le marché physique dégagent une perte de 38.	Les transactions sur le marché des *futures* dégagent un gain de 39.
Les transactions sur le marché physique et celui des contrats *futures* dégagent un gain de 1.	

Tableau 4.12. – *L'opération de couverture du négociant*

Transactions sur le marché physique	Transactions sur le marché des *futures*
3 janvier – Un négociant vend *forward* du cuivre à un importateur pour livraison fin juin à un cours de 102. – Ce négociant craint une hausse du prix du cuivre. *20 juin* – Le négociant achète du cuivre sur le marché au comptant pour le livrer à l'importateur à la fin du mois de juin. – Le prix d'achat est de 140.	*3 janvier* – Le négociant achète des contrats à terme de cuivre pour l'échéance juin au prix de 100. *20 juin* – Le négociant vend des contrats à terme de cuivre pour l'échéance juin au prix de 141.
Les transactions sur le marché physique dégagent une perte de 38.	Les transactions sur le marché des *futures* dégagent un gain de 41.
Les transactions sur le marché physique et celui des contrats *futures* dégagent un gain de 3.	

Compte tenu de ces éventuelles imperfections, lorsqu'il détermine le prix auquel il s'engage à livrer ou à prendre livraison des matières premières, le négociant doit explicitement prendre en compte la possibilité d'être confronté à une base défavorable lors de la compensation de la position qu'il a prise sur le marché à terme pour se couvrir contre le risque de prix.

2.2.2. *La base observée est différente de la base théorique dès l'initiation de la position de couverture*

En situation de report, si la base reproduisait exactement les frais de stockage et le coût de financement, son évolution dans le temps serait représentée par la droite 1 du graphique 4.3. : il coûterait aussi cher de stocker des produits physiques entre le 1er janvier et le 30 juin qu'entre le 1er juillet et le 31 décembre. En réalité, interviennent d'autres facteurs que le coût de financement et de stockage, ce qui remet en cause la linéarité de la relation entre les différents prix à terme. De ce fait, l'évolution réelle de la base est plus proche de la courbe 2, représentée sur le graphique 4.3, que de la droite 1.

1. Dans l'exemple développé ci-dessous, la base réelle pour l'échéance juin, à l'ouverture de la position le 3 janvier, est inférieure à la base théorique (graphique 4.3.). Plus précisément, nous supposons que le prix au comptant en janvier est égal à 92, que le prix à terme théorique en janvier s'établit à 100, alors que le prix observé n'est que de 97. Lors de l'initiation de la position de couverture, le marché est donc en report. Cependant, le report observé (97 – 92 = 5) est inférieur au report théorique (100 – 92 = 8).

Graphique 4.3. – *Évolution de la base théorique et de la base réelle entre le 3 janvier et le 30 juin*

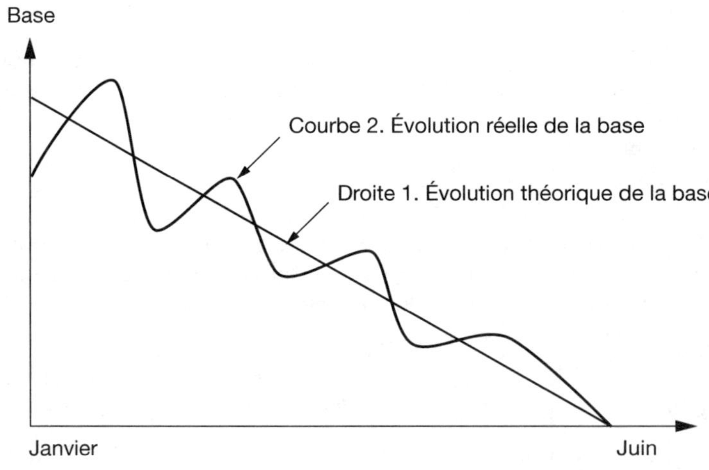

Le fait que le prix à terme théorique soit différent du prix à terme observé lors de l'initiation de la position de couverture soulève une nouvelle question. Quel prix faut-il utiliser pour valoriser la transaction sur le marché physique : le prix à terme observé ou le prix à terme théorique ?

Pour répondre à cette question, commençons par considérer le cas où le négociant décide de retenir le prix à terme théorique. Supposons que le négociant fixe le prix de sa livraison sur le marché physique à partir du prix de 100, auquel il ajoute une marge commerciale de 2. Dans ce cas, comme le montre le tableau 4.13, le fait que la base soit inférieure à son niveau théorique se répercute positivement dans le résultat de l'opération de couverture, qui dégage alors un gain de 5, car l'achat à terme est effectué à un prix à terme inférieur au cours théorique.

Tableau 4.13. – *L'opération de couverture du négociant*

Transactions sur le marché physique	**Transactions sur le marché des *futures***
3 janvier – Un négociant vend *forward* du cuivre à un importateur pour livraison fin juin à un cours de 102. – Ce négociant craint une hausse du prix du cuivre.	*3 janvier* – Le négociant achète des contrats à terme de cuivre pour l'échéance juin au prix de 97.
20 juin – Le négociant achète du cuivre sur le marché au comptant pour le livrer à l'importateur à la fin du mois de juin. Le prix d'achat est de 140.	*20 juin* – Le négociant vend des contrats à terme de cuivre pour l'échéance juin au prix de 140.
Les transactions sur le marché physique dégagent une perte de 38.	Les transactions sur le marché des *futures* dégagent un gain de 43.
Les transactions sur le marché physique et celui des contrats *futures* dégagent un gain de 5.	

Cette politique de valorisation de la transaction sur le marché physique est-elle réaliste ? Vraisemblablement pas. En effet, le prix à terme négocié sur un marché organisé est une information publique et gratuite. Il est donc fort probable que le client du négociant bénéficie lui aussi de cette information et comprenne mal que le négociant tire profit d'une imperfection du fonctionnement du marché *futures*. Il est beaucoup plus vraisemblable que, pour maintenir sa relation commerciale avec son client, le négociant soit obligé de valoriser sa transaction *forward* non pas à (100 + 2 = 102), mais à (97 + 2 = 99). Le résultat de cette opération est reporté au tableau 4.14.

2. Cette méthode de valorisation est valable que le report soit inférieur à son niveau théorique, comme dans le cas précédent, ou supérieur. Supposons en effet à présent que le prix au comptant soit égal à 92, le prix à terme théorique à 100, et le prix à terme observé à 103. Une telle situation est illustrée par le graphique 4.4.

Tableau 4.14. – *L'opération de couverture du négociant*

Transactions sur le marché physique	**Transactions sur le marché des** ***futures***
3 janvier – Un négociant vend *forward* du cuivre à un importateur pour livraison fin juin à un cours de 99. Ce négociant craint une hausse du prix du cuivre.	*3 janvier* – Le négociant achète des contrats à terme de cuivre pour l'échéance juin au prix de 97.
20 juin – Le négociant achète du cuivre sur le marché au comptant pour le livrer à l'importateur à la fin du mois de juin. Le prix d'achat est de 140.	*20 juin* – Le négociant vend des contrats à terme de cuivre pour l'échéance juin au prix de 140.
Les transactions sur le marché physique dégagent une perte de 41.	Les transactions sur le marché des *futures* dégagent un gain de 43.
Les transactions sur le marché physique et celui des contrats *futures* dégagent un gain de 2.	

Graphique 4.4. – *Évolution de la base théorique et de la base réelle entre le 3 janvier et le 30 juin*

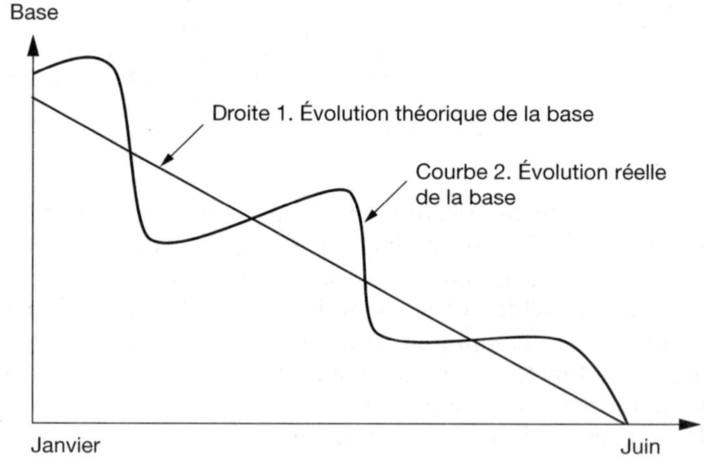

Dans ce cas, le négociant qui ne possède pas les marchandises [1] ne peut raisonnablement pas proposer une valorisation de sa vente *forward* sur la base d'un prix à terme de 100. S'il le faisait, il serait en effet conduit, comme le montre le tableau 4.15, à perdre la totalité de sa marge commer-

1. Le fait que le négociant ne possède pas de marchandises est important, comme nous le verrons dans la section 3 de ce chapitre, à travers l'étude du cas du raffineur se protégeant contre une baisse des prix.

ciale, voire plus, car l'achat à terme, dans ce cas, est effectué à un prix supérieur à son niveau théorique.

Tableau 4.15. – *L'opération de couverture du négociant*

Transactions sur le marché physique	**Transactions sur le marché des *futures***
3 janvier – Un négociant vend *forward* du cuivre à un importateur pour livraison fin juin à un cours de 102. – Ce négociant craint une hausse du prix du cuivre. *20 juin* – Le négociant achète du cuivre sur le marché au comptant pour le livrer à l'importateur à la fin du mois de juin. – Le prix d'achat est de 140.	*3 janvier* – Le négociant achète des contrats à terme de cuivre pour l'échéance juin au prix de 103. *20 juin* – Le négociant vend des contrats à terme de cuivre pour l'échéance juin au prix de 140.
Les transactions sur le marché physique dégagent une perte de 38.	Les transactions sur le marché des *futures* dégagent un gain de 37.
Les transactions sur le marché physique et celui des contrats *futures* dégagent une perte de 1.	

Par conséquent, afin de maintenir sa marge commerciale, le négociant doit prendre pour point de départ le prix observé de 103, comme le montre le tableau 4.16.

Tableau 4.16. – *L'opération de couverture du négociant*

Transactions sur le marché physique	**Transactions sur le marché des *futures***
3 janvier – Un négociant vend *forward* du cuivre à un importateur pour livraison fin juin à un cours de 105. – Ce négociant craint une hausse du prix du cuivre. *20 juin* – Le négociant achète du cuivre sur le marché au comptant pour le livrer à l'importateur à la fin du mois de juin. – Le prix d'achat est de 140.	*3 janvier* – Le négociant achète des contrats à terme de cuivre pour l'échéance juin au prix de 103. *20 juin* – Le négociant vend des contrats à terme de cuivre pour l'échéance juin au prix de 140.
Les transactions sur le marché physique dégagent une perte de 35.	Les transactions sur le marché des *futures* dégagent un gain de 37.
Les transactions sur le marché physique et celui des contrats *futures* dégagent un gain de 2.	

Il apparaît donc, à travers cet exemple, que l'imperfection, parce qu'elle est observable par les opérateurs au moment de la vente de marchandise et de l'initiation de la position sur le marché à terme, est répercutée par le négociant sur le prix de vente de la marchandise, et n'a pas d'impact sur le résultat de la couverture.

3. Nous avons retenu l'hypothèse que les prix s'élevaient entre le 3 janvier et le 20 juin. Le raisonnement et les résultats auraient été identiques si l'on avait considéré une baisse des cours. Le lecteur vérifiera lui-même au tableau 4.17 que le négociant réalise un gain de 2, équivalent à sa marge commerciale si, le 20 juin, le prix à terme et celui des produits physiques sont égaux à 70 et si, lors de l'initiation de la position de couverture, la base est inférieure à son niveau théorique.

Tableau 4.17. – *L'opération de couverture du négociant*

Transactions sur le marché physique	**Transactions sur le marché des *futures***
3 janvier – Un négociant vend *forward* du cuivre à un importateur pour livraison fin juin à un cours de 99. – Ce négociant craint une hausse du prix du cuivre. *20 juin* – Le négociant achète du cuivre sur le marché au comptant pour le livrer à l'importateur à la fin du mois de juin. – Le prix d'achat est de 70.	*3 janvier* – Le négociant achète des contrats à terme de cuivre pour l'échéance juin au prix de 97. *20 juin* – Le négociant vend des contrats à terme de cuivre pour l'échéance juin au prix de 70.
Les transactions sur le marché physique dégagent un gain de 29.	Les transactions sur le marché des *futures* dégagent une perte de 27.
Les transactions sur le marché physique et celui des contrats *futures* dégagent un gain de 2.	

L'exemple reproduit au tableau 4.17 est cependant largement hypothétique. Comme nous l'avions remarqué au paragraphe 2.1 de ce chapitre, il n'y a aucune raison pour que le négociant maintienne sa position sur le marché *futures* s'il se rend compte qu'il s'est trompé dans ses anticipations et que les prix baissent au lieu d'augmenter. Dans un tel cas, il doit revendre sa position à terme dès que les prix se sont installés à la baisse, pour ne pas perdre le profit enregistré sur le marché physique. Il se retrouvera alors en position spéculative, car il n'aura plus de couverture, et devra surveiller de très près l'évolution des prix pour réagir au plus vite si une nouvelle tendance à la hausse devait se manifester.

4. Si l'on revient à la situation décrite au tableau 4.13, la situation du spéculateur s'est dégradée par rapport à celle exposée au tableau 4.2. En effet, dans la mesure où il achète à 140 des contrats précédemment vendus à

97, sa perte passe de 40 à 43, comme l'indique le tableau 4.18. Le fait que le prix à terme soit inférieur à son niveau théorique, lors de l'initiation de la position sur le marché *futures*, a donc un impact sur le résultat du spéculateur.

Tableau 4.18. – *L'opération de spéculation*

Transactions sur le marché des contrats *futures*
3 janvier – Le spéculateur vend des contrats à terme de cuivre pour l'échéance juin au prix de 97. *20 juin* – Le spéculateur achète des contrats à terme de cuivre pour l'échéance juin au prix de 140.
Les transactions sur le marché des contrats *futures* dégagent une perte de 43.

5. Pour être vraiment réaliste, il faut prendre en compte le fait que les deux imperfections peuvent se manifester simultanément, lors de l'initiation de la position de couverture et lors de la compensation de cette position, comme le montre l'exemple retenu dans le tableau 4.19.

Tableau 4.19. – *L'opération de couverture du négociant*

Transactions sur le marché physique	**Transactions sur le marché des *futures***
3 janvier – Un négociant vend *forward* du cuivre à un importateur pour livraison fin juin à un cours de 99. – Ce négociant craint une hausse du prix du cuivre.	*3 janvier* – Le négociant achète des contrats à terme de cuivre pour l'échéance juin au prix de 97.
20 juin – Le négociant achète du cuivre sur le marché au comptant pour le livrer à l'importateur à la fin du mois de juin. – Le prix d'achat est de 140.	*20 juin* – Le négociant vend des contrats à terme de cuivre pour l'échéance juin au prix de 139.
Les transactions sur le marché physique dégagent une perte de 41.	Les transactions sur le marché des *futures* dégagent un gain de 42.
Les transactions sur le marché physique et celui des contrats *futures* dégagent un gain de 1.	

6. Les tableaux 4.13. à 4.19. décrivent une situation de report, celle dans laquelle le prix à terme est supérieur au prix au comptant lors de l'initiation de la position de couverture. Analysons maintenant les conséquences qu'impliquerait la présence d'un déport, situation dans laquelle le prix à terme est inférieur au prix au comptant.

Supposons que, le 3 janvier, le prix au comptant est toujours égal à 92, comme c'était le cas pour le tableau 4.13, mais que le prix à terme théorique s'établit à 88, et le prix à terme observé à 85. Si le négociant fixe la valeur de sa livraison sur le marché physique à 87, c'est-à-dire au prix à terme observé augmenté d'une marge commerciale de 2, le résultat final reproduit au tableau 4.20 indique que les transactions sur le marché physique et celui des contrats à terme dégagent un gain de 2, identique à celui du tableau 4.14.

Tableau 4.20. – *L'opération de couverture du négociant*

Transactions sur le marché physique	**Transactions sur le marché des *futures***
3 janvier – Un négociant vend *forward* du cuivre à un importateur pour livraison fin juin à un cours de 87. – Ce négociant craint une hausse du prix du cuivre.	*3 janvier* – Le négociant achète des contrats à terme de cuivre pour l'échéance juin au prix de 85.
20 juin – Le négociant achète du cuivre sur le marché au comptant pour le livrer à l'importateur à la fin du mois de juin. – Le prix d'achat est de 140.	*20 juin* – Le négociant vend des contrats à terme de cuivre pour l'échéance juin au prix de 140.
Les transactions sur le marché physique dégagent une perte de 53.	Les transactions sur le marché des *futures* dégagent un gain de 55.
Les transactions sur le marché physique et celui des contrats *futures* dégagent un gain de 2.	

Nous pouvons conclure du rapprochement des tableaux 4.14 et 4.20 que le résultat d'une opération de couverture ne dépend pas de la structure initiale (report ou déport) qui relie le cours au comptant et le prix des contrats à terme. Il est uniquement déterminé par le fait que le prix à terme est égal ou non à son niveau théorique, lors de la liquidation de la position de couverture. La présence de telles imperfections génère un coût de couverture. De manière générale, l'opérateur qui cherche à se protéger contre le risque de prix se couvre si le coût de cette protection est inférieur au risque qu'il anticipe. Si le coût de la protection est trop important, l'opérateur peut être dissuadé de se couvrir. Il préfère alors conserver le risque de prix par devers lui et le gérer par ses propres moyens.

7. Supposons enfin que, dans le cadre d'un appel d'offre, le négociant effectuant une vente *forward* de cuivre est en concurrence avec un autre négociant. Reprenons l'exemple développé au tableau 4.14 en faisant l'hypothèse que les deux négociants n'ont pas les mêmes anticipations.

Le premier anticipe une hausse des prix. Il propose en conséquence à l'importateur de lui livrer du cuivre pour le mois de juin au prix de 99 (sur la base d'un cours à terme observé de 97 et d'un profit de 2). S'il gagne l'appel d'offre, il se couvre immédiatement sur le marché des contrats *futures*. Le second négociant pense que le prix du cuivre va baisser et croit pouvoir s'approvisionner en juin à un cours inférieur à 93. Au lieu de proposer à l'appel d'offre un prix de 99, il décide de ne pas se couvrir et de spéculer sur la baisse des cours. Il propose en conséquence un prix de 95. Confronté aux deux possibilités, il est très probable (mais pas certain, comme l'établit la suite de ce paragraphe) que l'importateur choisira le négociant qui lui propose le prix de 95.

Deux situations peuvent être envisagées.

Si le prix du cuivre baisse effectivement pour atteindre par exemple 88 à la fin du mois de juin, il est clair que le second négociant réalise une excellente opération, comme le souligne le tableau 4.21.

Tableau 4.21. – *L'opération du négociant*

Transactions sur le marché physique	Transactions sur le marché des *futures*
3 janvier – Un négociant vend *forward* du cuivre à un importateur pour livraison fin juin à un cours de 95. – Ce négociant anticipe une baisse du prix du cuivre. *20 juin* – Le négociant achète du cuivre sur le marché au comptant pour le livrer à l'importateur à la fin du mois de juin. – Le prix d'achat est de 88.	*3 janvier* – Le négociant ne se couvre pas sur le marché des contrats à terme.
Les transactions sur le marché physique dégagent un gain de 7.	

Il faut cependant être conscient du fait que cet opérateur se comporte comme un spéculateur. Ce comportement ne peut être recommandé. Ce négociant est en effet exposé à des risques considérables. Si, au lieu de baisser, les cours du cuivre s'élevaient pour atteindre le prix de 120, le tableau 4.22 établit que l'opérateur enregistrerait une perte considérable qu'il ne pourrait bien souvent pas supporter, ce qui le conduirait à déposer son bilan et à disparaître de la scène internationale.

Bien évidemment, le négociant qui spécule à la baisse ne va pas attendre passivement le mois de juin en cas de hausse des prix. Dès qu'il voit les cours s'élever, il va se couvrir. Supposons qu'il le fasse le 1er mars lorsque le prix à terme atteint un niveau de 114. Le tableau 4.23 montre clairement que les résultats financiers du « négociant spéculateur » restent catastrophiques et peuvent entraîner sa disparition (le risque de disparaître conduit ce négociant à se couvrir bien avant que le prix atteigne 114), avec

Tableau 4.22. – *L'opération du négociant*

Transactions sur le marché physique	Transactions sur le marché des *futures*
3 janvier – Un négociant vend *forward* du cuivre à un importateur pour livraison fin juin à un cours de 95. – Ce négociant anticipe une baisse du prix du cuivre. *20 juin* – Le négociant achète du cuivre sur le marché au comptant pour le livrer à l'importateur à la fin du mois de juin. – Le prix d'achat est de 120.	*3 janvier* – Le négociant ne se couvre pas sur le marché des contrats à terme.
Les transactions sur le marché physique dégagent une perte de 25.	

pour conséquence l'éventuelle impossibilité de livrer le cuivre à l'importateur. Ce dernier doit donc être très prudent lorsqu'il choisit un fournisseur. Il doit s'inquiéter de savoir pourquoi tel ou tel négociant est en mesure d'offrir un prix très différent de celui de ses concurrents.

Tableau 4.23. – *L'opération de couverture du négociant*

Transactions sur le marché physique	Transactions sur le marché des *futures*
3 janvier – Un négociant vend *forward* du cuivre à un importateur pour livraison fin juin à un cours de 95. – Ce négociant anticipe une baisse du prix du cuivre.	*3 janvier* – Le négociant ne se couvre pas sur le marché des contrats à terme.
1er mars – Le négociant constate une hausse du prix du cuivre.	*1er mars* – Le négociant achète des contrats à terme de cuivre pour l'échéance juin au prix de 114.
20 juin – Le négociant achète du cuivre sur le marché au comptant pour le livrer à l'importateur à la fin du mois de juin. – Le prix d'achat est de 120.	*20 juin* – Le négociant vend des contrats à terme de cuivre pour l'échéance juin au prix de 120.
Les transactions sur le marché physique dégagent une perte de 25.	Les transactions sur le marché des *futures* dégagent un gain de 6.
Les transactions sur le marché physique et celui des contrats *futures* dégagent une perte de 19.	

2.3. Le terme de l'opération de couverture n'est pas identique à celui de la transaction sur le marché physique

Dans tous les exemples développés jusqu'à maintenant, le négociant achetait un contrat pour un terme identique à celui auquel il devait livrer les produits physiques. On dit que les transactions étaient parfaitement adossées. Il est, en fait, possible qu'elles ne le soient pas et d'acheter les contrats *futures* pour un terme supérieur à celui de la transaction physique en ayant l'intention de les revendre avant leur échéance. Il est également envisageable d'acheter des contrats pour une échéance inférieure à celle de la transaction physique et de « rouler la position à terme » jusqu'à l'échéance retenue pour la transaction sur le marché physique. Ces procédures peuvent réduire ou accroître le résultat d'une opération de couverture.

Reprenons l'exemple développé au tableau 4.14., mais supposons que le négociant achète le 3 janvier un contrat pour le terme de septembre au prix de 105 au lieu et place d'un contrat pour le terme de juin au prix de 103. Il continue à valoriser sa transaction sur le marché physique sur la base du prix à terme pour l'échéance juin de 103, augmenté d'une marge commerciale de 2. Six mois plus tard, le 20 juin très précisément, le négociant achète des produits physiques sur le marché au comptant pour les livrer à l'importateur. Le prix des lingots de cuivre s'est élevé à 140 et la base lors de liquidation de la position à terme est égale à 4 (tableau 4.24).

En se couvrant à terme, le négociant est protégé contre la hausse des prix et, ce qui est remarquable dans cet exemple, le résultat de l'opération de couverture est supérieur à celui obtenu au tableau 4.14.

Tableau 4.24. – *L'opération de couverture du négociant*

Transactions sur le marché physique	Transactions sur le marché des *futures*
3 janvier – Un négociant vend *forward* du cuivre à un importateur pour livraison fin juin à un cours de 105. – Ce négociant craint une hausse du prix du cuivre.	*3 janvier* – Le négociant achète des contrats à terme de cuivre pour l'échéance septembre au prix de 105.
20 juin – Le négociant achète du cuivre sur le marché au comptant pour le livrer à l'importateur à la fin du mois de juin. Le prix d'achat est de 140.	*20 juin* – Le négociant vend des contrats à terme de cuivre pour l'échéance septembre au prix de 144.
Les transactions sur le marché physique dégagent une perte de 35.	Les transactions sur le marché des *futures* dégagent un gain de 39.
Les transactions sur le marché physique et celui des contrats *futures* dégagent un gain de 4.	

Dans l'exemple développé au tableau 4.24, voyant que le prix à terme observé pour l'échéance juin est supérieur à son niveau théorique, le négociant décide de se couvrir avec le contrat pour l'échéance septembre, car celui-ci se trouve exactement dans la situation inverse : le prix à terme observé pour cette maturité est en effet inférieur au niveau qui aurait dû être le sien en l'absence d'imperfection, comme le montre le graphique 4.5.

Graphique 4.5. – *Évolution des bases théorique et réelle entre le 3 janvier et le 30 septembre*

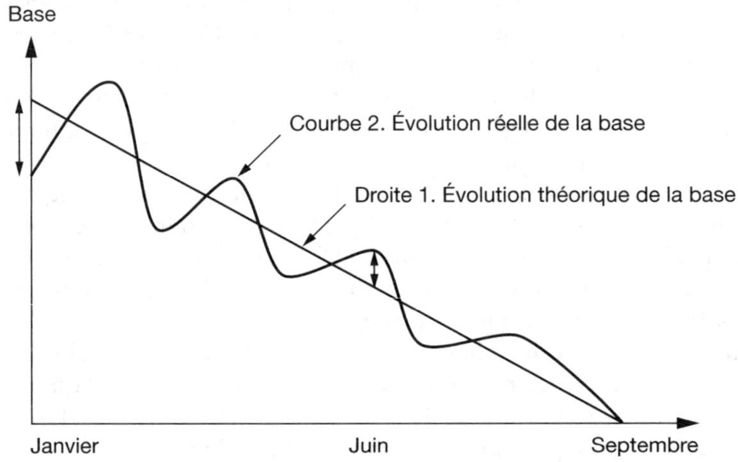

Ce graphique révèle que les bases observées pour l'échéance septembre sont favorables au négociant non seulement lors de l'initiation de sa position de couverture, en janvier, mais également lors de sa liquidation, en juin. À cette date en effet, le prix à terme observé est supérieur à son niveau théorique, ce qui permet au négociant de vendre ses contrats *futures* à un prix supérieur à ce qu'il aurait dû être. Ces deux éléments se répercutent de façon positive dans le résultat de l'opération de couverture : l'achat à terme est effectué à un niveau inférieur au prix théorique, et la vente à terme est réalisée à un prix supérieur au cours théorique. Il est évident qu'une autre situation de marché, celle représentée par exemple au graphique 4.6. et au tableau 4.25, induirait une perte et non plus un gain, car l'achat à terme, dans ce cas, est effectué à un prix supérieur à son niveau théorique, et la vente à un prix inférieur à son niveau théorique.

Ces exemples montrent que les opérations de couverture ne doivent pas être entreprises de façon mécanique. Il existe une politique pour se couvrir et pour réduire le coût de la protection. Notons cependant que ne pas adosser les échéances des contrats et celles des transactions sur le marché des produits physiques accroît les risques de base :

Graphique 4.6. – *Évolution de la base théorique et de la base réelle entre le 3 janvier et le 30 septembre*

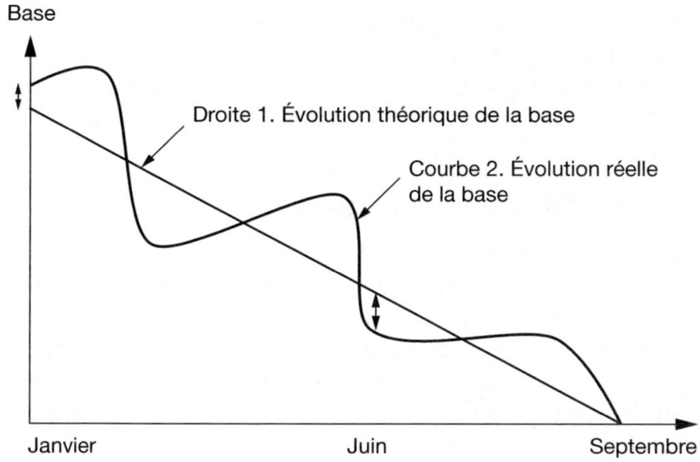

Tableau 4.25. – *L'opération de couverture du négociant*

Transactions sur le marché physique	**Transactions sur le marché des *futures***
3 janvier – Un négociant vend *forward* du cuivre à un importateur pour livraison fin juin à un cours de 105. – Ce négociant craint une hausse du prix du cuivre.	*3 janvier* – Le négociant achète des contrats à terme de cuivre pour l'échéance septembre au prix de 109.
20 juin – Le négociant achète du cuivre sur le marché au comptant pour le livrer à l'importateur à la fin du mois de juin. Le prix d'achat est de 140.	*20 juin* – Le négociant vend des contrats à terme de cuivre pour l'échéance septembre au prix de 142.
Les transactions sur le marché physique dégagent une perte de 35.	Les transactions sur le marché des *futures* dégagent un gain de 33.
Les transactions sur le marché physique et celui des contrats *futures* dégagent une perte de 2.	

– se couvrir sur un terme éloigné (supérieur à l'échéance de la transaction sur le marché des produits physiques) fait courir à l'opérateur un risque quant au niveau relatif de la base réelle et de la base théorique lors de la compensation de la position à terme ;

– se couvrir sur un terme rapproché (inférieur à l'échéance de la transaction sur le marché des produits physiques) contraint l'opérateur à rouler sa position, ce qui l'expose à d'autres risques. Admettons qu'un opérateur couvre une position sur le marché physique pour l'échéance juin par une position à terme pour l'échéance mars. Fin mars, il devra renouveler cette position. Par rapport à une couverture avec adossement des échéances, cet opérateur est alors exposé à deux risques supplémentaires : en premier lieu, le risque que le prix à terme ne soit pas identique au prix au comptant lorsqu'il compense sa position ; en deuxième lieu, celui que la base réelle diffère de la base théorique lorsqu'il renouvelle sa position.

3. La protection contre la baisse des prix

Le principe et les mécanismes de la protection contre la baisse des prix sont identiques à ceux qui président à la recherche d'une protection contre la hausse des cours. Il s'agit toujours pour l'opérateur de prendre sur le marché des contrats *futures* une position inverse à celle qu'il détient sur le marché du physique. Se protéger contre un risque de baisse implique cependant de détenir des stocks (l'opérateur est en « position longue » sur le marché du physique). Pour se couvrir, il doit vendre des contrats et prendre une « position courte » sur le marché à terme. Un exemple simplifié permet de mieux saisir la réalité d'une opération de *short hedging*.

Le 1er mars, une société pétrolière raffine du pétrole, mais elle ne trouve pas immédiatement d'acheteurs pour le fioul qu'elle produit. Elle décide de le stocker en attendant de le vendre au cours des prochaines semaines ou des prochains mois. En comptabilité, les stocks sont valorisés au prix du marché au comptant, soit 40 dollars le baril. Elle craint cependant une baisse des cours pour les mois à venir. Pour éviter une éventuelle moins-value, la société de raffinage se couvre en vendant des contrats à terme au prix de 45 dollars le baril.

3.1. Les prix à terme observés sont identiques à leur niveau théorique

En l'absence d'imperfections, le prix à terme théorique est égal à la somme du prix au comptant et des coûts de stockage et de financement entre le 1er mars et le 1er juin. Si ce coût pour une durée de trois mois est égal à 5, et si le marché est en report, cela signifie que le prix à terme théorique s'établit à 45 pour un prix au comptant de 40. Le 1er mars, la vente de contrats à terme par la société de raffinage au prix de 45 se fait donc au prix théorique.

Le 1er juin, la société de raffinage vend le fioul qu'elle stockait depuis le 1er mars. Elle est alors confrontée à l'une des deux hypothèses suivantes : soit, comme elle le craignait, les prix ont baissé, soit ils se sont élevés.

3.1.1. Première hypothèse : les prix baissent entre le 1er mars et le 1er juin

1. La société de raffinage vend le 1er mars des contrats pour l'échéance juin au prix de 45 dollars, alors que le marché à terme est en situation de report.

Trois mois plus tard, les prix du physique et des contrats *futures* ont baissé de 10 dollars. Le tableau 4.26 reproduit la situation correspondant à cette baisse des cours entre le 1er mars et le 1er juin. L'opération de couverture est parfaite.

Tableau 4.26. – *L'opération de couverture du raffineur*

Transactions sur le marché physique	Transactions sur le marché des *futures*
1er mars – Une société de raffinage stocke du fioul domestique valorisé à 40 dollars le baril. – Cette société craint une baisse des cours des produits pétroliers. *1er juin* – La société de raffinage vend le fioul. Le prix de vente est de 30 dollars le baril. – Entre le 1er mars et le 1er juin, elle a supporté un coût de stockage et de financement égal à 5.	*1er mars* – La société de raffinage vend des contrats à terme pour l'échéance juin. – Le prix de vente est de 45 dollars le baril. *1er juin* – La société de raffinage achète des contrats à terme pour l'échéance juin, au prix de 30 dollars le baril.
Les transactions sur le marché physique dégagent une perte de 15 dollars par baril.	Les transactions sur le marché des *futures* dégagent un gain de 15 dollars par baril.

En revanche, la situation du spéculateur est désastreuse. En vendant le 1er juin au prix de 30 dollars des contrats *futures* de fioul qu'il avait achetés le 1er mars à 45 dollars, il enregistre une perte de 15 dollars par baril. En achetant le 1er mars des contrats à 45 dollars le baril, le spéculateur anticipait une hausse des cours et espérait les vendre ultérieurement à un cours supérieur au prix d'achat. Tel n'est pas le cas dans cet exemple. Le spéculateur assume par ses interventions sur le marché des contrats à terme le risque de prix dont s'est débarrassée la société de raffinage. Comme il le fut précédemment précisé (*cf.* le paragraphe 2.1.1 de ce chapitre), ce n'est pas un spéculateur unique, mais de nombreux opérateurs qui assument collectivement le risque de prix.

Il est souhaitable qu'un professionnel se protégeant contre le risque de prix achète ou vende des contrats en ayant des spéculateurs comme contrepartie, mais il est simpliste de croire que tel puisse être toujours le cas. Il est tout à fait possible que deux professionnels négocient entre eux : le premier en se protégeant contre la baisse du prix des matières premières qu'il possède en stock, le second en se couvrant contre leur hausse car les produits physiques lui sont indispensables et il ne les possède pas en stock (ce deuxième opérateur peut être un industriel utilisant les matières premières pour la fabrication de produits vendus à des consommateurs sur un marché très concurrentiel).

Quand des professionnels interviennent entre eux sur un marché à terme, le risque de prix n'est plus assumé par les spéculateurs, mais redistribué entre ces professionnels. Une telle situation ne doit pas se produire à trop grande échelle. Il est en effet souhaitable que le risque de prix soit effectivement supporté par les spéculateurs et non pas mutualisé entre les seuls opérateurs professionnels. La présence des spéculateurs est de ce fait indispensable au bon fonctionnement des marchés dérivés. Elle l'est d'autant plus qu'il n'y a jamais équivalence entre les professionnels souhaitant se protéger contre la hausse des prix et les opérateurs à la recherche d'une protection contre la baisse des cours. Il existe toujours un solde d'un côté ou de l'autre qui nécessite une intervention des spéculateurs. L'efficacité des opérations de couverture dépend de leur présence active sur le marché.

2. Dans l'exemple qui vient d'être développé, la société de raffinage vendait le fioul domestique et compensait immédiatement la position ouverte qu'elle détenait sur le marché à terme par un achat de contrats pour l'échéance juin. À l'échéance des contrats, il peut arriver que la société de raffinage n'ait pas trouvé d'acheteurs pour le fioul qu'elle détenait en stock. Si elle veut s'en débarrasser, il lui suffit d'avertir la chambre de compensation qu'elle souhaite remplir les obligations de ses contrats par une livraison effective de produits physiques. Bien évidemment, la qualité des produits livrés doit correspondre à celle qui est mentionnée dans les contrats à terme. Il est cependant possible, dans certains marchés, de livrer des marchandises de moindre qualité, à condition de compenser monétairement les différences de qualité. Le montant de ces compensations, lorsqu'elles sont possibles, est expressément prévu par le contrat lui-même.

Si, à l'échéance des contrats, la société de raffinage souhaite conserver les stocks qu'elle n'a pas encore vendus et maintenir sa couverture, elle doit « rouler sa position à terme » en compensant par un achat les contrats qu'elle avait initialement vendus et en reprenant une nouvelle position à terme par une vente de contrats sur une échéance plus éloignée.

3. Si le marché à terme, lors de l'initiation de la position de couverture, est en déport et non plus en report, l'analyse des opérations de couverture du raffineur est un peu plus délicate, car il faut prendre en considération la présence d'un *convenience yield* [1] positif associé à la détention de stocks (cette variable n'intervenait pas dans l'analyse du résultat de la couverture du négociant, car celui-ci était supposé ne pas détenir de stocks).

L'évolution représentée au tableau 4.27 prend en compte la présence d'un déport lors de l'initiation de la position de couverture, le 1er mars. Cette structure du marché correspond à une situation dans laquelle le bénéfice associé à la détention de stocks (ou *convenience yield*) est supérieur aux coûts de stockage et de financement. Dans l'exemple présenté, nous supposons que la société de raffinage, parce qu'elle détient des

1. La notion de *convenience yield* est présentée à la section 3 du chapitre 2.

stocks, bénéficie d'un *convenience yield* de 7. Par ailleurs, elle subit un coût de stockage et de financement de 5. Le prix à terme théorique correspond à la somme du prix au comptant de 40 accrû des coûts de stockage et de financement égaux à 5, et diminué d'un *convenience yield* de 7 (soit 40 + 5 – 7 = 38), ce qui correspond au prix à terme observé le 1er mars. Là encore, l'opération de couverture est parfaite. Son résultat ne dépend donc pas de la structure initiale (report ou déport) observée sur le marché à terme, à condition toutefois que le marché ne soit entaché d'aucune imperfection.

Tableau 4.27. – *L'opération de couverture du raffineur*

Transactions sur le marché physique	Transactions sur le marché des *futures*
1er mars – Une société de raffinage stocke du fioul domestique valorisé à 40 dollars le baril. – Cette société craint une baisse des cours des produits pétroliers.	*1er mars* – La société de raffinage vend des contrats à terme pour l'échéance juin. – Le prix de vente est de 38 dollars le baril.
1er juin – La société de raffinage vend le fioul. Le prix de vente est de 30 dollars le baril. – Entre le 1er mars et le 1er juin, elle a supporté un coût de stockage et de financement égal à 5 et a bénéficié d'un *convenience yield* égal à 7.	*1er juin* – La société de raffinage achète des contrats à terme pour l'échéance juin, au prix de 30 dollars le baril.
Les transactions sur le marché physique dégagent une perte de 8 dollars par baril.	Les transactions sur le marché des *futures* dégagent un gain de 8 dollars par baril.

3.1.2. Deuxième hypothèse : les prix montent entre le 1er mars et le 1er juin

Entre le 1er mars, date à laquelle la société de raffinage vend des contrats, et le 1er juin, date à laquelle elle en achète pour compenser cette position ouverte, le cours du fioul et celui des contrats ont augmenté de 10 dollars le baril, contrairement à ce qu'elle anticipait.

Si la société de raffinage maintient sa position sur le marché des contrats, son résultat est identique à celui de l'exemple reproduit au tableau 4.27, que le marché soit en report, comme le montre le tableau 4.28, ou qu'il soit en déport, comme le montre le tableau 4.29.

Quant au spéculateur, il réalise un gain de 15 dollars par baril dans l'exemple correspondant à une situation de report, et de 12 dollars dans celui correspondant à un déport.

Tableau 4.28. – *L'opération de couverture du raffineur*

Transactions sur le marché physique	Transactions sur le marché des *futures*
1er mars – Une société de raffinage stocke du fioul domestique valorisé à 40 dollars le baril. – Cette société craint une baisse des cours des produits pétroliers.	*1er mars* – La société de raffinage vend des contrats à terme pour l'échéance juin. – Le prix de vente est de 45 dollars le baril.
1er juin – La société de raffinage vend le fioul. Le prix de vente est de 65 dollars le baril. – Entre le 1er mars et le 1er juin, elle a supporté un coût de stockage et de financement égal à 5.	*1er juin* – La société de raffinage achète des contrats à terme pour l'échéance juin, au prix de 65 dollars le baril.
Les transactions sur le marché physique dégagent un gain de 20 dollars par baril.	Les transactions sur le marché des *futures* dégagent une perte de 20 dollars par baril.

Tableau 4.29. – *L'opération de couverture du raffineur*

Transactions sur le marché physique	Transactions sur le marché des *futures*
1er mars – Une société de raffinage stocke du fioul domestique valorisé à 40 dollars le baril. – Cette société craint une baisse des cours des produits pétroliers.	*1er mars* – La société de raffinage vend des contrats à terme pour l'échéance juin. – Le prix de vente est de 38 dollars le baril.
1er juin – La société de raffinage vend le fioul. Le prix de vente est de 50 dollars le baril. – Entre le 1er mars et le 1er juin, elle a supporté un coût de stockage et de financement égal à 5 et a bénéficié d'un *convenience yield* égal à 7.	*1er juin* – La société de raffinage achète des contrats à terme pour l'échéance juin, au prix de 50 dollars le baril.
Les transactions sur le marché physique dégagent un gain de 12 dollars par baril.	Les transactions sur le marché des *futures* dégagent une perte de 12 dollars par baril.

L'opération de couverture annule les pertes enregistrées sur le marché des produits physiques par des gains sur le marché à terme mais, comme nous avons déjà eu l'occasion de l'établir, les effets de cette opération sont parfaitement symétriques, en ce sens qu'elle supprime les gains résultant d'une évolution favorable des prix, si ce n'est que le raffineur peut, dans le cas présent, compenser sa position à terme lorsqu'il constate que l'évolution des cours n'est pas celle qu'il anticipait (il constate une hausse alors qu'il craignait une baisse et s'en était protégé). Le raffineur adapte, ce faisant, une attitude spéculative et doit être conscient des risques qu'il prend (voir le paragraphe 2.1.2. de ce chapitre).

La société de raffinage est donc indifférente au niveau des prix des matières premières et des contrats *futures*, à condition que les prix à terme observés sur le marché soient égaux aux prix théoriques.

Pour être tout à fait réaliste, il est cependant indispensable de prendre en compte la présence d'imperfections lors de l'initiation et de la compensation de la position sur le marché à terme. Ces imperfections sont génératrices d'un coût de couverture pour la société de raffinage. Ce coût ne peut toutefois être très important car, si tel était le cas, des opérateurs pourraient obtenir des profits en réalisant des opérations d'arbitrage (*cash and carry* et *reverse cash and carry*) qui auraient pour conséquence de rétablir l'égalité des cours.

3.2. Le prix à terme observé et le prix à terme théorique ne sont plus toujours identiques

Lorsque le prix à terme observé n'est plus identique au prix à terme théorique, deux situations peuvent être distinguées : la première concerne la position relative de ces deux prix lors de la compensation de la position à terme ; la seconde s'intéresse à la même position lors de l'initiation de la position de couverture.

3.2.1. La base n'est pas parfaitement convergente

Théoriquement, à l'échéance des contrats, le prix au comptant et le prix à terme doivent être identiques. En réalité, malgré les opérations d'arbitrage, tel n'est jamais vraiment le cas ; le prix à terme est légèrement différent du prix au comptant. La conséquence en est l'apparition d'une perte ou d'un gain qui s'ajoute ou se retranche au résultat, tel qu'il avait été déterminé lors de la mise en place de l'opération de couverture. Le tableau 4.30 illustre la situation qui vient d'être décrite, en retenant le cas où le raffineur se trouve confronté à une situation de déport et se protège contre un risque de baisse des prix (cette situation se rapproche de celle décrite au tableau 4.27).

Parce qu'elle détient des stocks à un moment de relative pénurie, la société de raffinage bénéficie d'un *convenience yield* de 7. Ceci ne l'empêche pas de subir un coût de stockage et de financement de 5. Le prix à terme observé le 1er mars correspond à la somme du prix au comptant de 40 accrû des coûts de stockage et de financement égaux à 5, et diminué d'un *convenience yield* de 7.

Tableau 4.30. – *L'opération de couverture du raffineur*

Transactions sur le marché physique	Transactions sur le marché des *futures*
1er mars – Une société de raffinage stocke du fioul domestique valorisé à 40 dollars le baril. – Cette société craint une baisse des cours des produits pétroliers. *1er juin* – La société de raffinage vend le fioul. Le prix de vente est de 30 dollars le baril. – Entre le 1er mars et le 1er juin, elle a supporté un coût de stockage et de financement égal à 5 et elle a bénéficié d'un *convenience yield* égal à 7.	*1er mars* – La société de raffinage vend des contrats à terme pour l'échéance juin. – Le prix de vente est de 38 dollars le baril. *1er juin* – La société de raffinage achète des contrats à terme pour l'échéance juin, au prix de 31 dollars le baril.
Les transactions sur le marché physique dégagent une perte de 8 dollars par baril.	Les transactions sur le marché des *futures* dégagent un gain de 7 dollars par baril.
Les transactions sur le marché physique et celui des contrats *futures* dégagent une perte de 1.	

Parce qu'à l'échéance, le prix à terme s'avère être légèrement supérieur au prix au comptant, l'opération de couverture n'est plus parfaite. Ici, les transactions sur le marché physique et celui des contrats à terme dégagent une perte de 1. Du fait de cette éventuelle imperfection dans la convergence de la base, le résultat de l'opération de couverture n'est connu avec précision que le jour où la position à terme est définitivement soldée.

L'imperfection de la convergence de la base n'a pas toujours un impact négatif sur le résultat des opérateurs. Le lecteur vérifiera par lui-même que si le prix à terme, à la date du 1er juin, s'était établi à 29, le résultat final aurait fait apparaître un gain de 1.

3.2.2. *Le prix à terme observé est différent du prix à terme théorique lors de la mise en place de la couverture*

La seconde imperfection susceptible de se manifester est une différence entre le prix à terme observé et le prix à terme théorique lors de la mise en place de la position de couverture. Selon les circonstances, la base observée peut être supérieure ou inférieure à la base théorique. Plusieurs cas vont retenir l'attention.

3.2.2.1. En situation de report, la base observée est inférieure à la base théorique, et les prix baissent

Si le coût de stockage et de financement entre le 1er mars et le 1er juin est égal à 5, et si le prix au comptant s'établit à 40, le prix à terme théorique ressort à 45. Le 1er mars, la société de raffinage vend des contrats pour l'échéance juin au cours affiché de 43 dollars. Ce prix est inférieur au prix à terme théorique. Trois mois plus tard, les prix du physique et des contrats *futures* ont baissé de 10 dollars et la convergence de la base est parfaite. Le tableau 4.31 reproduit la situation correspondant à cette baisse des cours entre le 1er mars et le 1er juin.

Tableau 4.31. – *L'opération de couverture du raffineur*

<table>
<tr><th>Transactions sur le marché physique</th><th>Transactions sur le marché des futures</th></tr>
<tr><td>1er mars
– Une société de raffinage stocke du fioul domestique valorisé à 40 dollars le baril.
– Cette société craint une baisse des cours des produits pétroliers.
1er juin
– La société de raffinage vend le fioul. Le prix de vente est de 30 dollars le baril.
– Entre le 1er mars et le 1er juin, elle a supporté un coût de stockage et de financement égal à 5.</td><td>1er mars
– La société de raffinage vend des contrats à terme pour l'échéance juin.
– Le prix de vente est de 43 dollars le baril.
1er juin
– La société de raffinage achète des contrats à terme pour l'échéance juin, au prix de 30 dollars le baril.</td></tr>
<tr><td>Les transactions sur le marché physique dégagent une perte de 15 dollars par baril.</td><td>Les transactions sur le marché des futures dégagent un gain de 13 dollars par baril.</td></tr>
<tr><td colspan="2">Les transactions sur le marché physique et celui des contrats futures dégagent une perte de 2 dollars par baril.</td></tr>
</table>

Dans la mesure où le coût de stockage et de financement du pétrole ne change pas entre le 1er mars et le 1er juin, l'imperfection constatée lors de l'initiation de la position de couverture ne peut pas être « répercutée » sur le marché physique, comme c'était le cas pour le négociant. Par conséquent, cette imperfection se traduit par une perte de 2 dollars par baril, ce qui implique pour le raffineur un coût de couverture du même montant.

3.2.2.2. En situation de report, la base observée est supérieure à la base théorique, et les prix baissent

La société de raffinage vend le 1er mars des contrats pour l'échéance juin au prix de 47 dollars. Ce prix est supérieur au prix à terme théorique, qui s'établit à 45. Trois mois plus tard, le prix du physique a baissé de 10 dollars et la convergence de la base est parfaite. Le tableau 4.32 reproduit la situation correspondant à cette baisse des cours entre le 1er mars et le 1er juin.

Tableau 4.32. – *L'opération de couverture du raffineur*

Transactions sur le marché physique	Transactions sur le marché des *futures*
1er mars – Une société de raffinage stocke du fioul domestique valorisé à 40 dollars le baril. – Cette société craint une baisse des cours des produits pétroliers. *1er juin* – La société de raffinage vend le fioul. Le prix de vente est de 30 dollars le baril. – Entre le 1er mars et le 1er juin, elle a supporté un coût de stockage et de financement égal à 5.	*1er mars* – La société de raffinage vend des contrats à terme pour l'échéance juin. – Le prix de vente est de 47 dollars le baril. *1er juin* – La société de raffinage achète des contrats à terme pour l'échéance juin au prix de 30 dollars le baril.
Les transactions sur le marché physique dégagent une perte de 15 dollars par baril.	Les transactions sur le marché des *futures* dégagent un gain de 17 dollars par baril.
Les transactions sur le marché physique et celui des contrats *futures* dégagent un gain de 2 dollars par baril.	

Cette fois, l'imperfection constatée lors de la mise en place de la couverture se traduit pour le raffineur par un gain de 2.

3.2.2.3. En situation de report, la base observée est inférieure à la base théorique et les prix augmentent

La société de raffinage vend le 1er mars des contrats pour l'échéance juin au prix de 43 dollars. Ce prix est inférieur au prix à terme théorique. Trois mois plus tard, le prix du physique s'est accru de 15 dollars et la convergence de la base est parfaite. Le tableau 4.33 reproduit la situation correspondant à cette hausse des cours entre le 1er mars et le 1er juin.

Que les prix s'élèvent ou diminuent, le résultat obtenu par le raffineur est identique, à moins qu'il ne compense sa position sur le marché à terme lorsqu'il se rend compte que les prix, loin de baisser comme il le craignait, s'installent dans une tendance à la hausse.

3.2.2.4. En situation de report, la base observée est inférieure à la base théorique lors de la mise en place de la couverture, mais elle lui est supérieure lors de la liquidation

Pour être tout à fait réaliste, considérons le cas où le marché est affecté par une double imperfection. Les deux imperfections peuvent se compenser partiellement, comme le montre le tableau 4.34, mais elles peuvent également se cumuler et se conclure par un gain ou par une perte.

Tableau 4.33. – *L'opération de couverture du raffineur*

Transactions sur le marché physique	**Transactions sur le marché des *futures***
1er mars – Une société de raffinage stocke du fioul domestique valorisé à 40 dollars le baril. – Cette société craint une baisse des cours des produits pétroliers. *1er juin* – La société de raffinage vend le fioul. Le prix de vente est de 55 dollars le baril. – Entre le 1er mars et le 1er juin, elle a supporté un coût de stockage et de financement égal à 5.	*1er mars* – La société de raffinage vend des contrats à terme pour l'échéance juin. – Le prix de vente est de 43 dollars le baril. *1er juin* – La société de raffinage achète des contrats à terme pour l'échéance juin, au prix de 55 dollars le baril.
Les transactions sur le marché physique dégagent un gain de 10 dollars par baril.	Les transactions sur le marché des *futures* dégagent une perte de 12 dollars par baril.
Les transactions sur le marché physique et celui des contrats *futures* dégagent une perte de 2 dollars par baril.	

La société de raffinage vend le 1er mars des contrats pour l'échéance juin au prix de 43 dollars. Ce prix est inférieur à son niveau théorique. Trois mois plus tard, les prix du physique et des contrats *futures* ont baissé.

Tableau 4.34. – *L'opération de couverture du raffineur*

Transactions sur le marché physique	**Transactions sur le marché des *futures***
1er mars – Une société de raffinage stocke du fioul domestique valorisé à 40 dollars le baril. – Cette société craint une baisse des cours des produits pétroliers. *1er juin* – La société de raffinage vend le fioul. Le prix de vente est de 30 dollars le baril. – Entre le 1er mars et le 1er juin, elle a supporté un coût de stockage et de financement égal à 5.	*1er mars* – La société de raffinage vend des contrats à terme pour l'échéance juin. – Le prix de vente est de 43 dollars le baril. *1er juin* – La société de raffinage achète des contrats à terme pour l'échéance juin, au prix de 29 dollars le baril.
Les transactions sur le marché physique dégagent une perte de 15 dollars par baril.	Les transactions sur le marché des *futures* dégagent un gain de 14 dollars par baril.
Les transactions sur le marché physique et celui des contrats dégagent une perte de 1 dollar par baril.	

Le fait que la base observée soit inférieure à la base théorique joue en défaveur du raffineur lors de la mise en place de la couverture et engendre une perte de 2. Celle-ci est partiellement compensée par un prix à terme, à l'échéance, inférieur à son niveau théorique, ce qui génère un gain de 1. Au total, l'opération de couverture se solde par une perte de 1 dollar par baril. Le lecteur vérifiera par lui-même que si le prix à terme en juin avait été de 31 dollars, les deux imperfections se seraient cumulées et auraient conduit à une perte de 3 dollars par baril.

3.2.2.5. En situation de déport, la base observée est inférieure à la base théorique et les prix baissent

Supposons que la société de raffinage, parce qu'elle détient des stocks en période de relative pénurie, bénéficie d'un *convenience yield* de 7. Ce rendement d'opportunité ne lui évite pas d'avoir à supporter un coût de stockage et de financement de 5. Dans ce cas, le prix à terme théorique ressort à 40 + 7 – 5, soit 38. En fait, le prix à terme observé le 1er mars s'élève à 39 dollars par baril. Le tableau 4.35 révèle que l'opération de couverture dégage un gain de 1 dollar par baril.

Tableau 4.35. – *L'opération de couverture du raffineur*

Transactions sur le marché physique	**Transactions sur le marché des *futures***
1er mars – Une société de raffinage stocke du fioul domestique valorisé à 40 dollars le baril. – Cette société craint une baisse des cours des produits pétroliers. *1er juin* – La société de raffinage vend le fioul. Le prix de vente est de 30 dollars le baril. – Entre le 1er mars et le 1er juin, elle a supporté un coût de stockage et de financement égal à 5 et elle a bénéficié d'un *convenience yield* égal à 7.	*1er mars* – La société de raffinage vend des contrats à terme pour l'échéance juin. – Le prix de vente est de 39 dollars le baril. *1er juin* – La société de raffinage achète des contrats à terme pour l'échéance juin, au prix de 30 dollars le baril.
Les transactions sur le marché physique dégagent une perte de 8 dollars par baril.	Les transactions sur le marché des *futures* dégagent un gain de 9 dollars par baril.
Les transactions sur le marché physique et celui des contrats *futures* dégagent un gain de 1 dollar par baril.	

Le fait de vendre à terme à un prix supérieur au prix théorique génère un gain de 1 dollar par baril pour le raffineur. Inversement, s'il s'était trouvé dans une situation où le prix à terme observé avait été inférieur au prix à terme théorique, une telle imperfection aurait eu un impact négatif sur l'opération de couverture contre le risque de baisse des cours.

Par conséquent, le raffineur et le négociant ne se trouvent pas dans la même situation face aux imperfections constatées lors de la mise en place de la couverture. Pour le premier, ces imperfections ont un retentissement direct sur le résultat de la couverture. Pour le second en revanche, dans la mesure où il ne possède pas de stocks, ces imperfections n'ont aucun impact.

3.3. Le terme de l'opération de couverture n'est pas identique à celui de la transaction sur le marché physique

Dans les exemples précédents, la société de raffinage vendait des contrats pour l'échéance juin. Il y avait un parfait adossement entre l'échéance des transactions sur le marché des produits physiques et celle des contrats *futures*. Ignorant le 1er mars qu'il pourrait effectivement liquider ses stocks de fioul pour le 1er juin, et souhaitant de ce fait se donner une plus grande marge de manœuvre, le raffineur aurait pu opérer sur un terme plus éloigné, disons août. Dans ces conditions, le 1er juin, le prix des contrats pour l'échéance août ne peut être identique au prix du fioul sur le marché au comptant. Le tableau 4.36 indique que l'opération de couverture se conclut dans l'exemple retenu par une perte de 1 dollar par baril. Dans d'autres situations, l'opération aurait pu se terminer par une moins-value d'un montant différent, voire par une plus-value.

Tableau 4.36. – *L'opération de couverture du raffineur*

Transactions sur le marché physique	Transactions sur le marché des *futures*
1er mars – Une société de raffinage stocke du fioul domestique valorisé à 40 dollars le baril. – Cette société craint une baisse des cours des produits pétroliers. *1er juin* – La société de raffinage vend le fioul. Le prix de vente est de 30 dollars le baril. – Entre le 1er mars et le 1er juin, elle a supporté un coût de stockage et de financement égal à 5 et elle a bénéficié d'un *convenience yield* égal à 7.	*1er mars* – La société de raffinage vend des contrats à terme pour l'échéance août. – Le prix de vente est de 36 dollars le baril. *1er juin* – La société de raffinage achète des contrats à terme pour l'échéance août, au prix de 29 dollars le baril.
Les transactions sur le marché physique dégagent une perte de 8 dollars par baril.	Les transactions sur le marché des *futures* dégagent un gain de 7 dollars par baril.
Les transactions sur le marché physique et celui des contrats *futures* dégagent une perte de 1 dollar par baril.	

La principale conclusion à retenir des développements présentés dans cette section et celle qui la précède est que, si le prix à terme coté sur le marché est toujours égal au prix à terme théorique, le coût de la couverture est nul. Cette conclusion repose cependant sur deux hypothèses : la première est que les coûts nets de stockage et de financement supportés par chacun des opérateurs du marché physique sont égaux aux coûts moyens supportés par l'ensemble du marché, lesquels sont reflétés par les prix à terme ; la seconde est que le prix à terme est un indicateur non biaisé du prix au comptant futur.

En effet, c'est uniquement si le producteur supporte un coût de stockage et de financement identique à celui subi en moyenne par l'ensemble des opérateurs du marché physique qu'en situation de report, par exemple, son résultat positif sera exactement compensé par le coût de détention des stocks (à condition, naturellement, que les prix cotés à terme soient égaux aux prix à terme théoriques). Si au contraire, parce que la performance de ses capacités de stockage est supérieure à celles de ses concurrents, ou parce qu'il accède à des sources de financement moins onéreuses, ce producteur subit un coût inférieur à celui de la moyenne de ses concurrents, son résultat positif ne sera pas totalement obéré par ses coûts de stockage et de financement, et l'opération de couverture se traduira par un gain.

L'analyse présentée ci-dessus n'est valide que si le prix à terme est un indicateur non biaisé du prix au comptant futur. Autre manière de s'exprimer, cette analyse du coût de la couverture ne prend pas en considération, comme tel serait le cas dans le cadre de la théorie du déport normal présentée au chapitre 2, l'existence d'une prime associée au prix au comptant, mais pas au prix à terme. Selon cette théorie, cette prime sert à rémunérer les spéculateurs pour le risque de prix qu'ils acceptent d'assumer à la place des industriels. Prendre en considération l'existence de cette prime et supposer, comme le faisait Keynes, qu'elle est positive, conduirait à conclure que, si les prix cotés à terme sont identiques aux prix théoriques, le coût de la couverture n'est pas nul, mais positif et égal à la prime de risque et que, si les prix cotés à terme ne sont pas identiques aux prix théoriques, la prime de risque s'ajoute au coût de couverture étudié précédemment.

L'étude de la théorie du déport normal a cependant permis de montrer que, même si cette prime de risque existe, son niveau et son sens varient en fonction de la période observée et des marchés de matières premières considérés. Aucune étude empirique n'a permis, à ce jour, d'établir de façon convaincante l'existence de cette prime et encore moins d'en préciser le niveau. C'est pour cette raison que la prime de risque n'apparaît pas dans l'analyse du coût de la couverture présentée dans ce chapitre.

4. Le ratio de couverture

Les opérations de couverture présentées dans les paragraphes qui précèdent supposaient que les opérateurs couvraient la totalité de leur position exposée au risque de prix et prenaient des positions à terme identiques à celles qu'ils détenaient sur le marché physique. En termes plus techniques, seules les opérations ayant un ratio de couverture *(hedge ratio)* égal à un ont été abordées.

En fait, l'application au marché des matières premières du comportement d'optimisation de la théorie du portefeuille montre qu'un opérateur ne doit pas couvrir toute la position qu'il détient sur le marché physique. De plus, en considérant que le comportement des prix au comptant n'est pas strictement identique à celui des prix à terme, il est possible d'expliquer qu'il n'est pas nécessaire d'initier sur le marché à terme une position correspondant exactement à la quantité de stocks (ou au montant des engagements de livraison *forward*) que l'on désire couvrir.

4.1. La détermination de la proportion optimale de stocks à couvrir

En appliquant la théorie du portefeuille aux marchés de matières premières, Stein (1961) montre qu'un opérateur peut avoir intérêt à ne pas couvrir la totalité de la position qu'il détient sur le marché physique. L'auteur considère qu'un industriel détenteur de stocks de marchandises décidé à se couvrir sur le marché à terme peut être assimilé à un investisseur propriétaire de deux actifs risqués : les stocks couverts, au rendement faible mais régulier, et les stocks non couverts, au rendement supérieur et plus risqué. Dans ce cadre d'analyse, la diversification du « portefeuille » de l'investisseur revient à déterminer la proportion optimale de stocks à couvrir, minimisant le risque de l'industriel pour un rendement anticipé donné.

Pour analyser le rendement anticipé des stocks non couverts, Stein suppose que ces marchandises sont achetées sur le marché au comptant, détenues pendant une certaine période, puis revendues sur le marché au comptant. Ce rendement anticipé correspond à la différence entre le prix de vente et le prix d'achat de la marchandise, minorée des coûts de stockage :

$$E_t[R_{NC}] = q_{SNC} \times [S(T) - S(t) - C(t, T)]$$

avec :

– $E_t[R_{NC}]$: l'espérance de rendement en t associée à la détention de stocks non couverts entre les dates t et T,

– q_{SNC} : la quantité de stocks non couverts détenue sur le marché physique entre t et T,

– S(T) : le prix au comptant à la date T (prix de vente de la marchandise),

– S(t) : le prix au comptant à la date t (prix d'achat de la marchandise),

– C(t, T) : les coûts de stockage entre t et T.

Les coûts de stockage correspondent à la somme de trois éléments : les coûts de stockage purs, les coûts de financement liés à l'immobilisation des stocks, et le *convenience yield*, c'est-à-dire le confort apporté par la détention de stocks (*cf.* la section 3 du chapitre 2). Dans la suite de cette analyse, il est supposé que les coûts de stockage sont parfaitement connus dès la date t, et qu'ils sont constants.

Le rendement associé aux stocks non couverts est risqué parce que le prix de vente de la marchandise S(T) est inconnu lorsque l'opération de stockage est entreprise en t. Ce rendement peut devenir négatif si le prix de vente S(T) est inférieur à la somme du prix d'achat S(t) et des coûts de stockage C(t, T).

Le rendement attendu sur les stocks couverts intègre à la fois le résultat financier de l'opération entreprise sur le marché physique et celui de l'opération réalisée simultanément sur le marché à terme. Pour se protéger contre la baisse des prix, le détenteur de stocks effectue une vente à terme. Stein suppose que l'échéance de l'opération sur le marché à terme correspond à celle réalisée sur le marché physique et que l'opérateur compensera, lorsqu'il vendra ses stocks sur le marché au comptant, sa position sur le marché à terme par un achat de contrats. Le rendement attendu sur les stocks couverts est exprimé de la façon suivante :

$$E_t[R_C] = q_{SC} \times [S(T) - S(t) - C(t, T)] + q_F \times [F(t, T) - F(T, T)]$$

avec :

– $E_t[R_C]$: l'espérance de rendement en t associée à la détention de stocks couverts entre les dates t et T,

– q_{SC} : la quantité de stocks couverts détenue sur le marché physique entre t et T,

– q_F : la quantité de contrats à terme vendue à la date t, et achetée à la date T,

– F(t, T) : le prix en t du contrat à terme parvenant à échéance en T,

– F(T, T) : le prix en T du contrat à terme parvenant à échéance en T.

Cette analyse ignore les coûts de transactions associés à la vente et à l'achat de contrats à terme. Il est de plus supposé, d'une part, que la date T à laquelle seront revendus les stocks est connue et, d'autre part, que la quantité q_F de contrats à terme utilisée pour l'opération de couverture est identique à la quantité q_{SC} de stocks couverts sur le marché physique. Le rendement anticipé sur les stocks couverts peut donc être réécrit de la façon suivante :

$$E_t[R_C] = q \times [S(T) - F(T, T)] - q \times [S(t) - F(t, T)] - q\, C(t, T)$$

avec : – q : la quantité de stocks couverts et de contrats à terme.

Le rendement anticipé sur les stocks couverts est moins risqué que celui anticipé sur les stocks non couverts. Le risque et le rendement de la position non couverte sont en effet liés aux variations absolues du prix au comptant sur le marché physique entre les dates t et T, tandis que ceux associés à la position couverte sont liés aux variations *relatives* du prix au comptant et du prix à terme. Ces variations relatives sont peu importantes, compte tenu du quasi-parallélisme caractérisant le comportement des prix sur le marché à terme et sur le marché au comptant.

Le recours à la théorie du portefeuille permet à Stein de proposer une représentation du comportement d'optimisation de l'individu dans un marché de matières premières (graphique 4.7.). Le portefeuille optimal de la théorie du portefeuille (voir l'encadré 2.1. du chapitre 2) est remplacé par la proportion optimale de stocks à couvrir. Stein fait l'hypothèse que l'individu connaît les relations entre le rendement et le risque attendus pour différentes proportions de stocks non couverts. Cette combinaison de relations risque-rendement définit le lieu d'opportunité de l'individu, qui est l'équivalent de la frontière efficiente de la théorie du portefeuille.

Graphique 4.7. – *Proportion optimale de couverture d'un stock individuel*

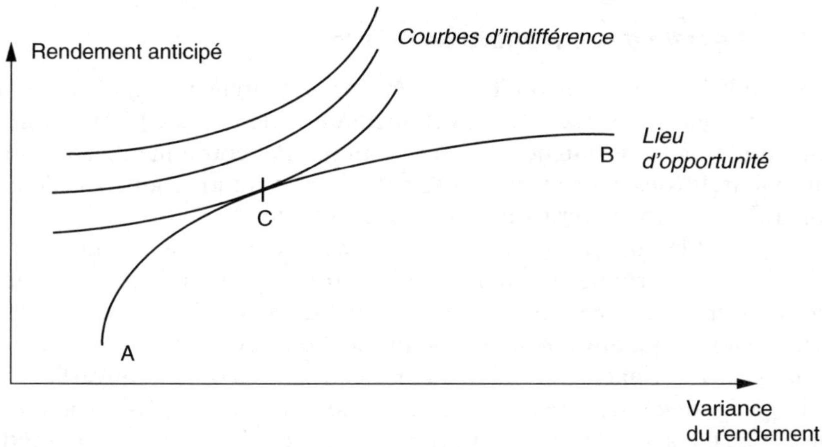

Sur le graphique 4.7., en A, tous les stocks sont couverts : le rendement et la variance sont faibles. À partir du point A, au fur et à mesure que l'on se déplace sur le lieu d'opportunité, le rendement et le risque associés à la détention de stocks augmentent. En B, aucun stock n'est couvert. Le point de tangence, C, entre l'une des courbes d'indifférence de l'opérateur et le lieu d'opportunité détermine la proportion optimale de stocks à couvrir, celle qui maximise le programme du détenteur de stocks :

$$\underset{\alpha}{\mathrm{Max}}\,U(\alpha E[R_C] + (1-\alpha)E[R_{NC}])$$

où :

- U est l'utilité anticipée de l'investisseur,
- α est la proportion optimale de stocks à couvrir,
- $E[R_C]$ est le rendement attendu sur les stocks couverts,
- $E[R_{NC}]$ est le rendement attendu sur les stocks non couverts.

La proportion α^* de stocks couverts maximisant l'utilité de l'opérateur est une fonction de son aversion au risque, d'une part, et de la somme des rendements attendus sur les stocks couverts et non couverts, d'autre part. Pour maximiser son utilité, l'opérateur n'a pas nécessairement intérêt à couvrir la totalité des stocks détenus sur le marché physique. En d'autres termes, le ratio de couverture de l'opérateur, qui correspond au rapport entre la position détenue sur le marché à terme et celle détenue sur le marché physique, peut être différent de un.

La proportion optimale de stocks à couvrir étant déterminée, comment cette opération doit-elle, en pratique, être réalisée ? Plus précisément, si cette proportion optimale correspond à une quantité q_{SC} de stocks physiques, faut-il, pour la couvrir, que la position à terme corresponde exactement à cette quantité q_{SC} ? L'analyse proposée par Ederington (1979) permet de répondre à ces questions.

4.2. Le ratio de couverture de Ederington

Selon Ederington, lorsqu'il se couvre sur un marché à terme, un opérateur doit considérer que le comportement des prix à terme n'est pas strictement identique à celui des prix au comptant. Par conséquent, la position sur le marché des contrats n'est pas nécessairement identique à celle que l'opérateur désire couvrir sur le marché physique.

Si q_{SC} est la quantité (optimale) de stocks à couvrir, la question qui se pose est de déterminer la quantité de contrats q_F qui doit être vendue à terme pour couvrir ces stocks ? Pour être très précis, le problème est de déterminer la quantité de contrats qui doit être vendue à terme afin de minimiser la variance du rendement anticipé sur les stocks couverts.

Le programme de l'opérateur consiste toujours à maximiser son utilité anticipée, mais sous la contrainte de minimisation de la variance du rendement des stocks couverts. Cette contrainte peut être exprimée de la façon suivante : $\underset{q_F}{\mathrm{Min}}(\sigma^2_{R_C})$

avec :

– $\sigma^2_{R_C}$: la variance du rendement attendu sur les stocks couverts,

– q_F : la quantité de contrats à terme utilisée pour la couverture.

La variance du rendement attendu sur les stocks couverts, $E_t[R_C]$, s'exprime de la façon suivante :

$$\sigma^2_{R_C} = q_S^2\sigma_S^2 + q_F^2\sigma_F^2 + 2q_S q_F \rho \sigma_S \sigma_F$$

avec :

– σ_S^2 : la variance des prix au comptant,

– σ_F^2 : la variance des prix à terme,

– ρ : le coefficient de corrélation entre les variations des prix au comptant et celles des prix à terme.

Déterminer la quantité q_F^* minimisant la variance du rendement des stocks couverts consiste à calculer la valeur de q_F annulant la dérivée première de $\sigma^2_{R_C}$:

$$\frac{\delta\sigma^2_{R_C}}{\delta q_F} = 2q_F\sigma^2_F + 2q_S\sigma_S\sigma_F\rho = 0$$

Le nombre optimal de contrats à terme q_F^* correspond donc à la quantité suivante :

$$q_F^* = -\frac{q_S\rho\sigma_S}{\sigma_F}$$

soit, en notant : $\beta = \dfrac{\sigma_S\rho}{\sigma_F}$

$$q_F^* = -q_S\beta$$

Le ratio de couverture, c'est-à-dire le rapport entre la position détenue sur le marché à terme et la position à couvrir sur le marché physique, correspond donc à l'opposé du coefficient bêta :

$$h = \frac{q_F^*}{q_S} = -\beta$$

Ce coefficient bêta peut être simplement estimé à l'aide d'une régression linéaire des prix au comptant sur les prix à terme :

$$S(t) = \hat{\gamma} + \hat{\beta}F(t, T) + \varepsilon$$

où $\hat{\gamma}$ est une constante, et ε le résidu de la relation entre les prix au comptant et les prix à terme. Si, à l'issue de la régression, le coefficient estimé $\hat{\beta} = 0,92$ et si la position à couvrir sur le marché physique correspond à la quantité $q_{SC} = 10\,000$, l'opérateur doit, pour couvrir ce stock, réaliser une vente de contrats à terme correspondant à la quantité $q_F^* = 9\,200$.

Pour que la pratique consistant à prendre sur le marché des contrats une position identique mais inverse à celle détenue sur le marché physique (ratio de couverture égal à un) soit justifiée, il faudrait que la volatilité des prix au comptant soit identique à celle des prix à terme : $\sigma_S = \sigma_F$. Si tel était le cas, la corrélation entre les variations des prix sur le marché au comptant et sur le marché à terme serait parfaite ($\rho = 1$). Or, la volatilité des prix à terme est inférieure à celle des prix au comptant, et ce d'autant plus que l'échéance des contrats à terme est éloignée. Plus l'horizon de la position de couverture est lointain, plus le ratio de couverture doit être inférieur à un. La pratique naïve retenue pendant les trois premières sections de ce chapitre (elle considère que le ratio de couverture est égal à un) reste cependant acceptable pour les opérations de couverture ayant une échéance rapprochée. Comme nous le savons, celles-ci représentent justement l'essentiel des transactions sur un marché de matières premières.

5. Couverture naïve ou couverture dynamique ? Couverture ou spéculation ? L'affaire Metallgesellschaft [1]

Le 6 décembre 1993, le *Frankfurter Allgemeine Zeitung* annonce que la firme Metallgesellschaft subit de lourdes pertes sur les marchés à terme pétroliers américains. « L'affaire » Metallgesellschaft (MG) éclate au grand jour. Elle marque la première tentative largement médiatisée de réaliser une opération de couverture à long terme à partir d'instruments à court terme. Une analyse détaillée des faits permet d'expliquer l'ampleur de la débâcle subie par la firme (la perte enregistrée par le groupe Metallgesellschaft a été évaluée à 2,4 milliards de dollars) et de se forger une opinion sur la nature éventuellement spéculative de l'opération. Elle constitue également les bases d'une réflexion sur le caractère réalisable de ce type d'opération et sur les moyens nécessaires à sa mise en œuvre.

5.1. L'affaire Metallgesellschaft

À la fin des années 1980, le groupe MG ambitionne de devenir, à travers sa filiale Metallgesellschaft Refining and Marketing Inc. (MGRM), l'un des acteurs majeurs du raffinage et de la distribution de produits pétroliers sur le marché américain. Pour accompagner cette stratégie, une importante opération de couverture est mise en place.

5.1.1. Les contrats commercialisés sur le marché physique

Dès 1991, MGRM commercialise auprès de grossistes indépendants et de stations-service des contrats de vente à long terme de gazole, de fioul domestique et d'essence. Offrant la possibilité de s'approvisionner à prix fixe sur une durée de 5 à 10 ans, ces contrats constituent une innovation dans le marché pétrolier, et leur succès auprès des clients est considérable : d'octobre 1992 à décembre 1993, les engagements de livraisons physiques de MGRM sur un horizon de 10 ans atteignent plus de 200 millions de barils. Ces engagements dépassaient largement les capacités de raffinage contrôlées par la firme. Deux catégories de contrats sont proposés à la clientèle :

– des contrats à prix fixe portant sur des périodes de 5 ou 10 ans, se présentant sous la forme de contrats *firm-fix* et de contrats *firm-flexible* (voir l'encadré 4.1.). Ceux-ci ont été à l'origine de la majorité des pertes ;

– des contrats à un an reconductibles, garantissant au client une marge de profit absolue et fixe, d'où leur nom de *guaranteed margin* [2]. Ceux-ci ont marginalement contribué aux pertes du groupe.

---

1. Les développements de cette section sont extraits de Lautier (1998).

2. Ces contrats ont été vendus principalement à de petits détaillants. Dans ce cas, les prix étaient déterminés en fonction des prix de vente des trois concurrents géographiquement les plus proches du client considéré. Les contrats *guaranteed margin* ne représentaient qu'environ le quart des positions physiques de MGRM fin 1993. Ils n'ont pas été reconduits en 1994.

En décembre 1993, MGRM avait vendu 98 millions de barils sous la forme de contrats *firm-fix*, 58 millions sous la forme de contrats *firm-flexible* et 54 millions sous la forme de contrats *guaranteed margin*. Elle avait donc une position vendeuse sur le marché physique de 210 millions de barils.

Encadré 4.1.
Les caractéristiques des contrats firm-fix et firm-flexible

1. Contrats firm-fix

• Terme : le contrat est d'une durée de 5 ou de 10 ans, fixée dès la signature.

• Volume : le contrat fixe le volume mensuel de produits.

• Livraison : le client s'engage fermement à accepter la livraison à une date non modifiable précisée lors de la signature du contrat.

• Prix : le prix fixe est calculé le jour de la signature du contrat, à partir des cours du Nymex ; il correspond à la moyenne des prix cotés à cette date pour les 12 mois à venir. [1]

• Prime : en plus du prix fixe, quel que soit le terme du contrat, le client verse une prime fixe de 5 *cents*/gallon.

• Qualité : MGRM garantit à l'acheteur de tenir compte de l'évolution future des réglementations relatives aux qualités des produits sans modification du prix ou de la prime.

• Clause de sortie (*buy-out option*) : une grande partie des contrats intègre la possibilité, pour MGRM, d'annuler l'engagement à long terme de livraison physique en contrepartie d'un versement monétaire. L'option peut être exercée dès que le prix à terme rapproché du Nymex (*1st Nearby*) devient supérieur au prix fixe du contrat physique. Ce versement correspond à 50 % du différentiel entre les deux prix, multiplié par le volume de physique restant à livrer. [2]

2. Contrats firm-flexible

• La différence avec les contrats *firm-fix* réside dans les modalités de livraison : le client ne s'engage que sur un volume annuel ; le choix de la date et du volume des livraisons au sein de cette période est laissé à sa discrétion [3].

---

1. Pour une signature en septembre 1992, étaient donc pris en compte : le prix à terme rapproché (septembre 1992), le prix à terme à deux mois (octobre 1992)..., le prix à terme à 12 mois (août 1993). La même méthode était appliquée, que la durée du contrat soit de 5 ou de 10 ans.

2. Exemple : un détaillant signe un contrat prévoyant la livraison de 10 000 gallons par mois pendant 10 ans (120 mois) au prix fixe de 57 *cents* par gallon. Le 21e mois (100 mois avant l'échéance), le prix *1st Nearby* atteint 67 *cents*. Si l'option de sortie est exercée à cette date (elle peut l'être dès que le prix *1st Nearby* est supérieur à 57 *cents*), MGRM se voit dans l'obligation de lui verser :

$$100 \text{ mois} \times 10\,000 \text{ gallons} \times (0{,}67 - 0{,}57 \text{ dollar/gallon}) \times 50\ \% = 50\,000 \text{ dollars.}$$

3. Le client doit annoncer cependant 45 jours à l'avance le volume qu'il veut se faire livrer.

5.1.2. Les risques associés aux positions sur le marché physique

Les contrats commercialisés exposaient MGRM à plusieurs types de risques. D'abord, ayant vendu des contrats à prix fixe sur un horizon de 5 ou 10 ans, MGRM était exposé à un risque de hausse des cours, pouvant se manifester à chaque livraison physique [1]. Ensuite, les contrats *firm-flexible* introduisaient une incertitude quant à la date de réalisation du risque de prix au cours d'une année, car ils permettaient aux clients de choisir le volume et la date des livraisons, et donc de différer celles-ci lorsque les prix du marché au comptant se situaient en dessous du prix des contrats physiques. MGRM pouvait donc s'attendre à devoir livrer dès que le prix au comptant devenait supérieur au prix fixe. De plus, l'exercice de la clause de sortie pouvait à tout moment obliger MGRM à réaliser des versements monétaires annulant ses obligations sur le marché physique. Enfin, en cas de baisse prolongée des cours, l'engagement ferme pris par les clients d'acheter à un prix fixe devenu supérieur au prix au comptant pouvait constituer une sérieuse entrave à leur compétitivité et, à terme, les rendre insolvables [2].

Le profil de risque de MGRM était donc particulièrement complexe, la firme étant à la fois exposée à très court terme, à court terme et à long terme. De plus, ses engagements avaient un caractère optionnel, ce qui rendait encore plus délicate l'élaboration d'une stratégie de couverture.

5.1.3. La position sur le marché papier

Pour se couvrir contre les risques encourus sur le marché physique, MGRM a mis en place une couverture en pile sur les marchés à terme du pétrole brut et des produits pétroliers, en utilisant un ratio de couverture [3] de 100 % (*one-to-one hedge*).

Le principe d'une couverture en pile est de concentrer la totalité de la position sur la première échéance du marché à terme. À la date de la première livraison physique, la firme livre le volume défini par le contrat commercial, revend tous ses contrats à terme parvenant à maturité, et rétablit une position longue sur la nouvelle échéance rapprochée. Cette nouvelle position à terme est réduite du montant livré physiquement ; de ce fait, le volume sur le marché à terme diminue avec la décroissance des obligations de livraison [4]. Une couverture en pile implique donc le renouvellement des positions à terme (*rolling hedge*) à chaque fois que le contrat le plus proche parvient à maturité, et expose l'initiateur de la couverture, en l'occurrence MGRM, à un risque de base.

---

1. Un renforcement des standards de qualité des produits pétroliers, nécessitant une modification des procédés de production, risquait en plus d'augmenter les coûts d'approvisionnement de MGRM.

2. Ce risque était limité par une condition imposée aux clients de MGRM : le volume livré ne devait en aucun cas dépasser 20 % de leur approvisionnement annuel total.

3. Le ratio de couverture est défini comme le rapport entre la position sur le marché papier et celle sur le marché physique.

4. Exemple : soit $F(t,T)$ le prix à terme coté en t, de maturité T. En t_1, MGRM s'engage à livrer 10 000 gallons/mois pendant 10 ans (120 mois). Il achète des contrats à terme à 1 mois au prix $F(t_1,1)$, pour un volume de 1 200 000 gallons. En t_2, à l'échéance du premier contrat sur le Nymex, MGRM doit revendre les contrats papier détenus au prix $F(t_2,0)$, afin de rouler sa position. Il doit également livrer 10 000 gallons à l'acheteur. Enfin, il achète des contrats à terme au prix $F(t_2,1)$, pour un volume correspondant au reste de ses engagements physiques, soit (1 200 000 – 10 000 gallons).

Ce risque peut être présenté de la façon suivante : soit $F(t, \tau)$ un prix à terme coté en t pour une maturité τ, et $S(t)$ un prix au comptant en t. Un premier achat de contrat est réalisé en t_1 au prix à terme le plus proche $F(t_1,1)$. À l'échéance de ce contrat, en t_2, à moins d'accepter la livraison physique, la position doit être revendue au prix $F(t_2,0)$, avec $F(t_2,0) = S(t_2)$ [1]. Pour maintenir la couverture, il faut simultanément racheter un contrat au prix à terme le plus proche $F(t_2,1)$. Le risque de base correspond à la différence entre le prix d'achat du nouveau contrat, $F(t_2,1)$, et le prix de vente de l'ancien, $S(t_2)$. Si le marché est en report ($S(t_2)<F(t_2,1)$) l'opération engendre des coûts. Si à l'inverse il est en déport ($S(t_2)>F(t_2,1)$), elle procure un gain.

MGRM a choisi un ratio de couverture de 100 %, c'est-à-dire un volume de contrats papier identique à celui des contrats physiques. La pertinence et le sens de ce choix seront analysés ultérieurement ; notons simplement à ce stade que, de ce fait, les appels de marge et les coûts de renouvellement de la couverture en cas de report portaient sur la totalité des engagements.

5.1.4. Les hypothèses sous-tendant la stratégie de couverture

Il semble, *a posteriori*, que la stratégie de couverture était fondée sur trois hypothèses. D'abord, ses concepteurs anticipaient une hausse à court terme des prix au comptant, qui aurait incité les clients à exercer leur clause de sortie, réduisant ainsi le risque à long terme de la firme. Selon le rapport d'audit mentionné par Edwards et Canter (1995), les opérateurs supposaient que les options seraient toutes exercées au bout de 2,5 ans à 3 ans [2]. Ensuite, ils pensaient que les prix à terme passeraient en déport et se maintiendraient dans cette situation, rendant profitable la stratégie de couverture (le déport est la situation la plus fréquente sur les marchés à terme du brut comme sur ceux des produits pétroliers). Ils prévoyaient de plus que la différence entre les gains obtenus grâce au déport et les versements monétaires qu'ils auraient à effectuer en cas d'exercice de la clause de sortie serait positive. Enfin, ils considéraient que MGRM bénéficiait d'une capacité de financement suffisante pour faire face à l'ensemble des besoins financiers (appels de marge, roulement de positions...) pouvant se présenter.

5.1.5. Une conjoncture particulièrement défavorable

Les différentes hypothèses sur lesquelles MGRM avait fondé sa stratégie ne se sont pas vérifiées. Loin d'augmenter, le prix au comptant du pétrole brut comme ceux des produits pétroliers ont été orientés à la baisse

1. On suppose pour simplifier que la base est nulle à l'échéance : le prix de clôture du contrat à terme est identifié au prix au comptant ($F(t,0) = S(t)$).

2. Logiquement, les clients n'auraient dû exercer les options de sortie que lorsqu'elles se trouvaient dans la monnaie, c'est-à-dire lorsque la valeur actuelle du versement monétaire aurait été supérieure à celle des flux futurs anticipés. Culp et Miller (1995 a) insistent sur le fait que cette clause de sortie permettait également d'éviter une renégociation éventuelle des contrats entre MGRM et ses clients.

tout au long de l'année 1993. Le pétrole a perdu plus de 30 % de sa valeur et l'essence près de 40 %. Les clauses de sortie n'ont donc pas été exercées, et la firme a conservé ses engagements à long terme sur le marché physique. De plus, la structure à terme des prix sur le marché pétrolier s'est maintenue en report tout au long de l'année 1993 et n'est passée en déport de façon durable qu'à partir d'avril 1994. Si la firme réalisait des gains sur le marché physique grâce à la baisse des prix au comptant, ces gains n'étaient pas suffisants pour compenser les pertes sur le marché à terme. Enfin, MGRM a rencontré des problèmes de liquidité pour répondre aux appels de marge et financer le coût de renouvellement de ses positions.

5.1.6. La crise et son dénouement

Le 6 décembre 1993, le montant des appels de marge payés par MGRM est divulgué par le *Frankfurter Allgemeine Zeitung*. Dès que ses difficultés sont publiques, MGRM devient, aux yeux de ses créditeurs, un opérateur à haut risque. Seules Deutsche Bank et Dresdner Bank, les deux actionnaires de référence du groupe MG, acceptent – sous conditions et pour préserver leurs propres intérêts – de lui apporter un soutien financier. Lorsqu'au début du mois de décembre le Nymex menace d'exclure MGRM du marché à terme s'il ne verse pas la totalité des appels de marge qu'impliquait l'évolution des cours, c'est l'intervention des deux banques qui évite la faillite immédiate : le 9, elles accordent au groupe une ligne de crédit à court terme de 500 millions de dollars, portée à 900 millions à la fin du mois. Ces disponibilités sont immédiatement absorbées.

La crise atteint son paroxysme le 10 décembre, lorsque les autorités du Nymex doublent le montant du déposit et signifient à MGRM que, faute d'une réaction rapide de sa part, il lui sera strictement interdit de prendre de nouvelles positions. Cette mesure est assouplie le 28 décembre, les dispositions suivantes ayant été prises par le groupe MG :

– nomination d'un comité de gestion des risques, dirigé par un membre du conseil d'administration, chargé de dénouer rapidement la situation ;

– annonce le 13 décembre d'une réduction de la position sur le marché à terme ;

– diminution de la position sur le marché physique grâce à une renégociation des contrats d'approvisionnement conclus avec les clients ; entre le 17 décembre 1993 et la fin du mois de février 1994, la position physique passe de 210 à 109 millions de barils.

À terme, un plan d'ensemble est mis en place pour restructurer les activités du groupe MG.

5.2. Spéculation ou couverture ?

En février 1994, la débâcle subie par MGRM a été largement interprétée comme le résultat d'une opération de spéculation de grande envergure, menée par une équipe de *traders* devenus trop indépendants et animés par la volonté de « jouer » sur les marchés dérivés. La détermination manifestée par les dirigeants du groupe, dès que la situation a été rendue publique, à reprendre immédiatement le contrôle et à stopper toutes les opérations indique qu'ils avaient abouti à la même conclusion [1].

La stratégie mise en place par MGRM était-elle effectivement spéculative ou au contraire, comme l'ont vigoureusement soutenu Culp et Miller (1994, 1995a, 1995b), tout à fait adaptée à la couverture des positions sur le marché physique ? La réponse est loin d'être simple, pour deux raisons : d'une part la stratégie élaborée était particulièrement complexe, d'autre part la définition des activités de spéculation et de couverture ne fait pas l'unanimité. La frontière entre ces deux concepts devient en effet ténue dès que les anticipations des opérateurs sont prises en considération dans l'analyse. De manière parfaitement cohérente avec les développements présentés dans les quatre premières sections de ce chapitre, une opération de couverture est définie comme telle si elle est subordonnée aux opérations sur le marché physique et vise en priorité à réduire l'exposition au risque de prix. Par défaut, les opérations ne répondant pas à ces deux critères seront qualifiées de spéculatives.

5.2.1. Analyse de la position sur le marché à terme

Lors de l'élaboration de sa couverture, MGRM a réalisé un certain nombre de choix portant sur la nature des instruments utilisés, leur horizon et leur mode d'utilisation. En 1994, ces décisions ont été contestées et interprétées par certains comme révélant une volonté de spéculation, par d'autres comme le reflet d'une conception inadéquate de la stratégie de couverture.

5.2.1.1. Le positionnement sur des contrats à court terme

La première question que suscite la position initiée sur le marché à terme est celle de la très grande disparité d'échéances entre les instruments de couverture et les positions sur le marché physique. MGRM aurait pu rechercher une correspondance plus étroite entre ces échéances ; il s'était engagé sur une période de 5 à 10 ans, et il n'existe pas de contrats à terme pour de telles échéances. Dans l'hypothèse – pas forcément réaliste compte tenu des volumes en jeu et de l'échéance considérée – où un opérateur aurait accepté de lui vendre de gré à gré un produit répondant à ses besoins, MGRM se serait exposé à un risque de contrepartie inexistant dans le cadre de marchés organisés, et pour un coût nettement supérieur. En choisissant d'utiliser des contrats à terme d'échéance rapprochée, MGRM a donc choisi de minimiser ses coûts de transaction. De plus, une telle décision lui assurait une protection contre le risque de variation des prix à court terme, et donc contre le risque associé aux clauses de sortie. En effet, ces clauses pouvant être exercées dès que le prix au comptant

1. Leur empressement ne visait-il pas à masquer leur absence de contrôle…, car laisser sa filiale prendre des engagements de 200 millions de barils à 5 et à 10 ans, ce n'est quand même pas anodin.

devenait supérieur au prix fixe du contrat, la firme était soumise à un risque de hausse des prix susceptible de se manifester à tout moment. Pour se couvrir contre ce risque, il fallait détenir des contrats dont les prix évoluent de la même façon que le prix au comptant, et dont on puisse sortir rapidement, sans encourir de risque de liquidité. Ce positionnement sur les contrats à terme d'échéance rapprochée ne semble donc pas *a priori* dénué de logique, à condition naturellement qu'une stratégie de couverture à long terme basée sur l'utilisation d'instruments à court terme soit réalisable. Cette question a été à l'origine d'un débat animé lors de l'affaire MG. Elle a ensuite été l'objet de travaux utilisant, pour analyser les opérations de couverture à long terme dans un marché de matière première, les méthodes de valorisation relative appliquées à l'origine aux options, puis à l'analyse de la structure par terme des taux d'intérêt.

5.2.1.2. L'apport des méthodes de valorisation relative

Brièvement résumées, les conclusions des méthodes de valorisation relative appliquées aux marchés de matières premières sont les suivantes : la couverture d'une position sur le marché physique d'échéance T, dont la valeur est représentée par le prix *forward* F(T), repose sur l'identification des facteurs explicatifs (facteurs sous-jacents) de ce prix. Ces facteurs, aléatoires, sont autant de sources d'incertitude affectant l'évolution de F(T), ayant chacune une origine et une dynamique propre. La décomposition du portefeuille de couverture en autant de positions que de facteurs sous-jacents permet d'isoler chaque source d'incertitude et de se protéger contre les variations de chaque facteur sous-jacent. En s'assurant que la sensibilité du portefeuille de couverture à chaque facteur sous-jacent est à tout instant identique à celle de la position sur le marché physique, il devient possible de couvrir une position à long terme à partir d'instruments à court terme.

Les modèles stochastiques appliqués aux marchés de matières premières ont montré que l'évolution du prix *forward* peut être expliquée par deux facteurs sous-jacents : le prix au comptant et le *convenience yield*, ou rendement d'opportunité. Le taux d'intérêt est également parfois pris en considération, en particulier lorsque l'échéance T de la position sur le marché physique s'éloigne. Les modèles stochastiques développés à ce jour étant des modèles d'équilibre partiel [1], le nombre et la nature de ces facteurs sous-jacents relèvent d'un choix arbitraire de la part de leurs concepteurs ; les performances des modèles en confirment cependant la pertinence.

Le portefeuille de couverture, dans un marché de matières premières, doit donc être constitué d'un assemblage de deux ou trois positions : les deux premières sont des positions sur des contrats à terme ; elles assurent une protection contre les variations du prix au comptant, et contre celles

1. Les principaux modèles sont ceux de Brennan, (1991) ; Gabillon, (1992 et 1995) ; Gibson et Schwartz, (1989 et 1990) ; Schwartz, (1997) ; Schwartz et Smith (2000) ; Routledge, Seppi et Spatt (2000) ; Lautier et Galli (2001) ; Cortazar et Schwartz (2003).

du rendement d'opportunité [1]. La troisième position, sur les marchés obligataires, assure une couverture contre les variations de taux d'intérêt. La proportion et la maturité de ces positions sont déterminées de telle sorte que la sensibilité du portefeuille à chaque facteur sous-jacent soit identique à celle de la position sur le marché physique.

5.2.1.3. Application au cas Metallgesellschaft

Au vu de ces conclusions, la stratégie de couverture élaborée par MGRM, interprétée comme une tentative de couvrir une position à 10 ou 5 ans sur le marché physique à partir de contrats à terme rapprochés [2], comportait deux faiblesses : en premier lieu, le portefeuille de couverture, constitué d'une position d'achat unique sur les contrats à terme rapprochés, ne pouvait assurer une protection satisfaisante ; en deuxième lieu, le ratio de couverture de 100 % était bien supérieur à ce qu'il aurait dû être.

Pour que la stratégie élaborée par MGRM soit performante, en supposant que sa position à 10 ans sur le marché physique ait été valorisée par un prix *forward* à 10 ans [3], il aurait fallu qu'un facteur sous-jacent unique, en l'occurrence le prix au comptant, permette d'expliquer correctement l'évolution de ce prix *forward.* Ce n'est pas le cas. Comme l'ont montré Brennan et Crew (1995), des stratégies de couverture plus efficaces, prenant en considération l'existence de deux facteurs sous-jacents, pouvaient être envisagées.

Ces deux auteurs ont comparé les performances respectives de différentes stratégies élaborées pour couvrir, à partir d'instruments de court terme, des positions à long terme sur le marché physique. Ces stratégies incluaient en particulier celle de MGRM, et deux autres élaborées à partir des modèles de Brennan (1991) et de Gibson et Schwartz (1990), prenant en considération l'existence de deux facteurs sous-jacents (le prix au comptant et le rendement d'opportunité). Les auteurs ont montré que la stratégie de MGRM était largement dominée par celles utilisant les modèles stochastiques : sur une période de 24 mois [4] par exemple, les erreurs de

1. Bien que les risques associés aux variations du prix au comptant et du rendement d'opportunité puissent tous deux être couverts à partir de contrats à terme, il est néanmoins nécessaire de prendre deux positions distinctes pour se couvrir contre chacune de ces sources d'incertitude. Il n'en serait pas de même si le prix au comptant et le rendement d'opportunité évoluaient de façon strictement corrélée.

2. Pour des raisons de simplicité, les options insérées dans les contrats *forward* ne sont pas prises en considération.

3. On peut douter de la pertinence du prix fixé par MGRM pour valoriser les contrats commercialisés sur le marché physique : en effet, comment la moyenne des prix cotés, à la date de signature du contrat *forward*, pour les 12 mois à venir, aurait-elle pu représenter correctement le prix au comptant dans 10 ans ? De plus, quel sens la prime de risque ajoutée à ce prix fixe revêt-elle, compte tenu du fait que cette prime était identique pour des contrats à 10 ans et des contrats à 5 ans ?

4. Faute de données à plus long terme, les auteurs ont réalisé des tests sur des échéances comprises entre 6 et 24 mois.

couverture cumulées de ces dernières étaient de 75 % inférieures à celles de la stratégie de MGRM !

Outre le problème du nombre et de l'identité des facteurs explicatifs du prix *forward*, se posait la question de la détermination du ratio de couverture. Si le portefeuille de couverture est composé de plusieurs positions, il existe autant de ratios que de facteurs sous-jacents ; dans les marchés de matières premières, ce ratio est égal, pour chaque facteur, au rapport des variations du prix de la position sur le marché physique et du prix du sous-jacent considéré. Dans le marché pétrolier, plusieurs études empiriques ont été réalisées pour déterminer les ratios associés à chaque facteur sous-jacent identifié. En particulier, le ratio associé au prix au comptant a été calculé à plusieurs reprises : dans chaque cas, pour couvrir une position à 10 ans sur le marché physique à partir de contrats à court terme, ce ratio était très largement inférieur à l'unité [1]. Or, MGRM a choisi un ratio égal à l'unité. Ni sa position sur le marché physique, ni même l'existence des clauses de sortie intégrées dans les contrats d'approvisionnement ne pouvaient justifier une telle décision [2]. En revanche, ce ratio permettait de bénéficier au maximum de situations de déport ; ce choix, associé à l'hypothèse de déport permanent sous-tendant la stratégie de MGRM, laisse à penser que la firme a cherché avant tout à réaliser des profits grâce à ses positions sur le marché à terme.

Sur le plan technique, s'il était effectivement envisageable de couvrir une position à 10 ans sur le marché physique à partir d'instruments de court terme, la stratégie de MGRM comportait un certain nombre de faiblesses. Or, ses concepteurs étaient des professionnels des marchés à terme. Soit ils ignoraient les derniers développements théoriques et pratiques relatifs à la couverture de positions à long terme à partir d'instruments à court terme [3], ce qui les a conduit à élaborer une stratégie de couverture peu performante ; soit ils avaient connaissance de ces travaux et les ont délibérément ignorés, leur objectif étant de réaliser des profits à court terme sur les marchés organisés.

5.2.2. Analyse de la stratégie d'ensemble

La position de MGRM sur le marché à terme a été associée à une stratégie d'expansion sur le marché physique : sur ce point, d'après la définition de la notion de couverture proposée précédemment, la stratégie d'ensemble ne peut être d'emblée qualifiée de spéculative. Cependant,

---

1. Schwartz (1997) obtient par exemple, pour une échéance de 10 ans et un prix au comptant de 20 dollars, un ratio de 0,25.

2. Les versements prévus par les clauses de sortie ne correspondaient en effet qu'à 50 % du différentiel entre le prix fixe du contrat et le prix à terme rapproché.

3. Sur ces deux points, des travaux théoriques avaient été réalisés, par Brennan (1991) et par Gibson et Schwartz (1989, 1990). Ces travaux, dont deux étaient publiés sous forme de *Working Paper* seulement, montraient que le prix au comptant ne pouvait être considéré comme le seul facteur explicatif du prix *forward*, et que le ratio de couverture associé au prix au comptant était largement inférieur à l'unité.

elle ne correspondait pas tout à fait, selon cette même définition, à une opération de couverture car les opérations sur le marché papier n'étaient vraisemblablement pas strictement subordonnées à la stratégie industrielle. En premier lieu, les prix des produits pétroliers ayant un caractère saisonnier, les opérateurs de MGRM ont cherché à maximiser leurs gains en se positionnant alternativement sur les marchés de l'essence et du fioul lorsqu'ils étaient en déport. Une telle stratégie impliquait pourtant l'introduction d'un risque supplémentaire : celui que le prix du produit couvert et le prix du contrat à terme n'évoluent pas en parallèle. Le fait que MGRM ait accepté de le supporter semble indiquer que la couverture du risque de prix n'a pas été le seul élément déterminant de sa stratégie.

Deuxième point troublant, au cours du dernier trimestre de l'année 1993, alors que la situation de report sur le marché à terme avait déjà nécessité des paiements conséquents, MGRM a augmenté sa position sur le marché physique en commercialisant des contrats *firm-flexible*, plus risqués que les contrats *firm-fix* ; et ceci alors même que, dès l'été 1993, une commission de contrôle interne au groupe MG, chargée d'examiner la stratégie de MGRM sur les marchés à terme pétroliers américains, avait déjà conseillé la réorientation de cette stratégie vers une « couverture plus défensive »... (Metallgesellschaft AG, 1995).

Enfin, l'hypothèse relative à la clause de sortie formulée par les concepteurs de la stratégie introduit des doutes quant à leur volonté de développer effectivement l'activité de distribution et de raffinage du groupe. Comment, en effet, interpréter le fait que, selon le rapport d'audit du groupe MG, ces opérateurs espéraient voir toutes les options exercées au terme de 3 ans ?

Ces différents points permettent de conclure, en se référant à la définition proposée pour cette notion, que la stratégie élaborée par MGRM était de nature spéculative. Les solutions retenues par le groupe pour dénouer « l'affaire MG » en février 1994 n'en sont pas moins critiquables. Comme l'ont souligné Culp et Miller, en imposant une liquidation rapide des contrats sur le marché physique, les dirigeants de MG ont contribué à alourdir les pertes de la firme : les négociations ont en effet été menées, dans la précipitation, au désavantage de MGRM. Une attitude plus mesurée aurait pu conduire les dirigeants de MG à prendre le temps de renégocier les contrats *forward*, et à obtenir des conditions plus avantageuses. Le temps de renégocier ces contrats, les pertes liées à la baisse des prix sur le marché au comptant auraient pu être limitées par l'achat d'options de vente.

5.3. *L'affaire Metallgesellschaft : quels enseignements ?*

Les faiblesses et la nature spéculative de la stratégie mise en place par MGRM ne suffisent pas à expliquer l'ampleur de la débâcle subie par la firme : d'autres facteurs doivent être pris en considération. En premier lieu, même si le ratio de couverture avait été correctement estimé, la position initiée sur le marché à terme était susceptible d'engendrer des flux financiers considérables à court terme. Les dirigeants de MG et les actionnaires n'étaient certainement pas conscients du montant que ces flux pouvaient atteindre, par manque d'informations ou parce que ces sommes avaient été (volontairement ou involontairement) sous-estimées. En deuxième lieu, la position sur les marchés à terme était d'une ampleur telle qu'elle pouvait influencer l'évolution des prix ; cette éventualité n'avait sans doute pas non plus été envisagée par les opérateurs de MGRM.

5.3.1. Une sous-estimation des flux financiers à court terme ?

La position initiée sur le marché à terme pouvait être à l'origine de difficultés de financement à court terme pour MGRM, du fait des appels de marge et du coût de renouvellement de la position en cas de report. Ayant conçu leur stratégie à partir d'une hypothèse de déport permanent, les opérateurs de MGRM ont vraisemblablement sous-estimé ces flux financiers à court terme.

Edwards et Canter (1995), à l'aide de la méthode des *Worst Case Scenario* (*WCS*), ont estimé les coûts maximaux de renouvellement des contrats auxquels MGRM pouvait être confronté en situation de report. Une analyse en termes de *WCS* est comparable à un test de cas limite. Le *WCS* est la pire situation qui puisse survenir au cours d'une période de temps donnée. Cette valeur est estimée à partir de l'observation des prix passés. À l'aide de cette méthode, les deux auteurs ont montré qu'en dehors de quelques exceptions, les coûts de renouvellement sur les marchés pétroliers ont été similaires, au cours de l'année 1993, aux coûts maximaux des années précédentes. À condition d'accepter que l'étude des historiques de prix pouvait être utile à l'élaboration de stratégies futures, les opérateurs de MGRM auraient donc pu estimer, à l'aide d'une méthode simple et largement répandue telle que celle des *Worst Case Scenario*, les coûts de renouvellement maximaux auxquels ils risquaient d'être confrontés.

L'étude des flux financiers à court terme réalisée par Edwards et Canter peut être complétée par l'analyse des appels de marge quotidiens et des cumuls d'appels de marge maximaux auxquels MGRM pouvait être confronté sur une période donnée. La méthode *WCS* permet de montrer que, sur les trois marchés à terme pétroliers américains, les appels de marge maximaux de l'année 1993 n'ont pas été supérieurs à ceux des années précédentes. Le même résultat est obtenu pour les cumuls d'appels de marge sur une période de 20 jours [1] (tableau 4.37.).

---

1. Le montant des appels de marge a été calculé quotidiennement sur les trois marchés pétroliers américains depuis 1986, en supposant que la position était renouvelée le premier jour de chaque mois. Le déposit et l'impact de la position sur l'évolution des prix n'ont pas été pris en considération dans l'analyse.

Les appels de marge maximaux sur une période de 20 jours (un mois de transactions) au cours de chaque année de la période 1986/1993 ont ensuite été calculés. La moyenne de ces montants maximaux donne une estimation du risque de liquidité auquel on peut considérer être exposé sur une période de temps donnée (20 jours) compte tenu des prix passés.

Pour les années 86/93, des calculs similaires ont été effectués pour les cumuls d'appels de marge maximaux, sur une période de 20 jours.

Tableau 4.37. – *Appels de marge quotidiens et cumuls maximaux, sur une période de 20 jours, de 1986 à 1993* [1]

Pétrole WTI			*Fioul*			*Essence*		
D	**A**	**C**	**D**	**A**	**C**	**D**	**A**	**C**
1986	0,98	2,83	1986	2,59	8,02	1986	3,17	7,21
1987	1,52	1,52	1987	1,24	3,62	1987	1,15	3,44
1988	0,40	0,82	1988	1,00	2,68	1988	1,35	3,34
1989	0,52	0,77	1989	1,37	2,95	1989	1,51	4,72
1990	1,42	3,12	1990	4,07	16,16	1990	3,78	8,55
1991	1,16	2,66	1991	3,00	6,86	1991	2,33	6,22
1992	0,37	0,63	1992	1,29	2,31	1992	1,85	4,91
1993	0,50	1,36	1993	1,35	3,12	1993	1,50	4,01
1986/92	0,91	1,76	1986/92	2,08	6,09	1986/92	2,22	5,58

D : date ; A : appel de marge ; C : cumul des appels de marge. Données Datastream.
Unités : dollar/baril pour le brut, cents/gallon pour le fioul et l'essence.

À l'aide d'une méthode adaptée à l'analyse des cas extrêmes, les concepteurs de la stratégie de MGRM auraient donc pu anticiper, au moins de façon approximative, le montant des appels de marge et les coûts de renouvellement qu'ils risquaient d'avoir à financer. D'après cette étude, les montants maximaux à payer pour répondre aux appels de marge quotidiens étaient en 1993 de 0,5 dollar par baril et par jour sur le marché du brut, 1,35 *cent* par gallon sur le marché du fioul, et 1,5 *cent* par gallon sur le marché de l'essence. De plus, le cumul maximal des appels de marge sur une période de 20 jours a été en 1993 égal à 1,36 dollar par baril sur le marché du brut, 3,12 et 4,01 *cents* par gallon sur les marchés du fioul et de l'essence. Ces chiffres ne sont pas supérieurs à ceux constatés en moyenne sur les sept années passées. Les opérateurs auraient donc pu s'attendre à devoir faire face à des flux financiers à court terme conséquents. Ils n'ont cependant vraisemblablement pas considéré l'utilité de ce type d'étude.

5.3.2. L'impact éventuel de la position sur les prix n'a pas été envisagé

Les concepteurs de la stratégie n'avaient visiblement pas non plus anticipé que l'ampleur de leurs positions sur les marchés à terme et les réactions des autres opérateurs à leur stratégie pouvaient avoir un impact sur les prix au comptant et sur les prix à terme des contrats les plus rapprochés. Tout porte cependant à penser que cela a effectivement été le cas.

À l'occasion du renouvellement de la position de couverture, l'achat massif de contrats rapprochés par MGRM peut avoir poussé à la hausse les prix de ces contrats, alors que simultanément les ventes de ceux parvenant à expiration pesaient sur le prix à plus court terme. L'étude du

1. Intervalle de confiance : 95 %.

volume des positions détenues par la firme semble conforter cette hypothèse [1]. De plus, sachant qu'à chaque échéance du contrat rapproché MGRM était obligé de vendre un volume important de contrats, les autres opérateurs pouvaient anticiper une baisse des prix du contrat parvenant à expiration, et se porter vendeurs à découvert, dans l'espoir de compenser leur position à un prix inférieur juste avant l'échéance. Un tel comportement aurait amplifié la baisse du prix du contrat rapproché. Enfin, le prix sur le marché physique étant orienté à la baisse, les producteurs et les détenteurs de stocks ayant vendu à terme avaient intérêt, plutôt que d'inverser leur position, à livrer la marchandise sous contrat. Ils auraient ainsi augmenté l'offre physique et accentué la baisse du prix au comptant ; sur le marché à terme, l'absence de ces acheteurs potentiels ne pouvait qu'entraîner à la baisse le prix à terme rapproché.

Par l'impact de sa position sur le marché à terme, MGRM aurait ainsi fait son propre malheur en contribuant au maintien d'une situation de report.

Conclusion

Au-delà de la question portant sur la nature spéculative ou non de la stratégie envisagée, le cas MG constitue un cas d'école unique. Il permet non seulement de poser la question de la couverture de positions à long terme à partir d'instruments à court terme, mais d'illustrer aussi le fait que le risque de prix n'est pas le seul facteur à prendre en considération lors de la conception d'une stratégie de couverture.

6. La protection contre le risque de prix et les opérations de couverture croisée

Toutes les matières premières ne faisant pas l'objet de transactions à terme, le producteur, l'utilisateur ou le négociant d'un produit *A* peuvent être dans l'impossibilité de se couvrir contre le risque de prix auquel ils sont confrontés. Il est cependant possible de remédier à cette difficulté en effectuant des opérations de couverture croisée (*cross hedging ou dirty hedging*). Les opérateurs doivent pour ce faire intervenir sur le marché à terme d'une matière première *B*, à la condition que les variations des prix de *A* et de *B* soient étroitement corrélées. Un exemple permet d'illustrer le propos.

1. Les contrats nominalement achetés par MGRM sur le Nymex représentaient 15 à 20 % du volume des transactions, ce qui est déjà suffisant pour influencer l'évolution des prix. Cependant, d'autres positions étaient détenues à travers des *swaps* conclus avec des intermédiaires : la position directe et indirecte de MGRM, à certaines dates, a été estimée à 50 % environ du volume des contrats à un et deux mois du marché à terme. Une telle emprise devait nécessairement avoir un impact significatif sur les prix.

Une société de raffinage pétrolier peut couvrir *directement* les risques de prix qu'elle supporte sur le pétrole brut, l'essence, le fioul léger et le gazole, car il existe des marchés à terme sur ces produits. En revanche, faute de marché, il est impossible de se protéger contre les risques de prix susceptibles d'affecter le kérosène (On oubliera le temps de cet exemple qu'il existe depuis 2000 deux marchés à terme du kérosène. Ils sont localisés au Japon et relativement difficiles d'accès. Bien que nous n'en tenions pas compte dans cet exemple, et en dépît des décalages horaires, leur utilité pour les opérateurs européens et américains ne doit pas être négligée). Pour se couvrir, la société de raffinage doit initier une opération de *cross hedging* en intervenant sur le marché à terme du fioul (ou celui du pétrole brut), car on constate historiquement une bonne corrélation entre les variations des prix du kérosène et du fioul (la corrélation est moins bonne avec le pétrole).

La couverture croisée n'est pas sans présenter certains risques, car les variations de prix des deux matières premières ne sont jamais strictement parallèles. L'opérateur est donc exposé à un risque de *spread* qu'il ne doit jamais négliger et qui peut, dans certaines circonstances, se révéler important. Le *spread* mesure, en l'espèce, l'écart entre les cours des matières premières A et B. Sa présence induit une imperfection lors de la mise en place de la couverture. Si cet écart est stable au cours du temps, cette imperfection est compensée par une seconde, égale mais inverse, lors de la liquidation de la couverture. Le risque de *spread* tient à l'instabilité de l'écart entre les prix des matières premières A et B, cette volatilité empêchant une parfaite compensation des imperfections. Par ailleurs, la présence d'un coefficient de corrélation élevé entre les variations passées des cours de deux matières premières n'implique pas que ce quasi-parallélisme observé sur le passé doit automatiquement se poursuivre dans l'avenir.

Les couvertures croisées sont très utilisées sur certains marchés. C'est ainsi que plus de quinze produits différents, si l'on en croit certains professionnels, feraient l'objet de *cross hedging* sur le marché à terme du maïs de Chicago. Il en est de même pour les oléagineux. De nombreux professionnels de graines, d'huile et de tourteaux de colza, de tournesol ou d'arachide se protègent contre le risque de prix en opérant sur les marchés de soja du Chicago Board of Trade.

7. La couverture de la marge du triturateur de soja

Le triturateur est un industriel qui achète des graines de soja et les broie pour produire de l'huile et des tourteaux. Son profit est fonction des prix et des quantités de sous-produits obtenus à partir d'un boisseau de soja.

Le triturateur est exposé à des risques considérables. Il suffit que le cours des graines s'élève ou que le prix de l'huile et des tourteaux diminue pour que la marge de trituration devienne négative. Pour s'en protéger, il doit se couvrir par des opérations sur les marchés de contrats, ce qui est très facile car les graines, l'huile et les tourteaux sont négociés à terme. Pour se protéger contre la hausse des *inputs*, l'industriel achète des contrats de graines de soja. Pour se couvrir contre la baisse des *outputs*, il vend des contrats d'huile et de tourteaux.

La couverture de la marge du triturateur doit être précise. Un boisseau de soja produit 47,5 livres de tourteaux et 10,6 livres d'huile (ceci est un exemple). Connaissant cette donnée technique et la quantité de graines broyée chaque mois, le triturateur peut facilement déterminer la « marge de trituration papier » qu'il obtiendrait en intervenant sur les différents marchés à terme. En la comparant à la « marge de trituration physique normale » [1] obtenue en broyant des graines, il peut décider, en toute connaissance de cause, de se couvrir ou non. Cette marge physique est supposée égale à 0,30 dollar par boisseau.

Le 15 septembre, un industriel se demande s'il doit couvrir sa marge de trituration pour décembre. Les prix à terme de l'huile et des tourteaux pour cette échéance sont respectivement égaux à 15 et 4 cents la livre. Le prix pour le terme décembre d'un boisseau de graines est de 3,10 dollars. En achetant des contrats de graines et en vendant des contrats d'huile et de tourteaux, l'industriel obtient une marge papier égale à 0,40 dollar :

- valeur de l'huile .... 15 × 10,6 = 1,60 dollar
- valeur des tourteaux .... 4 × 4,75 = 1,90 dollar
- valeur des produits finis .... 3,50 dollars
- coût d'achat des graines .... 3,10 dollars
- marge de trituration papier .... 0,40 dollar.

La marge physique étant inférieure à la marge papier, l'industriel doit se couvrir en intervenant simultanément sur les trois marchés à terme (il doit couvrir la quantité exacte de graines qui sera broyée en décembre et respecter les proportions techniques pour la couverture de l'huile et des tourteaux), car il protège sa marge physique de 0,30 dollar et s'assure un gain supplémentaire de 0,10 dollar. En réalité, le profit de 0,10 dollar n'est pas définitivement acquis. Il peut être réduit ou accru en fonction des bases reliant les prix des produits physiques et ceux des contrats à l'époque à laquelle le triturateur liquide ses positions à terme.

Si la marge de trituration physique normale était égale à 0,50 dollar, la couverture ne serait plus automatique. L'industriel devrait évaluer les différents risques auxquels il est exposé et déterminer si la marge physique qu'il obtiendra en décembre sera supérieure à la marge papier égale, rappelons-le, à 0,40 dollar. Si tel est le cas, il ne doit pas se couvrir. S'il anticipe, par contre, une baisse de sa marge de trituration et s'il redoute qu'elle devienne inférieure à 0,40 dollar, il doit se couvrir.

À dire vrai, la couverture n'est jamais automatique. Même dans l'hypothèse où la marge papier est supérieure à la marge physique, l'industriel

1. Cette marge est celle qui dégage un profit suffisant pour rémunérer l'actionnaire au taux exigé par le marché financier.

peut décider de ne pas se couvrir s'il anticipe que sa marge physique en décembre sera supérieure à la marge papier qu'il pourrait obtenir en se couvrant à terme le 15 septembre. Il faut cependant savoir qu'en refusant de se couvrir, cet industriel devient un spéculateur et qu'il est toujours dangereux de prétendre prévoir les prix mieux que ne le fait le marché.

Ce type de couverture exige, pour être efficace, que le taux de transformation des graines en huile et en tourteaux soit stable, ce qui est en général le cas dans la mesure où il s'agit d'une donnée technique qui évolue peu dans le temps.

Ce qui est vrai le 15 septembre pour le mois de décembre l'est également de toutes les échéances cotées à terme. De cette façon, le triturateur de soja peut planifier sa production et garantir ses résultats financiers plusieurs mois à l'avance. La marge papier n'est pas constante : elle évolue avec les variations des différents prix à terme. Par conséquent, l'industriel peut très bien couvrir le 20 septembre sa marge de trituration pour telle ou telle période (décembre, par exemple) alors qu'il ne l'avait pas fait le 15 septembre, dans la mesure où les cours à terme ont évolué en sa faveur entre le 15 et le 20 septembre.

8. La couverture de la marge de raffinage pétrolier

Ce qui est vrai du triturateur de soja l'est, toutes choses égales par ailleurs, d'une société de raffinage pétrolier. Le raffineur est un industriel qui achète du pétrole pour produire de l'essence, du fioul léger à usage domestique, du fioul lourd à usage industriel, du kérosène, des distillats, des huiles et divers autres produits raffinés. Il est exposé à des risques de prix de nature identique à ceux auxquels est confronté le triturateur de soja. Pour s'en protéger il doit intervenir simultanément sur les marchés à terme du brut, de l'essence et du fioul.

Connaissant les caractéristiques techniques de son unité de raffinage et la quantité de pétrole nécessaire à la poursuite de son activité, l'industriel compare à tout instant sa marge de raffinage papier avec sa marge physique et décide, en toute connaissance de cause, de se couvrir ou non.

La protection de la société de raffinage est cependant de moindre qualité, comparée à celle dont bénéficie le triturateur de soja. Le raffinage d'un baril de pétrole procure en effet de nombreux produits et seuls l'essence, le fioul léger et, dans une certaine mesure (voir la section 6 de ce chapitre), le kérosène sont négociés à terme. Il faut cependant remarquer qu'ils représentent environ 80 % des produits raffinés. Par ailleurs, certains produits qui ne sont pas négociés à terme peuvent faire l'objet d'une couverture croisée, car leurs prix évoluent sensiblement de la même façon que les cours du fioul ou ceux de l'essence.

La société de raffinage bénéficie, en revanche, d'un avantage qui échappe au triturateur de soja : les cotations à terme sont mensuelles et ont un horizon plus éloigné. Sur le marché de New York, il est de 18 mois pour le fioul et l'essence et de 84 mois pour le pétrole brut. Ceci facilite indéniablement les possibilités de couverture.

Les estimations publiées indiquent qu'une société pétrolière peut couvrir entre 70 et 80 % de sa marge de raffinage en intervenant sur les marchés à terme. Ce n'est pas parfait, certes, mais c'est beaucoup mieux qu'une absence de couverture. Un exemple simplifié permet de comprendre les mécanismes de couverture de la marge de raffinage pétrolier.

Le 12 décembre, un raffineur américain signe un contrat commercial pour recevoir 200 000 barils de brut, livrables le 15 avril, au prix prévalant sur le marché *spot* au moment de la livraison. La société craint une baisse de sa marge de raffinage entre décembre et avril et décide de se couvrir sur les marchés de contrats à terme pétroliers en retenant l'échéance juin. Choisir cette échéance et pas celle d'avril ou de mai est justifié par le souhait du raffineur de ne pas être confronté à un éventuel problème de liquidité, ou à un *squeeze*, lorsqu'il compensera le 15 avril ses positions à terme : la liquidité est en effet toujours moins bonne sur le mois de livraison (avril) qu'elle ne l'est sur les échéances proches du mois de livraison (mai ou juin). On suppose par ailleurs que les variations des prix du kérosène et du fioul industriel sont corrélées à celles du fioul léger à usage domestique, ce qui permet au raffineur d'entreprendre des couvertures croisées et d'éviter ainsi les difficultés associées à la couverture directe du risque de prix du kérosène sur l'un des deux marchés japonais.

Les prix en dollar au 12 décembre et au 15 avril sur le marché *spot* de New York et les marchés de contrats du New York Mercantile Exchange (Nymex) sont reproduits au tableau 4.38.

Tableau 4.38. – *Prix du pétrole et des produits pétroliers sur le marché au comptant et le marché des contrats*

	12 décembre		**15 avril**	
	Marché *spot*	**Marché à terme échéance juin**	**Marché *spot***	**Marché à terme échéance juin**
Pétrole brut (baril)	31,50	32,50	32,10	32,80
Essence (gallon)	0,90	0,85	0,75	0,73
Fioul domestique (gallon)	1,20	1,10	0,95	0,90
Fioul industriel (gallon)	1,05		0,90	
Kérosène (gallon)	1,10		0,95	
Produits divers (gallon)	0,70		0,60	

Vu la qualité du pétrole utilisé, le raffinage d'un baril de brut fournit :
- 20 gallons d'essence,
- 7 gallons de fioul léger,
- 3 gallons de fioul lourd,
- 4 gallons de kérosène,
- 8 gallons de produits raffinés divers.

La marge de raffinage est obtenue par différence entre le coût d'approvisionnement en pétrole et la valeur des ventes de produits raffinés (essence, fioul léger, fioul lourd, kérosène et produits divers). Au 12 décembre, la marge de raffinage ressort à 8,05 dollars le baril, comme l'établit le calcul ci-joint (nous avons parfaitement conscience du caractère peu réaliste d'un tel résultat).

Vente de produits raffinés :

– essence : 20 × 0,90	= 18,00 dollars
– fioul léger : 7 × 1,20	= 8,40 dollars
– fioul lourd : 3 × 1,05	= 3,15 dollars
– kérosène : 4 × 1,10	= 4,40 dollars
– produits divers : 8 × 0,70	= 5,60 dollars
	= 39,55 dollars
Coût d'approvisionnement	= 31,50 dollars
Marge de raffinage	= 8,05 dollars

Pour se couvrir contre le risque de baisse de sa marge, le raffineur doit vendre, le 12 décembre, des contrats à terme d'essence et de fioul et acheter des contrats à terme de pétrole.

Les contrats portant sur 1 000 barils, la société de raffinage achète 200 contrats de pétrole brut.

L'essence représentant 20/42 de baril, la vente de contrats d'essence devrait être égale à (20/42 × 200), soit 95,24 contrats.

Le fioul à usage domestique représentant 7/42 de baril, la vente de contrats de fioul devrait être égale à (7/42 × 200), soit 33,33 contrats.

Dans la mesure où les variations des cours du fioul lourd et du kérosène sont corrélées à celles du prix du fioul léger, la société de raffinage peut entreprendre une opération de *cross hedging*. Le nombre de contrats de fioul léger vendus pour couvrir le risque de prix sur le fioul lourd et le kérosène est égal à ((3 + 4)/42 × 200), soit 33,33 contrats.

Au total, et pour résumer, la société de raffinage vend 95 contrats d'essence et 67 contrats de fioul.

La couverture initiée par la société de raffinage ne peut être parfaite et ceci pour quatre raisons.

– La présence de rompus est une première source d'imperfection. La société de raffinage aurait dû vendre 95,24 contrats d'essence et 66,67 contrats de fioul, ce qui est impossible. Elle ne peut vendre que 95 contrats d'essence et 67 contrats de fioul.

– Se couvrir le 12 décembre sur l'échéance juin pour une opération de livraison qui se déroulera le 15 avril sur le marché au comptant ne permet pas d'avoir une convergence du prix au comptant et du prix à terme et induit la présence d'une base lors de la compensation le 15 avril de la couverture sur le marché des contrats à terme.

– La mise en place d'une couverture croisée pour le fioul lourd et le kérosène est une deuxième source d'imperfection. Il est en effet quasiment impossible que les *spreads* à la date du 15 avril entre le prix du fioul lourd et celui du contrat à terme de fioul domestique, d'une part, le prix du kérosène et celui du contrat à terme de fioul domestique, d'autre part, soient identiques à ceux qui existaient le 12 décembre.

– Les autres produits raffinés ne peuvent faire l'objet de la moindre couverture.

La marge de raffinage papier est obtenue à partir des transactions sur les marchés à terme. Cette marge est négative et égale à 0,10 dollar, comme l'établit le calcul ci-joint.

Vente de produits raffinés :

– essence : 20 × 0,85	= 17,00 dollars
– fioul léger : 7 × 1,10	= 7,70 dollars
– fioul lourd : 3 × 1,10	= 3,30 dollars
– kérosène : 4 × 1,10	= 4,40 dollars
	= 32,40 dollars
Coût d'approvisionnement	= 32,50 dollars
Marge de raffinage papier	= – 0,10 dollar

Cette marge papier ne prend toutefois pas en compte les divers produits raffinés qui ne peuvent faire l'objet d'une couverture à terme. Pour avoir une marge plus proche de la réalité, il faut intégrer la vente de ces produits en retenant l'hypothèse d'un prix de 0,70 dollar par gallon (prendre le cours au comptant à la date du 12 décembre est une hypothèse acceptable, car c'est la dernière information de marché à la disposition du raffineur). En intégrant la vente de 8 gallons de produits divers à 0,70 dollar le gallon, la marge de raffinage papier devient égale à ((8 × 0,70) – 0,10), soit 5,50 dollars le baril.

La crainte quant à la baisse de sa marge était parfaitement justifiée car, le 15 avril, le profit obtenu par un raffineur qui ne se serait pas couvert contre les risques de prix aurait été de 0,85 dollar par baril, comme l'établit le calcul ci-joint.

Vente de produits raffinés :

– essence : 20 × 0,75	= 15,00 dollars
– fioul à usage domestique : 7 × 0,95	= 6,65 dollars
– fioul à usage industriel : 3 × 0,90	= 2,70 dollars
– kérosène : 4 × 0,95	= 3,80 dollars
– produits divers : 8 × 0,60	= 4,80 dollars
	= 32,95 dollars
Coût d'approvisionnement	= 32,10 dollars
Marge de raffinage	= 0,85 dollar

Au 15 avril, le raffineur prend livraison du pétrole brut et vend les produits raffinés (on suppose que le raffinage est instantané). Il compense alors ses positions sur l'échéance juin par une vente de 200 contrats de pétrole brut et un achat de 95 contrats d'essence et de 67 contrats de fioul.

(Si le raffinage des 200 000 barils de pétrole n'est pas instantané, ce qui est bien évidemment le cas, mais requiert quatre semaines d'activité, il est tout à fait concevable que le raffineur vende 200 contrats de pétrole brut le 15 avril et achète 24 contrats d'essence et 17 contrats de fioul le 22 avril, le 29 avril, le 6 mai et le 13 mai).

La marge de raffinage par baril au 15 avril, suite à l'opération de couverture sur les marchés à terme pétroliers, ressort à 6,35 dollars, comme l'établit le calcul ci-joint.

Vente de produits raffinés :
- essence : 20 × (0,75 + 0,85 – 0,73)................................ = 17,40 dollars
- fioul à usage domestique : 7 × (0,95 + 1,10 – 0,90)...... = 8,05 dollars
- fioul à usage industriel : 3 × (0,90 + 1,10 – 0,90).......... = 3,30 dollars
- kérosène : 4 × (0,95 + 1,10 – 0,90) .... = 4,60 dollars
- produits divers : 8 × 0,60 .... = 4,80 dollars

= 38,15 dollars

Coût d'approvisionnement : (32,10 + 32,50 – 32,80)....... = 31,80 dollars

Marge de raffinage .... = 6,35 dollars

Au 15 avril, la marge de raffinage en l'absence de couverture ressort à 0,85 dollar. À la même date, la marge de raffinage avec couverture est égale à 6,35 dollars. La différence de 5,50 dollars s'explique par les gains obtenus sur les marchés à terme pétroliers, comme l'établit le calcul ci-joint.

Marge de raffinage en l'absence de couverture ....= 0,85 dollar
\+ Gain sur le marché à terme du pétrole
(32,80 – 32,50) ....= 0,30 dollar
\+ Gain sur le marché à terme de l'essence
(0,85 – 0,73) × 20...= 2,40 dollars
\+ Gain sur le marché à terme du fioul
(1,10 – 0,90) × (7 + 3 + 4)...= 2,80 dollars

Marge de raffinage avec couverture.................................= 6,35 dollars

Le 12 décembre, la marge de raffinage papier était égale à 5,50 dollars. C'est ce que le raffineur pouvait anticiper pour le 15 avril, à condition que le prix des produits divers ne varie pas (et demeure égal à 0,70 dollar le baril) et que les bases lors de la compensation des positions à terme sur les marchés du pétrole brut, de l'essence et du fioul soient nulles. Tel n'est pas le cas : la marge de raffinage est égale à 6,35 dollars. La différence (6,35 – 5,50), soit 0,85 dollar, s'explique par des gains et des pertes ayant deux origines. La première est la variation du prix des produits divers. La seconde est la présence de bases à la date du 15 avril, c'est-à-dire de différences, logiques au demeurant, entre les cours au comptant du pétrole brut, de l'essence, du fioul léger, du fioul lourd et du kérosène, et les cours des contrats à terme pour l'échéance juin du pétrole brut, de l'essence et du fioul léger. Les composantes de cette différence de 0,85 dollar sont recensées au tableau 4.39.

Tableau 4.39. – *Composantes de la différence entre les marges de raffinage le 12 décembre et le 15 avril*

15 avril		12 décembre	Écart	Explication de l'écart
Vente de produits raffinés				
Essence	20 × (0,75 + 0,85 – 0,73) = 17,40	20 × 0,85 = 17,00	+ 0,40	(0,75 – 0,73) × 20 = + 0,40
Fioul domestique	7 × (0,95 + 1,10 – 0,90) = 8,05	7 × 1,10 = 7,70	+ 0,35	(0,95 – 0,90) × 7 = + 0,35
Fioul industriel	3 × (0,90 + 1,10 – 0,90) = 3,30	3 × 1,10 = 3,30	–	–
Kérosène	4 × (0,95 + 1,10 – 0,90) = 4,60	4 × 1,10 = 4,40	+ 0,20	(0,95 – 0,90) × 4 = + 0,20
Produits divers	8 × (0,60) = 4,80	8 × 0,70 = 5,60	– 0,80	(0,60 – 0,70) × 8 = – 0,80
Total	= 38,15	38,00	+ 0,15	
Coût d'approvisionnement				
Pétrole brut	(32,10 + 32,50 – 32,80) = 31,80	32,50	+ 0,70	32,50 – 31,80 = + 0,70
Marge de raffinage	= 6,35	5,50	+ 0,85	6,35 – 5,50 = + 0,85

9. Les déterminants des opérations de couverture

Plusieurs facteurs tenant à l'opérateur et à l'organisation institutionnelle des marchés de contrats concourent à la plus ou moins grande utilisation de ces marchés à des fins de couverture.

9.1. Les facteurs tenant à l'opérateur

Pour l'opérateur susceptible d'intervenir sur un marché à terme, la volonté de se couvrir contre les risques de prix est d'autant plus forte que :

– son aversion vis-à-vis de ce risque est grande,

– le volume des stocks ou des engagements de livraison est élevé,

– les anticipations sur les prix sont mal définies et incertaines,

– la volatilité du prix de la matière première est grande, comparée à celle des autres actifs intéressant l'opérateur,

– le risque de prix est une composante importante du risque global auquel l'opérateur est confronté,

– le prix de la matière première représente une part importante de la valeur du produit commercialisé ou transformé.

9.2. Les facteurs tenant au fonctionnement des marchés à terme

Les opérations de couverture sont d'autant plus nombreuses que les professionnels (ceci est vrai des spéculateurs et des apporteurs de liquidité qui assument le risque de prix) sont assurés d'opérer sur un marché sûr et liquide. Pour que les professionnels soient incités à se couvrir, il faut éliminer tous les facteurs susceptibles de réduire l'efficacité des marchés à terme en tant qu'instrument de gestion du risque de prix. Si en intervenant à terme les professionnels sont contraints d'assumer des risques qui n'existent pas sur le marché des produits physiques, la protection offerte par les marchés de contrats ne peut qu'être réduite et cette imperfection écarte certains opérateurs potentiels. L'efficacité des marchés à terme est également mise en doute si tous les risques de prix associés aux produits physiques ne peuvent être normalement couverts par des transactions sur les marchés de contrats.

Le risque de liquidité est probablement celui qui est le plus redouté. La difficulté d'entrer sur un marché pour se couvrir et, surtout, l'impossibilité de le quitter, une fois que l'on est couvert, sont la hantise de tout opérateur. La présence de *locals*, selon l'expression anglo-saxonne ou de négociateurs pour compte propre selon la terminologie française, atténue ce risque de liquidité. Les *locals* sont des membres d'une bourse de commerce (ils sont souvent qualifiés de spéculateurs, mais ce sont bien davantage des arbitragistes) dont la fonction économique essentielle est d'apporter de la liquidité au marché. Pour ce faire, ils se portent systématiquement contrepartie à l'achat ou à la vente de contrats, non pas au dernier cours coté, mais au dernier cours coté augmenté d'un (ou beaucoup plus rarement de deux) échelon(s) minimum(s) de cotation s'ils vendent des contrats, ou au dernier cours coté diminué d'un échelon de cotation s'ils achètent des contrats. De ce fait, un professionnel ne trouvant pas, à un instant donné, et au dernier cours coté, une contrepartie prête à réaliser une transaction trouvera sans aucun doute plusieurs *locals* prêts à négocier au dernier cours coté accru ou diminué de un ou deux *ticks*. Ce professionnel peut, de ce fait, trouver à tout moment une contrepartie, mais il doit supporter une légère variation des cours (un ou deux *ticks*) représentant le coût ou le prix de la liquidité. Cette offre de liquidité est d'autant mieux assurée que les *locals* sont nombreux et en situation concurrentielle.

Les coûts de transaction sont le deuxième élément déterminant la liquidité du marché. Plus ils sont faibles, moins coûteux sont les achats et les ventes de contrats, et meilleure est la liquidité du marché.

10. Les opérateurs sur les marchés de contrats à terme de matières premières

Les négociants, les industriels, les producteurs et, de manière générale, tous les agents économiques exposés au risque de prix sont les bénéficiaires des services offerts par les marchés à terme. Est-ce à dire que tous les utilisateurs potentiels de ces marchés y recourent effectivement ? Non, bien évidemment. Nous tentons, dans cette section, d'expliquer pourquoi.

10.1. Les négociants et les marchés à terme de matières premières

Les premiers bénéficiaires des marchés dérivés sont les négociants internationaux. Leur marge bénéficiaire par rapport au chiffre d'affaires est en effet très faible et il leur serait impossible d'opérer sur les marchés physiques avec un profit réduit s'il n'y avait pas de marchés dérivés. Les fluctuations des prix des produits de base sont en effet de très grande ampleur et sans commune mesure avec cette marge bénéficiaire. En l'absence de marchés à terme, les négociants ne pourraient jamais détenir, même temporairement, des stocks de physique ou des engagements de livraison. S'ils le faisaient, ce serait au prix d'une augmentation de leur marge bénéficiaire et d'une réduction de la fluidité du marché physique. Il est à cet égard significatif que le profit des négociants est nettement plus faible et que les conditions de fonctionnement des marchés physiques sont moins opaques pour les matières premières qui bénéficient d'un grand marché à terme.

Les services retirés des marchés à terme par les négociants sont d'une telle importance qu'ils y recourent en permanence. Est-ce à dire qu'ils se couvrent systématiquement, à tout instant et à 100 % ? Non, et ceci pour cinq raisons.

1. Avant d'intervenir à terme, le négociant essaie toujours de trouver une contrepartie physique à ses achats ou ventes de matière première. La raison est simple : dès que la couverture en physique est réalisée, la marge bénéficiaire est définitivement fixée, ce qui n'est jamais le cas avec une couverture sur le marché des contrats. Sur ce marché, en effet, la base n'est jamais constante et son évolution peut être défavorable à l'opérateur qui se couvre.

2. Les opérateurs ne peuvent pas toujours couvrir instantanément les quantités parfois impressionnantes négociées sur les marchés physiques. Certains négociants peuvent acheter ou vendre 100 000 tonnes de sucre ou 200 000 tonnes de céréales en une seule opération. Ils ne peuvent pas se couvrir immédiatement pour des quantités aussi importantes, sauf à faire varier les prix des contrats à terme de manière substantielle. Ils doivent par conséquent rester en position ouverte (plusieurs heures, voire plusieurs jours) pendant la période durant laquelle ils complètent leur couverture.

3. La concurrence sur certaines matières premières est d'une telle ampleur qu'il est difficile aux négociants de réaliser un profit sur le marché des produits physiques. Ils sont de ce fait conduits à prendre certaines positions spéculatives pour essayer d'accroître la rentabilité de leurs activités en sous-couvrant à certaines époques, en sur-couvrant à d'autres, le montant de leurs stocks ou celui de leurs engagements de livraison.

4. Le métier de négociant consiste à prendre et à assumer certains risques. Comme le faisait remarquer avec humour un *trader* d'une grande maison de négoce « s'il faut couvrir à 100 % tous nos risques, autant devenir fonctionnaire ». En autorisant les *traders* à prendre des positions spéculatives, les dirigeants des sociétés de négoce sont toutefois très attentifs à ce qu'une évolution défavorable des cours ne mette pas en danger la vie de l'entreprise. Leur comportement à l'égard des positions spéculatives prises par les *traders* est identique à celui des directions de banques vis-à-vis d'un risque client, d'un risque pays ou d'une position de change. Liquider ou prendre une position à terme est d'autant plus facile à réaliser que les *traders* accèdent directement aux marchés dérivés. La flexibilité et la liquidité de ces marchés leur permettent en effet de compenser des positions trop risquées sans difficulté et en un minimum de temps. Ceci dit, le cimetière des *traders* est rempli d'opérateurs qui sont demeurés trop longtemps « amoureux de leurs positions ».

5. Les négociants sont d'autant plus conduits à prendre des petites positions spéculatives qu'ils bénéficient d'informations privilégiées. Quand un *trader* est contacté par un client potentiel pour de grosses quantités, que ce soit à l'achat ou à la vente, il lui est facile d'en déduire assez précisément l'évolution à court terme des prix et de prendre éventuellement des positions spéculatives… ou à tout le moins des positions de couverture anticipée. Ceci n'implique pas que les négociants obtiendront toujours des gains. L'histoire a connu beaucoup de situations inverses, mais, là encore, la flexibilité des marchés à terme permet, sinon toujours, du moins très souvent, à un *trader* de compenser et d'inverser rapidement une position qui se révèle trop risquée ou perdante.

10.2. Les industriels et les marchés à terme de matières premières

Les industriels recourent, en moyenne, moins fréquemment aux marchés dérivés que les négociants, car ils sont moins sensibles aux variations des prix des matières premières. Deux raisons expliquent ce comportement : les matières premières ne représentent qu'une fraction de leurs *inputs*, d'une part, leur marge bénéficiaire est, en moyenne, supérieure à celle des négociants, d'autre part. De ce fait, l'impact des fluctuations des cours des matières premières sur les résultats financiers des industriels est plus faible qu'il ne l'est sur ceux des négociants. Les interventions des industriels deviennent cependant plus significatives et systématiques dès que les variations de prix induisent des risques importants. Il faut noter, enfin, que l'emprise de la concurrence et la meilleure appréhension des services rendus par les marchés dérivés conduisent les industriels à être, directement ou indirectement, de plus en plus actifs sur les marchés à terme.

10.3. Les producteurs et les marchés à terme de matières premières

Le fermier américain, l'exploitant minier ou la société pétrolière sont les prototypes des producteurs susceptibles d'opérer sur les marchés à terme de matières premières.

Peu de fermiers interviennent de façon régulière sur les marchés dérivés, mais ceux qui le font sont à l'origine d'une partie substantielle de la production agricole américaine. Si les agriculteurs interviennent peu sur les marchés à terme, ils les utilisent de manière indirecte par l'intermédiaire des coopératives ou des groupements de producteurs. Les unes et les autres gèrent les récoltes qui leur sont confiées et leurs interventions à terme sont très significatives. Les raisons de cette importante participation, comparée à celle des agriculteurs, tiennent à l'expertise requise pour intervenir sur les marchés, expertise que les producteurs indépendants ne possèdent pas toujours. Elles tiennent également aux économies d'échelle et de coûts de transaction dont bénéficient les coopératives. Les agriculteurs utilisent les marchés à terme selon des modalités encore plus indirectes. Ils n'interviennent pas sur les marchés, mais ils se réfèrent aux prix à terme pour décider de stocker ou non leur production et, une fois qu'elle est stockée, pour décider du moment le plus opportun pour la vendre.

Les producteurs de métaux non ferreux et les sociétés pétrolières opèrent sur les marchés à terme, mais leurs interventions demeurent assez faibles en comparaison des quantités produites et vendues sur le marché au comptant. Trois raisons expliquent un tel comportement.

- Les producteurs pratiquent volontiers des opérations de couverture sélective et ne se couvrent pas quand ils anticipent une évolution favorable des cours.

• Les sociétés minières ou pétrolières sont parfois des groupes intégrés pour lesquels la nécessité de se couvrir contre le risque de prix n'est pas impérieuse, car ils ont la possibilité, grâce à l'intégration, de reporter le risque de prix sur le consommateur final et les autres acteurs de la filière.

• L'utilisation des marchés à terme se heurte à la « culture ingénieur » des responsables de nombreuses sociétés industrielles qui sont peu sensibles aux problèmes que pose la gestion des risques de prix. Les filiales de négoce de ces groupes industriels étant cependant souvent d'importants intervenants sur les marchés à terme, c'est par leur intermédiaire que se diffusent, au sein de ces groupes, les techniques de couverture et de gestion des risques de prix.

Les marchés à terme offrent aux producteurs une protection contre le risque de prix et une source d'informations pertinentes pour prendre les décisions relatives à la gestion de leurs stocks, comme nous le verrons au chapitre 5. Il faut cependant bien comprendre que ces marchés ne peuvent pas tout faire, et en particulier régler le problème des revenus. Si la production de blé, d'aluminium ou de pétrole est supérieure à la demande, les prix chutent et les marchés à terme ne peuvent qu'enregistrer la baisse. Les marchés à terme garantissent aux producteurs le prix au moment de la couverture, mais ils ne peuvent, en aucun cas, leur assurer un prix supérieur à celui qui prévaut sur le marché à terme.

QUESTIONS PONCTUELLES

1. Comment définir la base ? le report ? le déport ?
2. Quelles sont les différentes facettes de la base ?
3. Que signifie l'expression « convergence de la base » ?
4. Quel est l'objectif d'une opération de couverture ?
5. Quel est le principe général de l'opération de couverture quand elle recourt au marché des contrats *futures* ?
6. Qu'est-ce qu'une opération de *short hedging* ?
7. Qu'est-ce qu'une opération de *long hedging* ?
8. Que doit faire un opérateur pour se protéger contre le risque de hausse (baisse) du prix des matières premières en ayant recours à des contrats à terme ?
9. Comment caractériser une opération de *cross hedging* ?
10. Le 31 mars, un opérateur achète à 88 un stock de sucre qu'il doit détenir pendant plusieurs semaines. Il désire se protéger contre le risque de prix et opère, pour ce faire, sur un marché de contrats à terme. Le cours auquel il intervient est de 102. Le 1er mars, cet opérateur liquide son stock à un cours de 85 et compense sa position sur le marché à terme à un prix de 87. Déterminez, en fonction des seuls éléments disponibles, le résultat financier de l'opération de couverture.

Questions de synthèse

1. La couverture contre le risque de prix et les marchés de contrats à terme de matières premières.
2. Les déterminants des opérations de couverture.
3. Les implications d'une absence de convergence de la base sur le résultat d'une opération de couverture.
4. Lors de l'initiation d'une position de couverture, la base observée peut diverger de la base théorique. Présentez les implications de cette divergence sur le résultat de l'opération de couverture.
5. Les implications d'un non adossement des transactions sur le résultat d'une opération de couverture.
6. La gestion de la base et la couverture contre le risque de prix sur les marchés de contrats à terme de matières premières.
7. Le ratio de couverture.
8. En appliquant dès 1961 la théorie du portefeuille aux marchés de matières premières, Stein établit un résultat particulièrement intéressant au niveau de la politique de couverture d'un opérateur souhaitant se protéger contre le risque de prix. Quel est ce résultat ?
9. Les opérations de couverture croisée (*cross hedging*) sur les marchés de contrats à terme de matières premières : principe, mécanisme, avantages, inconvénients, illustrations.

Chapitre 5

LES AUTRES SERVICES RENDUS PAR LES MARCHÉS À TERME DE MATIÈRES PREMIÈRES

Objectifs pédagogiques :

• connaître le rôle des marchés à terme dans la gestion des stocks de matières premières,

• expliquer pourquoi l'efficacité des opérations de couverture est associée, pour certains auteurs, à la variabilité de la base,

• apprécier le rôle des marchés à terme et de la variabilité de la base dans l'allocation des matières premières dans le temps et dans l'espace,

• saisir l'importance des marchés à terme dans le mécanisme de formation des prix des matières premières, dans le processus de stabilisation des cours et dans la lutte contre les positions dominantes,

• connaître l'apport des marchés à terme à la politique commerciale de l'entreprise et au financement des stocks de matières premières.

Les marchés à terme permettent aux opérateurs de se protéger contre les risques de prix, mais ce serait une erreur de restreindre leur utilité à cette seule fonction. Les marchés à terme offrent, en effet, de nombreux autres services : ils facilitent la gestion des stocks ; ils permettent une meilleure allocation des ressources ; ils jouent un rôle important dans le processus de formation des prix ; ils améliorent, enfin, de manière plus générale, la gestion des entreprises.

1. Les marchés à terme et la gestion des stocks

Les différentes études réalisées pour mesurer l'efficacité des opérations de couverture aboutissent à des résultats contradictoires. Certaines conclusions sont très surprenantes. Elles établissent en effet que les professionnels effectuant des opérations de couverture sur les marchés à terme peuvent subir des pertes supérieures à celles qu'ils supporteraient en s'abstenant de se protéger contre le risque de prix. Il est *a priori* surprenant que des professionnels opèrent sur les marchés à terme pour obtenir des pertes. Ces conclusions sont d'autant plus difficiles à accepter, nous dit Working, que les marchés à terme sont très utilisés et fort appréciés par les professionnels qui ne se plaignent nullement de leur inefficacité. En réalité, ce n'est pas l'efficacité des opérations de couverture qui est en cause, mais la conception que les économistes et les financiers se font des opérations de couverture.

1.1. La critique de l'analyse traditionnelle des opérations de couverture

Les opérations de couverture sont inefficaces, car la méthode employée pour mesurer leur efficacité n'est pas adéquate. La capacité à annuler des pertes ou des gains sur le marché des produits physiques et la comparaison des variations des prix sur le marché au comptant et celui des contrats à terme ne sont pas des mesures adéquates de l'efficacité des opérations de couverture. « L'idée que l'efficacité des opérations de couverture dépend du parallélisme des mouvements de prix au comptant et à terme (...) fournit une référence inadaptée à la mesure de leur efficacité » (Working, novembre 1953).

Les opérations de couverture ne fournissent pas uniquement une assurance pour supprimer les risques inhérents aux fluctuations de prix. Cette idée, simplificatrice et fausse, a été à l'origine de la suppression de certains marchés à terme (celui des oignons, en 1958, par exemple) jugés d'après leurs performances à réduire les fluctuations de prix alors que tel n'était peut-être pas leur objectif essentiel (Working, 1963).

L'objet des opérations de couverture n'est pas (ou n'est pas uniquement) de contrebalancer les pertes ou les gains sur le marché au comptant par des gains ou des pertes identiques sur le marché à terme. Il est de promouvoir une gestion optimale des stocks en utilisant les informations fournies par la relation entre le prix au comptant et le prix à terme et par les modifications de cette relation dans le temps. « Toute réduction du risque de prix ne peut être qu'un avantage incident et ne constitue pas une motivation fondamentale et importante à entreprendre des opérations de couverture » (Working, novembre 1953). Cette opération doit être considérée pour Working comme un arbitrage temporel très proche d'une opération de spéculation. « La couverture implique l'achat ou la vente d'un contrat à terme en conjonction avec un autre engagement, un achat ou une vente, généralement entrepris dans l'anticipation d'un changement favorable de la relation entre le prix au comptant et le prix à terme » (Working, juin 1953). Ces opérations sur le marché à terme permettent une gestion optimale des stocks.

1.2. Les opérations sur les marchés à terme et la gestion optimale des stocks

Les stocks de marchandises détenus par un opérateur varient en fonction de l'évolution anticipée des cours. Quand il prévoit une hausse des prix, l'entrepreneur accumule des stocks ; quand il anticipe une baisse, il s'en débarrasse. La difficulté est de trouver une information fiable sur l'évolution de la relation entre le prix au comptant et le prix à terme, car toute mauvaise prévision conduit à des pertes élevées ou à un manque à gagner important. Pour Working, cette information est fournie par les marchés à terme. Si elle est combinée avec des transactions sur le marché des contrats à terme, il est possible d'améliorer la gestion des stocks détenus par les entreprises et les organismes de stockage.

Ceci explique, par conséquent, que de nombreuses opérations sur les marchés de contrats sont faites dans l'anticipation d'un changement dans la relation entre le prix au comptant et le prix à terme. En gérant des stocks à l'aide des informations fournies par un marché à terme, l'opérateur (entrepreneur, organisme de stockage, producteur, etc.) ne raisonne plus par rapport à des prix absolus, mais il se réfère à des écarts entre le prix au comptant et le prix à terme. Les opérations de couverture, comme le souligne l'exemple développé ci-après, ne doivent plus être alors considérées comme une assurance contre les pertes dues aux fluctuations des prix des produits physiques, mais comme un instrument de gestion des stocks.

Un négociant (ou un organisme de stockage), dont les capacités de stockage ne sont pas localisées près des silos agréés par la bourse de commerce comme point de livraison, cherche à optimiser le volume de ses stocks de blé en fonction des indications fournies par les prix sur les marchés au comptant et à terme (Working, juin 1953, p. 320-325). On admet que le produit physique est de qualité identique à celui qui sert aux cotations sur le marché à terme. Les profits de commercialisation dont pourrait bénéficier le négociant sont ignorés. Il est, enfin, supposé que le coût marginal de stockage est nul.

1.2.1. Les décisions prises en juillet

Au début du mois de juillet, le négociant, disposant de capacités de stockage inutilisées, constate que le prix au comptant est inférieur de 3 centimes (il s'agit de centimes américains) au cours du terme de septembre (tableau 5.1.). Il achète en conséquence une unité de blé (5 000 boisseaux) au prix de 229 $^{1/4}$ le boisseau et vend immédiatement un contrat pour le terme de septembre au cours de 232 $^{1/4}$. Dans la mesure où les cours au comptant et à terme devraient être égaux à l'échéance du contrat (égalité due au phénomène de *cash convergence*), il espère obtenir un bénéfice de 3 centimes.

Au début du mois de septembre, le prix au comptant est légèrement inférieur au cours du contrat à terme de septembre. Le négociant vend les produits physiques au prix de 232 $^{1/2}$ et achète un contrat au prix de 233 $^{1/2}$

Tableau 5.1. – *Prix au comptant et à terme sur le marché du blé*

	Date et prix		Gain ou perte
	Début juillet	Début septembre	
Prix au comptant	229 1/4	232 1/2	
Prix à terme septembre	232 1/4	233 1/2	
Report	3	1	2

pour compenser sa vente antérieure. Il retrouve le niveau initial de ses stocks mais, en ayant utilisé ses capacités de stockage, il réalise un gain de 2 centimes (tableau 5.2.) dont il aurait fallu enlever le coût de stockage et de financement si celui-ci n'avait pas été considéré comme égal à zéro.

Tableau 5.2. – *Résultat de l'opération de couverture*

Début juillet	Achat de produits physiques	229 1/4	Gain 3	+ 2
	Vente de contrats à terme	232 1/4		
Début septembre	Vente de produits physiques	232 1/2	Perte 1	
	Achat de contrats à terme	233 1/2		

Le gain final évalué au début du mois de septembre est inférieur à celui qui était espéré en juillet car, en septembre, les prix au comptant et à terme ne sont pas identiques. Ce n'est pas le niveau absolu des prix qui a incité le gérant de l'organisme de stockage à acheter du blé en juillet, mais le fait qu'il existait un report de 3 centimes qu'il pouvait espérer obtenir car, normalement, à l'échéance des contrats au début septembre, le prix au comptant devait être identique au prix des contrats. Dans la réalité, c'est rarement le cas : il existe très souvent une légère différence qui s'ajoute ou se retranche au report initial.

Les transactions qui viennent d'être décrites sont comparables aux opérations de *cash and carry*. L'achat au début du mois de juillet de produits physiques et la vente simultanée de contrats à terme sont identiques à la première phase d'un *cash and carry*. La compensation au début du mois de septembre de la position à terme (par un achat de contrats) et la vente concomitante de produits physiques ne correspondent pas exactement à la deuxième phase d'un *cash and carry* traditionnel. Les transactions réalisées en septembre par le négociant ou le gérant de l'organisme de stockage s'expliquent par la différence de localisation de ses capacités de stockage et de celles agréées par la bourse de commerce comme point de livraison. Si elles avaient été identiques, il est probable que le négociant n'aurait pas compensé sa position à terme et qu'il aurait livré le blé acheté en juillet dans les silos agréés par la bourse de commerce (le résultat de l'opération de couverture associée à la gestion des stocks de produits physiques aurait alors été égal à 3).

La situation financière du spéculateur est satisfaisante, car il obtient un gain de 1 $^{1/4}$ centime par boisseau (tableau 5.3.). Il vend en effet au début septembre à 233 $^{1/2}$ le boisseau des contrats qu'il avait achetés à 232 $^{1/4}$ au début du mois de juillet.

Tableau 5.3. – *Résultat de l'opération de spéculation*

Début juillet	Achat de contrats à terme	232 $^{1/4}$	Gain 1 $^{1/4}$
Début septembre	Vente de contrats à terme	233 $^{1/2}$	

1.2.2. Les décisions prises en septembre

Au début du mois de septembre, le négociant se demande s'il a intérêt à recommencer l'opération précédente. À cette époque, le rapprochement du prix au comptant (celui des produits physiques) et du prix pour le terme de décembre fait apparaître un report de 5 $^{3/4}$ centimes (tableau 5.4.). Le négociant peut donc s'attendre à un profit identique car, sur des marchés bien arbitrés, il devrait y avoir au début du mois de décembre une égalité du prix au comptant et du prix à terme. Tel est le cas, comme il apparaît au tableau 5.5.

Tableau 5.4. – *Prix au comptant et à terme sur le marché du blé*

	Date et prix		**Gain ou perte**
	Début septembre	**Début décembre**	
Prix au comptant	232 $^{1/2}$	252	
Prix à terme décembre	238 $^{1/4}$	252	
Report	5 $^{3/4}$	0	5 $^{3/4}$

Tableau 5.5. – *Résultat de l'opération de couverture*

Début septembre	Achat de produits physiques	232 $^{1/2}$	Gain 5 $^{3/4}$	+ 5 $^{3/4}$
	Vente de contrats à terme	238 $^{1/4}$		
Début décembre	Vente de produits physiques	252	Gain 0	
	Achat de contrats à terme	252		

Qu'en décembre la valeur des prix au comptant et à terme soit égale à 252, 500 ou 150 importe peu, le gain de l'opérateur sera toujours égal à 5 $^{3/4}$. Au début du mois de septembre, le report de 5 $^{3/4}$ centimes par boisseau indiquait qu'il fallait détenir des stocks supplémentaires et que l'opérateur en tirerait un profit identique (ou très proche) si les marchés sont bien arbitrés. Plus le report est élevé, plus l'incitation est grande à détenir des stocks, à coût marginal de stockage constant (nous avons considéré qu'il était nul pour simplifier la présentation). On remarque que le report de 5 3/4 (pour 3 mois) est supérieur au report de 3 (pour 2 mois) qui reliait le prix au comptant de juillet au prix à terme de septembre. La variabilité de la base agit par conséquent sur le comportement des opérateurs.

La situation du spéculateur est excellente dans la mesure où il obtient une plus-value de 13 3/4 centimes par boisseau, comme l'indique le tableau 5.6. Il vend en effet à 252 des contrats achetés à 238 1/4 au début du mois de septembre.

Tableau 5.6. – *Résultat de l'opération de spéculation*

Début septembre	Achat de contrats à terme	238 1/4	Gain 13 3/4
Début décembre	Vente de contrats à terme	252	

Le report élevé de 5 3/4 centimes par boisseau incite les opérateurs à intervenir à un moment crucial pour l'intérêt général. Un report élevé signifie, en effet, que le prix au comptant est bas et que cette faiblesse est due, selon toute probabilité, à un excès d'offre de produits physiques. En achetant de la marchandise, les négociants et les organismes de stockage réduisent le volume du blé disponible et élèvent le prix au comptant. En vendant des contrats à terme, les opérateurs ont tendance à faire baisser les cours. Ces transactions ont pour conséquence de régulariser les prix et les flux de produits physiques.

1.2.3. Les décisions prises en mai

Au début du mois de mai, le commerçant se demande s'il doit accroître ou diminuer ses stocks. La lecture de la cote lui indique qu'il existe un déport de 18 centimes par boisseau (tableau 5.7.). S'il augmente son stock d'une unité supplémentaire et vend un contrat pour le terme de juillet, il enregistre immédiatement une perte de 18 centimes qui peut être accentuée ou atténuée au début juillet par la présence d'un report ou d'un déport. Par contre, s'il diminue son stock et achète un contrat à terme, il réalise un gain de 18 centimes qui, là également, peut être accru ou diminué au début de juillet en fonction de la structure des prix prévalant alors sur le marché au comptant et le marché à terme.

Tableau 5.7. – *Prix au comptant et à terme sur le marché du blé*

	Date et prix		**Gain ou perte**
	Début mai	**Début juillet**	
Prix au comptant	247 1/4	218 1/2	
Prix à terme pour décembre	229 1/4	225	
Déport (mai) ou report (juillet)	18	6 1/2	24 1/2

Le 1er juillet, la structure des prix fait apparaître un report de 6 1/2. Le négociant qui aurait acheté des produits physiques au début du mois de mai et vendu à la même époque des contrats à terme aurait subi une perte de 24 1/2 centimes. En ayant au contraire vendu en mai des produits physiques et acheté des contrats, il aurait réalisé un gain de 24 1/2 centimes, comme il apparaît au tableau 5.8. Il effectue, ce faisant, une opération comparable à un *reverse cash and carry*.

Tableau 5.8. – *Résultat de l'opération de couverture*

Début mai	Vente de produits physiques	247 1/2	Gain 18	+ 24 1/2
	Achat de contrats à terme	229 1/4		
Début juillet	Achat de produits physiques	218 1/2	Gain 6 1/2	
	Vente de contrats à terme	225		

La situation du spéculateur est moins bonne, mais il réalise cependant un profit par *bushel* de 4 1/4 centimes, comme l'indique le tableau 5.9.

Tableau 5.9. – *Résultat financier de l'opération de spéculation*

Début mai	Vente de contrats à terme	229 1/4	Gain 4 1/4
Début juillet	Achat de contrats à terme	225	

1.2.4. Conclusion

Selon qu'il existe un déport ou un report, l'opérateur (organisme de stockage, industriel, producteur, etc.) diminue ses stocks ou au contraire les augmente. En présence d'un report, il achète du physique parce que le prix au comptant est inférieur au prix à terme et qu'il a de bonnes raisons de penser qu'il y aura égalité à l'échéance entre les prix au comptant et à terme. Dans le cas d'un déport, l'opérateur réduit ses stocks parce que le prix au comptant est supérieur au prix à terme et qu'il a de bonnes raisons d'anticiper une réduction de ce déport dans les mois à venir. Plus le déport est important, plus l'incitation est grande à se débarrasser de marchandises pour alimenter un marché où se fait sentir la relative rareté des produits physiques. La vente de stocks superflus à un moment de rareté (la hausse relative du prix au comptant par rapport au prix à terme reflète un excès de demande ou une insuffisance de l'offre sur le marché au comptant) abaisse le prix au comptant, et l'achat de contrats élève les cours à terme. L'organisme de stockage (mais ceci est vrai de tous les autres opérateurs) régularise par ses interventions sur les marchés à terme l'évolution des prix et des flux de produits physiques. Plus le report est important, plus l'incitation est grande à acheter des matières premières et à les conserver. En réalisant un profit de stockage, il allège par la même occasion un marché surchargé. Si le déport et le report sont faibles et si aucune raison particulière ne conduit l'opérateur à envisager une variation de la base, il ne modifie pas le volume de ses stocks et les opérations de couverture sont peu nombreuses. Cette analyse contribue à expliquer les variations dans le temps du volume des opérations de couverture.

Nous avons supposé que le coût marginal de stockage était nul. Cette hypothèse simplificatrice n'est pas aberrante, mais il est évident que s'il était positif, le coût de stockage et de financement se soustrairait du report ou s'ajouterait au déport car, en déstockant des matières premières qu'il vend sur le marché au comptant, l'opérateur enregistre une économie de stockage. Quand le différentiel entre le prix au comptant et le prix à terme est inférieur ou égal au coût de stockage, l'opérateur n'effectue pas les transactions précédemment décrites sur le marché des produits physiques et celui des contrats.

Les marchés à terme permettent à celui qui détient des stocks excédentaires de se rendre compte de la perte qu'il subit en conservant des marchandises qui ne lui sont pas indispensables, à une époque où l'offre est réduite. Ils permettent également de déterminer le profit induit par un accroissement des stocks quand l'offre de produits physiques est trop importante sur le marché au comptant.

En opérant simultanément sur le marché à terme et sur celui du physique, l'organisme de stockage se protège contre une hausse (baisse) des cours qui pourrait se produire et le pénaliserait lors de la reconstitution (vente) de ses stocks. En intervenant simultanément sur le marché du physique et sur celui des contrats, l'opérateur est indifférent à l'évolution du niveau absolu des cours. Il n'est concerné que par l'évolution du report et du déport, c'est-à-dire l'évolution du niveau relatif des cours.

Le lecteur n'aura pas manqué de constater dans chacun des trois exemples développés dans ce paragraphe que les spéculateurs et les opérateurs professionnels réalisent simultanément des profits. Ce fait est important dans la mesure où il est contraire à l'idée implicitement développée au chapitre 4 que les profits des spéculateurs proviennent des pertes des professionnels qui se couvrent contre les risques de prix. Cette idée beaucoup trop manichéenne ne correspond pas à la réalité des marchés. On ne voit d'ailleurs pas comment les marchés à terme auraient pu connaître un développement aussi spectaculaire s'ils n'étaient qu'un vaste champ clos où les gains des uns proviendraient des pertes des autres. En réalité, les spéculateurs et les professionnels qui opèrent simultanément sur le marché à terme et sur celui des produits physiques peuvent obtenir simultanément des profits et ce, que les prix baissent ou s'élèvent.

Est-ce à dire que les marchés à terme ne sont pas des « jeux à somme nulle » ? Si l'on ne prend en considération que les marchés de contrats, il n'est pas niable qu'il s'agit d'un jeu à somme nulle, aux frais de courtage près, mais tel n'est plus le cas si l'on prend en compte les opérations réalisées sur le marché des produits physiques.

Reprenons l'exemple reproduit aux tableaux 5.4., 5.5. et 5.6. L'opérateur est incité, nous l'avons vu, à intervenir simultanément sur le marché à terme et sur celui des produits physiques, car le report de 5 3/4 impliquait la possibilité d'obtenir un gain de même montant. Le spéculateur de son côté obtient un profit, car les prix s'élèvent de 238 1/4 à 252 entre septembre et décembre. Les spéculateurs étaient d'autant plus incités à acheter des contrats que l'ampleur du report reflétait l'anticipation d'une hausse des cours (c'est du moins l'interprétation qui pouvait en être donnée).

Si les spéculateurs et les professionnels qui interviennent à terme font simultanément des gains, qui enregistre des pertes ? La réponse est simple. Ce sont les utilisateurs de produits physiques qui supportent une hausse des prix de 232 1/2 à 252.

Le raisonnement est identique pour l'exemple reproduit aux tableaux 5.7., 5.8. et 5.9. L'opérateur est incité à vendre des produits physiques et à acheter des contrats, car le déport de 18 indique qu'il est possible de réaliser un gain de même montant. Les spéculateurs de leur côté obtiennent un profit en vendant en mai des contrats qu'ils espèrent compenser en juillet par un achat à un prix inférieur à celui auquel ils les ont vendus. Les spéculateurs sont d'autant plus incités à vendre des contrats que l'ampleur du déport peut être interprétée comme reflétant l'anticipation d'une baisse des prix.

Si les spéculateurs et les arbitragistes en couverture d'actif réalisent simultanément des gains, qui enregistre les pertes ? Ce ne sont plus cette fois les consommateurs, mais les producteurs de produits physiques, car ils subissent une baisse des cours de 247 1/4 à 218 1/2 centimes par boisseau.

1.3. L'efficacité des opérations de couverture et la variabilité de la base

Les marchés à terme fournissent des cotations et permettent à l'opérateur de contrôler le volume de ses stocks et le montant de ses engagements. Ils permettent à celui qui détient des stocks excédentaires de se rendre compte de la perte qu'il subit en conservant des matières premières qui ne sont pas indispensables, à une époque où l'offre est réduite sur le marché au comptant. Le marché à terme permet également de déterminer le profit venant d'un accroissement des quantités stockées quand l'offre de produits physiques sur le marché au comptant est trop importante.

Dans l'analyse de Working, l'efficacité des opérations de couverture ne dépend pas de l'évolution parallèle des prix sur le marché au comptant et le marché à terme, mais de la variabilité de la base, et de la capacité de l'opérateur à en prévoir l'évolution (Working, novembre 1953). Le report et le déport fournissent une indication du profit que l'opérateur peut réaliser, dans la mesure où sur un marché concurrentiel la base doit être nulle à l'arrivée du terme. Tel n'est pas toujours le cas, mais la différence entre les prix au comptant et à terme à l'échéance du contrat est un reflet de l'imperfection du marché et ne résulte pas de l'imperfection des opérations de couverture.

La relation entre le prix au comptant et le prix à terme donne une bonne indication du gain qui peut être obtenu ou de la perte qui peut être subie à partir des opérations de stockage. L'opérateur modifie le volume de ses stocks en fonction des indications fournies par les prix à terme. Il est par conséquent inapproprié de calculer l'efficacité des opérations de couverture en supposant que le volume des stocks sur lesquels il réalise des opérations de couverture est constant. En réalité, les opérations de couverture sont d'autant plus nombreuses que les perspectives de profit sont grandes. Quand le report et le déport sont faibles, les opérations de couverture sont beaucoup plus rares.

Mesurer l'efficacité des opérations de couverture par le parallélisme des mouvements de prix sur le marché au comptant et sur le marché à terme est une procédure inappropriée. Quand elles sont intelligemment utilisées, les opérations de couverture sont efficaces. Leur efficacité dépend de l'absence de parallélisme des mouvements de prix au comptant et à terme et de la capacité de l'opérateur à en prévoir l'évolution dans le temps.

Les opérations de couverture permettent d'améliorer la gestion des stocks. La relation entre les prix au comptant et à terme est un guide qui incite à détenir des marchandises quand il existe des surplus de produits physiques et décourage leur détention quand l'offre se raréfie.

Les opérations à terme qui viennent d'être évoquées présentent un certain caractère spéculatif. Ceci n'est pas niable, mais la différence avec les opérations habituelles de spéculation est importante, car les opérateurs n'anticipent pas, dans le cas présent, une variation du niveau absolu des cours, mais une modification de la différence entre le prix au comptant et le prix à terme. Ils *spéculent sur la base*, ce qui est beaucoup moins risqué que la spéculation sur le niveau absolu des cours. Ceci conduit à considérer que la spéculation est omni-présente sur les marchés à terme et que toutes les transactions présentent un caractère plus ou moins spéculatif.

La protection contre le risque de prix est une fonction essentielle des marchés à terme, mais ce serait une erreur de limiter leur utilité à la production de ce seul service. Comme nous venons de le voir, ces marchés permettent d'améliorer la gestion des stocks. Il est possible de prolonger l'analyse et de montrer qu'ils offrent de nombreux autres services. Ils facilitent, entre autres, le processus d'allocation des ressources dans le temps et dans l'espace.

2. La base et l'allocation des matières premières dans le temps et dans l'espace

De nombreuses critiques sont formulées à l'encontre des marchés à terme. La plus fréquente, et sans doute l'une des moins pertinentes, suggère que ces marchés sont des institutions spéculatives, déconnectées des marchés physiques. Par conséquent, pour les tenants de cette thèse, les opérations à terme ne peuvent que déstabiliser les prix au comptant.

Rien n'est plus faux. Les développements précédents ont établi que les marchés à terme facilitent la gestion des stocks de matières premières. Il est possible d'aller plus loin et de montrer que ces marchés permettent d'améliorer l'allocation temporelle et spatiale des marchandises. Pour y arriver, le plus simple est de prendre un exemple simplifié ayant pour cadre le marché américain du blé [1]. Cet exemple est naturellement généralisable à de nombreuses autres matières premières disposant de marchés à terme liquides et efficaces.

2.1. L'allocation des matières premières dans le temps

À la fin du mois de janvier, le prix du blé sur le marché au comptant de Chicago vaut $ 5,72 le boisseau. Le 1er février, à la suite de ventes effectuées par les agriculteurs, le prix baisse à $ 5,66 le boisseau. Nous supposons qu'à ce cours, l'offre de physique par les agriculteurs est infinie.

Le 2 février, à l'ouverture des transactions, les prix sur le Chicago Board of Trade sont les suivants :
- mars .... $ 5,80
- mai .... $ 5,91
- juillet .... $ 6,01
- septembre .... $ 6,10
- décembre .... $ 6,19

Les coûts mensuels de stockage et de financement sont estimés à 7 centimes le boisseau.

Le 2 février, sur le marché du Golfe du Mississipi, les prix des contrats *forward* sont les suivants :
- contrats pour livraison en février .... $ 6,11
- contrats pour livraison en mars .... $ 6,17
- contrats pour livraison en avril .... $ 6,25
- contrats pour livraison en mai .... $ 6,37
- contrats pour livraison en juin .... $ 6,39

Ces prix signifient qu'au début février des exportateurs sont prêts à acheter du blé pour embarquement fin février à un cours de $ 6,11 le boisseau ; pour embarquement fin mars à un cours de $ 6,17, etc.

Les coûts de transport de Chicago au Golfe sont estimés à 50 centimes le boisseau.

Face à cette structure de prix, un opérateur disposant de capacités de stockage à Chicago et sur le Golfe du Mississipi se demande ce qu'il peut faire. Trois solutions s'offrent à lui.

La première est d'acheter du blé physique à Chicago à $ 5,66 et de le transporter sur le Golfe. Le prix du blé arrivé à destination s'élève à $ 6,16

1. Les développements de cette section doivent beaucoup à un document ronéoté de P. Noyret, *Relationships Between Physical and Futures Markets: Introduction to Cash Premiums Economics.*

le boisseau. Comme ce négociant peut en obtenir localement pour embarquement en février à $ 6,11 il n'est nullement incité à entreprendre cette opération.

La deuxième possibilité est d'acheter un contrat à terme pour l'échéance mars à $ 5,80, de le mettre en filière [1], de prendre livraison du physique et de le transporter sur le Golfe. Là également, le prix du blé rendu sur le Golfe ($ 6,30) est supérieur au prix local de $ 6,17. Le négociant n'est donc pas incité à envisager cette opération.

La troisième possibilité offerte au négociant est de vendre à $ 5,80 un contrat à terme pour l'échéance mars et d'acheter simultanément du blé à Chicago à $ 5,66. Le 1er mars, il met en filière son contrat en livrant le physique qu'il a stocké pendant un mois. Cette opération lui procure un gain de 7 centimes par boisseau. Ce profit pousse l'opérateur à renouveler cette opération… et incite d'autres intervenants à venir sur le marché. Ces transactions ont pour conséquence d'abaisser le prix à terme, qui descend par exemple à $ 5,75 le boisseau. Cette opération n'a pas d'influence sur le prix au comptant à Chicago. Dans la mesure, en effet, où le blé demeure dans les silos agréés par la bourse de commerce, il continue de peser sur le prix au comptant. Pour qu'une influence se fasse sentir il faudrait que le blé quitte la région de Chicago… ce qui n'est pas envisageable, comme nous l'avons montré en analysant les deux premières possibilités offertes au négociant. (Nous supposons que les ports du Golfe sont la seule destination pour le blé disponible sur le marché de Chicago. Cette supposition n'est pas tout à fait exacte, mais elle est proche de la réalité dans la mesure où le blé est soit utilisé sur place, soit exporté vers le Golfe. Il pourrait l'être vers d'autres ports pour lesquels la structure de prix devrait alors être compatible avec celle du Golfe. Si tel n'étais pas le cas, des opérations d'arbitrage spatial seraient immédiatement entreprises pour rétablir la cohérence entre les structures de prix).

Au cours de $ 5,75 pour l'échéance mars, le négociant renouvelle les opérations de *cash and carry* et dégage un profit de 2 centimes par boisseau. Finalement, quand le prix à terme atteint $ 5,73, l'opérateur n'est plus incité à réaliser l'arbitrage physique-papier qui vient d'être présenté. Va-t-il pour autant arrêter ses opérations ? Non, car ce qu'il a réalisé sur le mois de mars, il va le poursuivre pour l'échéance mai. Décrivons le mécanisme.

L'opérateur vend des contrats pour le mois de mai à $ 5,91, il achète simultanément du physique à $ 5,66 et le stocke pendant trois mois. Le 1er mai, le négociant filiérise son contrat et livre le blé stocké depuis le 1er février. L'opération se termine par un gain de 4 centimes par boisseau. Il la renouvelle jusqu'à ce que le prix pour le terme de mai tombe à $ 5,87.

Dans la réalité l'opérateur n'attend pas que le prix de mars soit à $ 5,73 pour opérer sur le terme de mai ; il intervient simultanément sur les deux

1. La mise en filière (filiérisation) est une expression signifiant que le contrat à terme donne lieu à une livraison effective de produits physiques.

échéances. Les spéculateurs et les *spreaders* participent également au processus de réajustement par des opérations de spéculation et de *spreading*.

Nous voyons donc que les marchés à terme permettent une allocation des ressources dans le temps. Les opérations d'arbitrage et de *cash and carry* associées aux variations des prix permettent aux détenteurs de capacités de stockage d'accumuler des stocks sur une longue période (de février à mai dans l'exemple qui vient d'être développé) et de les transporter dans le temps.

À la suite des opérations d'arbitrage, la nouvelle structure des prix est la suivante :

- prix au comptant à Chicago .... $ 5,66
- prix à terme mars .... $ 5,73
- prix à terme mai .... $ 5,87
- prix à terme juillet... $ 6,01
- prix à terme septembre .... $ 6,10
- prix à terme décembre.................................. $ 6,19

Le lecteur remarque que le report entre le prix au comptant et le prix à terme pour l'échéance mars, d'une part, et que le report entre le prix à terme pour l'échéance mars et celui pour l'échéance mai, d'autre part, sont parfaitement égaux au coût de stockage de 7 centimes par mois. Dans la réalité, le report n'est pas nécessairement toujours égal au coût de stockage ; de légères différences peuvent apparaître. Nous ne tenons pas compte de cette subtilité pour ne pas compliquer inutilement la suite du raisonnement.

Si, au prix de $ 5,66, l'offre des agriculteurs ne se réduit pas sur le marché au comptant de Chicago, les gérants des organismes de stockage vont poursuivre leurs interventions sur les marchés au comptant et à terme. Est-il intéressant pour eux d'acheter du physique et de vendre des contrats pour le terme de juillet ? L'opération de *cash and carrry* est sans intérêt, car l'opérateur ne dégage aucun profit.

Qu'en est-il pour septembre ? Le calcul montre que le négociant vendant un contrat à terme pour l'échéance septembre à $ 6,10 et achetant simultanément du blé à $ 5,66 qu'il stockerait pendant 7 mois subirait une perte de 5 centimes par boisseau. Cette opération n'est donc pas initiée. La conséquence est double. Il n'y a pas d'acheteurs sur le marché des produits physiques et un déséquilibre se manifeste entre le cours au comptant et celui du terme de septembre (Il en est de même, d'ailleurs, pour le terme de décembre). Ce déséquilibre ne peut se résoudre que par une baisse des prix sur le marché au comptant de Chicago. Avant d'en analyser les conséquences, vérifions qu'il n'existe pas d'autres opportunités d'arbitrage.

Maintenant que le prix pour le terme de mars est passé à $ 5,73, n'est-il pas avantageux d'acheter des contrats pour cette échéance, de les mettre en filière, de prendre livraison du physique et de le transporter sur le Golfe ? Une telle opération n'est toujours pas rentable puisque le prix de revient du blé sur le Golfe ($ 6,23) est supérieur au prix auquel on peut se le procurer localement ($ 6,17).

De la même façon, l'achat de blé à Chicago et son transport sur le Golfe n'est pas une opération rentable, car le prix de revient des céréales rendues sur le Golfe est toujours supérieur au prix local.

Admettons que le prix au comptant de Chicago passe de $ 5,66 à $ 5,64. Tous les arbitrages précédemment exposés vont se reproduire et la structure des prix à terme va se réajuster au nouveau prix au comptant. Les prix sont respectivement :

- mars .... $ 5,71
- mai .... $ 5,85
- juillet .... $ 5,99
- septembre .... $ 6,10
- décembre .... $ 6,19

La baisse de 2 centimes n'est pas suffisante. Le cours doit atteindre $ 5,61 pour qu'un équilibre se manifeste entre le cours au comptant et prix du terme de septembre. Cet ajustement à la baisse est facilité par les opérations des *spreaders* et des spéculateurs.

Au cours au comptant de $ 5,61 et en supposant que le report est parfaitement égal au coût de stockage, la structure des prix à terme devient :

- mars .... $ 5,68
- mai .... $ 5,82
- juillet .... $ 5,96
- septembre .... $ 6,10
- décembre .... $ 6,19

Le réajustement des cours et les opérations d'arbitrage réalisées sur le marché à terme permettent une allocation dans le temps plus satisfaisante que celle qui se serait produite en l'absence de marchés à terme.

La nouvelle structure de prix adossée au cours au comptant de $ 5,61 le boisseau n'offre pas d'autres possibilités d'arbitrage.

Par ailleurs, l'achat de contrats pour le terme de mars au prix de $ 5,68 et l'expédition sur le Golfe du grain obtenu après mise en filière ne sont toujours pas avantageux, car le prix de revient est encore (légèrement) supérieur au prix payé sur le Golfe.

Au prix de $ 5,61, par contre, l'achat de physique à Chicago et le transport du blé sur le Golfe sont des opérations qui atteignent le seuil de rentabilité. Si, à ce prix de $ 5,61, les agriculteurs continuent à offrir du blé sur le marché au comptant de Chicago, le processus de rééquilibrage va se poursuivre et les prix vont devoir baisser à nouveau. Supposons que, suite aux ventes de blé des agriculteurs, le prix au comptant de la région de Chicago passe à $ 5,58 ; les prix à terme se réajustent alors de la manière suivante :

- mars .... $ 5,65
- mai .... $ 5,79
- juillet .... $ 5,93
- septembre .... $ 6,07
- décembre .... $ 6,19

En période de très fortes disponibilités de produits physiques sur le marché au comptant, le report, au moins pour les termes rapprochés, peut être supérieur au report mensuel théorique de 7. Comme nous l'avons déjà mentionné, nous ne tenons pas compte de cette particularité pour ne pas compliquer inutilement le raisonnement, mais elle existe.

Cette nouvelle structure de prix reposant sur un cours au comptant de $ 5,58 offre de nouvelles possibilités aux opérateurs et leur permet de procéder à une réallocation dans l'espace des ressources en blé.

2.2. L'allocation des matières premières dans l'espace

Avec une structure de prix à terme adossée à un cours au comptant de $ 5,58, un opérateur peut acheter du physique à ce prix et l'expédier sur le Golfe. Le prix de revient de $ 6,08 est inférieur au prix courant dans les silos du Golfe. En effectuant cet arbitrage spatial, le négociant réalise un gain de 3 centimes par boisseau. Ce profit l'incite à poursuivre ces opérations et pousse d'autres opérateurs à procéder de la même manière. Ces opérations ont pour conséquence de soulager le marché au comptant de Chicago et de réduire les pressions à la baisse des prix car, cette fois, à la différence des cas précédents, le physique ne reste plus à Chicago. Ces opérations d'arbitrage ont pour conséquence de faire croître le prix au comptant jusqu'à $ 5,61.

Une deuxième opération est envisageable. Dans la mesure où le prix pour le terme de mars s'établit à $ 5,65, le négociant achète des contrats, prend livraison du physique, le transporte sur le Golfe et réalise un gain de 2 centimes par boisseau. Le renouvellement de ces opérations exerce une pression à la hausse des prix à terme qui renforce, notons-le, la tendance du marché au comptant.

À la suite de ces opérations, nous admettons que le marché au comptant se stabilise et que l'équilibre s'établit finalement à un cours de $ 5,61.

- Prix au comptant à Chicago .... $ 5,61

Prix à terme à Chicago :

- mars .... $ 5,68
- mai .... $ 5,82
- juillet .... $ 5,96
- septembre .... $ 6,10
- décembre .... $ 6,19

Prix au comptant sur le Golfe :

- février .... $ 6,11
- mars .... $ 6,17
- avril .... $ 6,25
- mai .... $ 6,37
- juin .... $ 6,39

Le marché à terme permet donc une réallocation des ressources en blé dans l'espace, grâce aux opérations d'arbitrage initiées par des opérateurs à la recherche de profits.

Nous avons supposé que la chute des cours à Chicago n'exerçait aucune influence baissière sur les prix du Golfe. Cette conclusion est acceptale dans le cadre des hypothèses simplificatrices retenues dans l'exemple qui a été développé. Dans la réalité, il est probable qu'une influence à la baisse se manifesterait sur le Golfe, car les coûts de transport ne sont pas les seuls éléments à prendre en considération, même s'ils sont très importants. Si les agriculteurs liquident leurs stocks, on peut imaginer que les producteurs d'autres régions font de même. Cet accroissement de l'offre peut avoir pour conséquence d'abaisser les cours du physique sur le Golfe. Dans le cas de l'exemple qui retient notre attention, cette influence devrait être faible, car les prix du Golfe sont plus déterminés par des facteurs tenant à la demande internationale de céréales que par des variations de l'offre, somme toute assez marginales, des producteurs américains localisés dans cette région.

Après avoir analysé comment la baisse des prix au comptant induisait une variation de même sens des prix à terme et permettait une allocation temporelle et spatiale des matières premières, examinons le cas inverse : celui de la hausse des cours. Le raisonnement sera plus rapide et moins détaillé.

2.3. La hausse des prix et l'allocation des matières premières dans le temps et dans l'espace

Repartons de la situation précédente. À la suite d'une réduction de l'offre ou d'un accroissement de la demande, supposons que le prix au comptant à Chicago s'élève à $ 5,65. Que peut faire le professionnel en mesure d'opérer simultanément sur les marchés au comptant et les marchés à terme ?

Des calculs identiques à ceux développés aux paragraphes précédents établissent que cet opérateur n'est pas incité à acheter du physique et à le transporter sur le Golfe. Il n'est pas conduit, non plus, à acheter des contrats à terme pour l'échéance mars, à en prendre livraison et à transporter le blé sur le Golfe, car il dégage une perte de 1 centime par boisseau.

Alors que les prix sont en hausse, le négociant a-t-il intérêt à acheter du physique ? Non, car en achetant du blé à $ 5,65 et en le stockant un mois, le prix de revient est en mars de $ 5,72 ce qui est supérieur à ce que procure la vente, en février, d'un contrat pour le terme de mars. Cette opération engendre une perte de 4 centimes. Cet opérateur pourrait très bien ne pas se couvrir, mais en n'utilisant pas le marché à terme, il deviendrait un spéculateur. Si les prix continuaient à s'élever, il réaliserait un gain. Si, par contre, ils baissaient, il subirait des pertes.

L'opérateur, à moins d'être un spéculateur, n'est pas incité à acheter du blé, mais au contraire à liquider ses stocks, car cette opération lui procure un gain de 4 centimes par boisseau. En vendant du physique à $ 5,65 et en achetant un contrat pour le terme de mars à $ 5,68, il subit une perte de 3 centimes, mais cette dernière est surcompensée par une économie de stockage de 7 centimes. Au total, le bénéfice net ressort à 4 centimes. C'est la réduction de la base qui incite l'opérateur à liquider ses stocks ; dans l'hypothèse précédemment exposée d'une baisse des prix, c'est l'accroissement de la base qui l'incitait à se constituer des stocks.

Ces opérations ont pour conséquence d'élever le prix à terme qui atteint par exemple $ 5,70. À ce cours, et toutes choses égales par ailleurs, le négociant effectuant le même arbitrage physique-papier dégage un gain de 2 centimes par boisseau. Si le prix à terme atteint $ 5,74 cette opération débouche sur une perte de 2 centimes. Finalement, le prix à terme devrait se stabiliser à $ 5,72.

Ce qui est vrai pour le terme de mars l'est également pour celui de mai. En vendant du physique à $ 5,65, en achetant des contrats pour mai à $ 5,82 et en réalisant une économie de stockage de 21 centimes par boisseau, le négociant obtient un profit de 4 centimes. Le renouvellement de ces opérations accroît le prix pour le terme de mai jusqu'à $ 5,86, niveau où s'établit une situation d'équilibre.

Bien évidemment, et comme nous l'avons précisé au paragraphe 2.1. de ce chapitre, les opérateurs n'attendent pas que la situation soit équilibrée sur mars pour opérer sur mai. Ils interviennent en même temps sur ces deux échéances. Ils sont aidés dans ce processus de réajustement des prix par les *spreaders* et les spéculateurs.

Si le prix au comptant reste orienté à la hausse et si les détenteurs de stocks ne mettent pas suffisamment de physique sur le marché, le prix au comptant continue à croître et se fixe, par exemple, à $ 5,70. Dans ces conditions, un nouvel ajustement à la hausse des prix à terme se met en marche.

Nous voyons donc que par des processus identiques à ceux précédemment exposés, le marché à terme permet une allocation spatiale et temporelle des ressources dans des conditions beaucoup plus satisfaisantes que celles qui prévalent en l'absence de marché à terme.

Nous avons supposé que la hausse provenait d'un accroissement de la demande ou d'une réduction de l'offre sur le marché au comptant de Chicago. Il est en fait possible que la hausse des prix à terme ait pour origine un accroissement de la demande en vue de satisfaire des besoins d'exportation (un grand pays importateur achète par exemple le 1er février un supplément de 2 millions de tonnes de blé livrable à la fin du mois de mars). La conséquence en est une hausse immédiate du prix du blé sur le Golfe pour livraison fin mars. Le prix passe de $ 6,17 à $ 6,50. Dans ces conditions, un processus d'ajustement utilisant les marchés à terme se met immédiatement en place. Il a pour conséquence de permettre une réallocation spatiale et temporelle des céréales de manière à répondre aux besoins du marché au comptant du Golfe pour le mois de mars.

Les modifications de l'offre et de la demande sur le marché des produits physiques, jointes aux multiples opérations d'arbitrage envisageables, induisent les variations des cours à terme. Les prix des contrats sont entraînés à la baisse et à la hausse par les variations du prix au comptant, elles-mêmes induites par les variations de l'offre et de la demande. Les marchés à terme ne sont pas déconnectés des marchés au comptant. Ce sont les fluctuations de l'offre et de la demande de produits physiques qui induisent des variations des prix à terme. Ces derniers sont donc le reflet des modifications du marché physique. Dans ces conditions, nous pouvons conclure que « sur un marché à terme, c'est le physique qui commande au papier ».

Des opérations de spéculation autonomes ne pourraient-elles pas induire des variations du prix au comptant ? Non sur le long terme car, dans un tel contexte, des opérations d'arbitrage physique-papier auraient pour conséquence de ramener le prix à terme au niveau du prix du physique. Ceci est vrai des grands marchés à terme de matières premières ou de nombreux opérateurs professionnels opèrent simultanément sur le marché des produits physiques et celui des contrats. La situation est moins nette et, par voie de conséquence, les variations autonomes des prix à terme peuvent avoir une influence plus durable sur les marchés physiques, lorsque les opérations de spéculation ont pour cadre des « marchés spéculatifs » ou des « marchés étroits », car les opérateurs professionnels y sont peu nombreux.

Les services rendus par les marchés à terme ne se limitent pas à la gestion du risque de prix et à l'allocation dans l'espace et dans le temps des matières premières. Les marchés à terme offrent beaucoup d'autres services qui sont présentés dans les paragraphes qui suivent.

3. Les marchés à terme et la formation des prix

Les marchés à terme jouent un rôle important dans le processus de formation des prix, et ce, à trois niveaux complémentaires. Ils permettent une transmission et une dissémination de l'information disponible. Ils facilitent la stabilisation des prix. Ils contribuent à supprimer les pouvoirs de monopole et à lutter ainsi contre les positions dominantes.

3.1. Les marchés à terme, l'information et le mécanisme de formation des prix

Les marchés à terme révèlent les prix que les opérateurs, en l'état actuel de leurs connaissances, estiment être les plus pertinents. Ce que le marché révèle, aujourd'hui, comme devant apparaître à un horizon déterminé ne sera sans doute pas vérifié car, avant d'atteindre cet horizon, d'autres événements interviendront qui modifieront les anticipations des opérateurs.

À un moment donné, les prix à terme reflètent donc les anticipations des opérateurs qui interviennent sur le marché. Si certains d'entre eux ne sont pas d'accord avec ces prix, ils achètent ou vendent des contrats, ce qui a pour conséquence d'élever ou d'abaisser les cours. Le prix à terme est donc, à tout instant, la meilleure estimation possible du prix au comptant futur, ce qui ne veut pas dire que le prix à terme est une prévision du prix au comptant futur.

Ce rôle informatif est renforcé par le fait que les spéculateurs et les professionnels, même lorsqu'ils se couvrent sur le marché à terme, ne cessent d'anticiper l'évolution des prix. Tous les opérateurs utilisent en conséquence les prix à terme, qui sont les meilleures informations dont ils disposent, pour acheter des matières premières lorsque les cours à terme permettent d'induire une hausse et pour en vendre lorsqu'ils conduisent à anticiper une baisse.

Par l'intermédiaire des achats et des ventes de contrats, toutes les informations décentralisées auprès de chaque opérateur sont incorporées dans les prix. Ces mécanismes renforcent en conséquence la fiabilité du prix à terme en tant que prédicteur du prix au comptant futur de la marchandise négociée à terme. Sur un plan théorique, les conditions requises pour que les prix à terme révèlent pleinement le prix au comptant anticipé sont cependant très restrictives (Stiglitz, 1980). Faute de pouvoir les réunir, le marché à terme ne peut révéler correctement le prix au comptant anticipé.

Les marchés à terme fournissent un cadre et un mécanisme grâce auxquels les informations sur les conditions à venir de l'offre et de la demande peuvent être incorporées dans le processus de formation des prix au comptant. Ils accroissent également la vitesse avec laquelle ces informations sont incorporées dans les décisions prises aujourd'hui sur le marché au comptant (Forsythe, Polfrey, Plott, 1984). Les marchés à terme permettent de disséminer l'information. En leur absence, cette information ne serait pas accessible aux participants au marché. Ils procurent par ailleurs un mécanisme très efficace pour intégrer dans les prix toute l'information publique disponible (Kyle, 1984). En offrant également à certains opérateurs l'opportunité de réaliser des profits spéculatifs sur la base de l'information privilégiée qu'ils possèdent, les marchés à terme sont un mécanisme grâce auquel l'information privée dont bénéficient certains opérateurs est incorporée dans les prix publics visibles par tous les participants au marché et tous les observateurs. Ils permettent de transmettre à tous l'information privilégiée détenue par les seuls opérateurs informés ou initiés.

Grâce aux marchés à terme, le prix au comptant est un véritable prix d'équilibre, mais il est probable que la durée de l'ajustement est inférieure à celle qui se manifeste en l'absence de marché à terme. Ceci peut donc faire apparaître de nombreuses fluctuations *intra day* qui ne se seraient pas manifestées en l'absence de marchés à terme. Ces fluctuations sont d'autant plus probables que les marchés à terme facilitent l'incorporation de l'information détenue par les opérateurs. Contrairement à ce que pensent de nombreux observateurs, cet accroissement de la volatilité reflète simplement un gain d'efficience et ne doit pas être considéré comme un dysfonctionnement.

En facilitant l'incorporation et la diffusion des informations, les marchés à terme permettent d'obtenir un meilleur prix d'équilibre. Ils renforcent par ailleurs le processus de stabilisation des cours au comptant dont il sera question au prochain paragraphe, car l'information privée disponible étant incorporée dans le prix, ce dernier fluctue moins brutalement à l'apparition de toute nouvelle information publique. Dernière conséquence dont nous avons déjà parlé à la section 2 : en stabilisant les cours au comptant, les marchés à terme améliorent le processus d'allocation intemporelle des ressources.

3.2. Les marchés à terme et la stabilisation des prix

Quels sont les effets des transactions à terme sur les fluctuations des prix au comptant ? La question n'est pas anodine, car l'idée est largement répandue qu'une réduction des fluctuations de prix sur le marché au comptant accroît le bien-être économique et qu'un accroissement de la volatilité ne peut *a contrario* que le réduire.

Dès l'émergence des marchés à terme dans la deuxième moitié du XIXe siècle, l'une des préoccupations associées à leur développement fut de savoir si une spéculation initiée par les opérateurs sur les marchés à terme pouvait être transmise au marché au comptant et induire des distorsions dans le prix des produits sous-jacents aux contrats à terme. Une spéculation sur le marché à terme étant facilement transmise au marché au comptant par l'intermédiaire d'opérations d'arbitrage, le problème est donc de savoir comment la spéculation influence les prix à terme.

L'analyse développée par Milton Friedman soutient que les spéculateurs tendent à stabiliser les prix à terme à condition qu'ils réalisent des profits. Les spéculateurs achètent en effet des contrats lorsque les cours sont faibles (et inférieurs à leur niveau d'équilibre), ce qui élève les prix, et vendent des contrats quand les prix sont élevés (et supérieurs à leur niveau d'équilibre), ce qui tend à les faire baisser. En opérant comme il vient d'être indiqué, les investisseurs réalisent des profits et stabilisent les prix. Des spéculateurs qui ne vendent pas quand les prix sont élevés et qui n'achètent pas quand les prix sont faibles font des pertes et sont éliminés du marché.

La thèse opposée soutient que la spéculation tend à déstabiliser les prix à terme. Kaldor (1939) a développé l'idée que les opérations de spéculation ne sont pas globalement bénéficiaires. Quelques grands opérateurs bien informés peuvent faire des profits, mais ils les font alors au détriment de nombreux petits spéculateurs dépourvus d'informations, peu compétents et constamment renouvelés à cause des pertes qu'ils subissent. Les opérations de spéculation peuvent, en conséquence, déstabiliser les prix, car les spéculateurs professionnels sont prêts à acheter des contrats à des prix supérieurs au prix d'équilibre s'ils sont en mesure de les revendre (à des petits spéculateurs) à des cours encore plus élevés (ou à vendre à des prix inférieurs au cours d'équilibre s'ils sont en mesure de les racheter à des prix encore plus faibles).

Les arguments avancés par Friedman et Kaldor prennent en considération le niveau des cours, mais ils passent sous silence les décalages qui apparaissent entre les mouvements de prix et les décisions des spéculateurs. Baumol (1957) a suggéré que les spéculateurs achètent ou vendent des contrats lorsque l'évolution des cours est déjà bien perceptible, ce qui accélère les tendances et peut accroître la volatilité des prix. Ils n'achètent pas lorsque les cours sont au plus bas et ne vendent pas lorsqu'ils sont au plus haut. Ils attendent que la tendance à la hausse ou à la baisse des prix soit bien dessinée pour intervenir sur les marchés. Si les spéculateurs peuvent, en moyenne, vendre leurs contrats à un prix supérieur à leur prix d'achat (ou les acheter à un prix inférieur à leur prix de vente), ils dégagent des profits et la spéculation peut être déstabilisatrice et bénéficiaire, contrairement à ce que pense Friedman. Cette argumentation fut critiquée par Telser (1959), et Baumol (1959) a reconnu que « l'effet d'une spéculation dégageant des profits sur la stabilité des prix est en grande partie une question empirique ».

De très nombreuses études ont été réalisées pour analyser l'impact de la spéculation sur les marchés à terme. Elles ont eu pour cadre les produits agricoles, les métaux et les produits financiers. Ces recherches empiriques infirment l'hypothèse que les marchés à terme accroissent la volatilité des prix sur le marché au comptant. Elles établissent, au contraire, que les transactions à terme auraient plutôt tendance à la réduire. Ces conclusions ont été mises en lumière par Cox (1975, 1976). En rapprochant les cours des produits négociés à terme de ceux qui ne le sont pas, il démontre que l'amplitude des fluctuations de prix des premiers n'est pas supérieure à celle des secondes et qu'elle aurait tendance à lui être inférieure. Il apparaît, en revanche, que les prix au comptant se modifient plus fréquemment quand les opérateurs peuvent intervenir sur les marchés à terme. Deux raisons expliquent ce phénomène :

– grâce aux transactions à terme, l'information est plus facilement et rapidement transmise dans les prix au comptant, ce qui explique leur fréquente modification,

– par leurs interventions, les *locals* peuvent, sur de courtes périodes, déstabiliser momentanément les prix à terme et, par extension, les prix au comptant.

Réduire l'amplitude des fluctuations des cours n'est certainement pas la fonction la plus importante assurée par les marchés à terme, car elle serait à la limite contradictoire avec deux de leurs objectifs essentiels qui sont de protéger les opérateurs contre le risque de prix et de faciliter la gestion des stocks en fonction des variations de cours. Il a cependant été établi que leur présence atténue l'amplitude des fluctuations, réduit l'écart entre les prix les plus élevés et les prix les plus faibles du marché au comptant, atténue les ajustements de prix en fin de saison (pour les produits agricoles périssables) et réduit l'amplitude des variations des cours d'une saison sur l'autre (toujours pour les produits agricoles périssables).

3.3. Les marchés à terme, la suppression des pouvoirs de monopole et la lutte contre les positions dominantes

Les marchés à terme offrent un mécanisme de formation des prix très efficace et réunissent les conditions requises pour assurer une formation concurrentielle des prix :

– le nombre d'acheteurs et de vendeurs réels ou potentiels est très élevé ;

– le marché est centralisé, international et très réglementé quant à la nature des transactions qui peuvent y être effectuées et quant aux modalités de son fonctionnement ;

– le système de cotation (qu'il soit électronique ou à la criée) permet à tout un chacun de connaître les prix offerts et demandés et d'effectuer des transactions dans les meilleures conditions ;

– les contrats négociés sur les marchés à terme sont homogènes et standardisés ;

– il n'existe aucune barrière à l'entrée ; tout opérateur, quelles que soient sa localisation dans le monde et ses motivations peut, grâce au versement d'un dépôt de garantie souvent inférieur à 1 500 dollars, acheter ou vendre un contrat de 42 000 gallons de pétrole, de 50 tonnes de sucre, de 25 tonnes de cuivre ou de 5 000 boisseaux de maïs, etc. en supportant des coûts de transaction qui varient de 5 à 30 dollars selon le type d'opérateur, la nature des ordres et l'ampleur des volumes négociés ;

– l'information quant aux cours à terme est parfaite ; tout le monde peut y avoir accès instantanément grâce à l'électronique et aux réseaux tels que Bloomberg, Reuter et Telerate.

Les cours résultant de transactions effectuées dans de telles conditions doivent être considérés comme des cours d'équilibre.

Les marchés à terme révèlent des prix publics auxquels tout le monde peut facilement accéder. Leur présence évite que les transactions privées effectuées entre les opérateurs ne conduisent à une domination de l'un des co-contractants au détriment de l'autre. Les prix déterminés sur un marché à terme servent de référence aux transactions commerciales. Le caractère public des cours n'implique pas que les prix des transactions privées doivent être identiques aux prix à terme. De nombreux facteurs, d'origine commerciale ou industrielle, empêchent que les cours résultant de transactions privées soient parfaitement identiques aux prix révélés par un marché public. En l'absence de marchés à terme, il n'y a plus de prix cotés visibles de tous les opérateurs. Un même produit peut donc être offert à deux personnes, par un même vendeur, à deux prix sensiblement différents.

Grâce à la remarquable diffusion des prix à terme, les marchés de contrats réduisent les possibilités d'exploiter les positions dominantes dont bénéficient naturellement certains opérateurs. Cette diffusion de l'information facilite de nombreuses transactions : arbitrage entre le marché au comptant et le marché à terme, opérations de *spreading*, arbitrage dans le temps et dans l'espace, etc. Ces opérations sont autant d'opportunités permettant aux opérateurs d'obtenir des profits. Elles ont pour conséquence de régulariser l'évolution des cours.

En rendant les marchés plus concurrentiels et en offrant aux opérateurs une très grande sécurité, les transactions à terme permettent aux producteurs de matières premières, aux industriels et aux négociants de réduire leurs marges commerciales, ce qui est bénéfique pour tout le monde, car cela se traduit par une baisse des prix au niveau du consommateur final. Il est à cet égard intéressant de noter que l'écart entre les cours d'achat et de vente (*bid-ask-spread*) proposés par les négociants sur le marché au comptant est inférieur, pendant les heures d'ouverture des bourses, à celui qui prévaut lorsque les mêmes opérateurs doivent acheter ou vendre des produits physiques pendant la fermeture des marchés à terme. Il est d'ailleurs de plus en plus rare que des transactions importantes sur les marchés au comptant se produisent en dehors des heures d'ouverture des marchés à terme.

4. Les marchés à terme et la gestion de l'entreprise

Les marchés de contrats interviennent à plusieurs niveaux dans la gestion de l'entreprise. Nous retiendrons la politique commerciale et le financement des stocks.

4.1. Les marchés à terme et la politique commerciale de l'entreprise

Les marchés à terme contribuent à la gestion des entreprises en améliorant leur politique d'achat et d'approvisionnement, ainsi que leur politique de vente. En effet, si les contrats à terme sont des instruments de protection contre le risque de prix, Working a bien établi qu'ils étaient également des substituts temporaires à des transactions au comptant. De ce fait, ils permettent à l'entreprise d'acheter, lorsque leur prix sont bas, les produits dont elle n'a pas besoin aujourd'hui, mais qui lui seront utiles dans le proche avenir, sans avoir à les stocker, et en immobilisant seulement les fonds nécessaires au financement du déposit et des éventuels appels de marge. Pour la même raison, les marchés à terme permettent à l'entreprise de vendre des produits lorsque leur prix est élevé, avant que la production soit effectivement réalisée. Ils procurent en conséquence à l'entreprise une plus grande liberté d'action, ce qui facilite d'autant sa gestion.

4.2. Les marchés à terme et le financement des stocks de matières premières

L'opérateur qui détient des stocks de produits physiques doit les financer. Pour ce faire, le crédit que lui accorde la banque est très souvent garanti par la marchandise elle-même. Pour que cette garantie soit effective, la valeur du stock doit être correctement appréciée et elle ne doit pas varier. Le risque du banquier est double. Le premier est celui d'une surestimation de la valeur du stock. Le second est de ne pas retrouver, lors de la commercialisation des matières premières servant de gage au prêt, le montant des sommes avancées si les matières premières constitutives du stock sont victimes d'une baisse des prix. Pour éviter cette occurrence et se garder une marge de sécurité, le banquier limite ses engagements et accorde un financement représentant de 40 à 60 % de la valeur de la garantie.

Quand les stocks financés font l'objet d'une opération de couverture, les risques précédemment évoqués disparaissent. La surestimation de la valeur des matières premières est impossible, car le cours à terme est une information publique accessible à tous. L'éventuelle baisse des prix n'a pas de conséquence grave pour le banquier, car toute moins-value sur le marché au comptant est compensée par un gain sensiblement identique sur le marché des contrats. Par ailleurs, à la condition que le marché à terme soit liquide, il est toujours possible de négocier des contrats sans subir des coûts de transaction élevés. Dans ces conditions, le banquier peut accorder des prêts pouvant atteindre 90 % de la valeur du stock, à un coût inférieur à celui qui aurait été fixé en l'absence d'opération de couverture.

Questions ponctuelles

1. Toutes choses égales par ailleurs, comment un organisme de stockage réagit-il à une situation dans laquelle le report est supérieur au coût de stockage et de financement ? Comment réagit-il à une situation de déport ?
2. Les marchés à terme sont-ils des « jeux à somme nulle » ?
3. Comment mesurer l'efficacité des opérations de couverture ?
4. Quelle est la critique émise par Working à l'encontre de l'analyse traditionnelle des opérations de couverture ?
5. Quel est pour Milton Friedman l'impact des transactions à terme sur les fluctuations du prix au comptant ? Quelle est la position de Kaldor sur le même sujet ?
6. La présence d'un marché à terme accroît-elle la volatilité des prix au comptant sur un marché de matières premières ?
7. Pourquoi les fluctuations des prix au comptant sont-elles plus fréquentes en présence d'un marché à terme ?
8. Quelles conditions sont requises pour qu'un marché assure un processus concurrentiel de formation des prix ?
9. Pourquoi les marchés à terme favorisent-ils un processus de formation des prix de nature concurrentielle ?
10. Quel est l'apport des marchés à terme de matières premières à la politique commerciale de l'entreprise ?
11. Quel est le rôle des marchés à terme dans le financement des stocks de matières premières ?

Questions de synthèse

1. Les fonctions économiques des marchés à terme de matières premières.
2. Les marchés à terme et le processus de formation des prix.
3. Les marchés à terme et la lutte contre les positions dominantes.
4. Les marchés à terme et la stabilisation des prix des matières premières.
5. Les marchés à terme et la gestion des stocks de matières premières.
6. Les marchés à terme et l'allocation des matières premières dans le temps et dans l'espace.
7. Comment mesurer l'efficacité des opérations de couverture sur les marchés à terme de matières premières ?
8. Les marchés à terme sont-ils des institutions spéculatives ?
9. La gestion de la base sur les marchés de contrats à terme de matières premières.
10. La gestion de la base est-elle une activité de nature spéculative ?
11. La base et l'efficacité des opérations de couverture.
12. Expliquez pourquoi, comment et à quelles conditions les marchés à terme améliorent la gestion des stocks de matières premières.
13. Le rôle de l'information apportée par les marchés à terme dans le mécanisme de formation des prix.

Chapitre 6

LES MARCHÉS D'OPTIONS ET LA GESTION DU RISQUE DE PRIX

Objectifs pédagogiques :

- identifier les déterminants de la valeur d'une option,
- comprendre comment évolue le prix d'une option consécutivement aux variations de ces déterminants,
- présenter les stratégies élémentaires à base d'options et les profils de gains et de pertes qui leur sont associés,
- expliquer les modalités de gestion du risque de prix des matières premières (hausse et baisse) par le recours aux options,
- comparer les avantages et les inconvénients d'une couverture réalisée à l'aide d'options et d'une couverture effectuée à partir de contrats à terme.

Une option confère à celui qui la détient le droit d'acheter (pour une option d'achat) ou de vendre (pour une option de vente) le support de l'option, à un prix fixé d'avance et désigné comme étant le prix d'exercice.

Une transaction sur une option met face à face un acheteur et un vendeur. Pour le droit accordé par l'option (celui d'acheter ou celui de vendre l'actif support de l'option), l'acheteur paie une somme immédiatement acquise par le vendeur, que l'option soit, ultérieurement, exercée ou non. Cette somme constitue la prime, parfois dénommée *premium*.

1. Les déterminants de la valeur d'une option

Le cours de l'actif sous-jacent, le prix d'exercice, la volatilité du prix du support, la date d'exercice et le taux d'intérêt sont les facteurs qui déterminent la valeur d'une option.

1.1. La valeur de l'option et la volatilité de l'actif sous-jacent

Tous les autres déterminants de la valeur d'une option (l'échéance, le cours de l'actif sous-jacent, le prix d'exercice, le niveau des taux d'intérêt) étant donnés et constants, plus la volatilité du prix de l'actif sous-jacent est forte, plus la prime de l'option d'achat et celle de l'option de vente sont élevées.

Un contrat à terme de pétrole [1] coté 60 dollars le baril et négocié à une époque où la volatilité des prix est de 40 % a une probabilité beaucoup plus élevée d'atteindre le cours de 70 dollars (correspondant au prix d'exercice d'une option d'achat) ou celui de 50 dollars (correspondant au prix d'exercice d'une option de vente) durant les six prochains mois que le même contrat coté 60 dollars le baril, mais négocié à une époque où la volatilité des cours est égale à 10 %. Par conséquent, toutes choses égales par ailleurs, plus le prix d'un actif est volatil, plus grande est la probabilité que ce cours atteigne un niveau déterminé (le prix d'exercice) pendant une période de temps définie. De ce fait, la prime versée par l'acheteur (qu'il s'agisse d'un *call* ou d'un *put*) au vendeur de l'option est d'autant plus forte que la volatilité est élevée.

1.2. La valeur de l'option et l'échéance de l'option

Tous les autres déterminants de la valeur d'une option (le cours de l'actif sous-jacent, le prix d'exercice, la volatilité et le niveau des taux d'intérêt) étant constants, plus l'échéance est éloignée, plus la prime de l'option d'achat et celle de l'option de vente sont élevées.

Ceci s'explique simplement. Il est plus facile pour le prix d'un contrat à terme d'atteindre un niveau déterminé (le prix d'exercice), que le prix baisse ou s'élève, en six mois qu'en trois mois. Par voie de conséquence, le prix d'une option pour une échéance éloignée (qu'il s'agisse d'un *call* ou d'un *put*) est supérieur au prix de la même option pour une échéance rapprochée.

Le tableau 6.1. reproduisant les valeurs des options sur contrats à terme de pétrole à la date du 31 janvier 2001 illustre le raisonnement qui précède. Quel que soit le prix d'exercice retenu, qu'il s'agisse d'options d'achat ou d'options de vente, on constate que les prix pour l'échéance mai sont tous supérieurs aux prix pour l'échéance avril, lesquels sont supérieurs aux prix pour l'échéance mars.

1.3. La valeur de l'option et le niveau des taux d'intérêt

Tous les autres déterminants de la valeur d'une option (volatilité, échéance, prix du sous-jacent, prix d'exercice) étant donnés et constants, plus le taux d'intérêt est élevé, plus la valeur de l'option d'achat est élevée.

1. L'étude des déterminants de la valeur d'une option (il en sera de même pour la deuxième section de ce chapitre consacrée à l'analyse des stratégies élémentaires à base d'options) est conduite à partir d'options européennes sur contrats à terme.

Tableau 6.1. – *Valeur des options d'achat et des options de vente de contrats à terme de pétrole de l'International Petroleum Exchange à la date du 31 janvier 2001*

Prix d'exercice	Options d'achat			Options de vente		
	Mars	Avril	Mai	Mars	Avril	Mai
26,00	1,27	1,29	1,58	0,38	1,33	1,89
26,50	0,96	1,07	1,38	0,57	1,61	2,19
27,00	0,70	0,88	1,19	0,81	1,92	2,50
27,50	0,49	0,71	1,03	1,10	2,25	2,84
28,00	0,34	0,57	0,88	1,45	2,61	3,19
28,50	0,22	0,46	0,76	1,83	3,00	3,57

Unité : dollar américain.

Pour analyser l'influence des taux d'intérêt, considérons que l'acheteur d'une option d'achat intervient sur le marché pour exercer son option. Cette transaction s'apparente à un achat à terme de l'actif sous-jacent à un cours égal au prix d'exercice. Plus le taux d'intérêt est élevé, plus augmente l'attrait d'un achat à terme (qui permet de repousser le décaissement à une date éloignée) car l'opérateur peut placer les fonds destinés à cet achat à un taux d'intérêt élevé pendant la période séparant la date de l'achat et celle du décaissement. L'acheteur de l'option d'achat est par conséquent d'autant plus enclin à payer une prime élevée (pour acheter à terme l'actif sous-jacent) que le taux d'intérêt est élevé.

Le même raisonnement s'applique aux options de vente. Si l'acheteur d'un *put* opère sur le marché pour exercer son option, la transaction est assimilable à une vente à terme de l'actif sous-jacent à un cours égal au prix d'exercice. Plus le taux d'intérêt est élevé, plus l'attrait d'une vente à terme diminue, car l'opérateur reporte dans le temps un encaissement de fonds qu'il pourrait placer à un taux d'intérêt élevé. L'acheteur d'une option de vente est par conséquent d'autant moins incité à payer une prime élevée (pour vendre à terme l'actif sous-jacent) que le taux d'intérêt est élevé.

Inversement, plus le taux d'intérêt est faible et plus la valeur de l'option d'achat est faible, mais simultanément plus la valeur de l'option de vente est élevée.

L'impact des taux d'intérêt sur la valeur d'une option est en fait assez réduit, surtout lorsque l'échéance de l'option est rapprochée. Le niveau des taux d'intérêt est le moins important des cinq facteurs qui interviennent dans la détermination de la valeur d'une option.

1.4. La valeur de l'option et le cours de l'actif sous-jacent

Pour une valeur donnée du prix d'exercice, et tous les autres déterminants de la valeur d'une option (volatilité, niveau des taux d'intérêt, échéance) étant donnés et constants, plus le cours de l'actif sous-jacent est élevé, plus la prime d'une option d'achat est élevée (graphique 6.1.). Il est facile de comprendre, en effet, qu'un opérateur accepte de payer plus cher le droit d'acheter à 5 dollars le boisseau (il s'agit du prix d'exercice) un contrat à terme de maïs qui se traite aujourd'hui à 6 dollars que d'acheter au même prix d'exercice un contrat qui se négocierait au cours de 4 dollars.

Graphique 6.1. – *Influence du cours de l'actif sous-jacent sur la valeur d'une option d'achat*

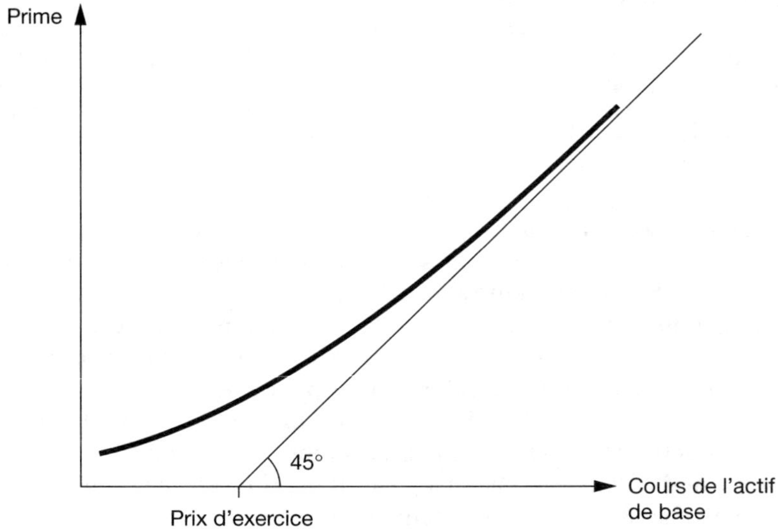

Inversement, pour une valeur donnée du prix d'exercice, et tous les autres déterminants de la valeur d'une option étant constants, plus le cours de l'actif sous-jacent est faible, plus la prime d'une option de vente est élevée (graphique 6.2.). Un producteur accepte de payer plus cher le droit de vendre à un prix de 450 dollars l'once un contrat d'or qui se traite aujourd'hui à 420 dollars que de vendre au même prix d'exercice un contrat qui se négocierait au prix de 480 dollars.

1.5. La valeur de l'option et le prix d'exercice

Pour une valeur donnée du cours de l'actif sous-jacent, et tous les autres déterminants de la valeur d'une option (volatilité, niveau des taux d'intérêt, échéance) étant donnés et constants, plus le prix d'exercice est élevé, plus la valeur d'une option d'achat est faible, ce que traduit le graphique 6.3. Pour une valeur donnée du prix à terme du soja (6 dollars le boisseau), une usine de trituration devant se procurer des oléagineux dans trois mois est prête à payer plus cher le droit d'acheter 50 000 boisseaux de soja au prix d'exercice de 5 dollars le boisseau que d'acheter la même quantité au prix d'exercice de 7 dollars.

Graphique 6.2. – *Influence du cours de l'actif sous-jacent sur la valeur d'une option de vente*

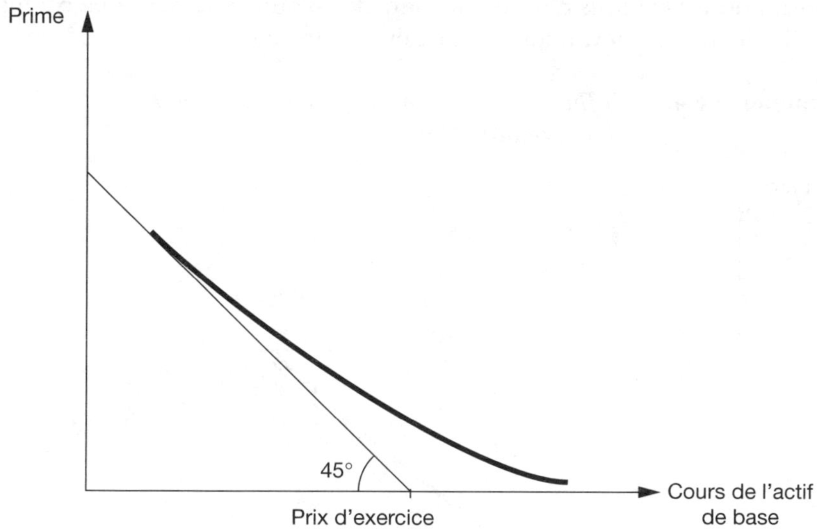

Graphique 6.3. – *Influence du prix d'exercice sur la valeur d'une option d'achat*

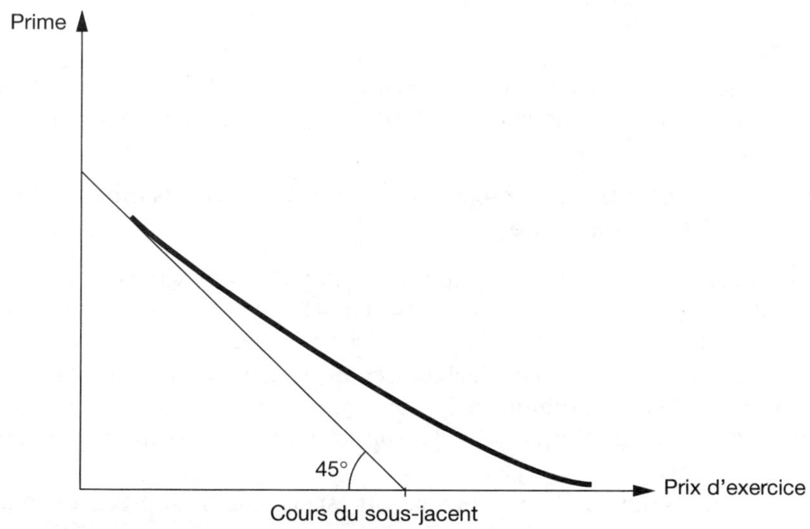

Inversement, pour une valeur donnée du cours de l'actif sous-jacent et tous les autres déterminants de la valeur d'une option (volatilité, niveau des taux d'intérêt, échéance) étant donnés et constants, plus le prix d'exercice est élevé, plus la valeur d'une option de vente est élevée, ce que traduit le graphique 6.4. Pour une valeur donnée du prix à terme du pétrole, un producteur est prêt à payer plus cher le droit de vendre un contrat de 1 000 barils de brut au cours de 70 dollars le baril que celui de vendre le même contrat au cours de 60 dollars le baril.

Graphique 6.4. – *Influence du prix d'exercice sur la valeur d'une option de vente*

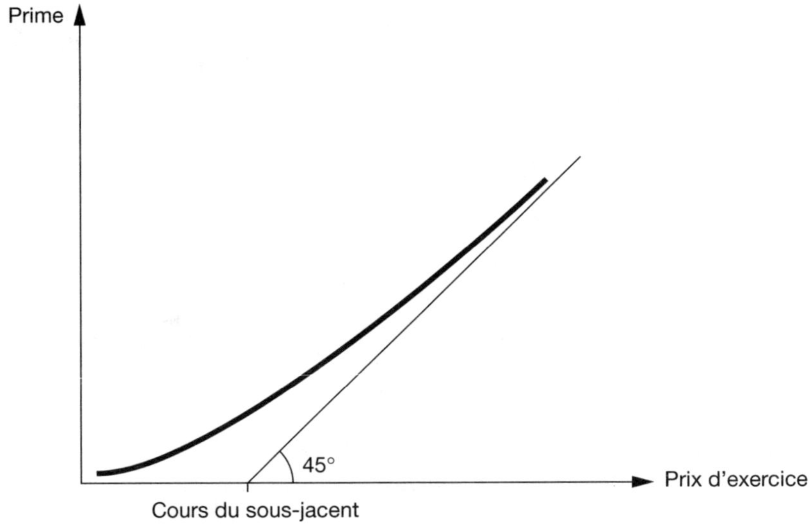

Le tableau 6.1. reproduisant les valeurs des options d'achat et de vente de pétrole à la date du 31 janvier 2001 illustre parfaitement ce raisonnement.

1.6. Les options « à la monnaie », « en dehors de la monnaie » et « dans la monnaie »

Rapprocher sur un même graphique l'impact du prix d'exercice et du cours de l'actif sous-jacent sur la valeur de la prime permet de mieux qualifier les options.

Débutons par les options d'achat. Les trois cas de figure envisageables sont représentés au graphique 6.5. (qui suppose donné et invariable le prix d'exercice) et au graphique 6.6. (qui suppose donné et invariable le cours du sous-jacent).

• Quand le cours de l'actif sous-jacent est supérieur au prix d'exercice, l'option est « dans la monnaie » (*in the money*). Dans ces conditions, la prime regroupe deux composantes : la valeur intrinsèque, dite également valeur de parité, et la valeur temps, parfois dénommée valeur spéculative. La valeur intrinsèque est égale à la différence entre le cours de l'actif sous-jacent et le prix d'exercice. La valeur spéculative est, quant à elle, égale à la différence entre le montant de la prime et la valeur intrinsèque.

Graphique 6.5. – *Option d'achat : cours du sous-jacent, prix d'exercice, valeur intrinsèque et valeur temps*

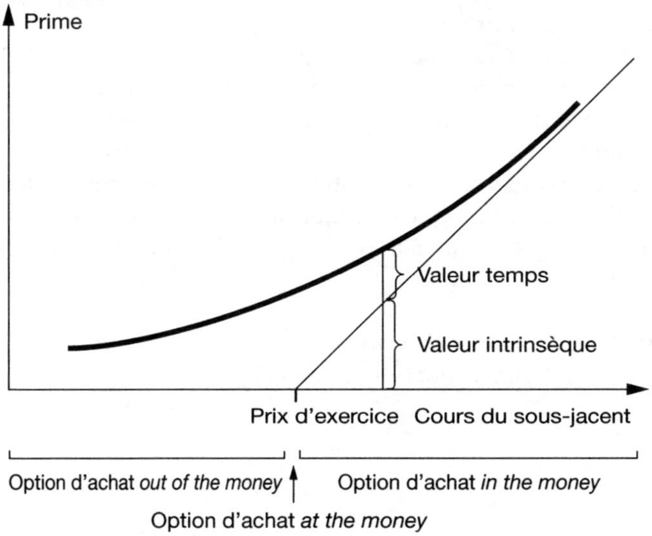

Graphique 6.6. – *Option d'achat : cours du sous-jacent, prix d'exercice, valeur intrinsèque et valeur temps*

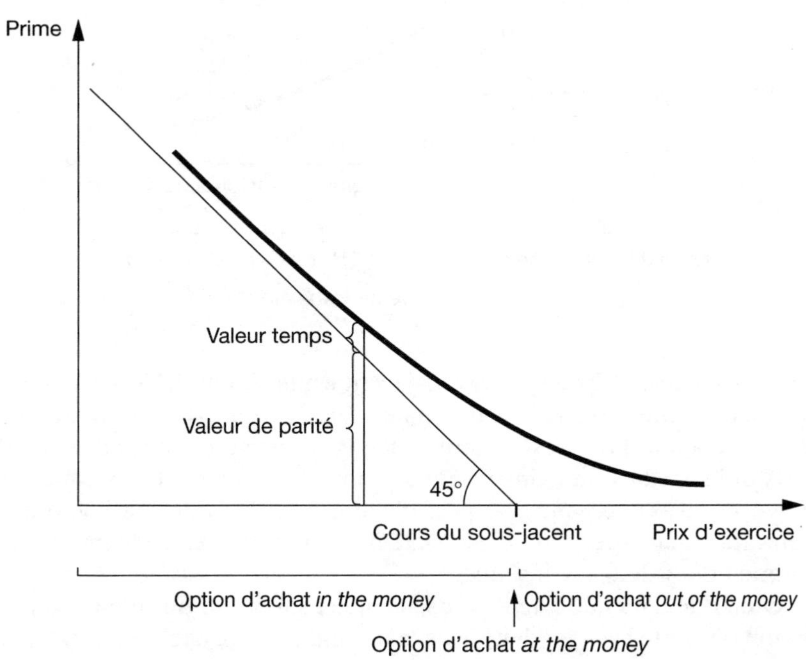

• Lorsque le cours de l'actif sous-jacent est inférieur au prix d'exercice, l'option est « en dehors de la monnaie » (*out of the money*). Dans cette hypothèse, la valeur intrinsèque est nulle et la valeur spéculative représente la totalité de la prime.

• Quand le cours de l'actif sous-jacent est égal au prix d'exercice, l'option est « à la monnaie » ou « à la parité » (*at the money*). Là également, la valeur intrinsèque est nulle et la totalité de la prime est représentée par la valeur temps.

La même typologie peut être obtenue avec les options de vente. Celle-ci est reproduite au graphique 6.7. (qui suppose donné et invariable le prix d'exercice) et au graphique 6.8. (qui suppose donné et invariable le cours du sous-jacent).

Graphique 6.7. – *Option de vente : cours du sous-jacent, prix d'exercice, valeur intrinsèque et valeur temps*

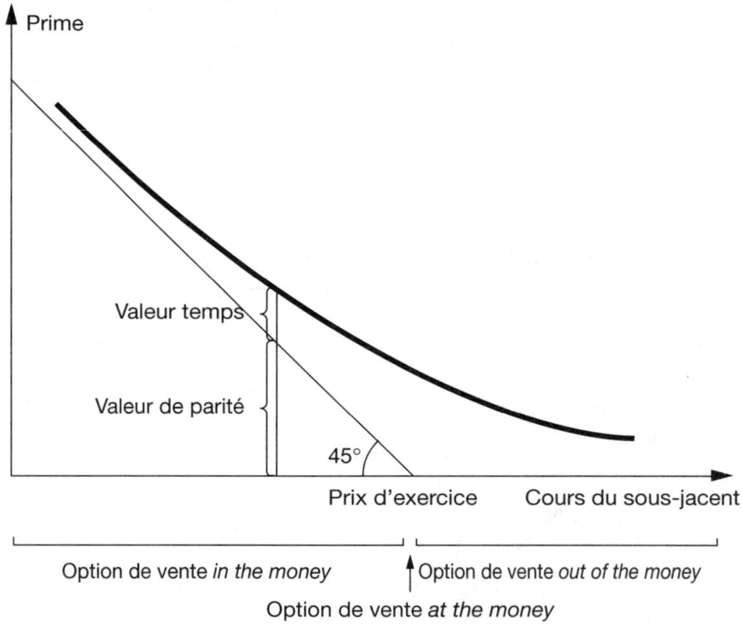

• Lorsque le cours de l'actif sous-jacent est inférieur au prix d'exercice, l'option de vente est « dans la monnaie » (*in the money*). Dans cette hypothèse, et comme pour les options d'achat, la prime comprend deux éléments qui sont la valeur intrinsèque et la valeur temps. La première est égale à la différence entre le prix d'exercice et le cours de l'actif sous-jacent. La valeur spéculative est égale à la différence entre le montant de la prime et la valeur intrinsèque.

• Quand le cours de l'actif sous-jacent est supérieur au prix d'exercice, l'option de vente est « en dehors de la monnaie » (*out of the money*). Dans

Graphique 6.8. – *Option de vente : cours du sous-jacent, prix d'exercice, valeur intrinsèque et valeur temps*

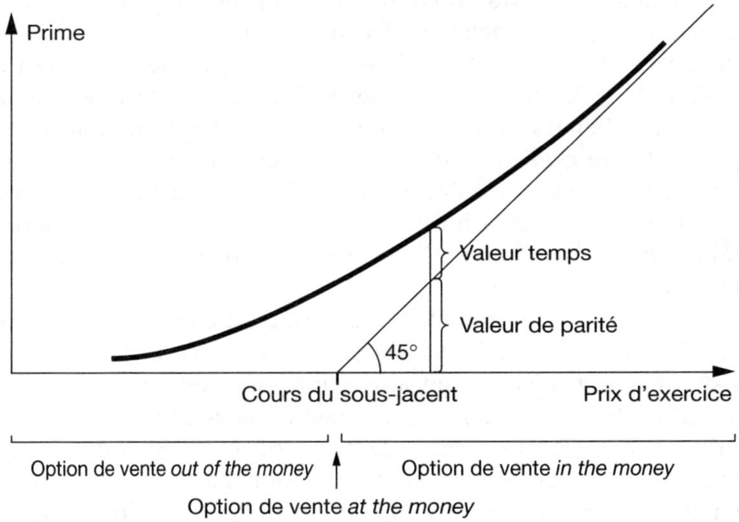

cette hypothèse, la valeur intrinsèque est nulle et la prime est égale à la valeur spéculative.

• Lorsque le cours du sous-jacent est égal au prix d'exercice, l'option est « à la parité » (*at the money*). Là également, la valeur intrinsèque est nulle et la valeur temps représente la totalité de la prime.

2. Les stratégies élémentaires à base d'options et leurs profils de gains et de pertes

L'achat d'une option d'achat, la vente d'une option d'achat, l'achat d'une option de vente et la vente d'une option de vente sont les quatre opérations élémentaires à la base de toutes les transactions effectuées sur les marchés d'options.

2.1. L'achat d'une option d'achat

L'achat d'une option d'achat donne à l'opérateur le droit, mais pas l'obligation, d'acheter l'actif sous-jacent à un prix d'exercice spécifié au moment de l'achat. Le risque (la perte) de l'acheteur est donc limité(e) au montant de la prime qu'il accepte de verser au vendeur de l'option pour obtenir le droit de se déclarer acheteur. Son gain est en revanche illimité.

Pour illustrer le raisonnement, il suffit de reprendre le tableau 6.1. donnant les valeurs des options d'achat de contrats à terme de pétrole à la date du 31 janvier 2001. L'option pour le terme de mai ayant un prix d'exercice de 26 dollars se négociait à cette date 1,58 dollar. Le point mort, c'est-à-dire le cours à terme du pétrole au-delà duquel l'acheteur de l'option commence à percevoir un bénéfice, est égal à 27,58 dollars (soit le prix d'exercice, 26 dollars, accru du montant de la prime de 1,58 dollar). Si, à l'échéance de l'option, l'acheteur l'avait exercé, et si le cours à terme du pétrole à cette date avait été de 28 dollars, le profit obtenu aurait été de 0,42 dollar. Si le contrat avait coté 30 dollars, le profit aurait été de 2,42 dollars. Le bénéfice potentiel d'un acheteur d'options d'achat ne connaît pas de limite objective. Il est uniquement déterminé par le prix du contrat à terme de pétrole à l'échéance de l'option. La perte, en revanche, est limitée à 1,58 dollar. En deçà de 26 dollars, en effet, l'acheteur n'a aucun intérêt à exercer son option, car s'il l'exerçait la perte qu'il supporterait serait supérieure à 1,58 dollar.

Si, à l'échéance de l'option, le prix à terme est compris entre 26 dollars (le prix d'exercice) et 27,58 dollars (le point mort), l'acheteur d'option enregistre une perte en exerçant son option, mais cette perte est inférieure à celle qu'il subirait s'il ne l'exerçait pas (en abandonnant son option, il supporterait, en effet, une perte de 1,58 dollar). Si le cours ressort par exemple à 26,50 dollars, en exerçant son option, l'acheteur subit une perte égale à 26,50 – (26 + 1,58), soit 1,08 dollar. Cette perte étant inférieure à 1,58 dollar, l'acheteur est donc rationnellement conduit à exercer son option.

Le profil des gains et des pertes de l'acheteur d'une option d'achat, au jour d'exercice de l'option, est reproduit au graphique 6.9.

Graphique 6.9. – *Profil des gains et des pertes de l'acheteur d'une option d'achat au dernier jour d'exercice de l'option*

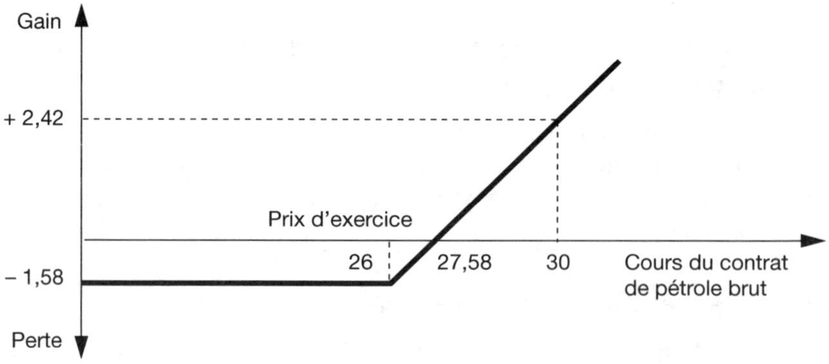

2.2. *La vente d'une option d'achat*

Le vendeur d'une option d'achat est soumis à la décision de l'acheteur d'exercer ou non son option. Il doit vendre le sous-jacent si l'acheteur exerce son option, quel que soit le cours de cet actif sur le marché. Le profit du vendeur de l'option est donc limité au montant de la prime qu'il encaisse. Son risque (sa perte potentielle) est, en revanche, illimité(e).

Pour illustrer ce raisonnement, reprenons le tableau 6.1. L'option d'achat pour le terme de mai ayant un prix d'exercice de 27 dollars se négociait le 31 janvier à 1,19 dollar. À cette date, le point mort, c'est-à-dire le prix du pétrole au-delà duquel le vendeur d'option commence à enregistrer une perte, est égal à 28,19 dollars (soit le prix d'exercice, 27 dollars, accru de la prime de 1,19 dollar). Si, à l'échéance de l'option, l'acheteur l'avait exercé, et si le contrat à terme de pétrole avait coté 29,50 dollars, la perte du vendeur aurait été égale à 1,31 dollar par baril. Si le contrat avait coté 33 dollars, la perte aurait été de 4,81 dollars le baril. La perte potentielle d'un vendeur d'options d'achat est déterminée par le prix du contrat à terme de pétrole à l'échéance de l'option. Le gain du vendeur d'option est, en revanche, limité au montant de la prime qu'il a encaissée. En effet, si le prix à terme du baril de pétrole est inférieur à 27 dollars, quel que soit ce prix (25 dollars, 20 dollars ou 15 dollars), l'acheteur n'exerce pas son option et le gain du vendeur est égal à 1,19 dollar, soit le montant de la prime.

Le profil des gains et des pertes du vendeur d'une option d'achat, au jour d'exercice de l'option, est reproduit au graphique 6.10.

Graphique 6.10. – *Profil des gains et des pertes du vendeur d'une option d'achat au dernier jour d'exercice de l'option*

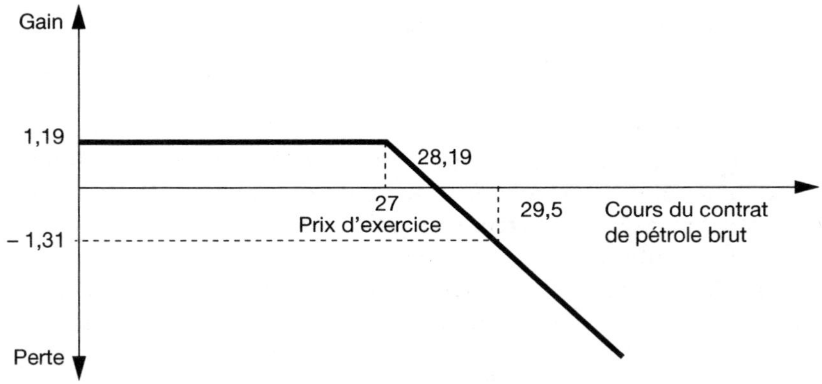

2.3. L'achat d'une option de vente

L'achat d'une option de vente donne à l'opérateur le droit, mais pas l'obligation, de vendre l'actif sous-jacent à un prix spécifié au moment de l'achat (le prix d'exercice). Le risque de l'acheteur est de ce fait limité au montant de la prime qu'il verse au vendeur de l'option pour avoir le droit de se déclarer vendeur. Son gain potentiel est, en revanche, illimité.

Pour illustrer ce raisonnement, il suffit de prendre le tableau 6.2. indiquant les valeurs des options de vente de contrats à terme de cuivre à la date du 19 janvier 2001. L'option pour le terme d'avril ayant un prix d'exercice de 86 centimes par livre se négociait à cette date au cours de 3,85 centimes. Dans ce cas, le point mort, c'est-à-dire le niveau des prix en deçà duquel l'acheteur de l'option commence à percevoir un bénéfice, est égal à 82,15 centimes (soit le prix d'exercice, 86, diminué du montant de la prime 3,85).

Si, à l'échéance de l'option, l'acheteur exerce cette option, et si le cours du contrat à terme de cuivre à cette date est de 80 centimes la livre, le profit obtenu est égal à 2,15 centimes. Si le cours à terme est de 70 centimes la livre, le profit est égal à 12,15 centimes. Le bénéfice potentiel de l'acheteur d'option de vente ne connaît pas de limite objective. Comme pour

Tableau 6.2. – *Valeur des options de vente de contrats à terme de cuivre à la date du 19 janvier 2001*

Prix d'exercice	Options de vente		
	Février	Mars	Avril
82	0,20	0,60	2,05
84	0,50	1,15	2,85
86	1,15	1,85	3,85
88	2,30	3,15	4,70
90	3,85	4,55	6,00
92	5,75	6,20	7,70

Unité : centimes américains par livre de cuivre.

l'achat de l'option d'achat, il est uniquement déterminé par le cours à terme lors de l'échéance de l'option. La perte est, en revanche, limitée à 3,85 centimes la livre de cuivre. Au-delà de 86 centimes, en effet, l'acheteur n'a aucun intérêt à exercer son option, car sa perte serait alors supérieure à 3,85 centimes.

Le profil des gains et des pertes de l'acheteur d'une option de vente au dernier jour d'exercice de l'option est reproduit au graphique 6.11.

2.4. La vente d'une option de vente

Le vendeur d'une option de vente est soumis à la décision de l'acheteur d'exercer ou non son option. Il doit acheter l'actif sous-jacent si l'acheteur exerce son option, quel que soit le cours de cet actif. Le profit du vendeur de l'option est donc limité au montant de la prime qu'il encaisse. Son risque est, en revanche, illimité.

Pour illustrer ce raisonnement, reportons-nous au tableau 6.2. Le 19 janvier 2001, l'option de vente pour le terme de mars ayant un prix d'exercice de 90 centimes la livre se négociait au cours de 4,55 centimes. Le point mort en deçà duquel le vendeur de l'option de vente commence à enregistrer une perte est égal à 85,45 centimes (soit le prix d'exercice 90,

Graphique 6.11. – *Profil des gains et des pertes de l'acheteur d'une option de vente au dernier jour d'exercice de l'option*

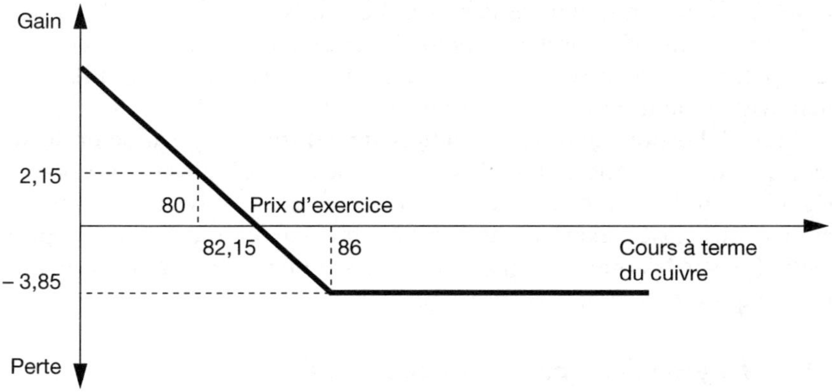

amputé de la prime de 4,55 versée par l'acheteur). Si, à l'échéance de l'option, l'acheteur exerce cette option et si le contrat à terme cote 75 centimes la livre, la perte est de 10,45 centimes. La perte potentielle d'un vendeur d'options de vente est déterminée par le prix du cuivre à l'échéance de l'option. Son gain est, en revanche, limité. En effet, quel que soit le cours du contrat sur le marché à terme au-delà de 90 (qu'il soit de 95, 100 ou 120 centimes), l'acheteur abandonne son option et le gain du vendeur est de ce fait limité à 4,55 centimes, c'est-à-dire le montant de la prime.

Le profil des gains et des pertes du vendeur d'une option de vente, au jour d'exercice de l'option, est reproduit au graphique 6.12.

Graphique 6.12. – *Profil des gains et pertes du vendeur d'une option de vente au dernier jour d'exercice de l'option*

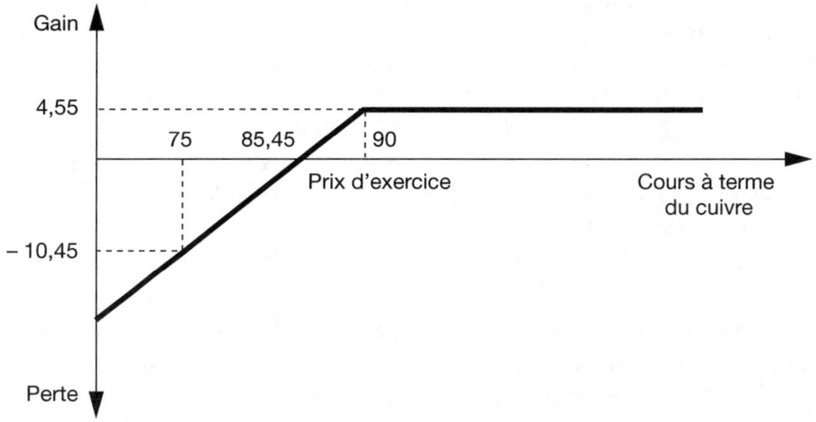

3. Les options et la gestion du risque de prix

Le risque auquel sont exposés les opérateurs peut être celui d'une baisse ou celui d'une hausse des prix. Les deux cas sont abordés à partir d'exemples simplifiés prenant appui sur les marchés du pétrole et des produits pétroliers (ce qui est vrai pour cette classe de matières premières l'est bien évidemment pour toutes les autres).

Nous n'abordons dans cette section, de nature pédagogique et didactique, que les opérations les plus simples à base d'options européennes négociées sur le marché de gré à gré. Les couvertures dynamiques ne sont pas traitées. Elles exigeraient par ailleurs d'avoir recours aux options négociées sur les marchés organisés dotés d'une chambre de compensation, ce qui est en dehors de notre propos.

3.1. La protection contre la baisse des cours

Une société exploitant un gisement craint une baisse des cours du pétrole qu'elle vend sur le marché international.

La technique traditionnellement utilisée pour se protéger contre la chute du prix des matières premières est l'achat d'option de vente. Cette technique est bien adaptée à l'hypothèse d'une baisse *importante* des cours. Dans le cas d'une baisse *modérée*, il peut être envisagé de recourir à la vente d'option d'achat.

3.1.1. La protection contre la baisse des cours et l'achat d'option de vente

Une société pétrolière extrait chaque mois 500 000 barils de brut. Le 1er juin, craignant une baisse des cours pour octobre, elle décide de se couvrir par l'achat à une banque d'une option de vente européenne pour l'échéance octobre. Bien évidemment, si elle redoutait une baisse sur plusieurs mois, la société pétrolière pourrait acheter des options pour les mois de novembre, de décembre, etc. (nous verrons au paragraphe 3.4. du chapitre 7 qu'il serait peut-être plus astucieux d'acheter un *floor*).

Le 1er juin, le cours au comptant est égal à 50 dollars le baril, et l'option de vente européenne pour l'échéance octobre ayant un prix d'exercice identique au cours au comptant (nous supposons que l'opérateur se couvre avec une option à la monnaie) vaut 3 dollars le baril. L'option portant sur 500 000 barils, la société pétrolière verse à la banque une prime égale à :

$$500\,000 \times 3 = 1\,500\,000 \text{ dollars}$$

Le 1er octobre, deux cas doivent être envisagés, celui d'une baisse du pétrole, d'une part, et celui d'une hausse, d'autre part.

3.1.1.1. Première hypothèse : le prix du pétrole baisse et s'établit à 40 dollars le baril

Confrontée à cette situation, la société pétrolière exerce son option de vente. Le prix du pétrole vendu au mois d'octobre ressort à :

$$500\,000\ (50 - 3) = 23\,500\,000 \text{ dollars.}$$

En l'absence de couverture, le prix de vente aurait été égal à :

$$500\,000 \times 40 = 20\,000\,000 \text{ dollars,}$$

et la société pétrolière aurait subi une perte (un manque à gagner) de :

$$500\,000\,(50 - 40) = 5\,000\,000 \text{ dollars.}$$

La couverture n'est cependant pas gratuite. Le coût de la protection est représenté par la prime qui a été versée lors de l'achat de l'option soit, dans le cas présent, 1 500 000 dollars.

Au total, se couvrir avec une option de vente permet de réduire les pertes de :

$$5\,000\,000 - 1\,500\,000 = 3\,500\,000 \text{ dollars}$$

La société pétrolière aurait pu se donner une plus grande marge de manœuvre en n'achetant pas une option européenne pour octobre, mais une option américaine bénéficiant d'une échéance supérieure à celle du mois d'octobre. Celle-ci étant plus chère qu'une option européenne, le coût de la couverture aurait été plus élevé, mais cette stratégie lui aurait offert une seconde possibilité en cas de baisse des cours.

Dans cette hypothèse, en effet, au lieu d'exercer son option, la société pétrolière aurait pu vendre 500 000 barils au prix du marché au comptant et compenser simultanément la position qu'elle détenait par la revente de l'option qu'elle avait achetée le 1er juin. La société pétrolière aurait enregistré une perte sur le marché au comptant, mais celle-ci aurait été compensée, au moins partiellement, par la vente de l'option. Si le baril de pétrole se négocie à 40 dollars le baril, l'option américaine est profondément dans la monnaie puisqu'elle donne la possibilité de vendre du pétrole à 50 dollars au moment où il se négocie à 40 sur le marché au comptant. Elle vaut au moins 10 dollars, mais, en fait, très probablement plus dans la mesure où s'ajoute à la valeur de parité une valeur temps dont le montant dépend en grande partie de l'échéance de l'option.

Le résultat financier d'une telle opération dépend cependant, s'agissant d'une option échangée sur le marché de gré à gré, des prix auxquels elle est achetée puis revendue. L'option étant en effet adaptée, en termes de nominal, de prix d'exercice et d'échéance, aux besoins de la société pétrolière, celle-ci ne peut vraisemblablement envisager de la revendre qu'à sa banque… et aux conditions dictées par celle-ci.

C'est pour remédier à cet inconvénient qu'il est souhaitable de négocier les options sur un marché organisé doté d'une chambre de compensation. La liquidité inhérente à ce type de marché évite les inconvénients du gré à gré et en particulier celui de devoir s'adresser à la banque qui a initialement vendu l'option de vente. Plusieurs remarques pourraient toutefois atténuer l'intérêt des marchés organisés :

- la liquidité n'y est pas toujours excellente,
- les caractéristiques de l'option sont standardisées et elles ne correspondent pas nécessairement aux besoins des opérateurs,
- le sous-jacent de l'option n'est pas du pétrole physique négocié sur le marché au comptant, mais un contrat à terme dont le cours diffère du prix

du physique du montant de la base, ce qui introduit nécessairement des imperfections dans la couverture.

L'observation des données statistiques indique cependant que dans le domaine des matières premières les options échangées sur les marchés boursiers sont l'objet de transactions plus nombreuses que celles négociées sur le marché de gré à gré. La conclusion à tirer de cette observation est que les trois inconvénients précédemment évoqués ne sont pas dirimants et que l'illiquidité est probablement ce que redoutent le plus les utilisateurs de produits dérivés. Cette affirmation doit toutefois être reçue avec prudence. Il se pourrait, en effet, que les spéculateurs et les arbitragistes utilisent les marchés boursiers et que les professionnels à la recherche d'une couverture aient recours au marché de gré à gré.

3.1.1.2. Deuxième hypothèse : le prix du pétrole s'élève pour s'établir à 60 dollars le baril

Cette hausse conduit la société pétrolière à abandonner son option et à vendre le pétrole au prix au comptant. Elle obtient :

$$50\,000 \times 60 = 30\,000\,000 \text{ dollars,}$$

somme dont il faut retrancher le montant de la prime, soit :

$$30\,000\,000 - 1\,500\,000 = 28\,500\,000 \text{ dollars.}$$

Là encore, si elle avait acheté une option américaine bénéficiant d'une échéance supérieure à celle du mois d'octobre, la société pétrolière aurait pu envisager de la revendre au lieu de l'abandonner. Le profit dégagé par cette transaction n'aurait cependant pas été très important car, au 1er octobre, l'option est en dehors de la monnaie, vu que le prix du pétrole sur le marché au comptant est supérieur au prix d'exercice. Le seul bénéfice aurait été la valeur temps résiduelle…, à condition qu'elle soit supérieure aux coûts de transaction.

3.1.1.3. Représentation graphique des gains et pertes associés à la protection contre la baisse des cours par l'achat d'une option de vente

En l'absence de couverture, la société pétrolière subit une perte dès que le baril de pétrole est inférieur à 50 dollars. Inversement, elle enregistre un gain si le prix augmente au-delà de ce niveau. Le graphique 6.13. représente ce profil des gains et des pertes.

Étant exposée au risque de baisse des prix, la société pétrolière achète une option de vente, dont le prix d'exercice est de 50 dollars, et verse en contrepartie une prime de 3 dollars par baril. Le profil des gains et des pertes associé à l'achat de cette option est représenté par le graphique 6.14.

L'achat de l'option de vente s'avère être profitable dès que le cours du pétrole atteint le niveau de 47 dollars. Ce prix est le point mort de la stratégie d'achat d'option de vente (le prix de 47 correspond à la différence entre le prix d'exercice de 50 et la prime de 3). Si le pétrole augmente, la société pétrolière n'a aucun intérêt à exercer son option, mais elle supporte un coût de couverture de 3 dollars par baril.

Graphique 6.13. – *Profil des gains et des pertes associé à la vente de pétrole*

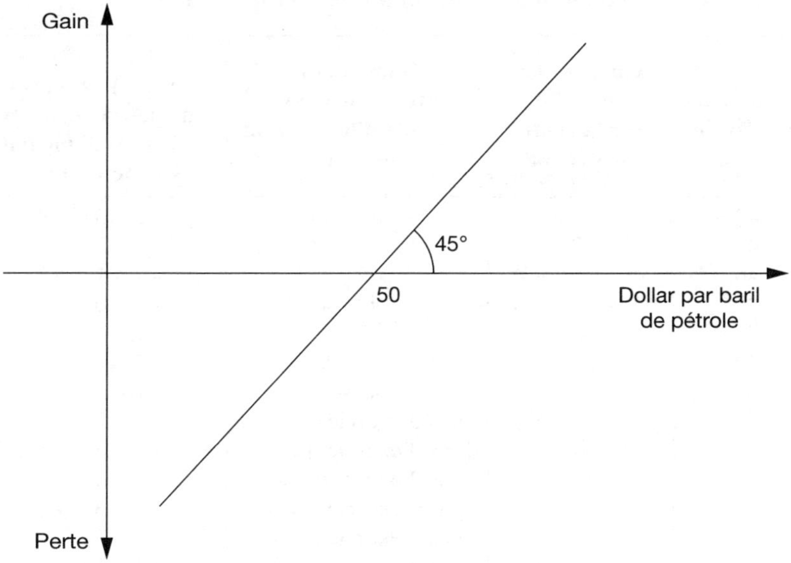

Graphique 6.14. – *Profil des gains et des pertes associé à l'achat de l'option de vente*

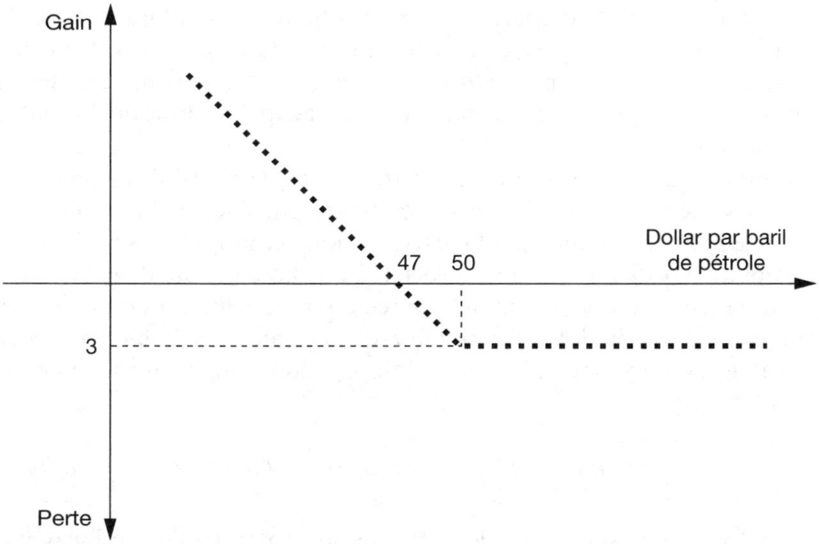

Si l'on s'intéresse à présent au profil des gains et des pertes associé à la vente de pétrole physique couverte par l'achat d'une option de vente (tableau 6.3.), on voit que cette stratégie permet à la société pétrolière

Tableau 6.3. – *Profil des gains et des pertes associé à la vente de pétrole couverte par l'achat d'une option de vente*

Prix du baril de pétrole	**Gain (+) ou perte (–) sur la vente de pétrole**	**Gain (+) ou perte (–) associé(e) à l'achat d'une option de vente**	**Gain (+) ou perte (–) sur la vente de pétrole couverte par l'achat d'une option de vente**
44	44 – 50 = – 6	47 – 44 = + 3	– 6 + 3 = – 3
45	45 – 50 = – 5	47 – 45 = + 2	– 5 + 2 = – 3
46	46 – 50 = – 4	47 – 46 = + 1	– 4 + 1 = – 3
47	47 – 50 = – 3	47 – 47 = 0	– 3 + 0 = – 3
48	48 – 50 = – 2	47 – 48 = – 1	– 2 – 1 = – 3
49	49 – 50 = – 1	47 – 49 = – 2	– 1 – 2 = – 3
50	50 – 50 = 0	47 – 50 = – 3	0 – 3 = – 3
51	51 – 50 = + 1	[pas d'exercice] = – 3	+ 1 – 3 = – 2
52	52 – 50 = + 2	[pas d'exercice] = – 3	+ 2 – 3 = – 1
53	53 – 50 = + 3	[pas d'exercice] = – 3	+ 3 – 3 = 0
54	54 – 50 = + 4	[pas d'exercice] = – 3	+ 4 – 3 = + 1
55	55 – 50 = + 5	[pas d'exercice] = – 3	+ 5 – 3 = + 2
56	56 – 50 = + 6	[pas d'exercice] = – 3	+ 6 – 3 = + 3

d'être protégée contre une baisse du prix du pétrole, mais qu'elle lui permet néanmoins de tirer partiellement profit d'une évolution favorable qu'elle aurait mal anticipée, en l'occurrence une hausse du prix du pétrole. Bien évidemment, cette protection n'est pas gratuite. Le coût de cette couverture est représenté par le paiement d'une prime lors de l'achat de l'option de vente.

Le graphique 6.15. représente, en traits gras, le profil des gains et des pertes associé à la vente de pétrole couverte par l'achat d'une option de vente. Ce profil est obtenu par la juxtaposition des graphiques 6.13. et 6.14. Le graphique 6.15. montre que la société pétrolière profite de la hausse du prix du pétrole au-delà de 53 dollars (ce cours est obtenu en ajoutant au prix d'exercice de 50 dollars le montant de la prime de 3 dollars), et qu'elle est protégée contre une baisse. Elle doit cependant supporter un coût égal à 3 dollars par baril.

3.1.2. La protection contre la baisse des cours et la vente d'une option d'achat

Le 1er juin, une société exploitant un gisement pétrolier craint pour le mois d'octobre une légère baisse du cours du brut qu'elle vend sur le marché international. La production mensuelle est de 1 500 000 barils. Elle décide de se couvrir par la vente sur le marché du gré à gré d'une option d'achat européenne pour l'échéance octobre. Cette vente est conclue avec une banque acceptant ce type de transaction.

Graphique 6.15. – *Profil des gains et des pertes associé à la vente de pétrole couverte par l'achat d'une option de vente*

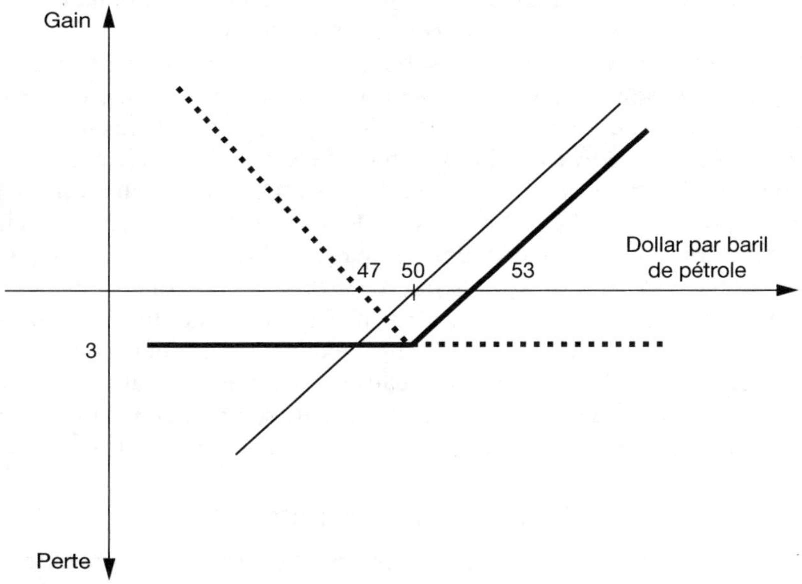

3.1.2.1. La qualité de la couverture

En vendant une option d'achat, la société pétrolière est protégée contre la baisse du cours du pétrole à hauteur de la prime qu'elle encaisse. Le 1er juin, le pétrole se négocie sur le marché au comptant à 60 dollars. Le cours de l'option d'achat pour l'échéance octobre ayant un prix d'exercice de 60 dollars ressort à 4 dollars le baril (ceci est un exemple). La valeur nominale de l'option étant de 1 500 000 barils, la société pétrolière reçoit de la banque une somme égale à :

$$1\,500\,000 \times 4 = 6\,000\,000 \text{ dollars.}$$

Le 1er octobre, trois cas de figure peuvent se présenter.

• Si la baisse du prix du pétrole est inférieure à 4 dollars, la société pétrolière est parfaitement protégée. Tel est le cas si le cours du pétrole demeure supérieur ou égal à 56 dollars. Prenons l'exemple d'un prix au comptant de 57 dollars. Dans cette hypothèse, la société pétrolière bénéficie d'un revenu de 61 dollars, soit le prix au comptant de 57 dollars accru de la prime de 4 dollars (si le pétrole s'était négocié à 59 dollars sur le marché au comptant, le revenu aurait été de 63 dollars par baril).

• Lorsque la baisse est supérieure à 4 dollars, la protection n'est plus assurée. Dans l'exemple qui retient notre attention, la société pétrolière est totalement exposée à la baisse du prix dès que le baril devient inférieur à 56 dollars. Pour un prix égal à 53 dollars (ceci est un exemple), la société pétrolière subit une perte de 3 dollars par baril, soit au total :

$$1\,500\,000\,(56 - 53) = 4\,500\,000 \text{ dollars.}$$

• Au lieu de baisser, le prix du pétrole peut s'élever. Dès que le cours au comptant devient supérieur au prix d'exercice, l'acheteur de l'option d'achat est incité à exercer son option. Tant que la hausse demeure inférieure au montant de la prime, cet acheteur enregistre une perte, mais celle-ci est inférieure à celle qu'il subirait (du fait qu'il a payé la prime) en n'exerçant pas son option. Si elle est exercée, la société pétrolière cède son pétrole au prix de 60 dollars le baril (la livraison prend très souvent la forme d'un *cash settlement*). Compte tenu de la prime encaissée le 1er juin, la société pétrolière obtient un prix de (60 + 4), soit 64 dollars par baril (par rapport à un prix de 61 dollars sur le marché au comptant, la société pétrolière réalise un gain de 3 dollars ; par rapport à un prix au comptant de 63 dollars, le gain n'est plus que de 1 dollar). Lorsque la hausse du pétrole sur le marché au comptant est supérieure au montant de la prime, en l'occurrence 4 dollars par baril dans l'exemple qui retient notre attention, l'acheteur de l'option d'achat réalise un gain en exerçant son option. En étant exercée, la société pétrolière enregistre une perte. Si le prix du pétrole est, par exemple, égal à 70 dollars le baril, l'acheteur de l'option obtient un bénéfice de :

$$1\,500\,000\,(70 - 64) = 9\,000\,000 \text{ dollars}$$

et la société pétrolière, du fait que l'option est exercée, cède son pétrole à un prix de 60 dollars et perd 6 dollars par baril (et non pas 10, car elle conserve le bénéfice de la prime) par rapport à une situation dans laquelle elle ne serait pas couverte (il s'agit d'une perte en opportunité).

Pour éviter d'être exercé, le vendeur de l'option d'achat aurait pu choisir une option américaine ayant une échéance supérieure à octobre. Dans ce cas, il aurait pu compenser sa position en rachetant son option d'achat... mais il aurait dû se conformer aux conditions imposées par la banque... sauf, à opérer sur un marché organisé d'options sur contrats à terme de pétrole, hypothèse que nous ne prenons pas en considération dans cette section.

3.1.2.2. Représentation graphique des gains et des pertes associés à la protection contre la baisse des cours par la vente d'une option d'achat

En l'absence de couverture, la société pétrolière subit une perte lorsque le cours du baril est inférieur à 60 dollars. Inversement, elle enregistre un gain dès que le prix s'élève au-dessus de ce niveau. Ce profil de gains et de pertes est reproduit au graphique 6.16.

Étant exposée à la baisse des prix, la société pétrolière décide de vendre une option d'achat dont le prix d'exercice est de 60 dollars. Elle reçoit en contrepartie une prime de 4 dollars. Cette vente d'option, comme le montre le graphique 6.17, lui permet de bénéficier d'un gain tant que le prix du pétrole sur le marché au comptant est inférieur à 64 dollars (ce prix correspond au point mort de la stratégie de vente d'option d'achat ; il est égal à la somme du prix d'exercice et de la prime). Ce gain est de 4 dollars par baril pour un cours inférieur ou égal à 60 dollars. Du fait que la société

Graphique 6.16. – *Profil des gains et des pertes associé à la vente de pétrole*

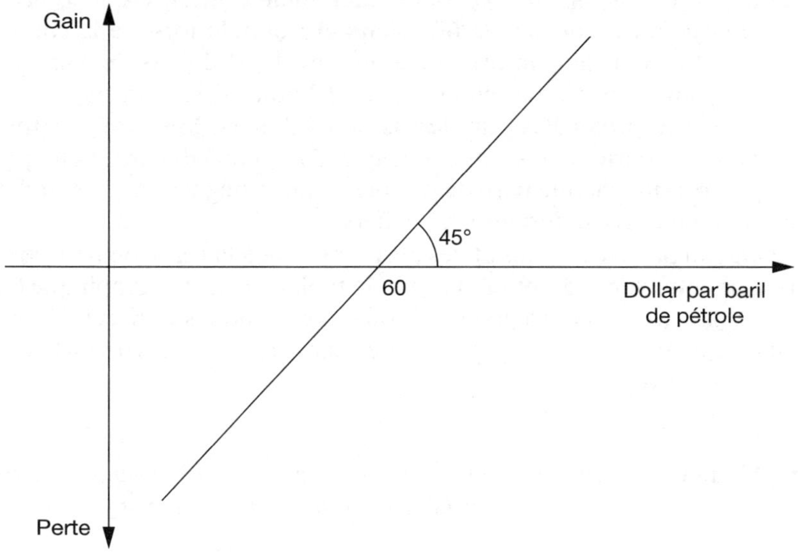

Graphique 6.17. – *Profil des gains et des pertes associé à la vente d'une option d'achat*

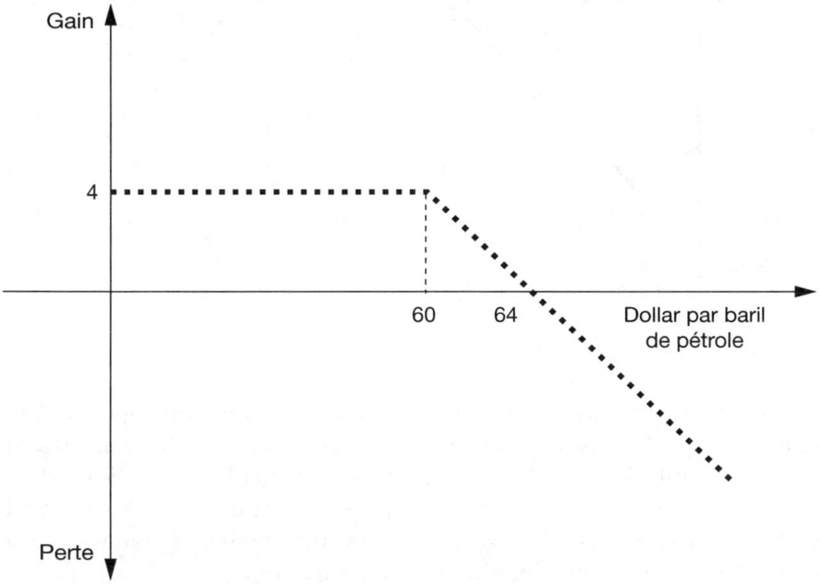

pétrolière est exercée dès que le prix sur le marché au comptant est supérieur à 60 dollars, le profit baisse régulièrement à mesure que le prix du pétrole s'accroît au-dessus de 60 dollars et s'annule lorsque le cours est égal à 64 dollars (pour un prix au comptant de 61 dollars, le gain est de 3 dollars ; pour un prix au comptant de 63 dollars, le gain n'est que de 1 dollar). Si le prix s'élève au-dessus de 64 dollars, la société pétrolière enregistre des pertes car, étant exercée, elle reçoit 60 dollars et une prime de 4 dollars pour chaque baril de pétrole… qui se négocie sur le marché au comptant à un prix supérieur à 64 dollars.

Quant au profil des gains et des pertes associé à la vente de pétrole couverte par cette vente d'option d'achat, le tableau 6.4. et le graphique 6.18., qui est établi à partir de la juxtaposition des graphiques 6.16. et 6.17., montrent qu'une telle stratégie peut s'avérer dangereuse en cas de forte baisse du prix du pétrole.

Graphique 6.18. – *Profil des gains et des pertes associé à la vente de pétrole couverte par la vente d'une option d'achat*

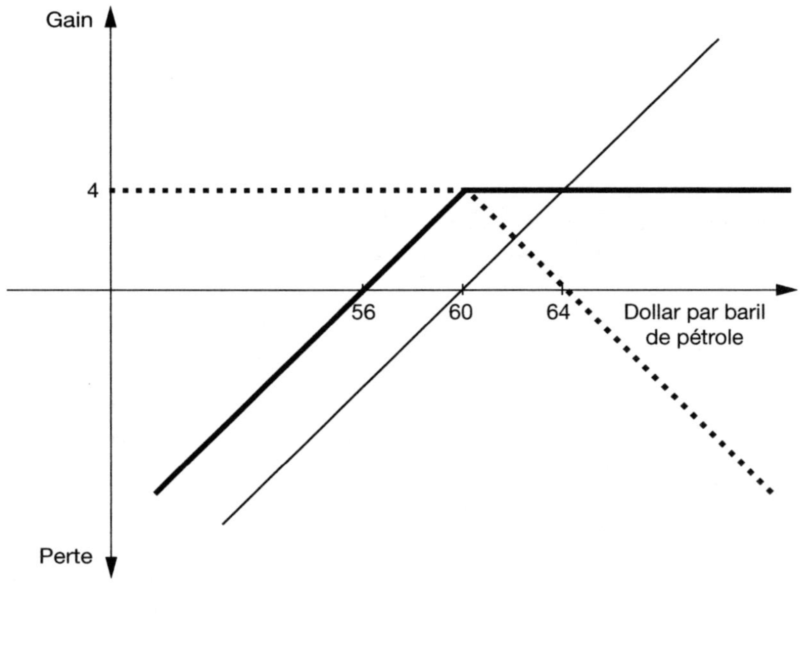

La stratégie de couverture ayant recours à la vente d'une option d'achat est beaucoup plus risquée que ne l'était celle définie par l'achat d'une option de vente. Elle ne doit être envisagée que si l'anticipation est celle d'une faible baisse du cours du pétrole. Il serait également souhaitable qu'elle soit mise en œuvre avec des options négociables échangées au sein de marchés dotés d'une chambre de compensation.

Tableau 6.4. – *Profil des gains et des pertes associé à la vente de pétrole couverte par la vente d'une option d'achat*

Prix du baril de pétrole	Gain (+) ou perte (–) sur la vente de pétrole	Gain (+) ou perte (–) associé(e) à la vente d'une option d'achat	Gain (+) ou perte (–) sur la vente de pétrole couverte par la vente d'une option d'achat
54	54 – 60 = – 6	[pas d'exercice] + 4 = + 4	– 6 + 4 = – 2
55	55 – 60 = – 5	[pas d'exercice] + 4 = + 4	– 5 + 4 = – 1
56	56 – 60 = – 4	[pas d'exercice] + 4 = + 4	– 4 + 4 = 0
57	57 – 60 = – 3	[pas d'exercice] + 4 = + 4	– 3 + 4 = + 1
58	58 – 60 = – 2	[pas d'exercice] + 4 = + 4	– 2 + 4 = + 2
59	59 – 60 = – 1	[pas d'exercice] + 4 = + 4	– 1 + 4 = + 3
60	60 – 60 = 0	[pas d'exercice] + 4 = + 4	0 + 4 = + 4
61	61 – 60 = + 1	60 – 61+ 4 = + 3	+ 1 + 3 = + 4
62	62 – 60 = + 2	60 – 62+ 4 = + 2	+ 2 + 2 = + 4
63	63 – 60 = + 3	60 – 63+ 4 = + 1	+ 3 + 1 = + 4
64	64 – 60 = + 4	60 – 64 + 4 = 0	+ 4 + 0 = + 4
65	65 – 60 = + 5	60 – 65+ 4 = – 1	+ 5 – 1 = + 4
66	66 – 60 = + 6	60 – 66 + 4 = – 2	+ 6 – 2 = + 4

3.2. La protection contre la hausse des cours

Une société de raffinage craint une hausse du cours du pétrole qu'elle utilise pour la production d'essence, de fioul et de kérosène.

L'achat d'une option d'achat est la technique traditionnellement utilisée pour se protéger contre la hausse du prix des matières premières. Cette stratégie est bien adaptée à l'hypothèse d'une hausse *importante* des cours. Si la hausse est *modérée*, il peut être envisagé de recourir à la vente d'une option de vente.

3.2.1. La protection contre la hausse des cours et l'achat d'une option d'achat

Le 1er juin, la société de raffinage utilisant chaque mois 150 000 barils de pétrole craint une hausse des cours du brut pour septembre. Elle décide en conséquence de se couvrir par l'achat d'une option d'achat européenne pour l'échéance septembre. Cet achat se fait auprès d'une banque internationale. Bien évidemment, si elle redoutait une hausse sur plusieurs mois, la société de raffinage achèterait des options pour les mois d'octobre, de novembre ou de décembre, etc. (nous verrons au paragraphe 3.3. du chapitre 7 qu'il serait probablement plus astucieux d'acheter un *cap*).

Le 1er juin, le cours au comptant est égal à 60 dollars le baril, et l'option d'achat européenne pour l'échéance septembre ayant un prix d'exercice de 60 dollars (nous supposons que le raffineur se couvre avec une option à la monnaie) vaut 4 dollars le baril (ceci est un exemple). L'option portant sur 150 000 barils, la société de raffinage verse à la banque une prime égale à :

$$150\,000 \times 4 = 600\,000 \text{ dollars.}$$

Le 1er septembre, deux cas doivent être envisagés, celui d'une hausse du prix du pétrole, d'une part, celui d'une baisse, d'autre part.

3.2.1.1. Première hypothèse : le prix du pétrole s'accroît pour s'établir à 70 dollars le baril

Confrontée à cette hausse, la société de raffinage exerce son option d'achat au prix de 60 dollars. Le prix du pétrole obtenu au mois de septembre ressort à :

$$150\,000\,(60 + 4) = 9\,600\,000 \text{ dollars.}$$

En l'absence de couverture, le prix d'achat aurait été égal à :

$$150\,000 \times 70 = 10\,500\,000 \text{ dollars}$$

et la société de raffinage aurait subi une perte de :

$$150\,000\,(70 - 60) = 1\,500\,000 \text{ dollars.}$$

La couverture n'est cependant pas gratuite. Le coût de la protection est représenté par la prime qui a été versée lors de l'achat de l'option soit, dans le cas présent, 600 000 dollars.

Au total, se couvrir avec une option d'achat permet de réduire les pertes de :

$$1\,500\,000 - 600\,000 = 900\,000 \text{ dollars.}$$

Le raffineur aurait pu se donner une plus grande marge de manœuvre en n'achetant pas une option européenne pour l'échéance septembre, mais une option américaine bénéficiant d'une échéance supérieure à celle du mois de septembre. Celle-ci étant plus chère qu'une option européenne, le coût de la couverture aurait été supérieur, mais cette stratégie lui aurait offert une seconde possibilité en cas de hausse des cours.

Dans cette hypothèse, en effet, au lieu d'exercer son option, la société de raffinage aurait acheté 150 000 barils sur le marché au comptant et compensé simultanément la position qu'elle détenait par la vente de l'option achetée le 1er juin. La société de raffinage aurait alors enregistré une perte sur le marché au comptant, mais celle-ci aurait été compensée par la vente de l'option. Si le baril de pétrole se négocie à 70 dollars, l'option américaine est profondément dans la monnaie car elle donne la possibilité d'acheter du pétrole à 60 dollars au moment où il se négocie à 70 dollars sur le marché au comptant. Elle vaut au moins 10 dollars, mais, en fait, très probablement plus dans la mesure où s'ajoute à la valeur de parité une valeur temps dont le montant dépend principalement de l'échéance de l'option américaine.

Le résultat financier d'une telle opération dépend cependant, s'agissant d'une option échangée sur le marché de gré à gré, des prix auxquels l'option est achetée puis revendue. L'option étant adaptée, en termes de nominal, de prix d'exercice et d'échéance, aux besoins du raffineur, celui-ci ne peut vraisemblablement envisager de la revendre qu'à sa banque… et aux conditions dictées par celle-ci.

3.2.1.2. Deuxième hypothèse : le prix du pétrole baisse et s'établit à 50 dollars le baril

Cette baisse conduit la société de raffinage à abandonner son option et à acheter le pétrole au cours au comptant. Le prix est égal à :

$$150\,000 \times 50 = 7\,500\,000 \text{ dollars}$$

somme à laquelle il faut ajouter le montant de la prime, soit :

$$7\,500\,000 + 600\,000 = 8\,100\,000 \text{ dollars.}$$

Là encore, s'il avait acheté une option américaine avec une échéance supérieure à celle de septembre, le raffineur aurait pu la revendre au lieu de l'abandonner. Le profit dégagé par cette transaction n'aurait pas cependant été très important. Au 1er septembre, en effet, l'option est profondément en dehors de la monnaie, car le prix du pétrole sur le marché est inférieur au prix d'exercice.

3.2.1.3. Représentation graphique des gains et des pertes associés à la protection contre la hausse des cours par l'achat d'une option d'achat

En l'absence de couverture, la société de raffinage subit une perte dès que le cours du pétrole est supérieur à 60 dollars le baril. Inversement, elle enregistre un gain dès que le prix devient inférieur à ce prix. Le graphique 6.19. reproduit ce profil de gains et de pertes.

Graphique 6.19. – *Profil des gains et des pertes associé à l'achat de pétrole*

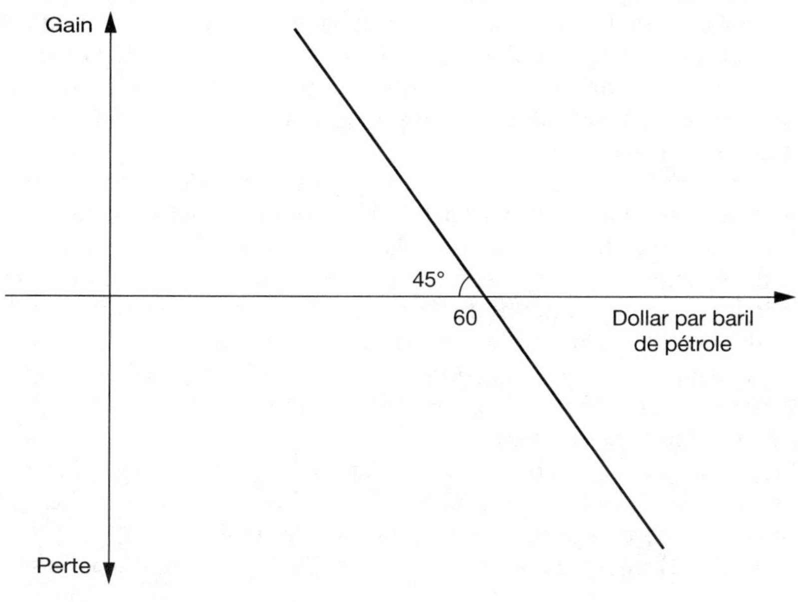

Étant exposée au risque de hausse des prix, la société de raffinage achète une option d'achat dont le prix d'exercice est de 60 dollars et verse une prime de 4 dollars par baril. Le profil des gains et des pertes associé à l'achat de cette option est représenté par le graphique 6.20.

Graphique 6.20. – *Profil des gains et des pertes associé à l'achat d'option d'achat*

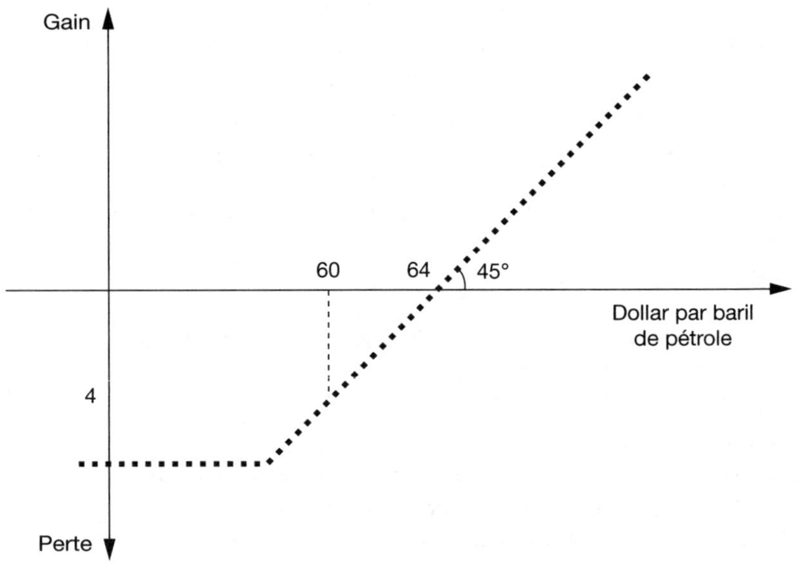

L'achat de l'option d'achat s'avère être rentable dès que le pétrole atteint 64 dollars. Ce prix est le point mort associé à la stratégie d'achat d'une option d'achat (ce point mort correspond à la somme du prix d'exercice de 60 et de la prime de 4). Si le prix du pétrole diminue, la société de raffinage n'a aucun intérêt à exercer son option, mais elle supporte un coût de 4 dollars par baril.

Si l'on s'intéresse à présent au profil des gains et des pertes associé à l'achat de pétrole couvert par l'achat d'une option d'achat (tableau 6.5.), on voit que cette stratégie permet à la société de raffinage de se protéger contre un risque défavorable, en l'occurrence une hausse du prix, mais qu'elle lui permet néanmoins de tirer partiellement profit d'une évolution favorable qu'elle aurait mal anticipée, en l'occurrence une baisse du prix. Bien évidemment, cette protection n'est pas gratuite. Le coût de la couverture est représenté par le paiement d'une prime acquittée par le raffineur lors de l'achat de l'option d'achat.

Le graphique 6.21. représente, en traits gras, le profil des gains et des pertes associé à l'achat de pétrole couvert par l'achat d'une option d'achat. Ce profil est obtenu par la juxtaposition des graphiques 6.19. et 6.20. Le graphique 6.21. montre que la société de raffinage profite d'une baisse du

Tableau 6.5. – *Profil des gains et des pertes associé à l'achat de pétrole couvert par l'achat d'une option d'achat*

Prix du baril de pétrole	Gain (+) ou perte (–) sur l'achat de pétrole	Gain (+) ou perte (–) associé(e) à l'achat d'une option d'achat	Gain (+) ou perte (–) sur l'achat de pétrole couvert par l'achat d'une option d'achat
54	60 – 54 = + 6	[pas d'exercice] = – 4	+ 6 – 4 = + 2
55	60 – 55 = + 5	[pas d'exercice] = – 4	+ 5 – 4 = + 1
56	60 – 56 = + 4	[pas d'exercice] = – 4	+ 4 – 4 = 0
57	60 – 57 = + 3	[pas d'exercice] = – 4	+ 3 – 4 = – 1
58	60 – 58 = + 2	[pas d'exercice] = – 4	+ 2 – 4 = – 2
59	60 – 59 = + 1	[pas d'exercice] = – 4	+ 1 – 4 = – 3
60	60 – 60 = 0	[pas d'exercice] = – 4	0 – 4 = – 4
61	60 – 61 = – 1	61 – 64 = – 3	– 1 – 3 = – 4
62	60 – 62 = – 2	62 – 64 = – 2	– 2 – 2 = – 4
63	60 – 63 = – 3	63 – 64 = – 1	– 3 – 1 = – 4
64	60 – 64 = – 4	64 – 64 = 0	– 4 + 0 = – 4
65	60 – 65 = – 5	65 – 64 = + 1	– 5 + 1 = – 4
66	60 – 66 = – 6	66 – 64 = + 2	– 6 + 2 = – 4

prix du pétrole en deçà de 56 dollars (ce cours est obtenu en retranchant du prix d'exercice de 60 dollars le montant de la prime de 4 dollars), et qu'elle est protégée contre une hausse. Elle doit cependant supporter un coût de couverture égal à 4 dollars par baril.

3.2.2. La protection contre la hausse des cours et la vente d'une option de vente

Le 1er juin, une société de raffinage utilisant chaque mois 150 000 barils de pétrole craint une hausse légère (mais suffisante pour réduire son résultat d'exploitation) du cours du pétrole pour septembre. Elle décide en conséquence de se couvrir sur le marché de gré à gré par la vente d'une option de vente européenne pour l'échéance septembre. Cette vente est conclue avec une banque internationale.

3.2.2.1. La qualité de la couverture

En vendant une option de vente, le raffineur est protégé contre la hausse des cours à hauteur de la prime qu'il encaisse. Le 1er juin, le pétrole est égal à 60 dollars le baril. Le prix de l'option de vente européenne pour l'échéance septembre ayant un prix d'exercice de 60 dollars ressort à 2 dollars le baril (ceci est un exemple). La valeur nominale de l'option étant de 150 000 barils, la société de raffinage reçoit de la banque une somme de :

$$150\,000 \times 2 = 300\,000 \text{ dollars.}$$

Graphique 6.21. – *Profil des gains et des pertes associé à l'achat de pétrole convert par l'achat d'une option d'achat*

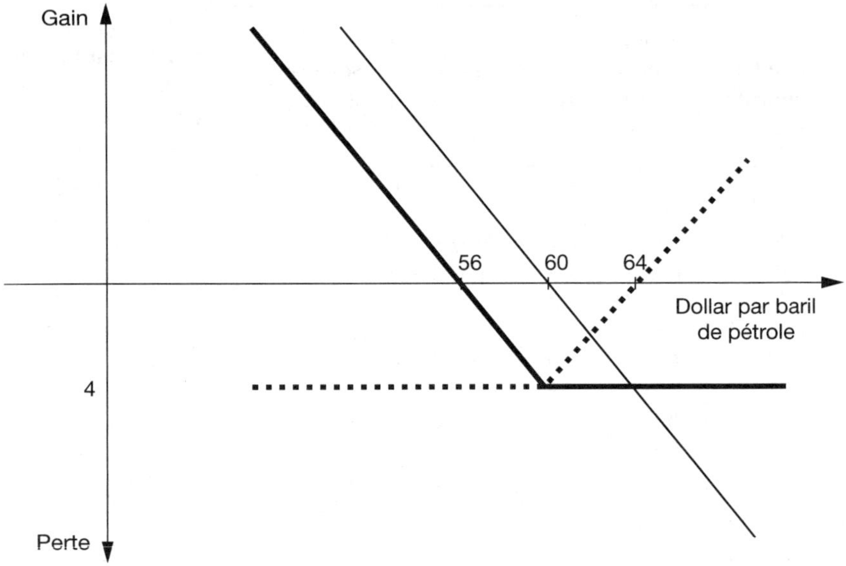

Le 1er septembre, trois cas de figure peuvent se présenter.

• Si la hausse du prix du pétrole est inférieure au montant de la prime perçue, la société de raffinage est parfaitement protégée. Tel est le cas si le cours du pétrole demeure inférieur ou égal à 62 dollars le baril. Pour un prix au comptant de 61 dollars, le prix de revient du baril acheté par la société de raffinage ressort à 59 dollars, soit le prix au comptant de 61 dollars diminué de la prime de 2 dollars (si le pétrole s'était négocié à 60 dollars sur le marché au comptant, le prix de revient aurait été de 58 dollars).

• La protection n'est plus assurée lorsque la hausse est supérieure à 2 dollars. Dans l'exemple qui retient notre attention, la société de raffinage est totalement exposée à la hausse du prix dès que le cours du baril devient supérieur à 62 dollars. Pour un prix de 65 dollars (ceci est un exemple), la société de raffinage subit une perte de 3 dollars par baril, soit au total :

$$150\,000\ (65 - 62) = 450\,000 \text{ dollars.}$$

• Au lieu de s'élever, le prix du pétrole peut baisser. Dès que le cours au comptant devient inférieur au prix d'exercice, l'acheteur de l'option de vente (en l'occurrence la banque) est incité à exercer son option. Tant que la baisse demeure inférieure au montant de la prime, l'acheteur enregistre une perte, mais celle-ci est inférieure à celle qu'il subirait (du fait du versement de la prime) en n'exerçant pas son option. Si elle est exercée, la société de raffinage achète son pétrole au prix de 60 dollars le baril. Compte tenu de la prime encaissée le 1er juin, le prix de revient ressort à (60 – 2), soit 58 dollars le baril. Lorsque la baisse du pétrole est supérieure au montant de la prime, l'acheteur de l'option de vente réalise un gain en exerçant son option. En étant exercé, le raffineur enregistre une perte. Si le prix du pétrole est par exemple égal à 51 dollars le baril, l'acheteur de l'option bénéficie d'un gain de :

150 000 (58 – 51) = 1 050 000 dollars.

En étant exercée, la société de raffinage acquiert son pétrole à un prix de 60 dollars et perd 7 dollars par baril (car elle conserve le bénéfice de la prime) par rapport à une situation dans laquelle elle n'aurait pas été couverte.

Pour éviter d'être exercé, le raffineur vendeur de l'option de vente aurait pu choisir une option américaine ayant une échéance supérieure à octobre. Dans ce cas, il aurait pu compenser sa position… mais il aurait dû se conformer aux conditions imposées par la banque.

3.2.2.2. Représentation graphique des gains et des pertes associés à la protection contre la hausse des cours par la vente d'une option de vente

En l'absence de couverture, la société de raffinage subit une perte dès que le baril est supérieur à 60 dollars et enregistre un gain dès que le prix baisse au-dessous de ce niveau. Le graphique 6.22. représente ce profil des gains et des pertes.

Graphique 6.22. – *Profil des gains et des pertes associé à l'achat de pétrole*

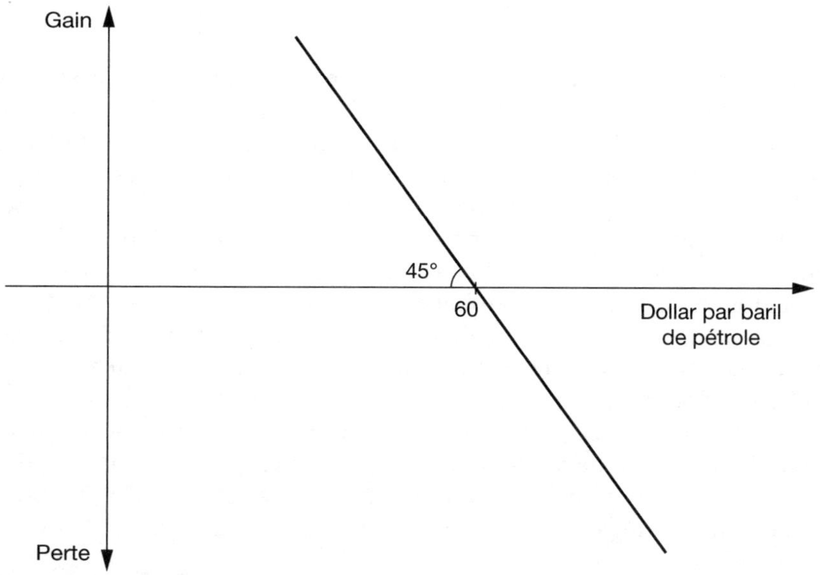

Étant exposée à la hausse du prix du pétrole, la société de raffinage décide de vendre une option de vente dont le prix d'exercice est de 60 dollars. Elle reçoit, en contrepartie, une prime de 2 dollars. Cette vente, comme le montre le graphique 6.23., lui permet de bénéficier d'un gain tant que le prix du baril de pétrole sur le marché au comptant ne baisse pas

Graphique 6.23. – *Profil des gains et des pertes associé à la vente d'une option de vente*

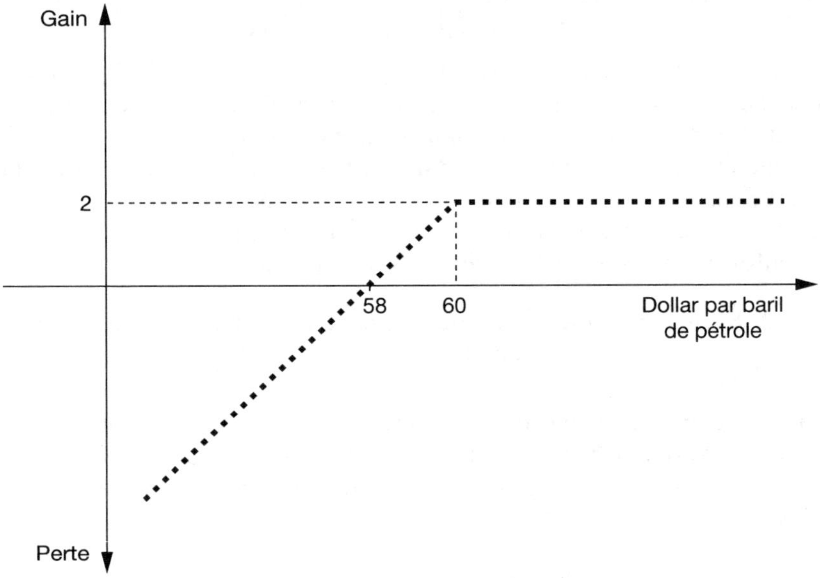

en deçà de 58 dollars (ce prix, correspondant au point mort de la stratégie de vente d'une option de vente, est égal à la valeur du prix d'exercice diminuée du montant de la prime). Ce gain est de 2 dollars par baril pour un cours supérieur ou égal à 60 dollars. Du fait que le raffineur est exercé dès que le prix au comptant est inférieur à 60 dollars, le profit s'amenuise à mesure que le prix du pétrole baisse en dessous de 60 dollars et disparait lorsque le cours est égal à 58 dollars. Si le prix du pétrole passe en dessous de 58 dollars, la société de raffinage enregistre des pertes car, étant exercée, elle paie 60 dollars et perçoit une prime de 2 dollars pour chaque baril de pétrole… qui se négocie sur le marché au comptant à un prix inférieur à 58 dollars par baril.

Quant aux gains et pertes associés à l'achat de pétrole couvert par la vente d'une option de vente, le tableau 6.6. et le graphique 6.24., qui est établi à partir de la juxtaposition des graphiques 6.22. et 6.23., montrent qu'une telle stratégie peut s'avérer dangereuse en cas de forte hausse du prix du pétrole.

La stratégie de couverture ayant recours à la vente d'une option de vente est beaucoup plus risquée que ne l'était celle utilisant l'achat d'une option d'achat. Elle ne doit être envisagée que si l'anticipation est celle d'une faible hausse du prix du pétrole. Il serait également souhaitable qu'elle soit mise en œuvre avec des options négociables échangées au sein de marchés dotés d'une chambre de compensation.

Graphique 6.24. – *Profil des gains et des pertes associé à l'achat de pétrole couvert par la vente d'une option de vente*

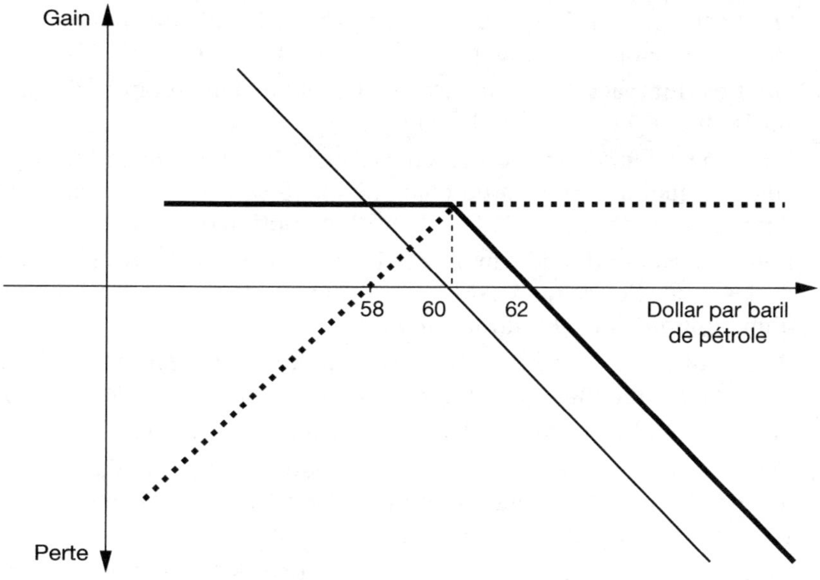

Tableau 6.6. – *Profil des gains et des pertes associé à l'achat de pétrole couvert par la vente d'une option de vente*

Prix du baril de pétrole	Gain (+) ou perte (–) sur l'achat de pétrole	Gain (+) ou perte (–) associé(e) à la vente d'une option de vente	Gain (+) ou perte (–) sur l'achat de pétrole couvert par la vente d'une option de vente
54	60 – 54 = + 6	54 – 60 + 2 = – 4	+ 6 – 4 = + 2
55	60 – 55 = + 5	55 – 60 + 2 = – 3	+ 5 – 3 = + 2
56	60 – 56 = + 4	56 – 60 + 2 = – 2	+ 4 – 2 = + 2
57	60 – 57 = + 3	57 – 60 + 2 = – 1	+ 3 – 1 = + 2
58	60 – 58 = + 2	58 – 60 + 2 = 0	+ 2 + 0 = + 2
59	60 – 59 = + 1	59 – 60 + 2 = + 1	+ 1 + 1 = + 2
60	60 – 60 = 0	[pas d'exercice] + 2 = + 2	0 + 2 = + 2
61	60 – 61 = – 1	[pas d'exercice] + 2 = + 2	– 1 + 2 = + 1
62	60 – 62 = – 2	[pas d'exercice] + 2 = + 2	– 2 + 2 = 0
63	60 – 63 = – 3	[pas d'exercice] + 2 = + 2	– 3 + 2 = – 1
64	60 – 64 = – 4	[pas d'exercice] + 2 = + 2	– 4 + 2 = – 2
65	60 – 65 = – 5	[pas d'exercice] + 2 = + 2	– 5 + 2 = – 3
66	60 – 66 = – 6	[pas d'exercice] + 2 = + 2	– 6 + 2 = – 4

Questions ponctuelles

1. Quel est l'impact de la volatilité du prix de l'actif sous-jacent sur la valeur d'une option d'achat ? sur la valeur d'une option de vente ?
2. Quel est l'impact de l'échéance sur la valeur d'une option d'achat ? sur la valeur d'une option de vente ?
3. Pour une valeur donnée du prix d'exercice, et toutes choses égales par ailleurs, quel est l'impact du cours de l'actif sous-jacent sur la valeur d'une option d'achat ? sur la valeur d'une option de vente ?
4. Pour une valeur donnée du prix de l'actif sous-jacent, et toutes choses égales par ailleurs, quel est l'impact du prix d'exercice sur la valeur d'une option d'achat ? sur la valeur d'une option de vente ?
5. Pourquoi une option est-elle dans la monnaie (*in the money*) ? en dehors de la monnaie (*out of the money*) ? à la parité (*at the money*) ?
6. Quelles sont les stratégies élémentaires associées aux options ?
7. Quels sont la perte et le gain potentiels associés à l'achat d'une option d'achat ? à la vente d'une option d'achat ? à l'achat d'une option de vente ? à la vente d'une option de vente ?
8. Comment se protéger contre la baisse du prix des matières premières à l'aide d'options ?
9. Quels sont les gains et les pertes associés à la couverture contre la baisse du prix des matières premières ayant recours à l'achat d'une option de vente européenne ? à la vente d'une option d'achat européenne ?
10. Quel jugement portez-vous quant à la protection offerte par la vente d'une option d'achat ?
11. Comment se protéger contre la hausse du prix des matières premières à l'aide d'options ?
12. Quels sont les gains et les pertes associés à la couverture contre la hausse des prix des matières premières ayant recours à l'achat d'une option d'achat européenne ? à la vente d'une option de vente européenne ?
13. Quel jugement portez-vous quant à la protection offerte par la vente d'une option de vente ?

Questions de synthèse

1. Les déterminants de la valeur d'une option.
2. Analyser la stratégie d'achat d'une option d'achat et représenter graphiquement le profil des gains et des pertes qui lui est associé.
3. Analyser la stratégie de vente d'une option d'achat et représenter graphiquement le profil des gains et des pertes qui lui est associé.

4. Analyser la stratégie d'achat d'une option de vente et représenter graphiquement le profil des gains et des pertes qui lui est associé.
5. Analyser la stratégie de vente d'une option de vente et représenter graphiquement le profil des gains et des pertes qui lui est associé.
6. La couverture contre la baisse du prix des matières premières par l'achat d'une option de vente européenne.
7. La couverture contre la baisse du prix des matières premières par la vente d'une option d'achat européenne.
8. La couverture contre la hausse du prix des matières premières par l'achat d'une option d'achat européenne.
9. La couverture contre la hausse du prix des matières premières par la vente d'une option de vente européenne.

Chapitre 7

LES MARCHÉS DE GRÉ À GRÉ ET LA GESTION DU RISQUE DE PRIX

Objectifs pédagogiques :

- comprendre la contribution des contrats *forward* à la gestion des risques de prix,
- connaître le montage des *swaps* de matières premières et l'utilité de ces instruments pour la gestion des risques de prix,
- apprécier l'utilité et la contribution des options à la gestion du risque de prix,
- connaître les principes de base des options asiatiques et des options *look back*,
- saisir l'intérêt du *cap*, un instrument qui permet de se protéger contre le risque de hausse des prix sans se priver des avantages d'une baisse,
- comprendre, de la même façon, l'intérêt du *floor*, un instrument qui permet de se protéger contre le risque de baisse des prix sans se priver des bénéfices d'une hausse,
- déterminer l'avantage du *collar*, un instrument qui combine l'achat d'un *cap* et la vente d'un *floor*, ou la vente d'un *cap* et l'achat d'un *floor*,
- appréhender le montage des options sur *swaps* et leur contribution à la gestion des risques de prix des matières premières.

Le développement et la qualité des services rendus par les instruments dérivés sur le marché de gré à gré dans le domaine des taux de change et celui des taux d'intérêt ont conduit les opérateurs exposés aux variations des prix des matières premières à reprendre ces instruments et les techniques qu'ils impliquent pour les adapter à leurs propres besoins.

1. Les contrats *forward* et les transactions avec livraison différée

Pour se protéger contre les risques de prix, les opérateurs intervenants sur le marché des matières premières peuvent avoir recours aux contrats *forward*. Les transactions avec livraison différée furent les premiers instruments de couverture utilisés par les professionnels à la recherche d'une protection contre le risque de prix. Leur utilisation est bien antérieure à celle des contrats *futures*.

Un *forward* est un contrat aux termes duquel le vendeur (l'acheteur) s'engage pour un horizon déterminé à livrer (prendre livraison d') une certaine quantité de matière première à un prix ferme et définitif. Cette définition fait apparaître que les contrats *forward* remplissent simultanément une fonction financière (la protection contre le risque de prix) et une fonction commerciale (la livraison effective de produits physiques). En tant qu'instrument de couverture, le contrat *forward* offre l'avantage de ne pas être standardisé et de pouvoir s'adapter aux besoins de celui qui recherche une protection contre le risque de prix.

Les transactions avec livraison différée se sont développées dans la quasi-totalité des marchés de matières premières. Elles ont toutefois connu un développement spécifique dans le secteur pétrolier, en particulier sur le marché du Brent. Par rapport aux contrats habituels prévoyant une livraison différée de la matière première, les transactions *forward* sur le Brent bénéficient d'une certaine négociabilité, en ce sens que l'acheteur (le vendeur) d'une cargaison de pétrole peut la revendre (racheter) à un autre opérateur, ce qui lui évite d'avoir à livrer ou à prendre livraison du produit physique. Bien que les contrats présentent une certaine négociabilité, ce marché ne doit pas être assimilé pour autant à un marché organisé (*futures market*) du fait, entre autres, de l'absence de tout organisme de compensation.

Le marché *forward* sur le Brent est le plus connu de tous les marchés de contrats avec livraison différée, mais il en existe d'autres, moins célèbres et moins bien organisés, mais tout aussi importants. Ces marchés (quelle que soit la matière première sous-jacente aux contrats) présentent de sérieux inconvénients :

- la transparence des prix n'est pas assurée,
- la confidentialité des transactions est impossible à réaliser,
- la liquidité du marché est très faible, voire inexistante,
- en l'absence de chambre de compensation, la sécurité des co-contractants n'est pas assurée ; les contrats avec livraison différée protègent les opérateurs contre le risque de prix, mais ils introduisent un risque de crédit, d'autant plus important que l'engagement est à plus long terme,
- le recours aux contrats *forward* fige et rigidifie les relations commerciales et financières entre les co-contractants,
- cet instrument interdit aux opérateurs de tirer profit d'une évolution favorable des cours qu'ils n'avaient pas prévue ou qui ne pouvait être anticipée lors de la négociation du contrat *forward*.

Pour limiter ces inconvénients, il faut recourir à des instruments qui dissocient la transaction commerciale de la protection contre le risque de prix, qui évitent le risque de crédit, et qui permettent à l'opérateur de profiter d'une évolution ultérieure des cours qui se révèlerait favorable. Le contrat *futures* répond aux deux premières exigences. Les options et les contrats optionnels satisfont à la troisième.

En dépit de leurs inconvénients, les contrats *forward* sont toujours très utiles, en particulier pour se couvrir contre les risques de prix afférents aux matières premières qui ne bénéficient pas d'un marché de contrats à terme standardisés (*futures market*).

2. Les *swaps* de matières premières et la gestion du risque de prix

Les premiers *swaps* de matières premières furent montés au milieu de la décennie 1980, mais il fallut attendre 1989 pour que le marché se développe, essentiellement dans le secteur pétrolier. Au premier semestre 1990, plus de 80 % des *swaps* de matières premières concernaient les produits pétroliers. Près des trois quarts d'entre eux étaient basés sur les prix à terme du West Texas Intermediate et une partie significative du reste reposait sur les prix à terme du Brent. S'il a débuté avec le pétrole brut, le marché des *swaps* touche aujourd'hui le fioul léger, le kérosène, le fioul lourd, le gaz naturel, les bruts lourds, les métaux précieux, les métaux non ferreux et même les *soft commodities*.

Les matières premières susceptibles de faire l'objet de *swaps* sont celles dont les cours connaissent de très fortes fluctuations qui ne peuvent être couvertes sur des marchés à terme. Il est certes toujours possible d'initier des couvertures croisées (voir la section 6 du chapitre 4), mais ces opérations sont assez risquées, car les corrélations reliant les prix des produits que l'on veut couvrir et les cours des matières premières servant de sous-jacents aux contrats utilisés comme instruments de couverture ne sont pas stables. Plutôt que d'avoir à supporter le risque de *spread* associé à une opération de *cross hedging* ou le risque de variation des cours en ne se couvrant pas, il est préférable d'initier un *swap*... même si cette opération se révèle être parfois coûteuse en terme d'opportunité.

Les *swaps* sont susceptibles d'être mis en œuvre pour toutes les matières premières disposant de prix de référence indiscutés. Ces références peuvent être des prix à terme ou des prix au comptant diffusés par des organismes spécialisés comme Platt's. Les cotations sur les marchés organisés ont la préférence des opérateurs, car ces prix sont publics et l'importance des transactions à terme interdit qu'ils puissent être l'objet de manipulations. Par ailleurs, en offrant un mécanisme de couverture, les marchés organisés permettent aux banques et aux opérateurs exposés au risque de prix de se protéger dans les meilleures conditions possibles.

Depuis 1987, de nombreux négociants et institutions financières (banques commerciales et banques d'investissement) se sont engagés avec succès dans le montage de *swaps* de matières premières.

2.1. La définition et le montage d'un swap

Un *swap* de matière première est un instrument de couverture relativement simple dans son principe. Il permet à un producteur de fixer son prix de vente et à un utilisateur de fixer son prix d'achat pour une période de temps librement déterminée lors de la négociation du *swap*, mais qui peut atteindre cinq ans et parfois plus.

Les *swaps* de matières premières sont directement issus des *swaps* de taux d'intérêt, opérations dans lesquelles une partie s'engage à verser un taux flottant et à recevoir un taux fixe pendant que l'autre partie s'engage à recevoir le taux flottant et à verser le taux fixe. De la même façon, dans un *swap* de matière première, une partie s'engage à verser pendant une certaine période, et à intervalles réguliers, un prix *spot* qui est par nature variable, et à recevoir un prix fixe ; la contrepartie s'engage, elle, à recevoir le prix variable et à verser le prix fixe. Si les *swaps* de matières premières sont fondamentalement semblables aux *swaps* de taux, ils en diffèrent cependant sur deux points.

• Dans les *swaps* de matières premières, le prix flottant est très souvent le prix moyen sur une période de temps (un mois, un trimestre, un semestre...) alors que, pour les *swaps* de taux d'intérêt, il s'agit du taux à une date bien précise (le taux à 12 heures à Londres le premier jour ouvrable du trimestre, le taux à 15 heures à Paris le premier jour ouvrable du semestre, etc.). Ceci s'explique par le fait que les acheteurs de matières premières bénéficient de contrats d'approvisionnement. Ils préfèrent, en conséquence, se protéger contre le risque afférent au prix moyen d'une période qu'être couverts contre le risque de prix à une date bien spécifique. Le raisonnement est identique pour les producteurs qui se sont engagés à livrer des quantités déterminées de matières premières dans le cadre de contrats de livraison.

• Quand il existe des marchés organisés de bonne qualité, les *swaps* de matières premières sont très souvent établis par référence aux prix des contrats à terme alors que, pour les *swaps* de taux d'intérêt, ce sont les taux au comptant qui sont généralement pris comme référence. Dans le domaine des matières premières, les prix à terme sont des cours transparents et d'une fiabilité supérieure à celle des prix au comptant. Par ailleurs, la référence au prix à terme facilite la gestion des risques assumés par les banques qui sont les contreparties des producteurs ou des utilisateurs de matières premières.

Dans la mesure où un *swap* de matière première ne se dénoue jamais par une livraison de physique, mais par des versements monétaires (*cash settlements*), on peut le définir comme un contrat signé entre deux parties prévoyant le versement de paiements périodiques égaux à la différence entre un prix fixe et un prix flottant, pour un volume donné d'une matière première bien spécifiée et ceci durant toute la vie du contrat.

Lors de la conclusion du contrat, les opérateurs doivent négocier avec précision le prix fixe, le mode de calcul du prix flottant (ou de l'indice servant à la détermination du prix flottant), la périodicité des versements, la durée des engagements pris et le volume sur lequel porte le *swap*.

2.2. *L'utilité des* swaps

La finalité d'un *swap* est d'offrir une protection contre le risque de prix, comme l'établissent les deux illustrations simplifiées suivantes.

2.2.1. La protection contre la hausse des cours

Une compagnie de transport aérien s'approvisionnant à prix flottant sur le marché *spot* du kérosène (graphique 7.1.) redoute une hausse du prix du carburant. Pour s'en protéger, elle négocie un *swap* avec une banque (graphique 7.2.) au terme duquel cette institution accepte de lui verser chaque trimestre pendant trois ans un prix flottant et de recevoir aux mêmes dates un prix fixe.

Le premier jour ouvrable de chaque trimestre, la banque et la compagnie aérienne comparent le prix fixe et le prix flottant (en l'occurrence, et pour prendre un exemple, la moyenne des cotations publiées chaque jour ouvrable par Platt's sur les trois derniers mois).

• Si le prix flottant (celui auquel la compagnie aérienne est supposée s'approvisionner) est supérieur au prix fixe, la banque verse à la compagnie de transport aérien la différence entre les deux cours multipliée par la quantité faisant l'objet de l'accord de *swap*.

• Si le prix flottant est inférieur au prix fixe, c'est la compagnie d'aviation qui verse la différence à la banque.

Bien évidemment, le risque de prix a été transféré à la banque. Cette dernière ne souhaitant pas, en règle générale, le conserver dans ses livres, elle va le reporter sur des marchés organisés. La banque étant exposée à un risque de hausse des cours, elle se couvre en achetant des contrats à terme ou des options d'achat sur contrats à terme (graphique 7.3.). Dans les faits, elle recourt aux contrats à terme, car elle n'a pas à payer les primes attachées aux options. Par ailleurs, la liquidité des marchés de contrats à terme étant bien supérieure à celle des marchés d'options, la couverture y est plus facile et moins coûteuse. La banque peut également se couvrir en montant un deuxième *swap*, symétrique du premier, dans lequel elle reçoit le prix flottant et verse le prix fixe. Dans la mesure où il est extrêmement rare que deux *swaps* soient l'exact miroir l'un de l'autre, la banque doit se retourner, en règle générale, vers les marchés organisés pour couvrir un risque résiduel.

Un exemple chiffré simplifié permet de mieux comprendre le fonctionnement et l'utilité d'un *swap*.

Le 10 février, une compagnie de transport aérien contacte une banque d'investissement, très active dans le marché pétrolier, pour monter un *swap* afin de protéger le coût de ses approvisionnements en kérosène effectués sur le marché *spot* de Rotterdam.

Graphique 7.1. – Swap *et protection contre la hausse des prix*

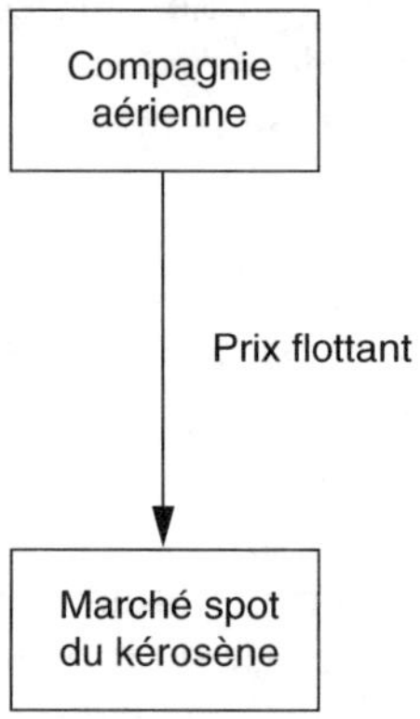

Graphique 7.2. – Swap *et protection contre la hausse des prix*

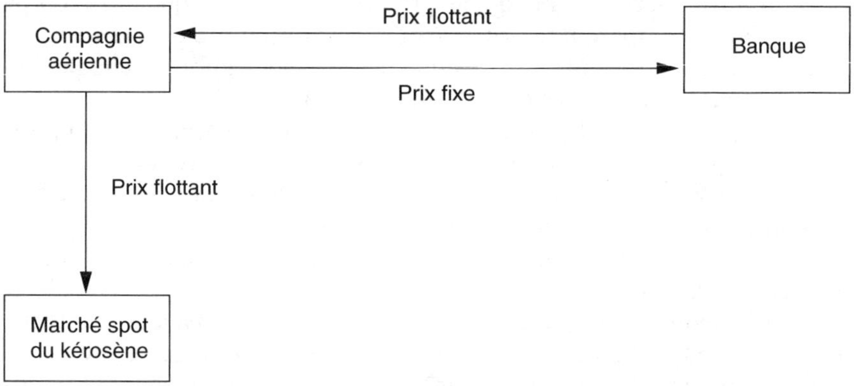

Graphique 7.3. – Swap *et protection contre la hausse des prix*

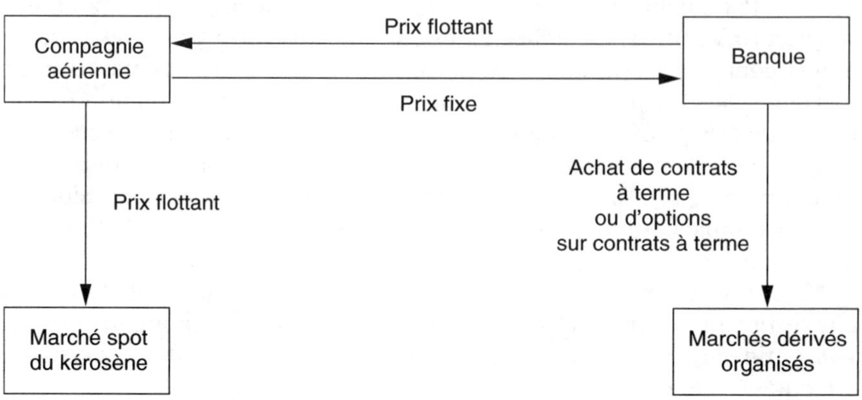

La compagnie d'aviation consomme 12 000 tonnes de kérosène par mois. Elle souhaite s'assurer pour les 24 prochains mois un approvisionnement à prix fixe.

Le 1er mars, après de difficiles négociations, le *swap* proposé par la banque d'investissement est finalement agréé par la compagnie aérienne. Cette dernière accepte un coût d'approvisionnement de 200 dollars la tonne pour les 24 mois à venir. Le prix flottant sur lequel se sont mises d'accord la banque d'investissement et la compagnie aérienne est le cours du marché *spot* de Rotterdam publié par Platt's le premier jour ouvrable de chaque mois. Le 1er mars, le prix du kérosène sur le marché *spot* est égal à 190 dollars la tonne.

Le 1er avril, le prix du kérosène sur le marché de Rotterdam étant égal à 210 dollars la tonne, la banque d'investissement verse à la compagnie aérienne une somme de 12 000 × (210 – 200), soit 120 000 dollars. À la même date, la compagnie aérienne achète 12 000 tonnes de kérosène à 210 dollars la tonne sur le marché *spot* de Rotterdam. Grâce au versement de la banque d'investissement, le coût d'approvisionnement de la compagnie aérienne ressort à (12 000 × 210) – 120 000, soit 2 400 000 dollars, ce qui représente un coût de 200 dollars la tonne.

Le 1er mai, le prix du kérosène sur le marché de Rotterdam étant égal à 180 dollars la tonne, la compagnie aérienne verse à la banque d'investissement une somme de 12 000 × (200 – 180), soit 240 000 dollars. À la même date, la compagnie de transport aérien achète 12 000 tonnes de kérosène à 180 dollars la tonne sur le marché *spot* de Rotterdam, mais, du fait du versement à la banque de 240 000 dollars résultant du contrat de *swap*, elle ne peut tirer profit de cette baisse du prix du kérosène. Son coût d'approvisionnement ressort à (12 000 × 180) + 240 000, soit 2 400 000 dollars, ce qui représente 200 dollars la tonne.

Les prix du kérosène pour les 24 mois durant lesquels le *swap* est demeuré en vigueur sont reproduits au tableau 7.1. La moyenne des cours *spot* sur le marché de Rotterdam pendant cette période ressort donc à 210 dollars la tonne. La banque d'investissement s'étant engagée sur la base d'un prix fixe de 200 dollars, elle enregistre une perte égale à 10 dollars par tonne. Pour le *swap* pris dans son ensemble, la perte ressort à (12 000 × 24 × 10), soit 2 880 000 dollars.

Grâce au *swap* qu'elle a signé, la compagnie aérienne a bénéficié pendant 24 mois d'un approvisionnement à 200 dollars la tonne alors que le prix *spot* moyen sur la période était de 210 dollars. Elle a donc réalisé un gain d'approvisionnement égal à 2 880 000 dollars.

Vu les résultats obtenus, il aurait été souhaitable que la banque d'investissement se couvre contre le risque de hausse des prix auquel elle était confrontée. L'action la plus simple aurait consisté à acheter des contrats à terme de kérosène. Les deux seuls marchés sont malheureusement localisés au Japon et pour des questions de décalage horaire leur accès n'est pas très facile. Faute de vouloir ou de pouvoir se couvrir au Central Japan Commodity Exchange ou au Tokyo Commodity Exchange, la banque

Tableau 7.1. – *Prix du kérosène sur le marché* spot *de Rotterdam*

Mois	Prix	Mois	Prix
Mars	190	Mars	230
Avril	210	Avril	215
Mai	180	Mai	203
Juin	195	Juin	194
Juillet	202	Juillet	206
Août	210	Août	210
Septembre	220	Septembre	200
Octobre	230	Octobre	195
Novembre	250	Novembre	190
Décembre	240	Décembre	192
Janvier	235	Janvier	205
Février	225	Février	213

aurait dû entreprendre des opérations de *cross hedging* (avec le risque qu'elles impliquent) en intervenant sur le marché du fioul localisé au New York Mercantile Exchange, celui du gazole implanté à l'Ice Futures ou ceux du pétrole situés à New York et à Londres. Elle aurait pu également (mais c'est peu probable) acheter des options d'achat sur les contrats à terme de fioul ou de pétrole du New York Mercantile Exchange.

2.2.2. La protection contre la baisse des cours

Pour le producteur de matières premières ou tout autre opérateur souhaitant se protéger contre une baisse des prix, la couverture fonctionne en sens inverse, comme l'établit l'exemple suivant.

Un producteur craignant une baisse durable du prix du pétrole négocie avec une banque un *swap* au terme duquel il lui verse chaque mois pendant cinq ans un prix variable mutuellement accepté par les deux opérateurs. En contrepartie, le producteur reçoit de la banque un prix fixe, déterminé et accepté d'un commun accord par les deux co-contractants (graphique 7.4.). Le prix fixe et le prix flottant, exprimés en dollars par baril, portent sur une quantité de 100 000 barils représentant la production mensuelle moyenne prévue pour les cinq années à venir. Le prix flottant accepté par la banque et le producteur ne doit pas prêter à la moindre contestation quant à son mode de calcul. Ce peut être, dans le cas le plus simple, le prix de vente effectif des 100 000 barils de pétrole sur le marché *spot* de Rotterdam. C'est parfois un prix neutre et fiable fourni par une société d'informations financières. Le prix flottant est, par exemple, la moyenne mensuelle des prix du Brent fournis par Platt's avec éventuellement une décote ou une surcote selon que la qualité du brut extrait par le producteur est inférieure ou supérieure à celle du Brent. Le prix de référence retenu peut être également la moyenne des cours de compensation sur le marché à terme du Brent de l'Ice Futures ou sur le marché à terme du pétrole léger du New York Mercantile Exchange.

Graphique 7.4. – Swap *et protection contre la baisse des prix*

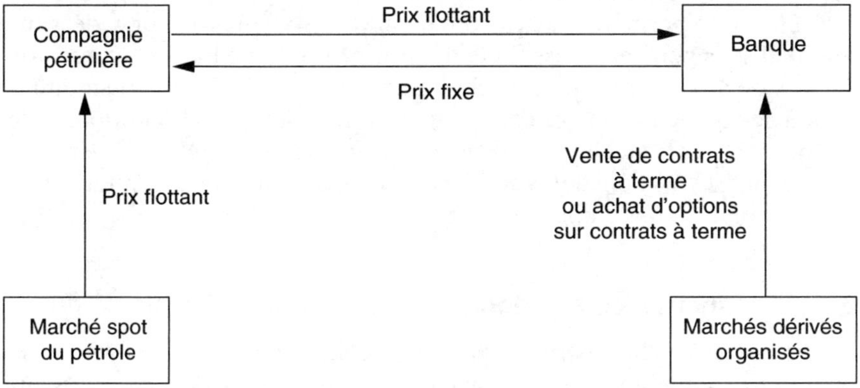

Chaque fin de mois le producteur et la banque comparent le prix flottant et le prix fixe.

• Si le prix flottant est inférieur au prix fixe, la banque paie la différence au producteur.

• Si le prix flottant est supérieur au prix fixe, c'est le producteur qui paie la différence à la banque.

De ce fait, et quelle que soit l'évolution des prix sur le marché *spot*, le producteur est assuré d'obtenir le prix fixe établi lors de la négociation du *swap*.

Dans cet exemple, comme dans le précédent, le risque de prix est transféré à la banque. Pour s'en protéger, la banque se couvre en vendant des contrats à terme (elle craint en effet la baisse des cours) ou en achetant des options de vente sur contrats à terme.

2.3. L'inconvénient des swaps

Dans les deux exemples qui viennent d'être exposés, le producteur et la compagnie d'aviation ont l'un et l'autre perdu la possibilité de tirer profit d'une évolution favorable des prix. Avant de s'engager dans un *swap*, l'opérateur doit savoir que cette opération implique un profil de risque spécifique et une anticipation implicite quant à l'évolution des prix.

En acceptant de payer un prix fixe et de recevoir un prix variable, l'utilisateur de matières premières anticipe une hausse des prix et il révèle, en initiant un *swap*, qu'il ne veut pas payer une somme supérieure au prix fixe.

En acceptant de recevoir un prix fixe et de payer un prix variable, le producteur anticipe une baisse des prix et il explicite, en initiant un *swap*, que le revenu provenant de la vente des matières premières ne doit pas être inférieur au prix fixe.

Le *swap* est un instrument remarquable, mais il présente l'inconvénient de bloquer définitivement les prix pour toute la durée du contrat. Il prive ainsi l'opérateur du bénéfice d'une évolution favorable des cours (d'une baisse, s'il verse le prix fixe et reçoit le prix flottant ; d'une hausse, s'il reçoit le prix fixe et verse le prix flottant).

C'est pour permettre aux producteurs de s'assurer un prix de vente minimal sans perdre la possibilité de tirer profit d'une hausse, et aux utilisateurs de s'assurer un prix d'achat maximal sans perdre la possibilité de bénéficier d'une baisse des cours, que furent développés les options et les instruments optionnels. Ces derniers protègent en effet les opérateurs contre une évolution défavorable des prix sans les priver pour autant d'une évolution favorable des cours.

3. Les instruments optionnels et la gestion du risque de prix

Les options et les instruments optionnels ont été développés pour des opérateurs souhaitant se protéger contre les risques de prix, mais qui, n'ayant pas de certitude quant à l'évolution future des cours, ne voulaient pas se priver totalement d'une évolution favorable qu'ils auraient mal anticipée.

3.1. Les options de première génération

Une option d'achat donne à celui qui la détient le droit, mais pas l'obligation, d'acheter pendant une certaine période (lorsqu'il s'agit d'une option américaine) ou à une date parfaitement spécifiée (lorsqu'il s'agit d'une option européenne), une quantité déterminée d'une matière première, à un prix fixé lors de l'achat de l'option.

L'option de vente donne à celui qui la détient le droit, mais pas l'obligation, de vendre, pendant une certaine période, ou à une date bien spécifiée, une certaine quantité de matière première, à un prix fixé lors de l'achat de l'option de vente.

Le prix auquel la quantité de matière première peut être achetée (dans le cas d'un *call*) ou vendue (dans le cas d'un *put*) est le prix d'exercice. Ce prix peut être égal, supérieur ou inférieur au prix qui prévaut sur le marché lors de la négociation de l'option.

À l'inverse des contrats *futures* échangés sur les marchés organisés, des *swaps* et des contrats *forward* négociés sur les marchés de gré à gré, les options sont des actifs asymétriques. L'asymétrie vient du fait que l'acheteur n'exerce son option que s'il y trouve bénéfice. Il n'est jamais contraint de le faire. Le deuxième élément d'asymétrie concerne le vendeur de l'option. Celui-ci est en effet soumis à la décision de l'acheteur. C'est pour compenser cette asymétrie, et rémunérer le vendeur du risque qu'il assume, que l'acheteur lui verse une prime.

Pour les options, comme pour les *swaps*, il n'existe pas, en règle générale, de livraison physique. Tout se solde à l'échéance par un versement monétaire. La pratique, en ce domaine, tend cependant à évoluer. Dans la mesure, en effet, où les négociants et les filiales commerciales des groupes industriels sont de plus en plus actifs dans la gestion des risques de prix, il leur est beaucoup plus facile que ce ne l'est pour les banques de livrer des produits physiques à leurs contreparties. Ceci évite aux industriels, producteurs ou utilisateurs de matières premières de devoir se retourner vers le marché au comptant pour acheter ou vendre les matières premières dont les risques de prix ont été couverts par des produits dérivés. Certaines banques internationales ont de ce fait créé des sociétés de négoce opérant sur le marché physique du pétrole et des produits pétroliers afin de faciliter les éventuels dénouements par livraison et réception de physique et de pouvoir rendre à leurs clients des services comparables à ceux proposés par les sociétés de négoce. Ces filiales permettent aux opérateurs de la banque d'accéder au marché des produits physiques et d'avoir une meilleure connaissance des conditions prévalant sur ce marché.

3.1.1. La protection contre la hausse des cours

Un industriel souhaite acheter dans trois mois le fioul dont il aura besoin pour les six mois qui suivent. Il craint une hausse du prix des produits pétroliers, mais il n'exclut pas totalement la possibilité d'une baisse.

Pour se couvrir dans les meilleures conditions, l'industriel contacte la filiale commerciale d'une grande société pétrolière et décide de lui acheter une option d'achat européenne. Le prix sur le marché au comptant est de 150 dollars la tonne et le prix d'exercice est fixé à 160 dollars. Le montant de la prime est supposé égal à 5 dollars la tonne.

À l'échéance de l'option, trois mois plus tard, deux hypothèses sont envisageables. Si le prix du fioul sur le marché au comptant est supérieur au prix d'exercice de 160 dollars, l'industriel exerce son option. Si le prix est inférieur à 160 dollars, il l'abandonne.

Supposons que le prix est égal à 180 dollars la tonne. En exerçant son option, l'industriel obtient le fioul dont il a besoin à 160 dollars, prix auquel il faut ajouter le montant de la prime, soit 165 dollars (tableau 7.2.).

Tableau 7.2. – *Prix du fioul effectivement payé par l'opérateur couvert par l'achat d'une option d'achat*

Prix du fioul sur le marché au comptant	Prime payée par l'acheteur de l'option d'achat	Versement du vendeur de l'option d'achat	Prix du fioul effectivement payé par l'opérateur couvert par l'achat d'une option d'achat
– 120	– 5	–	– 125
– 155	– 5	–	– 160
– 160	– 5	–	– 165
– 163	– 5	+ 3	– 165
– 165	– 5	+ 5	– 165
– 168	– 5	+ 8	– 165
– 180	– 5	+ 20	– 165

Si le prix du fioul est inférieur au prix d'exercice et égal, par exemple, à 120 dollars la tonne, l'industriel abandonne son option. S'il l'exerçait, le fioul lui reviendrait à 165 dollars alors qu'il peut se le procurer à 120 dollars, cours auquel il faut ajouter la prime de 5 dollars pour obtenir un prix de revient effectif de 125 dollars (tableau 7.2.).

Lorsque le prix du fioul sur le marché au comptant est égal à 160 dollars, l'industriel est théoriquement indifférent à exercer son option ou à l'abandonner.

Le profil des gains et des pertes obtenus par l'acheteur d'une option d'achat à la date d'exercice de l'option est reproduit au graphique 7.5.

Graphique 7.5. – *Profit des gains et des pertes d'un acheteur d'options d'achat de fioul à la date d'exercice de l'option*

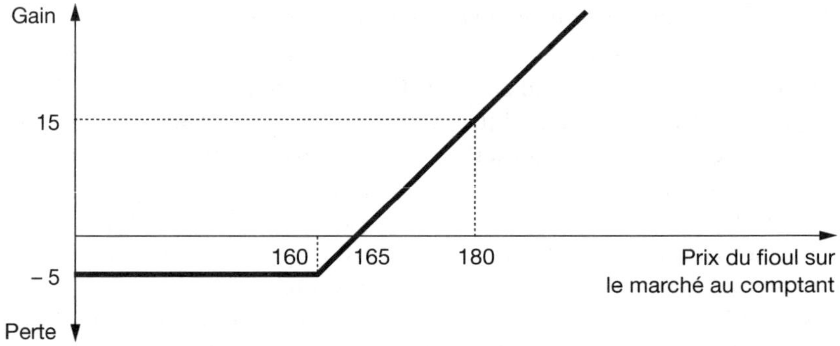

Le prix garanti et celui qui est effectivement payé par l'opérateur couvert par l'achat d'une option d'achat sont quant à eux reproduits au graphique 7.6.

Si l'option avait été négociée avec une banque internationale, la transaction à l'échéance de l'option aurait été dénouée par un versement de liquidité (*cash settlement*), car la banque n'est probablement pas équipée pour livrer des produits physiques. L'industriel aurait dans ces conditions dû s'approvisionner sur le marché physique, mais si les coûts de transaction associés à cette opération sont faibles, le résultat financier est quasiment identique à celui résultant d'une transaction avec le négociant.

3.1.2. La protection contre la baisse des cours

Une société de raffinage détient des stocks d'essence qu'elle espère vendre dans trois mois. Les responsables craignent cependant une baisse des prix, sans exclure pour autant une hausse.

Pour se couvrir dans les meilleures conditions, la société de raffinage achète une option de vente européenne à une grande banque internationale. Le prix sur le marché au comptant est de 170 dollars la tonne et le

Graphique 7.6. – *Prix garanti et prix effectivement payé par l'opérateur qui s'est protégé par l'achat d'une option d'achat*

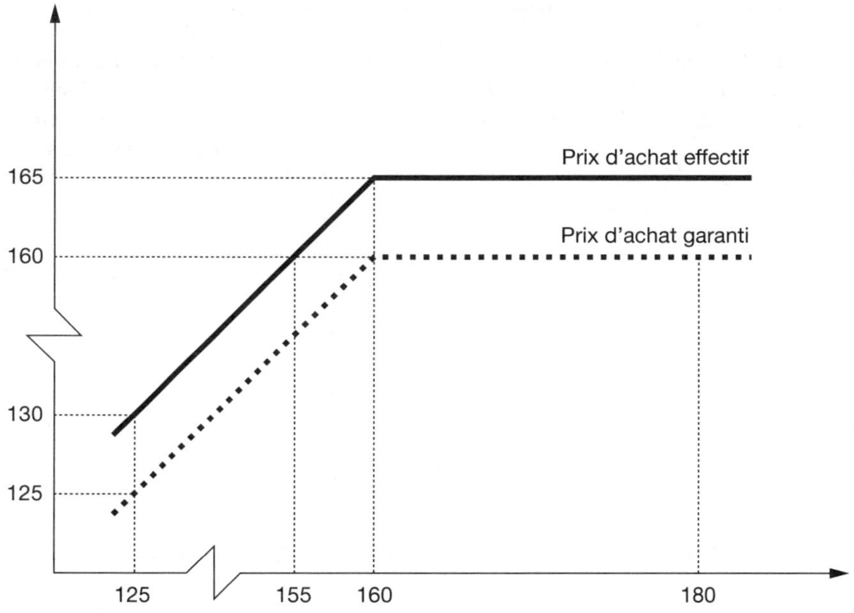

prix d'exercice est fixé à 160 dollars. Le montant de la prime est de 8 dollars la tonne.

À l'échéance de l'option, six mois plus tard, deux hypothèses sont envisageables. Si le prix de l'essence sur le marché au comptant est inférieur à 160 dollars la société de raffinage exerce son option. Si le prix est supérieur à 160 dollars, elle l'abandonne.

Supposons que le prix est égal à 140 dollars la tonne. En exerçant son option, la société de raffinage vend les produits physiques qu'elle détient en stock au prix de 160 dollars. En pratique, elle vend l'essence à une société de distribution au prix de 140 dollars la tonne et obtient de la banque qui lui avait vendu l'option de vente une somme de 20 dollars égale à la différence entre le prix d'exercice et le prix du marché au comptant. Pour la société de raffinage, le calcul du résultat financier doit prendre en compte la prime de 8 dollars par tonne qu'elle a versée en achetant l'option, de sorte que le prix de vente effectif ressort à 152 dollars la tonne (tableau 7.3.).

Si le prix sur le marché au comptant est supérieur à 160 dollars la tonne (supposons-le égal à 180), le raffineur abandonne son option. Le prix de vente effectif de l'essence est alors égal à la différence entre le prix de vente et la prime, soit en l'occurrence 172 dollars (tableau 7.3.).

Le profil des gains et des pertes obtenu par l'acheteur d'une option de vente à la date d'exercice de l'option est reproduit au graphique 7.7.

Tableau 7.3. – *Prix de l'essence effectivement obtenu par le raffineur couvert par l'achat d'une option de vente*

Prix de l'essence sur le marché au comptant	Prime payée par l'acheteur de l'option de vente	Versement du vendeur de l'option de vente	Prix de l'essence effectivement perçu par le raffineur couvert par l'achat d'une option de vente
120	– 8	40	152
130	– 8	30	152
140	– 8	20	152
150	– 8	10	152
155	– 8	5	152
160	– 8	0	152
165	– 8	0	157
170	– 8	0	162
180	– 8	0	172
190	– 8	0	182

Graphique 7.7. – *Profil des gains et des pertes d'un acheteur d'option de vente d'essence à la date d'exercice de l'option*

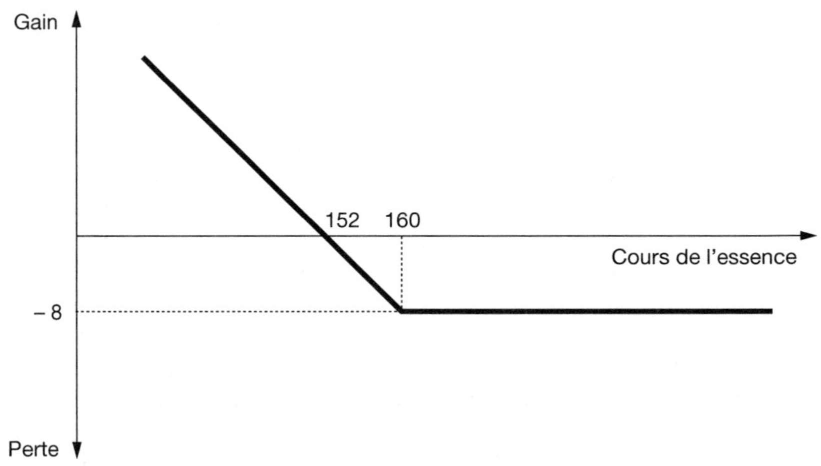

Le prix garanti et le prix effectivement payé par le raffineur qui s'est couvert par l'achat d'une option de vente sont quant à eux reproduits au graphique 7.8.[1]

1. Le lecteur peut se reporter à la troisième section du chapitre 6 pour trouver une présentation plus développée de la gestion du risque de prix au moyen d'options négociées sur le marché de gré à gré.

Graphique 7.8. – *Prix garanti et prix effectivement obtenu par le raffineur qui s'est protégé par l'achat d'une option de vente*

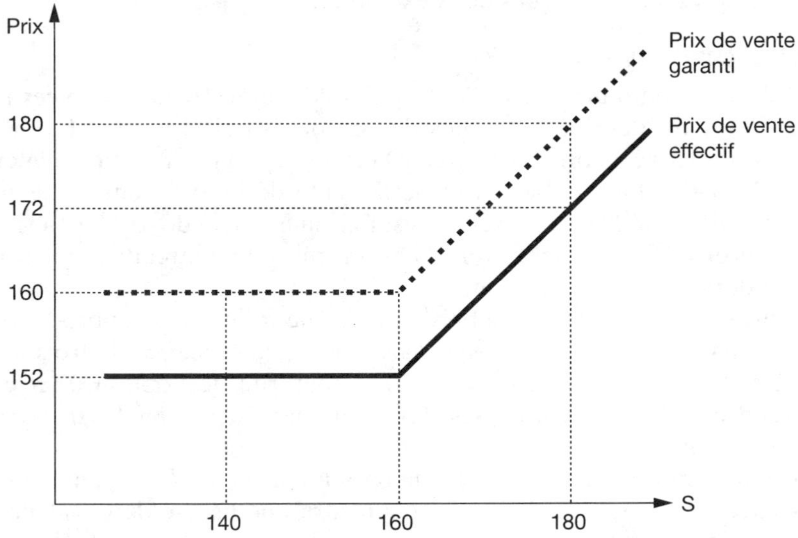

3.1.3. Conclusion

Les options sont des instruments particulièrement flexibles, car elles offrent à l'opérateur une protection efficace contre un risque défavorable, sans le priver pour autant du bénéfice d'une évolution favorable des cours. Elles présentent un autre élément de flexibilité dans la mesure où l'opérateur peut choisir le prix auquel sont vendues ou achetées les matières premières en cas d'exercice de l'option. En choisissant, lors de la négociation de l'option, un prix d'exercice proche du prix du marché, l'opérateur obtient une protection d'excellente qualité, mais il doit supporter un coût de couverture (le montant de la prime) élevé. En retenant une option en dehors de la monnaie (le prix d'exercice est éloigné du prix du marché au moment de la négociation de l'option), le coût de la couverture est beaucoup plus faible, mais la qualité de la protection est moindre. Entre ces deux cas extrêmes, il existe toute une gamme de situations intermédiaires. Ce qu'il faut retenir, et c'est là tout l'intérêt des options, c'est que ces instruments offrent des possibilités de couverture à différents niveaux de coût et à différents degrés de protection.

3.2. Les options de deuxième génération

La volatilité, l'échéance, le prix d'exercice, le cours de l'actif sous-jacent et le taux d'intérêt sont les cinq paramètres qui définissent et caractérisent les options de première génération. Tel n'est plus le cas avec les options dites de deuxième génération. Afin de s'adapter aux besoins des opérateurs cherchant à se couvrir contre le risque de prix afférent aux matières premières, les concepteurs de ces nouveaux instruments ont été conduits à modifier certaines caractéristiques des options de primière génération. Nous en présentons ci-après deux exemples.

3.2.1. Les options look back

À l'exception d'une seule d'entre elles, les caractéristiques de ces instruments sont identiques à celles d'une option traditionnelle. La différence est relative au prix d'exercice. Dans une option de première génération, il est fixé lors de l'achat et de la vente de l'instrument. Dans une option *look back*, le prix d'exercice est fixé au moment de son échéance. Il est alors égal à la plus faible, ou à la plus forte, valeur atteinte par le sous-jacent durant la vie de l'option.

Pour se couvrir contre une baisse de la valeur du sucre, un producteur achète une option de vente *look back* ayant une échéance de trois mois (ceci est un exemple). Il bénéficie à la maturité de l'option d'un prix d'exercice égal à la valeur la plus élevée enregistrée pendant les trois mois de vie de l'option.

De la même façon, s'il achète une option d'achat *look back*, ayant une échéance de six mois, pour se couvrir contre une hausse de la valeur du cacao, un chocolatier bénéficie à l'échéance de l'option d'un prix d'exercice égal à la valeur la plus faible enregistrée pendant les six mois de vie de l'option.

Grâce à ces instruments, l'acheteur d'un *call* est assuré de se procurer l'actif sous-jacent au cours le plus bas possible et l'acheteur d'un *put* est assuré de vendre le sous-jacent au cours le plus haut possible. Les options *look back* sont des instruments de couverture particulièrement séduisants, mais leurs prix sont très élevés. Ceci explique qu'elles sont, en fait, peu utilisées.

Pour réduire le montant de la prime, la banque et le client peuvent convenir que le prix d'exercice ne sera pas le cours le plus élevé (dans le cas d'une option de vente) ou le plus bas (dans le cas d'une option d'achat), mais la moyenne des cours enregistrés pendant la durée de vie de l'option. Cette astuce revient à introduire dans les options *look back* ce qui est la caractéristique distinctive des options asiatiques.

3.2.2. Les options asiatiques

À une exception près, les options asiatiques présentent, elles aussi, des caractéristiques identiques à celles des options traditionnelles. Cette exception concerne le prix du sous-jacent. Dans une option de première génération, le prix de l'actif sous-jacent retenu pour déterminer si l'option est bénéficiaire ou pas (si l'option doit être exercée ou non) est le cours prévalant au moment où l'acheteur se pose la question de savoir s'il exerce ou non cette option. Dans une option asiatique, le cours pris en considération est la moyenne des cours enregistrés pendant une période déterminée. Cette valeur peut être établie à partir de l'ensemble des cours journaliers ou à partir des cours relevés à intervalle régulier : une fois par semaine, une fois par mois, une fois tous les quatre jours ouvrables, etc.

1. Les options asiatiques et la protection contre la baisse des prix

L'opérateur qui souhaite se protéger contre la baisse des cours doit acheter des options de vente. Un exemple permet de présenter l'intérêt de cette transaction.

Le 3 décembre, un raffineur signe un contrat commercial prévoyant la livraison hebdomadaire, à partir du 1er janvier, et pour un an, de 1 000 tonnes de kérosène au prix du marché *spot* de Rotterdam prévalant au moment de la livraison. Le raffineur souhaite se protéger contre le risque de baisse des cours et décide d'acheter une option de vente asiatique, ayant un an d'échéance et un prix d'exercice de 200 dollars la tonne. Le raffineur estime en effet que ce prix est le minimum en dessous duquel il ne peut descendre, sauf à perdre de l'argent sur cette opération commerciale. À l'échéance de l'option, le raffineur est confronté à l'une ou l'autre des deux hypothèses suivantes :

- si la moyenne des cours enregistrés durant l'année (une fois par semaine) est inférieure à 200 dollars (admettons qu'elle est égale à 190 dollars), le raffineur exerce l'option et il reçoit de la banque une somme de 1 000 × 52 × 10, soit 520 000 dollars qui s'ajoute à la vente de kérosène égale à 1 000 × 52 × 190, soit 9 880 000 dollars ;
- si la moyenne des cours est supérieure à 200 dollars (admettons qu'elle est égale à 220 dollars), le raffineur abandonne son option et bénéficie pleinement de la vente du kérosène au prix du marché, soit 1 000 × 52 × 220 = 11 440 000 dollars.

Que l'option soit exercée ou non, pour calculer le prix de vente effectif du kérosène, il faut inclure dans l'analyse le montant de la prime versée par le raffineur lors de l'achat de l'option. Si la prime est, par exemple, égale à 5 dollars le baril, le prix de vente ressort, dans l'hypothèse où le raffineur exerce son option, à : 1 000 × 52 × (190 +10 – 5), soit 10 140 000 dollars. Si le raffineur n'exerce pas son option et vend le kérosène au prix moyen de 220 dollars, le prix de vente effectif est égal à : 1 000 × 52 × (220 – 5), soit 11 180 000 dollars. Dans les deux hypothèses (exercice ou non de l'option), le coût de la couverture ressort à 260 000 dollars.

2. Les options asiatiques et la protection contre la hausse des prix

L'opérateur qui souhaite se protéger contre la hausse des cours doit acheter des options d'achat. Un exemple simplifié permet, là également, d'apprécier l'utilité des options asiatiques.

Un producteur d'acier inoxydable doit se procurer chaque mois 100 tonnes de nickel. Le prix de vente de l'acier inoxydable étant fixé pour les 18 prochains mois et ne pouvant être révisé, le producteur craint une hausse du prix du nickel.

Le contrat de livraison de l'acier inoxydable prenant effet à partir du 1er juillet, le producteur décide de se protéger à compter de cette date. Il contacte, pour ce faire, une banque et lui achète une option d'achat asiatique ayant une échéance de 18 mois et un prix d'exercice de 8 000 dollars la tonne. À l'échéance de l'option, le producteur est confronté à l'une ou l'autre des deux hypothèses suivantes :

• si la moyenne des cours enregistrés pendant les 18 mois de vie de l'option est supérieure à 8 000 dollars la tonne (supposons qu'elle est égale à 8 500 dollars), le producteur exerce son option et reçoit de la banque une somme de 500 dollars par tonne. Compte tenu d'une prime supposée égale à 200 dollars la tonne, le prix d'achat effectif du nickel est égal à : 100 × 18 × (8 500 – 500 + 200), soit 14 760 000 dollars ;

• si la moyenne des cours est inférieure à 8 000 dollars la tonne (admettons qu'elle est égale à 7 200 dollars), le producteur d'acier abandonne son option et bénéficie pleinement d'un approvisionnement au prix du marché. Compte tenu de la prime, le prix de revient effectif du nickel ressort à : 100 × 18 × (7 200 + 200), soit 13 320 000 dollars.

Les options permettent aux opérateurs de se protéger contre des risques spécifiques à des opérations ponctuelles, mais l'intérêt de ces instruments est en fait beaucoup plus vaste. C'est sur le principe des options que reposent en effet les *caps*, les *floors* et les *collars*.

3.3. *Le* cap

Le *cap* est un instrument de nature optionnelle qui permet à un opérateur s'approvisionnant à moyen terme grâce à un contrat de livraison (de six mois à trois ans, pour donner un exemple) sur la base d'un prix flottant (mensuel ou trimestriel) d'être protégé contre une hausse des cours tout en lui permettant de bénéficier d'une éventuelle baisse des prix.

A priori, cet opérateur pourrait se couvrir en achetant des options d'achat européennes, chacune d'elles ayant pour échéance l'une des dates d'approvisionnement. S'il souhaitait, par exemple, se couvrir pour les 12 prochains mois, l'opérateur pourrait acheter 12 options d'achat européennes. Une telle modalité de couverture aurait deux inconvénients : elle serait coûteuse (il faudrait s'acquitter de 12 primes) et la gestion administrative de cette protection serait lourde.

Le *cap* est en fait une série d'options d'achat européennes ayant le même prix d'exercice, mais se différenciant les unes des autres par leur échéance. Il offre une couverture comparable à celle proposée par les 12 options, mais il en réduit les inconvénients. Un exemple permet de mieux comprendre la garantie offerte par cet instrument.

Un raffineur craignant une hausse du prix du pétrole pour les 18 prochains mois, mais ne souhaitant pas être privé d'une baisse éventuelle, veut se couvrir contre l'évolution des cours qu'il anticipe. Il contacte pour ce faire une banque et lui achète un *cap* pour une durée de 18 mois portant sur 100 000 barils mensuels au prix d'exercice de 45 dollars le baril. La prime acquittée par le raffineur est de un dollar par baril. Le *cap* ainsi acheté assure au raffineur un approvisionnement mensuel de 100 000 barils sur la base d'un prix maximal de 45 dollars le baril pendant une durée de 18 mois.

Chaque mois, à une date parfaitement déterminée (le dernier jour ouvrable, par exemple), le raffineur et la banque comparent le coût d'approvisionnement et le prix de 45 dollars.

– Si le coût d'approvisionnement est supérieur au prix d'exercice de 45 dollars, le raffineur exerce son option d'achat, et la banque lui verse une somme égale à la différence entre le prix *spot* et le cours de 45 dollars.

– Si le prix est inférieur à 45 dollars, la banque ne reçoit rien et le raffineur conserve pour lui le bénéfice résultant d'un approvisionnement inférieur à 45 dollars.

Le raffineur est donc assuré de payer un prix maximum de 45 dollars par baril et de bénéficier d'une éventuelle baisse du prix du pétrole. Bien évidemment, l'avantage ainsi consenti à l'acheteur du *cap* n'est pas gratuit. Le coût est représenté par la prime perçue par la banque et payée par le raffineur lors de l'achat du *cap*. Elle accroît nécessairement le prix de revient du brut acheté par le raffineur. Cette prime indemnise également le vendeur contre le risque de prix qu'il assume.

Un chiffrage de l'exemple permet de mieux comprendre le mécanisme du *cap*.

Pendant les 18 mois durant lesquels le *cap* est en activité, les prix du pétrole ont évolué selon la chronique reproduite au tableau 7.4.

Tableau 7.4. – *Prix moyen du pétrole brut sur le marché* spot

	Prix		**Prix**
1er mois	44,5 USD/baril	10e mois	48,0 USD/baril
2e mois	44,0 USD/baril	11e mois	49,5 USD/baril
3e mois	43,0 USD/baril	12e mois	49,0 USD/baril
4e mois	42,0 USD/baril	13e mois	49,5 USD/baril
5e mois	42,0 USD/baril	14e mois	50,0 USD/baril
6e mois	44,0 USD/baril	15e mois	48,5 USD/baril
7e mois	47,5 USD/baril	16e mois	49,0 USD/baril
8e mois	47,5 USD/baril	17e mois	50,0 USD/baril
9e mois	47,0 USD/baril	18e mois	51,5 USD/baril

Le premier mois, le coût d'approvisionnement sur le marché *spot* est égal à 44,5 dollars le baril. Dans la mesure où il est inférieur au prix d'exercice, le raffineur n'exerce pas son option et conserve le bénéfice d'un approvisionnement inférieur à 45 dollars. La banque ne verse rien au raffineur, mais (et c'est là une différence importante avec le *swap*) elle ne reçoit rien du raffineur. Dans la mesure où la prime établie lors de la négociation du *cap* est de un dollar par baril, le coût effectif d'approvisionnement ressort à 45,5 dollars le baril.

Le huitième mois, le coût d'approvisionnement sur le marché *spot* est égal à 47,5 dollars le baril. Ce prix étant supérieur au cours de 45 dollars, le raffineur exerce son option et la banque lui verse une somme de :

(2,5 × 100 000), soit 250 000 dollars. Le coût effectif d'approvisionnement du raffineur, en tenant compte de la prime, ressort donc à 46 dollars par baril.

Le graphique 7.9. résume les développements qui viennent d'être présentés. La courbe 1 reproduit l'évolution du prix du pétrole sur le marché *spot* pendant la durée du *cap*. La courbe 2 représente le coût d'approvisionnement du raffineur consécutif à l'achat du *cap*. La courbe 3 retrace le coût *effectif* d'approvisionnement, compte tenu du paiement de la prime.

Graphique 7.9. – *Le cap*

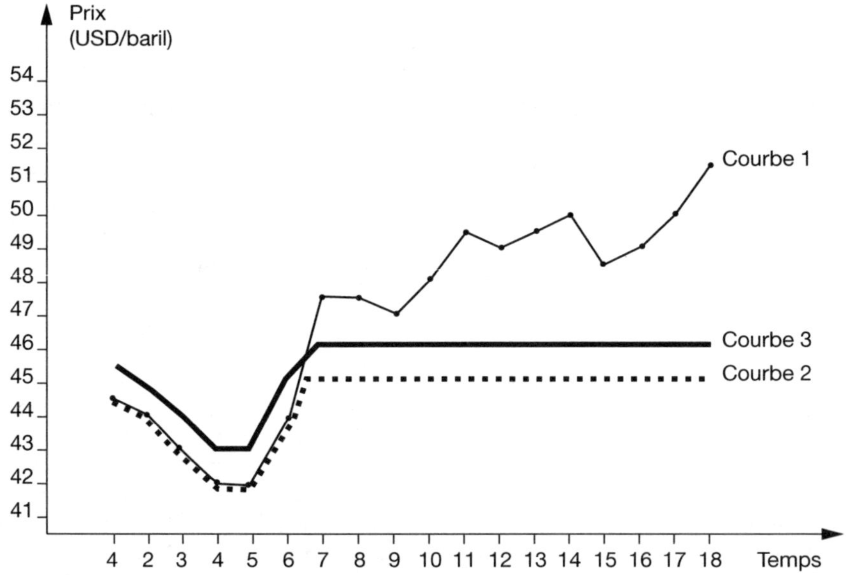

En achetant un *cap*, le raffineur se protège contre la hausse des prix. Ce risque est assumé par le vendeur du *cap*. Celui-ci essaie, bien évidemment, de se couvrir contre le risque de hausse des prix qu'il prend en charge. Pour la banque, la couverture la plus simple est d'acheter des contrats sur le marché à terme du New York Mercantile Exchange au moment de la vente du *cap*.

Supposons pour simplifier la présentation que l'achat des contrats se fait au prix d'exercice du *cap*, soit 45 dollars le baril, et que le prix à terme est égal au prix au comptant.

Si, au huitième mois, le cours du baril sur le marché *spot* est égal à 47,5 dollars, la banque, comme nous l'avons vu dans les développements qui précèdent, verse une somme de 250 000 dollars au raffineur, mais en revendant à un cours de 47,5 dollars le baril les contrats qu'elle avait achetés au prix de 45 dollars, elle enregistre un gain de 250 000 dollars qui compense parfaitement la perte consécutive à la vente du *cap*. Dans la réalité, le prix à terme ne peut pas être parfaitement identique au prix au comptant et rien ne permet de penser (au contraire) que la vente des contrats à terme pour l'échéance du huitième mois s'est faite au prix de 45 dollars. De ce fait, la banque n'est jamais parfaitement couverte, mais elle le sait lorsqu'elle vend le *cap*, et elle tient bien évidemment compte de cette imperfection pour déterminer le montant de la prime qu'elle propose au raffineur.

L'achat par la banque d'options d'achat est une autre couverture envisageable. Toute hausse du prix du pétrole induit une perte pour le vendeur du *cap*, mais implique simultanément une augmentation de la valeur des options d'achat qui compense plus ou moins parfaitement la moins-value de la banque. Comme nous l'avons déjà mentionné au paragraphe 2.2.1., et pour les mêmes raisons, la banque recourt quasi systématiquement aux contrats à terme pour se couvrir au moindre coût contre le risque de prix auquel elle est exposée.

Dans le cadre d'un *cap*, comme dans celui d'un *swap*, il est indispensable d'avoir un prix de référence fiable et indiscutable permettant de constater l'évolution du prix du brut et de comparer le coût moyen d'approvisionnement au prix garanti, en l'occurrence 45 dollars.

3.4. *Le* floor

Le *floor* est un instrument symétrique du *cap*. C'est un outil de nature optionnelle qui permet à un opérateur vendant sa production à des dates régulières sur la base d'un prix flottant d'être protégé contre une baisse des cours, tout en lui permettant de tirer profit d'une éventuelle hausse des prix. Le *floor* est en fait une série d'options de vente européennes ayant le même prix d'exercice, mais se différenciant les unes des autres par leur échéance. Cet instrument est utilisé par les producteurs de matières premières. Il leur permet de s'assurer un prix de vente minimal, comme le souligne l'exemple suivant.

Une société minière craint une baisse du prix du cuivre qu'elle exploite et souhaite se couvrir contre ce risque. Elle ne voudrait toutefois pas se priver d'une éventuelle hausse des cours. Pour concilier ces deux objectifs, la société contacte une banque internationale et lui achète un *floor* pour une durée de 24 mois portant sur 39 000 tonnes par trimestre sur la base d'un prix de 1 500 livres sterling la tonne.

Chaque trimestre, à une date bien spécifiée (le dernier jour ouvrable, par exemple), la banque et la société minière comparent le prix de vente des 39 000 tonnes (600 tonnes par jour ouvrable) et le prix de 1 500 livres sterling la tonne. Lors de la signature du *floor*, les deux parties ont convenu que le prix de vente serait le cours au comptant publié chaque jour par le London Metal Exchange. Le prix quotidien moyen durant le trimestre est donc égal à la moyenne des cours publiés pendant les trois derniers mois écoulés.

• Si le prix de vente est inférieur à 1 500 livres sterling, la société minière exerce son option et la banque lui verse une somme compensant la perte enregistrée sur le marché au comptant.

• Si le prix de vente est supérieur à 1 500 livres sterling, la société minière abandonne son option et conserve pour elle le bénéfice résultant d'une vente à un prix supérieur à 1 500 livres sterling.

Grâce à ce *floor*, la société minière est assurée d'obtenir un prix minimum de 1 500 livres sterling la tonne et de bénéficier d'une éventuelle hausse du prix du cuivre. Bien évidemment, l'avantage ainsi consenti par la banque à l'acheteur du *floor* n'est pas gratuit. Le coût est représenté par une prime payée par la société minière à la banque. Elle est supposée égale à 80 livres sterling dans l'exemple qui retient notre attention. Cette prime indemnise par ailleurs le vendeur du *floor* du risque de prix qu'il assume.

Une illustration chiffrée permet de mieux appréhender la garantie offerte par un *floor*. Le tableau 7.5. reproduit l'évolution du prix du cuivre pendant les deux ans durant lesquels le *floor* est en activité.

Tableau 7.5. – *Prix moyen du cuivre sur le marché* spot

	Prix
1er trimestre	1 380 GBP/tonne
2e trimestre	1 680 GBP/tonne
3e trimestre	1 820 GBP/tonne
4e trimestre	1 540 GBP/tonne
5e trimestre	1 400 GBP/tonne
6e trimestre	1 320 GBP/tonne
7e trimestre	1 280 GBP/tonne
8e trimestre	1 300 GBP/tonne

Le premier trimestre, la vente se fait à un cours moyen de 1 380 livres sterling la tonne. Ce cours étant inférieur au prix garanti de 1 500 livres, la société minière exerce son option et la banque lui verse une somme de : ((1 500 – 1 380) × 39 000), soit 4 680 000 livres sterling. Dans la mesure où la prime versée par le producteur est égale à 80 livres sterling, le prix de vente effectif ressort à 1 420 livres sterling la tonne.

Au troisième trimestre, le prix de vente moyen ressort à 1 820 livres sterling la tonne. Ce prix étant supérieur au cours garanti, la société minière n'exerce pas son option et conserve pour elle le bénéfice d'une vente supérieure à 1 500 livres. La banque ne verse rien, mais elle ne reçoit rien du producteur, ce qui est la grande différence avec ce qui se produit dans le cas d'un *swap*. Le prix de vente effectif, en tenant compte de la prime de 80 livres par tonne versée par la société minière, ressort à 1 740 livres la tonne.

Le graphique 7.10. résume les développements qui viennent d'être présentés. La courbe 1 reproduit l'évolution du prix du cuivre sur le marché

Graphique 7.10. – *Le* floor

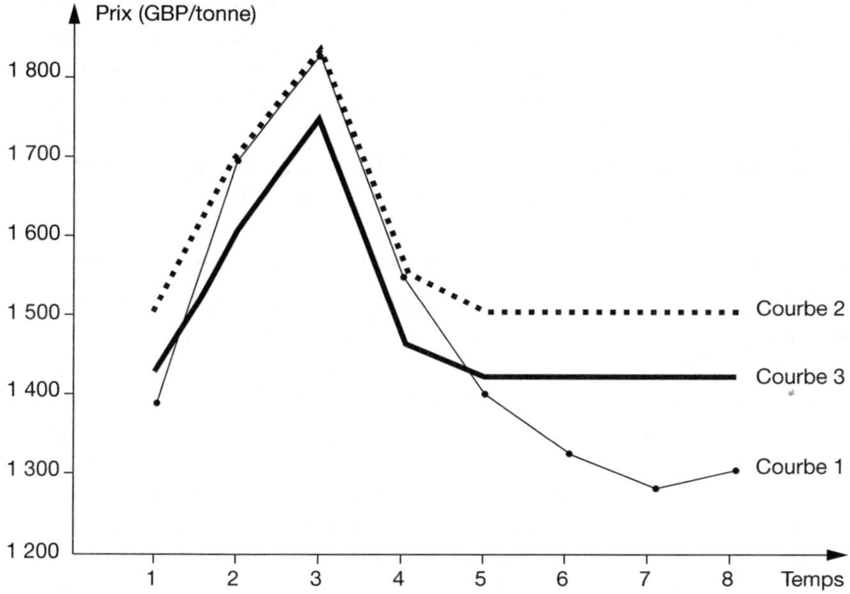

au comptant pendant la durée du *floor*. La courbe 2 retrace le prix de vente garanti du fait de l'achat du *floor*. La courbe 3 représente le prix de vente *effectif*, compte tenu du paiement de la prime.

S'il en éprouve le besoin, ce qui devrait être normalement le cas, le vendeur du *floor* se couvre à son tour contre le risque de prix qui lui a été transmis par l'acheteur du *floor*, et auquel il est désormais confronté. La couverture la plus adéquate et la plus simple est de vendre des contrats à terme sur le London Metal Exchange. Si le prix du cuivre baisse en dessous de 1 500 livres la tonne, la banque perd de l'argent sur le *floor*, mais en compensant à la fin du trimestre sa position à terme, elle bénéficie d'un gain sur le London Metal Exchange qui annule la perte enregistrée sur l'instrument optionnel qu'elle a vendu.

L'achat par la banque d'options de vente est une autre modalité de couverture envisageable, mais elle est peu utilisée. Dans ce cas, toute baisse du prix du cuivre induit une perte pour le vendeur du *floor*, mais implique simultanément une hausse de la valeur des options de vente qui compense plus ou moins parfaitement la moins-value de la banque.

Dans le cadre d'un *floor*, comme dans celui d'un *cap* ou d'un *swap*, il est indispensable d'avoir un cours de référence permettant de constater l'évolution des prix sans la moindre discussion, afin de comparer sereinement et sans ambiguïté le prix de vente et le prix garanti. Cette exigence explique que la plupart des *caps*, *floors* et *swaps* concernent des matières premières bénéficiant d'un marché à terme fournissant des prix de référence fiables et non discutables.

3.5. *Le* collar

Le coût d'un *cap* ou d'un *floor* est représenté par la prime versée par l'acheteur. Il peut être élevé, surtout si le cours garanti est identique ou très proche du prix du marché au moment de l'achat du *cap* ou du *floor*. C'est pour l'atténuer ou le réduire que fut créé le *collar*, parfois dénommé tunnel.

Le *collar* est un produit dérivé résultant de la combinaison d'un *cap* et d'un *floor*. Cet instrument peut être acheté ou vendu.

3.5.1. *L'achat d'un* collar *et la protection contre la hausse des prix*

Acheter un *collar* permet à l'opérateur qui réalise cette transaction de se protéger contre une hausse des prix. L'achat d'un *collar* se concrétise par l'achat d'un *cap* et la vente simultanée d'un *floor*, ces deux instruments ayant l'un et l'autre la même échéance et la même périodicité, mais des prix d'exercice différents.

Par l'achat d'un *cap*, l'opérateur se protège contre une hausse des cours au-delà d'un niveau fixé par le prix d'exercice de ce premier instrument, mais en vendant un *floor* il renonce *ipso facto* au bénéfice d'une baisse en deçà du niveau fixé par le prix d'exercice de ce deuxième instrument. En contrepartie de la renonciation au bénéfice d'une baisse des cours, l'opérateur perçoit la prime correspondant à la vente du *floor*, ce qui réduit d'autant le coût d'achat du *cap*. Un exemple simplifié et pédagogique permet de présenter le mécanisme du *collar* et les services offerts par cet instrument.

Un raffineur s'approvisionne régulièrement sur le marché *spot* du pétrole brut. Il craint une hausse du prix du baril et souhaite se couvrir contre cette évolution des cours. Tenté par les produits optionnels, le raffineur ne veut pas acheter un *cap* au prix de 45 dollars le baril, car la prime de 3 dollars (ceci est un exemple) lui semble excessive. Pour réduire ce coût, il achète un *collar* et réalise en fait une double opération :

– il achète à la banque un *cap* au prix de 45 dollars le baril et lui verse une prime de 3 dollars par baril,

– il vend simultanément à la même banque un *floor* au prix de 42 dollars le baril et reçoit une prime de 2 dollars par baril.

Au total, le coût du *collar* ressort à un dollar et, pour le raffineur, le prix d'achat *effectif* du pétrole évoluera entre 43 et 46 dollars le baril.

– Si le prix du brut est supérieur à 45 dollars (49 dollars, par exemple), le raffineur exerce son option d'achat à 45 dollars et reçoit de la banque 4 dollars par baril. Le prix de revient du pétrole est alors égal à 46 dollars (le prix d'exercice de l'option d'achat accru du montant de la prime).

– Si le prix du brut est inférieur à 42 dollars (37 dollars, par exemple), la banque exerce son option de vente à 42 dollars et le raffineur lui verse 5 dollars par baril. Le prix de revient du baril de pétrole acheté par le raffineur est égal à 43 dollars (le prix d'exercice de l'option de vente accru du montant de la prime).

Lorsque le prix du brut évolue entre 42 et 45 dollars, le raffineur s'approvisionne au prix du marché sans rien verser à (ou recevoir de) la banque. Le prix de revient du baril de pétrole est alors égal au coût d'approvisionnement augmenté de la prime de un dollar.

3.5.2. La vente d'un collar *et la protection contre la baisse des prix*

Vendre un *collar* permet à l'opérateur qui réalise cette transaction de se protéger contre une baisse des prix. La vente d'un *collar* se concrétise par l'achat d'un *floor* et la vente simultanée d'un *cap*, ces deux instruments ayant l'un et l'autre la même échéance et la même périodicité, mais des prix d'exercice différents.

Par l'achat d'un *floor*, le producteur est protégé contre une baisse du prix en deçà du niveau fixé par le prix d'exercice de ce premier instrument, mais en vendant un *cap*, il renonce *ipso facto* au bénéfice d'une hausse des cours au-delà du niveau fixé par le prix d'exercice de ce deuxième instrument. En contrepartie de la renonciation au bénéfice de cette hausse, le producteur perçoit une prime correspondant à la vente du *cap*, ce qui réduit d'autant le coût d'achat du *floor*. Un exemple chiffré permet, la également, de présenter les services offerts par la vente d'un *collar*.

Un producteur redoute une baisse du cours de l'or, mais il estime trop coûteux d'acheter un *floor* au prix d'exercice de 360 dollars l'once impliquant le versement d'une prime de 15 dollars par once de métal précieux. Pour réduire ce coût, il décide de vendre un *collar* et réalise en fait une double transaction :

— il achète un *floor* au prix de 360 dollars l'once et verse une prime de 15 dollars par once d'or,

— il vend simultanément un *cap* au prix de 400 dollars et reçoit une prime de 12 dollars par once de métal fin.

Au total, le coût du *collar* ressort à 3 dollars l'once et pour le producteur le prix de vente *effectif* de l'or évoluera entre 357 et 397 dollars.

— Si le prix est inférieur à 360 dollars (330 dollars, par exemple) le producteur exerce son option de vente à 360 dollars et reçoit de la banque 30 dollars par once. Le prix de vente effectif de l'once d'or est alors égal à 357 dollars (le prix d'exercice de l'option de vente diminué du montant de la prime associée au *collar*).

— Si le prix est supérieur à 400 dollars (450 dollars, par exemple), la banque exerce son option d'achat à 400 dollars et le producteur doit verser 50 dollars par once. Le prix de vente effectif de l'once d'or est alors égal à 397 dollars (le prix d'exercice de l'option d'achat diminué du montant de la prime).

— Lorsque le prix évolue entre 360 et 400 dollars, le producteur vend l'or au cours du marché sans rien verser à (ou recevoir de) la banque. Le prix de vente effectif est alors égal au prix de marché diminué de la prime de 3 dollars.

3.6. *Les options sur* swaps

Les options sur *swaps*, terme souvent contracté en *swaptions*, sont des instruments qui confèrent à ceux qui les détiennent le droit, mais pas l'obligation, de réaliser un *swap* avec le vendeur de l'option à un prix fixe déterminé lors de l'achat de l'option. Il existe bien évidemment des options d'achat et des options de vente. Avec une option d'achat, l'acheteur acquiert le droit de payer le prix fixe, pendant toute la durée du *swap*. Avec une option de vente, le détenteur de l'option a le droit de recevoir le prix fixe, pendant toute la durée du *swap*. Que l'acheteur de l'option détienne un *call* ou un *put*, il doit verser une prime au vendeur de l'option pour le droit qu'il a de pouvoir initier ou non un *swap*.

3.6.1. Les options sur swaps *et la protection contre la hausse des prix*

Pour se protéger contre la hausse des cours, l'opérateur (un industriel qui achète des matières premières) doit acheter une option d'achat sur un *swap*. Un exemple simplifié permet de souligner l'intérêt de cet instrument.

Une société industrielle achète chaque trimestre 20 000 tonnes d'aluminium qu'elle se procure aux conditions du marché *spot* auprès d'un producteur international. Pour éviter d'avoir à supporter le risque de variation des prix, cette société a initié un *swap* avec une banque, au terme duquel elle reçoit chaque trimestre de cette banque le prix variable correspondant au prix du marché *spot*, et lui verse le prix fixe. Cette société industrielle doit renouveler dans six mois le contrat d'approvisionnement avec le producteur et, par le fait même, le *swap* adossé à cette transaction. Le responsable de l'entreprise en charge de la gestion des risques craint une hausse importante du prix de l'aluminium pour les six prochains mois. Il voudrait s'en protéger en signant dès maintenant un nouveau *swap* (ce qui exigerait une annulation du *swap* en cours, ce qui ne poserait pas de réel problème). Ce responsable n'écarte pas cependant totalement l'hypothèse d'une baisse du prix qui lui permettrait, si elle se réalisait, de monter un *swap* sur la base d'un prix fixe inférieur à celui qui prévaut aujourd'hui et de s'approvisionner dans de meilleures conditions. Ceci le conduit par conséquent à acheter une option d'achat européenne sur un *swap* dont les caractéristiques sont les suivantes :

- échéance de l'option : 6 mois,
- échéance du *swap* : 3 ans sur une base trimestrielle,
- montant nominal du *swap* : 20 000 tonnes d'aluminium par trimestre,
- montant de la prime : 50 dollars la tonne,
- prix fixe : 1 500 dollars la tonne.

Six mois plus tard, à l'échéance de l'option, les responsables de la société industrielle doivent décider s'ils souhaitent ou non initier un *swap* sur la base du versement par leurs soins pendant trois ans d'un prix fixe de 1 500 dollars la tonne.

Si le prix courant de l'aluminium est supérieur à 1 500 dollars, l'entreprise exerce son option et fixe ainsi pour trois ans son coût d'approvisionnement à 1 500 dollars. En prenant en compte le montant de la prime, le coût d'achat *effectif* de l'aluminium ressort à 1 550 dollars la tonne.

Si le prix est inférieur à 1 500 dollars (1 230 dollars par exemple), la société abandonne son option et réalise son nouveau *swap* sur la base d'un prix de 1 230 dollars. En prenant en compte, là également, le montant de la prime, le coût d'achat *effectif* du métal ressort à 1 280 dollars la tonne.

3.6.2. Les options sur swaps *et la protection contre la baisse des cours*

Pour se protéger contre la baisse des cours, l'opérateur (un producteur de matière première) doit acheter une option de vente sur un *swap*. Un nouvel exemple simplifié souligne l'intérêt de cet instrument.

Un petit producteur américain extrait chaque mois 50 000 barils de pétrole qu'il vend à une société multinationale aux conditions du marché *spot*. Pour éviter d'avoir à supporter le risque de variation des prix, ce producteur a initié il y a deux ans et demi un *swap* pour une durée de trois ans au terme duquel il verse chaque mois à une banque le prix variable correspondant au prix du marché *spot* et reçoit de la banque un prix fixe. Ce producteur doit renouveler dans six mois le contrat de livraison qui le lie à la société multinationale et, par le fait même, le *swap* adossé à cette transaction. Il craint toutefois une baisse importante du prix du pétrole, ce qui le conduirait dans six mois à monter un *swap* dans de mauvaises conditions. Il voudrait par conséquent se protéger en signant dès maintenant un nouveau *swap* (ce qui exigerait une annulation du *swap* en cours, mais ne poserait pas de réel problème). Il n'écarte pas cependant l'hypothèse d'une hausse des prix dans les six prochains mois qui lui permettrait, si elle se réalisait, de monter un *swap* sur la base d'un prix fixe supérieur à celui qui prévaut aujourd'hui et de vendre son pétrole pendant trois ans dans de meilleures conditions. Ceci le conduit par conséquent à acheter une option de vente européenne sur un *swap* dont les caractéristiques principales sont les suivantes :

- échéance de l'option : 6 mois,
- échéance du *swap* : 3 ans sur une base mensuelle,
- montant nominal du *swap* : 50 000 barils par mois,
- prix fixe : 40 dollars par baril,
- montant de la prime : 2 dollars par baril.

Six mois plus tard, à l'échéance de l'option, le producteur doit décider s'il initie ou non un *swap* d'une durée de trois ans sur la base d'un prix de 40 dollars par baril de pétrole.

Si le prix sur le marché *spot* est inférieur à 40 dollars (34 dollars pour prendre un exemple), le producteur exerce son option et fixe ainsi pour trois ans un prix de vente de 40 dollars. En prenant en compte la prime versée par l'acheteur de l'option de vente, le prix de vente *effectif* du pétrole ressort à 38 dollars le baril.

Si le prix du pétrole est supérieur à 40 dollars (44 pour prendre un exemple), le producteur abandonne son option et réalise son nouveau *swap* sur la base d'un prix de 44 dollars. En prenant en compte, là également, le montant de la prime, le prix de vente *effectif* du pétrole ressort à 38 dollars le baril.

Questions ponctuelles

1. Quel est le principe d'un *swap* pétrolier ?
2. Quelle est l'utilité d'un *swap* pour un professionnel intervenant de manière récurrente sur le marché au comptant des matières premières ?
3. Quels sont les avantages et les inconvénients d'un *swap* de matière première ?
4. Comparez les options négociées sur le marché de gré à gré et les options sur contrats à terme négociées sur les marchés organisés.
5. Qu'est-ce qu'une option *look back* ?
6. Comment se couvrir contre le risque de baisse (hausse) du prix avec une option *look back* ?
7. Qu'est-ce qu'une option asiatique ?
8. Comment se couvrir contre le risque de baisse (hausse) du prix avec une option asiatique ?
9. Comment définir un *cap* ? Quels sont les avantages et les inconvénients de cet instrument ?
10. Comment définir un *floor* ? Quels sont les avantages et les inconvénients de cet instrument ?
11. Comment le vendeur d'un *cap* ou d'un *floor* peut-il couvrir le risque de prix qui lui a été transmis par l'acheteur du *cap* ou du *floor* ?
12. Qu'est-ce qu'un *collar* ? Quels sont les avantages et les inconvénients de cet instrument ?
13. Comment définir une option sur un *swap* de matière première ? Quelle est l'utilité de cet instrument ?
14. Un producteur détient des lingots d'aluminium, mais il craint une baisse des prix. Il décide de se couvrir en achetant des options de vente européennes. Le prix du marché au comptant est de 1 800 dollars la tonne et le prix d'exercice est fixé à 1 700 dollars la tonne. Le montant de la prime est égal à 50 dollars la tonne. À l'échéance de l'option, le prix du lingot est de 1 550 dollars la tonne. Déterminez le prix de vente effectif de l'aluminium.

15. Un constructeur d'accessoires automobiles craint une hausse du prix du plomb. Il décide de se couvrir en achetant des options d'achat européennes. Le prix sur le marché au comptant est de 550 dollars la tonne et le prix d'exercice est fixé à 600 dollars la tonne. Le montant de la prime est de 30 dollars la tonne. À l'échéance de l'option, le prix du plomb est de 680 dollars la tonne. Déterminez le prix de revient du métal acheté par le constructeur d'accessoires automobiles.

QUESTIONS DE SYNTHÈSE

1. Les contrats *forward* sont parfois utilisés par les opérateurs pour se protéger contre les risques de prix des matières premières. Quels sont les avantages et les inconvénients de cet instrument de couverture ?
2. Les *swaps* et la protection contre le risque de prix.
3. Les options de gré à gré et la protection contre le risque de prix.
4. Le *cap* et la protection contre le risque de prix.
5. Le *floor* et la protection contre le risque de prix.
6. Le *collar* et la protection contre le risque de prix.

Chapitre 8

LES PRINCIPAUX MARCHÉS DÉRIVÉS ORGANISÉS DE MATIÈRES PREMIÈRES

Objectifs pédagogiques :

- connaître les principaux marchés de contrats à terme et d'options sur contrats à terme de matières premières,
- déterminer l'activité des différents marchés dérivés de matières premières,
- prendre conscience du développement des marchés dérivés organisés dans toutes les places financières internationales,
- appréhender le poids financier des marchés dérivés organisés de matières premières,
- mesurer la liquidité et la profondeur des marchés dérivés de matières premières et évaluer leur évolution dans le temps,
- discerner les conditions à réunir pour assurer le succès d'un marché dérivé et la viabilité des contrats qui y sont négociés.

Les premiers instruments dérivés furent négociés dans le cadre des marchés de gré à gré. Il s'agissait de contrats *forward*. Les inconvénients inhérents à ces contrats (en l'absence de tout autre instrument, les *forwards* offrent cependant, et en dépit de leurs inconvénients, de très utiles services de couverture) ont conduit à leur substituer des contrats *futures* dont les premiers supports furent des matières premières. L'émergence des chambres de compensation a marqué le point de départ du développement de l'industrie des produits dérivés.

Les marchés de contrats à terme *futures* de matières premières existent depuis le milieu du XVIIIe siècle au Japon et le milieu du XIXe siècle aux États-Unis et en Europe, mais leur activité est demeurée confidentielle jusqu'à l'émergence au début de la décennie 1960 des premiers marchés à terme sur animaux vivants. Les hausses des prix des matières premières durant la décennie 1970 ont apporté aux marchés de matières premières une visibilité qu'ils n'avaient pas jusqu'alors. Celle-ci fut renforcée avec le développement des marchés à terme sur les produits pétroliers au début de la décennie 1980 et celui des transactions sur les métaux non ferreux consécutif à la rénovation du London Metal Exchange en mai 1987. Le véritable essor de l'industrie des produits dérivés est dû à l'introduction des instruments assurant une protection contre le risque de taux d'intérêt, mais il faut bien comprendre que le développement des *financial futures* s'est appuyé sur les connaissances et les techniques acquises dans le domaine des matières premières. Il n'y a pas, en effet, la moindre différence de nature entre les marchés à terme financiers et les marchés à terme de matières premières.

En octobre 1982, furent échangées les premières options sur contrats à terme de matières premières. Ce nouvel instrument a élargi les possibilités de couverture et introduit de la flexibilité dans la gestion du risque de prix.

Les contrats *futures* et les options sur contrats sont négociés dans le cadre des bourses de commerce. Jusqu'au début de la décennie 1970, ces bourses ne regroupaient que des marchés de matières premières. Depuis cette date, elles se sont largement diversifiées au point que pour certaines d'entre elles les échanges de contrats et d'options sur contrats de matières premières sont inexistants (Eurex), marginaux (Chicago Mercantile Exchange) ou relativement faibles en proportion du volume global des transactions (Chicago Board of Trade). Mais il existe toujours des bourses importantes où ne sont négociées que des matières premières (New York Mercantile Exchange, London Metal Exchange, Tokyo Commodity Exchange, Shanghai Futures Exchange).

1. Les principaux marchés de contrats à terme *futures*

Les céréales furent avec les produits tropicaux (sucre, café, cacao) les premières marchandises à servir de support à des instruments dérivés. Jusqu'en 1975, ces matières premières ont été avec les oléagineux – introduits sur les marchés de Chicago quelques années avant la Deuxième Guerre mondiale – les piliers des bourses de commerce. Les métaux non ferreux du London Metal Exchange n'étaient pas négociés dans le cadre d'un marché doté d'une chambre de compensation, mais la centralisation des transactions et la compensation quotidienne des volumes négociés par les membres de la bourse ont permis d'assimiler ces contrats *forward* à des contrats *futures*… jusqu'à la débâcle du marché de l'étain en 1985, qui a conduit à la mise en place, en mai 1987, d'une chambre de compensation et d'un véritable marché de contrats *futures*. Les animaux et les produits périssables sont négociés depuis le début de la décennie 1960. L'or et les métaux précieux se sont développés au milieu de la décennie 1970, mais en dépit d'un rebond en 2004/2006 leur poids relatif se réduit depuis 1985. Les produits énergétiques, introduits au début de la décennie 1980, connaissent, en revanche, une forte croissance.

Les marchés sont présentés par groupes de produits homogènes en respectant l'ordre chronologique d'émergence des contrats. Le recensement qui suit n'est pas exhaustif. Seules les matières premières ayant un rôle économique important, par ailleurs négociées dans des bourses internationales, font l'objet d'une présentation dans les développements qui suivent.

1.1. Les céréales

Le blé, le maïs, le riz, l'avoine, le seigle et l'orge sont les différentes céréales négociées à terme (tableau 8.1.).

Tableau 8.1. – *Les principaux marchés à terme de céréales*

Matière première	Volume du contrat	Bourse de commerce	Volume des transactions en 2005	Position ouverte le 31-12-2005
Blé	5 000 boisseaux	Chicago Board of Trade	10 114 098	301 884
Blé	5 000 boisseaux	Kansas City Board of Trade	3 682 919	131 228
Blé	5 000 boisseaux	Minneapolis Grain Exchange	1 384 750	44 195
Blé	20 tonnes	Winnipeg Commodity Exchange	87 634	5 052
Blé	100 tonnes	Euronext Liffe	65 234	7 308
Blé		Euronext Paris	217 171	14 599
Maïs	5 000 boisseaux	Chicago Board of Trade	27 965 057	786 225
Maïs		Fukuoka Futures Exchange	765 921	11 887
Maïs		Tokyo Grain Exchange	5 165 693	98 483
Maïs	10 tonnes	Dalian Commodity Exchange	21 859 732	147 671
Maïs		Euronext Paris	81 965	5 014
Maïs blanc			806 639	27 997
Riz	200 000 livres	Chicago Board of Trade	228 502	9 018
Avoine	5 000 boisseaux	Chicago Board of Trade	351 539	9 466
Orge	20 tonnes	Winnipeg Commodity Exchange	136 564	8 049

Unité : nombre de contrats.
Source : Futures Industry Association.

Le Chicago Board of Trade est la référence pour le prix du blé sur le marché international (tableau 8.2.). Le volume des transactions et le montant de la position ouverte le placent largement au-dessus des marchés de Kansas City et de Minneapolis. En dehors des États-Unis, des marchés sont localisés à Winnipeg, à Londres, à Budapest, à Paris et à Buenos Aires.

Le maïs fait l'objet de transactions à terme au Chicago Board of Trade (tableau 8.3.). Il est également négocié au Japon au Tokyo Grain Exchange et au Fukuoka Commodity Exchange (tableau 8.4), et en Chine au Dalian Commodity Exchange (tableau 8.4.). Des marchés plus modestes sont localisés à Winnipeg, à Sao Paulo, à Buenos Aires, à Budapest et à Paris.

Le niveau de la production et celui de la consommation font du riz une céréale importante, mais les échanges internationaux sont peu développés. La faiblesse du négoce international explique le rôle marginal de l'unique marché à terme aujourd'hui localisé à Chicago.

Tableau 8.2. – *Volume des transactions et montant de la position ouverte sur le marché à terme du blé du Chicago Board of Trade*

Année	Volume des transactions	Position ouverte au 31 décembre
1970	560 000	
1975	2 262 841	
1980	5 428 160	
1985	2 127 962	31 164
1990	2 876 270	46 972
1992	3 498 814	45 197
1995	4 955 067	100 235
1998	5 681 569	115 151
2000	6 407 531	132 456
2001	6 801 541	103 289
2002	6 872 891	86 612
2003	6 967 416	107 412
2004	7 955 155	184 262
2005	10 114 098	301 884

Unité : nombre de contrats.
Sources : *Commodity Yearbook* et Futures Industry Association.

Tableau 8.3. – *Volume des transactions et montant de la position ouverte sur le marché à terme du maïs du Chicago Board of Trade*

Année	Volume des transactions	Position ouverte au 31 décembre
1970	2 140 000	
1975	4 835 049	
1980	11 946 975	
1985	6 392 812	124 416
1990	11 423 027	205 520
1992	10 356 632	248 020
1995	15 105 147	500 255
1998	15 795 493	345 784
2000	17 185 442	434 485
2001	16 728 748	427 034
2002	18 132 447	438 041
2003	19 118 715	425 929
2004	24 038 233	603 401
2005	27 965 057	786 225

Unité : nombre de contrats.
Sources : Commodity Yearbook et Futures Industry Association.

Tableau 8.4. – *Volume des transactions et montant de la position ouverte sur les marchés à terme de maïs du Japon et de Chine*

Année	Tokyo Grain Exchange		Fukuoka Futures Exchange		Dalian Commodity Exchange	
	Volume des transactions	Position ouverte au 31 décembre	Volume des transactions	Position ouverte au 31 décembre	Volume des transactions	Position ouverte au 31 décembre
2000	8 341 227	283 629	2 357 240	53 643		
2001	10 341 897	294 648	2 016 968	42 541		
2002	7 431 128	206 057	1 331 933	47 479		
2003	5 984 743	198 127	1 881 771	57 701	–	–
2004	8 122 448	185 169	2 406 808	42 262	5 828 045	96 369
2005	5 165 693	98 483	765 921	11 887	21 859 732	147 671

Unité : nombre de contrats.
Source : Futures Industry Association.

Tableau 8.5. – *Les principaux marchés à terme d'oléagineux*

Matière première	Volume du contrat	Bourse de commerce	Volume des transactions en 2005	Position ouverte le 31-12-2005
Graines de soja	5 000 boisseaux	Chicago Board of Trade	20 216 137	279 605
Huile de soja	60 000 livres	Chicago Board of Trade	7 676 130	174 217
Tourteaux de soja	100 tonnes	Chicago Board of Trade	8 324 616	137 665
Graines de soja	1 000 boisseaux	Chicago Board of Trade	495 313	11 594
Graines de colza		Euronext Paris	211 281	22 106
Graines de colza	20/100 tonnes	Winnipeg Commodity Exchange	1 822 985	83 702
Huile de palme	25 tonnes	Malaysia Derivatives Exchange Berhad	1 158 510	28 918
Graines de soja non génétiquement modifié		Fukuoka Futures Exchange	63 554	882
Graines de soja américain	50 tonnes	Tokyo Grain Exchange	2 050 803	56 385
Graines de soja non génétiquement modifié	10 tonnes	Tokyo Grain Exchange	10 964 812	282 875
Graines de soja	10 tonnes	Dalian Commodity Exchange	40 035 707	195 336
Tourteaux de soja	10 tonnes	Dalian Commodity Exchange	36 738 182	127 385

Unité : nombre de contrats.
Source : Futures Industry Association.

L'avoine se négocie au Chicago Board of Trade. Ce marché n'est pas très important.

L'orge fait l'objet de transactions à terme au Canada, à Londres, à Sydney et à Budapest. Le marché de Winnipeg est le plus important, mais son influence ne dépasse pas le cadre des provinces agricoles canadiennes.

1.2. Les produits oléagineux

Le poids des marchés à terme de produits oléagineux (tableau 8.5.) au sein de l'*agribusiness* est très important.

L'économie mondiale du soja est dominée par les marchés du Chicago Board of Trade. Les transactions portent sur les graines, l'huile et les tourteaux, trois produits formant le « complexe du soja » (tableaux 8.6. et 8.7.). Des contrats de soja sont par ailleurs négociés au Tokyo Grain Exchange (tableau 8.8.), en Chine au Dalian Commodity Exchange (tableau 8.9.), et sur des marchés de moindre importance à Sao Paulo et à Buenos Aires.

Tableau 8.6. – *Volume annuel des transactions sur les marchés à terme de soja du Chicago Board of Trade*

Année	Graines	Huile	Tourteaux
1970	2 031 000	1 907 000	868 000
1975	3 913 804	1 489 720	792 227
1980	11 768 197	3 167 895	3 218 690
1985	7 392 128	3 647 408	3 339 268
1990	10 301 905	4 658 302	4 904 471
1992	9 000 169	4 282 678	4 145 397
1995	10 611 534	4 611 336	5 601 242
1998	12 431 156	6 498 263	6 553 846
2000	12 627 950	5 369 903	6 317 988
2001	12 150 369	6 034 325	6 743 772
2002	14 475 100	6 816 483	7 174 507
2003	17 545 714	7 417 340	8 158 445
2004	18 846 021	7 593 314	8 569 243
2005	20 216 137	7 676 130	8 324 616

Unité : nombre de contrats.
Sources : Commodity Yearbook et Futures Industry Association.

Le colza (à Winnipeg et à Paris), le lin (à Winnipeg), le tournesol (à Buenos Aires et à Budapest) et l'huile de palme (à Kuala Lumpur) font l'objet de transactions à terme. À l'exception du colza à Winnipeg (tableau 8.10.) et de l'huile de palme en Malaisie (tableau 8.11.), ces marchés sont peu importants. Leur faible impact tient à deux caractéristiques communes. D'une part, ces matières premières ne génèrent pas un important courant d'échanges internationaux. D'autre part, de nombreux professionnels se protègent contre les risques de prix en effectuant des opérations de couverture croisée (*cross hedging*) sur les marchés du soja.

Tableau 8.7. – *Montant de la position ouverte sur les marchés à terme de soja du Chicago Board of Trade*

Année	Graines	Huile	Tourteaux
1981	85 327	38 804	48 295
1985	77 274	48 361	46 875
1990	116 525	72 842	63 842
1992	114 365	74 347	73 188
1995	196 879	79 157	100 285
1998	138 693	107 353	112 135
2000	163 269	134 085	118 135
2001	156 016	143 696	143 259
2002	201 351	144 555	138 466
2003	238 593	188 524	178 880
2004	228 903	142 917	142 747
2005	279 605	174 217	137 665

Unité : nombre de contrats au 31 décembre.
Source : Futures Industry Association.

Tableau 8.8. – *Volume des transactions et montant de la position ouverte sur les marchés à terme de soja du Tokyo Grain Exchange*

Année	Graines de soja américain		Graines de soja non génétiquement modifié	
	Volume des transactions	Position ouverte au 31 décembre	Volume des transactions	Position ouverte au 31 décembre
2000	2 355 163	103 950	2 875 667	293 084
2001	1 740 613	70 420	3 342 542	246 560
2002	1 001 747	57 420	3 416 660	194 862
2003	1 745 697	80 942	6 735 421	366 987
2004	2 125 458	63 146	9 971 499	249 460
2005	2 050 803	56 385	10 964 812	282 875

Unité : nombre de contrats.
Source : Futures Industry Association.

Tableau 8.9. – *Volume des transactions et montant de la position ouverte sur les marchés à terme de produits oléagineux du Dalian Commodity Exchange*

Année	Graines de soja n° 1		Tourteaux de soja	
	Volume des transactions	Position ouverte au 31 décembre	Volume des transactions	Position ouverte au 31 décembre
2002	12 689 935	412 939	4 404 134	15 408
2003	60 000 808	175 111	14 953 398	67 263
2004	57 340 803	210 124	24 750 958	42 535
2005	40 035 707	195 336	36 738 182	127 385

Unité : nombre de contrats.
Source : Futures Industry Association.

Tableau 8.10. – *Volume des transactions et montant de la position ouverte sur le marché à terme du colza du Winnipeg Commodity Exchange*

Année	Volume des transactions	Position ouverte au 31 décembre
1990	698 135	23 700
1992	839 715	35 859
1995	1 075 683	41 600
1998	1 557 358	60 573
1999	1 685 756	55 837
2000	1 858 773	59 078
2001	2 424 973	59 391
2002	1 828 122	51 307
2003	1 547 283	50 239
2004	1 737 972	61 557
2005	1 822 985	83 702

Unité : nombre de contrats.
Source : Futures Industry Association.

Tableau 8.11. – *Volume des transactions et montant de la position ouverte sur le marché à terme de l'huile de palme du Malaysia Derivatives Exchange Berhad*

Année	Volume des transactions	Position ouverte au 31 décembre
2000	308 622	10 153
2001	479 799	10 573
2002	911 015	17 280
2003	1 434 713	21 149
2004	1 378 334	28 314
2005	1 158 510	28 918

Unité : nombre de contrats.
Source : Futures Industry Association.

Le marché de l'huile de palme de Kuala Lumpur a pour originalité d'être localisé dans un pays producteur en voie de développement.

1.3. Les produits tropicaux

Le sucre roux, le sucre blanc, le café et le cacao font l'objet de transactions significatives sur plusieurs places financières (tableau 8.12.).

Le sucre roux est négocié à New York (tableau 8.13.) et à Tokyo. C'est le marché new yorkais qui est le plus actif. Le sucre blanc est négocié à Londres (tableau 8.13.) et, de manière tout à fait marginale, dans trois bourses japonaises.

Tableau 8.12. – *Les principaux marchés à terme de produits tropicaux*

Matière première	Volume du contrat	Bourse de commerce	Volume des transactions en 2005	Position ouverte le 31-12-2005
Sucre roux	112 000 livres	New York Board of Trade	13 007 072	537 801
Sucre roux	50 tonnes	Tokyo Grain Exchange	465 625	33 030
Sucre blanc	50 tonnes	Euronext Liffe	1 497 150	17 510
Café arabica	37 500 livres	New York Board of Trade	3 987 778	82 113
Café robusta	5 tonnes	Euronext Liffe	3 263 253	116 635
Cacao	10 tonnes	New York Board of Trade	2 582 927	129 643
Cacao	10 tonnes	Euronext Liffe	2 690 105	174 605
Café arabica	3,45 tonnes	Tokyo Grain Exchange	5 591 946	62 749
Café robusta	5 tonnes	Tokyo Grain Exchange	662 994	8 420
Indice café		Kansai Commodities Exchange	269 269	2 881
Jus d'orange	15 000 livres	New York Board of Trade	902 019	30 590

Unité : nombre de contrats.
Source : Futures Industry Association.

Tableau 8.13. – *Volume des transactions et montant de la position ouverte sur les principaux marchés à terme de sucre*

Année	Sucre roux New York Board of Trade		Sucre blanc Euronext Liffe	
	Volume des transactions	Position ouverte au 31 décembre	Volume des transactions	Position ouverte au 31 décembre
1970	76 000			
1975	790 630			
1980	3 576 662			
1985	3 012 929	93 355		
1988	5 819 121	143 241	347 813	ND
1989	6 243 361	163 475	336 553	ND
1990	5 424 801	108 743	346 500	ND
1992	3 667 481	91 660	303 377	ND
1995	4 711 082	157 923	575 734	ND
1998	5 524 111	151 089	945 896	37 299
2000	5 933 850	148 018	907 399	37 627
2001	5 150 329	172 369	898 261	50 358
2002	6 173 756	222 585	1 044 806	64 525
2003	7 140 724	212 553	1 062 494	42 157
2004	9 766 550	358 880	1 251 233	52 992
2005	13 007 072	537 801	1 497 150	76 133

Unité : nombre de contrats.
Sources : Futures Industry Association depuis 1988. New York Coffee Sugar and Cocoa Exchange et London Commodity Exchange avant 1988.

Les deux qualités de café sont négociées sur trois places financières (tableaux 8.14 et 8.15) ; l'arabica au New York Board of Trade et au Tokyo Grain Exchange ; le robusta à Londres sur le marché d'Euronext Liffe et, avec des volumes relativement faibles, au Tokyo Grain Exchange. Par ailleurs, ce qui est assez original, un indice de prix du café fait l'objet de transactions au Kansaï Commodities Exchange.

Tableau 8.14. – *Volume des transactions et montant de la position ouverte sur les principaux marchés à terme de café*

Année	New York Board of Trade		Euronext Liffe	
	Volume des transactions	Position ouverte au 31 décembre	Volume des transactions	Position ouverte au 31 décembre
1970	100		–	
1971	200		78 240	
1975	73 322		228 293	
1980	906 944		1 104 739	
1985	650 768	13 167	1 018 837	
1990	1 774 050	40 238	1 170 176	
1995	2 003 014	27 674	1 062 744	
1997	2 294 181	27 977	1 544 193	43 312
1998	2 095 030	34 081	1 290 049	44 058
2000	2 134 961	46 296	1 470 980	58 188
2001	2 199 371	54 030	1 547 838	110 745
2002	2 718 508	69 388	1 905 319	120 558
2003	3 211 031	77 513	2 320 831	132 362
2004	4 193 303	110 371	3 054 386	146 007
2005	3 987 778	82 113	3 263 253	116 635

Unité : nombre de contrats.
Sources : Futures Industry Association depuis 1988. New York Coffee Sugar and Cocoa Exchange et London Commodity Exchange avant 1988.

Tableau 8.15. – *Volume des transactions et montant de la position ouverte sur les principaux marchés à terme japonais de café*

Année	Café arabica Tokyo Grain Exchange		Indice de café Kansai Commodities Exchange	
	Volume des transactions	Position ouverte au 31 décembre	Volume des transactions	Position ouverte au 31 décembre
2001	4 465 044	137 085	371 272	19 672
2002	4 844 715	161 383	961 715	32 674
2003	5 019 572	150 989	1 274 190	21 472
2004	4 293 422	94 398	726 741	11 892
2005	5 591 946	62 749	269 269	2 881

Unité : nombre de contrats.
Source : Futures Industry Association.

Les deux marchés à terme de cacao sont localisés à Londres et à New York (tableau 8.16.). Le volume des transactions est sensiblement identique sur les deux places.

Tableau 8.16. – *Volume des transactions et montant de la position ouverte sur les principaux marchés à terme de cacao*

Année	New York Board of Trade			Euronext Liffe	
	Volume des transactions		Position ouverte au 31 décembre	Volume des transactions	Position ouverte au 31 décembre
	Contrat de 30 000 livres	Contrat de 10 tonnes			
1970	313 000	–		–	
1972	278 416	–		22 569	
1975	313 760	–		742 577	
1979	231 918	265		839 751	
1980	187 309	201 662		647 387	
1984	–	1 127 752	20 936	1 317 706	
1985	–	800 573	18 044	949 651	
1990	–	1 635 917	41 686	1 701 586	
1992	–	1 397 235	61 557	1 397 966	
1995	–	2 090 098	83 223	1 653 790	
1998	–	1 810 580	76 366	1 786 090	167 998
2000	–	2 110 048	134 482	1 636 322	195 451
2001		2 005 817	91 906	1 514 384	157 492
2002		2 079 980	86 843	1 802 142	169 133
2003		2 128 206	90 501	2 328 609	177 662
2004		2 389 050	118 058	2 643 199	210 730
2005		2 582 927	129 643	2 690 105	174 605

Unité : nombre de contrats.
Sources : Futures Industry Association depuis 1988. New York Coffee Sugar and Cocoa Exchange et London Commodity Exchange avant 1988.

1.4. Les produits d'origine animale

Les marchés à terme sur les animaux sont localisés au Chicago Mercantile Exchange. Leur influence sur l'économie bovine et porcine est importante, mais elle n'a toutefois pas dépassé, jusqu'à présent, le cadre américain. Ces marchés concernent le bétail à l'engraissement, le bétail vivant, les carcasses de porc congelé et le porc vivant (tableau 8.17.). Le volume des transactions et le montant de la position ouverte sont reproduits aux tableaux 8.18 et 8.19.

Tous les autres marchés portant sur les animaux, en dehors de ceux qui viennent d'être mentionnés, ont une activité extrêmement réduite ou ont disparu au cours des années récentes.

Tableau 8.17. – *Les principaux marchés à terme portant sur les animaux*

Matière première	Volume du contrat	Bourse de commerce	Volume des transactions en 2005	Position ouverte le 31-12-2005
Bétail vivant	40 000 livres	Chicago Mercantile Exchange	5 833 556	196 417
Bétail à l'engraissement	50 000 livres	Chicago Mercantile Exchange	1 017 348	33 690
Carcasses de porc	40 000 livres	Chicago Mercantile Exchange	124 418	2 319
Porc vivant	40 000 livres	Chicago Mercantile Exchange	4 153 543	125 419

Unité : nombre de contrats.
Source : Futures Industry Association.

Tableau 8.18. – *Volume des transactions sur les marchés à terme des animaux du Chicago Mercantile Exchange*

Année	Porc vivant	Carcasses de porc congelées	Bétail vivant	Bétail à l'engraissement
1970	115 000	1 778 000	579 000	–
1972	543 257	2 057 064	1 370 471	7 423
1975	1 426 507	1 443 464	2 457 259	29 587
1980	2 153 767	2 250 945	5 997 047	874 313
1982	3 560 974	2 811 674	4 440 992	603 769
1985	1 719 861	1 457 386	4 437 327	455 881
1990	2 241 272	1 303 129	3 797 376	391 308
1995	1 700 664	561 913	3 257 105	511 895
1998	2 136 282	481 252	4 216 506	738 567
2000	2 111 807	309 576	3 681 512	582 279
2001	2 018 339	196 359	4 279 273	616 988
2002	1 931 260	152 054	3 851 736	585 517
2003	2 164 155	161 329	4 436 089	704 852
2004	3 204 186	151 949	4 510 128	741 265
2005	4 153 543	124 418	5 833 556	1 017 348

Unité : nombre de contrats au 31 décembre.
Sources : Futures Industry Association et Chicago Mercantile Exchange.

1.5. Les autres produits agricoles comestibles

Les marchés à terme de la pomme de terre ont eu une histoire mouvementée. Le plus important a été pendant longtemps celui de New York, mais après de nombreuses péripéties, le contrat a cessé d'être négocié en 1987. Les efforts du Chicago Mercantile Exchange pour développer un contrat de pommes de terre n'ont jamais abouti. En dehors des États-Unis, le plus ancien marché est localisé à Amsterdam. Il a été concurrencé à partir de juin 1980 par celui de Londres et à partir de mai 1984 par celui de Lille. Transféré à Paris, ce dernier est désormais fermé. Il en est de même pour celui de Londres. Seul demeure en activité le marché d'Amsterdam.

Tableau 8.19. – *Montant de la position ouverte sur les marchés à terme des animaux du Chicago Mercantile Exchange*

Année	Porc vivant	Carcasses de porc congelées	Bétail vivant	Bétail à l'engraissement
1979	24 966	27 981	62 872	ND
1980	26 816	22 480	45 864	ND
1981	17 924	13 643	51 226	8 905
1985	21 680	8 103	59 361	11 206
1990	22 900	12 047	71 418	12 123
1992	26 790	11 139	66 165	8 871
1995	34 260	6 747	65 740	16 295
1996	29 472	6 221	86 598	17 462
1997	38 838	8 942	101 464	17 677
1998	46 850	7 757	111 437	14 057
1999	44 860	4 883	111 076	26 353
2000	39 532	2 582	129 328	20 915
2001	26 698	2 728	93 728	14 915
2002	39 386	2 771	112 548	12 850
2003	42 076	2 337	96 384	14 722
2004	101 873	1 940	133 159	16 640
2005	125 419	2 319	196 417	33 690

Unité : nombre de contrats au 31 décembre.
Sources : Futures Industry Association et Chicago Mercantile Exchange.

Le seul marché à terme portant sur les jus de fruits, en l'occurrence le jus d'orange congelé, est localisé au New York Board of Trade. En dépit d'une évolution parfois chaotique, le volume des transactions a fini par atteindre un niveau qui en fait un marché de taille internationale (tableau 8.20.), mais son influence demeure limitée à la seule économie américaine.

Tableau 8.20. – *Volume des transactions et montant de la position ouverte sur le marché à terme du jus d'orange*

Année	Volume des transactions	Position ouverte au 31 décembre
2000	712 204	30 206
2001	577 496	17 419
2002	577 757	23 826
2003	652 715	35 638
2004	970 437	34 267
2005	902 019	30 590

Unité : nombre de contrats.
Source : Futures Industry Association.

Au Japon, plusieurs bourses de commerce offrent des contrats à terme sur des produits régionaux. Ces marchés sont en voie de disparition.

Après avoir connu des fortunes diverses, les marchés à terme du lait, du beurre, des poulets, des œufs, du fromage, des crevettes, sont aujourd'hui fermés, ou peu actifs. Deux exceptions sont à relever, un marché du lait au Chicago Mercantile Exchange et un marché de crevettes congelées au Kansai Commodities Exchange.

1.6. Les produits agricoles à vocation industrielle

Sont regroupées sous cette dénomination différentes matières premières dont l'impact économique est sectoriel ou relativement faible : le coton, la laine, la soie, le bois et le caoutchouc (tableau 8.21.).

Tableau 8.21. – *Les principaux marchés à terme portant sur les produits agricoles à vocation industrielle*

Matière première	Volume du contrat	Bourse de commerce	Volume des transactions en 2005	Position ouverte le 31-12-2005
Coton	50 000 livres	New York Board of Trade	3 848 990	105 414
Laine	2 500 kilos	Sydney Futures Exchange	15 767	1 763
Soie brute japonaise		Yokohama Commodity Exchange	113 938	1 590
Bois de charpente	80 000 bd. ft.	Chicago Mercantile Exchange	236 241	5 339
Caoutchouc	5 tonnes	Tokyo Commodity Exchange	7 156 225	81 683
Caoutchouc (RSS3)	5 tonnes	Osaka Mercantile Exchange	581 293	10 133
Caoutchouc (TSR20)		Osaka Mercantile Exchange	212 805	1 814
Caoutchouc	indice	Osaka Mercantile Exchange	320 871	6 543
Caoutchouc		Shanghai Futures Exchange	9 503 158	28 485

Unité : nombre de contrats.
Source : Futures Industry Association.

Le coton est négocié au New York Board of Trade. L'influence de ce marché ne dépasse pas le cadre de l'économie américaine (tableau 8.22.).

Les marchés à terme de la laine ont connu de nombreuses vicissitudes. Celui de Londres a cessé ses activités en 1985. Celui de Lille a fermé ses portes le 16 septembre 1986. Le marché localisé en Nouvelle-Zélande a cessé de fonctionner en 1992. Seul le marché de Sydney où sont négociés trois contrats réussit à survivre dans un environnement particulièrement difficile.

Sur plusieurs bourses de commerce japonaises sont négociés des contrats à terme portant sur la soie brute et divers produits textiles. L'influence de ces marchés est marginale.

Le bois en grume est négocié au Chicago Mercantile Exchange. L'impact de ce marché ne dépasse pas le cadre de l'économie américaine.

Tableau 8.22. – *Volume des transactions et montant de la position ouverte sur le marché à terme du coton du New York Board of Trade*

Année	Volume des transactions	Position ouverte au 31 décembre
1970	33 657	
1975	525 103	
1980	2 490 405	
1985	636 492	21 748
1990	1 534 611	41 944
1992	1 701 258	37 812
1995	2 525 434	57 774
1998	3 200 830	77 797
2000	2 597 757	68 203
2001	2 259 665	59 856
2002	2 327 960	77 645
2003	3 035 992	83 441
2004	3 156 018	81 149
2005	3 848 990	105 414

Unité : nombre de contrats.
Sources : Futures Industry Association et New York Cotton Exchange.

Le caoutchouc a été échangé à terme (mais ne l'est plus) à Londres, à Kuala Lumpur, à Singapour. Aujourd'hui, les marchés japonais (Osaka Mercantile Exchange et Tokyo Commodity Exchange) et chinois (Shanghai Futures Exchange) sont opérationnels (tableaux 8.23 et 8.24.), mais l'évolution des volumes de transaction et celle des positions ouvertes sont relativement chaotiques.

Tableau 8.23. – *Volume des transactions et montant de la position ouverte sur les marchés à terme de caoutchouc du Tokyo Commodity Exchange et du Shanghai Futures Exchange*

Année	Tokyo Grain Exchange		Shanghai Futures Exchange	
	Volume des transactions	Position ouverte au 31 décembre	Volume des transactions	Position ouverte au 31 décembre
2000	6 195 440	209 856	1 000 299	8 550
2001	3 334 411	95 076	73 200	1 287
2002	5 551 837	67 141	4 020 987	41 000
2003	3 568 929	65 467	26 757 964	77 105
2004	1 732 645	35 299	9 680 649	7 084
2005	7 156 225	81 683	9 503 158	28 485

Unité : nombre de contrats.
Source : Futures Industry Association.

Tableau 8.24. – *Volume des transactions et montant de la position ouverte sur les marchés à terme de caoutchouc de l'Osaka Mercantile Exchange*

Année	Caoutchouc RSS 3		Caoutchouc RSR 20		Indice de caoutchouc	
	Volume des transactions	Position ouverte au 31 décembre	Volume des transactions	Position ouverte au 31 décembre	Volume des transactions	Position ouverte au 31 décembre
2000	1 404 451	39 940	213 758	8 838	1 561 707	33 805
2001	710 872	21 720	66 268	6 728	967 615	19 651
2002	1 300 492	32 542	587 641	40 279	1 885 262	27 315
2003	1 550 428	35 416	1 985 225	44 594	1 423 491	24 249
2004	756 411	13 667	826 045	11 792	814 328	8 716
2005	581 293	10 133	212 805	1 814	320 871	6 543

Unité : nombre de contrats.
Source : Futures Industry Association.

1.7. Les métaux précieux

L'or, l'argent, le platine et le palladium sont quatre matières premières servant de support à des contrats à terme (tableau 8.25.).

Tableau 8.25. – *Les principaux marchés à terme de métaux précieux*

Matière première	Volume du contrat	Bourse de commerce	Volume des transactions en 2005	Position ouverte le 31-12-2005
Or	100 onces	Commodity Exchange	15 890 617	323 247
Or	1 kilo	Tokyo Commodity Exchange	17 958 240	299 973
Or	100 onces	Chicago Board of Trade	626 901	9 963
Or	33,2 onces	Chicago Board of Trade	389 737	3 233
Argent métal	5 000 onces	Commodity Exchange	5 536 351	131 229
Argent métal	5 000 onces	Chicago Board of Trade	86 218	1 633
Argent métal	1 000 onces	Chicago Board of Trade	163 395	2 669
Argent métal	60 kilos	Tokyo Commodity Exchange	817 624	16 897
Platine	50 onces	New York Mercantile Exchange	376 179	9 705
Platine	500 grammes	Tokyo Commodity Exchange	8 573 313	115 669
Palladium	100 onces	New York Mercantile Exchange	321 923	14 063
Palladium	500 grammes	Tokyo Commodity Exchange	323 347	19 231

Unité : nombre de contrats.
Source : Futures Industry Association.

L'or est le métal précieux le plus traité dans le monde. Le centre des transactions est localisé à New York, mais les échanges enregistrés à Tokyo son très importants (tableau 8.26.). L'argent est négocié au Commodity Exchange de New York et au Tokyo Commodity Exchange (tableau 8.27.). Habituellement classés parmi les métaux précieux, malgré leur utilisation industrielle de plus en plus importante, le platine et le palladium sont pour l'essentiel négociés au Tokyo Commodity Exchange et accessoirement (tableau 8.28.) au New York Mercantile Exchange.

Tableau 8.26. – *Volume des transactions et montant de la position ouverte sur les principaux marchés à terme d'or*

Année	Commodity Exchange		Tokyo Commodity Exchange	
	Volume des transactions	Position ouverte au 31 décembre	Volume des transactions	Position ouverte au 31 décembre
1975	393 517			
1977	981 551	54 276		
1980	8 001 410	299 291		
1982	12 289 448	130 429		
1985	7 773 834	132 243		
1988	9 496 402	152 731	2 038 400	129 871
1990	9 730 041	107 610	6 873 304	444 168
1992	6 002 009	107 697	4 193 775	232 384
1995	7 781 596	142 179	10 945 134	433 955
1997	9 541 904	177 770	8 871 965	342 581
1998	8 990 094	162 912	9 373 909	395 932
1999	9 575 788	155 914	16 011 962	369 359
2000	6 643 464	111 307	7 841 692	218 053
2001	6 785 340	114 963	9 791 711	250 548
2002	9 018 183	206 914	20 506 652	388 517
2003	12 235 689	279 381	26 637 897	377 870
2004	14 959 617	318 735	17 385 766	344 086
2005	15 890 617	323 247	17 958 240	299 973

Unité : nombre de contrats.
Sources : Futures Industry Association et Commodity Exchange.

Tableau 8.27. – *Volume des transactions et montant de la position ouverte sur les principaux marchés à terme d'argent*

Année	Commodity Exchange		Tokyo Commodity Exchange	
	Volume des transactions	Position ouverte au 31 décembre	Volume des transactions	Position ouverte au 31 décembre
1972	815 168			
1975	2 902 315			
1980	1 058 734			
1984	6 742 508	80 300		
1985	4 821 206	86 140		
1988	4 664 655	93 990	2 302 428	146 748
1990	3 913 609	84 343	504 332	51 580
1992	3 016 339	76 264	231 864	16 296
1995	5 183 236	98 555	1 440 297	53 835
1998	4 094 616	75 353	1 679 647	42 846
2000	3 117 017	72 121	558 770	19 558
2001	2 569 198	63 101	660 864	15 964
2002	3 135 564	80 920	930 886	19 773
2003	4 111 190	102 250	1 160 565	21 753
2004	5 006 125	100 586	1 473 370	17 204
2005	5 536 351	131 229	817 624	16 897

Unité : nombre de contrats.
Sources : Futures Industry Association et Commodity Exchange.

Tableau 8.28. – *Volume des transactions et montant de la position ouverte sur les marchés à terme de platine et de palladium du Tokyo Commodity Exchange*

Année	Platine		Palladium	
	Volume des transactions	Position ouverte au 31 décembre	Volume des transactions	Position ouverte au 31 décembre
1988	4 470 380	220 066		
1990	3 269 222	232 309		
1992	4 631 724	237 875	404 091	73 932
1995	5 975 872	298 705	629 034	30 410
1997	10 839 577	332 724	3 817 892	62 648
1998	16 944 343	453 312	5 194 391	92 105
1999	13 277 043	415 975	5 832 649	78 750
2000	13 577 201	262 130	1 007 307	2 099
2001	16 244 583	257 280	117 098	2 926
2002	14 436 155	218 483	87 883	4 124
2003	14 211 824	211 254	275 322	14 618
2004	13 890 300	169 390	438 934	19 444
2005	8 573 313	115 669	323 347	19 231

Unité : nombre de contrats.
Source : Futures Industry Association.

1.8. Les métaux non ferreux

L'aluminium, le cuivre, le zinc, le plomb, le nickel et l'étain font l'objet d'importantes transactions à terme (tableau 8.29.).

L'aluminium est négocié à Londres, à Osaka, à Tokyo et à Shanghai (tableaux 8.30. et 8.31.). Trois contrats de cuivre font l'objet d'échanges abondants au London Metal Exchange, au Commodity Exchange de New York et au Shanghai Futures Exchange (tableaux 8.32. et 8.33.). Le zinc, le plomb et l'étain sont échangés au London Metal Exchange (tableaux 8.34. et 8.35). Le nickel est quant à lui négocié à Londres et à Osaka (tableaux 8.34. et 8.35.).

Le lecteur attentif aux évolutions structurelles de l'économie mondiale ne manquera pas d'observer la croissance des transactions et des positions ouvertes enregistrées sur les marchés de l'aluminium et du cuivre localisés au Shanghai Futures Exchange (tableaux 8.30. à 8.33.).

Tableau 8.29. – *Les principaux marchés à terme de métaux non ferreux*

Matière première	Volume du contrat	Bourse de commerce	Volume des transactions en 2005	Montant de la position ouverte le 31-12-2005
Aluminium primaire	25 tonnes	London Metal Exchange	30 426 465	359 431
Aluminium secondaire	20 tonnes	London Metal Exchange	501 960	4 794
Aluminium secondaire de l'Amérique du Nord	20 tonnes	London Metal Exchange	1 001 412	17 045
Aluminium		Osaka Mercantile Exchange	459 244	4 496
Aluminium		Tokyo Commodity Exchange	219 694	6 186
Aluminium		Shanghai Futures Exchange	2 125 020	39 433
Cuivre	25 tonnes	London Metal Exchange	19 231 371	180 089
Cuivre	25 000 livres	Commodity Exchange	3 950 842	102 963
Cuivre		Shanghai Futures Exchange	12 352 026	52 894
Zinc	25 tonnes	London Metal Exchange	10 620 618	139 164
Plomb	25 tonnes	London Metal Exchange	4 061 819	60 342
Nickel	6 tonnes	London Metal Exchange	3 482 593	48 279
Étain	5 tonnes	London Metal Exchange	1 095 031	18 595

Unité : nombre de contrats.
Source : Futures Industry Association.

Tableau 8.30. – *Volume des transactions sur les marchés à terme d'aluminium*

Année	London Metal Exchange			Osaka Mercantile Exchange	Tokyo Commodity Exchange	Shanghai Futures Exchange
	Aluminium primaire	Aluminium secondaire	Aluminium secondaire nord-américain			
1988	723 280					
1989	3 036 892					
1990	4 355 720					
1992	9 256 740	2 394				
1995	14 060 243	210 787				
1998	20 091 765	498 839				
2000	25 443 980	643 659		1 695 737	543 015	455 206
2001	23 767 595	819 206	–	1 438 450	735 366	1 448 192
2002	22 330 491	895 726	173 127	1 285 419	513 892	2 355 796
2003	26 953 102	703 356	833 022	963 464	329 565	2 155 498
2004	29 232 921	429 459	1 192 100	1 101 198	321 131	6 829 499
2005	30 426 465	501 960	1 001 412	459 244	219 694	2 125 020

Unité : nombre de contrats.
Source : Futures Industry Association.

Tableau 8.31. – *Montant de la position ouverte sur les marchés à terme d'aluminium*

Année	London Metal Exchange			Osaka Mercantile Exchange	Tokyo Commodity Exchange	Shanghai Futures Exchange
	Aluminium primaire	Aluminium secondaire	Aluminium secondaire nord-américain			
1991	127 521					
1992	180 521	1 193				
1995	230 222	4 812				
1998	320 310	7 092				
2000	293 718	9 862		56 365	13 182	10 196
2001	332 849	13 214	–	55 167	12 815	24 764
2002	355 550	8 176	10 111	72 408	8 371	40 420
2003	338 500	6 862	12 571	41 767	14 035	45 088
2004	407 694	4 19/8	13 007	27 089	6 571	37 604
2005	359 431	4 794	17 045	4 496	6 186	39 433

Unité : nombre de contrats.
Source : Futures Industry Association.

Tableau 8.32. – *Volume des transactions sur les marchés à terme de cuivre*

Année	London Metal Exchange	Commodity Exchange	Shanghai Futures Exchange
1980	–	1 848 080	
1985	–	2 444 552	
1987	1 378 940	ND	
1990	5 993 965	1 853 185	
1992	7 945 054	1 674 163	
1995	17 530 263	2 519 414	
1998	15 699 702	2 483 610	
2000	17 565 260	2 778 124	2 674 016
2001	17 797 929	2 856 641	4 088 943
2002	16 579 090	2 807 286	5 796 300
2003	19 437 740	3 089 270	11 166 288
2004	18 171 204	3 190 625	21 248 370
2005	19 231 371	3 950 842	12 352 026

Unité : nombre de contrats.
Source : Futures Industry Association.

Tableau 8.33. – *Montant de la position ouverte sur les marchés à terme de cuivre*

Année	London Metal Exchange	Commodity Exchange	Shanghai Futures Exchange
1980		44 225	
1985		77 790	
1990		35 783	
1991	99 487	ND	
1992	140 600	45 196	
1995	169 509	35 393	
1998	188 134	71 975	
2000	180 089	69 752	55 503
2001	193 136	73 420	78 589
2002	199 283	80 174	117 623
2003	224 783	88 180	191 583
2004	169 034	93 495	157 911
2005	188 825	102 963	52 894

Unité : nombre de contrats.
Source : Futures Industry Association.

Tableau 8.34. – *Volume des transactions sur les marchés à terme des autres métaux non ferreux*

Année	Zinc London Metal Exchange	Plomb London Metal Exchange	Nickel London Metal Exchange	Nickel Osaka Mercantile Exchange	Étain London Metal Exchange
1987	238 910	ND	ND		–
1988	735 813	485 429	344 182		–
1989	1 330 386	576 671	482 995		129 180
1990	1 448 107	611 756	582 210		361 196
1992	4 527 594	986 000	1 485 064		534 074
1995	5 241 931	1 758 742	3 319 697		1 275 718
1998	5 742 948	2 420 777	4 676 526		1 429 115
2000	7 549 121	3 222 766	5 126 919		1 846 413
2001	6 113 484	3 096 929	3 194 758	–	1 432 814
2002	8 100 114	3 411 156	3 187 275	69 133	1 625 470
2003	10 470 171	4 504 246	4 220 434	220 618	1 448 083
2004	10 211 096	3 786 375	3 177 206	344 571	971 612
2005	10 620 618	4 061 819	3 482 593	28 044	1 095 031

Unité : nombre de contrats.
Source : Futures Industry Association.

Tableau 8.35. – *Montant de la position ouverte sur les marchés à terme des autres métaux non ferreux*

Année	Zinc London Metal Exchange	Plomb London Metal Exchange	Nickel London Metal Exchange	Nickel Osaka Mercantile Exchange	Étain London Metal Exchange
1991	40 921	15 787	18 988		4 700
1992	72 840	23 453	40 778		9 548
1995	81 354	33 755	39 746		14 185
1998	82 290	40 178	69 945		19 378
2000	84 536	40 860	38 336		14 467
2001	105 934	45 432	44 545	–	22 666
2002	131 295	47 424	35 992	8 365	22 103
2003	186 074	61 377	47 829	9 031	22 222
2004	139 564	45 753	34 354	2 620	13 055
2005	139 164	60 342	48 279	691	18 595

Unité : nombre de contrats.
Source : Futures Industry Association.

1.9. Les matières premières énergétiques

L'émergence des marchés à terme pétroliers fut une réponse à l'instabilité qui s'est instaurée à la suite des deux chocs pétroliers. Le premier contrat à terme viable portant sur un produit énergétique a été introduit en novembre 1978 au New York Mercantile Exchange (Nymex) dans une indifférence quasi générale. Il portait sur du fioul. Par la suite, d'autres produits (gazole, essence, pétrole, kérosène) furent proposés à la négociation sur plusieurs places financières internationales (Londres, Singapour, Tokyo, Shanghai), mais les contrats introduits à New York entre 1978 et 1983 demeurent les plus actifs. La déréglementation des prix des produits énergétiques a permis aux responsables du Nymex de développer de nouveaux marchés dérivés. Ceci s'est concrétisé par l'ouverture, en avril 1990, d'un marché sur le gaz naturel et, en mars 1996, de deux marchés sur l'électricité. À l'exception de ce dernier sous-jacent, tous les autres contrats ont connu un remarquable succès (tableau 8.36.).

Tableau 8.36. – *Les principaux marchés à terme de produits énergétiques*

Matière première	Volume du contrat	Bourse de commerce	Volume des transactions en 2005	Position ouverte le 31-12-2005
Fioul	1 000 barils	New York Mercantile Exchange	13 135 581	162 120
Fioul	10 tonnes	Shanghai Futures Exchange	9 809 550	33 911
Gazole	100 tonnes	Ice Futures	10 971 719	216 721
Essence	1 000 barils	New York Mercantile Exchange	13 166 417	136 956
Essence	20 000 litres	Central Japan Commodity Exchange	11 972 407	85 270
Essence	50 000 litres	Tokyo Commodity Exchange	17 448 561	69 956
Kérosène	20 000 litres	Central Japan Commodity Exchange	9 790 465	90 333
Kérosène	50 000 litres	Tokyo Commodity Exchange	7 295 741	53 319
Pétrole léger	1 000 barils	New York Mercantile Exchange	59 650 468	816 246
Pétrole léger	400 barils	New York Mercantile Exchange	5 682 214	5 457
Pétrole	1 000 barils	Ice Futures	30 412 027	390 615
Pétrole	50 000 litres	Tokyo Commodity Exchange	1 981 389	21 257
Gaz naturel	10 000 MM Btu	New York Mercantile Exchange	19 142 549	539 226
Gaz naturel	4 000 MM Btu	New York Mercantile Exchange	522 439	1 375
Gaz naturel		Ice Futures	423 565	13 270

Unité : Nombre de contrats.
Source : Futures Industry Association.

1.9.1. Les marchés à terme de fioul

Les contrats de fioul sont négociés au New York Mercantile Exchange et au Shanghai Futures Exchange.

Les transactions ont débuté à New York le 14 novembre 1978. Elles portaient sur un contrat de fioul léger à usage domestique (*heating oil #2*) et un contrat de fioul lourd à usage industriel (*heating oil #6*). Quatre raisons avaient conduit les experts du Nymex à retenir ces produits.

• Le fioul était librement négocié et à l'époque son prix était beaucoup moins réglementé que celui du pétrole brut.

• Les transactions sur le marché au comptant étaient abondantes.

• Le fioul était (il l'est toujours) utilisé par de nombreux agents économiques ayant des activités diversifiées (entreprises industrielles, sociétés de transport publiques et privées, chauffage domestique, chauffage urbain, industrie chimique).

• Ce produit est facilement standardisable, et sa qualité est stable dans le temps.

Les transactions sur le fioul à usage industriel ne se sont pas développées et, seul, le fioul à usage domestique a généré un important volume d'activité. Les premiers mois, les transactions furent réduites. Elles se sont progressivement étoffées. Le volume des échanges est passé d'une moyenne quotidienne de 500 contrats au printemps 1980, à environ 2 000 à 3 000 contrats pendant l'été pour dépasser à plusieurs reprises 5 000 contrats à l'automne 1980. L'essor de ce marché date du début de l'année 1981 avec l'accélération des mesures de déréglementation prises par le Président Reagan. En 1993, cinq ans après son ouverture, le marché du fioul est devenu le vingtième plus important marché à terme américain avec un volume de transactions moyen de 8 000 contrats par jour. En 2005, le volume annuel des transactions dépassait 10 millions de contrats. Le tableau 8.37. illustre cet essor.

Tableau 8.37. – *Volume des transactions et montant de la position ouverte sur les marchés à terme de fioul*

Année	New York Mercantile Exchange		Shanghai Futures Exchange	
	Volume des transactions	Position ouverte au 31 décembre	Volume des transactions	Position ouverte au 31 décembre
1978	116	ND		
1980	238 284	ND		
1985	2 207 733	31 172		
1990	6 376 871	72 444		
1992	8 005 462	130 832		
1995	8 266 783	128 834		
1998	8 863 764	176 361		
2000	9 631 376	124 664		
2001	9 264 472	150 063		
2002	10 695 202	166 412		
2003	11 581 670	138 230		
2004	12 884 511	153 025	2 818 855	15 913
2005	13 135 581	162 120	9 809 550	33 911

Unité : nombre de contrats.
Source : Futures Industry Association.

1.9.2. Les marchés à terme de gazole

Les contrats de gazole sont négociés à l'Ice Futures et dans deux bourses japonaises : le Tokyo Commodity Exchange et le Central Japan Commodity Exchange.

L'Ice Futures est la nouvelle dénomination de l'International Petroleum Exchange (IPE), la bourse de produits pétroliers ouverte à Londres le 6 avril 1981. Souhaitant diversifier ses activités, l'Intercontinental Exchange (voir la section 4 du chapitre 9) a pris le contrôle de l'IPE en juin 2001, supprimé les négociations à la criée au profit de transactions électroniques effectuées sur sa propre plateforme Internet, et transformé en 2005 le nom de l'IPE en Ice Futures.

Les transactions sur le gazole ont débuté le 6 avril 1981. Elles concernaient (et concernent toujours) des contrats libellés en dollar américain portant sur 100 tonnes métriques (unité de transaction utilisée sur le marché de Rotterdam correspondant à environ 31 000 gallons américains) livrables sur le marché de Rotterdam.

Pour adapter ce contrat aux conditions du marché physique et faciliter le développement des transactions à terme qui stagnaient aux environs de 600 000 contrats par an en 1983 et 1984, certaines caractéristiques du contrat initial, dont la procédure de livraison, furent modifiées. Depuis le 1er novembre 1984, le contrat prévoit une livraison FOB à la place d'une livraison au réservoir dont le coût était jugé trop élevé par les opérateurs.

Cette amélioration technique et une plus grande compréhension par l'industrie pétrolière européenne de l'intérêt des marchés à terme expliquent le développement des transactions à partir de 1986. Depuis cette date, les échanges progressent régulièrement (tableau 8.38.). Elles ont atteint 10 971 719 contrats pour l'année 2005.

Tableau 8.38. – *Volume des transactions et montant de la position ouverte sur le marché à terme du gazole de l'Ice Futures*

Année	Volume des transactions	Position ouverte au 31 décembre
1981	149 722	
1985	509 886	
1990	2 603 095	
1992	3 452 643	
1995	4 491 463	
1998	5 013 759	139 354
2000	7 115 435	90 773
2001	7 230 408	150 639
2002	8 156 358	175 601
2003	8 429 981	150 456
2004	9 355 767	162 115
2005	10 971 719	216 721

Unité : Nombre de contrats.
Source : Futures Industry Association.

1.9.3. Les marchés à terme de l'essence

L'essence est négociée au New York Mercantile Exchange et depuis 2000 au Tokyo Commodity Exchange et au Central Japan Commodity Exchange.

Les transactions au New York Mercantile Exchange ont débuté le 5 octobre 1981. Le contrat portait sur 1 000 barils d'essence avec plomb livrables dans le port de New York. La législation en matière d'environnement ayant contraint les Américains à abandonner l'utilisation de l'essence avec plomb, un deuxième contrat aux caractéristiques identiques (1 000 barils livrables à New York) mais portant sur de l'essence sans plomb a été introduit le 3 décembre 1984. Ce marché s'est très bien développé comme le traduit le tableau 8.39.

1.9.4. Les marchés à terme de pétrole

Le premier contrat de pétrole fut introduit à l'automne 1974 par le New York Cotton Exchange. Il prévoyait une livraison à Rotterdam (curieux point de livraison pour un instrument négocié à New York, mais Rotterdam était à l'époque le seul marché au comptant disponible dans le monde). Ce fut un échec et les transactions ont cessé en 1976. Aujourd'hui, le pétrole est négocié au New York Mercantile Exchange, à l'Ice Futures et depuis 2001 au Tokyo Commodity Exchange.

1.9.4.1. Le marché du New York Mercantile Exchange

Les transactions ont débuté le 30 mars 1983. Les contrats ont pour actif sous-jacent 1 000 barils de pétrole léger. Le marché s'est très rapidement développé et connaît un énorme succès que reflète le tableau 8.40.

1.9.4.2 Le marché de l'Ice Futures

Après plusieurs tentatives infructueuses, les transactions à terme sur du pétrole brut ont réussi à se développer sur le marché de Londres, comme le souligne le tableau 8.40. Le premier contrat fut introduit en novembre 1985, mais les transactions ne sont pas parvenues à se développer. Les nouvelles versions du contrat introduites après ce premier échec n'ont pas réussi à susciter l'intérêt des professionnels. C'est finalement le contrat introduit le 23 juin 1988 qui allait répondre aux besoins des opérateurs. Son originalité est d'avoir pour actif sous-jacent un indice représentatif des cours de différentes qualités de Brent négociées sur le marché au comptant.

1.9.5. Les marchés à terme du kérosène

Très curieusement, en dépit de son importance économique, le kérosène n'a jamais fait l'objet de transactions au New York Mercantile Exchange et à l'Ice Futures. Il a fallu attendre que le Central Japan Commodity Exchange et le Tokyo Commodity Exchange introduisent avec succès des contrats pour que le kérosène soit négocié à terme.

Le marché du Tokyo Commodity Exchange est ouvert depuis le 5 juillet 1999. Les transactions sont électroniques et concernent un contrat de 20 tonnes (tableau 8.41.).

Tableau 8.39. – *Volume des transactions et montant de la position ouverte sur les marchés à terme de l'essence*

Année	New York Mercantile Exchange		Tokyo Commodity Exchange		Central Japan Commodity Exchange	
	Volume des transactions	Position ouverte au 31 décembre	Volume des transactions	Position ouverte au 31 décembre	Volume des transactions	Position ouverte au 31 décembre
1981	7 300	1 327				
1985	799 783	15 891				
1990	5 205 995	53 328				
1992	6 674 757	71 833				
1995	7 701 787	61 632				
1998	7 992 269	100 465	–	–		
1999	8 701 216	89 804	3 973 668	113 062		
2000	8 645 182	90 242	14 370 266	89 057	11 048 071	203 992
2001	9 223 510	120 738	16 441 056	133 800	14 392 478	306 944
2002	10 979 736	115 123	20 866 237	172 933	15 212 512	262 388
2003	11 172 050	107 938	25 677 079	153 856	16 705 638	203 609
2004	12 777 442	163 396	23 648 587	78 782	15 869 951	181 213
2005	13 166 417	136 956	17 448 561	65 956	11 972 407	85 270

Unité : nombre de contrats.
Source : Futures Industry Association.

Tableau 8.40. – *Volume des transactions et montant de la position ouverte sur les marchés à terme de pétrole*

Année	New York Mercantile Exchange		Ice Futures		Tokyo Commodity Exchange	
	Volume des transactions	Position ouverte au 31 décembre	Volume des transactions	Position ouverte au 31 décembre	Volume des transactions	Position ouverte au 31 décembre
1983	353 153	21 921				
1985	3 980 867	61 161				
1988	18 858 948	185 218	291 823	ND		
1990	23 686 897	210 473	4 083 092	ND		
1992	21 109 562	331 827	6 172 156	ND		
1995	23 613 994	353 354	9 773 146	ND		
1998	30 495 647	483 327	13 861 008	244 225		
2000	36 882 692	407 646	17 297 974	297 979		
2001	37 530 568	419 109	18 396 069	279 437	911 597	51 215
2002	45 679 468	580 793	21 493 486	287 872	2 037 215	34 375
2003	45 436 931	600 240	24 012 969	300 373	1 809 711	32 176
2004	52 883 200	669 123	25 458 259	320 854	2 284 572	21 332
2005	59 650 468	816 246	30 412 027	390 615	1 981 389	21 257

Unité : nombre de contrats.
Source : Futures Industry Association.

Tableau 8.41. – *Volume des transactions et montant de la position ouverte sur les marchés à terme de kérosène*

Année	Central Japan Commodity Exchange		Tokyo Commodity Exchange	
	Volume des transactions	Position ouverte au 31 décembre	Volume des transactions	Position ouverte au 31 décembre
2000	8 714 440	183 595	6 741 173	79 744
2001	12 346 595	321 742	8 301 559	115 094
2002	14 338 356	243 969	10 482 433	131 275
2003	13 984 740	274 624	13 208 350	149 311
2004	15 454 906	278 128	13 036 277	68 606
2005	9 790 465	90 333	7 295 741	53 319

Unité : nombre de contrats.
Source : Futures Industry Association.

1.9.6. Les marchés à terme du gaz naturel

Le gaz naturel est une source d'énergie substituable dans certains de ses emplois au pétrole et aux produits pétroliers. Il est, de ce fait, compréhensible qu'il ait fait l'objet dès 1990 de transactions à terme au New York Mercantile Exchange. Celles-ci se sont révélées importantes dès l'émergence du marché (tableau 8.42.). Des transactions sont également organisées à l'Ice Futures depuis 1997.

Tableau 8.42. – *Volume des transactions et montant de la position ouverte sur les marchés à terme de gaz naturel*

Année	New York Mercantile Exchange		Ice Futures	
	Volume des transactions	Position ouverte au 31 décembre	Volume des transactions	Position ouverte au 31 décembre
1990	132 820	9 064		
1992	1 920 986	68 809		
1995	8 086 718	162 783		
1997	11 923 628	186 815	81 445	ND
1998	15 978 286	222 576	328 350	26 445
2000	17 875 013	353 093	515 305	25 235
2001	16 468 355	404 027	462 665	17 580
2002	24 357 792	379 548	578 925	21 135
2003	19 037 118	318 457	737 610	13 365
2004	17 441 942	390 562	609 350	19 665
2005	19 142 549	539 226	423 565	13 270

Unité : nombre de contrats.
Source : Futures Industry Association.

1.10. La liquidité et la profondeur du marché des contrats à terme de pétrole du New York Mercantile Exchange

Les informations chiffrées rassemblées dans les paragraphes qui précèdent indiquent clairement que les transactions et les positions ouvertes se sont accrues de manière significative, quelles que soient les matières premières sous-jacentes aux contrats à terme. Cette conclusion est particulièrement vraie pour le marché du pétrole léger du New York Mercantile Exchange (Nymex). La visibilité et l'importance de cette matière première nous conduisent à présenter quelques approfondissements dans les développements qui suivent.

La liquidité et la profondeur d'un marché à terme constituent deux caractéristiques susceptibles d'attirer les spéculateurs et les opérateurs professionnels parce qu'elles diminuent le coût de leurs interventions. L'une et l'autre sont respectivement approchées par deux indicateurs simples que sont le volume des transactions et le montant de la position ouverte. L'un et l'autre fournissent des indications quant à l'évolution de l'importance relative des opérations de couverture et des transactions financières, et des informations sur le comportement des opérateurs sur le marché.

Les données utilisées [1] couvrent une période de 15 ans allant de janvier 1989 à décembre 2003.

1.10.1. La liquidité du marché

Les données regroupées dans l'encadré 8.1. reproduisent les statistiques concernant le volume des transactions sur une période de 15 ans, entre janvier 1989 et décembre 2003. Il apporte des informations relatives au volume des transactions quotidien moyen enregistré chaque année, en regroupant, pour simplifier la présentation, les maturités de 1 à 3 mois, de 4 à 6 mois, de 7 à 12 mois, de 13 à 24 mois, de 25 à 36 mois et de 4 à 7 ans. La liquidité dans les marchés dérivés étant généralement concentrée sur les maturités les plus courtes, les trois premiers mois bénéficient d'une description plus détaillée.

Le tableau de l'encadré 8.1. met en évidence une forte hausse de la liquidité sur le contrat à terme de pétrole léger au cours de la période observée : les volumes de transactions augmentent de plus de 133 %, passant d'une moyenne quotidienne de 82 440 contrats en 1989 à 192 383 en 2003. Cependant, comme le montre le graphique 8.1., l'évolution n'est pas régulière : une baisse des volumes est en effet enregistrée à trois reprises. Ce n'est pas tout à fait un hasard si ces baisses coïncident avec des événements ayant affecté le marché du pétrole : la première guerre du Golfe en 1990-1991, l'affaire Metallgesellschaft en 1994, et l'affaire Enron en 1999-2000.

1. La base de données utilisée dans cette partie du chapitre a été extraite de Datastream à l'occasion d'une recherche menée par Delphine Lautier et Fabrice Riva, intitulée « Liquidity and volatility on the American crude oil futures market », et présentée à la conférence de la Northern Finance Association, en septembre 2004.

Encadré 8.1.
Statistiques descriptives relatives au volume des transactions sur le marché du pétrole au Nymex (*)

Date	1 mois	2 mois	3 mois	1-3 mois	4-6 mois	7-12 mois	13-24 mois	25-36 mois	4-7 ans	Total
1989	31 018	29 420	10 499	70 937	7 901	2 843	758			82 440
	37,6	*35,7*	*12,7*	*86,0*	*9,6*	*3,4*	*0,9*			*100*
1990	42 713	27 880	10 321	80 913	9 941	4 554	2 378	310		98 097
	43,5	*28,4*	*10,5*	*82,5*	*10,1*	*4,6*	*2,4*	*0,3*		*100*
1991	35 784	26 060	8 292	70 136	7 905	3 355	2 165	2 067		85 629
	41,8	*30,4*	*9,7*	*81,9*	*9,2*	*3,9*	*2,5*	*2,4*		*100*
1992	35 386	27 671	7 944	71 001	7 618	3 228	2 196	1 909		85 951
	41,2	*32,2*	*9,2*	*82,6*	*8,9*	*3,8*	*2,6*	*2,2*		*100*
1993	42 359	31 571	9 619	83 548	8 739	4 355	4 177	2 288		103 108
	41,1	*30,6*	*9,3*	*81,0*	*8,5*	*4,2*	*4,1*	*2,2*		*100*
1994	43 437	32 756	11 521	87 714	10 558	4 992	4 741	3 105		111 110
	39,1	*29,5*	*10,4*	*78,9*	*9,5*	*4,5*	*4,3*	*2,8*		*100*
1995	39 306	26 864	10 002	76 173	9 570	4 954	5 209	2 778		98 683
	39,8	*27,2*	*10,1*	*77,2*	*9,7*	*5,0*	*5,3*	*2,8*		*100*
1996	39 034	26 371	9 674	75 079	10 311	5 309	3 574	1 241		95 516
	40,9	*27,6*	*10,1*	*78,6*	*10,8*	*5,6*	*3,7*	*1,3*		*100*
1997	43 571	28 989	9 115	81 675	8 496	4 539	4 961	2 287	643	102 600
	42,5	*28,3*	*8,9*	*79,6*	*8,3*	*4,4*	*4,8*	*2,2*	*0,6*	*100*
1998	53 535	35 362	11 336	100 233	10 345	5 975	6 794	4 029	967	128 342
	41,7	*27,6*	*8,8*	*78,1*	*8,1*	*4,7*	*5,3*	*3,1*	*0,8*	*100*
1999	63 716	43 841	14 775	122 332	12 916	7 853	7 072	3 637	845	154 655
	41,2	*28,3*	*9,6*	*79,1*	*8,4*	*5,1*	*4,6*	*2,4*	*0,5*	*100*
2000	64 788	45 206	13 471	123 465	10 546	6 013	5 865	3 839	460	150 187
	43,1	*30,1*	*9,0*	*82,2*	*7,0*	*4,0*	*3,9*	*2,6*	*0,3*	*100*
2001	62 170	44 769	14 548	121 487	11 617	5 683	5 810	2 310	645	147 553
	42,1	*30,3*	*9,9*	*82,3*	*7,9*	*3,9*	*3,9*	*1,6*	*0,4*	*100*
2002	79 810	56 982	18 616	155 407	14 415	8 388	7 368	3 294	807	189 680
	42,1	*30,0*	*9,8*	*81,9*	*7,6*	*4,4*	*3,9*	*1,7*	*0,4*	*100*
2003	79 449	59 589	17 975	157 014	13 764	7 711	7 365	4 825	1 703	192 383
	41,3	*31,0*	*9,3*	*81,6*	*7,2*	*4,0*	*3,8*	*2,5*	*0,9*	*100*

(*) Les chiffres en italique reproduisent le pourcentage de chaque maturité dans le volume de transactions total.

Graphique 8.1. – *Volume des transactions entre 1989 et 2003*

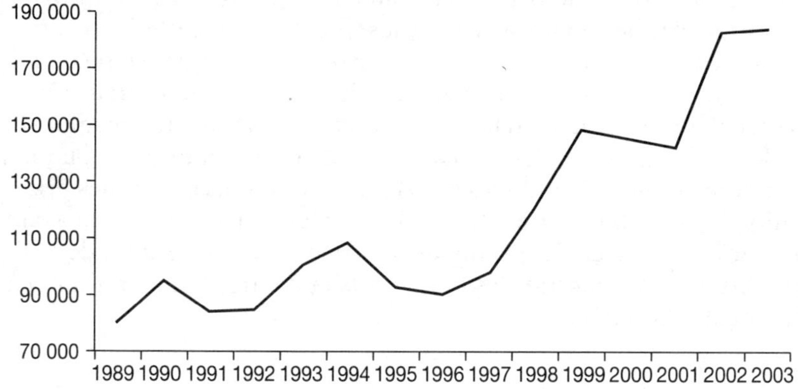

Le marché a fortement réagi à ces événements, ce qui s'est traduit par une réduction du volume des transactions. Il reste que, sur l'ensemble de la période, la hausse de l'activité a été très significative. Cette augmentation n'affecte cependant pas toutes les maturités de la même façon. Pour s'en convaincre, il suffit d'examiner la distribution des volumes par échéance et son évolution dans le temps.

Du point de vue de la liquidité, l'une des caractéristiques les plus significatives des marchés dérivés est la concentration de l'activité sur les maturités les plus courtes. Ce phénomène est largement répertorié, quel que soit l'actif sous-jacent considéré. Le marché américain du pétrole brut n'échappe pas à cette loi. En effet, comme le montre le tableau de l'encadré 8.1. – où la proportion de chaque groupe de maturité dans le volume de transaction total est reproduite en italique – les trois premiers contrats enregistrent 81,6 % du volume cumulé, et les maturités inférieures à deux ans 96,6 %. Si l'on considère le fait qu'il existe, sur ce marché, des échéances de livraison allant jusqu'à sept ans, ces chiffres traduisent une très forte concentration de la liquidité sur les maturités les plus courtes. Malgré cela, le marché du pétrole brut reste relativement équilibré en fonction des maturités, comme le montre la comparaison avec le marché des changes. En effet, sur ce marché à terme (*forward*), pourtant réputé pour sa liquidité et son efficacité, les maturités supérieures à un an ne représentent que 1 % du volume des transactions [1] et les maturités inférieures à 7 jours plus de 50 %.

Si l'on s'intéresse aux trois contrats les plus proches, il apparaît que leur part dans le volume des transactions total est relativement stable sur l'ensemble de la période. Le premier représente en moyenne 41,4 % du volume total, le deuxième 29,8 % et le troisième 9,8 %. Cependant, cette stabilité reflète une hausse relative de la liquidité sur les contrats les plus courts, puisque le nombre de maturités négociées a augmenté significativement au cours de la période, passant de 11 en 1989 à 33 en 2003.

1. *Source* : *BIS Quarterly Review*, 2003.

Ainsi la liquidité – mesurée à partir du volume des transactions – augmente sur le marché du pétrole au cours de la période. Elle est fortement concentrée sur les maturités les plus proches, et cette concentration s'accentue avec le temps. Deux raisons peuvent expliquer ce phénomène. Premièrement, il peut être dû à un accroissement de l'importance relative des spéculateurs sur le marché. Ces opérateurs ont généralement un horizon de transaction très faible. Deuxièmement, il peut être expliqué par une modification des pratiques des acteurs, se traduisant par des prises de positions à plus court terme, lesquelles seraient « roulées » juste avant de parvenir à échéance. Ces pratiques pourraient être le résultat de la liquidité accrue sur les contrats les plus courts et contribuer, en retour, à augmenter cette liquidité.

1.10.2. La profondeur du marché

La position ouverte est souvent considérée comme une assez bonne approximation de la profondeur d'un marché. L'encadré 8.2. résume les statistiques relatives à cet indicateur sur quinze ans, entre janvier 1989 et décembre 2003. Il reproduit la position ouverte quotidienne moyenne, par groupe de maturités, année par année. Là encore, une attention particulière est accordée aux trois premiers mois.

Le tableau de l'encadré 8.2. montre que la position ouverte augmente fortement au cours de la période. Passant d'une moyenne quotidienne de 233 382 contrats pour l'ensemble du marché en 1989 à 569 395 contrats – c'est-à-dire 570 millions de barils – en 2003, elle s'accroît de 144 %. Comme pour le volume des transactions, cette hausse n'est pas régulière : la position ouverte diminue très nettement en 1994 et en 1999-2000. La première guerre du Golfe (1990-1991) n'apparaît pas ici comme une période particulière. Par conséquent, le volume des transactions et le montant de la position ouverte n'évoluent pas toujours de la même façon : en 1990, la position ouverte augmente alors que le volume des transactions diminue. Par ailleurs, lorsque des crises affectent la position ouverte, leur impact semble plus prononcé. Notons enfin que la position ouverte augmente un peu plus rapidement que le volume des transactions : + 144 % pour le premier indicateur, + 133 % pour le second. Certains spéculateurs et arbitragistes ayant tendance à initier et à compenser leur position au cours de la même journée de transaction, ce phénomène indique que le marché tend à être plus intensément utilisé par les professionnels à des fins de couverture ou de gestion des stocks.

Le prolongement des observations au-delà de 2003 nous conduirait probablement à nuancer et à préciser cette conclusion. Depuis cette date, en effet, les interventions des fonds d'investissement ne cessent de prendre de l'importance et, contrairement aux arbitragistes et spéculateurs individuels, ces fonds et/ou investisseurs institutionnels n'hésitent pas à prendre des positions acheteuses et vendeuses sur plusieurs jours, voire plusieurs semaines. La forte hausse des positions ouvertes en 2004 et 2005 sur le

Encadré 8.2.
Statistiques descriptives relatives au montant de la position ouverte sur le marché du pétrole au Nymex (*)

Date	1 mois	2 mois	3 mois	1-3 mois	4-6 mois	7-12 mois	13-24 mois	25-36 mois	4-7 ans	Total
1989	56 476	59 847	33 251	149 574	49 079	27 702	7 027			233 382
	24,2	*25,6*	*14,2*	*64,1*	*21,0*	*11,9*	*3,0*	*0,0*	*0,0*	*100*
1990	59 197	54 584	33 188	146 969	52 897	51 735	23 849	385		275 834
	21,5	*19,8*	*12,0*	*53,3*	*19,2*	*18,8*	*8,6*	*0,1*	*0,0*	*100*
1991	58 701	52 490	30 939	142 130	58 733	49 373	38 792	36 020		325 048
	18,1	*16,1*	*9,5*	*43,7*	*18,1*	*15,2*	*11,9*	*11,1*	*0,0*	*100*
1992	61 691	61 303	36 083	159 078	61 228	51 544	62 671	69 529		404 049
	15,3	*15,2*	*8,9*	*39,4*	*15,2*	*12,8*	*15,5*	*17,2*	*0,0*	*100*
1993	81 655	73 678	38 974	194 307	68 489	64 674	84 392	95 732		507 594
	16,1	*14,5*	*7,7*	*38,3*	*13,5*	*12,7*	*16,6*	*18,9*	*0,0*	*100*
1994	81 292	76 996	43 227	201 515	69 778	66 896	81 714	109 188		529 090
	15,4	*14,6*	*8,2*	*38,1*	*13,2*	*12,6*	*15,4*	*20,6*	*0,0*	*100*
1995	71 685	66 584	36 771	175 040	57 393	58 671	55 968	24 864		371 936
	19,3	*17,9*	*9,9*	*47,1*	*15,4*	*15,8*	*15,0*	*6,7*	*0,0*	*100*
1996	71 933	65 628	41 630	179 192	75 245	79 560	47 083	9 806		390 886
	18,4	*16,8*	*10,7*	*45,8*	*19,2*	*20,4*	*12,0*	*2,5*	*0,0*	*100*
1997	78 894	68 546	38 624	186 064	65 954	68 201	61 285	42 698	9 028	433 229
	18,2	*15,8*	*8,9*	*42,9*	*15,2*	*15,7*	*14,1*	*9,9*	*2,1*	*100*
1998	90 931	80 886	46 213	218 030	75 495	79 481	62 344	39 021	19 904	494 275
	18,4	*16,4*	*9,3*	*44,1*	*15,3*	*16,1*	*12,6*	*7,9*	*4,0*	*100*
1999	116 033	103 966	62 289	282 288	101 167	103 323	56 853	48 775	16 832	609 238
	19,0	*17,1*	*10,2*	*46,3*	*16,6*	*17,0*	*9,3*	*8,0*	*2,8*	*100*
2000	100 029	85 937	42 208	228 174	72 024	77 675	60 659	50 264	17 105	505 901
	19,8	*17,0*	*8,3*	*45,1*	*14,2*	*15,4*	*12,0*	*9,9*	*3,4*	*100*
2001	95 760	84 032	41 316	221 108	63 575	72 894	58 050	37 694	12 901	466 223
	20,5	*18,0*	*8,9*	*47,4*	*13,6*	*15,6*	*12,5*	*8,1*	*2,8*	*100*
2002	117 527	95 593	44 477	257 596	75 038	77 222	52 198	37 634	14 645	514 332
	22,9	*18,6*	*8,6*	*50,1*	*14,6*	*15,0*	*10,1*	*7,3*	*2,8*	*100*
2003	123 779	104 443	51 774	279 997	82 150	87 482	57 280	39 981	22 506	569 395
	21,7	*18,3*	*9,1*	*49,2*	*14,4*	*15,4*	*10,1*	*7,0*	*4,0*	*100*

(*) Les chiffres en italique représentent le pourcentage de chaque maturité dans la position ouverte totale.

pétrole (et sur la plupart des autres marchés de matières premières) résulte d'une plus intense participation des professionnels à des fins de couverture, mais également, selon toute vraisemblance, d'une plus intense participation de professionnels financiers à des fins d'investissement.

La position ouverte est elle aussi concentrée sur les maturités les plus courtes, comme le montre le tableau de l'encadré 8.2. Cependant, cette concentration diminue dans le temps. En effet, si les trois premiers contrats représentaient 64,1 % de la position ouverte cumulée en 1989, cette proportion passe à 49,2 % en 2003. Par conséquent, alors que l'introduction de nouveaux contrats à terme ayant une maturité plus longue n'a pas d'impact réel sur la distribution des volumes de transactions en fonction des maturités, elle influence très sensiblement l'équilibre de la position ouverte. La concentration sur les maturités rapprochées diminue. Ainsi, les contrats à terme ayant une échéance inférieure à un an représentent 79 % de la position ouverte en 2003, alors qu'en 1989 ce chiffre était de 97 %.

Dernière information, en 2003, la position ouverte est environ trois fois supérieure au volume quotidien moyen des transactions (ce chiffre s'élevait à 2,9 en 1989). Ceci implique que, sur le marché du pétrole brut, la position ouverte est renouvelée tous les trois jours ouvrables, ce qui est très rapide, surtout si l'on sait que la position ouverte quotidienne moyenne, en 2003, correspond à 280 jours de la production de l'Opep ! Plus précisément, la position ouverte, en 2003, représente 1,78 fois le volume des transactions pour les trois premiers mois (2,15 en 1989), 5,97 fois pour les maturités de 4 à 6 mois (6,31 en 1989), 11,6 pour les maturités de 7 à 12 mois (10,28 en 1989), 15,32 pour les maturités de 13 à 24 mois (9,25 en 1989), 10,87 pour les maturités de 25 mois à 3 ans et 33,80 pour les maturités de 4 à 7 ans. Cette structure reflète la différence de liquidité entre les parties courte et longue de la courbe des prix. La position ouverte est très stable sur les maturités longues.

En résumé, comme celle des volumes de transactions, la distribution de la position ouverte est concentrée sur les maturités les plus courtes. Cependant, cette position ouverte est plus équilibrée que ne l'est le volume des transactions, et les maturités les plus longues gagnent en importance au fil du temps. Cette évolution est contradictoire avec l'hypothèse d'une réduction de l'horizon des transactions. Elle confirme également le fait que le marché est moins intensément utilisé pour la spéculation. Plus précisément, la proportion de spéculateurs sur les maturités les plus longues est probablement faible, et les contrats à long terme sont très probablement utilisés comme un moyen de gérer les risques résiduels associés aux *swaps* de pétrole et de produits pétroliers.

1.11. La viabilité des contrats à terme

Les paragraphes qui précèdent ont révélé le succès des contrats à terme en tant qu'instruments d'investissement et de gestion des risques, et celui des marchés à terme en tant qu'institutions où sont négociés des contrats à terme. Mais il ne faut pas se voiler la face, les échecs sont plus nombreux que les succès. On en parle peu, et c'est normal, car il est difficile d'épiloguer sur un échec, mais les échecs sont fréquents..., et utiles car ils permettent d'améliorer les caractéristiques des contrats jusqu'au moment où ceux-ci correspondent aux besoins réels des opérateurs.

Pour qu'un contrat soit opérationnel cinq ans après son introduction, il faut ouvrir cinq marchés (ce qui implique quatre échecs) et mener à leur terme dix études de faisabilité (ce qui implique que cinq d'entre elles concluent par la négative à l'introduction de nouveaux contrats). Cette règle 1-5-10 n'a pas la rigueur d'une loi scientifique (auquel cas, il faudrait peut-être lui substituer la règle 1-7-15), mais elle est couramment évoquée par les responsables des bourses. Les échecs ont ceci d'intéressant qu'ils ont permis de recenser un ensemble de conditions qui devraient être réunies pour assurer le succès d'un marché dérivé et la viabilité des contrats qui y sont négociés, conditions nécessaires, mais non suffisantes pour déterminer le succès d'un contrat à terme.

1. La volatilité des prix des matières premières servant de support aux contrats doit être de grande ampleur. Cette condition est très importante. Les stocks régulateurs, les cours plancher, les prix de soutien ou les cours d'intervention sont autant d'obstacles au développement des marchés dérivés. Aucune entrave ne doit en effet perturber la formation des cours. Dès qu'une matière première est l'objet d'un soutien, même indirect, de la part des pouvoirs publics, dès que l'amplitude de fluctuations de ses prix s'atténue, l'activité des marchés dérivés diminue. Les professionnels ne sont plus en effet conduits à se protéger et les investisseurs ne trouvent aucune incitation à intervenir pour tirer profit des variations de prix qui s'atténuent ou n'existent plus. L'insuffisante volatilité des prix des produits servant de sous-jacents aux contrats est une source importante d'échec des marchés dérivés. Indispensable à la viabilité des marchés à terme, la volatilité est due aux différences d'anticipation des opérateurs quant au prix futur des matières premières. Toute méthode capable de prévoir (parfaitement ou quasi-parfaitement) les fluctuations des prix supprimerait irrémédiablement les marchés dérivés de matières premières. L'observation des faits nous apprend que les marchés à terme se développent d'autant mieux qu'il est impossible de prévoir correctement l'évolution des cours.

2. Préalablement à l'introduction des contrats à terme (*futures contract*), il est souhaitable que le produit physique servant de sous-jacent au contrat fasse l'objet d'abondantes transactions avec livraison différée (*forward transactions*). Plus qu'une condition de succès, la négociation de *forward contracts* est un préalable à l'introduction et au succès d'un *futures contract*.

3. La matière première servant de base au contrat doit pouvoir être stockée sur une longue période sans subir de détérioration. Cette condition explique, par exemple, la présence d'un contrat à terme sur le jus d'orange concentré et l'impossibilité d'avoir un contrat à terme sur les

oranges elles-mêmes. Elle explique les dysfonctionnements auxquels furent confrontés les marchés à terme de pommes de terre… et leur disparition. Elle permet de comprendre les difficultés associées à la création d'un marché à terme sur l'électricité.

4. Un marché à terme pourra d'autant plus se développer que la matière première servant de support aux contrats est homogène, fongible et facilement standardisable. Cette condition explique, entre autre, le remarquable développement des marchés à terme de taux d'intérêt et d'indices boursiers. Elle n'est cependant pas indispensable, comme le prouve le succès des marchés sur le porc vivant et le bétail sur pied. Il a cependant fallu dans ces deux cas étudier avec beaucoup de minutie les caractéristiques du contrat, les procédures de livraison et les spécifications des produits livrables. Ceci explique d'ailleurs le démarrage tardif du marché des carcasses de porc qui n'est devenu opérationnel qu'en 1965, alors que la première version du contrat fut négociée dès 1961. Un décalage fut lui aussi observé pour le marché à terme du bétail sur pied entre la première rédaction du contrat et le démarrage effectif des transactions. Le problème s'est retrouvé avec le contrat à terme de pétrole négocié à Londres. Le 21 novembre 1983, les responsables de l'International Petroleum Exchange (IPE) ont introduit un contrat coté en dollar sur 100 tonnes de pétrole brut, qualité Brent – Mer du Nord, livrable à Rotterdam, mais les transactions ont cessé en juillet 1984. Les responsables de l'IPE ont alors introduit en novembre 1985 un deuxième contrat portant sur 1 000 barils. Ce marché s'est lui aussi conclu par un échec. Tirant les leçons de ces premières expériences, les dirigeants de l'IPE ont modifié les caractéristiques du contrat de manière à mieux intégrer le marché à terme au marché *spot*. Le nouveau contrat (toujours opérationnel) a pour support un indice de prix du pétrole publié quotidiennement depuis le 14 mai 1985. Coté en dollar, le contrat prévoit une livraison par *cash settlement*. Ce contrat est négocié depuis le 4 novembre 1985. Pour favoriser l'essor des transactions, certaines caractéristiques du contrat ont à nouveau été modifiées le 23 juin 1988. Depuis cette date, l'activité de ce marché ne cesse de croître.

5. Le produit physique servant de sous-jacent aux contrats doit faire l'objet d'une offre et d'une demande récurrentes et non erratiques sur le marché au comptant. L'une et l'autre doivent être internationales et libres de tout contrôle émanant de l'État, des producteurs, des fabricants ou des consommateurs. Ce caractère international permet de refléter avec précision et à tout moment l'état réel du marché. Cette offre et cette demande doivent être abondantes, sinon il n'y aurait aucune nécessité à mettre au point un marché à terme, même si les prix étaient très fluctuants. Un marché au comptant trop étroit ou segmenté ne permettant pas de soutenir le développement des transactions à terme est une cause fréquente d'échec d'un marché à terme.

6. Un marché dérivé doit concentrer à tout instant un grand nombre d'acheteurs et de vendeurs et un éventail diversifié d'opérateurs : producteurs, fabricants, industriels, utilisateurs, négociants et investisseurs.

7. Les spécifications du contrat doivent être adaptées aux besoins des professionnels et des utilisateurs potentiels du marché à terme. Cette condition est difficile à réaliser. Gray (1966) et Working ont montré que le succès d'un marché dépend de sa capacité à attirer les opérateurs qui recourent aux contrats à terme pour se couvrir contre les risques de prix et pour améliorer la gestion de leurs entreprises. Powers (1967) a établi que les modifications techniques du contrat ont fait débuter d'une manière significative les transactions sur les carcasses de porc congelées. Sandor (1973) a souligné, lui aussi, que le succès d'un contrat à terme dépend de sa capacité à répondre aux besoins des industriels. Le modelage (*design*) d'un contrat implique une étroite collaboration entre les professionnels et les responsables de la bourse de commerce. Une mauvaise conception du contrat et des caractéristiques par trop favorables (de manière volontaire ou involontaire) aux acheteurs ou aux vendeurs sont de fréquentes causes d'échec. Pour se développer et devenir opérationnel, un contrat doit éviter toute distorsion susceptible d'introduire des biais systématiques dans le processus de formation des prix. Le marché qui réussit est celui dans lequel le contrat prend bien en compte les intérêts des différentes catégories d'acheteurs et de vendeurs.

8. Jusqu'au début des années 1950, il était couramment admis que le succès d'un marché à terme dépendait de l'attrait qu'il exerçait sur les spéculateurs. Ceci a été remis en cause par Working. L'étude attentive des statistiques qu'il avait accumulées depuis 1920 lui indiquait que l'activité des marchés à terme américains était étroitement reliée au volume des transactions effectuées par les opérateurs qui intervenaient sur ces marchés pour satisfaire des objectifs industriels ou commerciaux (protection contre le risque de prix, gestion des stocks, utilisation des contrats à terme comme substituts temporaires aux transactions sur le marché au comptant, etc.). Cette analyse et l'explication de Working quant à l'évolution du volume des transactions ont conduit les responsables des bourses à retenir des matières premières intéressant le plus grand nombre possible de négociants, de producteurs, de consommateurs, d'utilisateurs ou d'industriels. Les produits négociés à terme ne sont plus choisis pour leur capacité à servir de véhicule aux opérations de spéculation. Ils le sont parce que leurs prix connaissent des fluctuations perturbant l'activité de nombreux professionnels. Il n'en demeure pas moins nécessaire, pour conforter le succès d'un marché dérivé, d'attirer les spéculateurs et les arbitragistes dès l'introduction du contrat, car ils apportent la liquidité et facilitent ainsi les opérations de couverture des professionnels. L'incapacité à le faire est une source d'échec. Pour Gray, le succès d'un contrat et d'un marché à terme est conditionné à l'utilisation qui en est faite pour entreprendre des opérations de couverture. Les industriels, les commerçants et les producteurs doivent avoir intérêt à substituer de façon temporaire des contrats à terme financiers à des contrats commerciaux.

9. Pour une matière première donnée, la concentration des ordres d'achat et des ordres de vente sur un marché (à la rigueur deux, mais c'est

exceptionnel) est essentielle si on veut que les prix reflètent fidèlement l'offre et la demande mondiales. Plus le marché est fragmenté, plus grande est la probabilité de voir des intérêts particuliers représentant les producteurs, les consommateurs, les négociants, les industriels ou les spéculateurs dominer l'un ou l'autre des segments du marché et distordre les prix en leur faveur (de manière volontaire ou involontaire). Ceci conduit à l'atrophie des différents segments du fait de leur insuffisante utilisation par les autres intérêts commerciaux et spéculatifs et de l'impossibilité d'y entreprendre des opérations de couverture.

Il arrive parfois que deux marchés à terme relatifs à une matière première fonctionnent correctement de concert. Telle est, par exemple, la situation du café, du cacao et du pétrole. En fait, très souvent, les contrats négociés portent sur deux qualités notoirement différentes ayant chacune des évolutions de prix spécifiques. Tel est le cas pour le café (le robusta est négocié à Londres et l'arabica est échangé à New York et à Tokyo) et pour le pétrole (le brut léger échangé à New York n'a pas des caractéristiques identiques à celles du Brent négocié à Londres). Par ailleurs, les difficultés d'arbitrage dues aux écarts de qualité et aux différences de localisation des marchés (peut-on réellement mettre en place des opérations de *cash and carry* entre le cacao de Côte d'Ivoire et le contrat du New York Board of Trade qui repose sur du physique produit en Amérique centrale et en Amérique latine, ou des opérations de *reverse cash and carry* entre le café arabica colombien et le contrat à terme de Londres qui a pour sous-jacent du robusta africain) induisent une segmentation naturelle des marchés au comptant, justifiant la présence de deux marchés à terme.

Ceci est vrai, mais les opérations de *cross hedging* sont fréquentes sur les marchés à terme de matières premières. En règle générale, en effet, les opérateurs préfèrent disposer de contrats dont le sous-jacent correspond aux qualités des produits qu'ils achètent et vendent sur le marché au comptant, mais à la condition de ne pas être confrontés au risque de liquidité. Quand tel est le cas, ils préfèrent gérer le risque de *spread* associé aux opérations de *cross hedging* et utiliser un contrat disposant d'une bonne liquidité (voir la section 6 du chapitre 4). Ils souhaitent, en d'autres termes, pouvoir entrer et sortir du marché sans difficulté, même si les prix et les caractéristiques du sous-jacent ne correspondent pas parfaitement à ceux et à celles de la matière première qu'ils négocient.

10. La libre entrée des opérateurs est indispensable à la viabilité des marchés dérivés. Elle s'apprécie par la faiblesse des coûts de transaction qui recouvrent les frais de courtage et les commissions, d'une part, le coût de la liquidité (les risques de moins-value lors de l'entrée ou de la sortie du marché), d'autre part. Si le montant des frais de courtage et des commissions n'est pas fondamental pour les spéculateurs individuels, il l'est en revanche pour les professionnels et les investisseurs institutionnels qui peuvent opérer sur différents marchés et choisissent, toutes choses égales par ailleurs, celui qui est le moins coûteux.

Le coût de la liquidité et les risques de moins-value, lorsque l'opérateur se dégage du marché ou souhaite y entrer, sont un facteur important pour les professionnels et les investisseurs institutionnels. Pour les réduire, le marché doit être liquide et le volume d'activité généré par les arbitragistes (ceux que l'on appelle aux États-Unis les *scalpers* et les *locals*) doit suppléer une insuffisance temporaire de liquidité. Sur les grands marchés de matières premières (blé, maïs, soja, sucre, café, pétrole, gaz, produits pétroliers, cuivre, aluminium, métaux précieux), les risques de moins-value que peut subir l'opérateur en entrant ou en quittant le marché sont faibles. Ils augmentent, par contre, rapidement dès que le marché perd sa liquidité.

Les coûts de transaction et la liquidité sont des éléments fondamentaux pour assurer le succès d'un marché. Aux États-Unis, pour prendre un exemple, les marchés à terme de blé tendre n'ont jamais réussi à s'imposer, car les opérateurs concernés par cette qualité de céréale interviennent sur le marché du blé dur. Le contrat de blé tendre correspondrait, certes, aux caractéristiques du produit physique qu'ils achètent, vendent et négocient sur le marché au comptant, mais la liquidité du marché où sont négociés ces contrats étant très faible et les coûts de transaction trop élevés, les opérateurs préfèrent là également supporter le risque d'une opération de couverture croisée sur un marché liquide, plutôt que de se couvrir avec un contrat adapté à leurs besoins, mais souffrant d'une insuffisante liquidité.

11. Le fait qu'il soit négocié sur une petite bourse a-t-il un impact sur la viabilité d'un contrat à terme ? Oui, sans aucun doute. Il n'existe pas de grands marchés dérivés localisés dans des petites bourses. Pour fonctionner, un marché à terme doit réunir en un lieu donné des ordres d'achat et de vente. Pour assurer la fiabilité des cotations et la continuité des transactions, les ordres doivent être très nombreux. Ceci requiert la présence d'opérateurs réagissant immédiatement et en permanence à toute fluctuation des prix. Dans le cadre des transactions à la criée, il faut avoir à la corbeille de nombreux opérateurs membres de la bourse (ce sont les *locals*) exerçant pour leur propre compte des activités d'arbitrage, de *scalping*, de *spreading*, de *straddle* et des opérations de spéculation *intraday*. Les *locals* sont d'autant plus nombreux que la bourse est importante. Ce qui est vrai pour les arbitragistes et les apporteurs de liquidité l'est également pour les opérateurs professionnels, les maisons de courtage, les investisseurs institutionnels, les banques, etc. Aucun de ces opérateurs n'accepte de payer les frais fixes associés à son installation dans une bourse si elle n'est pas de grande dimension, car il lui est impossible de les répartir sur de nombreux marchés à terme. La concentration boursière est une parfaite illustration de ce raisonnement. Citons à titre d'exemple le rachat du MidAmerica Commodity Exchange en 2001 et son intégration au Chicago Board of Trade définitivement scellée en 2003, le regroupement du Comex et du Nymex en 1994, la fusion en 1979 du New York Coffee and Sugar Exchange et du New York Cocoa Exchange pour former le New York Coffee Sugar and Cocoa Exchange lui-même regroupé à partir de 1998

avec le New York Cotton Exchange pour constituer le New York Board of Trade. La logique est la même en dehors des États-Unis. Les bourses de matières premières les plus importantes du Japon résultent de fusions entre institutions dont la taille était insuffisante pour attirer des opérateurs non-résidents. Le processus est général et touche également les bourses où sont négociés des instruments dérivés financiers.

Avec le développement des transactions électroniques, les opérateurs n'ont plus l'obligation d'être présents à la corbeille, et les coûts fixes sont réduits, mais la fonction d'arbitrage (et de spéculation, dans une certaine mesure) n'en continue pas moins d'exister. Elle n'est plus remplie par les *locals* présents à la corbeille, mais par des arbitragistes travaillant sur des écrans reliés à une plate-forme de transaction. Contrairement à certaines craintes qui avaient été formulées lors de l'introduction des transactions électroniques, la liquidité de ces marchés est supérieure à celle des marchés à la criée. Trois raisons expliquent cette évolution :

• les progrès de l'électronique permettent de parfaitement simuler les transactions à la criée sans en avoir les inconvénients (pas de bruit, plus de risques d'erreur et de mauvaise interprétation, etc.) ;

• le nombre des écrans n'est pas limité ;

• les opérateurs peuvent être dispersés dans le monde entier, ce qui accroît d'autant le nombre d'arbitragistes et d'opérateurs potentiels.

Conséquence du développement des transactions électroniques et de l'abaissement drastique des coûts fixes (liés à l'installation matérielle des opérateurs) et des coûts variables (liés aux transactions), les bourses n'hésitent plus à introduire de très nombreux nouveaux contrats. Les deux meilleurs exemples sont ceux du Chicago Mercantile Exchange avec Globex et du New York Mercantile Exchange avec Clearport (voir la section 2 du chapitre 9).

12. L'émergence d'un marché à terme (celui de l'aluminium en 1968, ceux du pétrole et des produits pétroliers entre 1978 et 1983, celui du gaz naturel en 1990) modifie souvent l'organisation structurelle d'un secteur économique. L'ouverture d'un marché dérivé se fait toujours au détriment de certains opérateurs. L'opposition de ceux qui contrôlaient la production ou la commercialisation de la matière première avant l'instauration du marché à terme est une source possible d'échec. L'exemple américain des oignons (ce n'était pas, reconnaissons-le, un marché très important) est à cet égard significatif (Gray, 1963, 1964). Les opérateurs qui finançaient les producteurs par l'achat de la récolte au moment de la mise en terre s'opposèrent à l'ouverture du marché et réussirent à le faire supprimer, qui plus est au moyen d'une loi votée par le Congrès américain.

Dans le cas de l'aluminium, le mépris un peu hautain de certains producteurs (aujourd'hui disparus car absorbés par leurs concurrents) à l'encontre du London Metal Exchange était étonnant de la part de dirigeants d'entreprises ayant une activité internationale. Il en fut de même, et avec la même vigueur, dans le secteur pétrolier et gazier. S'il n'en avait tenu qu'à ces producteurs, les marchés à terme auraient été interdits. On connaît la fin de l'histoire : les marchés dérivés se sont très bien développés et ils ont contribué à bouleverser l'organisation industrielle du secteur pétrolier et gazier et celle du secteur de l'aluminium. Il est vrai que les forces économiques à l'œuvre conduisant à une libéralisation des prix de l'aluminium, du pétrole et du gaz, et l'importance de ces trois matières premières dans l'économie mondiale, n'étaient pas comparables à celles qui étaient en jeu dans la production d'oignons américains.

13. L'échec d'un nouveau marché s'explique aussi par la présence sur une autre bourse d'un marché où sont déjà traités des contrats portant sur la même matière première. Dans cette situation, les opérateurs ne voient pas l'intérêt qu'ils auraient à abandonner un marché leur donnant satisfaction pour opérer sur un second nécessairement peu liquide. À l'exception du contrat de sucre blanc qui était déjà négocié à Paris lorsqu'il fut introduit sur une bourse londonienne, il y a très peu d'exemples, à notre connaissance, d'un nouveau contrat qui se soit bien développé face à un marché déjà établi. Le succès à Londres du marché du sucre blanc s'explique par le discrédit qui accablait le marché de Paris à la suite du scandale du sucre, scandale qui avait plus spécialement frappé les professionnels et les industriels britanniques.

2. Les principaux marchés d'options sur contrats à terme de matières premières

Les bourses de commerce américaines ont obtenu le droit d'introduire et de négocier ces options à compter du 1er octobre 1982. Depuis cette date, leurs dirigeants ont systématiquement associé un marché d'options à tout marché à terme. À quelques brillantes exceptions près, les résultats ne sont pas excellents. Ces marchés ont malgré tout tendance à se développer. En 2004, des transactions supérieures à (ou voisines de) 500 000 contrats ont été enregistrées sur 18 d'entre eux.

En dehors des États-Unis, très peu d'options sur contrats à terme de matières premières ont été introduites et le nombre de celles qui sont actives est encore plus réduit. Le London Metal Exchange est la seule bourse non américaine à avoir développé avec succès cet instrument.

Pour faciliter la présentation, les marchés sont regroupés en huit catégories homogènes de sous-jacents.

2.1. Les options sur contrats à terme de céréales

Après que la Commodity Futures Trading Commission (l'organisme américian de contrôle des marchés dérivés) eut levé l'interdiction qui frappait depuis 1936 les transactions sur les options de produits agricoles, le Kansas City Board of Trade et le Minneapolis Grain Exchange ont introduit le 30 octobre 1984 des options dont le support était constitué de contrats à terme de blé négociés dans ces deux bourses. Le Chicago Board of Trade fit de même en novembre 1986 (tableaux 8.43. et 8.44.).

Tableau 8.43. – *Les principaux marchés d'options sur contrats à terme de céréales*

Actif sous-jacent	Bourse	Date d'ouverture	Volume des transactions en 2005	Position ouverte le 31-12-2005
Blé	KCBT	30 octobre 1984	263 511	27 124
Blé de printemps	MGE	30 octobre 1984	27 245	5 502
Blé	CBOT	17 novembre 1986	1 870 541	88 330
Maïs	CBOT	27 février 1985	6 257 027	456 913
Avoine	CBOT	1er mai 1990	22 320	1 274
Riz	CBOT	10 avril 1992	17 834	1 553

Unité : nombre de contrats.
Source : Futures Industry Association.

Tableau 8.44. – *Volume des transactions et montant de la position ouverte sur le marché des options sur contrats à terme du blé du Chicago Board of Trade*

Année	Volume des transactions	Position ouverte au 31 décembre
1986	9 314	4 386
1990	482 941	38 907
1992	1 108 840	47 770
1995	1 243 567	87 680
1998	1 346 272	117 093
2000	1 563 557	111 277
2001	1 714 041	82 333
2002	1 773 559	100 244
2003	1 788 500	108 393
2004	1 465 760	85 579
2005	1 870 541	88 330

Unité : nombre de contrats.
Source : Futures Industry Association.

Des options sur le contrat à terme de maïs ont été introduites au Chicago Board of Trade le 27 février 1985. Depuis lors, le volume des transactions et le montant de la position ouverte se développent régulièrement (tableau 8.45.).

Tableau 8.45. – *Volume des transactions et montant de la position ouverte sur le marché des options sur contrats à terme de maïs du Chicago Board of Trade*

Année	Volume des transactions	Position ouverte au 31 décembre
1985	363 549	48 123
1990	2 116 302	121 676
1992	1 833 816	105 602
1995	3 783 446	309 550
1998	4 267 274	221 724
2000	5 135 111	352 387
2001	4 864 294	349 245
2002	5 397 748	245 323
2003	4 515 240	371 267
2004	7 593 355	398 165
2005	6 257 027	456 913

Unité : nombre de contrats.
Source : Futures Industry Association.

2.2. Les options sur contrats à terme de produits oléagineux

Des options sur contrats à terme de graines de soja ont été introduites au Chicago Board of Trade en octobre 1984 (tableau 8.46.). Le développement très satisfaisant des échanges (tableau 8.47.) a conduit les responsables du Chicago Board of Trade à ouvrir, le 19 février 1987, deux marchés complémentaires portant sur les contrats à terme d'huile et de tourteaux de soja.

Tableau 8.46. – *Les principaux marchés d'options sur contrats à terme de produits oléagineux*

Actif sous-jacent	Bourse	Date d'ouverture	Volume des transactions en 2005	Position ouverte le 31-12-2005
Graines de soja	CBOT	31 octobre 1984	6 817 588	241 824
Tourteaux de soja	CBOT	19 février 1987	685 830	41 277
Huile de soja	CBOT	19 février 1987	682 825	69 095

Unité : nombre de contrats.
Source : Futures Industry Association.

Tableau 8.47. – *Volume des transactions et montant de la position ouverte sur le marché des options sur contrats à terme de soja du Chicago Board of Trade*

Année	Volume des transactions	Position ouverte au 31 décembre
1984	72 969	12 267
1985	840 786	41 696
1990	2 089 382	63 050
1995	3 149 635	158 572
1997	5 339 936	133 709
1998	3 845 804	158 539
2000	3 890 510	111 957
2001	3 829 236	129 977
2002	4 227 445	144 241
2003	4 885 399	213 690
2004	6 045 952	225 054
2005	6 817 588	241 824

Unité : nombre de contrats.
Source : Futures Industry Association.

2.3. Les options sur contrats à terme d'animaux

Quatre options sur contrats à terme d'animaux furent introduites par le Chicago Mercantile Exchange à partir d'octobre 1984 (tableau 8.48.), mais les transactions ne se sont pas vraiment développées (tableau 8.49.).

Tableau 8.48. – *Les principaux marchés d'options sur contrats à terme d'animaux*

Actif sous-jacent	Bourse	Date d'ouverture	Volume des transactions en 2005	Position ouverte le 31-12-2005
Bétail vivant	CME	30 octobre 1984	502 021	68 256
Porc vivant	CME	1er février 1985	198 274	19 622
Carcasses de porc	CME	3 octobre 1986	3 228	277
Bétail à l'engraissement	CME	9 janvier 1987	142 253	16 405

Unité : nombre de contrats.
Source : Futures Industry Association.

Tableau 8.49. – *Volume des transactions et montant de la position ouverte sur le marché des options sur contrats à terme de bétail vivant du Chicago Mercantile Exchange*

Année	Volume des transactions	Position ouverte au 31 décembre
1984	20 722	8 670
1985	326 724	38 331
1987	1 222 397	74 218
1990	713 276	53 227
1992	561 058	47 358
1995	463 455	35 033
1998	685 606	64 956
2000	622 590	97 666
2001	688 149	54 911
2002	476 467	49 879
2003	664 291	73 164
2004	500 927	58 433
2005	502 021	68 256

Unité : nombre de contrats.
Source : Futures Industry Association.

2.4. Les options sur contrats à terme de produits tropicaux

Des options sur les contrats à terme de sucre, de café et de cacao ont été introduites à New York et à Londres (tableau 8.50.). À l'exception des options sur le sucre et le café arabica négociées au New York Board of Trade (tableaux 8.51 et 8.52), les échanges sur les autres instruments sont relativement faibles. Il est « amusant » de constater que les transactions sur les options de jus d'orange sont supérieures à celles du cacao, et supérieures à celles des trois marchés de Londres.

Tableau 8.50. – *Les principaux marchés d'options sur contrats à terme de produits tropicaux*

Actif sous-jacent	Bourse	Date d'ouverture	Volume des transactions en 2005	Position ouverte le 31-12-2005
Sucre roux	NYBOT	1er octobre 1982	3 631 939	537 801
Sucre blanc	Liffe		81 598	17 510
Café arabica	NYBOT	3 octobre 1986	2 370 161	82 113
Café robusta	Liffe	20 juillet 1987	237 544	16 498
Cacao	NYBOT	13 mars 1986	512 259	129 643
Cacao	Liffe	20 juillet 1987	95 814	11 341
Jus d'orange	NYBOT	19 décembre 1985	433 288	47 971

Unité : nombre de contrats.
Source : Futures Industry Association.

Tableau 8.51. – *Volume des transactions et montant de la position ouverte sur le marché des options sur contrats à terme de sucre roux du New York Board of Trade*

Année	Volume des transactions	Position ouverte au 31 décembre
1982	1 849	ND
1985	91 400	19 299
1990	2 393 016	219 165
1995	1 203 779	103 330
1997	1 369 465	219 058
1998	2 113 369	171 108
2000	2 027 581	207 069
2001	1 305 470	157 087
2002	1 380 300	148 097
2003	1 690 190	243 238
2004	2 854 683	430 634
2005	3 631 939	597 979

Unité : nombre de contrats.
Source : Futures Industry Association.

Tableau 8.52. – *Volume des transactions et montant de la position ouverte sur le marché des options sur contrats à terme de café du New York Board of Trade*

Année	Volume des transactions	Position ouverte au 31 décembre
1986	5 319	2 825
1990	282 566	26 029
1995	867 303	48 267
1997	1 272 767	45 086
1998	974 690	36 798
1999	1 369 021	82 442
2000	909 251	58 477
2001	799 506	79 401
2002	1 063 090	87 769
2003	1 328 081	87 685
2004	1 970 068	145 913
2005	2 370 161	109 979

Unité : nombre de contrats.
Source : Futures Industry Association.

2.5. Les options sur contrats à terme de produits agricoles à vocation industrielle

Peu de produits agricoles à vocation industrielle font l'objet de transactions sous forme d'options et, quand tel est le cas, les échanges sont peu développés (tableaux 8.53. et 8.54.).

Tableau 8.53. – *Les principaux marchés d'options sur contrats à terme de produits agricoles à vocation industrielle*

Actif sous-jacent	Bourse	Date d'ouverture	Volume des transactions en 2005	Position ouverte le 31-12-20050
Coton	NYBOT	30 octobre 1984	1 709 345	127 789
Bois de charpente	CME	29 mai 1987	236 241	5 339

Unité : nombre de contrats.
Source : Futures Industry Association.

Tableau 8.54. – *Volume des transactions et montant de la position ouverte sur le marché des options sur contrats à terme du coton du New York Board of Trade*

Année	Volume des transactions	Position ouverte au 31 décembre
1984	3 078	ND
1985	29 218	4 901
1990	284 991	26 746
1992	413 091	34 287
1995	1 416 054	88 731
1998	1 127 326	95 559
2000	1 027 002	87 364
2001	1 025 578	127 805
2002	1 171 843	103 308
2003	2 157 441	325 672
2004	1 725 982	121 001
2005	1 709 345	127 789

Unité : nombre de contrats.
Source : Futures Industry Association.

2.6. Les options sur contrats à terme de métaux non ferreux

À l'exception d'une option sur le cuivre localisée au Commodity Exchange de New York, toutes les options sur contrats à terme de métaux non ferreux (cuivre, aluminium, plomb, zinc, nickel) sont négociées au London Metal Exchange (tableau 8.55.). Ces marchés ont été ouverts en

Tableau 8.55. – *Les principaux marchés d'options sur contrats à terme de métaux non ferreux*

Actif sous-jacent	Bourse	Date d'ouverture	Volume des transactions en 2005	Position ouverte le 31-12-2005
Cuivre	LME	mai 1987	2 091 198	222 242
Cuivre	Comex	29 juillet 1988	143 609	6 804
Aluminium	LME	mai 1987	4 107 102	450 078
Plomb	LME	mai 1987	128 283	7 992
Zinc	LME	mai 1987	1 011 429	70 721
Nickel	LME	mai 1987	189 903	9 148
Étain	LME	juin 1991	14 012	1 840

Unité : nombre de contrats.
Source : Futures Industry Association.

mai 1987, mais les informations chiffrées précises sur le volume des transactions et le montant de la position ouverte ne sont disponibles que depuis 1992 (tableaux 8.56. et 8.57.).

Tableau 8.56. – *Volume des transactions et montant de la position ouverte sur le marché des options sur contrats à terme de cuivre du London Metal Exchange*

Année	Volume des transactions	Position ouverte au 31 décembre
1992	606 812	102 717
1995	2 212 821	203 682
1997	1 732 509	72 405
1998	1 052 239	56 826
2000	1 172 551	55 985
2001	1 053 373	91 372
2002	888 068	64 528
2003	1 239 523	80 865
2004	1 721 914	98 485
2005	2 091 198	222 242

Unité : nombre de contrats.
Source : Futures Industry Association.

Tableau 8.57. – *Volume des transactions et montant de la position ouverte sur le marché des options sur contrats à terme d'aluminium du London Metal Exchange*

Année	Volume des transactions	Position ouverte au 31 décembre
1992	1 030 948	117 575
1995	1 241 596	86 428
1997	1 659 879	116 970
1999	1 502 276	143 998
2000	2 437 147	150 075
2001	1 547 829	204 804
2002	877 429	112 267
2003	1 618 895	151 640
2004	2 217 021	200 312
2005	4 107 102	450 078

Unité : nombre de contrats.
Source : Futures Industry Association.

2.7. Les options sur contrats à terme de métaux précieux

L'or, l'argent et le platine sont négociés sous forme d'options mais, à l'exception du métal jaune au Commodity Exchange de New York, les échanges sont peu nourris (tableaux 8.58., 8.59., et 8.60.).

Tableau 8.58. – *Les principaux marchés d'options sur contrats à terme de métaux précieux*

Actif sous-jacent	Bourse	Date d'ouverture	Volume des transactions en 2005	Position ouverte le 31-12-2005
Or	Comex	4 octobre 1982	2 889 803	323 247
Argent métal	Comex	4 octobre 1984	1 131 812	131 229

Unité : nombre de contrats.
Source : Futures Industry Association.

Tableau 8.59. – *Volume des transactions et montant de la position ouverte sur le marché des options sur contrats à terme d'or du Commodity Exchange*

Année	Volume des transactions	Position ouverte au 31 décembre
1982	56 752	10 198
1985	1 395 896	70 366
1990	1 931 804	84 451
1995	2 006 695	276 737
1998	1 945 366	432 256
1999	2 815 831	629 296
2000	2 083 414	302 517
2001	1 975 019	201 976
2002	1 948 564	212 847
2003	4 310 318	620 521
2004	4 667 523	528 379
2005	2 889 803	240 476

Unité : nombre de contrats.
Source : Futures Industry Association.

Tableau 8.60. – *Volume des transactions et montant de la position ouverte sur le marché des options sur contrats à terme d'argent métal du Commodity Exchange*

Année	Volume des transactions	Position ouverte au 31 décembre
1984	99 843	30 023
1985	531 315	35 207
1990	747 499	67 209
1994	1 316 650	111 938
1995	1 146 513	67 924
1997	842 923	106 258
1998	818 053	60 858
2000	579 085	62 417
2001	483 386	69 149
2002	530 831	48 027
2003	560 018	60 865
2004	1 022 348	63 637
2005	1 131 812	105 533

Unité : nombre de contrats.
Source : Futures Industry Association.

2.8. Les options sur contrats à terme de produits énergétiques

Les premières options négociées au New York Mercantile Exchange, le 14 novembre 1986, avaient pour support le contrat à terme de pétrole brut. Par la suite, les responsables de cette bourse ont introduit des options ayant pour sous-jacents les contrats à terme de fioul, d'essence et de gaz naturel (tableau 8.61.). Ils furent suivis dans cette voie par les dirigeants de l'International Petroleum Exchange, une bourse aujourd'hui dénommée Ice Futures. À l'exception des options négociées au Nymex sur les contrats à terme de pétrole et de gaz naturel (tableaux 8.62. et 8.63.), les transactions et les positions ouvertes sont assez faibles. On notera cependant la montée en puissance des options sur le fioul et l'essence du Nymex, en dépit d'une évolution chaotique du volume des transactions et du montant de la position ouverte (tableau 8.61).

Tableau 8.61. – *Les principaux marchés d'options sur contrats à terme de produits énergétiques*

Actif sous-jacent	Bourse	Date d'ouverture	Volume des transactions en 2005	Position ouverte le 31-12-2005
Options américaines				
Pétrole	Nymex	14 novembre 1986	14 726 263	1 901 444
Pétrole	Ice Futures	11 mai 1989	44 421	332
Fioul	Nymex	26 juin 1987	983 388	101 570
Gazole	Ice Futures	20 juillet 1987	74 055	5 500
Essence	Nymex	13 mars 1989	973 849	46 783
Gaz naturel	Nymex	2 octobre 1992	9 168 354	1 166 039
Options européennes				
Gaz naturel	Nymex	2004	6 968 569	1 859 171
Pétrole	Nymex	2004	119 218	14 398
Fioul	Nymex	2004	24 339	322
Essence	Nymex	2004	25 270	887

Unité : nombre de contrats.
Source : Futures Industry Association.

Tableau 8.62. – *Volume des transactions et montant de la position ouverte sur le marché des options sur contrats à terme de pétrole du New York Mercantile Exchange*

Année	Volume des transactions	Position ouverte au 31 décembre
1986	135 266	54 909
1990	5 254 612	191 961
1992	6 562 163	268 912
1995	3 975 611	297 642
1997	5 790 333	363 639
1998	7 448 095	420 962
1999	8 161 976	557 221
2000	7 460 052	532 965
2001	7 726 076	691 692
2002	11 460 857	1 167 016
2003	10 237 121	733 342
2004	11 512 918	1 243 942
2005	14 726 263	1 901 444

Unité : nombre de contrats.
Source : Futures Industry Association.

Tableau 8.63. – *Volume des transactions et montant de la position ouverte sur le marché des options sur contrats à terme de gaz naturel du New York Mercantile Exchange*

Année	Volume des transactions	Position ouverte au 31 décembre
1992	80 756	12 998
1995	921 520	134 748
1996	1 234 691	120 431
1997	2 079 607	221 849
1998	3 115 765	242 379
1999	3 849 454	369 520
2000	5 335 800	513 901
2001	5 974 240	766 544
2002	10 966 023	986 600
2003	8 742 277	739 723
2004	8 071 967	919 598
2005	9 168 354	1 166 039

Unité : nombre de contrats.
Source : Futures Industry Association.

Questions ponctuelles

1. Où se trouve localisé le plus important marché de contrats à terme de soja ? de pétrole ? de sucre ? de gaz naturel ? d'aluminium ? de kérosène ? d'essence ? de coton ? de gazole ? de fioul ? d'or ? de cuivre ? de maïs ? de café ?
2. Quels sont les plus importants marchés d'options sur contrats à terme de matières premières ? où sont-ils localisés ?
3. Citez les matières premières pour lesquelles il existe plusieurs contrats à terme.
4. Quel est le volume des contrats à terme de produits pétroliers négociés au New York Mercantile Exchange ?
5. Quelle est l'importance des marchés de contrats à terme comparée à celle des marchés d'options sur contrats à terme ?
6. Un marché se qualifie par sa liquidité et sa profondeur. Dans le cas des marchés dérivés de matières premières, comment appréhender leur liquidité ? leur profondeur ?
7. Pourquoi, toutes choses égales par ailleurs, la position ouverte d'un marché d'options sur contrats à terme est-elle, en règle générale, supérieure à celle d'un marché de contrats à terme ?
8. L'homogénéité et la fongibilité du sous-jacent sont-elles des conditions nécessaires et suffisantes au succès d'un contrat à terme de matière première ?
9. Dans le domaine des matières premières, le succès d'un marché de contrats à terme est-il assuré par les spéculateurs ou par les opérateurs qui interviennent sur ces marchés pour satisfaire des objectifs industriels ou commerciaux (protection contre le risque de prix, gestion des stocks, utilisation des contrats à terme comme substituts temporaires aux transactions sur le marché au comptant) ?
10. La fragmentation des marchés dérivés est-elle un facteur favorable à leur développement ?
11. La faiblesse des coûts de transaction est un élément favorable au développement des marchés dérivés dotés d'une chambre de compensation. Que recouvre l'expression « coûts de transaction » ?
12. La substitution des transactions à la criée par les transactions électroniques a-t-elle affecté la liquidité des marchés dérivés dotés d'une chambre de compensation ?
13. Pourquoi est-il extrêmement difficile de développer un marché de contrats à terme ayant pour sous-jacent une matière première déjà négociée avec succès sur une autre bourse ?

Questions de synthèse

1. L'évolution de la liquidité et de la profondeur des marchés de contrats à terme de matières premières sur la période 1980-2005.
2. Les conditions à réunir pour assurer la viabilité d'un contrat à terme de matière première.
3. La liquidité et la profondeur du marché des contrats à terme de pétrole du New York Mercantile Exchange.

Chapitre 9

LES BOURSES DE MATIÈRES PREMIÈRES

Objectifs pédagogiques :

• présenter les bourses où sont négociés des contrats à terme et des options sur contrats à terme de matières premières,

• discerner, au sein de ces bourses, le poids relatif des contrats à terme et des options sur contrats à terme de matières premières,

• prendre conscience du développement des bourses de matières premières dans le monde.

Les marchés de contrats à terme de matières premières et d'options sur contrats à terme de matières premières sont regroupés au sein de bourses. Ces institutions ont connu une triple évolution depuis le début de la décennie 1970.

• La montée en puissance des marchés dérivés sur instruments financiers. Le 15 mai 1972, toutes les bourses dans le monde, y compris celles localisées aux États-Unis, ne négociaient que des contrats à terme de matières premières, à la nuance près que, dès 1969, trois ans avant le Chicago Mercantile Exchange, le New York Produce Exchange, une petite bourse qui fut par la suite absorbée par le New York Mercantile Exchange, avait proposé – sans succès – des contrats à terme sur devises.

Entre 1973 et 1985, sont apparues des options (sur instruments négociés au comptant, dans un premier temps, sur contrats à terme, dans un deuxième temps). C'est à partir de 1975 seulement que se sont développés des marchés dérivés (contrats à terme et options sur contrats à terme) sur instruments financiers… Aujourd'hui, d'après les chiffres de la Futures Industry Association, les transactions sur les contrats à terme et les options sur contrats de matières premières ne représentent que 20 % des échanges enregistrés par l'ensemble des bourses où sont négociés des produits dérivés !

• Une multiplication du nombre de bourses. Avant 1960, la quasi-totalité des marchés à terme et les plus importantes bourses étaient localisées à Chicago, à Londres et à New York. Depuis le début de la décennie 1970, le développement des marchés à terme de matières premières, des marchés d'options sur valeurs mobilières, des marchés dérivés sur instruments financiers et des options sur contrats à terme a démultiplié la puissance de ces grands centres internationaux. Cependant, des marchés à vocation régionale et nationale se sont développés ou créés sur des places financières de moindre envergure en Amérique latine, en Europe de l'Est, en Asie du Sud-Est, au Japon, en Inde et en Chine.

• Une modification du statut des bourses. À partir de 1995 (et avant, pour celles implantées en Europe) les bourses ont abandonné leur statut de mutuelle pour devenir des sociétés privées de plus en plus souvent cotées sur un marché de valeurs mobilières. L'informatisation et l'électronisation des transactions sont une autre révolution (débutée en Europe et en Asie bien avant d'apparaître aux États-Unis) qui a profondément transformé les bourses. De coopératives ayant un rôle de confréries et organisant des transactions à la criée, les bourses sont devenues des plates-formes électroniques et des sociétés de service informatique.

La quasi-totalité des bourses apparues depuis 1972 et la plupart de celles qui étaient actives en 1972 se sont spécialisées pour les premières et diversifiées pour les secondes dans les produits dérivés financiers. Certaines sont toutefois demeurées dans le domaine des matières premières. Il s'agit du London Metal Exchange, du New York Mercantile Exchange, du Commodity Exchange, de l'International Petroleum Exchange rebaptisé Ice Futures en 2005 et du Winnipeg Commodity Exchange (nous négligeons, ce faisant, certaines bourses de taille plus réduite comme le Kansas City Board of Trade et le Minneapolis Grain Exchange, et les bourses de l'Amérique du Sud pour lesquelles les informations fiables sont difficiles à obtenir). C'est par elles que nous débuterons ce chapitre. Dans un deuxième temps, nous nous intéresserons au Chicago Board of Trade et au Chicago Mercantile Exchange, deux grandes bourses qui ont été (et qui demeurent au moins pour la première) de très importantes places de transactions de matières premières, mais dont le développement depuis 1975 est dédié aux produits dérivés financiers. Nous y ajouterons le New York Board of Trade dont l'activité demeure très orientée, mais pas exclusivement, vers les matières premières. Là également, nous négligerons certaines bourses qui n'ont pas une tradition associée aux matières premières ou pour lesquelles les transactions de matières premières ne constituent qu'une très faible fraction de leur activité (Euronext Liffe, Euronext Paris, Budapest Commodity Exchange). Nous terminerons ce panorama par la présentation des bourses de commerce des trois grands pays asiatiques que sont le Japon, la Chine et l'Inde. Le lecteur sera (nous le pensons) surpris de découvrir l'ancienneté et l'importance des marchés dérivés de matières premières dans l'économie japonaise et la vitalité (récente, mais indiscutable) des bourses localisées en Chine et en Inde.

1. Le London Metal Exchange

Depuis le dernier quart du XIXe siècle, Londres est l'une des places financières internationales où sont concentrées les activités relatives au financement, au négoce et à la commercialisation des métaux. Cause et conséquence de ce *leadership*, le London Metal Exchange (LME) est le marché de référence où se fixent les cours mondiaux des plus importants métaux non ferreux. La crise de l'étain d'octobre 1985 a toutefois profondément ébranlé, à l'époque, la réputation du LME et conduit ses responsables à mettre en cause certains principes qui régissaient son fonctionnement. Cette refonte des structures du LME a permis d'initier une nouvelle phase de croissance qui ne se dément pas depuis 1987.

1.1. Le London Metal Exchange entre 1877 et 1985

Le LME est né en 1877. Sa création est associée au développement économique de la Grande-Bretagne au XIXe siècle, l'industrialisation ayant conduit l'économie anglaise à devenir importatrice de matières premières minérales. Préalablement à la création du LME, les marchands, les négociants et les importateurs se réunissaient dans des *coffee-houses*. C'est pour organiser ces réunions, les regrouper et mettre de l'ordre dans les transactions que le London Metal Exchange fut créé.

Le LME fut d'abord un marché de produits physiques négociés au comptant. Pour satisfaire les besoins industriels de la Grande-Bretagne, les opérateurs y achetaient et vendaient le cuivre venant d'Amérique latine et l'étain provenant de Malaisie.

Très tôt après la création du LME, les premières transactions *forward* se sont développées (en fait, ces transactions existaient préalablement à la création du LME) et ont permis aux négociants et aux industriels de se protéger contre les risques de prix auxquels ils étaient exposés pendant la période de transport des métaux. La corbeille est apparue le jour où l'un des opérateurs (souhaitant conférer une plus grande visibilité aux échanges) a tracé sur le sol un cercle en demandant aux autres opérateurs de se placer autour pour effectuer leurs transactions. Les quatre banquettes formant le *ring* circulaire, réservées aux membres de la corbeille (*ring dealers*), sont le lointain souvenir de cette anecdote. Ces transactions à terme n'étaient pas garanties par une chambre de compensation. Elles se faisaient *principal to principal*. Au fil du temps, elles sont devenues de plus en plus standardisées, mais l'essentiel est demeuré inamovible : il ne s'agissait pas de transactions *futures* mais de transactions *forward*.

Le cuivre, l'étain, le plomb et le zinc furent les quatre premiers métaux échangés au London Metal Exchange. L'argent, l'aluminium et le nickel ont respectivement été introduits en 1968, 1978 et 1979. Si les transactions se sont bien développées sur le nickel et très bien sur l'aluminium, elles ont toujours été faibles sur l'argent métal et ont finalement cessé quelques années plus tard. Un nouveau contrat fut introduit le 10 mai 1999, mais de nouveau ce fut un échec et les transactions ne se sont pas développées. À cette époque, les métaux étaient officiellement cotés pour un terme de 3 mois (à l'exception de l'argent métal dont l'échéance était de 7 mois « afin d'atténuer les fluctuations spéculatives »), mais toutes les échéances comprises entre le disponible et le terme de 3 mois (ou de 7 mois pour l'argent métal) étaient régulièrement traitées entre les courtiers. Les prix n'étaient toutefois pas officiellement publiés. Il en était de même pour les contrats ayant une échéance supérieure à 3 mois (7 mois pour l'argent métal).

1.2. La crise de l'étain

Le 24 octobre 1985 au matin, le Conseil international de l'étain (International Tin Council, ITC) notifiait au LME qu'il se trouvait en état de cessation de paiement et qu'il ne pouvait plus honorer ses dettes et ses engagements. C'est ainsi qu'a débuté la crise de l'étain. Elle a profondément bouleversé le marché de cette matière première, désorganisé la formation des cours et très fortement ébranlé la confiance des opérateurs à l'égard du LME.

Le métal qui a déclenché la crise la plus grave de l'histoire du LME était le moins actif des sept métaux négociés à l'époque dans cette bourse. C'était aussi le seul à être encadré, depuis 1956, par un accord international dont l'objectif était d'éviter les fluctuations trop importantes des cours. L'accord portait sur les prix et sur les quantités exportées. La stabilisation des prix se faisait grâce aux interventions d'un stock régulateur. Le directeur de ce stock était chargé de vendre du métal quand les cours dépassaient le « prix plafond » fixé par le Conseil de l'étain, et d'en acheter quand les cours menaçaient de descendre au-dessous du « prix plancher ». La régulation des quantités résultait de la fixation de quotas d'exportation alloués à chaque pays producteur.

C'est en voulant défendre le prix de 8 500 livres sterling la tonne (établi dans le cadre du sixième accord international) que le gérant du fonds, Pieter de Koning, s'était engagé à acheter plusieurs dizaines de milliers de tonnes d'étain. Sur un marché où l'offre était abondante, défendre le cours de 8 500 livres était une tâche impossible et le stock régulateur s'y est épuisé. Constatant que l'ITC n'avait plus aucun crédit, Pieter de Koning a décidé, le 24 octobre 1985, d'arrêter les opérations qu'il menait au nom du fonds. Le montant des dettes de l'ITC s'élevait alors à 900 millions de livres sterling. Les plus importants créanciers étaient des banques, des courtiers et des négociants internationaux.

À l'annonce de la cessation de paiement, les transactions sur l'étain ont été suspendues au LME et au Kuala Lumpur Tin Market. Dès le 24 octobre, de très difficiles négociations se sont engagées entre l'ITC, le gouvernement britannique, les membres du LME impliqués dans la crise, les banques en tant que principaux créanciers et les dirigeants du LME. Personne n'a trouvé de solution véritablement satisfaisante (vu l'antagonisme des intérêts en présence, il n'y en avait sans doute pas). Finalement, le 12 mars 1986, les responsables du LME ont décidé de liquider les contrats gelés depuis le 24 octobre 1985 au cours de 6 250 livres sterling la tonne (le prix de l'étain était de 8 140 livres au moment de la fermeture du marché).

L'origine et l'ampleur de cette crise s'expliquent par la structure du LME, seule bourse de commerce effectuant des transactions à terme à ne pas être dotée à l'époque d'une chambre de compensation. N'étant pas soumis aux appels de marge quotidiens, les opérateurs pouvaient accumuler des pertes potentielles sans le moindre inconvénient. Tant que les opérateurs étaient solvables, cette situation inconfortable n'avait pas de conséquences. Quand ils ne l'étaient plus ou si le plus important opérateur devenait insolvable (ce qui s'est produit pendant la crise de l'étain), les pertes étaient colossales. Elles auraient pu être atténuées par un règlement rapide du litige, mais entre le 24 octobre 1985 et le 12 mars 1986, plus de quatre mois et demi s'étaient écoulés et le prix de l'étain n'avait cessé de baisser pendant ce laps de temps.

1.3. L'organisation du London Metal Exchange

La crise de l'étain a agi comme un catalyseur pour la mise en place d'une nouvelle organisation du marché à terme, mais il était déjà acquis, avant 1985, que d'importantes réformes étaient nécessaires. Le discrédit jeté sur le LME par la faillite du Conseil international de l'étain est en effet intervenu au moment où la place financière de Londres était touchée par un vent de réformes.

Pour les responsables de l'organisme de contrôle des marchés financiers (il s'agissait à l'époque du Securities and Investment Board (SIB), l'ancêtre de la Financial Services Authority), si le LME voulait être reconnu comme un marché à terme, il devait se doter d'une chambre de compensation, ce que les membres de la bourse refusaient avec obstination avant 1985.

La crise de l'étain ayant clairement fait apparaître les risques qu'impliquait l'absence de *clearing*, les responsables du LME se sont résignés à accepter les exigences du SIB. Malgré leurs réticences, ils ont annoncé le 25 mars 1986 leur intention d'introduire un mécanisme de compensation dont le fonctionnement serait confié à ICCH (International Commodities Clearing House, l'ancêtre du London Clearing House lequel a fusionné en 2004 avec Clearnet pour former LCH Clearnet). Le mécanisme de compensation est opérationnel depuis le 29 mai 1987.

Le LME n'est devenu un véritable marché à terme qu'avec la mise en place de cette chambre de compensation. Avant le 29 mai 1987, il n'était qu'un marché *forward,* très élaboré certes, mais un marché *forward* malgré tout. Il n'en remplissait pas moins les fonctions traditionnelles d'un marché *futures* : protection contre le risque de prix, spéculation sur l'évolution des cours, révélation et diffusion de l'information sur les prix des métaux non ferreux. Il avait parfaitement fonctionné pendant plus d'un siècle et beaucoup d'observateurs s'émerveillaient qu'une institution dont l'organisation était aussi désuète puisse rendre des services aussi importants. La crise de l'étain est venue rappeler qu'un club de *gentlemen* n'était probablement pas l'organisation la mieux adaptée à la réalité économique du dernier quart du vingtième siècle. Quand on veut jouer dans la « cour des grands », il faut s'en donner les moyens. Et le LME se les est donnés.

Les responsables du LME ont profité de cette réforme pour rénover le statut juridique de la bourse. Constituée pour remplacer l'ancienne Metal Market and Exchange Company, une nouvelle société dénommée The London Metal Exchange Ltd fut chargée de la gestion administrative de la bourse. Les membres de la bourse en étaient les actionnaires.

Beaucoup plus tard, en janvier 2000, le LME est devenu une société privée après s'être démutualisé. Une nouvelle organisation a été mise en place. The London Metal Exchange Limited est alors devenue une filiale entièrement contrôlée par sa maison mère dénommée LME Holdings Limited. Les anciens actionnaires de The London Metal Exchange Limited ont conservé leur qualité de membre de la bourse et se sont vus offrir des actions de LME Holdings Limited. Le nombre de titres attribués variait avec le statut des différents membres du LME (voir le paragraphe 1.5). Le conseil d'administration de The London Metal Exchange Limited (comme celui de LME Holdings) comprend 13 membres :

- 2 administrateurs invités ayant une grande expérience industrielle dans les métaux,
- 3 administrateurs indépendants,
- 6 administrateurs élus par les membres du LME,
- le directeur général du LME et un autre cadre supérieur de la bourse.

1.4. Le fonctionnement du London Metal Exchange

Les transactions sur la bourse des métaux non ferreux de Londres se font selon trois modalités différentes.

La méthode traditionnelle est celle de la criée. Les transactions se font autour du *Ring* (le cercle formé des quatre bancs rouges dont nous avons parlé au paragraphe 1.1.) entre les 11 membres de la corbeille (*Ring dealers*) autorisés à négocier des contrats à la criée.

Ces transactions suivent un rituel immuable (les seules modifications concernent le nombre de produits négociés). Elles sont conclues pendant des périodes de 5 minutes durant lesquelles un seul métal est négocié. Deux sessions sont organisées (Encadré 9.1). La première débute à 11 h 45 et se termine à 13 h 15. Elle comprend deux *rounds* séparés par une pause de 5 minutes. À la fin du deuxième *round*, une pause de 5 minutes précède le *kerb*, une période de temps pendant laquelle tous les contrats sont négociés simultanément. Cette plage permet d'effectuer les transactions qui n'ont pu être réalisées pendant les périodes officielles prévues à cet effet durant les deux *rounds*. Le *kerb* s'étend de 13 h 15 à 15 h 10, heure à laquelle débute la deuxième session. Celle-ci est organisée selon des principes identiques à la première, mais l'ordre des périodes de transaction des

Encadré 9.1.
Horaires des transactions à la criée du London Metal Exchange

Première session	
Aluminium secondaire	11 h 45 – 11 h 50
Etain	11 h 50 – 11 h 55
Aluminium primaire	11 h 55 – 12 h 00
Cuivre	12 h 00 – 12 h 05
Plomb	12 h 05 – 12 h 10
Zinc	12 h 10 – 12 h 15
Nickel	12 h 15 – 12 h 20
Polypropylène et polyéthylène	12 h 20 – 12 h 25
Pause	12 h 25 – 12 h 30
Cuivre	12 h 30 – 12 h 35
Aluminium secondaire	12 h 35 – 12 h 40
Étain	12 h 40 – 12 h 45
Plomb	12 h 45 – 12 h 50
Zinc	12 h 50 – 12 h 55
Aluminium primaire	12 h 55 – 13 h 00
Nickel	13 h 00 – 13 h 05
Pause	13 h 05 – 13 h 15
Kerb	13 h 15 – 15 h 10
Seconde session	
Aluminium secondaire	15 h 10 – 15 h 15
Pause	15 h 15 – 15 h 20
Plomb	15 h 20 – 15 h 25
Zinc	15 h 25 – 15 h 30
Cuivre	15 h 30 – 15 h 35
Aluminium primaire	15 h 35 – 15 h 40
Étain	15 h 40 – 15 h 45
Nickel	15 h 45 – 15 h 50
Pause	15 h 50 – 15 h 55
Polypropylène et polyéthylène	15 h 55 – 16 h 00
Plomb	16 h 00 – 16 h 05
Zinc	16 h 05 – 16 h 10
Cuivre	16 h 10 – 16 h 15
Aluminium primaire	16 h 15 – 16 h 20
Étain	16 h 20 – 16 h 25
Nickel	16 h 25 – 716 h 30
Aluminium secondaire	16 h 30 – 16 h 35
Kerb	16 h 35 – 17 h 00

métaux n'est pas strictement le même. À 16 h 35 débute un *kerb* de 25 minutes pendant lequel tous les contrats sont négociés, mais à 16 h 45 cessent les transactions sur les contrats d'aluminium secondaire et les contrats de matière plastique, à 16 h 50 celles sur le plomb et l'étain et à 16 h 55 celles portant sur le zinc et le nickel. Entre 16 h 55 et 17 h ne sont négociés que le cuivre et l'aluminium primaire.

Les transactions à la criée offrent les avantages de la transparence, mais elles ne sont disponibles que pendant une partie de la journée, 5 à 8 heures au maximum. Dans le cadre du LME, la situation est aggravée, car les transactions à la criée ne sont pas continues et les plages de cotation sont très brèves (chaque métal est négocié 4 fois 5 minutes par jour). Or le marché des métaux est devenu global et les transactions en Asie et en Amérique sont très importantes à des horaires où il ne peut y avoir de négociations à la criée (même si elles étaient continues pendant plusieurs heures). Le LME devant rendre service 24 heures sur 24, quelle que soit la localisation de ses clients dans le monde, les responsables de la bourse ont mis en place un système offrant des services comparables et complémentaires à ceux de la criée. Tel est l'objet des transactions réalisées par téléphone entre les membres du LME autorisés à les pratiquer (*inter office telephone market*).

Les transactions au téléphone du LME n'ont pas de réelle spécificité par rapport à celles des marchés financiers (le marché obligataire international par exemple), sauf qu'elles se concluent par un enregistrement en chambre de compensation au même titre que les contrats négociés à la criée. Ces transactions se font sur la base des prix affichés sur les écrans des membres du LME. Cela ne veut pas dire que les transactions se feront au prix affiché, car le prix effectif dépend du volume de la transaction et de la relation commerciale établie entre les deux opérateurs.

Depuis février 2001, les opérateurs ont la possibilité de pratiquer des transactions électroniques en ayant recours à LME Select. Ce réseau fonctionne de 7 h à 19 h (heure de Londres) et permet de négocier des contrats à terme et des options. En, 2006, les horaires de transactions ont été étendus jusqu'à 23 heures.

Sur tous les marchés à terme du monde, les transactions se font pour une date bien définie, identique pour tous les opérateurs (par exemple, deux jours ouvrables avant le dernier jour du mois d'échéance, le troisième mercredi du mois d'échéance, etc.). Telle n'est pas la solution retenue par le LME.

• Pour les échéances inférieures ou égales à 3 mois, les transactions se font pour une date précise fixée par les co-contractants en fonction de leurs besoins (si l'on est par exemple le 26 décembre, elles peuvent avoir pour échéance le 4 janvier, le 12 février, le 26 février, le 8 mars, etc.). Cette absence de standardisation assimile les transactions du LME à celles du marché de gré à gré (cette spécificité vient de l'époque où le LME n'était qu'un marché *forward*, mais elle apporte à la bourse des métaux de Londres une flexibilité inconnue sur les autres marchés à terme). Cette modalité de fonctionnement permet aux opérateurs de bénéficier de la sécurité offerte par la chambre de compensation et la flexibilité du marché de gré à gré.

• Pour les transactions supérieures à 3 mois, les échéances ne sont plus journalières, mais hebdomadaires ou mensuelles, la plus éloignée étant de 63 mois.

1.5. Les membres du London Metal Exchange

Le LME comprend environ 80 membres (ce sont des sociétés) ventilés en sept catégories, les quatre premières regroupant ceux qui peuvent acheter et vendre des contrats, les trois premières ceux qui peuvent les compenser.

Au nombre de 11, les *Ring dealers* sont les seuls membres autorisés à négocier à la criée pendant les deux sessions quotidiennes de transaction. Ils sont de moins en moins nombreux. Il y a 35 ans, leur nombre était proche de la quarantaine. Les fusions qui ont affecté les sociétés minières, les entreprises métallurgiques et les grands négociants internationaux, d'une part, le développement des modalités de transactions alternatives à la criée, d'autre part, expliquent la réduction du nombre de *Ring dealers*. Ils travaillent pour leur propre compte ou pour celui de leur clientèle et sont membres de la chambre de compensation.

Les 26 *Associate brokers clearers* ont des droits et des privilèges identiques à ceux des *Ring dealers*, mais ils ne peuvent pas participer aux transactions à la criée. Ils sont membres compensateurs et peuvent travailler pour leur propre compte ou pour celui de leur clientèle.

Les 3 *Associate trade clearers* ne peuvent pas acheter et vendre des contrats pour le compte de clients. Ils ne peuvent opérer que pour leur propre compte. Ils sont membres compensateurs, mais n'ont pas le droit d'intervenir à la corbeille.

Les *Associate brokers* sont au nombre de 6. Ils négocient des ordres pour le compte de leur clientèle, mais ils ne sont pas membres compensateurs. Ils n'ont pas la possibilité d'intervenir à la corbeille.

Ces quatre catégories se retrouvent, peu ou prou, dans toutes les bourses (avec des dénominations différentes, mais cela ne change rien à la réalité).

Les membres compensateurs ont un rôle essentiel, car ils garantissent les contrats qui sont négociés en bourse. En bénéficiant du statut de membre compensateur, ils peuvent compenser les contrats qu'ils ont négociés pour leur propre compte (ce que peuvent faire les *Ring Dealers*, les *Associate brokers clearers* et les *Associate trade clearers*) ou pour le compte de leur clientèle (ce que peuvent faire les *Ring dealers* et les *Associate brokers clearers*, les *Associate trade clearers* ne pouvant opérer que pour eux-mêmes), celle-ci devant s'acquitter d'une commission pour les services rendus par le membre compensateur.

Les *Associate brokers* sont des courtiers au sens le plus classique du terme. Pour compenser les ordres de leurs clients, ils doivent avoir recours, contre le paiement d'une commission, aux membres ayant le droit de compenser les contrats d'une clientèle (les *Ring dealers* et les *Associate brokers clearers*).

La distinction faite entre les *Ring Dealers* et les *Associate brokers clearers* est une concession à la tradition et au folklore. Seuls les *Ring dealers* ont le droit d'effectuer des transactions à la criée, mais elles sont de moins en moins utilisées dans toutes les bourses du monde. Les transactions se font maintenant par téléphone ou par l'électronique (voir le paragraphe 1.4.). Si les *Associate brokers clearers* et les *Associate trade clearers* n'ont pas le droit d'opérer à la criée, mais doivent se contenter des transactions par téléphone et par la plate-forme électronique, les *Ring Dealers* peuvent acheter et vendre des contrats à la criée, par téléphone ou par le réseau électronique LME Select.

Ces quatre catégories de membres ont donc des droits et privilèges différents. De ce fait, les conditions financières qui sont exigées (montant des fonds propres) sont de moins en moins contraignantes à mesure que l'on passe de la première à la quatrième.

La cinquième catégorie regroupe les sociétés bénéficiant du statut d'*Associate trade*. Il ne leur permet pas d'acheter ou de vendre des contrats, mais en tant que membres de la bourse, ils bénéficient des informations relatives au (ou diffusées par le) LME et d'une réduction des coûts de transaction pour les achats et les ventes de contrats qu'ils effectuent en ayant recours à l'un ou l'autre des membres autorisés à les négocier (les quatre premières catégories).

Les deux dernières catégories de membres sont réservées à des personnes individuelles et aux membres d'honneur du LME.

1.6. L'activité du London Metal Exchange

En 2004, six métaux (aluminium, cuivre, plomb, nickel, zinc, étain) étaient cotés à terme, l'aluminium l'étant au moyen de trois contrats représentant différentes « qualités » de métal : aluminium primaire, aluminium secondaire (*aluminium alloy*) et aluminium secondaire spécial de l'Amérique du nord (*north American special aluminium alloy-NASAAC*) (tableau 9.1.). Jusqu'au 29 mai 1987, les contrats étaient cotés en livre sterling. À partir de cette date, le dollar est devenu la devise de cotation du contrat d'aluminium primaire. Cette modification ayant été bien acceptée par les opérateurs, tous les métaux négociés au LME furent cotés en dollar dans les mois qui suivirent. Les contrats peuvent cependant être négociés en euro, en yen et en livre sterling sur la base d'un taux de change officiel fourni par le LME.

Les responsables de la bourse ont essayé de diversifier son activité en introduisant, en 1999, un contrat sur un indice des prix des six métaux négociés au LME (cet instrument était destiné aux investisseurs institutionnels et aux gérants de fonds dans la mesure où il leur permettait de diversifier leurs portefeuilles sans être contraints d'opérer sur plusieurs contrats de métaux) et, en 2005, deux contrats portant sur des matières plastiques : le polypropylène et le polyéthylène. Le contrat sur l'indice fut un échec ; ceux portant sur les matières plastiques sont trop récents pour savoir s'ils seront un succès, mais ils ont tendance à se développer.

Depuis le 29 mai 1987, des options sont associées à chacun des contrats de métaux. Les transactions sont inférieures à celles des contrats à terme, mais elles demeurent très satisfaisantes pour l'aluminium et le cuivre. Le

Tableau 9.1. – *L'activité du London Metal Exchange en 2005*

	Volume des transactions	**Position ouverte au 31-12-2005**
Contrats à terme		
Aluminium primaire	30 426 465	359 431
Aluminium secondaire	1 503 372	21 839
Cuivre	19 231 371	188 825
Plomb	4 061 819	60 342
Nickel	3 482 593	48 279
Zinc	10 620 618	139 164
Étain	1 095 031	18 595
Autres matières premières	23 396	732
Total	70 444 665	837 207
Options sur contrats à terme		
Aluminium primaire	4 107 102	450 078
Aluminium secondaire	379 137	1 698
Cuivre	2 091 198	222 242
Plomb	128 283	7 992
Nickel	189 903	9 148
Zinc	1 011 429	70 721
Étain	14 012	1 840
Options TAPOs	263 033	37 355
Total	8 184 187	801 074
Total général	78 628 852	1 638 281

Unité : nombre de contrats.
Source : Futures Industry Association.

LME est la seule bourse non américaine ayant réussi à développer sur grande échelle des transactions sur des options ayant pour sous-jacent des contrats à terme de matières premières. Le LME est à l'origine d'une très belle innovation, la seule qui ait été initiée jusqu'à maintenant par une bourse de commerce : la négociation d'options asiatiques dénommées *TAPOs* (*traded average price options contracts*). Ces options sont basées sur le prix de compensation moyen mensuel du LME (*monthly average settlement price*). Les transactions sont peu importantes, mais le volume des échanges a tendance à progresser.

Sur longue période, le développement du LME est impressionnant. Les transactions passent, en effet, de 10 084 424 contrats à terme en 1989 à 70 444 665 en 2005, et celles sur les options progressent de 2 203 485 en 1992 (année à partir de laquelle l'information fut rendue publique) à 8 184 187 en 2005.

2. Le New York Mercantile Exchange

En 1994, le New York Mercantile Exchange a pris le contrôle du Commodity Exchange (Comex), pour l'essentiel une bourse de métaux précieux localisée à New York. Il ne modifiait pas pour autant sa dénomination et permettait au Comex de conserver son nom et son autonomie. Ceci nous conduit à présenter ces deux bourses dans deux sections différentes, tout en sachant qu'elles constituent les deux divisions d'une même entité dénommée Nymex Group.

Le New York Mercantile Exchange (Nymex) est la plus importante bourse de matières premières dans le monde. C'est une institution dont le rayonnement international est comparable, voire supérieur, à celui du London Metal Exchange. Son activité est quotidiennement examinée par de nombreux observateurs. Et pourtant, en 1979, elle était exsangue. Son principal marché (portant sur la pomme de terre) avait été victime en 1976 d'un étranglement (*squeeze*) et en 1979 d'une défaillance dans le processus de livraison portant sur 997 contrats. Ces deux incidents lui avaient fait perdre toute crédibilité. La situation était si désastreuse que le Nymex avait accepté d'être absorbé avec le Commodity Exchange (Comex), la bourse des métaux précieux de New York. Cette fusion ne se réalisa toutefois pas, le conseil d'administration du Comex revenant au dernier moment sur sa décision. Les développements qui suivent montrent comment le Nymex a pu opérer un tel redressement en quelques années.

Cette bourse est ancienne. Elle a été créée, en mai 1872, sous le nom de Butter and Cheese Exchange of New York. Ouverte le 1er septembre 1873, elle n'a servi pendant longtemps que de marché au comptant pour le beurre et le fromage. Alors que les transactions avec livraison différée étaient pratiquées depuis une vingtaine d'années à Chicago et à New York, aucune disposition n'était prévue dans le règlement du Butter and Cheese Exchange pour effectuer des opérations de cette nature (il est vrai que les produits négociés ne se prêtaient guère à des transactions *forward*). Les négociations au comptant sont restées prépondérantes jusqu'au milieu des années 1960.

La dénomination de la bourse fut modifiée en American Exchange of New York afin de permettre aux négociants d'œufs de se joindre à la bourse. Ces opérateurs prenant une réelle importance, la bourse fut rebaptisée, en 1880, Butter Cheese and Egg Exchange of New York. Une nouvelle modification intervint le 5 juin 1882, lorsqu'elle prit le nom, conservé depuis cette époque, de New York Mercantile Exchange.

Les premières transactions avec livraison différée remontent à 1903, mais la réglementation organisant ces transactions et permettant de les sécuriser date de 1921. Les opérations à terme (*futures transactions*) étaient peu nombreuses et 99 % des contrats se dénouaient par une livraison effective de produits physiques. Une chambre de compensation ne fut mise en place qu'en mars 1924. À l'exemple de celle du Chicago Mercantile Exchange, ce n'était pas une entité indépendante, mais un simple département de la bourse, ce qu'elle est toujours aujourd'hui.

Le marché à terme sur les pommes de terre cultivées dans l'État du Maine ouvert au début du mois de décembre 1941 est demeuré jusqu'en 1976 le marché le plus actif du Nymex. Un contrat à terme sur les oignons fut introduit en 1946, mais les transactions furent interrompues en 1958, suite au vote d'une loi par le Congrès sous le prétexte que ce marché accroissait la volatilité des cours au comptant.

Entre 1955 et 1968, les responsables du Nymex ont introduit de nombreux contrats à terme, mais la plupart de ces initiatives ont échoué. Le platine (marché ouvert le 3 décembre 1956) et le palladium (marché ouvert le 22 janvier 1968) sont les seuls à avoir connu un certain succès (les transactions enregistrées dans les dernières années sont toutefois très modestes). Entre 1969 et 1978, le dynamisme du Nymex ne s'est pas relâché. Il a essayé d'ouvrir des marchés sur l'aluminium, le riz, les pommes, le contreplaqué, les pièces d'argent, le nickel, l'or, la viande de bœuf. Le marché à terme des œufs, réouvert en 1973, dut fermer ses portes dans les semaines qui suivirent. Dans le secteur des actifs financiers, le Nymex a tenté d'introduire en 1974 et en 1978 des contrats à terme de devises, mais ces tentatives ont échoué, comme toutes les autres.

Suite à la débâcle du marché de la pomme de terre (voir l'encadré 9.2.), l'activité du Nymex s'est effondrée et la valeur du siège a chuté à 5 000 dollars. Un malheur n'arrivant jamais seul, la bourse fut condamnée en 1980 à verser une amende de 200 000 dollars (il s'agissait, à l'époque, de la plus importante sanction financière imposée par la Commodity Futures Trading Commission (CFTC), l'organisme de contrôle des marchés dérivés américains) pour ne pas avoir respecté la réglementation des marchés à terme. La CFTC menaça par ailleurs les dirigeants du Nymex de fermer la bourse, vu les déficiences notées dans le contrôle et la surveillance des transactions effectuées sur certains marchés à terme. *Last but not least*, le Comex a refusé au dernier moment le protocole de fusion négocié avec le Nymex.

Le Nymex doit sa survie aux marchés à terme de produits pétroliers. Cette bourse avait introduit, en 1974, des contrats sur le fioul à usage domestique et le fioul à usage industriel, mais cette initiative avait échoué. En 1978, lorsque les transactions sur les contrats du Nymex se réduisaient à une peau de chagrin, le nouveau président de la bourse, Michel Marks (alors âgé de 28 ans) décidait de relancer les marchés pétroliers en modifiant certaines caractéristiques des contrats qui avaient été proposés en 1974.

Un contrat sur le fioul a été introduit le 14 novembre 1978. Le volume des transactions demeura modeste pendant les premiers mois. L'essor de ce marché a été provoqué par le second choc pétrolier, les échanges connaissant alors une progression importante. Fort de ce succès, le Nymex ouvrit un marché sur l'essence le 5 novembre 1981. En dépit de très bons résultats, ce marché fut fermé en novembre 1986. Cette mesure résultait de la décision des autorités politiques de supprimer progressivement, pour des raisons écologiques, la vente d'essence avec plomb. Les transactions se sont alors reportées sur un contrat d'essence sans plomb introduit le 3 décembre 1984.

Encadré 9.2.
Le marché à terme de la pomme de terre du New York Mercantile Exchange entre 1975 et 1987

Jusqu'au milieu de la décennie 1970, l'activité du Nymex reposait sur le contrat de pommes de terre produites dans l'État du Maine. En 1976, la bourse a été confrontée à d'importantes difficultés. Un étranglement (*squeeze*) suivi d'une enquête de la Commodity Futures Trading Commission (CFTC) a profondément perturbé ce marché qui assurait, entre 1973 et 1975, près de 80 % du chiffre d'affaires de la bourse. Un autre problème est survenu au premier trimestre 1979. Les transactions ont dû être suspendues, car les produits livrés pour honorer les engagements de livraison sur 997 contrats ne correspondaient pas à la qualité requise. Ces déboires ont provoqué un réel scepticisme quant à la capacité de la bourse à assurer la sécurité des transactions. Pour répondre aux critiques, les responsables du Nymex modifièrent certaines caractéristiques du contrat. Le changement le plus important concernait l'actif sous-jacent : les pommes de terre rondes et blanches produites dans les États du Maine, du Connecticut et de New York ont été retenues à la place des tubercules cultivés dans le seul État du Maine. La décision d'autoriser ce nouveau contrat n'a pas fait l'unanimité ; le président de la CFTC s'y est opposé, car il estimait que la sécurité des opérateurs n'était pas garantie. Il fut cependant mis en minorité et le contrat put être introduit à la cotation. Les transactions n'ont pourtant jamais retrouvé leur niveau d'avant 1976. De nouvelles modifications furent introduites le 22 juin 1983 pour accroître l'utilisation de ce contrat. Pour la première fois dans l'histoire des marchés à terme de produits agricoles, il était possible de procéder à une livraison par *cash settlement*. Destinée à éviter les problèmes que posait la livraison de produits physiques, cette procédure (qui avait été mise en place pour les contrats à terme de dépôt à trois mois en euro-dollar) n'a pas entraîné le sursaut espéré. Ultime tentative, la taille du contrat fut réduite de moitié en 1984. Tous ces efforts furent vains. Le marché a été fermé au deuxième trimestre 1987. Très peu de contrats à terme survivent aux scandales et à la perte de confiance des opérateurs qui en résulte.

L'ouverture de ce marché fut suivie de l'introduction d'un contrat à terme de pétrole brut le 30 mars 1983. À l'origine, ce contrat avait pour sous-jacent du West Texas Intermediate, une qualité de pétrole léger produite aux États-Unis. Le remarquable succès de ce marché (près de 53 millions de contrats de 1 000 barils et près de 12 millions d'options sur ce contrat furent négociés en 2004) et la faible production de West Texas Intermediate firent craindre des risques d'étranglement du marché et des difficultés de livraison à l'échéance des contrats. Pour parer à ces difficultés potentielles, les responsables du Nymex modifièrent le contrat et offrirent aux opérateurs la possibilité de livrer l'un ou l'autre de six bruts légers produits aux États-Unis : West Texas Intermediate, Low Sweet Mix, New Mexican Sweet, North Texas Sweet, Oklahoma Sweet et South Texas Sweet. Ils ont également autorisé la livraison de plusieurs bruts légers étrangers : Forties et Brent du Royaume-Uni (mais le vendeur en livrant ces qualités subit une réduction de prix de 30 centimes par baril par rapport au cours de compensation), Oseberg Blend de Norvège (le vendeur subit une baisse de 55 centimes), Bonny Light du Nigeria et Cusiana de Colombie (le vendeur bénéficie d'une prime de 15 centimes). Conséquence logique de cette modification, le contrat prit le nom de Light Sweet Crude Oil.

La panoplie des contrats énergétiques fut complétée par l'ouverture, le 21 août 1987, d'un marché à terme sur le propane. Il est toujours opérationnel, mais l'activité y est très réduite.

Le succès des contrats à terme pétroliers a conduit les responsables du Nymex à proposer des options. Le 14 novembre 1986 furent introduites deux options portant sur les contrats à terme de pétrole et de fioul. Ces deux marchés se sont très bien développés.

En 1987, poursuivant son développement dans le champ des produits énergétiques, le Nymex a introduit plusieurs contrats sur l'électricité, mais la spécificité de cette matière première n'a pas permis aux transactions de se développer.

En 1990, en revanche, l'introduction d'un contrat à terme sur le gaz naturel et de l'option associée à ce contrat fut un énorme succès. Ce marché devait, toutefois, être perturbé (tous les contrats pétroliers le furent également, mais avec une moindre intensité) par les conséquences des manipulations comptables d'Enron. La faillite de cette société et les craintes d'un risque systémique se sont traduites par une réduction significative des transactions et de la position ouverte. Ce grave incident de parcours est aujourd'hui effacé.

Les membres du Nymex sont très attachés aux transactions à la criée, mais ils le sont encore plus aux perspectives de croissance de leur bourse. Ils sont inquiets, par ailleurs, de la concurrence du marché de gré à gré. Ceci les a conduit à mettre en place des modalités de transaction alternatives à la criée.

• Ils créèrent en 1993, avec succès, une première plate-forme électronique dénommée Access. Celle-ci permet de négocier les contrats du Nymex en dehors des heures d'ouverture de la criée (dont la durée est de 6 h 30). Cette plateforme Internet est opérationnelle pendant près de 17 heures. En 2004, le système Access a généré 3 % des transactions enregistrées par le Nymex (ce qui implique que 97 % des contrats ont été négociés à la criée).

• Ils utilisèrent également les possibilités offertes par Globex (la plateforme électronique du Chicago Mercantile Exchange) pour y négocier les contrats de taille réduite portant sur le pétrole (400 barils) et le gaz naturel (4 000 MM BTU). Introduits en 2002, ces contrats se sont bien développés (voir le tableau 9.2.). En octobre 2005, le succès de Clearport (voir plus loin) a conduit le Nymex à y rapatrier les contrats auparavant négociés sur Globex.

• En 2002, ils créèrent Clearport. Ils avaient deux objectifs en proposant cette seconde plate-forme. Le premier était de concurrencer le marché de gré à gré dont le développement devenait significatif. Le deuxième était de contrer l'Intercontinental Exchange (voir la section 4) qui avait pris en juin 2001 le contrôle de l'International Petroleum Exchange (une bourse que le Nymex convoitait depuis plusieurs années) et qui offrait avec l'aide de LCH Clearnet des services de compensation aux intervenants opérant sur le marché de gré à gré.

The New York Mercantile Exchange Clearport (nous parlerons simplement de Clearport) est une plate-forme Internet dont les performances techniques sont régulièrement renforcées. Une deuxième version disposant de fonctionnalités plus performantes fut introduite en août 2004. La troisième version bénéficiant de nouveaux progrès technologiques permettant d'améliorer la qualité des transactions est disponible depuis le 22 août 2005. Cleaport offre à ceux qui l'utilisent une grande flexibilité et la sécurité associée aux garanties d'une chambre de compensation. Le système Clearport comprend une plateforme de transaction et une plate-forme de compensation.

Les opérateurs utilisant Clearport trading (la plate-forme de transaction) peuvent accéder partout dans le monde et pratiquement 24 heures sur 24 à plus de 120 contrats à terme de produits énergétiques en bénéficiant des garanties offertes par la chambre de compensation du Nymex. Les contrats négociés portent sur les produits gaziers, le pétrole, les produits pétroliers, l'électricité, le charbon, etc. Les contrats de Clearport sont beaucoup plus spécifiques que ceux négociés à la criée du Nymex. Ils répliquent sous forme de contrats à terme (et d'options) les instruments négociés sur le marché de gré à gré. La spécificité et le particularisme de ces sous-jacents ne justifiaient pas des transactions à la criée (car les volumes échangés ne sont pas très importants, quoique...). Les contrats sont négociés en continu du dimanche 19 h au vendredi 14 h 30 avec un arrêt quotidien des transactions de 45 minutes entre 14 h 30 et 15 h 15. Toutes les transactions sont automatiquement garanties par la chambre de compensation du Nymex. Les ordres passés sur Clearport sont exécutés de manière anonyme avec impartialité et une grande fiabilité sur la base du prix et du temps, le premier ordre introduit au meilleur prix étant exécuté en premier.

La plate-forme de compensation (Clearport clearing) permet aux opérateurs effectuant des transactions sur le marché de gré à gré (en dehors de Clearport trading) de soumettre à la compensation les contrats qu'ils ont négociés et de bénéficier des garanties de la chambre de compensation du Nymex. Cette plate-forme, à l'exemple de ce qui est proposé par l'Intercontinental Exchange (voir la section 4), offre la possibilité d'effectuer des confirmations commerciales, ce qui permet aux opérateurs de s'assurer que leurs transactions bilatérales sont correctement exécutées.

Le Nymex a plusieurs projets internationaux, mais les premiers résultats ne sont pas à la hauteur des ambitions affichées.

• Prétextant l'abandon par l'International Petroleum Exchange (IPE, la bourse rachetée par l'Intercontinental Exchange, aujourd'hui dénommée Ice Futures) en avril 2005 des transactions à la criée sur le contrat de

Brent, le Nymex a organisé à Dublin (puis à Londres, à compter de l'autorisation donnée par la Financial Services Authority en septembre 2005) une corbeille permettant de négocier à la criée un contrat identique à celui de l'IPE. Cette initiative fut un échec.

• Le succès des marchés pétroliers au Japon et en Chine a conduit le Nymex à vouloir créer une bourse de produits énergétiques à Singapour (des contrats pétroliers avaient déjà été négociés au Simex).

• En coopération avec des intérêts financiers locaux, le Nymex va créer le Dubaï Mercantile Exchange (DME) où seront négociés (dans un premier temps) des contrats sur le pétrole et l'essence. Cette bourse dotée d'une criée et d'une plate-forme électronique sera localisée au Dubaï International Financial Center (DIFC), la zone franche de l'émirat. Le DME sera une co-entreprise entre le Nymex et la société d'investissement contrôlée par le prince héritier de Dubaï. Le DME est placé sous la tutelle de l'Autorité des services financiers de l'Émirat, un organisme de régulation mis en place dans le cadre de la création du DIFC.

Les profondes mutations de l'industrie pétrolière ont justifié la mise en place, au début des années 1980, de nouveaux instruments de gestion des risques. Le Nymex a saisi l'opportunité qui s'offrait à lui en créant des marchés dérivés pétroliers. Ce sont eux qui l'ont sauvé du marasme dans lequel il se trouvait à la fin des années 1970.

Dès 1985, la mutation du Nymex était accomplie. De bourse locale regroupant quelques marchés agricoles secondaires qu'il était en 1976, il est devenu au milieu des années 1980 une bourse regroupant des marchés internationaux servant les intérêts de l'industrie pétrolière et gazière. La fermeture officielle, en 1987, du marché à terme de la pomme de terre, qui fut pendant longtemps le fleuron du Nymex, a marqué la rupture (symbolique, mais définitive) avec le passé et souligné la confiance de la bourse dans ses contrats énergétiques dotés d'un considérable potentiel de croissance.

Le Nymex était en 2005 la plus importante de toutes les bourses spécialisées dans les matières premières avec des transactions de 175 millions de contrats et une position ouverte légèrement supérieure à 11,5 millions de contrats (tableau 9.2.).

En dépit de l'attachement des membres du Nymex à la criée, le tableau 9.3. souligne que les transactions électroniques effectuées sur Clearport n'ont cessé de s'accroître, tant au niveau des contrats échangés que du montant de la position ouverte (ceci est vrai pour les contrats à terme, mais les résultats sont beaucoup moins probants pour les options). Une deuxième conclusion concerne la position ouverte sur les contrats à terme. En 2002, l'essentiel de cette position ouverte relevait des transactions à la criée (ce qui était normal, vu la jeunesse de Clearport). En 2005, en revanche, après trois années pleines de fonctionnement, la position ouverte sur les contrats à terme négociés sur Clearport était nettement supérieure à celle des contrats négociés à la criée. Cette observation suggère que les négociations sur Clearport sont initiées par des opérateurs à la recherche d'une couverture et que les spéculateurs concentrent leurs interventions sur

Tableau 9.2. – *L'activité du New York Mercantile Exchange en 2005*

	Volume des transactions	**Position ouverte au 31-12-2005**
Contrats à terme		
Palladium	321 923	14 063
Platine	376 179	9 705
Fioul	13 135 581	162 120
Essence	13 166 417	136 956
Pétrole (1 000 barils)	59 650 468	816 246
Pétrole (Brent)	986 534	1 618
Gaz naturel (10 000 MMBTU)	19 142 549	539 226
Autres contrats	20 735	2 095
Ensemble des contrats négociés sur Clearport	34 401 955	4 034 825
Total	141 202 341	5 716 854
Options sur contrats à terme		
Options américaines		
Fioul	983 388	101 570
Essence	973 849	46 783
Pétrole	14 726 263	1 901 444
Gaz naturel	9 168 354	1 166 039
Autres options	636 134	685 366
Ensemble des options négociées sur Clearport	212 287	37 339
Options européennes		
Gaz naturel	6 968 569	1 859 171
Pétrole	119 218	14 398
Fioul	24 339	322
Essence	25 270	887
Total	33 837 671	5 813 319
Total général	175 040 012	11 530 173

Unité : nombre de contrats.
Source : Futures Industry Association.

le marché à la criée, conclusion confirmée par le ratio rapprochant les volumes négociés au montant de la position ouverte. Ce rapport est beaucoup plus élevé pour les négociations à la criée (106 800 386/1 682 029) que pour les transactions sur Clearport (34 401 955/4 034 825).

Le prix du siège (*full member*) donnant à celui qui le détient le droit de négocier tous les contrats de la bourse est un très bon indicateur (si ce n'est le meilleur) du succès d'une bourse. De 5 000 dollars en juin 1979, cette valeur est passée à 3 775 000 dollars en novembre 2005 (Encadré 9.3.). À titre de comparaison, le même jour, un siège du New York Stock Exchange se négociait à 3 025 000 dollars.

Tableau 9.3. – *Évolution de l'importance relative des transactions à la criée et des transactions effectuées sur la plate-forme Clearport*

	2002		2003		2004		2005	
	Nombre de contrats	**Pourcentage**	**Nombre de contrats**	**Pourcentage**	**Nombre de contrats**	**Pourcentage**	**Nombre de contrats**	**Pourcentage**
Transactions sur contrats à terme								
– à la criée	92 269 697	99,94	88 000 926	95,40	97 557 035	88,64	106 800 386	75,64
– plate-forme Clearport	54 989	0,06	4 245 753	4,60	12 498 677	11,36	34 401 955	24,36
– **Total**	**92 324 686**	**100,00**	**92 246 019**	**100,00**	**110 055 712**	**100,00**	**141 202 341**	**100,00**
Transactions sur options								
– à la criée	23 855 121	99,95	20 450 896	99,69	23 785 186	99,24	33 625 384	99,37
– plate-forme Clearport	12 885	0,05	64 544	0,31	182 152	0,76	212 287	0,63
– **Total**	**23 868 006**	**100,00**	**20 515 440**	**100,00**	**23 967 338**	**100,00**	**33 837 671**	**100,00**
Position ouverte sur contrats à terme								
– à la criée	1 253 001	96,68	1 182 156	56,11	1 406 962	38,70	1 682 029	29,42
– plate-forme Clearport	43 093	3,32	924 570	43,89	2 228 612	61,30	4 034 825	70,58
– **Total**	**1 296 094**	**100,00**	**2 106 726**	**100,00**	**3 635 574**	**100,00**	**5 716 854**	**100,00**
Position ouverte sur options								
– à la criée	2 286 439	99,88	1 558 723	99,26	3 137 905	98,39	5 775 980	99,36
– plate-forme Clearport	2 690	0,12	11 560	0,74	51 299	1,61	37 339	0,64
– **Total**	**2 289 129**	**100,00**	**1 570 283**	**100,00**	**3 189 204**	**100,00**	**5 813 319**	**100,00**

Encadré 9.3.
Évolution de la valeur du siège membre de plein droit (*full member*) du New York Mercantile Exchange

juin	1979	5 000
24 mars	1983	55 000
15 mais	1983	65 000
février	1984	85 000
mai	1986	125 000
juillet	1986	160 000
août	1986	165 000
juillet	1987	175 000
septembre	1987	210 000
mars	1988	217 000
22 avril	1988	230 000
mai	1988	245 000
10 août	1988	255 000
janvier	1989	265 000
13 avril	1989	275 000
18 avril	1989	300 000
mai	1989	350 000
.	.	.
.	.	.
.	.	.
.	.	.
3 janvier	2003	1 175 000
11 février	2003	1 275 000
24 février	2003	1 325 000
29 avril	2003	1 350 000
28 mai	2003	1 356 000
20 août	2003	1 500 000
3 septembre	2003	1 625 000
7 mai	2004	1 650 000
20 août	2004	1 725 000
12 octobre	2004	2 000 000
24 juin	2005	2 500 000
17 août	2005	2 750 000
23 septembre	2005	2 800 000
27 octobre	2005	3 100 000
14 novembre	2005	3 775 000

À l'exemple des grandes bourses de Chicago (après le Mercantile Exchange, mais avant le Board of Trade), le Nymex a procédé à de profondes transformations juridiques. Comme pratiquement toutes les bourses, le Nymex était à l'origine une coopérative. Le 17 novembre 2000, il a décidé de se démutualiser pour devenir une société à but lucratif. Ce stade atteint, plusieurs options s'offraient à lui :

- poursuivre son développement sans s'introduire en bourse,
- vendre la totalité de son capital à un ou plusieurs fonds d'investissement (Blackstone associé à Battery Ventures aurait fait une proposition de cette nature),
- vendre une part minoritaire de son capital (5 %, 10 % ou 20 %) à un ou plusieurs fonds d'investissement (Parthenon Capital, General Atlantic, Battery Ventures, 816 Partners – un fonds dirigé par Michel Marks, le directeur général du Nymex à l'époque où cette bourse introduisait avec succès ses premiers contrats pétroliers – associé à Hellman et Friedman auraient fait des propositions de cette nature),
- s'introduire en bourse,
- fusionner avec une autre bourse.

Après réflexion et beaucoup d'hésitation (et non sans difficulté), le conseil d'administration du Nymex a annoncé le 21 septembre 2005 qu'il cédait un bloc de 10 % de son capital à General Atlantic pour un montant de 135 millions de dollars (ce qui valorisait la bourse à 1,35 milliard de dollars et a permis aux détenteurs des 816 sièges du Nymex de recevoir chacun 165 000 dollars). General Atlantic est un fonds d'investissement dont la compétence est reconnue dans le processus d'introduction en bourse de sociétés non cotées au capital desquelles il participe, mais ce choix était assez curieux, car d'autres fonds proposaient des sommes (légèrement) supérieures. Quelques mois plus tard, pour obtenir (arracher serait un terme plus justifié) l'accord définitif des membres du Nymex, le prix de vente des 10 % du capital dut être réévalué au niveau de la meilleure offre qui avait été proposée par les concurrents de General Atlantic. Ce fonds était par ailleurs favorable aux transactions électroniques. Il était en effet le principal actionnaire d'Archipelago Holdings, une société propriétaire de la plate-forme électronique éponyme qui a fusionné avec le New York Stock Exchange et convaincu ses dirigeants d'abandonner la criée au profit des transactions électroniques. Cette vente partielle du capital à General Atlantic impliquait par ailleurs que le Nymex envisageait de s'introduire en bourse, ce qu'il a confirmé dans les semaines qui ont suivi.

En s'alliant avec General Atlantic, le Nymex signalait implicitement qu'il abandonnerait prochainement les transactions à la criée au profit des échanges sur une plate-forme électronique (une modalité que rejetait officiellement, depuis toujours et à grand bruit, la majorité des membres du Nymex…, mais peut-on aller longtemps contre la réalité et la rationalité économique ?). L'abandon fut plus rapide que prévu. Au début de l'année 2006, en effet, l'Ice Futures (voir la section 4 de ce chapitre) introduisait les échanges électroniques sur un contrat de pétrole strictement identique à celui qui était négocié au Nymex… et réussissait en quelques jours à siphonner 10 %, puis 20 %, puis près de 35 % des transactions auparavant faites à la criée.

Confronté à un problème de survie (les responsables de l'Ice Futures annoncèrent en effet qu'ils allaient introduire de nouveaux contrats sur l'essence, le fioul et le gaz), les responsables du Nymex, conscients de l'inadaptation et de l'incapacité de Clearport (pour des raisons techniques) à accueillir des échanges massifs et concentrés sur quelques contrats (Clearport était un succès, mais il était adapté à la négociation de volumes réduits sur de très nombreux contrats) décidèrent de se rapprocher du Chicago Mercantile Exchange (CME) pour pouvoir négocier – moyennant finance – les contrats énergétiques sur Globex, la plate-forme électronique assurant les transactions de plus de 70 % des 1 090 351 711 contrats négociés par le CME en 2005. Et, bien évidemment, un accord fut trouvé !

Devenu depuis le milieu des années 1990 la référence dans le monde des marchés boursiers américains, le CME essayait depuis plusieurs années de se positionner dans le secteur des produits énergétiques (voir la section 7 de ce chapitre). Il soumettait régulièrement au Nymex, directement ou indirectement, des offres de coopération, de fusion ou de simple participation à son capital… que la bourse des produits énergétiques (forte de ses succès) déclinait tout aussi régulièrement… Jusqu'au jour où…

En juin 2006, les transactions des contrats énergétiques sur Globex n'étaient pas encore opérationnelles. Le Nymex n'était donc pas « tiré d'affaire ». S'il devait l'être, ce le serait grâce aux transactions électroniques (que ses responsables ont voué aux gémonies pendant près de deux décennies) réalisées par la plate-forme du CME (le principal concurrent ayant eu l'intelligence de croire à l'électronique plus de 20 ans avant tout le monde), une bourse qui, ayant trop tardé à introduire des contrats, avait échoué à développer des produits dérivés pétroliers au début des années 1980.

Fin des péripéties… et maintenant, la morale de l'histoire. Le développement comparé du Nymex et du Chicago Mercantile Exchange (esquissé à la section 7 de ce chapitre) entre 1976 et 2006 révèle l'extrême fragilité des institutions boursières et la nécessité pour survivre et se développer de toujours avoir la bonne stratégie afin de faire face aux aléas de la concurrence.

3. Le Commodity Exchange

Le Commodity Exchange de New York est la seule bourse américaine à ne négocier que des métaux. Cette spécialisation est d'autant plus accentuée que l'essentiel des transactions concerne deux contrats de métaux précieux.

Les origines du Commodity Exchange remontent à la création du New York Metal Exchange en 1883. Cette bourse fut ultérieurement absorbée par le National Metal Exchange. Suite à la crise économique et boursière de 1929, le Rubber Exchange of New York, le National Raw Silk Exchange et le New York Hide Exchange fusionnèrent avec le National Metal Exchange pour former le Commodity Exchange (Comex). Cette nouvelle bourse s'ouvrit le 5 juillet 1933. Les transactions portaient alors sur le cuivre, le cuir, le caoutchouc, la soie, l'argent et l'étain.

La Seconde Guerre mondiale eut de lourdes répercussions sur la jeune bourse. Tous les produits servant de supports aux contrats étant inclus dans la liste des matières premières stratégiques établie par le gouvernement américain, ils furent soumis à des prix plafond et à différents contrôles gouvernementaux. Les transactions à terme, elles-mêmes, furent suspendues pendant quatre ans et demi. Elles ne reprirent qu'en 1947. La plupart des marchés cessèrent à nouveau leur activité pendant la guerre de Corée. Ils réouvrirent, toutefois, en 1954. Un record annuel de transactions fut atteint en 1959 avec… 132 308 contrats négociés.

Le 12 juin 1963, le marché à terme de l'argent reprit son activité après 29 ans d'interruption. Cette orientation de la bourse vers les métaux précieux fut confirmée avec l'introduction, le 31 décembre 1974, d'un contrat à terme d'or suite à l'autorisation donnée aux Américains, par une loi votée par le Congrès, de détenir du métal jaune, ce qui était auparavant interdit.

Le zinc avait été négocié au Comex de 1934 à 1970, mais les échanges avaient cessé faute d'intérêt spéculatif et industriel. Les transactions sur ce métal ont été réactivées le 8 février 1978. Les volumes négociés n'ont pas correspondu aux espoirs et les échanges ont définitivement cessé en 1981. Le 8 décembre 1983, le Comex a introduit un contrat à terme sur l'aluminium, mais il s'est, lui aussi, soldé *de facto* par un échec car, si le marché est encore ouvert, les transactions sont très réduites. Dans les deux cas, les difficultés rencontrées par le Comex pour introduire des contrats à terme s'expliquent par la concurrence du London Metal Exchange qui offrait aux opérateurs des contrats identiques et parfaitement liquides.

Le succès du marché de l'or incita les responsables de la bourse à introduire, en octobre 1982, des options sur le contrat à terme. Les performances de cet instrument les décidèrent à négocier des options sur le contrat à terme d'argent, à partir du 4 octobre 1984, et sur le contrat à terme de cuivre, à compter du 17 avril 1986.

De juin 1963 (ouverture du marché à terme de l'argent) à la fin de l'année 1982, le Comex a connu vingt ans de développement. Cette croissance s'est effectuée malgré les perturbations qui affectèrent le marché de l'argent métal au moment de l'affaire Hunt.

Le Comex est spécialisé dans les transactions de métaux précieux, mais cette orientation stratégique n'est pas vraiment volontaire. Elle résulte de l'échec de toutes les diversifications, notamment dans le secteur des métaux non ferreux et celui des produits financiers.

En 1983 et en dépit de sa spécialisation, le Comex était considéré comme une bourse dynamique. Depuis cette date, la situation a bien changé. Le déclin s'explique par le manque d'intérêt des investisseurs et des spéculateurs à l'égard des métaux précieux. Il s'explique également par la succession de différentes épreuves qui ont fini par ébranler sa crédibilité et parmi lesquelles nous retiendrons l'affaire Hunt et ses conséquences juridiques en 1979-1980, le défaut de Volume Investors, un membre compensateur qui n'a pas pu faire face, en 1985, à ses obligations financières, et les difficultés de fonctionnement de la chambre de compensation qui ont perturbé en

1987 l'activité de la bourse pendant plusieurs jours. L'échec de la compensation mutuelle mise en place avec le Sydney Futures Exchange, le 20 novembre 1986, est un autre point négatif. Destiné à relier les marchés à terme d'or de New York et de Sydney, ce système n'a pas donné les résultats escomptés et n'a pas permis d'internationaliser l'activité du Comex.

En 1978, l'extrême faiblesse du Nymex avait conduit ses dirigeants à accepter d'être absorbés par le Comex. Au dernier moment, le conseil d'administration de cette bourse n'avait pas honoré son engagement, estimant que la fusion avait plus d'inconvénients que d'avantages. Ce refus avait conduit le Nymex, laissé à lui-même, à développer, avec le succès que l'on connaît, les contrats à terme pétroliers. Par un curieux retour de l'histoire, une quinzaine d'années plus tard, la baisse d'activité du Comex a conduit ses responsables à se rapprocher de ceux du Nymex. Ceux-ci n'ont pas répété l'erreur de leurs concurrents, et le Comex est devenu en 1994 une division du Nymex Group. Le regain d'intérêt des investisseurs à l'égard de l'or depuis 2002 a justifié, *ex post*, le bien-fondé de la décision du Nymex.

En 2005, quatre matières premières (or, argent, cuivre et aluminium) sont négociées à terme, mais l'essentiel des transactions porte sur les métaux précieux (tableau 9.4.). Trois options sur contrat à terme sont également négociées. Celles ayant l'or et l'argent pour support connaissent un réel développement ; celle portant sur le cuivre est en revanche peu liquide (l'option sur l'aluminium a cessé d'être négociée en 2004).

Tableau 9.4. – *L'activité du Commodity Exchange en 2005*

	Volume des transactions	**Position ouverte au 31-12-2005**
Contrats à terme		
Or	15 890 617	323 247
Argent	5 536 351	131 229
Cuivre	3 950 842	102 963
Aluminium	28 491	1 098
Total	25 406 301	558 537
Options sur contrats à terme		
Or		
Argent	2 889 803	240 476
Cuivre	1 131 812	105 533
Total	143 609	6 804
	4 165 224	352 813
Total général		
	29 571 525	911 350

Unité : nombre de contrats.
Source : Futures Industry Association.

4. L'Intercontinental Exchange

L'Intercontinental Exchange n'est pas une bourse. C'est une société créée en 2000 par Jeffrey C. Spencher dont l'origine remonte au Continental Power Exchange. Cette société qui gère une plate-forme de transactions électroniques présente deux particularités expliquant l'intérêt que nous lui portons. D'une part, cette plate-forme est spécialisée dans les transactions de produits énergétiques. D'autre part, l'Intercontinental Exchange a pris en 2001 le contrôle de l'International Petroleum Exchange, aujourd'hui dénommé Ice Futures qui, lui, est une véritable bourse de commerce.

L'Intercontinental Exchange (Ice) est une société américaine basée à Atlanta, disposant de bureaux à Calgary, à Chicago, à Houston, à Londres, à New York et à Singapour. En 2004, l'Ice a réalisé un chiffre d'affaires de 108,4 millions de dollars et un bénéfice net de 21,9 millions de dollars. Créée en 2000 par des grandes banques internationales impliquées dans les marchés dérivés pétroliers (dont Morgan Stanley, Goldman Sachs, Deutsche Bank et la Société Générale) et des compagnies pétrolières de premier plan (dont BP, Royal Dutch, Shell et Total), elle gère une plate-forme de transactions électroniques dont la finalité première, conformément aux intérêts des sociétés qui l'avaient créée, était la négociation de produits énergétiques (pétrole, gaz et produits pétroliers raffinés). Le 22 mars 2005, l'Ice a fait part de son intention de se faire coter. Les conditions de l'introduction en bourse dévoilées en octobre 2005 valorisaient l'Ice à 1,1 milliard de dollars. Réalisée en novembre 2005 sous la direction de Goldman Sachs, de Morgan Stanley et de la Société Générale, l'introduction fut un succès.

Ayant eu la « chance » en 2001 d'être fiable et opérationnelle, l'Ice a bénéficié de la faillite d'Enron, en dépit de la profonde divergence des *business models* des deux sociétés. Les opérations en ligne sur la plate-forme d'Enron étaient le fait de multiples opérateurs ayant tous Enron pour contrepartie. La plate-forme de l'Ice, quant à elle, a beaucoup plus un rôle de courtage, dans la mesure où elle offre à chaque opérateur la possibilité de réaliser des transactions avec plusieurs milliers de contreparties.

Les opérateurs qui avaient survécu à la faillite d'Enron ont trouvé avec l'Ice le moyen d'accéder à d'autres professionnels et de poursuivre leur activité. La plupart des produits qui étaient négociés sur la plate-forme d'Enron ont pu l'être sur celle de l'Ice. Par la suite, des métaux précieux, certains dérivés climatiques et les droits d'émission de gaz carbonique ont été ajoutés aux produits énergétiques. Aujourd'hui plus de 600 produits sont régulièrement négociés sur l'Ice. Les contrats utilisés sont très variables. Ils vont de la simple livraison physique de matières premières aux *swaps*, options, différentiels de prix et autres produits dérivés reposant sur des indices ou des prix fixes ou flottants.

Au deuxième trimestre 2002, l'Ice a proposé deux nouveaux services aux opérateurs qui avaient recours à sa plate-forme. Le premier permet de procéder à des confirmations commerciales. Le second offre une base de données sur les prix des produits pétroliers du marché de gré à gré fonctionnant en temps réel.

Le plus intéressant et le plus novateur des services rendus par l'Ice est la possibilité (il ne s'agit pas d'une obligation) offerte aux opérateurs de garantir leurs transactions par l'intermédiaire d'une chambre de compensation, en l'occurrence LCH Clearnet (cette procédure avait été mise en œuvre par LCH avant sa fusion avec Clearnet). Ceci permet de cumuler les avantages de flexibilité du marché de gré à gré (surtout lorsque les transactions se font par l'intermédiaire d'une plate-forme électronique) et les garanties du marché organisé (du fait de la protection contre le risque de crédit offerte par une chambre de compensation). Autre bénéfice, la compensation permet aux opérateurs de libérer des lignes de crédit, ce qui facilite le développement de leurs transactions. L'échange bilatéral entre opérateurs est le principe de base retenu pour le fonctionnement de la plateforme Ice. La possibilité de protéger les opérateurs contre le risque de crédit de leurs co-contractants par l'intermédiaire d'une chambre de compensation est un service qui complète avec bonheur ce principe de base. Cette interférence entre le marché de gré à gré et le marché boursier doté d'une chambre de compensation pourrait être le début d'une profonde transformation des marchés dérivés. Elle a immédiatement conduit le Nymex à proposer un service identique par l'intermédiaire de sa plate-forme Clearport. Ce n'est pas un hasard que les produits énergétiques soient à l'origine de cette interférence. Les marchés de gré à gré de produits pétroliers, gaziers et électriques avaient, en effet, été profondément perturbés par la faillite d'Enron et les difficultés du marché électrique de l'État de Californie.

Souhaitant diversifier ses activités et offrir aux opérateurs une gamme élargie de services, l'Ice a pris le contrôle de l'International Petroleum Exchange en juin 2001. La bourse de Londres dont le nom fut modifié en 2005 pour celui d'Ice Futures est ainsi devenue une filiale, entièrement contrôlée, de la société d'Atlanta.

Officiellement créé en octobre 1980 par des opérateurs européens, l'International Petroleum Exchange (IPE) est opérationnel depuis le 6 avril 1981, date des premières transactions d'un contrat coté en dollar de 100 tonnes de gazole livrable dans les ports d'Amsterdam, de Rotterdam et d'Anvers.

Le succès de ce premier instrument de gestion des risques avait conduit les responsables de l'IPE à étudier la faisabilité de nouveaux contrats. Furent ainsi envisagés des marchés sur le pétrole, l'essence, le fioul lourd, le kérosène, le naphta, certains distillats légers, plusieurs produits pétrochimiques, et le charbon. Ces projets, à l'exception d'un seul, ne devaient pas aboutir. L'exception fut celle du pétrole.

Le 21 novembre 1983, les responsables de l'IPE ont introduit un contrat coté en dollar sur 100 tonnes de pétrole brut, qualité Brent – Mer du Nord, livrable à Rotterdam, mais les transactions ont cessé en juillet 1984. Ils ont introduit en novembre 1985 un deuxième contrat portant sur 1 000 barils. Ce marché s'est lui aussi conclu par un échec. Tirant les leçons de ces deux expériences, les dirigeants de l'IPE ont modifié les caractéristiques du contrat de manière à mieux intégrer le marché à terme au marché *spot*. Le contrat introduit le 4 novembre 1985 est toujours opérationnel. Il a pour support un indice de prix du pétrole. Coté en dollar, le contrat retient une procédure de *cash settlement*. Pour favoriser l'essor des transactions, certaines caractéristiques de ce contrat ont à nouveau été modifiées le 23 juin 1988. Depuis cette date, l'activité du marché ne cesse de croître (tableau 9.5.).

Tableau 9.5. – *L'activité de l'Ice Futures en 2005*

	Volume des transactions	**Position ouverte au 31-12-2005**
Contrats à terme		
Pétrole	30 412 027	390 615
Gazole	10 971 719	216 721
Gaz naturel	423 565	13 270
Électricité	14 335	4 075
Émission de gaz	94 348	15 002
Total	41 936 609	642 753
Options sur contrats à terme		
Pétrole	44 421	332
Gazole	74 055	5 500
Total	118 476	5 832
Total général	42 055 085	648 585

Unité : nombre de contrats.
Source : Futures Industry Association.

Le 7 octobre 1986, deux contrats à terme, le premier portant sur du fioul lourd, le second sur de l'essence, ont été introduits à l'IPE. Leurs caractéristiques (volume, procédures et lieux de livraison, etc.) étaient identiques à celles du contrat de gazole, mais les échanges (contrairement à ceux du gazole) ne sont pas parvenus à se développer. Les cotations ont cessé en 1987 pour l'essence et en 1990 pour le fioul lourd. Dans les années qui ont suivi, plusieurs contrats à terme portant sur divers produits énergétiques ont été introduits, mais ils n'ont jamais pu se développer. Après plusieurs tentatives infructueuses, un contrat de gaz naturel a réussi à se développer.

Introduites le 20 juillet 1987, les options ayant pour support le contrat à terme de gazole ne se sont pas développées. Il en fut de même (malgré un début prometteur) de celles, introduites quelques mois plus tard, dont le support était le contrat à terme de pétrole (tableau 9.5.).

À la fin des années 1990, le New York Mercantile Exchange avait souhaité se rapprocher de l'IPE, mais il n'a jamais pu concrétiser ses objectifs. C'est son rival américain, l'Intercontinental Exchange qui en a pris le contrôle en juin 2001. Cette absorption impliquait la disparition des transactions à la criée. Cela se fit en deux temps. À partir du 6 octobre 2003, le contrat à terme de Brent a été négocié sur la plate-forme électronique de l'Ice, parallèlement aux transactions effectuées à la criée. L'accroissement des échanges enregistré sur ce contrat ayant été attribué à cette décision (car le coût des transactions électroniques est inférieur à celui de la criée et, plus de 7 000 opérateurs intervenant régulièrement sur la plate-forme de l'Ice, la visibilité du marché du Brent fut instantanément démultipliée), l'IPE a décidé (n'oublions pas qu'il est entièrement contrôlé par l'Ice), à compter du 8 avril 2005, d'opter pour des transactions électroniques, et de mettre fin à la criée qui caractérisait l'IPE depuis sa création. Cette évolution des modalités de transaction devrait économiser de 5 à 8 millions de dollars par an.

5. Le Winnipeg Commodity Exchange

Le Winnipeg Commodity Exchange est la plus ancienne bourse canadienne de produits dérivés et la seule à négocier des matières premières. La proximité des marchés américains, notamment ceux de Chicago, a exercé une grande influence et constitué, tour à tour, un élément stimulant ou un facteur de blocage pour le développement de la bourse de Winnipeg.

En 1883, quelques marchands de grains prirent conscience que l'accroissement de la production de blé dans la province du Manitoba nécessitait la création d'un lieu d'échange où pourraient se réunir les négociants, les transformateurs, les meuniers, les affréteurs et tous les autres professionnels travaillant dans les céréales. Le besoin était d'autant plus impérieux que s'ouvrait la liaison ferroviaire entre Winnipeg et la tête des Grands Lacs, facilitant ainsi le transport du grain, et que débutaient les premières exportations du blé produit dans l'ouest canadien.

Les efforts de ces professionnels aboutirent à l'ouverture, le 24 novembre 1887, du Winnipeg Grain and Produce Exchange. La bourse comptait alors 10 membres. Un marché de *fixing* fut établi en 1889. Il concernait les transactions au comptant de produits physiques. Pour permettre aux professionnels de se protéger contre les risques de fluctuation des cours, la bourse décida, en 1904, d'ouvrir un marché à terme de blé et, quelques mois plus tard, deux autres marchés portant sur l'avoine et le lin. En 1908, la bourse changea de nom et devint le Winnipeg Grain Exchange. Un contrat à terme d'orge fut introduit en 1913. Un contrat de seigle fut proposé en 1917. Suspendues pendant la Première Guerre mondiale, les transactions sur le blé ne reprirent qu'en 1920.

En 1935, des modifications substantielles furent introduites au Canada dans la commercialisation des céréales. Le gouvernement fédéral créa un Office du blé (Canadian Wheat Board) pour soutenir les cours et garantir un prix minimum aux producteurs. Cet Office compléta le marché libre sans toutefois s'y substituer. En 1943, le marché à terme du blé fut à nouveau fermé en raison de la guerre. Le Canadian Wheat Board fut alors doté de pouvoirs importants et devint la seule autorité chargée de commercialiser le blé canadien. Ses pouvoirs furent élargis à la fin des années 1940 et la commercialisation de l'orge et de l'avoine lui fut confiée. Les marchés à terme de ces deux céréales continuèrent à fonctionner, mais leur importance économique subit le contrecoup de la primauté donnée à l'Office du blé. Seuls le seigle et le lin demeurèrent librement négociés.

La production de colza se développant considérablement, les responsables de la bourse de Winnipeg décidèrent d'ouvrir en 1963 un marché à terme sur cet oléagineux. À la même époque, ils entreprirent de diversifier la gamme des contrats proposés aux opérateurs. Délaissant les céréales, mais restant spécialisée dans les produits agricoles, la bourse ouvrit en 1967 un marché sur le bœuf vivant, en 1968 un marché sur les pommes de terre et en 1970 un marché sur une deuxième qualité de colza, celui produit dans la région de Thunder Bay. Aucun d'entre eux ne réussit à se développer.

Des modifications intervenues en 1974 dans la politique du gouvernement fédéral donnèrent aux fermiers canadiens la possibilité de vendre leur production de céréales destinées à l'alimentation animale à des sociétés privées, à des coopératives ou à l'Office du blé. La bourse répondit à cette nouvelle politique en restructurant ses contrats à terme d'orge et d'avoine, et en introduisant un nouveau contrat de blé destiné à l'alimentation animale. Elle en profita pour introduire un contrat à terme de maïs, une céréale jamais encore négociée à Winnipeg.

Une deuxième diversification fut initiée au début de la décennie 1970. La bourse abandonna, pour ce faire, son appellation à connotation trop fortement agricole et pris en 1972 la dénomination de Winnipeg Commodity Exchange. En novembre de la même année, elle introduisit un contrat de 400 onces d'or. En 1974, un deuxième contrat de 100 onces fut proposé aux opérateurs. Winnipeg était la première bourse dans le monde à ouvrir un marché à terme sur le métal jaune. Elle s'efforçait de tirer profit de la législation américaine qui interdisait la détention et le commerce de l'or. Bénéficiant de la proximité géographique avec les États-Unis, le marché de l'or de Winnipeg se développa jusqu'en janvier 1975, date à laquelle l'essor des marchés à terme américains (autorisés par une loi du Congrès applicable à compter du 1er janvier 1975) s'est effectué aux dépends de celui de Winnipeg. L'introduction en 1979 d'options sur l'or (instruments à l'époque interdits aux États-Unis) n'a pu infléchir la désaffection des opérateurs. La réduction, en 1981, du volume des contrats à 20 onces n'eut pas davantage d'effets.

La troisième diversification date de 1981. La bourse de Winnipeg créa une nouvelle division, dénommée Canadian Financial Futures Market, dans le but de négocier des contrats à terme financiers. La même année, elle ouvrit deux marchés de taux d'intérêt portant sur des bons du Trésor et des obligations publiques ainsi qu'un marché à terme de l'argent métal. Le contrat portait sur 200 onces. Ces marchés ont échoué.

À l'exemple du Chicago Mercantile Exchange (et des autres bourses qui réfléchissaient à l'époque à la même évolution), les responsables du

Winnipeg Commodity Exchange ont entrepris à la fin de la décennie 1990 une profonde transformation de la structure juridique de la bourse. Cette évolution a débouché sur une démutualisation qui est effective depuis le 1er novembre 2001. Dans le prolongement de cette évolution, les responsables de la bourse ont abandonné la criée pour se convertir aux transactions électroniques. Le 17 décembre 2004 au soir, quelques mois après avoir célébré le 100e anniversaire de l'introduction, le 1er février 1904, du premier contrat à terme, les transactions à la criée prirent fin au WCE. Au terme d'un accord signé le 16 septembre 2004, elles furent remplacées par des transactions effectuées sur le système électronique du Chicago Board of Trade.

En dépit d'efforts constants entrepris par le Winnipeg Commodity Exchange pour répondre aux défis auxquels il était confronté, sa place relative dans le concert des bourses mondiales n'a cessé de se détériorer. Depuis la fin de la Seconde Guerre mondiale, les transactions n'ont jamais dépassé 2 800 000 contrats. Depuis 2000, le volume des échanges diminue, le nombre de contrats offerts aux opérateurs se rétrécit et l'activité est concentrée sur le colza (tableau 9.6.).

Tableau 9.6. – *L'activité du Winnipeg Commodity Exchange en 2005*

	Volume des transactions	**Position ouverte au 31-12-2005**
Contrats à terme		
Blé	87 634	5 052
Colza	1 822 985	83 702
Orge	136 564	8 049
Total	2 047 183	96 803
Options sur contrats à terme		
Colza	27 111	11 546
Autres matières premières	2 336	175
Total	29 447	11 721
Total général	2 076 630	108 524

Unité : nombre de contrats.
Source : Futures Industry Association.

Les développements consacrés à la bourse de Winnipeg illustrent les difficultés qu'éprouve une bourse de taille moyenne ne bénéficiant pas du support d'une grande place financière internationale à se développer et même à survivre dans le cadre d'une internationalisation des marchés de capitaux et d'une globalisation financière de plus en plus affirmée.

6. Le Chicago Board of Trade

Grâce à l'activité de son port et à l'importance de son réseau ferroviaire, la capitale du Middle West s'est affirmée très tôt comme le principal centre de livraison des céréales et le berceau naturel des marchés à terme de produits agricoles. C'est à Chicago, en effet, que furent jetées, il y a plus de 150 ans, les bases de l'industrie des marchés dérivés. Elles le furent par des marchands de grain du Middle West désireux d'organiser et de faciliter leur activité professionnelle.

Le Chicago Board of Trade (CBOT) a été créé par 82 dirigeants d'entreprises de l'industrie agro-alimentaire, au cours d'une réunion qui s'est tenue le 22 avril 1848 dans les locaux de la minoterie Gage and Haines. Aucun d'entre eux ne pouvait imaginer que l'organisation dont ils jetaient les fondations deviendrait le centre mondial du négoce des céréales et… des titres financiers. Leurs objectifs étaient de créer un lieu d'échange facilitant les transactions, d'uniformiser et de promouvoir les usages commerciaux au sein de la communauté marchande de Chicago, de faciliter le règlement des conflits associés aux transactions commerciales et de réunir, pour les divulguer à tous les opérateurs, l'ensemble des informations économiques pertinentes pour leur activité professionnelle. Les premières opérations à terme se sont développées à partir de 1849. Il s'agissait de transactions *forward* prévoyant une livraison différée des matières premières. En 1865, la pratique des déposits a été introduite pour assurer une garantie de bonne fin au négoce des céréales. C'est en 1877 que furent *officiellement* enregistrés les premiers contrats à terme sur le blé, le maïs et l'avoine (mais il est certain que des transactions de cette nature se sont déroulées avant cette date). La chambre de compensation dénommée Board of Trade Clearing Corporation a été créée en 1925. Cette année-là fut également mis en place le comité de bonne conduite des affaires (*business conduct committee*) dont le rôle et l'influence sur l'organisation et le fonctionnement de la bourse ne feront que s'amplifier. Le marché à terme des graines de soja a été ouvert en 1936. Les contrats sur l'huile et les tourteaux de soja furent introduits en 1950 et 1951.

De 1848 à 1975, le CBOT s'est spécialisé dans les marchés de céréales et de produits oléagineux. Les transactions et la position de place se sont beaucoup accrues pendant la décennie 1970. Cette progression était en grande partie induite par le développement des échanges internationaux de céréales et de soja.

Le CBOT fut à l'origine de trois innovations qui ont profondément transformé l'industrie des produits dérivés. Conceptualisées et développées dans la première partie de la décennie 1970, ces innovations concernent les marchés d'options négociables sur valeurs mobilières, les marchés à terme de taux d'intérêt et les marchés d'options négociables sur contrats à terme. Seule la troisième eut un impact sur les produits dérivés de matières premières et les développements qui suivent lui sont consacrés.

Les premières options négociées aux États-Unis eurent pour sous-jacent des matières premières physiques, mais les opérateurs se heurtèrent rapidement à des interdictions. Dès 1874, en effet, l'État de l'Illinois avait prohibé la négociation de ces options. L'essor des marchés à terme permit aux opérateurs de contourner cette interdiction en négociant des options sur contrats à terme. Ces marchés se développèrent car ils n'étaient pas touchés par la législation de l'État de l'Illinois. Celle-ci ne concernait en effet que les options sur matières premières physiques.

En 1934, pendant la Grande Dépression, le ministère de l'Agriculture avait dénoncé les options. Il considérait, en effet, que certains opérateurs les utilisaient pour accumuler des positions spéculatives et s'en servaient pour peser sur les prix. Les responsables du CBOT avaient essayé de régulariser les transactions, mais sans succès. C'est finalement le Congrès américain, à la suite de tentatives répétées de manipulation des marchés, qui interdit, avec l'adoption du Commodity Exchange Act de 1936, la négociation des options sur contrats à terme de matières premières agricoles produites aux États-Unis (pour l'essentiel des céréales et du soja).

Dans les années 1960 et au début des années 1970, les bourses de commerce déployèrent des efforts considérables pour développer leur activité. Afin de diversifier la gamme des produits et des services offerts aux opérateurs, les dirigeants du CBOT auraient souhaité ouvrir des marchés d'options négociables sur contrats à terme, mais les céréales et le soja représentant, à cette époque, la quasi-totalité des contrats négociés sur la bourse, les autorités fédérales refusèrent la création de tels marchés en invoquant l'interdiction édictée par le Commodity Exchange Act de 1936. Le CBOT (et les autres bourses) n'en continuèrent pas moins leur *lobbying*.

Lors du vote du Commodity Futures Trading Act de 1974, le Congrès renouvela l'interdiction votée en 1936. Une disposition de la loi stipulait cependant que la Commodity Futures Trading Commission (CFTC), l'organisme de contrôle des marchés dérivés créé par la loi de 1974, devait mettre en place une réglementation permettant aux bourses de commerce d'introduire des options ayant pour support des contrats à terme à l'exception de ceux portant sur des céréales et du soja.

Au terme de longues discussions, un programme-pilote fut élaboré par la CFTC en 1981 et adopté la même année par le Congrès. Les bourses furent alors invitées à déposer leurs projets auprès de la CFTC. En décembre 1981, le CBOT proposa une option sur le contrat à terme d'obligations du Trésor. Le 30 août 1982, il fut autorisé à ouvrir ce marché. Les transactions débutèrent le 4 octobre 1982. Le même jour, le Commodity Exchange (Comex) introduisait des options sur le contrat à terme d'or et le Coffee Sugar and Cocoa Exchange des options sur le contrat à terme de sucre.

La volonté des bourses de commerce de créer de nouveaux produits et la conjoncture de l'agriculture américaine incitèrent le Congrès à intégrer dans le Commodity Futures Trading Commission Act de 1982 (cette loi votée en 1974 fait l'objet tous les quatre ans d'un réexamen permettant au législateur d'introduire les modifications qu'il estime nécessaires) une disposition permettant à la CFTC d'organiser et de réglementer la négociation des options portant sur des produits agricoles domestiques. Au début de l'année 1984, la CFTC autorisa chaque bourse de commerce à offrir des options reposant sur deux produits agricoles échangés à terme au sein de la bourse. Le CBOT décida d'introduire des options sur les contrats à terme de maïs et de graines de soja, les deux produits agricoles les plus actifs de la bourse. Le 31 octobre 1984, les transactions sur les options sur contrats à terme de soja débutaient au CBOT. Une nouvelle page était tournée dans l'histoire de la bourse. Par la suite, des options furent systématiquement adjointes à tous les contrats à terme de matières premières négociés au CBOT (et sur les autres bourses américaines).

Malgré les indéniables succès (y compris ceux dont nous n'avons pas parlé car ils concernent les instruments financiers), le CBOT a enregistré deux échecs dont le Commodity Exchange (Comex) et le New York Mercantile Exchange (Nymex) ont largement profité. Le premier concerne les métaux précieux, le deuxième, les produits pétroliers.

Les relations du CBOT avec les métaux précieux sont une véritable saga. En 1969, la bourse a introduit un contrat à terme sur l'argent métal. À cette époque, un contrat de 10 000 onces était négocié au Commodity Exchange de New York (Comex). Pour différencier leur offre et attirer une nouvelle clientèle, les membres du CBOT proposèrent un contrat de 5 000 onces. Il remporta un réel succès, au détriment du marché de New York qui dut réduire à son tour de moitié le volume de son contrat pour sauvegarder sa part de marché. Le développement du marché de Chicago fut interrompu en 1980 par l'affaire Hunt. Pour remédier aux séquelles de cette spéculation, le CBOT a proposé, en mars 1981, un contrat de 1 000 onces d'argent. Le volume des transactions a beaucoup progressé jusqu'en 1983, puis il a régulièrement décliné. Les transactions ont cessé en 2002. Quant au contrat de 5 000 onces d'argent, ses activités ont cessé en 1983. L'ouverture, le 29 mars 1985, d'un marché d'options sur le contrat de 1 000 onces d'argent n'a pas amélioré la situation. Le marché de l'argent métal n'a jamais retrouvé l'éclat qui fut le sien avant le déclenchement de l'affaire Hunt.

C'est le 31 décembre 1974 que les dirigeants du CBOT ont introduit leur premier contrat d'or. Il portait sur 3 kg de métal. Le marché ne s'est pas développé. Le 20 février 1979, le CBOT introduisait un contrat de 100 onces. Les résultats ne furent guère plus brillants. Confrontés à ces deux échecs, les responsables de la bourse décidèrent de négocier à compter du 12 avril 1983 un contrat de 1 kilo. Le marché ne s'est pas mieux développé et les transactions ont cessé en 2002.

Cette bourse a pour tradition de ne s'avouer vaincue qu'après avoir recherché toutes les solutions et échoué dans toutes ses tentatives. Les responsables du CBOT n'ont donc pas baissé les bras. Le 13 septembre 1987, furent introduits deux nouveaux contrats portant respectivement sur 100 onces d'or et 5 000 onces d'argent. Ce fut un échec (les transactions ont été suspendues sur l'argent en 2001 et sur l'or en 2000). En 2001, furent introduits deux contrats de petite taille portant sur 1 000 onces d'argent (Mini New York Silver) et 33,2 onces d'or (Mini New York Gold). Les premiers résultats ayant été jugés encourageants, les dirigeants du CBOT ont initié au deuxième semestre 2004 une nouvelle relance des contrats de 5 000 onces d'argent et de 100 onces d'or. Les transactions sont pour l'instant (février 2006) assez faibles, mais orientées à la hausse.

La tradition et la petite histoire voudraient que l'idée d'ouvrir des marchés à terme pétroliers ait germé dans l'esprit de certains membres du CBOT avant qu'ils deviennent opérationnels au New York Mercantile Exchange (Nymex, voir la section 2 de ce chapitre). Faute de consensus entre les membres de la bourse, le projet ne vit pas le jour à Chicago, mais à New York en 1978. Les trois premières années, les transactions enregistrées au Nymex étaient faibles et les responsables du CBOT ne s'inquiétèrent pas. Ils étaient d'autant moins préoccupés de cette concurrence qu'ils réalisaient des exploits avec les marchés à terme d'instruments financiers et qu'ils investissaient beaucoup de temps pour obtenir l'autorisation d'introduire des options sur contrats à terme. Puis, le volume d'activité s'est développé à New York. Conscients de l'immense potentiel qui risquait de leur échapper, les responsables du CBOT décidèrent alors d'ouvrir des marchés à terme pétroliers. Leurs concurrents du Chicago Mercantile Exchange eurent le même réflexe, mais ils y mirent moins d'ardeur, convaincus qu'il leur serait difficile de combler le retard qu'ils avaient accumulé sur le Nymex.

Ce qui était prévisible arriva. Le CBOT ouvrit un marché à terme sur l'essence le 7 décembre 1982. Au bout de quelques mois il fut évident que les transactions avaient du mal à se développer. Le 30 mars 1983, le CBOT introduisait, en même temps que le Nymex, un contrat à terme de pétrole brut et le 4 avril 1983 un contrat sur du fioul. La bourse de Chicago réussit, dans un premier temps, à surpasser le Nymex, mais, faute de relai des opérateurs professionnels qui avaient pris l'habitude d'intervenir à New York, les échanges se tarirent et les marchés déclinèrent. Les tentatives entreprises pour relancer les transactions et inciter les membres de la bourse (et plus particulièrement les *locals*) à opérer, n'eurent pas de suite. Les marchés à terme de produits pétroliers s'étaient implantés à New York. Malgré des efforts considérables, le CBOT n'a jamais pu combler le retard qu'il avait pris sur le Nymex, et Chicago enregistrait un grave échec.

Il reste que le CBOT est la première bourse dans le monde au niveau des matières premières agricoles, loin devant le Tokyo Grain Exchange, avec en 2005 des transactions supérieures à 93 millions de contrats et une position ouverte de 2,63 millions de contrats (tableau 9.7.).

Au premier semestre 1975, avant l'introduction des contrats à terme sur instruments financiers, les matières premières assuraient la totalité des transactions et de la position ouverte du CBOT. En 2005, les pourcentages étaient de 13,8 % pour les transactions et de 25,6 % pour la position ouverte (tableau 9.8.) et pourtant, sur la période 1971-2005, les transactions de matières premières agricoles ont été multipliées par 10,9.

Tableau 9.7. – *L'activité du Chicago Board of Trade en 2005*

	Volume des transactions	Position ouverte au 31-12-2005
Contrats à terme		
Blé (5 000 boisseaux)	10 114 098	301 884
Blé (1 000 boisseaux)	32 295	1 461
Maïs (5 000 boisseaux)	27 965 057	786 225
Maïs (1 000 boisseaux)	102 292	3 415
Avoine (5 000 boisseaux)	351 539	9 466
Soja (5 000 boisseaux)	20 216 137	279 605
Soja (1 000 boisseaux)	495 313	11 594
Huile de soja	7 676 130	174 217
Tourteaux de soja	8 324 616	137 665
Riz	228 502	9 018
Argent (1 000 onces)	163 395	2 669
Or (33,2 onces)	389 737	3 233
Argent (5 000 onces)	86 218	1 633
Or (100 onces)	626 901	9 963
Autres matières premières	14 764	805
Total	76 786 994	1 732 853
Options sur contrats à terme		
Blé (5 000 boisseaux)	1 870 541	88 330
Maïs (5 000 boisseaux)	6 257 027	456 913
Avoine (5 000 boisseaux)	22 320	1 274
Soja (5 000 boisseaux)	6 817 588	241 824
Huile de soja	682 825	69 095
Tourteaux de soja	685 830	41 277
Riz	17 834	1 553
Total	16 353 965	900 266
Total général	93 140 959	2 633 119

Unité : nombre de contrats.
Source : Futures Industry Association.

Tableau 9.8. – *Importance des matières premières dans l'activité du Chicago Board of Trade en 2005*

	Volume des transactions	Position ouverte au 31-12-2005
Contrats à terme	13,68 %	29,37 %
Options sur contrats à terme	14,41 %	20,59 %
Total général	13,81 %	25,63 %

Source : Futures Industry Association.

7. Le Chicago Mercantile Exchange

Le 1er décembre 1919, jour d'inauguration des transactions à terme du Chicago Mercantile Exchange (CME), trois contrats furent échangés durant les 45 premières minutes de cotation. Pour l'ensemble du mois de décembre, 64 contrats furent négociés. Le 14 avril 1987, le CME établissait un record journalier avec 519 104 contrats échangés, correspondant à plus de 21 contrats par seconde. Pour l'année 1987, les transactions ont porté sur 84 367 214 contrats et la position ouverte au 31 décembre ressortait à 1 259 443 contrats. Les informations pour l'année 2005 faisaient ressortir des transactions de 1 090 351 711 contrats et une position ouverte de 69 364 198 contrats. Le rapprochement de ces chiffres montre le chemin parcouru en 85 ans par la bourse de commerce la plus dynamique du monde.

Et pourtant, les débuts du CME se révélèrent difficiles. C'est au tournant des années 1960 que la bourse prit son essor en se diversifiant dans les transactions de produits agricoles périssables. En 1972, cette « révolution » fut suivie d'une deuxième plus fructueuse encore : la diversification vers les instruments financiers. En 1983, débutait l'ère des options. Cette nouvelle orientation allait consacrer l'expertise des membres et des dirigeants de la bourse. Les marchés à terme sont internationaux par nature, mais nulle part ailleurs qu'au CME cette réalité ne fut mieux perçue et mise en œuvre. Les responsables de cette bourse ont de tout temps essayé, et souvent réussi, à internationaliser leurs marchés. L'image du CME est aujourd'hui associée aux contrats à terme financiers et aux options sur instruments financiers. En 2005, les matières premières n'assuraient en effet qu'environ 1 % des transactions et de la position ouverte de la bourse.

L'actuelle dénomination de la bourse remonte à 1919, date à laquelle elle s'est dotée d'une chambre de compensation pour faciliter les transactions à terme qui débutaient sur les produits jusqu'alors négociés au comptant. Le Butter and Egg Board, créé en 1898, est l'ancêtre du CME. Il provenait lui-même du Chicago Produce Exchange, ouvert en 1874 avec des objectifs identiques à ceux poursuivis par les fondateurs du Chicago Board of Trade. Outre les œufs et le beurre qui étaient négociés depuis l'ouverture de la bourse, le CME avait organisé avec plus ou moins de succès des transactions sur les pommes de terre, les oignons et le cuir.

Nous l'avons dit plus haut, l'essor de la bourse date de 1961, suite à une « révolte de palais » initiée par quelques jeunes membres qui se plaignaient du manque de dynamisme de leurs dirigeants, de la faiblesse des transactions (300 000 contrats portant sur des produits agricoles secondaires avaient été négociés pendant l'année 1960, ce qui représentait 5 % des échanges enregistrés au Chicago Board of Trade) et de l'interdiction, qui venait d'être votée par le Congrès, de négocier des contrats à terme sur les oignons. Sous l'impulsion de ses nouveaux dirigeants, le CME a cherché à diversifier ses activités vers de nouveaux produits. Des contrats portant sur les animaux furent alors élaborés.

Le premier marché, ouvert en septembre 1961, concernait les carcasses de porc congelées. Il ne devint opérationnel qu'en 1964 suite à plusieurs modifications des caractéristiques du contrat, destinées à l'adapter aux besoins des opérateurs.

Le marché des bœufs vivants a été ouvert le 30 novembre 1964. C'était le premier marché où se négociaient des contrats dont le sous-jacent était une marchandise vivante. Les premières réactions furent empreintes de scepticisme, car ce produit était, *a priori*, encore moins bien adapté aux transactions à terme que les carcasses de porc. Les bovins ne sont pas des produits homogènes parfaitement standardisés en poids et qualité, et ne peuvent pas donner lieu à une description aussi précise que les marchandises habituellement négociées à terme. Conscients de ces problèmes, les responsables du CME avaient fixé, en cas de livraison physique, le montant des primes et décomptes à recevoir ou à verser pour compenser toute différence de qualité des produits mis en filière. Le marché fut si bien accepté que le CME a introduit en 1966 un contrat sur les porcs vivants et en 1971 un contrat sur le bétail d'embouche (des bovins de 9 mois destinés à être engraissés afin de produire à l'âge de 3 ans du bétail de boucherie).

Le succès des marchés à terme d'animaux a conduit le CME à introduire des contrats portant sur d'autres produits agricoles : le bois, le bœuf congelé, le millet, le poulet, le contreplaqué. Seul le marché du bois, ouvert le 1er octobre 1969, réussit à se développer.

Le succès des contrats à terme sur les animaux ne doit pas occulter certains échecs.

Le premier, il est mineur, concerne des produits agricoles et des métaux négociés par le CME à un moment ou l'autre de son histoire. Les marchés du contreplaqué, des pommes de terre, des pièces d'argent, des œufs, du beurre, du bœuf désossé, du jambon, des dindes, du sorgho, du cuivre et du platine ne sont pas parvenus à se développer. Ces contrats ont tous été officiellement abandonnés le 6 décembre 1982. La lecture du tableau 9.9. montre que les responsables du CME ont renoué avec leurs origines et réintroduit des contrats à terme sur le beurre et le lait… avec un certain succès pour ce dernier produit.

Le deuxième échec concerne les produits pétroliers. Bien qu'il ait consacré beaucoup moins de temps et d'argent que le CBOT au développement des marchés à terme pétroliers, il n'en demeure pas moins que la dernière classe de matières premières susceptibles d'être négociées à terme (dont les potentialités sont supérieures à celles offertes par les produits agricoles) a échappé au CME. Cet échec explique peut-être l'intérêt qu'il porte depuis longtemps au Nymex en lui soumettant régulièrement des offres de coopération, de fusion, ou de simple participation à son capital. Finalement, au printemps 2006, confronté à la concurrence des transactions électroniques de l'Ice Futures sur le contrat du pétrole léger, le Nymex s'est rapproché du CME en décidant de négocier l'ensemble de ses contrats sur le réseau Globex.

Le troisième échec est celui de l'or. À l'ouverture du marché à terme le 31 décembre 1974, le CME était en concurrence avec quatre bourses américaines. Les transactions se sont rapidement concentrées sur les contrats du Commodity Exchange (Comex) et du CME. La première année, les échanges étaient légèrement supérieurs au CME, puis les transactions et la position ouverte devinrent supérieures à New York. La position relative du CME s'est alors dégradée et les transactions ont chuté. Toutes les tentatives initiées pour remédier à la situation ont échoué. L'accord entre le Singapore International Monetary Exchange et le CME qui devait relancer les échanges sur l'or en doublant la plage horaire des transactions est arrivé trop tard. Il n'a pu éviter la cessation des transactions intervenue en 1985. Un nouveau contrat a été introduit le 16 juin 1987, mais les échanges ont cessé dès le début de l'année 1988.

Le Chicago Mercantile Exchange est aujourd'hui la première bourse de produits dérivés dans le monde, mais les matières premières y ont un rôle marginal. Seuls deux contrats à terme portant sur les porcs vivants et le bétail sur pied sont réellement significatifs (tableau 9.9.).

Tableau 9.9. – *L'activité du Chicago Mercantile Exchange en 2005*

	Volume des transactions	**Position ouverte au 31-12-2005**
Contrats à terme		
Porc vivant	4 153 543	125 419
Carcasses de porc	124 418	2 319
Bétail vivant	5 833 556	196 417
Bétail pour l'engraissement	1 017 348	33 690
Beurre	7 708	580
Lait	182 509	22 501
Bois de grume	236 241	5 339
GSCI*	498 424	18 678
Autres matières premières	2 997	1 310
Total	12 056 744	406 253
Options sur contrats à terme		
Porc vivant	198 274	19 622
Carcasses de porc	3 228	277
Bétail vivant	502 021	68 256
Bétail pour l'engraissement	142 253	16 405
Lait	71 431	10 360
Bois de grume	25 171	1 284
Autres matières premières	1 728	227
Total	944 106	116 431
Total général	13 000 850	522 684

* Goldman Sachs Commodity Index
Unité : nombre de contrats.
Source : Futures Industry Association.

Le CME est la plus innovante de toutes les bourses de produits dérivés. L'innovation concerne les produits, les modalités de transaction (le CME fut avec la création de Globex la première bourse américaine à introduire des transactions électroniques, d'abord en dehors des heures d'ouverture de la criée, puis pendant, avec pour conséquence une contribution de l'électronique à l'ensemble des transactions supérieure à 68 % pour l'année 2005), l'internationalisation des activités et, depuis la fin des années 1990, la structure juridique de la bourse. Elle fut, en effet, la première bourse américaine (les Européens l'avait précédée en ce domaine) à s'engager dans un processus de démutualisation pour devenir une société à but lucratif. Elle fut la première bourse américaine (mais les Européens, là également, l'avait précédée) à se faire coter. Introduite au New York Stock Exchange au prix de 35 dollars en décembre 2002, l'action du CME cotait 347,77 dollars le 25 octobre 2005, ce qui impliquait une capitalisation de 12 milliards de dollars (soit deux fois celle d'Euronext à la même époque).

8. Le New York Board of Trade

Le New York Board of Trade résulte de la fusion du New York Cotton Exchange et du Coffee Sugar and Cocoa Exchange. Effectif en juin 2004 (mais l'habitude avait été prise depuis plusieurs années de parler du New York Board of Trade), ce rapprochement avait été initié par la création en 1998 du Board of Trade of the City of New York, une holding commune aux deux bourses. Cette fusion avait pour objectif de créer une grande bourse internationale et de réduire les coûts fixes inhérents au fonctionnement des entités qui avaient décidé de fusionner.

En 2006, suivant les exemples du Chicago Mercantile Exchange et du Chicago Board of Trade, les responsables du New York Board of Trade ont décidé d'initier un processus de démutualisation devant aboutir à la création d'une société qui devrait, selon toute probabilité, être prochainement cotée sur un marché boursier.

8.1. Le New York Cotton Exchange

Créé en 1870, le New York Cotton Exchange est la plus ancienne bourse de commerce new-yorkaise. Ses responsables se sont efforcés d'en diversifier les activités, mais leurs tentatives n'ont pas vraiment été couronnées de succès.

La diversification sur les produits énergétiques fut un échec. En 1971, le New York Cotton Exchange (NYCE) a proposé un contrat de 100 000 gallons de propane liquide. Le développement de ce marché a été interrompu en 1974 par les contrôles des prix adoptés à cette époque par le président Nixon. Leur suppression, décidée par l'administration

Reagan au début des années 1980, et la déréglementation progressive des prix du gaz ont conduit les dirigeants du NYCE à réactiver le marché à terme du propane. Ils en ont profité pour modifier certaines caractéristiques du contrat et en réduire la taille à 42 000 gallons. Les volumes échangés furent supérieurs à ceux enregistrés entre 1971 et 1974, mais ils ont fortement décliné à partir de 1984 et les transactions se sont arrêtées en décembre 1987.

Le NYCE fut à l'origine du premier marché à terme pétrolier mis en place après la Seconde Guerre mondiale (il y en eut d'autres, en effet, au début du XXe siècle). Il s'est ouvert à l'automne 1974. Il portait sur du pétrole brut et prévoyait une livraison à Rotterdam. Les échanges ont cessé en 1976. C'est en 1983 seulement qu'un marché à terme de pétrole est parvenu à se développer avec succès, mais le NYCE n'en fut pas l'initiateur.

La première diversification réussie concerne la mise en place, en 1966, d'un marché à terme de jus d'orange congelé. Les transactions connaissent de très fortes fluctuations saisonnières. Celles-ci sont associées au risque de gel qui, en décembre et janvier, affecte la Floride, la principale zone productrice d'agrumes. Des options portant sur le contrat de jus d'orange congelé furent ouvertes en 1985.

Le NYCE est l'une des rares bourses américaines dont l'activité s'est réduite au début des années 1980. Pour enrayer ce déclin, les responsables du NYCE ont développé des marchés à terme sur instruments financiers (contrats à terme sur des devises en 1985, sur des taux de change croisés (*cross rates*) en 1994, sur des indices boursiers et un indice de prix de matières premières en 1994), et créé une division spécialement dédiée aux contrats à terme financiers. Les premiers résultats n'ont pas été à la hauteur des espoirs. L'ouverture à Dublin, en 1994, d'un parquet où étaient négociés (aux fuseaux horaires européens) les contrats à terme financiers fut, quant à elle, un échec. Les efforts répétés et tenaces des dirigeants du NYCE (et du New York Board of Trade, une fois réalisée la fusion avec le Coffee Sugar and Cocoa Exchange) pour développer les instruments financiers ont fini par donner des résultats significatifs et prometteurs (voir le paragraphe 8.3.).

8.2. Le Coffee Sugar and Cocoa Exchange

En 1998, au moment d'initier un processus de fusion avec le Cotton Exchange, le Coffee Sugar and Cocoa Exchange était la bourse la plus importante dans le monde pour la négociation de contrats portant sur les produits tropicaux (sucre, café et cacao).

Initialement dénommée Coffee Exchange of the City of New York, cette bourse s'est ouverte le 7 mars 1882 à l'initiative d'une quinzaine de négociants désireux de faire face à la grave crise qui affectait à l'époque le commerce et le négoce du café. Dans les années 1870, les prix avaient atteint des niveaux très élevés. Cette hausse avait incité les producteurs localisés au Brésil, au Mexique et en Amérique centrale à accroître leurs plantations. Les conséquences se firent sentir une dizaine d'années plus tard avec l'apparition d'une offre de café excédentaire. Un groupement de firmes constitué pour soutenir les prix ne put atteindre ses objectifs et perdit pied, entraînant la faillite de nombreuses sociétés. La surproduction et la spéculation incontrôlée provoquèrent l'effondrement du marché en 1880. C'est dans ce contexte qu'un groupe de négociants américains a cherché à relancer le commerce du café et à prévenir la répétition du scénario qu'ils venaient de vivre, par l'établissement du premier marché de contrats à terme de café. La création de cette bourse fut décidée en décembre 1881. Les règlements furent adoptés en février 1882. Les transactions débutèrent le 7 mars 1882. La bourse fut officiellement enregistrée en 1885, d'après les lois de l'État de New York, sous le nom de New York Coffee Exchange.

Le deuxième marché à terme, ouvert le 16 décembre 1914, concernait le sucre roux. La Première Guerre mondiale avait entraîné la fermeture des bourses de Hambourg et de Londres, privant le commerce mondial du sucre de ses marchés de référence. Le New York Coffee Exchange, saisissant l'opportunité qui se présentait, décida d'ouvrir un marché où seraient négociés des contrats de sucre roux. Ce nouvel instrument prouva rapidement son utilité et le 1er octobre 1916, le New York Coffee Exchange, prenant acte de cette deuxième activité, modifia sa raison sociale pour devenir le New York Coffee and Sugar Exchange.

En 1979, après de nombreuses tractations et quelques péripéties, le New York Coffee and Sugar Exchange fusionnait avec le New York Cocoa Exchange. Cette bourse avait été ouverte le 1er octobre 1925 pour négocier, comme son nom l'indique, des contrats de cacao (un contrat de caoutchouc naturel introduit le 22 janvier 1975 ne s'est jamais développé ; les transactions furent suspendues en avril 1977). Le but de cette fusion était d'augmenter le nombre des opérateurs, d'accroître la liquidité des marchés et de réduire les coûts de fonctionnement des deux bourses. Initialement prévue pour le 6 août 1979, cette fusion fut reportée à la suite des atermoiements du ministère de la Justice. Celui-ci craignait en effet que ce regroupement ait des conséquences anticoncurrentielles dont auraient pu pâtir les consommateurs américains. Après de nouveaux échanges d'informations entre les bourses et le ministère de la Justice, la Commodity Futures Trading Commission approuvait la fusion le 28 septembre 1979. Celle-ci prit effet à compter du 1er octobre 1979. La nouvelle entité se choisit un nom dépourvu d'originalité, mais parfaitement explicite : Coffee Sugar and Cocoa Exchange (CSCE).

L'une des décisions importantes prises par le CSCE fut d'introduire en octobre 1982 des options sur le contrat à terme de sucre. Ce marché s'est bien développé et figure parmi les plus actifs marchés d'options sur contrats à terme de matières premières.

8.3. L'activité du New York Board of Trade

La création du New York Board of Trade n'a pas suscité une dynamique induisant l'introduction de nouveaux contrats de matières premières. Tous les instruments qui sont actuellement inscrits à sa cote l'étaient sur celle du New York Cotton Exchange ou celle du Coffee Sugar and Cocoa Exchange avant leur fusion.

Le café, le sucre, le cacao, le coton et le jus d'orange sont les principales matières premières négociées au New York Board of Trade (tableau 9.10.). Les contrats à terme de matières premières assurent 84 % des transactions et 80 % de la position ouverte de la bourse (tableau 9.11.) ; le complément à 100 représente la part des instruments financiers. En ce qui concerne les options, les pourcentages sont de 97 % et 99 %.

Tableau 9.10. – *L'activité du New York Board of Trade en 2005*

	Volume des transactions	Position ouverte au 31-12-2005
Contrats à terme		
Café	3 987 778	82 113
Sucre	13 007 072	537 801
Cacao	2 582 927	129 643
Coton	3 848 990	105 414
Jus d'orange	902 019	30 590
Autres matières premières	157 664	15 477
Total	24 486 440	901 038
Options sur contrats à terme		
Café	2 370 161	109 979
Sucre international	3 631 939	597 979
Cacao	512 259	43 560
Coton	1 709 345	127 789
Jus d'orange	433 288	47 971
Autres matières premières	21 873	4 208
Total	8 678 865	931 486
Total général	33 165 305	1 832 524

Unité : nombre de contrats.
Source : Futures Industry Association.

9. Les bourses de commerce japonaises

1730 et 2005 sont deux dates de référence pour les bourses japonaises de matières premières.

Tableau 9.11. – *Importance des matières premières dans l'activité du New York Board of Trade en 2005*

	Volume des transactions	**Position ouverte au 31-12-2005**
Contrats à terme	84,40 %	80,38 %
Options sur contrats à terme	97,16 %	98,66 %
Total général	87,40 %	88,73 %

Source : Futures Industry Association.

1730 est l'année où fut créée la première bourse de produits dérivés officiellement reconnue par les pouvoirs publics japonais (la première bourse dans le monde, devrions-nous dire). Cette ouverture répondait à une demande des marchands de riz. Les transactions se tenaient à Osaka au Dojima Rice Market.

Les premiers marchés à terme apparus il y a 275 ans étaient comparables aux marchés réglementés qui se sont développés à partir de la seconde moitié du XIXe siècle aux États-Unis, en Grande-Bretagne et en France, en liaison avec la croissance économique et l'expansion du commerce international. Leurs modalités de fonctionnement différaient peu de celles actuellement en vigueur.

La première bourse de commerce s'ouvrit vers 1640 au temps de la dynastie Tokugawa. À cette époque, les shogouns prélevaient une partie de la récolte de riz au titre de l'impôt foncier et la conservaient dans les entrepôts de grandes villes comme Edo (l'ancienne dénomination de la ville de Tokyo) ou Osaka (le principal centre commercial du riz). La bourse du riz avait pour objet de faciliter les échanges et de fournir des informations sur le prix de cette céréale. En 1696 fut ouvert le Dojima Rice Market. Le prix du riz coté sur cette bourse devint le cours de référence pour tout le Japon. Les modes de négociation se transformèrent progressivement et des transactions à terme se développèrent parallèlement aux échanges au comptant. Cette nouvelle modalité de transaction rencontra un vif succès en dépit des manipulations spéculatives qui accompagnaient son développement.

En 1730, le gouvernement Tokugawa reconnut officiellement le marché *cho-ai-mai* (littéralement : le commerce du riz sur registre) pour essayer de mieux contrôler le cours de cette céréale et les modalités de fonctionnement des transactions à terme. Ces échanges se faisaient au Dojima Rice Market. À une différence près (mais elle est importante), les caractéristiques des contrats à terme et les modalités de fonctionnement de ce marché ressemblaient à celles qui se sont développées dans les pays occidentaux à partir de 1850. Les deux modalités les plus significatives étaient la compensation de toutes les transactions par un organisme spécialement dédié à cette activité, et l'obligation pour chaque opérateur d'ouvrir un compte auprès de cette chambre de compensation. La différence entre le marché *cho-ai-mai* et les marchés à terme que nous connaissons aujourd'hui était l'impossibilité de livrer des produits physiques (en l'occurrence du riz) à l'échéance des contrats à terme. La compensation était le seul dénouement possible d'un contrat à terme. Cette caractéristique et l'impossibilité de réaliser des opérations d'arbitrage (*cash and carry* et *reverse cash and carry*) qu'elle impliquait empêcha la convergence du prix à terme et du prix des produits physiques (voir le paragraphe 1.5.1. du chapitre 1). La divergence d'évolution des cours empêcha les opérateurs d'utiliser les contrats à des fins de couverture et créa une forte volatilité des prix. Quelques années plus tard, le contrat à terme fut modifié et la possibilité d'une livraison physique introduite à l'échéance des contrats. La conséquence en fut une évolution beaucoup plus harmonieuse des cours du riz.

2005 (le 2 mai, très précisément) marque l'entrée en activité de la Japan Commodity Clearing House et la mise en application d'une nouvelle réglementation spécifique aux bourses de produits dérivés de matières premières.

La Japan Commodity Clearing House est une institution commune aux bourses négociant des produits dérivés de matières premières. Avant sa création, la compensation était mise en œuvre au niveau des bourses, chacune ayant recours à des procédures spécifiques n'offrant pas toujours des garanties satisfaisantes. La nouvelle chambre de compensation est un organisme indépendant des différentes bourses, ce qui devrait renforcer son autorité et accroître la sécurité des transactions.

La législation mise en application en mai 2005 a modernisé la réglementation érigée au lendemain de la deuxième guerre mondiale qui avait besoin d'être rénovée pour mettre les bourses japonaises au niveau des standards internationaux.

En 2005, les contrats à terme de matières premières et les options sur contrats sont négociés dans sept bourses de commerce. Les quatre plus importantes sont brièvement présentées dans les développements qui suivent. Les trois premières négocient des matières premières industrielles, la quatrième est spécialisée dans les produits agricoles.

9.1. Le Tokyo Commodity Exchange

Ouvert le 1er novembre 1984, le Tokyo Commodity Exchange est né de la fusion du Tokyo Textile Exchange (créé en 1951), du Tokyo Rubber Exchange (créé en 1952) et du Tokyo Gold Exchange (ouvert en 1982). Depuis sa création, le Tokyo Commodity Exchange a enregistré une remarquable croissance, le volume annuel des transactions passant de 4 millions de contrats en 1985 à 61,8 millions en 2005 (tableau 9.12.) après avoir culminé à 87,3 millions en 2003.

La ventilation des transactions et de la position ouverte fait apparaître trois groupes de produits : des métaux précieux (or, argent, platine et palladium), des produits pétroliers (essence, kérosène, pétrole) et des matières premières industrielles (aluminium et caoutchouc), étant entendu que

Tableau 9.12. – *L'activité du Tokyo Commodity Exchange en 2005*

	Volume des transactions	**Position ouverte au 31-12-2005**
Contrats à terme		
Or	17 958 240	299 973
Argent	817 624	16 897
Platine	8 573 313	115 669
Palladium	323 347	19 231
Aluminium	219 694	6 186
Essence	17 448 561	69 956
Kérosène	7 295 741	53 319
Pétrole	1 981 389	21 257
Caoutchouc	7 156 225	81 683
Total	61 780 446	684 171
Options sur contrats à terme		
Or	33 843	798
Total	33 843	798
Total général	61 814 289	684 969

Unité : nombre de contrats.
Source : Futures Industry Association.

les produits pétroliers et les métaux précieux, dans une certaine mesure, ont eux aussi une importante composante industrielle. Les options ont, pour l'instant, un poids négligeable. Leur développement est l'un des axes stratégiques retenus par les dirigeants du Tokyo Commodity Exchange.

9.2. Le Central Japan Commodity Exchange

Le Central Japan Commodity Exchange est une bourse intéressante à de nombreux points de vue. Créée le 1er octobre 1996 sous le nom de Chubu Commodity Exchange, elle résulte de la fusion de trois bourses : le Toyohashi Dry Cocoon Exchange, le Nagoya Grain & Sugar Exchange et le Nagoya Textile Exchange. Sa dénomination actuelle remonte à décembre 2000.

Le volume des transactions qui baissait régulièrement depuis 1990 (à cette époque, en additionnant les chiffres des trois bourses qui ont fusionné, l'activité était légèrement supérieure à 3,5 millions de contrats) a été multiplié par 16 entre 1999 et 2000 (il est passé de 1 327 024 à 21 328 867 contrats) suite à l'introduction de deux contrats pétroliers portant sur l'essence et le kérosène. Les échanges ont continué leur progression (à un rythme plus faible) pour atteindre plus de 33 millions de contrats en 2004, mais ils ont chuté à 21,9 millions en 2005. Mesuré en nombre de contrats négociés, le Central Japan Commodity Exchange est la deuxième bourse japonaise de matières premières, la huitième plus importante dans le monde, et la troisième bourse mondiale pour les produits énergétiques.

Les investisseurs et les opérateurs internationaux peuvent bénéficier d'un statut de « membre associé » et effectuer des transactions pour compte propre. Ceci leur évite d'avoir à acquérir un siège relativement coûteux.

Le kérosène, l'essence et le gazole (les trois contrats sont de 20 000 litres) assurent l'essentiel des transactions (tableau 9.13.). À côté de ces produits sont également négociés (ce qui est étonnant) des œufs et de la ferraille (contrat de 20 tonnes introduit le 11 octobre 2005).

Tableau 9.13. – *L'activité du Central Japan Commodity Exchange en 2005*

	Volume des transactions	Position ouverte au 31-12-2005
Contrats à terme		
Œuf (shell egg)	65 142	924
Essence	11 972 407	85 270
Gazole	37 087	14
Kérosène	9 790 465	90 333
Ferraille	84 465	5 763
Total général	21 949 566	182 304

Unité : nombre de contrats.
Source : Futures Industry Association.

Au Central Japan Commodity Exchange, comme sur plusieurs bourses japonaises, les contrats ne sont pas négociés en continu. Les cours sont établis au terme d'une procédure de *fixing*. Dans cette bourse (ceci est un exemple fourni à titre d'information), les sessions de cotation sont fixées selon l'horaire suivant :

9 h 00 : essence, kérosène, gazole
9 h 40 : œufs
9 h 50 : ferraille
10 h 00 : essence, kérosène, gazole
10 h 50 : ferraille
11 h 00 : essence, kérosène, gazole
11 h 40 : œufs
13 h 00 : essence, kérosène, gazole
13 h 40 : œufs
13 h 50 : ferraille
14 h 00 : essence, kérosène, gazole
14 h 50 : ferraille
15 h 00 : œufs

9.3. L'Osaka Mercantile Exchange

Créé le 1er octobre 1997, l'Osaka Mercantile Exchange est issu du rapprochement de l'Osaka Textile Exchange et du Kobe Rubber Exchange qui avait été ouvert le 5 décembre 1951. L'Osaka Textile Exchange provenait lui-même de la fusion le 1er octobre 1984 de l'Osaka Chemical Fiber Exchange, ouvert le 1er novembre 1950, et de l'Osaka Sanpin Exchange. Cette dernière bourse avait été fermée en 1943 et réouverte le 11 juin 1952, au lendemain de la Seconde Guerre mondiale. Ses racines remontaient à la création de l'Osaka Yarn and Cotton Exchange en novembre 1893.

L'Osaka Mercantile Exchange est spécialisé dans les transactions de matières premières industrielles. Le niveau des transactions est relativement faible (tableau 9.14.).

Tableau 9.14. – *L'activité de l'Osaka Mercantile Exchange en 2005*

	Volume des transactions	**Position ouverte au 31-12-2005**
Contrats à terme		
Caoutchouc (RSS3)	581 293	10 133
Caoutchouc (TRS 20)	212 805	1 814
Indice de caoutchouc	320 871	6 543
Aluminium	459 244	4 496
Nickel	28 044	691
Total général	1 602 257	23 677

Unité : nombre de contrats.
Source : Futures Industry Association.

Trois contrats de caoutchouc sont négociés à terme. La qualité internationale produite selon le procédé traditionnel dit RSS3 (Ribbed Smoked Sheet) est négociée depuis le 16 janvier 1952. Une qualité utilisant un processus de fabrication plus moderne dénommé TSR (Technically Specified Rubber) est négociée depuis le 28 juin 2000. Precisons, enfin, qu'un indice de caoutchouc construit à partir des prix de huit qualités cotées sur six marchés est échangé depuis le 10 mars 1995.

Deux métaux non ferreux sont négociés à Osaka : l'aluminium depuis le 28 juin 2000 et le nickel depuis le 2 septembre 2002. Ces contrats ont réussi à se développer (modérément) en dépit de la position dominante du London Metal Exchange, mais le volume des contrats est faible (5 tonnes d'aluminium contre 25 pour le contrat du LME ; une tonne de nickel contre 6 pour le contrat négocié à Londres).

9.4. Le Tokyo Grain Exchange

Le Tokyo Grain Exchange (TGE) est la deuxième plus importante bourse de produits agricoles dans le monde après le Chicago Board of Trade. Son origine remonte au Kakigaracho Rice Trading Exchange, qui fut ouvert en 1874. La bourse modifia à plusieurs reprises sa dénomination pour retenir en 1908 celle de Tokyo Rice and Commodities Exchange. Fermée en juillet 1939 et réouverte le 10 octobre 1952 sous le nom de Tokyo Grain Exchange, elle n'offrait à cette époque que trois contrats à terme.

Le Tokyo Grain Exchange a fusionné le 1er octobre 1993 avec le Tokyo Sugar Exchange et le 1er avril 1995 avec l'Hokkaido Grain Exchange.

En 2005, près de 25,6 millions de contrats ont été échangés (tableau 9.15.). Les transactions sont concentrées sur le soja, le café arabica et le maïs. Des options sur contrats à terme ont été introduites, mais les échanges sont très faibles.

Tableau 9.15. – *L'activité du Tokyo Grain Exchange en 2005*

	Volume des transactions	Position ouverte au 31-12-2005
Contrats à terme		
Soja américain	2 050 803	56 385
Soja non génétiquement modifié	10 964 812	282 875
Café arabica	5 591 946	62 749
Café robusta	662 994	8 420
Azuki (haricots rouges)	659 002	21 679
Maïs	5 165 693	98 483
Sucre roux	465 625	33 030
Autres contrats	12 363	44
Total	25 573 238	563 665
Options sur contrats à terme		
Soja américain	16 678	6
Maïs	7 467	282
Total	24 145	288
Total général	25 597 383	563 953

Unité : nombre de contrats.
Source : Futures Industry Association.

10. Les bourses de commerce chinoises

Des marchés dérivés ont spontanément émergé au sein du système financier chinois à la fin des années 1980 et au début des années 1990, en dehors de tout cadre réglementaire. Il est, de ce fait, impossible aujourd'hui de les recenser, mais ils furent nombreux, probablement plus d'une cinquantaine au moment où le gouvernement chinois décida d'intervenir pour les contrôler et mettre bon ordre à leur floraison. Les contrats, en tous points comparables à ceux négociés dans les bourses européennes ou américaines, portaient pour l'essentiel sur des matières premières, mais des contrats à terme financiers furent également négociés.

Évoluant en dehors de tout cadre législatif et réglementaire, les marchés à terme ont été l'objet de graves dysfonctionnements induits par des opérations de spéculation irraisonnées et des malversations qui infligèrent des pertes importantes à de nombreux opérateurs dont les comportements, il est vrai, n'étaient pas ceux de professionnels à la recherche d'une protection contre les risques de prix, mais ceux de joueurs ou de spéculateurs plus ou moins bien informés (plutôt moins que plus pour la majorité d'entre eux).

En octobre 1994, le gouvernement chinois décida de regrouper la cinquantaine de bourses locales en une quinzaine d'entités placées sous la surveillance des autorités politiques. Leurs activités furent restreintes et certains marchés interdits (tel fut en particulier le cas des marchés à terme financiers). En août 1998, une deuxième concentration a laissé place au Zhengzhou Commodity Exchange, au Dalian Commodity Exchange et au Shanghai Futures Exchange, trois bourses regroupant l'ensemble des marchés dérivés.

À la même époque, une réglementation fut élaborée et mise en place. Elle se concrétisa par la création de la China Securities Regulation Commission (CSRC) qui assume, peu ou prou, des fonctions comparables à celles de l'Autorité des marchés financiers en France ou celles de la Securities and Exchange Commission et de la Commodity Futures Trading Commission, les organismes de contrôle des marchés américains.

Les bourses de commerce chinoises sont des institutions autorégulées par leurs membres et gérées selon les principes du mutualisme. Leur organisation interne et les modalités de leur fonctionnement sont comparables à celles des bourses occidentales. Les transactions s'effectuent sur des plates-formes électroniques automatisées considérées comme très performantes.

10.1. Le Zhengzhou Commodity Exchange

Cette bourse est la plus ancienne. Sa création sous la dénomination de China Zhengzhou Wholesale Market remonte au 12 octobre 1990, mais les transactions à terme n'ont débuté que le 28 mai 1993. Sa pérennité a été confirmée en août 1998, lorsque le gouvernement chinois en a fait l'un des pôles de regroupement de la quinzaine de bourses en activité à l'époque.

Le Zhengzhou Commodity Exchange fonctionne sur le modèle des bourses occidentales et regroupait en décembre 2004 environ 230 membres, pour l'essentiel des sociétés de courtage.

Un contrat de 5 tonnes de coton (introduit le 1er juin 2004) et deux contrats de 10 tonnes portant sur deux qualités de blé (Strong gluten wheat et Hard white winter wheat) sont négociés au Zhengzhou Commodity Exchange (tableau 9.18.).

10.2. Le Dalian Commodity Exchange

Créée le 18 novembre 1993, cette bourse regroupait (en décembre 2004) 197 membres dont 185 sociétés de courtage. Les contrats négociés ont pour sous-jacents des produits agricoles faisant l'objet d'échanges internationaux (tableaux 9.16. et 9.18.) :

• tourteaux de soja (contrat de 10 tonnes négocié depuis le 17 juillet 2000),

• graines de soja (un premier contrat introduit le 15 mars 2002 portant sur 10 tonnes de soja non génétiquement modifié a été remplacé le 22 décembre 2004 par un contrat de 10 tonnes portant sur du soja importé ou produit en Chine),

• maïs (contrat de 10 tonnes introduit le 22 septembre 2004).

Tableau 9.16. – *L'activité du Dalian Commodity Exchange en 2005*

	Volume des transactions	**Position ouverte au 31-12-2005**
Maïs	21 859 732	147 671
Graines de soja n° 1	40 035 707	195 336
Graines de soja n° 2	541 093	12 587
Tourteaux de soja	36 738 182	127 385
Total	99 174 714	482 979

Unité : nombre de contrats.
Source : Futures Industry Association.

Afin de mieux s'insérer dans la communauté internationale, le Dalian Commodity Exchange a signé des accords de coopération avec plusieurs bourses spécialisées dans les transactions de matières premières agricoles dont le Tokyo Commodity Exchange, la Bolsa Mercantil & de Futuros (la plus importante bourse de commerce brésilienne), le Chicago Board of Trade et le Tokyo Grain Exchange.

10.3. Le Shanghai Futures Exchange

Préalablement à la concentration imposée en août 1998, cette bourse existait sous le nom de Shanghai Metal Exchange. Créé en 1999, le Shanghai Futures Exchange regroupe 219 membres dont 183 maisons de commissions. Il disposait en décembre 2004 de 250 terminaux dispersés sur le territoire chinois.

En octobre 2005, le cuivre (contrat de 5 tonnes), l'aluminium (contrat de 5 tonnes), le caoutchouc naturel (contrat de 5 tonnes) et le fioul (contrat de 10 tonnes) étaient les quatre matières premières négociées au Shanghai Futures Exchange (tableaux 9.17. et 9.18.).

Tableau 9.17. – *L'activité du Shanghai Futures Exchange en 2005*

	Volume des transactions	Position ouverte au 31-12-2005
Cuivre	12 352 026	52 894
Aluminium	2 125 020	39 433
Caoutchouc	9 503 158	28 485
Fioul	9 809 550	33 911
Total	37 789 754	154 723

Unité : nombre de contrats.
Source : Futures Industry Association.

11. Les bourses de commerce en Inde

En Inde, les marchés à terme de matières premières ont une longue histoire. Le premier marché ouvert en 1875 concernait le coton. Les graines oléagineuses furent négociées à partir de 1900. Le jute, le blé et d'autres matières premières de moindre importance furent également échangés sur des marchés locaux de taille généralement modeste. Les transactions sur les métaux précieux ont débuté en 1920. Jusqu'au début de la Seconde Guerre mondiale, l'impact de ces bourses et de ces marchés était tout à fait marginal.

Suite à l'Indépendance obtenue en 1947, les responsables politiques décidèrent que la législation relative aux bourses de valeurs et aux bourses de commerce ne relèverait plus de la compétence des autorités locales et nationales, mais de celle des autorités fédérales. De ce fait, le contrôle des marchés à terme fit l'objet d'une loi votée en 1952 dont les dispositions furent mises en œuvre en juillet 1954. Le Forward Contract (Régulation) Act avait prévu la création d'une commission (Forward Markets Commission) chargée de réglementer les marchés à terme et de contrôler les bourses de commerce. Mise en place en septembre 1953, elle constitue un département du Ministry of Consumer Affairs, Food and Public Distribution.

Le contrôle des marchés de matières premières s'effectue à trois niveaux : celui de l'association professionnelle (organisée sous la forme d'une coopérative ou d'une mutuelle) qui, au niveau local, gère la bourse de commerce, celui de la Forward Markets Commission, et celui du gouvernement central.

La loi de 1952 distinguait trois types de matières premières : celles pour lesquelles les marchés à terme pouvaient être librement organisés, celles pour lesquelles les transactions à terme étaient interdites et celles pour les-

Tableau 9.18. – *Volume des transactions et montant de la position ouverte sur les bourses de commerce chinoises*

Année	Shanghai Futures Exchanges		Dalian Commodity Exchange		Zhengzhou Commodity Exchange	
	Volume des transactions	Position ouverte au 31 décembre	Volume des transactions	Position ouverte au 31 décembre	Volume des transactions	Position ouverte au 31 décembre
1997	1 372 671*	45 691*				
1998	3 223 797**	54 118**				
1999		74 644				
2000	4 129 521	74 249				
2001	5 610 335	104 640				
2002	12 173 083	199 043	48 407 404	453 533		
2003	40 079 750	313 776	74 973 493	242 374		
2004	40 577 373	218 512	88 034 153	359 607	24 237 274	157 073
2005	37 789 754	154 723	99 174 714	482 979	28 472 570	226 029

* Non compris le caoutchouc, négocié à l'époque sur une autre bourse.
** Y compris le caoutchouc à partir de 1998.

Unité : nombre de contrats.
Source : Futures Industry Association.

quelles les marchés à terme ne pouvaient être ouverts qu'avec l'accord préalable de la Forward Markets Commission.

La mise en place en Inde d'un régime économique d'inspiration socialiste amenuisa encore un peu plus l'influence des marchés à terme... qui n'était déjà pas grande. La planification économique et l'instauration de prix de soutien pour les « matières premières de base » (afin d'assurer aux agriculteurs un revenu minimum) ont supprimé, de fait, le fonctionnement concurrentiel des marchés pour la plupart des produits agricoles. Les transactions à terme, elles-mêmes, ont fini par être interdites à la fin des années 1960. Elles furent toutefois réintroduites dans les années 1980, mais le volume des échanges n'a pas retrouvé le niveau qui prévalait avant leur interdiction. Jusqu'en 2002, les transactions à terme n'étaient tolérées qu'au sein de bourses locales ou régionales, chacune d'elles étant spécialisée dans la négociation d'une ou deux matières premières agricoles. Les échanges étaient faibles et les marchés à terme n'atteignaient pas leur objectif premier qui est de faire émerger des prix fiables et représentatifs. De ce fait, les opérateurs ne pouvaient utiliser les contrats à terme pour se couvrir contre les risques de prix.

C'est au début des années 1990 (à partir de juin 1991, très précisément) que les premières mesures de libéralisation furent instillées dans la politique économique indienne. Dans le domaine financier, elles aboutirent à la création, en 1994, sur l'initiative du gouvernement indien, du National Stock Exchange, en réponse au refus des membres du Bombay Stock Exchange de moderniser le fonctionnement de leur bourse. Dans le secteur des matières premières, il a fallu attendre le début du XXIe siècle pour que la situation s'améliore. La nouvelle politique agricole annoncée en juillet 2000 et les déclarations du ministre des finances lors de la présentation du budget pour l'année fiscale 2002/2003 révélèrent la volonté des responsables politiques de mettre en place des marchés performants. Ceci fut officialisé le 1er avril 2003. Le gouvernement a souhaité que soient mises en place des plates-formes électroniques ayant un statut national. Ces bourses présentent plusieurs caractéristiques :

- entièrement informatisées, elles sont constituées d'une plate-forme Internet permettant aux opérateurs d'intervenir en ligne,
- elles sont contrôlées (comme les bourses régionales et locales) par la Forward Markets Commission,
- leur rayon d'action s'étend à l'ensemble du pays,
- elles peuvent négocier toutes les matières premières pour lesquelles les transactions à terme ne sont pas interdites par la loi de 1952,
- leur statut juridique est celui de sociétés privées.

Le National Multi Commodity Exchange of India (NMCE), localisé à Ahmedabad, fut la première bourse à bénéficier du nouveau statut. Ses activités débutèrent en novembre 2002. Deux bourses localisées à Mumbai (la dénomination de l'ancienne Bombay) ouvrirent leurs portes en 2003. Il s'agissait du Multi Commodity Exchange (MCX) et du National Multi Commodity Derivatives Exchange (NCDEX). Une quatrième bourse, le

National Board of Trade localisé à Indore, devrait, elle aussi, obtenir un statut national.

En octobre 2005, les bourses de commerce enregistrées par la Forward Markets Commission étaient au nombre de 25. Les trois bénéficiant d'un statut national avaient introduit de nombreux contrats à terme, mais seuls quelques-uns d'entre eux étaient négociés sur une grande échelle. En 2005, les bourses n'étaient pas autorisées à introduire des options.

Les transactions sur le National Multi Commodity Derivatives Exchange (NCDEX) ont débuté le 15 décembre 2003. Le capital de cette bourse est contrôlé par huit actionnaires : deux grandes banques domestiques indiennes (Canara Bank et Punjab National Bank), une importante banque privée (Icici Bank), la plus grande compagnie d'assurance indienne (Life Insurance Corporation of India), la banque de l'agriculture (National Bank for Agriculture and Rural Development), un groupement de 36 000 coopératives (Indian Farmers Fertiliser Cooperative), le National Stock Exchange of India (une bourse de valeurs mobilières très active dans les dérivés financiers) et une agence de notation indienne contrôlée par Standard and Poor's (Credit Rating Information Services of India). En octobre 2005, le NCDEX regroupait environ 650 membres qui opéraient au moyen de 6 600 terminaux dispersés dans tout le pays.

Le NCDEX est la plus importante bourse de commerce indienne. En octobre 2005, sa part de marché avoisinait les 60 %. Elle est spécialisée dans les matières premières agricoles, celles-ci assurant de 80 à 85 % de son activité. Entre décembre 2003 et octobre 2005, le NCDEX a introduit 41 contrats à terme (35 produits agricoles, 4 métaux et 2 produits énergétiques), mais seuls quelques-uns d'entre eux font l'objet d'échanges de grande ampleur. L'activité de la bourse est en croissance régulière. En août 2005, la valeur moyenne des transactions journalières s'est établie à 38,36 milliards de roupies (ce qui correspond à 892 millions de dollars), avec un record de 71,97 milliards de roupies (1,67 milliard de dollars) le 22 août 2005.

Le Multi Commodity Exchange of India (MCX) négocie des métaux précieux, des produits pétroliers, des céréales, des métaux non ferreux et des produits locaux. Les transactions ont débuté en octobre 2003. Cette bourse regroupait en octobre 2005 près de 1 000 membres opérant à partir de 5 000 stations de travail dispersées dans tout le pays. Elle occupait le troisième rang mondial pour les transactions sur l'or (avec un volume journalier moyen de 10 tonnes) et le deuxième rang mondial pour les transactions sur l'argent métal (avec un volume journalier moyen de 580 tonnes). Le MCX est la première bourse à avoir introduit en Inde des contrats à terme de pétrole (en octobre 2005 le volume quotidien moyen représentait 6 à 10 millions de barils).

Les informations chiffrées fournies par les bourses de commerce et la Forward Markets Commission sont parcimonieuses et ne sont pas exprimées en nombre de contrats. Les chiffres du tableau 9.19. reproduisent la valeur des transactions enregistrées sur les plus importants contrats négociés dans les trois bourses nationales. Ces chiffres, exprimés en dollar, concernent les transactions réalisées en janvier et février 2005 sur la base d'un taux de change de 1 dollar pour 43,76 roupies.

La situation des marchés dérivés de matières premières n'est pas figée. Le gouvernement indien réfléchit à l'idée de rapprocher les marchés à terme de matières premières des marchés dérivés de titres financiers (voire des marchés d'actions) et de les soumettre à une réglementation commune.

Tableau 9.19. – *Valeur des transactions effectuées sur les principaux marchés à terme de matières premières enregistrées sur les trois bourses nationales en janvier/février 2005*

National Multi Commodity Exchange of India (NMCE)		**National Multi Commodity Derivatives Exchange (NCDEX)**		**Multi Commodity Exchange of India (MCX)**	
Jute	31 631 627	Graines de guar*	4 491 483 090	Argent	1 526 718 464
Poivre	25 690 128	Soja	603 603 748	Or	516 055 759
Café	25 281 079	Urad*	490 847 806	Huile de soja	438 660 878
Caoutchouc	11 930 987	Argent	458 768 282	Pétrole	290 182 815
Graines de cardamome	1 974 406	Chana*	355 207 952	Graines de guar*	14 533 821

* Produits indiens locaux.
Unité : dollar.
Source : Swiss Derivatives Review, novembre 2005.

Questions ponctuelles

1. Quelle était, en 2005, la plus importante bourse négociant exclusivement des matières premières ?
2. Quand le London Metal Exchange (LME) fut-il créé ?
3. Quelles furent les conséquences de la crise de l'étain sur l'organisation du LME ?
4. Quels sont les différents membres du LME ?
5. Quels métaux sont négociés au LME ?
6. Quels sont les types d'options négociées au LME ?
7. Comment caractériser les options TAPOs négociées au LME ?
8. Quand le New York Mercantile Exchange (Nymex) fut-il créé ? À quel événement l'essor de cette bourse est-il associé ?
9. Quels sont les principaux contrats à terme négociés au Nymex ? Quelles sont les principales options sur contrats à terme négociées au Nymex ?

10. Quelle est l'évolution du prix du siège du Nymex entre juin 1979 et novembre 2005 ?
11. Quel est le statut juridique du Nymex ?
12. Quelles sont les origines du Commodity Exchange (Comex) ?
13. Quelles matières premières sont négociées au Comex ?
14. Quelles sont l'originalité et la spécificité de l'Intercontinental Exchange (Ice) ?
15. Quelle est l'origine de l'Ice Futures ?
16. Quand et où fut ouvert l'International Petroleum Exchange ?
17. Quelles sont les matières premières négociées au Winnipeg Commodity Exchange ?
18. Quelle est l'origine du Chicago Board of Trade (CBOT) ?
19. Dans quelles matières premières le CBOT s'est-il spécialisé ?
20. Quel fut le rôle du CBOT dans l'introduction des options sur contrats à terme de matières premières ?
21. Quel était, en 2005, le poids relatif des matières premières dans l'activité du CBOT ?
22. Quelles sont les origines du Chicago Mercantile Exchange (CME) ? Dans quelles matières premières cette bourse s'est-elle spécialisée ?
23. Quel était, en 2005, le poids des matières premières dans l'activité du CME ?
24. Quels sont les deux grands échecs du CME dans le domaine des matières premières ?
25. Quelle est l'origine du New York Board of Trade ?
26. Quelles matières premières sont négociées au New York Board of Trade ?
27. Quand fut créé le New York Cotton Exchange ?
28. Quelles sont les grandes étapes qui ont marqué l'histoire du Coffee Sugar and Cocoa Exchange ?
29. Quelles sont les principales bourses de commerce japonaises ?
30. Quelles matières premières sont négociées au Tokyo Commodity Exchange ?
31. Quelles matières premières sont négociées au Tokyo Grain Exchange ?
32. Quels sont les faits marquants de l'histoire des transactions à terme de matières premières en Chine ?
33. Quelles étaient, en 2005, les trois grandes bourses de commerce chinoises ?
34. Quelles sont les matières premières négociées à terme au sein des grandes bourses de commerce chinoises ?

35. Quelles sont les principales bourses de commerce implantées en Inde ?
36. Citez les grandes bourses où se négocient des contrats à terme de matières premières ?
37. Sur quelles bourses sont négociés des contrats à terme de produits énergétiques ?
38. Quelle est la bourse offrant la gamme la plus étendue de contrats à terme de métaux non ferreux ?

Questions de synthèse

1. L'organisation et le fonctionnement du London Metal Exchange.
2. Les relations du Nymex et du Comex entre 1975 et 1995.
3. Les relations entre l'Intercontinental Exchange, l'International Petroleum Exchange, l'Ice Futures et le Nymex.
4. La place des matières premières dans l'histoire du Chicago Board of Trade et du Chicago Mercantile Exchange.
5. Les dates et les faits marquants de l'histoire des transactions à terme de matières premières au Japon.
6. Les marchés dérivés de matières premières en Chine.
7. Quelles réflexions vous inspire le développement des marchés dérivés de matières premières entre 1730 et 2005 ?

CONCLUSION

Les risques de prix auxquels sont exposés les opérateurs intervenant sur les marchés de matières premières sont très importants.

Pour gérer ces risques, la méthode la plus ancienne recommande d'opérer sur les marchés de contrats à terme *futures*. Pour réaliser une couverture, l'opérateur doit prendre sur le marché des contrats une position inverse à celle qu'il détient sur le marché des produits physiques. Dans la mesure où l'évolution des prix est identique sur les deux marchés, l'opérateur est protégé contre toute variation des cours. Ce parallélisme dans l'évolution des prix a pour origine l'obligation faite au vendeur (acheteur) opérant sur le marché à terme de livrer (prendre livraison de) la marchandise s'il n'a pas compensé son contrat avant l'échéance. Les variations de prix n'étant jamais strictement parallèles, une source d'imperfection (mais il y en a d'autres) est introduite dans le mécanisme de la couverture. L'achat et la vente de contrats *futures* n'est pas la seule méthode pour gérer le risque de prix, mais elle fut pendant très longtemps la plus efficace, la moins coûteuse et la plus facile à mettre en œuvre.

Les principaux marchés à terme de matières premières sont localisés à Chicago, à New York, à Londres et à Tokyo. De nombreux marchés locaux (certains d'entre eux sont de futurs marchés internationaux) se développent en Chine, en Inde, en Afrique du Sud, en Amérique latine, en Asie du Sud-Est. Les contrats à terme ont pour actif sous-jacent les céréales (blé, maïs), les oléagineux (soja), les produits d'origine animale (porc vivant, bétail vivant), les produits tropicaux (sucre, café, cacao), les métaux non ferreux (aluminium, cuivre, plomb, zinc, étain), les métaux précieux (or, argent, platine, palladium) et les produits énergétiques (fioul, essence, pétrole brut, kérosène, gaz naturel).

Les options sur contrats à terme apparues en octobre 1982 offrent l'énorme avantage de protéger ceux qui les achètent contre un risque défavorable des prix sans les priver pour autant d'une évolution favorable des cours. Il faut toutefois constater que ces instruments n'ont pas connu pour l'instant un succès comparable à celui des contrats à terme. Deux raisons expliquent cet état de fait. D'une part, le coût de la couverture est assez élevé pour ceux qui n'ont pas la possibilité et la capacité de procéder à une gestion dynamique d'une position en options. D'autre part, la liquidité n'est pas vraiment excellente. La présence d'options d'achat et d'options de vente et l'existence de plusieurs prix d'exercice ont en effet pour conséquence de fractionner la liquidité.

Les swaps de matières premières et les produits optionnels négociés sur le marché du gré à gré sont des instruments performants et bien adaptés à la gestion du risque de prix. Ils sont apparus à la fin des années 1980. S'ils concernent essentiellement les produits pétroliers et certains métaux non ferreux, ils n'en sont pas moins de plus en plus utilisés pour la protection contre le risque de prix affectant les autres matières premières. Ces instruments offrent une excellente protection contre les fluctuations des cours des matières premières, mais ils présentent cependant quelques inconvénients. Ils ne suppriment pas, par exemple, le risque de contrepartie, car ils sont utilisés dans le cadre de marchés ne faisant pas intervenir des chambres de compensation.

Les instruments dérivés ayant les matières premières pour actif sous-jacent ont connu un remarquable développement, sur le plan du nombre des contrats offerts, d'une part, sur celui de leur qualité, d'autre part. Ces contrats et les marchés où ils sont négociés vont continuer à se développer au bénéfice de tous ceux qui sont exposés à des risques de prix.

BIBLIOGRAPHIE

Livres

ANDERSON R.W. (ed.), *The Industrial Organisation of Futures Markets : Structure and Conduct, Lexington Books*, Lexington, Mass., 1984.

ARTHUR H.B., *Commodity Futures as a Business Management Tool*, Harvard University Press, Cambridge, Mass., 1981.

BAKKEN H.H. (ed.), *Futures Trading in Livestock : Origins and Concepts*, Mimir Publishers, Madison, WI, 1970.

BRAOUEZEC Y., *Les options réelles. Investissement, structure du capital et risque de crédit*, Economica, Paris, 2003.

BRENNAN M.J. (ed.), *Patterns of Market Behavior*, Brown University, Providence, 1965.

BURNS J., *A Treatise on Markets : Spot, Futures and Options*, American Enterprise Institute for Public Policy Research, Washington, DC, 1979.

CAPOZZA F., *BTU Handbook : Energy Futures Trading in the 90's*, BTU Publishing Inc., 1989.

CHANCE D., *An Introduction to Options and Futures*, Dryden Press, Orlando, Fla., 1989.

CHICAGO BOARD OF TRADE (ed.), *Proceedings of Chicago Board of Trade Annual Symposium*, Chicago Board of Trade, Chicago, 1984.

CHICAGO BOARD OF TRADE (ed.), *Proceedings of the International Futures Trading Seminar*, vol. VII, Chicago Board of Trade, Chicago, 1981.

CHICAGO BOARD OF TRADE (ed.), *Proceedings from the International Futures Trading Seminar*, vol. VI, Chicago Board of Trade, Chicago, 1980.

CHICAGO BOARD OF TRADE (ed.), *Proceedings from the International Futures Trading Seminar*, vol. V, Chicago Board of Trade, Chicago, 1979.

CHICAGO BOARD OF TRADE (ed.), *Proceedings from the Futures Trading Seminar*, vol. IV, Chicago Board of Trade, Chicago, 1978.

CHICAGO BOARD OF TRADE (ed.), *Futures Trading Seminar*, vol. III, Mimir Publishers, Madison, WI, 1966.

CHICAGO BOARD OF TRADE (ed.), *Futures Trading Seminar : Influence of Environmental Factors*, vol. II, Mimir Publishers, Madison, WI, 1963.

CHICAGO BOARD OF TRADE (ed.), *Futures Trading Seminar*, vol. I, Mimir Publishers, Madison, WI, 1960.

CHICAGO BOARD OF TRADE (ed.), *Proceedings, Seventh Annual Symposium : Commodity Markets and the Public Interest*, Chicago Board of Trade, Chicago, 1954.

CHICAGO BOARD OF TRADE (ed.), *Proceedings, Fifth Annual Symposium*, Chicago Board of Trade, Chicago, 1952.

CLUBLEY S., *Trading in Oil Futures*, Woodhead-Faulkner, Cambridge, 1986.

COMMODITY RESEARCH BUREAU, *Commodity Yearbook*, Commodity Research Bureau, New York.

CONSEIL DES MARCHÉS FINANCIERS, *L'augmentation de la volatilité du marché des actions*, Paris, 2002.

COOTNER P.H., *The Random Character of Stock Market Prices*, 3rd ed., MIT Press, Cambridge, Mass., 1970.

COPELAND T. and ANTIKAROV V., *Real options : a practitioner's guide*, Texere, 2001.

CORDIER J., *Les marchés à terme*, 2e éd., PUF, Paris, 1992.

COX J.C., *The Regulation of Futures Trading*, Ph. D. Dissertation, The University of Chicago, 1975.

COX J. and RUBINSTEIN M., *Options Markets*, Prentice Hall, Englewood Cliffs, NJ, 1984.

DELANDE M., *Marchés à terme : incertitude, information, équilibre,* Economica, Paris, 1992.

DUFFIE D., *Futures Markets*, Prentice Hall, Englewood Cliffs, NJ, 1989.

EDWARDS F.R. and MA C.W., *Futures and Options*, McGraw-Hill, 1992.

EDWARDS J., REIDY B. and KEYSER E. (eds), *Guide to World Commodity Markets*, 2nd ed., Kogan Page, London, 1979.

FABOZZI F. and ZARB F., *Handbook of Financial Markets : Securities, Options, Futures*, Dow Jones-Irwin, Homewood, 1981.

FAY S., *The Great Silver Buble*, Hodder and Stoughton, London, 1982.

FELDMAN J.B., *The Price Effects of Futures Trading in Relation to International Coffee and Cocoa Markets*, Mont Holyoke College, South Hadley, MA, 1973.

FEDERAL TRADE COMMISSION, *Report on the Grain Trade*, Federal Trade Commission, Chicago, 1924.

FERRIS W., *Grain Traders : The Story of the Chicago Board of Trade*, Michigan University Press, East Lansing, MI, 1988.

FINK R. and FEDUNIAK R., *Futures Trading : Concepts and Strategies*, New York Institute of Finance, New York, 1988.

FISHER I, *Appreciation and Interest*, Publications of the American Economic Association, 9(4), 1986.

GIBSON-JARVIE R., *The London Metal Exchange : A Commodity Market*, 2nd ed., Woodhead Faulkner, Cambridge, 1983.

GIRAUD P.N., *L'économie mondiale des matières premières*, La Découverte, Paris, 1989.

GOFFIN R., *Principes de finance moderne*, 4e éd., Economica, Paris, 2004.

GOSS B.A. (ed.), *Futures Markets : Their Establishment and Performance*, Croom Helm, London, 1986.

GOSS B.A., *The Theory of Futures Trading*, Routledge and Kegan Paul, London, 1972.

GOSS B.A. and YAMEY B.S. (eds), *The Economics of Futures Trading*, 2nd ed., John Wiley and Sons, New York, 1978.

GRANGER C.W.J. (ed.), *Trading in Commodities*, 3rd ed., Woodhead Faulkner, Cambridge, 1979.

GRINBLATT M. and TITMAN S., *Financial markets and corporate strategy*, 2nd edition, McGraw-Hill, 2001.

GROSSMAN S., *Essays in Rational Expectations, the Informational Role of Futures Markets, and Equilibrium Bayesian Experimentation*, Ph. D. Dissertation, University of Chicago, 1975.

HARDY C.O., *Risk and Risk Bearing*, Chicago University Press, 1940.

HARVEY A.C., *Forecasting, structural time series models and the Kalman filter*, Cambridge University Press, Cambridge, 1989.

HERBST A., *Commodity Futures : Markets, Methods of Analysis and Management*, John Wiley, New York, 1986.

HICKS J.R., *Value and Capital*, 2nd ed., Oxford University Press, London, 1946.

HIERONYMUS T.A., *Economics of Futures Trading for Commercial and Personal Profit*, Commodity Research Bureau, New York, 1977.

HORN F.F., *Trading in Commodity Futures*, New York Institute of Finance, New York, 1984.

HORSNELL P. and MABRO R., *Oil Markets and Prices – The Brent Market and the Formation of World Oil Prices*, Oxford University Press, Oxford, 1993.

HULL J., *Options, Futures and Other Derivative Securities*, 6th ed., Prentice Hall, Englewood Cliffs, NJ, 2006.

IRWIN H.S., *Evolution of Futures Trading*, Mimir Publishers, Madison, WI, 1954.

JOHNSON Ph., *Commodities Regulation*, vol. I et II, Little, Brown and Company, Boston, 1982.

KAUFMAN P.J., *Handbook of Futures Markets*, John Wiley and Sons, New York, 1984.

KEYNES J.M., *The General Theory of Employment, Interest and Money*, Macmillan, London, 1936.

KEYNES J.M., *A Treatise on Money : The Applied Theory of Money*, vol. 2, Macmillan, London, 1930.

KHOURY S., *Speculative Markets*, Macmillan, New York, 1984.

KLEINFIELD S., *The Traders*, Holt, Rinehart and Wiston, 1983.

KODRES L. and SCHACHTER B., *CBOT futures options: the impact of options listing on the underlying market 1924-1926*, CBOT symposium proceeding, Fall 1996 – Part I, 1996.

KOLB R., *Understanding Futures Markets*, Scott Foresman, Glenview, Ill., 1985.

KYLE A.S., *An Equilibrium Model of Speculation and Hedging*, Ph. D. Dissertation, University of Chicago.

LABYS W.C. and GRANGER C.W.J., *Speculation, Hedging and Commodity Price Ferecasts*, D.C. Heath, Lexington, Mass., 1970.

LAUTIER D., *La structure par terme des prix des commodités : analyse théorique et applications au marché pétrolier*, Thèse de doctorat, Université Paris Dauphine, janvier 2000.

LAUTIER D. and GALLI A., *Term structure models of commodity prices : elaboration and improvement,* Étude réalisée pour l'Institut Français de l'Énergie, École des Mines de Paris, 2002.

LAUTIER D. and GALLI A., *Dynamic hedging strategies and commodity risk management.* Étude réalisée pour l'Institut Français de l'Énergie, École des Mines de Paris, Paris, 2005.

LEUTHOLD R.M. (ed.), *Commodity Markets and Futures Prices*, Chicago Mercantile Exchange, Chicago, 1979.

LEUTHOLD R.M. and DIXON P. (eds), *Proceedings from the First Annual Livestock Futures Research Symposium*, Chicago Mercantile Exchange, Chicago, 1980.

LEUTHOLD R.M., JUNKUS J. and CORDIER J., *The Theory and Practice of Futures Markets*, Lexington Books, Lexington, Mass., 1989.

LEWIS A., *Option valuation under stochastic volatility*, Finance Press, 2000.

MALLIARIS A.G., *Futures Markets: 3 vols*, Elgar Reference Collection International Library of Critical Writings in Financial Economics, Cheltenham and Lyme, 1997.

MARQUET Y., *Les marchés d'options sur contrat à terme*, Economica, Paris, 1988.

METALLGESELLSCHAFT AG, *The Mastering of a Crisis : Metallgesellschaft's Way out of the US Oil Debacle.* Publication du groupe Metallgesellschaft, Frankfurt am Main, 1995.

NEWBERY and STIGLITZ J., *The Theory of Commodity Price Stabilization : A Study in the Economics of Risk*, Clarendon, Oxford, 1981.

PAUL A.B., HEIFNER R.G. and GORDON J.D., *Farmers' Use of Cash Forward Contracts, Futures Contracts, and Commodity Options*, US Department of Agriculture, Economic Research Service, Agricultural Economic Report n° 533, Washington, DC, 1985.

PECK A.E., *Futures Markets : Regulatory Issues*, American Enterprise Institute for Public Policy Research, Washington, DC, 1985.

PECK A.E., *Futures Markets : Their Economic Role*, American Enterprise Institute for Public Policy Research, Washington, DC, 1985.

PECK A.E. (ed.), *Readings in Futures Markets : Views From the Trade*, Chicago Board of Trade, Chicago, 1978.

PECK A.E. (ed.), *Readings in Futures Markets : Selected Writings on Futures Markets*, Chicago Board of Trade, Chicago, 1977.

PECK A.E. (ed.), *Readings in Futures Markets : Selected Writings of Holbrook Working*, Chicago Board of Trade, Chicago, 1977.

PIRRONG S.C., KORMENDI R.C. and HADDOCK D., *Grain Futures Markets in the 1990's : An Economic Appraisal*, Klumer Academic Publishers, 1992.

POWERS M.J., *Getting Started in Commodity Futures Trading*, Investor Publications, Columbia, MD, 1973.

PRAST W.G. and LAX H.L., *Oil Futures Markets : An Introduction*, Lexington Books, Lexington, Mass., 1983.

PRIOR-WILLEARD C., *Farming Futures : A Guide to the Agricultural Commodity Futures Markets*, Woodhead-Faulkner, Cambridge, 1984.

RAZAVI H., *Oil Futures Trading*, Financial Times Business Information, London, 1984.

ROCKWELL C.S., *Profits, Normal Backwardation and Forecasting in Commodity Futures*, Ph. D. Dissertation, University of California, Berkeley, 1964.

SAVAIKO B., *Trading in Soft Commodity Futures*, Woodhead-Faulkner, Cambridge, 1985.

SCHWAGER J.D., *A Complete Guide to the Futures Markets*, John Wiley and Sons, New York, 1984.

SHALEEN K., *Volume and Open Interest*, Probus Publishing Company, Chicago, 1990.

SIEGEL D.F. and SIEGEL D.R., *The Futures Markets : Arbitrage, Risk Management and Portfolio Strategies,* Probus Publishing Compagny, Chicago, 1990.

STEIN J.L., *The Economics of Futures Markets*, Basil Blackwell, New York, 1986.

TAMARKIN B., *The New Gatsbys : Fortunes and Misfortunes of Commodity Traders*, William Morrow, New York, 1985.

TEWELES R.J. and JONES F.J., *The Futures Game : Who Wins ? Who Loses ? Why ?*, 2nd ed., McGraw-Hill, New York, 1987.

TREAT J.E. *and al.*, *Energy Futures*, Penwell Books, Tulsa OK, 1984.

TRIGEORGIS L., *Real options*, MIT Press, 1999.

UHRIG J.W. (ed.), *Hedging Symposium for Country Grain Elevator Operators : Proceedings*, Iowa State University, 1965.

VENKATARAMANAN L.S., *The Theory of Futures Trading*, Asia Publishing House, New York, 1965.

WASSENDORF R., *Commodities Trading : The Essential Primer*, Dow Jones-Irwin, Homewood, Ill., 1985.

WEYMAR F.H., *The Dynamics of the World Cocoa Market*, The MIT Press, Cambridge, Mass., 1968.

WILLIAMS J.C., *The Economic Function of Futures Markets*, Cambridge University Press, Cambridge, 1986.

WILLIAMS J. and WRIGHT B., *Storage and Commodity Markets*, Cambridge University Press, 1991.

WORLD BANK, *The Use of Futures Markets by Less Developed Countries for Commodity Exporting*, The World Bank, Washington DC.

Articles

ADLER M. and DETEMPLE J., « Hedging with Futures in an Intertemporal Portfolio Context », *The Journal of Futures Markets*, June 1988, pp. 249-269.

ALTMIKUS C. and LAUTIER D., « Le cas Metallgesellschaft : quels enseignements ? » *Cahier de recherche du Cerna*, École des Mines de Paris, 1997.

ANDERSON R.W., « Some Determinants of the Volatility of Futures Prices », *The Journal of Futures Markets*, Fall 1985, pp. 331-348.

ANDERSON R.W., « The Regulation of Futures Contract Innovations in the United States », *The Journal of Futures Markets*, Fall 1984, pp. 297-332.

ANDERSON R.W. and DANTHINE J.P., « The Time Pattern of Hedging and the Volatility of Futures Prices », *Review of Economic Studies*, April 1983, pp. 249-266.

ANDERSON R.W. and GILBERT C., *Commodity Agreements and Commodity Markets : Lesson from Tin*, Center for the Study of Futures Markets, Working Paper, n° 141, Columbia University, September 1986.

ANDERSON R.W. and DANTHINE J.P., « Hedger Diversity in Futures Markets », *The Economic Journal*, June 1983, pp. 370-389.

ANDERSON R.W. and DANTHINE J.P., « Cross Hedging », *The Journal of Political Economy*, December 1981, pp. 1182-1196.

ANDERSON R.W. and DANTHINE J.P., « Hedging and Joint Production : Theory and Illustration », *Journal of Finance*, May 1980, pp. 487-498.

ANDERSON R.W. and SUNDARESAN M., *Futures Markets and Monopoly*, Columbia University, Center for the Study of Futures Markets, Working Paper n° 63, July 1983.

ARROW K., « Futures Markets : Some Theoretical Perspectives », *The Journal of Futures Markets*, Summer 1981, pp. 107-115.

ARTHUR H.B., « The Nature of Commodity Futures as an Economic Business Instrument », *Food Research Institute Studies*, 1972, pp. 257-268.

ARTHUR H.B., « Economic Risk, Uncertainty and the Futures Market », in *Futures Trading Seminar*, vol. III, Chicago Board of Trade (ed.) *op. cit.*, 1966, pp. 213-235.

BABBS S.H. and NOWMAN K.B., « Kalman filtering of generalized Vasicek term structure models », *Journal of Financial and Quantitative Analysis*, n° 34(1), 1999, pp. 115-130.

BAKKEN H.H., « Futures Trading - Origin, Development and Economic Status », in *Futures Trading Seminar*, vol. III, Chicago Board of Trade (ed.), *op. cit.*, 1966, pp. 1-24.

BANK F., « Oil and the Futures Market », *OPEC Bulletin*, September 1981, pp. 15-34.

BARKOULAS J.T., LABYS W.C. and ONOCHIE J.I., « Long memory in futures prices », *Financial Review*, n° 34(1), 1999, pp. 91-100.

BARNAUD F.H., « In Search of Liquidity : Hedging and Speculation in Oil Futures Markets », Oxford Institute for Energy Studies, 1990.

BAUMOL W.J., « A Theory of Speculation Relating Profitability and Stability : a Reply », *Review of Economics and Statistics*, August 1959, pp. 301-302.

BAUMOL W.J., « Speculation, Profitability and Stability », *Review of Economics and Statistics*, August 1957, pp. 263-271.

BAXTER J., CONINE Jr T.E. and TAMARKIN M., « On Commodity Market Risk Premiums : Additional Evidence », *The Journal of Futures Markets*, 1985, pp. 121-125.

BECK S.E., « A Test of the Intertemporal Hedging Model of the Commodities Futures Markets », *The Journal of Futures Markets*, May 1993, pp. 223-236.

BECKMAN J., « On the Determination of Price in Futures Markets », in *Patterns of Market Behavior*, M.J. Brennan (ed.), *op. cit.*, 1965.

BELLALAH M. et SIMON Y., « Prix au comptant. Prix à terme », *Encyclopédie des marchés financiers*, Y. Simon (ed.), Economica, Paris, 1997.

BERLIN B.S., « Corporate Trade in Commodity Futures », *Conference Board Record*, August 1972, pp. 41-44.

BESSEMBINDER H., « An Empirical Analysis of Risk Premia in Futures Markets », *The Journal of Futures Markets*, September 1993, pp. 611-630.

BESSEMBINDER H., « Systematic Risk, Hedging Pressure, and Risk Premiums in Futures Markets », *Review of Financial Studies*, n° 4, 1992, pp. 637-667.

BEVERIDGE E.A., « Using the Coffee Futures Market », *Coffee and Tea Industries*, November 1952.

BLACK F., « The Pricing of Commodity Contracts », *Journal of Financial Economics*, January/March 1976, pp. 167-179.

BLACK F. and SCHOLES M., « The Pricing of Options and Corporate Liabilities », *Journal of Political Economy*, May-June 1973, pp. 637-654.

BLANK S.C., « Research on futures markets: issues, approaches and empirical findings », *Western Journal of Agricultural Economics*, n° 14 (1), 1989, pp. 126-139.

BLAU G., « Some Aspect of the Theory of Futures Trading », *Review of Economic Studies*, 1944-45, pp. 1-30.

BODIE Z. and ROSANSKY V., « Risk and Return in Futures Markets », *Financial Analysts Journal*, May-June 1980, pp. 27-39.

BOHI D.R. and TOMAN M.A., « Futures Trading and Oil Market Conditions », *The Journal of Futures Markets*, 1987, pp. 203-221.

BOOTH G. G., and CINER C., « Linkages among agricultural commodity futures prices: evidence from Tokyo », *Applied Economics Letters*, n° 8(5), May 2001.

BOROVKOVA S., « Detecting market transitions : from backwardation to contango and back », *EPRM,* June 2003, pp. 46-49.

BOUDOUKH J., RICHARDSON M. and WHITELAW R., « Expect the worst », *Risk,* n° 8(9), September 1995.

BRAGA F.S. and MARTIN L.T., « Hedging Strategies for Exports of Cereals and Cereal Products to European Community », *The Journal of Futures Markets*, 1991, pp. 347-369.

BREEDEN D.T., « Consumption Risk in Futures Markets », *Journal of Finance*, May 1980, pp. 503-520.

BRENNAN M.J., « The Supply of Storage », *American Economic Review*, March 1958, pp. 50-72.

BRENNAN M.J., « The Price of Convenience and the Valuation of Commodity Contingent Claims », *in* D. Land and B. Øksendal (eds.), *Stochastic Models and Options Values*, Elsevier Science Publishers, 1991.

BRENNAN M.J. and CREW N., « Hedging Long Maturity Commodity Commitments with Short-Dated Futures Contracts », Working Paper, Anderson Graduate School of Management, University of California, Los Angeles, July 1995.

BRENNAN M.J. and CREW N., « Hedging long maturity commodity commitments with short-dated futures contracts », *in* M. Dempster & S. Pliska (Eds), *Mathematics of derivatives securities*, Cambridge University Press, Cambridge, 1997, pp. 165-190.

BRENNAN M.J. and SCHWARTZ E.S., « Evaluating natural resource investments ». *Journal of Business*, n° 58, 1985, pp. 135-157.

BRENNAN D., WILLIAMS J. and WRIGHT B.D., « Convenience yield without the convenience : a spatial-temporal interpretation of storage under backwardation », *Economic Journal*, n° 107(443), 1997, pp. 1009-1022.

BRITTO R., « Futures Markets and the Supply of Storage with Rational Expectations », *The Journal of Futures Markets*, Fall 1982, pp. 255-260.

CABEDO J.D. and MOYA I., « Estimating oil price « Value at Risk » using the historical simulation approach », *Energy Economics*, n° 25, 2003, pp. 239-253.

CANARELLA G. and POLLARD S., « The "Efficiency" of the London Metal Exchange », *Journal of Banking and Finance*, December 1986, pp. 33-43.

CANTER M.S. and EDWARDS F.R., « The Collapse of Metallgesellschaft : Unhedgeable Risks, Poor Hedging Strategy, or Just Bad Luck ? », *The Journal of Futures Markets*, 1995, pp. 211-264.

CARGILL T.F. and RAUSSER G.C., « Temporal Price Behavior in Commodity Futures Markets », *Journal of Finance*, September 1975, pp. 1043-1053.

CARLTON D.W., « Futures Markets : Their Purpose, Their History, Their Growth, Their Successes and Failures », *The Journal of Futures Markets*, Fall 1984, pp. 237-271.

CARLTON D., « Futures Volume, Market Interrelationships, and Industry Structure », *American Journal of Agricultural Economics*, May 1983, pp. 380-387.

CARTER C.A., « Commodity futures markets : a survey », *Australian Journal of Agricultural & Resource Economics*, n° 43(2), June 1999, pp. 209-248.

CARTER C.A., RAUSSER G.C., and SCHMITZ A., « Efficient Asset Portfolio and the Theory of Normal Backwardation », *The Journal of Finance*, 1983, pp. 1043-1053.

CHAMBERS M.J. and BAILEY R.E., « A Theory of commodity price fluctuations », *Journal of Political Economy*, n° 104(5), 1996, pp. 924-957.

CHANG E.C., « Returns to Speculators and the Theory of Normal Backwardation », *Journal of Finance*, March 1985, pp. 193-208.

CHIANG R., GAY G. and KOLB R., « Commodity Exchange Seat Prices », *The Review of Futures Markets*, May 1987, pp. 1-10.

CHO D.W. and Mc DOUGALL G.S., « The Supply of Storage in Energy Futures Markets », *The Journal of Futures Markets*, December 1990, pp. 611-621.

CHOW Y., « Arbitrage, Risk Premium, and Cointegration Tests of the Efficiency of Futures Markets », *Journal of Business Finance & Accounting*, n° 28(5-6), June 2001.

CINER C., « On the long run relationship between gold and silver prices : A note », *Global Finance Journal,* n° 12(2), 2001, pp. 299-303.

CINER C., « Information content of volume : An investigation of Tokyo commodity futures markets », *Pacific-Basin Finance Journal*, n° 10(2), April 2002, pp. 201-215.

COOPER R., « Risk Premia in the Futures and Forward Markets », The *Journal of Futures Markets*, June 1993, pp. 357-371.

COOTNER P.H., « Speculation and Hedging », *Food Research Institute Studies*, 1967, Supplement, pp. 65-105.

COOTNER P.H., « Common Elements in Futures Markets for Commodities and Bonds », *American Economic Review*, May 1961, pp. 173-183.

COOTNER P.H., « Returns to Speculators : Telser versus Keynes », *Journal of Political Economy*, August 1960, pp. 396-404. « A Rejoinder », pp. 415-418.

CORNELL B., « The Relationship between Volume and Price Variability in Futures Markets », *The Journal of Futures Markets*, Fall 1981, pp. 303-316.

CORNELL B. and REINGANUM, « Forward and Futures Prices : Evidence from the Forward Exchange Markets », *Journal of Finance*, 1981, pp. 1035-1045.

CORTAZAR G. and SCHWARTZ E.S., « Implementing a real option model for valuing an undeveloped oil field », *International Transactions in Operational Research*, n° 4(2), March 1997, pp. 125-137.

CORTAZAR G. and SCHWARTZ E.S., « Monte-carlo evaluation model of an undeveloped oil field », *Journal of Energy Finance and Development*, n° 3, 1998, pp. 73-84.

CORTAZAR G. and SCHWARTZ E.S., « Implementing a stochastic model for oil futures prices », *Energy Economics*, n° 25, 2003, pp. 215-238.

CORTAZAR G. and SCHWARTZ E.S., « The Valuation of Commodity Contingent Claims », *Journal of Derivatives*, Summer 1994, pp. 27-39.

CORTAZAR G., SCHWARTZ E.S. and CASASSUS J., « Optimal exploration investments under price and geological-technical uncertainty : a real options model », *R & D Management*, n° 31, 2001, pp. 181-189.

COX J.C., « Futures Trading and Market Information », *Journal of Political Economy*, December 1976, pp. 1215-1237.

COX J.C., INGERSOLL J.E. and ROSS S.A., « The Relation between Forward Prices and Futures Prices », *Journal of Financial Economics*, December 1981, pp. 321-346.

COX J.C., INGERSOLL J.E. and ROSS S.A., « A re-examination of traditional hypotheses about the term structure of interest rates », *Journal of Finance*, n° 36(4), 1981, pp. 769-799.

COX J.C., ROSS S.A and RUBINSTEIN M., « Option Pricing : a Simplified Approach », *Journal of Financial Economics*, September 1979, pp. 229-263.

CULP C.L. and MILLER M.H., « Hedging a Flow of Commodity Deliveries with Futures : Lessons from Metallgesellschaft », *Derivatives Quarterly*, Fall 1994, pp. 7-15.

CULP C.L. and MILLER M.H., « Metallgesellschaft and the Economics of Synthetic Storage », *Journal of Applied Corporate Finance*, vol. 7, n° 4, 1995, pp. 62-76.

CULP C.L. and MILLER M.H., « Hedging in the Theory of Corporate Finance : A Reply to our Critics », *Journal of Applied Corporate Finance*, n° 8(1), Spring 1995b, pp. 121-127.

DANTHINE J.P., « Information, Futures Prices, and Stabilizing Speculation », *Journal of Economic Theory*, February 1978, pp. 79-98.

DANTHINE J.P., « Martingale, Market Efficiency and Commodity Prices », *European Economic Review*, October 1977, pp. 1-17.

DANTHINE J.P. and ANDERSON R.W., *The Time Pattern of Hedging and the Volatility of Futures Prices*, Colombia University, Center for the Study of Futures Markets, Working Paper n° 7, April 1981.

DAWSON, P.J. and WHITE B., « Interdependencies between agricultural commodity futures prices on the Liffe », *Journal of Futures Markets*, n° 22(3), March 2002, pp. 269-280.

DEATON A. and LAROQUE G., « On the behaviour of commodity prices », *Review of Economic Studies*, n° 59(198), 1992, pp. 1-24.

DEATON A. and LAROQUE G., « Competitive storage and commodity price dynamics », *Journal of Political Economy*, n° 104(5), 1996, pp. 896-923.

DEAVES R. and KRINSKY I., « Do Futures Prices for Commodities Embody Risk Premiums ? », *The Journal of Futures Markets*, vol. 15, n° 6, 1995, pp. 637-648.

DOW J.C.R., « A Theorical Account of Futures Markets », *Review of Economic Studies*, 1940, pp. 185-195.

DRAPER D.W., « The Behavior of Event-Related Returns on Oil Futures Contracts », *The Journal of Futures Markets*, Summer 1984, pp. 125-132.

DUSAK K., « Futures Trading and Investor Returns : An Investigation of Commodity Market Risk Premiums », *Journal of Political Economy*, November-December 1973, pp. 1387-1406.

DUT H.R., FENTON J., SMITH J.D. and WANG G.H., « Crop Year Influences and Variability of the Agricultural Futures Spreads », *The Journal of Futures Markets*, 1997, pp. 341-367.

EDERINGTON L.H., « The Hedging Performance of the New Futures Markets », *The Journal of Finance*, n° 1, 1979, pp. 157-170.

EDWARDS F.R. and CANTER M.S., « The collapse of Metallgesellschaft : unhedgeable risks, poor hedging strategy, or just bad luck ? », *Journal of Futures Markets*, n° 15(3), 1995, pp. 221-264.

EHRHARDT M.C., JORDAN J.V. and WALKING R.A., « An Application of Arbitrage Pricing Theory to Futures Markets : Tests for Normal Backwardation », *The Journal of Futures Markets*, 1987, pp. 21-34.

EWING B. T. and HARTER C. L., « Co-movements of Alaska North Slope and UK Brent crude oil prices », *Applied Economics Letters*, n° 7(8), August 2000, pp. 553-558.

EYDELAND A. and GÉMAN H., « Pricing Power Derivatives », *Risk*, October 1998.

FALLOON W., « MG's Trial by Essay », *Risk*, n° 7(10), October 1994.

FAMA E.F. and FRENCH K.R., « Commodity Futures Prices : Some Evidence on Forecast Power, Premiums and the Theory of Storage », *Journal of Business*, January 1987, pp. 55-74.

FAMA E.F. and FRENCH K.R., « Business Cycles and the Behavior of Metal Prices », *The Journal of Finance*, n° 5, 1988, pp. 1075-1093.

FEDER G., JUST R.E. and SCHMITZ A., « Futures Markets and the Theory of the Firm under Price Uncertainty », *Quarterly Journal of Economics*, March 1980, pp. 317-328.

FLEMING J. and OSTDIEK B., « The impact of energy derivatives on the crude oil market », *Energy Economics*, n° 21(2), April 1999, pp. 135-168.

FORSYTHE R., PALFREY Th. and PLOTT Ch., « Futures Markets and Informational Efficiency : A Laboratory Explanation », *Journal of Finance*, September 1984, pp. 955-982.

FORT R. and QUIRK J., « Normal Backwardation and the Inventory Effect », *Journal of Political Economy*, 1988, pp. 81-98.

FORTENBERY T. R. and ZAPATA H.O., « Valuation of price linkages between futures and cash markets for cheddar cheese », *Journal of Futures Markets*, n° 17(3), May 1997, pp. 279-301.

FOSTER A., « Volume-volatility relationships for crude oil futures markets », *Journal of Futures Markets*, n° 15(8), December 1995, pp. 929-952.

FRECHETTE D.L. and FACKLER P.L., « What causes commodity price backwardation ? », *American Journal of Agricultural Economics*, n° 81(4), 1999, pp. 761-771.

FRENCH K., « A Comparison of Futures and Forward Prices », *Journal of Financial Economics*, November 1983, pp. 311-342.

FRYE J., « Principal of risk : finding VAR through factor-based interest rates scenarios », in *VAR : understanding and applying Value At Risk*, Risk Publications, London, 1997, pp. 275-288.

GABILLON J., « The Term Structure of Oil Futures Prices », Working Paper, Oxford Institute for Energy Studies, 1991.

GABILLON J., « A Two Variables Oil Future Pricing Model », Unpublished Paper, May 1992.

GABILLON J., « Analysing the Forward Curve », in *Managing Energy Price Risk*, Risk Publication, Enron, 1995.

GAMMIL J.F. Jr and STONE J.M., « Options, Futures, and Business Risk », *The Journal of Futures Markets*, Summer 1982, pp. 141-149.

GARBADE K.D. and SILBER W.L., « Cash Settlement of Futures Contracts : An Economic Analysis », *The Journal of Futures Markets*, Winter 1983, pp. 451-472.

GARBADE K.D. and SILBER W.L., « Futures Contracts on Commodities with Multiple Varieties : An Analysis of Premiums and Discounts », *Journal of Business*, July 1983, pp. 249-272.

GARBADE K.D. and SILBER W.L., « Price Movements and Price Discovery in Futures and Cash Markets », *Review of Economics and Statistics*, May 1983, pp. 289-297.

GAY G. and MANASTER S., « The Quality Option Implicit in Futures Contracts », *The Journal of Financial Economics*, September 1984, pp. 353-370.

GEHR Jr A.K., « Undated Futures Markets », *The Journal of Futures Markets*, February 1988, pp. 89-97.

GEMAN H., « Fundamentals of Energy Derivatives » *in Energy Modelling and the Management of Uncertainty,* Risk, 1999.

GEMMIL G.T., « Forward Contracts on International Buffer Stocks ? A Study of Their Relative Efficiencies in Stabilizing Export Earnings », The City University Business School, London, Working Paper n° 26, 1981.

GIBSON R. and SCHWARTZ E.S., « Valuation of Long Term Oil-Linked Assets », Working Paper, Anderson Graduate School of Management, University of California, Los Angeles, 1989.

GIBSON R. and SCHWARTZ E.S., « Stochastic Convenience Yield and the Pricing of Oil Contingent Claims », *The Journal of Finance*, July 1990, pp. 959-976.

GIRAUD P.N., « The Equilibrium Price Range of Oil ; Economics, Politics and Uncertainty in the Formation of Oil Prices », *Energy Policy*, 1995, pp. 35-49.

GIRMA P. B. and MOUGOUE M., « An empirical examination of the relation between futures spreads, volatility, volume and open interest », *Journal of Futures Markets*, n° 22(11), November 2002, pp. 1083-2003.

GIRMA P.B. and PAULSON A.S., « Seasonality in Petroleum Futures Spreads », *The Journal of Futures Markets*, 1998, pp. 581-598.

GOSS B.A., « The Forward Pricing Function of the London Metal Exchange », *Applied Economics,* June 1981, pp. 133-150.

GOSS B.A., « Aspects of Hedging Theory », *Australian Journal of Agricultural Economics*, December 1980, pp. 210-223.

GOSS B.A., « New Thoughts About Futures Markets », *The Banker,* November 1980, pp. 21-24.

GOSS B.A., « The Supply of Storage : Stein *vs*. Snape », *American Economic Review*, March 1979, pp. 200-202.

GOSS B.A., « A Note on Storage Market Equilibria of Brennan and Telser », *Australian Economic Papers*, 1970, pp. 273-278.

GRAF T.F., « Hedging – How Effective is it ? », *Journal of Farm Economics*, August 1953, pp. 398-413.

GRANT D. and EAKER M., « Complex Hedges : How Well Do They Work ? », *The Journal of Futures Markets*, 1989, pp. 15-27.

GRAUER F.L.A. and LITZENBERGER R.H., « Pricing of Commodity Futures Contracts, Nominal Bonds and Other Risky Assets Under Commodity Price Uncertainty », *Journal of Finance*, March 1979, pp. 69-83.

GRAY R.W., « Risk Management in Commodities and Financial Markets », *American Journal of Agricultural Economics*, May 1976, pp. 280-285.

GRAY R.W., « The Futures Market for Maine Potatoes : An Appraisal », *Food Research Institute Studies*, 1972, pp. 313-341.

GRAY R.W., « Price Effects of a Lack of Speculation », *Food Research Institute Studies*, 1968, Supplement, pp. 177-194.

GRAY R.W., « Why Does Futures Trading Succeed or Fail ? An Analysis of Selected Commodities », in *Futures Trading Seminar*, vol. III, Chicago Board of Trade (ed.), *op. cit.*, 1966, pp. 115-128.

GRAY R.W., « The Attack Upon Potato Futures Trading in the United States », *Food Research Institute Studies*, 1964, pp. 97-121.

GRAY R.W., « Onions Revisited », *Journal of Farm Economics*, May 1963, pp. 273-276.

GRAY R.W., « The Search for a Risk Premium », *Journal of Political Economy*, June 1961, pp. 250-260.

GRAY R.W., « The Characteristic Bias in Some Thin Futures Markets », *Food Research Institute Studies*, November 1960, pp. 296-312.

GRAY R.W., « Some Current Developments in Futures Trading », *Journal of Farm Economics*, May 1958, pp. 344-351.

GRAY R.W. and PECK A.E., « The Chicago Wheat Futures Markets : Recents Problems in Historical Perspective », *Food Research Institute Studies*, 1981, pp. 89-115.

GRAY R.W. and RUTLEDGE D.J.S., « The Economics of Commodity Futures Markets : A Survey », *Review of Marketing and Agricultural Economics*, December 1971, pp. 57-108.

GREENSTONE W.D., « The Coffee Cartel : Manipulation in the Public Interest », *The Journal of Futures Markets*, Spring 1981, pp. 3-16.

GREGORY O., « Banking and Commodity Market Structure : The Early Chicago Board of Trade », *Review of Research in Futures Markets*, 1983, pp. 168-189.

GROSSMAN S., « The Existence of Futures Markets, Noisy Rational Expectations and Informational Externalities », *Review of Economic Studies*, October 1977, pp. 431-449.

HAMMOUDEH S., LI H. and BANG J., « Causality and volatility spillovers among petroleum prices of WTI, gasoline and heating oil in different locations », *North American Journal of Economics & Finance*, n° 14(1), March 2003, p. 89.

HARLOW C.V. and TEWELES R.J., « Commodities and Securities Compared », *Financial Analysts Journal*, September-October 1972, pp. 64-70.

HAUSER R.J. and NEFF D., « Export-Import Risks at Alternative Stages of US Grain Export Trade », *The Journal of Futures Markets*, September 1993, pp. 579-595.

HAWTREY R.G., « Mr. Kaldor and the Forward Market », *Review of Economic Studies*, 1939-40, pp. 202-205.

HAYENGA M.L. and DIPIETRE D.D., « Cross Hedging Wholesale Pork Products Using Live Hog Futures », *American Journal of Agricultural Economics*, 1982, pp. 747-751.

HAYENGA M.L. and DIPIETRE D.D., « Hedging Wholesale Meat Prices : Analysis of Basis Risk », *The Journal of Futures Markets*, Summer 1982, pp. 131-140.

HAYENGA M.L., DIPIETRE D.D., SKADBERG J.M. and SCHROEEDER T.C., « Profitable Hedging Opportunities and Risk Premiums for Products in Live Cattle and Live Hog Futures Markets », *The Journal of Futures Markets*, Summer 1984, pp. 141-154.

HEATH D., JARROW R. and MORTON A., « Bond pricing and the term structure of interest rates : a new methodology for contingent claims valuation », *Econometrica*, n° 60(1), 1992, pp. 77-106.

HEIFNER R.G., « Optimal Hedging Level and Hedging Effectiveness in Cattle Feeding », *Agricultural Economics Research*, April 1972, pp. 25-36.

HEINKEL R., HOWE M.E. and HUGHES J.S., « Commodity convenience yields as an option profit », *The Journal of Futures Markets*, n° 10(5), 1990, pp. 519-533.

HELMS B.P., KAEN F.R. and ROSENMAN R.E., « Memory in Commodity Futures Contracts », *The Journal of Futures Markets*, Winter 1984, pp. 559-567.

HELMUTH J.W., « A Report on the Systematic Downward Bias in Live Cattle Futures Prices », *The Journal of Futures Markets*, Fall 1981, pp. 347-358.

HESTON S., « A closed form solution for options with stochastic volatility with applications to bonds and currency options », *Review of Financial Studies*, n° 6(2), 1993, pp. 327-343.

HIERONYMUS T.A., « Survival and Change : Post World War II at the Chicago Board of Trade », *Review of Research in Futures Markets*, October 1985, pp. 17-21.

HIERONYMUS T.A., « New Concepts in Futures Trading : What's Behind the Growing Interest », *Bankers Monthly*, November 1967.

HILLIARD J.E. and REIS J., « Valuation of Commodity Futures and Options under Stochastic Convenience Yield, Interest Rates, and Jump Diffusions in the Spot », *Journal of Financial and Quantitative Analysis*, March 1998, pp. 61-86.

HIRSCHFELD T.A., « A Fundamental Overview of the Energy Futures Markets », *The Journal of Futures Markets*, Spring 1983, pp. 75-100.

HIRSHLEIFER J., « Speculation and Equilibrium : Information, Risk, and Markets », *Quarterly Journal of Economics*, November 1975.

HOLT M.T., « Market efficiency in agricultural futures markets », *Applied Economics*, n° 34(12), August 2002, pp. 1519-1533.

HOLTHAUSEN D., « Hedging and the Competitive Firm Under Price Uncertainty », *American Economic Review*, December 1979, pp. 989-995.

HOLTHAUSEN D. and HUGHES J., « Commodity Returns and Capital Asset Pricing », *Financial Management*, Summer 1978, pp. 37-44.

HOSS S. and WORKING H, « Price Relations of Liverpool Wheat Futures with Special Reference to the December-March Spread », *Wheat Studies of The Food Research Institute*, November 1940.

HOUTHAKKER H.S., « Normal Backwardation », *in* J.N. Wolfe (ed.), *Value, Capital and Growth : Papers in Honour of Sir John R. Hicks*, Aldine, Chicago, 1968.

HOUTHAKKER H.S., « The Scope and Limits of Futures Trading », *in* P.A. Baran, T. Scitovsky and E.S. Shaw (eds.), *The Allocation of Economic Resources*, Stanford University Press, Stanford, 1959, pp. 134-159.

HOUTHAKKER H.S., « Restatement of the Theory of Normal Backwardation », *Cowles Foundation Discussion Paper*, n° 44, December 1957.

HOUTHAKKER H.S., « Can Speculators Forecast Prices ? », *Review of Economics and Statistics*, May 1957, pp. 143-151.

HOUTHAKKER H.S., « Commodity Futures ; Static Theory », *Cowles Commission Discussion Paper*, November 1953.

HOUTHAKKER H.S. and TELSER L.G., « Commodity Futures : Gains and Losses of Hedgers and Futures Speculators », *Cowles Commission Discussion Paper*, December 1952.

HOWARD Ch. and ANTONIO (d') L., « A Risk-Return Measure of Hedging Effectiveness », *Journal of Financial and Quantitative Analysis*, March 1984, pp. 101-112.

HOWELL L.D., « Analysis of Hedging and Other Operations in Grain Futures », *United States Department of Agriculture Technical Bulletin*, n° 971, August 1948.

HOWELL L.D. and WATSON L.J., « Relation of Spot Cotton Prices to Prices of Futures Contracts and Protection Afforded by Trading in Futures », *United States Department of Agriculture Technical Bulletin*, n° 602, 1938.

IRWIN H.S., « The Nature of Risk Assumption in the Trading on Organized Exchanges », *American Economic Review*, 1937.

ISLAM T., « Structure of Futures Contract, Difference System and Hedging Effectiveness », *Indian Economic Journal*, 1973.

JARROW R.A. and OLDFIELD G.S., « Forward Contracts and Futures Contracts », *Journal of Financial Economics*, December 1981, pp. 373-382.

JAVAHERI A., LAUTIER D. and GALLI A., « Filtering in finance », *Wilmott magazine,* May 2003, n° 5, pp. 67-83.

JOHNSON J.J., « How a Pharmaceutical Company Uses the Futures Markets for Cross-Hedging », *Review of Research in Futures Markets*, 1982, pp. 238-246.

JOHNSON L.L., « Price Instability, Hedging and Trade Volume in the Coffee Futures Market », *Journal of Political Economy*, August 1957.

JOHNSON L.L., « The Theory of Hedging and Speculation in Commodity Futures », *Review of Economic Studies*, June 1960, pp. 139-151.

JONES F.J., « The Economics of Futures and Options Contract-Based on Cash Settlement », *The Journal of Futures Markets*, Spring 1982, pp. 63-82.

JUMAH A. and KARBUZ S., « Interest rate differentials, market integration, and the efficiency of commodity futures markets », *Applied Financial Economics*, n° 9(1), February 1999, pp. 101-109.

KALDOR N., « A Note on the Theory of the Forward Market », *Review of Economic Studies*, June 1940, pp. 196-201.

KALDOR N., « Speculation and Economic Stability », *Review of Economic Studies*, October 1939, pp. 1-27.

KAMARA A., « Issues in Futures Markets : A Survey », *The Journal of Futures Markets*, Fall 1982, pp. 261-294.

KELLARD N. and NEWBOLD P., « The relative efficiency of commodity futures markets », *Journal of Futures Markets*, n° 19(4), June 1999, pp. 413-433.

KENYON D. and KINGSLEY S., « An Analysis of Anticipatory Short Hedging Using Predicted Harvest Basis », *Southern Journal of Agricultural Economics*, July 1973, pp. 199-203.

KEYNES J.M., « Some Aspects of Commodity Markets », *Manchester Guardian Commercial : European Reconstruction Series*, March 29, 1923, pp. 784-786.

KHOURY N.T. and MARTEL J.-M., « A Supply of Storage Theory with Asymmetric Information », *The Journal of Futures Markets*, 1989, pp. 573-581.

KILB R., JORDAN J. and GAY G.D., « Futures Prices and Expected Futures Spot Prices », *Review of Research in Futures Markets*, 1983, pp. 110-123.

KING J., « Testing the Efficient Markets Hypothesis with Futures Markets Data : Forecast Errors, Model Predictions and Live Cattle », *Australian Economic Papers*, n° 40(4), December 2001, pp. 581-585.

KLEIT A.N., « Are regional oil markets growing closer together ? An arbitrage cost approach », *Energy Journal*, n° 22, 2001, pp. 1-15.

KNEZ P.J., LITTERMAN R. and SCHEINKMAN J., « Explorations into factors explaining money market returns », *Journal of Finance*, n° 49(5), 1994, pp. 1861-1882.

KOFI T.A., « A Framework for Comparing the Efficiency of Futures Markets », *American Journal of Agricultural Economics*, November 1973, pp. 584-594.

KOLB R.W., « Is Normal Backwardation Normal ? », *The Journal of Futures Markets*, February 1992, pp. 75-91.

KOLB R.W., « The Performance of Live Cattle Futures as Predictors of Subsequent Spot Prices », *The Journal of Futures Markets*, Spring 1983, pp. 55-63.

KOLB R.W., « The Systematic Risk of Futures Contracts », *The Journal of Futures Markets*, 1996, pp. 631-654.

KOLB R.W., GAY G.D. and HUNTER W., « Liquidity and Capital Requirements for Futures Markets Hedges », *Review of Research in Futures Markets*, vol. IV, n° 1.

KRAPELS E.N., « Paper Oil : The State of the Markets and the Uses of Their Instruments », Energy Security Analysis Inc., 1996.

KRAPELS E.N., « Metallgesellschaft-Angst : How not to Become your own Market Discontinuity », *in* Energy Security Analysis, Inc. (ESAI) Paper Oil Study, *The State of the Markets and the Uses of Their Instruments*, Washington D.C., January 1996.

KROCH E., « Do Futures Markets Help Intertemporal Allocation of Resources ? », *The Journal of Futures Markets*, Winter 1983, pp. 317-332.

KROLL S., « Commodity Hedging for Insurance and Profit », *CPA Journal*, April 1972, pp. 303-307.

KULP C.A., « Possibilities of Organized Markets in Various Commodities », *The Annals of the American Academy of Political and Social Science*, May 1931.

KUSHNER H.J., « Approximations to optimal non linear filters », *IEEE Transactions on Automatic Control*, n° 12, 1967.

KYLE A.S., « Informational Efficiency and Liquidity in a Continuous Auction Futures Market », Columbia University, Center for the Study of Futures Markets, Working Paper, n° 25, April 1984.

LABYS W.C. and THOMAS H.C., « Speculation, Hedging and Commodity Price Behaviour : An International Comparison », *Applied Economics*, December 1975, pp. 287-301.

LABYS W.C., REES H.J.B. and ELLIOTT C.M., « Copper Price Behaviour and the London Metal Exchange », *Applied Economics*, June 1971, pp. 99-113.

LARSON A.B., « Estimation of Hedging and Speculative Position in Futures Markets », *Food Research Institute Studies*, 1961, pp. 203-212.

LAUTIER D. et GALLI A., « Un modèle des prix à terme des matières premières avec rendement d'opportunité asymétrique », *Finéco,* n° 11, décembre 2001, pp. 73-95.

LAUTIER D., « Trois modèles de structure par terme des prix du pétrole : une comparaison », *Banques et Marchés,* n° 57, mars 2002, pp. 46-57.

LAUTIER D., « Les options réelles : une idée séduisante - un concept utile et multiforme - un instrument facile à créer mais difficile à valoriser », *Economies et sociétés*, EN 9(2-3), février-mars 2003 a, pp. 403-432.

LAUTIER D., « Valuation of an oil field using real options and the information provided by term structures of commodity prices », *7th annual conference on real options*, Washington, July 2003 b.

LAUTIER D. et SIMON Y., « La volatilité des prix des matières premières », *Revue d'Economie Financière*, n° 74, mai 2003, pp. 45-84.

LAUTIER D. and GALLI A., « Simple and extended Kalman filters : an application to term structures of commodity prices », *Applied Financial Economics*, vol. 14, n° 13, September 2004, pp. 963-974.

LAUTIER D., « Term structure of crude oil futures prices : a principal component analysis », *Banques et Marchés*, n° 76, 2005 a, pp. 72-80.

LAUTIER D., « Term structure models of commodity prices : a review », *Journal of Alternative Investments*, Summer 2005 b, pp. 42-64.

LAUTIER D., « A matter of principal », *Energy Risk*, November 2005 c, pp. 58-62.

LAUTIER D., « Segmentation in the crude oil term structure », *Finance India*, volume 9, n° 4, December, 2005 d, pp. 1003-1020.

LAUTIER D., « Les opérations de Metallgesellschaft sur les marchés à terme de produits pétroliers : spéculation ou couverture ? », *Finance-Contrôle-Stratégie*, septembre 1998, pp. 107-129.

LEE C.F. and LEUTHOLD R., « Investment Horizon, Risk, and Return in Commodity Futures Markets : An Empirical Analysis with Daily Data », *Quarterly Review of Economics and Business*, Autumn 1983, pp. 6-18.

LEISTIKOW D., « The Relative Responsiveness To Information and Variability of Storable Commodity Spot and Futures Prices », *Journal of Futures Markets*, n° 10(4), 1990, pp. 377-396.

LEUTHOLD R.M., « Commercial Use and Speculative Measures of the Livestock Commodity Futures Markets », *The Journal of Futures Markets*, Summer 1983, pp. 113-135.

LITTERMAN R. and SCHEINKMAN S., « Common factors affecting bond returns », *Journal of Fixed Income*, n° 1(1), 1991, pp. 54-61.

LITZENBERGER H.R. and RABINOWITZ N., « Backwardation in Oil Futures Markets : Theory and Empirical Evidence », *The Journal of Finance*, December 1995, pp. 1517-1545.

LONG D., « Oil Stocks », *Oxford Energy Forum*, November 1996.

LOVELL M. and VOGEL R., « A CPI-Futures Markets », *Journal of Political Economy*, July-August 1973, pp. 1009-1012.

LOW A. H.W. and MUTHUSWAMY J., « Arbitrage, cointegration, and the joint dynamics of prices across discrete commodity futures », *Journal of Futures Markets*, October 1999, n° 19(7), pp. 799-816.

MCKINNON R.I., « Futures Markets and Buffer Stocks : A Reply to William Poole », *Journal of Political Economy*, March 1971, pp. 351-355.

MCKINNON R.I., « Futures Markets, Buffer Stocks and Income Stability for Primary Producers », *Journal of Political Economy*, November-December 1967, pp. 844-861.

MANDELBROT B., « The Variation of Some Other Speculative Prices », *Journal of Business*, October 1967, pp. 393-413.

MANDELBROT B., « Forecasts of Futures Prices, Unbiaised Markets and Martingale Models », *Journal of Business*, January 1966.

MANDELBROT B., « The Variation of Certain Speculative Prices », *Journal of Business*, October 1963, pp. 242-255.

MANN J., « Intraday Commodity Price Movements », *Agricultural Economics Research*, April 1980, pp. 44-47.

MANN J.S. and HEIFNER R.G., « The Distribution of Short Run Commodity Price Movements », *United States Department of Agriculture Technical Bulletin*, n° 1536, March 1976.

MARCUS A., « Efficient Asset Portfolios and the Theory of Normal Backwardation : a Comment », *Journal of Political Economy*, 1984, pp. 162-164.

MARTELL T.F. and WOLF A.S., « Determinants of Trading Volume in Futures Markets », *The Journal of Futures Markets*, 1987, pp. 233-244.

MAYHEW S., « The impact of derivatives on cash markets : what have we learned ? », *Working Paper, University of Georgia*, Athens, 2000.

MAZAHERI A., « Convenience yield, mean reverting prices, and long memory in the petroleum market », *Applied Financial Economics*, n° 9(1), 1999, pp. 31-50.

MEHL J.M., « Hedging in Grain Futures », *United States Department of Agriculture Circular*, n° 151, June 1931.

MELLO A.S. and PARSONS J.E., « Maturity of a Hedge Matters : Lessons From the Metallgesellschaft Debacle », *Journal of Applied Corporate Finance*, n° 1, 1995, pp. 106-121.

MIFFRE J., « Normal Backwardation is Normal », *The Journal of Futures Markets*, vol. 20, n° 9, 2000, pp. 803-821.

MILONAS N., « Price variability and the maturity effect », *Journal of Futures Markets*, n° 6, 1986, pp. 443-460.

MILONAS N.T. and THOMADAKIS S.B., « Convenience yields as call options : an empirical analysis », *Journal of Futures Markets*, n° 17(1), 1997, pp. 1-15.

MILONAS T.N. and HENKER T., « Price spread and convenience yield behaviour in the international oil market », *Applied Financial Economics*, n° 11, 2001, pp. 23-36.

MILTERSEN K.R. and SCHWARTZ E.S., « Pricing of Options on Commodity Futures with Stochastic Term Structures of Convenience Yields and Interest Rates », *Journal of Financial and Quantitative Analysis*, March 1998, pp. 33-59.

MODIGLIANI F. and SUTCH R., « Innovations in interest rate policy », *American Economic Review*, n° 56, 1966, pp. 178-197.

MOOSA I.A. and AL-LOUGHANI N.E., « The Effectiveness of Arbitrage and Speculation in the Crude Oil Futures Markets », *The Journal of Futures Markets*, n° 2, 1995, pp. 167-186.

MOOSA I. A. and SILVAPULLE P., « The price-volume relationship in the crude oil futures market », *International Review of Economics & Finance*, n° 9(1), 2000, pp. 11-31.

MUTH J., « Rational Expectations and the Theory of Price Movements », *Econometrica*, vol. 29, 1961.

NELSON R.D. and COLLINS R.A., « A Measure of Hedging's Performance », *The Journal of Futures Markets*, Spring 1985, pp. 45-55.

NEUBERGER A., « Hedging long-term exposures with multiple short-term futures contracts », *The Review of Financial Studies*, n° 12(3), Fall 1999, pp. 429-459.

NG V.K. and PIRRONG S.C., « Fundamentals and volatility : storage, spreads, and the dynamics of metals prices », *Journal of Business*, n° 67(2), 1994, pp. 203-230.

NOWMAN K. B and WANG H., « Modelling commodity prices using continuous time models », *Applied Economics Letters*, n° 8(5), 2001, pp. 341-345.

O'BRIEN T. and SCHWARZ P., « Ex-Ante Evidence of Backwardation/ Contango in Commodities Futures Markets », *The Journal of Futures Markets*, Summer 1982, pp. 159-168.

OUATTARA K., SCHROEDER T.C. and SORENSON L.O., « Potential Use of Futures Markets for International Marketing of Côte d'Ivoire Coffee », *The Journal of Futures Markets*, April 1990, pp. 113-121.

OVERDAHL J.A., « The Use of Crude Oil Futures by the Governments of Oil-Producing States », *The Journal of Futures Markets*, December 1987, pp. 603-617.

PALME Jr L.A. and GRAHAM J., « The Systematic Downward Bias in Live Cattle Futures : An Evaluation », *The Journal of Futures Markets*, Fall 1981, pp. 359-366.

PARK H., « Reexamination of Normal Backwardation Hypothesis in Futures Markets », *The Journal of Futures Markets*, 1985, pp. 505-515.

PARK H.Y. and CHEN A.H., « Differences Between Futures and Forward Prices : A Further Investigation of the Marking-to-Market Effect », *The Journal of Futures Markets*, Spring 1985, pp. 77-88.

PARROTT R., « A Professional's View of Hedging », *Business Horizons*, June 1977.

PAUL A.B., « The Past and Future of the Commodities Exchange », *Agricultural History*, January 1982, pp. 287-305.

PAUL A.B., « The Pricing of Binspace : A Contribution to the Theory of Storage », *American Journal of Agricultural Economics*, 1970, pp. 1-12.

PAUL A.B., « Treatment of Hedging in Commodity Market Regulation », *United States Department of Agriculture Technical Bulletin*, n° 1538, 1976.

PAUL A.B., KAHL H. and TOMEK W.G., « Performances of Futures Markets, the Case of Potatoes », *United States Department of Agriculture Technical Bulletin*, n° 1936, 1981.

PECK A.E., « Estimation of Hedging and Speculative Positions on Futures Markets Revisited », *Food Research Institute Studies*, 1982, pp. 181-195.

PECK A.E., « The Influence of Hedging on Futures Markets Activity : Some Further Evidence », in *Proceedings of the International Futures Trading Seminar*, vol. VII, Chicago Board of Trade (ed.), *op. cit.*, 1980, pp. 1-23.

PECK A.E., « Reflections of Hedging on Futures Markets Activity », *Food Research Institute Studies*, 1980, pp. 327-349.

PECK A.E., « Futures Markets, Supply Response and Price Stability », *The Quarterly Journal of Economics*, August 1976, pp. 407-423.

PECK A.E., « Hedging and Income Stability : Concepts, Implications and an Example », *American Journal of Agricultural Economics*, August 1975, pp. 409-419.

PECK A.E. and WILLIAMS J., « Basis Convergence and Hedging Effectiveness », *Food Research Institute Studies*, n° 2, 1991, pp. 195-214.

PECK A.E. and WILLIAMS J., « Deliveries on Chicago Board of Trade Wheat, Corn and Soybean Futures Contracts », *Food Research Institute Studies*, n° 2, 1991, pp. 129-136.

PESTON M.H. and YAMEY B.S., « Inter-Temporal Prices Relationships with Forward Markets : A Method of Analysis », *Economica*, November 1960, pp. 355-364.

PETZEL T.E., « International Use of US Futures Markets », *American Journal of Agricultural Economics*, 1985, pp. 999-1001.

PHILIP J., « The Theory and Practice of Futures Trading », *Review of Marketing and Agricultural Economics*, June 1966, pp. 43-63.

PIDGEON E., « Factors Affecting Corn Basis in Southwestern Ontario », *American Journal of Agricultural Economics*, February 1980, pp. 107-112.

PIRRONG S.C., « Metallgesellschaft : A Prudent Hedger Ruined, or a Wildcatter on Nymex ? », *The Journal of Futures Markets*, 1997, pp. 543-578.

POITRAS G., « Hedging and Crop Insurance », *The Journal of Futures Markets*, June 1993, pp. 373-388.

POOLE W., « McKinnon on Futures Markets and Buffer Stocks », *Journal of Political Economy*, September-October 1970, pp. 1185-1190.

POWERS M.J., « Does Futures Trading Reduce Price Fluctuations in the Cash Markets ? », *American Economic Review*, June 1970, pp. 460-464.

POWERS M.J., « Effects of Contract Provisions on the Success of a Futures Contract », *Journal of Farm Economics*, November 1967, pp. 833-843.

QUANTZ L.E. and HAWKINS M.H., « Futures Trading : A Review », *Canadian Journal of Agricultural Economics*, July 1974, pp. 48-54.

RAYNAULD J. and TESSIER J., « Risk Premiums in Futures Markets : An Empirical Investigation », *The Journal of Futures Markets*, Summer 1984, pp. 189-211.

RICHARD S.F. and SUNDARESAN M., « A Continuous Time Equilibrium Model of Forward Prices and Futures Prices in a Multigood Economy », *Journal of Financial Economics*, December 1981, pp. 347-371.

RICHARDSON R.A. and FARRIS P.L., « Farm Commodity Price Stabilization Through Futures Markets », *American Journal of Agricultural Economics*, May 1973, pp. 225-230.

RICHTER M.C. and SORENSEN C., « Stochastic volatility and seasonality in commodity futures and options : the case of soybeans », *Working paper, Copenhagen Business School*, 2002.

ROCKWELL C.S., « Normal Backwardation, Forecasting and the Returns to Commodity Futures Traders », *Food Research Institute Studies*, 1967, Supplement, pp. 107-130.

ROEBER J. and KENNINGTON A., « Futures Trading and the Oil Industry : A Slow Revolution », *Journal of Energy and Natural Resources Law*, 1985, pp. 21-30.

ROLFO J., « Optimal Hedging Under Price and Quantity Uncertainty, The Case of a Cocoa Producer », *Journal of Political Economy*, February 1980, pp. 100-116.

ROSS S.A., « Hedging long run commitments : exercises in incomplete market pricing », *Working Paper, Yale School of Management*, 1995.

ROTHSTEIN M., « The Rejection and Acceptance of a Marketing Innovation ; Hedging in the Late 19th Century », *Review of Research in Futures Markets*, 1983, pp. 200-214.

ROUTLEDGE B.R., SEPPI D.J. and SPATT C.S., « Equilibrium Forward Curves for Commodities », *The Journal of Finance*, June 2000, pp. 1297-1338.

RUTLEDGE D.J.S., « Estimation of Hedging and Speculative Positions in Futures Markets : An Alternative Approach », *Food Research Institute Studies*, 1977, pp. 205-211.

RUTLEDGE D.J.S., « Hedgers'Demand for Futures Contracts : A Theoretical Framework with Applications to the United States Soybean Complex », *Food Research Institute Studies*, 1972, pp. 227-256.

SAMUELSON P.A., « Intertemporal Price Equilibrium : A Prologue to the Theory of Speculation », in *The Collected Scientific Papers of P.A. Samuelson*, vol. 2, J.E. Stiglitz (ed.), MIT Press, Cambridge, Mass., 1966, pp. 181-219.

SAMUELSON P.A., « Proof that properly anticipated prices fluctuate randomly », *Industrial Management Review*, n° 6, Spring 1965, pp. 41-49.

SANDOR R.L., « Innovation by an Exchange : A Case Study of the Plywood Futures Contract », *Journal of Law and Economics*, April 1973, pp. 119-136.

SCHEALES T.C. and TOMEK W.G., « Hedging Australian Wheat Export Using Futures Markets », *The Journal of Futures Markets*, 1987, pp. 519-553.

SCHEU J.J., « Hedging Reducing the Risks of Trading in Actual Coffee », *Tea and Coffee Trade Journal*, 1973, pp. 20-27.

SCHNEIDAU R.E., « Some Hypothesis on the Success or Failure of Futures Contracts », *in* H.H. Bakken (ed.), *Futures Tradings in Livestock*, *op. cit.*, pp. 139-143.

SCHOLES M.S., « The Economics of Hedging and Spreading in Futures Markets », *The Journal of Futures Markets*, Summer 1981, pp. 265-286.

SCHROCK N.W., « The Theory of Asset Choice : Simultaneous Holding of Short and Long Positions in the Futures Markets », *Journal of Political Economy*, March-April 1971, pp. 270-293.

SCHWARTZ E.S., « The Stochastic Behavior of Commodity Prices : Implications for Valuation and Hedging », *The Journal of Finance*, July 1997, pp. 923-973.

SCHWARTZ E.S., « Valuing Long Term Commodity Assets », *Journal of Energy Finance and Development*, 1998, pp. 85-99.

SCHWARTZ E.S. and SMITH J.E., « Short-term variations and long-term dynamics in commodity prices », *Management Science*, n° 46, 2000, pp. 893-911.

SHAFER C.E., « Hedge Ratios and Basis Behavior : An Intuitive Insight ? », *The Journal of Futures Markets*, December 1993, pp. 837-847.

SHEFRIN H.M., « Transaction Costs, Uncertainty and Generally Inactive Futures Markets », *Review of Economic Studies*, January 1981, pp. 131-137.

SILBER W.L., « Innovation, Competition, and New Contract Design in Futures Markets », *The Journal of Futures Markets*, Summer 1981, pp. 123-155.

SILBER W.L., « Towards a Theory of Financial Innovation », *in* W.L. Silber (ed.), *Financial Innovation,* Heath, Boston, 1975.

SILVAPULLE P. and MOOSA I.A., « The Relationship Between Spot and Futures Prices : Evidence From the Crude Oil Market », *The Journal of Futures Markets*, 1999, pp. 175-193.

SIMON Y., « Les marchés dérivés pétroliers », in *Le nouveau marché pétrolier. D'où vient-t-on ? Où va-t-on ?*, P. Mentré (ed.), Edition Rive Droite, Paris, 1994, pp. 37-83.

SIMON Y., « L'impact des marchés dérivés sur les prix et l'organisation structurelle du secteur pétrolier », in *Mélanges en l'honneur de Jean-Guy Mérigot*, Economica, Paris, 1992, pp. 275-294.

SIMON Y., « Les marchés à terme de produits pétroliers », L'actualité économique, *Revue canadienne d'analyse économique*, septembre 1984, pp. 375-406.

SIMON Y., « Marché à terme et gestion des ressources naturelles », in *La gestion des ressources naturelles d'origine agro-alimentaire*, Ph. Kahn (ed.), Editions Techniques, Paris, 1984, pp. 133-209.

SIMON Y., « Les interventions des pays producteurs sur les marchés à terme de marchandises, l'exemple du groupe de Bogota », in C. Mouton et Ph. Chalmin (eds.), *Commerce international et matières premières*, Economica, Paris, 1981, pp. 131-137.

SMITH N., « Commodities Futures Trading », *Drake Law Review*, Fall 1975, pp. 1-60.

SMITH J.E. and MCCARDLE K.F., « Valuing oil properties : integrating option pricing and decision analysis approaches », *Operations Research*, n° 46(2), 1998, pp. 198-217.

SNAPE R.H., « Forward Exchange and Futures Markets », *in* M.C. Dougall & R.H. Snape (eds.), *Studies in International Ecomomics*, North Holland, pp. 207-224.

SNAPE R.H., « Price Relationships on the Sydney Wool Futures Market », *Economica*, May 1969, pp. 169-178.

SNAPE R.H. and YAMEY B.S., « Test of the Effectiveness of Hedging », *Journal of Political Economy*, October 1965, pp. 540-544.

SNIDER T.E., « Using the Futures Market to Hedge : Some Basic Concepts », *Federal Reserve Bank of Richmond Monthly Review*, August 1973, pp. 2-7.

STEIN J.L., « Spot, Forward and Futures », *in* H. Levy (ed.), *Research in Finance*, JAI Press, Greenwich, Conn., 1979, pp. 225-310.

STEIN J.L., « Destabilizing Speculative Activity Can be Profitable », *Review of Economics and Statistics*, August 1961, pp. 301-302.

STEIN J.L., « The Simultaneous Determination of Spot and Futures Prices », *American Economic Review*, December 1961, pp. 1012-1025.

STEVENS N., « The Futures Market for Farm Commodities - What it Can Mean to Farmers », *Federal Reserve Bank of St. Louis Review*, August 1973, pp. 10-15.

STEWART B., « An Analysis of Speculative Trading in Grain Futures », *United States Department of Agriculture Technical Bulletin*, n° 1001, October 1949.

STIGLITZ J., « Risk, Futures Markets and the Stabilization of Commodity Prices », Columbia University, Center for the Study of Futures Markets, Working Paper n° 25, September 1980.

STOLL H.R., « Commodity Futures and Spot Price Determination and Hedging in Capital Market Equilibrium », *The Journal of Financial and Quantitative Analysis*, November 1979, pp. 873-894.

STOREY G., « The Role of Futures Markets in Achieving Agricultural Stability », *Canadian Journal of Agricultural Economics*, March 1976, pp. 91-105.

STULZ R.M., « Optimal Hedging Policies », *Journal of Financial and Quantitative Analysis*, June 1984, pp. 127-140.

STYKOLT S. and SCOTT A., « The Trader's Behaviour in the Market Period », *Review of Economic Studies*, 1955, pp. 193-203.

TAYOR G.S. and LEUTHOLD R.M., « The Influence of Futures Trading on Cash Cattle Price Variations », *Food Research Institute Studies*, 1974, pp. 29-36.

TELSER L.G., « Margins and Futures Contracts », *The Journal of Futures Markets*, Summer 1981, pp. 225-253.

TELSER L.G., « Why There are Organized Futures Markets », *Journal of Law and Economics*, April 1981, pp. 1-22.

TELSER L.G., « The Supply of Speculative Services in Wheat, Corn and Soybeans », *Food Research Institute Studies*, 1967, Supplément, pp. 131-176.

TELSER L.G., « Returns to Speculators : Telser versus Keynes : Reply », *Journal of Political Economy*, August 1960, pp. 404-415.

TELSER L.G., « A Theory of Speculation Relating Profitability and Stability », *Review of Economics and Statistics*, August 1959, pp. 295-301.

TELSER L.G., « Futures Trading and the Storage of Cotton and Wheat », *Journal of Political Economy*, June 1958, pp. 233-255.

TELSER L.G., « Safety First and Hedging », *Review of Economic Studies*, December 1955, pp. 1-16.

TELSER L.G. and HIGINBOTHAM H.N., « Organized Futures Markets : Cost and Benefits », *Journal of Political Economy*, October 1977, pp. 960-1000.

THOMPSON S., « Use of Futures Markets for Export by Less Developed Countries », *American Journal of Agricultural Economics*, 1985, pp. 986-991.

THOMPSON S., « Returns to Storage in Coffee and Cocoa Futures Markets », *The Journal of Futures Markets*, Winter 1986, pp. 541-564.

THOMPSON S. and BOND G.E., « Basis and Exchange Rate Risk in Offshore Futures Trading », *American Journal of Agricultural Economics*, 1985, pp. 980-985.

THOMPSON S., MCNEIL T.J. and EALES J.P., « Expiration and Delivery on the World Sugar Futures Contract », *The Journal of Futures Markets*, April 1990, pp. 153-168.

TOLMASKY C. and HINDANOV D., « Principal component analysis for correlated curves and seasonal commodities : the case of the petroleum market », *Journal of Futures Markets*, n° 22(11), 2002, pp. 1019-1035.

TOMEK W.G., « Futures Trading and Market Information : Some New Evidence », *Food Research Institute Studies*, 1979-1980, pp. 351-359.

TOMEK W.G., « A Note on Historical Wheat Prices and Futures Trading », *Food Research Institute Studies*, 1971, pp. 109-113.

TOMEK W.G. and GRAY R.W., « Temporal Relationships Among Prices on Commodity Futures Markets : Their Allocative and Stabilizing Roles », *American Journal of Agricultural Economics*, 1970, pp. 372-380.

TOMEK W.G. and ROBINSON K.L., « Agricultural price analysis and outlook », *in* Martin L.R. (ed.), *A survey of agricultural economics literature*, University of Minnesota, Minneapolis, 1977, vol. 1.

TURNOVSKY S.J., « Futures Markets, Private Storage, and Price Stabilization », *Journal of Public Economics*, December 1979, pp. 301-327.

TURNOVSKY S.J., « The Determination of Spot and Futures Prices with Storable Commodities », *Econometrica*, vol. 51, n° 5, 1983.

VAILE R.S., « Inverse Carrying Charges in Futures Markets », *Journal of Farm Economics*, August 1948, pp. 574-575.

VELD-MERKOULOVA Y.V. and DE ROON F.A., « Hedging long-term commodity risk », *Journal of Futures Markets*, n° 23(2), 2003, pp. 109-133.

VERLEGER P.K., « Paper Oil : The Link Between Financial and Physical Markets », Charles River Associates, Boston, Washington, Palo Alto, 1996.

VERLEGER P.K., « Was Metallgesellschaft's Use of Petroleum Futures Part of a Rational Corporate Strategy ? », *Journal of Energy Finance and Development*, 1999, pp. 89-115.

VERLEGER P.K. JR., « The Metallgesellschaft Saga : Fact, Surmise, and Implications », *Institute for International Economics,* January 1994.

WARD R.W. and DASSE F.A., « Empirical Contributions to Basis Theory : The Case of Citrus Futures », *American Journal of Agricultural Economics*, February 1977, pp. 71-80.

WARD R.W. and FLETCHER L.B., « From Hedging to Pure Speculation : A Micro Model of Optimal Futures and Cash Market Position », *American Journal of Agricultural Economics*, February 1971, pp. 71-78.

WARD R.W. and SCHIMKAT G.E., « Risk Ratios and Hedging : Florida Feeder Cattle », *Southern Journal of Agricultural Economics*, 1979, pp. 71-77.

WEYMAR F.H., « The Supply of Storage Revisited », *American Economic Review*, December 1966, pp. 1226-1234.

WILLIAMS J.C., « The Origin of Futures Markets », *Agricultural History*, January 1982, pp. 306-316.

WILLIAMS J. and WRIGHT B., « A Theory of Negative Prices for Storage », *The Journal of Futures Markets*, 1989, pp. 1-13.

WITHERSPOON J.T., « How Price Discovery by Futures Impacts the Cash Market », *The Journal of Futures Markets*, August 1993, pp. 469-496.

WORKING H., « Tests of a Theory Concerning Floor Trading on Commodity Exchanges », *Food Research Institute Studies*, 1967, Supplément, pp. 5-48.

WORKING H., « Futures Markets Under Renewed Attack », *Food Research Institute Studies*, 1963, pp. 13-24.

WORKING H., « New Concepts Concerning Futures Markets and Prices », *American Economic Review*, June 1962, pp. 431-459.

WORKING H., « Frontiers in Uncertainty Theory : The Evidence of Futures Markets ; New Concepts Concerning Futures Markets and Prices », *American Economic Review*, May 1961, pp. 160-163.

WORKING H., « Speculation on Hedging Markets », *Food Research Institute Studies*, May 1960, pp. 185-220.

WORKING H., « Price Effects of Futures Trading », *Food Research Institute Studies*, February 1960, pp. 1-31.

WORKING H., « A Theory of Anticipatory Prices », *American Economic Review*, May 1958, pp. 188-199.

WORKING H., « New Ideas and Methods for Price Research », *Journal of Farm Economics*, December 1956, pp. 1427-1436.

WORKING H., « Whose Markets ? Evidence on Some Aspects of Futures Trading », *Journal of Marketing*, July 1954, pp. 1-11.

WORKING H., « Futures Trading and Hedging », *American Economic Review*, June 1953, pp. 314-343.

WORKING H., « Hedging Reconsidered », *Journal of Farm Economics*, November 1953, pp. 544-561.

WORKING H., « The Theory of the Price of Storage », *American Economic Review*, December 1949, pp. 1254-1262.

WORKING H., « Professor Vaile and the Theory of Inverse Carrying Charges », *Journal of Farm Economics*, February 1949, pp. 168-172.

WORKING H., « The Theory of the Inverse Carrying Charge in Futures Markets », *Journal of Farm Economics*, February 1948, pp. 1-28.

WORKING H., « Price of Cash Wheat and Futures at Chicago Since 1883 », *Wheat Studies of the Food Research Institute*, November 1934.

WORKING H., « Price Relations between May and New Crop Wheat Futures at Chicago Since 1885 », *Wheat Studies of the Food Research Institute*, February 1934.

WORKING H., « Price Relations between July and September Wheat Futures at Chicago Since 1885 », *Wheat Studies of the Food Research Institute*, March 1933.

WORKING H., « Financial Results of Speculative Holding of Wheat », *Wheat Studies of the Food Research Institute*, July 1931.

WORKING H., « The Post-Harvest Depression of Wheat Prices », *Wheat Studies of the Food Research Institute*, November 1929.

WRIGHT B.D. and WILLIAMS J.C., « A theory of negative prices for storage », *Journal of Futures Markets*, n° 9(1), 1989, pp. 1-14.

YAMEY B.S., « Short Hedging and Long Hedging in Futures Markets : Symmetry and Asymetry », *Journal of Law and Economics*, October 1971, pp. 413-434.

YAMEY B.S., « Cotton Futures Trading in Liverpool », *Three Banks Review*, March 1959, pp. 21-38.

YAMEY B.S., « The London Metal Exchange », *Three Banks Review*, June 1956.

YAMEY B.S., « Futures Trading in Cocoa, Rubber and Wool Tops », *Three Banks Review*, 1954.

YAMEY B.S., « An Investigation of Hedging on an Organized Produce Exchange », *Manchester School of Economics and Social Studies*, September 1951, pp. 305-319.

YAN X., « Valuation of commodity derivatives in a new multi-factor model », *Review of Derivatives Research*, n° 5, 2002, pp. 251-271.

ZENZ G.J., « Use of Hedging in Purchasing », *Journal of Purchasing*, May 1972, pp. 47-54.

INDEX DES AUTEURS

INDEX THÉMATIQUE*

* Les renvois en caractères gras font référence à des explications et des développements importants.

N

O

R

V

W

Z

TABLE DES MATIÈRES

Dans la même collection

AMADIEU J.F. et MERCIER N., *Le management des salaires.*

AUGROS J.-C. et QUÉRUEL M., *Risque de taux d'intérêt et gestion bancaire.*

BATSCH L., *Temps et sciences de gestion.*

BELLALAH M., *Gestion financière*, 2e éd.

BELLALAH M., *Finance moderne d'entreprise,* 2e éd.

BERGERY L., *Qualité globale et tourisme.*

BONNAFOUS-BOUCHER M., *Anthropologie et gestion.*

BRAOUEZEC Y., *Les options réelles.*

BROCHIER D. (coordonné par), *La gestion des compétences – Acteurs et pratiques.*

CABY J. et HIRIGOYEN G., *Création de valeur et gouvernance de l'entreprise*, 3e éd.

CABY J., LOUISE V. et ROLLAND S., *La qualité au XXIe siècle – Vers le management de la confiance.*

CHARON G. et HERMEL L., *La vente – La nouvelle donne des forces de vente.*

DECOCK GOOD C. et DOSNE F., *Comptabilité internationale : Les IAS/IFRS en pratique.*

DELALOYE L., FRAGNIERE E. et HOESLI M., *Modélisation des décisions de gestion.*

DESBORDES M. (coordonné par), *Stratégie des entreprises dans le sport,* 2e éd.

DUBERNET M., *Gestion actif-passif et tarification des services bancaires.*

DUBOIS P.E., HÉLAINE Ph., WEYLAND-DUFRESNE A.S., *Les billets de trésorerie.*

DUPRÉ D. (sous la direction de), *Ethique et capitalisme.*

GRANIER Th. et JAFFEUX C., *Internet et transactions financières.*

GREPME (sous la direction de JULIEN P.A.), *Les PME – Bilan et perspectives,* 2e éd.

GUERTIN G. et LEROUX F., *Le marché des pensions.*

HIMBER J.F., *Les valeurs du Trésor : du franc à l'euro.*

HUMEAU N., *Intranet-management.*

LA CHAPELLE Ph. (de), *L'évaluation des entreprises,* 2e éd.

LACHMANN J., *Capital-risque et capital-investissement.*

LAULANIÉ J.F. (de), *Les placements de l'épargne à long terme*, 2e éd.
LY-BARO F., *Structure financière de l'entreprise.*
MAHÉ DE BOISLANDELLE H., *Marché de l'art et gestion de patrimoine.*
MEISSONIER R., *Externaliser le système d'information : décider et manager.*
MÉTAIS E., *Stratégie et ressources de l'entreprise – Théorie et pratique.*
MORLAYE F., *Risk management et assurance.*
MOSCHETTO B.L., *Le business plan,* 3e éd.
NGUYEN P., *Investissements – Evaluation d'actifs et gestion du risque.*
PAILLÉ P., *La fidélisation des ressources humaines.*
PARIENTÉ S., *Techniques financières d'évaluation.*
POTTIER F., *L'analyse des coûts.*
RAMBURE D., *Les systèmes de paiement.*
ROUSSEAU M. (sous la direction de), *Management local et réseaux d'entreprises.*
SÉVERIN É., *Restructuration de l'entreprise – Théorie et pratique.*
SZPIRO D., *Introduction à la finance de marché.*
TRIBOU G., *Sponsoring sportif,* 2e éd.
UNGERN-STERNBERG (von) T., *L'assurance immobilière en Europe.*
ZAOUATI P., *La gestion quantitative.*

Réalisé en P.A.O. par STDI - Z. A. Route de Couterne - 53110 Lassay-les-Châteaux
N° 450379E - *Imprimé en France.* - JOUVE, 11, bd de Sébastopol, 75001 PARIS
Dépôt légal : février 2008